民国年度出版时评史料辑编 第九卷

吴永贵 张学科 编

華中師範大學出版社

新出图证(鄂)字 10 号

图书在版编目(CIP)数据

民国年度出版时评史料辑编　第九卷/吴永贵,张学科编.—武汉:华中师范大学出版社,2019.6

ISBN 978-7-5622-8492-5

Ⅰ.①民…　Ⅱ.①吴…　②张…　Ⅲ.①出版工作—史料—汇编—中国—民国　Ⅳ.①G239.296

中国版本图书馆 CIP 数据核字(2018)第 299597 号

民国年度出版时评史料辑编　第九卷

©吴永贵　张学科　编

责任编辑: 向　力　　　**封面设计:** 罗明波

责任校对: 罗　艺

编辑室: 学术出版中心　　　**电话:** 027-67867792

出版发行: 华中师范大学出版社

社址: 湖北省武汉市洪山区珞喻路 152 号　　　**邮编:** 430079

电话: 027-67863426/3280(发行部)　027-67861321(邮购)

传真: 027-67863291

网址: http://press.ccnu.edu.com　　　**电子信箱:** press@mail.ccnu.edu.cn

印刷: 武汉中科兴业印务有限公司　　　**督印:** 王兴平

开本: 710mm×1000mm　1/16　　　**印张:** 41

版次: 2019 年 6 月第 1 版　　　**印次:** 2019 年 6 月第 1 次印刷

字数: 630 千字　　　**定价:** 185.00 元

欢迎上网查询、购书

目　　录

1946 年

1947年

1946 年

重庆出版业对政治协商会议意见书

日本投降，举国腾欢。八年苦战余生，正望休养生息，孰料庆祝最后胜利之声未歇，弥漫全国之内战即起。哀我劫遗，何堪重罹水火。三个月来，全国人民吁请停止内战，声不绝耳；而内战烽火，则愈张愈炽。全民疑惧，不可终朝。所幸举国翘望之政治协商会议，几经蹉跎，终在四万万五千万人喁喁殷望之下，即将召开，凡为国民，莫不称庆。“天下兴亡，匹夫有责”，爰本斯义，对于国是，揭陈四端，尚乞垂察。

政治协商既为朝野公认解决政治问题之最好方式，则任何纠纷、任何困难，均须提交政治协商会议讨论解决，断不容边谈边打、且战且商，代表周旋于议席，士兵喋血乎疆场。甚望国共两方，立即全面停战，和平团结，拯生民于水火，昭诚信于事实。此其一。

《五五宪草》为一党专政下之产物，如不本民主精神，博采民意，细为修改，则人民权益，无由保障，真正之民主政治，无由建立，而所谓还政于民，亦必徒托空言。故宪草应即修改，庶百代之大法，美备于一举。此其二。

国大代表产生于党治之下，抗战以前。无论衡以民主之原则，事实之观点，均不足代表真正之民意。应即实行普选，以期人民意志，得真正表显，旧有代表，果属贤能，在普选中必可重膺议席，而八年来为抗战努力之人士，亦因以获有参与国大之机会。如此情理兼顾，始为计出周全。此其三。

政治协商会议有所商决，为求真正见诸实行，唯有集合全国各党、各派、无党无派贤达俊彦，拟定一全民服膺之共同施政纲领，且组织临时性之联合政府，以实施此纲领，为结束党治而达真正民主之桥梁。此其四。

以上四端，为出版业对国是之共同意见。兹再就出版业本身问题，略陈五事：

八年抗战，出版业辗转播迁，既牺牲于敌寇之炮火炸弹，复受制于种种苛律之束缚。胜利以来，图书审查制度虽言取消，而变相之检查办法，旋踵继起。出版自由云云，全成空谈，吾人饱尝痛苦，敢就所见，提请讨论。

（一）废止《出版法》

按《出版法》之主要目的，端在钳制言论出版，实施该法第四章“出版品登载事项之限制”一点，为明真相，照录其文：

第二十一条　出版品不得为左列各款言论或宣传之记载。

一、意图破坏中国国民党或违反三民主义者。

二、意图颠覆国民政府或损害中华民国利益者。

三、意图破坏公共秩序者。

第二十二条　出版品不得为妨害善良风俗之记载。

第二十三条　出版品不得登载禁止公开诉讼事件之辩论。

第二十四条　战时或遇有变乱及其他特殊必要时，得依国民政府命令之所定禁止或限制出版品关于政治、军事、外交或地方治安事项之登载。

第二十五条　以广告、启事等方式登载于出版品者，应受前四条所规定之限制。

该法除本章上列五条外，皆为因辅助上述五条而束缚著作、编辑、发行、印刷者之种种方法与手续，倘上述五条无存在之必要，则该法应该根本废止。而上述五条经逐一研究，实属绝无存在之必要。其理由：

（甲）关于第二十一条第一款“意图破坏中国国民党或违反三民主义者”：

1. 按以文字记载而为“破坏”某人、某一团体或某一主义之行为，则无异为诽谤罪，而诽谤罪已有《刑法》第二十七章“妨害名誉及信用罪”之第三百零九条至三百十四条加以种种罪罚，绝无另设单行法之必要。

2. 此次政治协商会议，政府既承认各党各派均有合法平等之地位，本条款专为保护国民党而设，自属不合，更无存在之必要。

3. 任何党派或主义，其宗旨必为福国利民，否则根本不能成立。若非丧心病狂，绝无加以诽谤之理。若其方法上有所不合，舆论加以指摘或批评，自不能认为破坏。此所谓言论自由，岂容加以限制。

4.“三民主义”本主张出版言论自由之民权，今乃因保护主义而设置本法为束缚自由之工具，不免自相矛盾。

（乙）关于第二十一条第二款“意图颠覆国民政府或损害中华民国利益者”：

本条款已有《刑法》第一章“内乱罪”第一百条至一百零二条规定种种罪罚，绝无另设单行法之必要。

（丙）关于第二十一条第三款“意图破坏公共秩序者”：

本条款已有《刑法》第七章“妨害秩序罪”第一百四十九条至一百六十条规定种种罪罚，绝无另设单行法之必要。

（丁）关于第二十二条“出版品不得为妨害善良风俗之记载”：

本条款已有《刑法》第十六章“妨害风化罪”第二百三十五条规定种种罪罚，绝无另设单行法之必要。

（戊）关于第二十三条“出版品不得登载禁止公开诉讼事件之辩论”：

查本条“禁止”二字，自属指对于禁止该事件之公开发表声明，如登载者不受禁止，自有法律裁判，绝无另设单行法之必要。

（己）关于第二十四条“战时或遇有变乱及其他特殊必要时，得依国民政府命令之所定禁止或限制出版品关于政治、军事、外交或地方治安事项之登载”：

本条意义，乃为禁止泄漏政治、军事、外交或地方治安事项之秘密，无异与第二十一条第二款相同，且《刑法》上有“外患罪”第一百零三条至一百零五条之规定种种罪罚，绝无另设单行法之必要。

（庚）关于第二十五条“以广告、启事等方式登载于出版品者应受前四条所规定之限制”：

本条规定为前四条之附带限制，前四条既不能成立，自无存在之必要。

综观该法第四章各条之限制，从触犯此限制之行为而论，并不限于文字之记载。故《刑法》所定各项条例范围甚广，何以其他行为并无特设单行法，而独于出版则设《出版法》加以种种之束缚？除有意限制人民之言论自由，实无可解释。政府现既确认人民此种基本权利（见《国共会谈纪要》），《出版法》自非立即废止不可。

（二）取消期刊登记办法

现行期刊出版，按《出版法》第九条之规定，须先呈准登记，始能发行。而登记手续之繁苛，极尽束缚留难之能事。以言承办机关，表面上经由该管官署转报层峰，而实际上一切取决于国民党党部。以言登记核准，动辄经年累月，甚且永无批复。是故欲求出版自由，非即除去此种苛律不可。敢请立即取消期刊登记办法，以后凡期刊出版，只须一面声请备案，一面即可发行。一经发行，邮局应即立许挂号，作为新闻纸类寄递。

（三）撤消收复区检审办法

沦陷区内言论出版，久经敌伪钳制蹂躏，摧残殆尽，人民对于精神食粮，如饥如渴。一旦光复，政府对此非惟漠不关心，反将大后方已取消之检审办法，复行于广大收复区。目前上海、北平、广州、武汉诸大城市之出版业，莫不在收复区管制办法下深感束缚重重，奄奄一息。为使收复区数万万同胞有书可读，出版书店有业可营，应请立即撤消收复区有关出版各项之检审办法。

（四）明令取消一切非法检扣

十余年来，不知名之机关，常驻邮局，从事检扣书刊。寄件者查询邮局，例不答覆，册页千万，不明下落。而各地党政军警，不论机关，不论个人，皆能任意检扣。书店则受害累累，读者则恐怖重重。如不取消此种非法制度，纵令表面如何自由，亦何自由之有？应请明令取消一切非法检扣措施。遇有检扣，受害者按律控诉，并由政府负责赔偿损失。

（五）取消寄递限制

胜利以还，书刊寄递，百般阻难，一仍旧贯。应请立即开放全国邮路，恢复及改进印刷品之寄递，以便供应，而利文化。

以上各项为出版业最迫切之要求，亦为促进文化之必要条件。伏恳采纳刍荛，促其实现，则出版业幸甚，中国文化前途幸甚！

大学印书局、文通书局、自强出版社、现代出版社、新地出版社、中外出版社、世界书局、作家书屋、开明书店、群益出版社、文化生活出版社、正风出版社、东方书社、雅典书屋、黎明出版社、文化供应社、北门出版社、建国书店、进修出版社、乐群书店、文光书店、生活书店、峨嵋出版社、万光书局、学艺出版社、文聿出版社、光明书店、国讯书店、新知书店、联益图书公司、文治出版社、自由中国出版社、复兴书局、新亚书店、读书出版社

（载《周报》1946年第21、22合期）

向政府要文化政策

《大公报》社评

全国许多位学者日前曾集会首都，参加中研院评议会，商讨如何在暴风雨后巩固起这个学术权威机关，以推进我们这古老而落伍的文化，对于讨论的问题都有了满意的结论。然而中研院所能顾及的，俱是堪登大雅之堂的专门科学。整个中国文化，今日都已凋敝到了可泣的田地，不但比不起欧美，也愧对本国光荣的过去；不但比不起汉唐中古，甚而连民初那昙花一现的灿烂，也未能继承光大。过去十年来的反侵略战，

我们向举世宣说，是为“文明”而战。如今德日恶魔已敛了迹，我们所维护的神圣文明又何在呢？

今日坐镇北方文化阵垒的胡适之先生，当年所领导的五四运动，在某种意义上确可称为现代中国的文艺复兴。它不仅是把语体文正统化了，并且感动了全国知识分子，各以真善美为鹄的，群起而提倡“民族向上”运动。一时闹着科学人生观的争辩，旧小说的发掘整理，古史的辨明，民谣的搜集，西洋作家如易卜生，思想家如罗素、杜威之介绍，艺术界除了老辈以外，尚有刘海粟、徐悲鸿，音乐界有萧友梅、刘天华，都是既继承了中华民族的文化遗产又吸收了海外精华而有所创造的。全国文艺刊物，那时多如雨后春笋。《语丝》战《现代》，《创造》与《新月》开火。所讨论的问题，今日看来虽有的嫌幼稚琐碎，然而那时忙于内战的政府，既不干涉言论，而论者虽偶尔攻讦私人，却还少有强大背景。那种三教九流自由讨论的热烈风气，今日想来，毕竟还是盛世的现象。它证明了中国人民除了基本生理需要外，尚有所欲求。

二十五年后的今日，为“文明”而苦斗了十载的中国，在文化上可说是一片沙漠。除了一堆色情小册子和一些不准登记而秘密刊印的左翼杂志以外，堂堂中国有几座论坛？论音乐，上届首都开的全国美展，代表作却是前上海工部局所办白俄乐师所组成的交响乐队，和燕大学生所唱的一个十七世纪德国人在英所制的弥赛亚圣咏！中国唐代乐器乐谱却束在美国般雪凡尼亚大学的高阁上。论绘画，除了受欧洲左翼影响的木刻及偶尔的灾展，那位是以绘画为终身事业，承先启后的雄心画师？每次国外征求展品，总还是八十老翁齐白石以至五十上下的青年画家。文坛上，五四时代的青年作家，今日经验丰富技巧成熟，正应当开始写下不朽杰作之时，却成年成月为呼吁为追悼而奔走。年青一辈同样为大局不安定所烦恼，所以也咸以涂写牢骚杂感为尽了文人天职。以世界水准来衡量，可称为国产杰作的依然缥缈无踪！

再由社会文化来说：下层民众读物如坊间小人书，还是一套忠臣孝子的封建传奇，甚而是剑侠神仙的病态出世思想。小市民所享受的无线电，不是僧侣诵经，便是粤曲与好莱坞影歌结褵而生的中国爵士乐。不中不西，其间夹以美国玻璃货的广告。今日世界各国，为扶植其国产电影事业，对舶来片的尺数，莫不有百分比的限制。二十年前联华与明星在商业竞争下，还产生过一两部严肃的片子；然而年来短见的中国制片家，以有限资本专出技巧低劣题材下流的俗品，此外便是政府办的新闻宣传片。以致国片被弃于国人，一蹶不起；当局即想限制外片，也无以代替了。二十年前文化界还有人想利用民谣、小人书等俗文学方式，辅佐民族现代化的基本巨业，今天地盘有人争，租税有人收，中国人民却已沦入不足争取的田地了！

简略的讲完这片惨景之后，我们认为中国文化的萎缩，主要原因有两个：第一，是中国政治比以前更混乱，斗争比以前更尖锐，国家地位也比以前更危岌。因之，心情上，不容艺术家创作，而由于内战，交通梗阻，民间购买力等于零，也是战后文化不振的大原因。这层障碍，我们只有等国家真正民主统一了才能摒除。第二，是政府对文化急于作消极统制工作，并无积极建立文化的政策。重工业可以国营，艺术是发诸肺腑出自灵感的活动，非在优裕而独立的条件下产生不可。独立需要自由，优裕也需要经济出路。今天国人穷者衣食不暇，遑论购置美术品；小康之户倾倒于廉价舶来品，而富者性灵几乎泯尽，惟求更富而已，那有心情照顾展览会？全国各文化中心，刊物每禁辄数十种，而又无新起者代替，无形中助长了外国大腿杂志及国产色情刊物的销路。偌大家庭，焉能公婆姑媳一个鼻孔出气？取缔了异己的刊物，但对强大盟国在我国土上所办的日刊周刊及广播电台，却毫无办法。因之封了国人刊物，也不过是把若干作者赶上了盟邦在华所建的论坛！正因为上海商业广播嘈杂无聊，而强大盟邦的电台中西音乐选择谨严，内容和谐高尚，雅俗共赏，一般讨厌玻璃广告的听众，咸改听盟邦电台，无形中也即接受其政治观点。政府这种消极的统制政策，一面摧残了自然进展中的民族文化，也为政府培植了未来更多的敌人，其恶劣真是不堪设想！

因此趁中研院评议会闭会，国共再度协商，国大开幕之前，我们向当局大声疾呼，为了祖宗颜面，为了后代子孙应享受的一笔精神遗产，希望政府扶持这瘪白凋敝的中国文化。扶持，绝不是接收来国营，或分由各系派包办。文化的成就绝不是俸禄所能促成的。它需要一股宗教的虔诚情绪，它需要自由。政府如想在未来的史书中见到本阶段的中国尚有其些微文化，便应为文化工作者开辟一条自食其力的生路。有些地方的市政府既能拨巨款养得起一个西洋交响乐队，为什么不能以少数的经费支持一个国乐队，使习琵琶古琴的，也像学西洋提琴那样肯追求深造？卫生署的宣传科为什么不请画家来设计些“劝种痘图”？政府一旦对艺术尊重起来，民间也自会效法的。美术不但应深入日常生活，尤应与轻工业结合起来，磁漆，甚而玻璃品，都不妨设计得美观些。如果汉唐五代的坟墓不讲究石雕，今天中国恐怕即无雕刻可言了。然而二十世纪的孝子只懂大字登报，大烧冥衣纸库而已！假使上海、天津今朝忽然如罗马彭沛古城一般陷下去了，两千年后发掘出来，除了外滩两座西洋铜塑以外，我们的子孙将多么失望！

关于社会文化，我们却不欢迎任其“自由”下去。中国是个古老国家。我们要现代化，便须脱掉我们这封建的陈壳。小人书里的道德与迷信是反民主的，是不合时代的。换上三民主义也好，共产主义也好，换上新民族英雄也好，换上卫生常识也好。那个家喻户晓的形式应该利用下来，换上新的内容。关于电影，如果中国不永甘作好莱坞的大主顾，还愿见中国风格的特殊贡献，就应急起直追。仰仗国库支持的制片厂就不止一家，我们可曾产生出一部足以输出的片子？日印的电影已引起世界的注目了。法苏一九二〇年代的片子，有些还比今日好莱坞的高明。我们不能利用中国幽静的画面，配上清澈可人的管弦，制成一部“国”片吗？一定也得照学人家的劳莱哈台不成？

批评中国者，尝诬中国为法西斯。事实上所有法西斯政权，第一要攫取的，莫不是广播电台。中国政府当局对于广播事业之放任自由，可说是民主国家之最。今日各国广播政策有三：美国为纯商业广播，即任民间自设广播，借广告收费以支持节目。国家人民两不需出费，而商界得以宣传，由经济言之，此最上算。言论亦较自由。然名乐半曲，即插入胰皂广告，于艺术欣赏终属嘲笑，而电台丛设，漫无计画，俗雅殊难控制，而电台既无推进民众教育之义务，则为增加广告吸引力，俗超于雅，是必然趋势。今天中国的广播，其品质尚不足为美国之垃圾。苏联的广播事业，绝对国营。普通节目以外，电台对内以推进生产，坚强政治信仰为使命；对外则为苏联与英美宣传战的堡垒。此种绝对国营广播，只适于一党专政之国家。英国的广播事业，是半官营的。战时为防止泄漏军机，控制极严；然对于国内政治，向来力持公允。每周输流由各党代表作时事评论，且时常邀各党辩论。大选时某广播员报告票数时，语调稍示偏袒，立遭撤职。其主要节目，则以增进各科常识，推行民众教育为目的。在趣味上，无论音乐戏剧，俱以雅俗庄谐并重为准绳，另有专为儿童、妇女、海员等设之固定时间。听者及国库俱须出些钱，但千万家庭，足不出户，即恍如忽进歌剧院，忽入平民大学，官民获益无限。中国今日以无广播政策为政策，任其自由开倒车，美苏英三种利益全得不到，空中只平添了一片杂音。其实，那片天空倒大有接收的价值。

中国如要民主，则必先有民主的空气。先秦诸子各有主张，是民主。五四以后的笔战连台，也是民主。今天这死沉沉，清冷冷，孤零零，乱嘈嘈的氛围，是急速走着下坡路。想到战后兴废关头的今日，我们感到可悲；想到民族文化的前程，我们悚然寒噤！我们特大声疾呼，向政府要文化政策！

（载天津《大公报》1946年11月2日）

由出版事业的低气压说起

王平陵

按照中国人口的比例，假定，每千人中有一个人看书，则每本书就可销到四十五万册；但现在每本书的平均销路，只有二千本，约计二十万人中，购书者仅有一人，中国书刊销路的恶劣，恐怕世界上任何劣等的民族，无出其右！

由于书刊销路的恶劣，可以证明中国读书者之少，及文盲之多。中国人为什么不读书？我以为决不是此刻购买力薄弱之故，因为，在过去书刊的购买者比现在更少，而舶来品比战前高起几万倍，生意特别兴隆。如果要解答这疑问，当不出下列诸种原因！

（一）社会的生活水准，过于低落，多数的民众，不识字，不读书，什么都不懂，仅凭原始的体力，与传统的起码经验，一样能寻觅日常的生活，实在没有读书求知的必要。

（二）出了学校，投身于社会的知识分子，很少用到学校所学习的东西，充其量不过把认识的几个中国字，作为通讯、看报、撰拟公文的工具，借以应付现状而已！连普通的常识都用不着，比较专门的学问，更可以束之高阁。因此，极少数的知识分子，识字已够，何必读书！

（三）内地风气闭塞，交通不便，新出版业都在各大商埠及首都所在地，不容易把新出版的书刊，流传到穷乡僻壤，流传到文化的“不毛之地”。在占全人口百分之八十以上的农民所散布的乡村，是多么一块广大的面积，但从没有人在上面设法散播“读书的种子”，努力扫除文盲，遍设小学，多多创办农村博物馆及图书馆，所以中国广大的农村，求是沿袭远古的遗风，生活在半开化的状态里，就是把现代的新出版物，按期奉送，他们也不会拜读的。

（四）住在都市里的官员，在过去虽也算是出身知识分子，但既进了衙门，忙于敷衍公事，巴结上司，应付同僚，已经是勾心斗角，忙得够受，那里还有闲暇的时间，温故而知新呢？所以就是自命为专家和学者的官员，在官场中混得过久，他的学术上地位就等于零了。

（五）有些发财的富翁和他们专为寻开心而娶的姨太太，轧上的舞伴、姘妇这一类的女人，是一切为享受，“享受”就是生活的目的。如果，遇到强调“性机能”的淫欲宝鉴，刺激“色情狂”的色情文艺，大腿电影，眼睛吃冰淇淋的戏剧，他们自会抽出玩沙蟹、打麻雀的时间，偶尔涉猎，聊以排闷。至于所有与“享受”无关的书，即可以增加知识和人格修养的书，在这些人是毫无用处的。

根据摆在上面的原因，你就不必怀疑中国人为什么不读书的道理了。同时，你便可以深信书店里的书，所以无人购买，中国的出版界，到万不得已时，只好向全国同胞宣告改行了！

“唉！长此以往，如何得了！”我常听见忧心世道志士们目击中国文化的幼稚与落伍，这样慨叹着。可是，这一群忧虑者仅知慨叹而已，并不知道这情形延长下去，对社会究有什么坏处？我再来分析一下：

（一）谁都知道——这一次的世界大战，是文化战，科学战。文化落伍、科学幼稚的国家，只有灭亡。中国人假使再把“顽固守旧”、“不求长进”的惰性，拼命维持，死都不肯放手，中国赖以立国的文化和科学，必永无振作的希望。

（二）我们生活在“不必读书，不要学问”的社会里，照样能发大财、做大官、享大名，谁都不是傻瓜，又何苦把用于升官发财、成名的时间，耗费在科学试验室或图书馆中，写字台上呢！反正，学问愈高深，试验愈成功的人，愈没有出路，甚至求免于冻馁，尚不可能。

（三）大家既认清了“读书无用”是铁一般的事实，就可不择手段、不顾一切争取升官发财的目的。社会上怎能不正气消沉，势利成风呢！

（四）科学的发明，学术的建立，都要有几十年的研讨，国家多方的培植，并不是一蹴可成。现在，纯正的学风，未能养成，谁都是选取终南捷径，急求富贵，千千万万做父兄的，就宁可把自己的子弟送进银行当练习生，拜权力者做干爷，都视学校为畏途，等学问如异弁了。

我缕述了这些不景气的事实，真是关心世道的人，就应该拿出办法来，解救这一个足可亡国灭种的危机，徒然长吁短叹，有什么用呵！

最近，陪都出版界因物价狂涨，影响出版，站在国家民族生存利益上，发出向政府与社会要求救援的呼号。我在同情之余，深深替中国的读书界感觉惭愧！试想，中国的出版家要关门大吉，作家要挨饿，教授要抛了讲义，谋求一官半职，借以糊口，假使是爱国爱民的新志士，老实说，要承认这一个不上进、不求知的事实，便是我们莫大的国耻！在目前，我们热望当局与社会尽量赞助出版界，让他们有适当的出版条件，便利于印书，有可能的交通工具，便利于运书。同时，我们希望功在国家民族的出版界，多多出版有用科学书，技术方面的专著，以及真是提高革命性、发扬朝气的文艺名著。万不可把吃尽千辛万苦所取得的出版机会，专于出版一些叫人伤心短气，废书长叹的坏书了！再熬过最短的时光，战争就要结束，就要竭尽大家的智虑，图谋战后的复兴了。

无论如何，中国与先进的盟邦尤其是科学发达的美国，经过了长时间的并肩作战，多多少少当已有了一些进步，战后，读书者的数字，必较战前和战时，增加到若干倍！何况广大的收复区域敌伪的麻醉教育，出版物，必须一律肃清，能够保留的读物几乎没有，这样的，仅靠后方几个出版家所有的书，供给战后全国的需要，照常识来判断，当甚感不足。在战争刚结束的短期内，国人也许先要忙于家的安顿，无暇及于文化的复员。但一经安顿，求知的欲望，必然如饥如渴，尤甚于过去的五四时代！所以，中国的出版只要好自为之，一定是有光辉的前途的！

战后，书刊的审查制度，也许更要放宽或近于废置，而出版界自律的道德——即良心的无形裁判，想要代替政府的有形审查了。到那时为了建设战后的新中国，关于科学技术的书，当由政府设立的出版机构，对准事实的需要，大量翻译，加紧印行，廉价普及，务求国民的生活能力，由于科学技术的提高，突飞猛进。全国出版界更应密切团结，分工合作，尽先做到全国大中小学的教科用书，圆满无缺，再有计划地及于其他著作物的编著与印行。

（载《读者》1946年第1卷第1期）

今后的出版事业

王平陵

京中人士于日前开会祭悼叶公楚伧时，笔者滞渝未归，不及参加；特作此文，纪念叶氏提倡中国文艺运动的成就，并将此文稿费，捐作叶氏奖学金。作者附志

一、出版物何以无销路?

假定按照中国人口的比例，每千人中就有一个人愿意买书、看书，则一本比较像样的书，就可销到四十五万册；但现在每本书的平均销路（指较好的作品而言）只有二千本，约计满二十万人，买书者仅有一人，这就是说，如果，全上海的人口是三百万，那么，作为出版物的顾

客，不过十五个人，中国出版物销路之不景气，真令人大吃一惊！这样铁一般的事实，横在大家的眼前，即在一味抱残守缺的“骸骨迷恋者”，都无法自傲的。

根据出版物销路之不景气，可以证明中国好学深思之士，实在太少；而文盲的数字，过去是估有百分之八十八以上，现在是不是已经减少，还须待考。

出版物何以无销路？我想，决不是此刻购买力薄弱之故，因为在战前出版物的销路，比此刻还不如；而舶来品较从前高出数万倍，生意依旧特别兴隆。我们必欲使这问题获得实确的解释，当还有下列诸种原因在：

（一）由于出版物销路的停滞，稿费低廉，版税无望，使各部门的作家，未克安贫乐道，影响到出版物的内容，不能与时俱进，这便直接妨碍了出版物的销路。

（二）社会的生活水准，过份低落，多数的老百姓，并没有被时代逼迫着到了非具有一点知识和技能无法存在的程度，就是仅赖原始的体力，起码的经验，也能苟延残喘。他们自然是愿意识字读书的；但要勉强找寻识字的机会，好像尚无必要。

（三）出了学校的大门，已混迹在社会各阶层的知识分子，很少应用到学校里学习的东西，充其量不过把熟悉的几个方块字，作为通讯，看报，写几句打油诗，或撰拟讣文、碑铭及等因奉此的工具，借以敷衍现状而已！甚至连普通常识，都极少用得着的时候，比较专门的技能，高深的学术，在此刻还是一种高贵的奢侈品。因此，中国一般的知识分子，觉得识字已够，何必读书！

（四）内地风气闭塞，交通不便，新出版业都拥塞在各大商埠及首都所在地，不容易把新出版的书刊，流传到穷乡僻壤，普及到文化的“不毛之地”。在占全人口百分之八十以上的农民所散布的乡村，是多么一块广大的面积；但从没有人设法散播“读书的种子”，努力扫除文盲，遍设小学，多多创立农村博物馆及图书馆；所以中国广大的农村，还是沿袭太古的遗风，生活在半开化的状态里，你就是把现代的新出版物，千里迢迢，按期奉送，他们也不会拜嘉的。

（五）住在都市里的官员，公司银行的职员，在过去虽也算是出身于学校，也号称是知识分子，可是既进了衙门及公司，仅为了敷衍公事，歌舞争逐，巴结上司，应付同僚，已经是钩心斗角，忙得够受，那里还有好整以暇的闲情逸致温故而知新呢？即有自命为专家、学者的官员，倘在官场中混得过久，他们自己也承认："荒疏了！过去学习的东西全抛了！"

（六）有些捞胜利财发国难财的暴发户，以及这些人专为寻开心而娶来的娇妻、爱妾，轧上的舞侣和情妇，是一切为享受，"享受"就是生活的唯一目的。如果遇到刺激"性机能"的淫欲宝鉴，强调"色情狂"的黄色读物，大腿电影，眼睛吃冰淇淋的戏剧，他们在玩沙蟹，打麻雀，觉得烦厌，也许能偶尔涉猎，聊以排闷的。至于所有与"享受"无关的书，即可以增加知慧和人格修养的书，在这些人是不屑一顾的。

根据上述事实，我们就不必怀疑中国人为什么不读书的道理了。

同时书店里汗牛充栋的书，倒是那些毫无价值的坏书，不至于无人问津，大有一批热爱的顾主在期待着，实在并非无因。

二、长此以往，如何得了！

"唉！长此以往！如何得了！"我常听见少数忧心世道的志士仁人，目击中国文化的幼稚与没落，这样仰天浩叹着。不过，这一群忧心者仅知浩叹而已，并不知道这情形当真延长下去，对社会究能发生怎样恶劣的影响。我愿意再来分析一下：

（一）谁都知道，这一次世界大战，完全是文化战，科学战。凡文化没落，科学幼稚的国家，只有灭亡，绝无幸免。中国人假使永远托庇祖先的遗荫而自豪，不迎头赶上世界文化的水准，不积极提高科学的智慧，则中国赖以立国的科学和文化，必永无振作的希望。

（二）有些投机取巧一无所知的幸运儿在社会里鬼混了些时候，一旦时来运来，照样能发财，升官发财，名利双辉，受盲目者的拥护，得舆论的赞扬，那么，谁都不是傻瓜，又何苦把用于升官、发财成名的时间，耗费在科学试验室，图书馆中，写字台上呢！反正，学问愈高深，试验愈成功的人，愈没有出路，甚至求免于冻馁尚不可能，又何必自讨苦吃呢。作恶是人类共有的"天才"，既然作恶者有幸运，谁不会作恶呢！

（三）科学的昌明、学术的建立，都要有几十年的研讨，国家多方的培植，才有开花结果的可能，并不是一蹴可就。现在纯正的学风，未能养成，谁都是选取终南捷径，急求富贵，或利用“反社会”的心理，标新立异，骗取浮名。千千万万做父兄的，看见那些人的投机取巧青云直上，就宁可把自己的子弟送进银行当练习生，拜权门做干爷，怎能使社会不视学校为牢狱，等学问如弁髦呢！我们只要明白这三个可能发生的危机，便足使关心世道的人们，要立即拿出实确的办法来，解救这一个足可亡国灭种的祸根了！徒然长吁短叹，有什么用啊！

三、怎样挽救出版界的厄运?

出版机构在内地，感受极大的损害，濒于一蹶不振的窘状。战时我们正竭全力于最后胜利的争取，实无暇在荒凉的废墟上重播精神文明的种子，以期再开灿烂的花，结硕大的果。同时，我们的国际路线，在某一时期受困于日寇，既封锁了我们物资的互助，又障碍了我们精神的交流，在整整的八年内，欧美出版的新书，不论是科学、哲学和文艺，几已完全断绝了来源。文化因彼此比较，互相观摩，才有进步；似此长期隔膜，失去协作和联络，我们的文化界纵能在战争中不甘落后，多少也有一点成就；但决无法填满空虚，抵偿战争所带来的损失。今后诚欲挽救出版业的危机，例如：充实精神的来源，沟通文化的交流，改善出版的条件，提高作家的待遇，固然十分重要；而使各部门的作家有较好的环境，能够让他们安坐下来，抽一部分时间再学习，更求充实自己，是尤为迫切的。

在战时的出版界，多半受了高物价的压迫和生活动乱的痛苦，不容易按照合理的出版计划，接受各部门的著作，他们为了避免因蚀本而关门，不能不注意到“生意经”，站在“赚钱第一，文化第二”的立场，选取出版的稿件，因为这样，据出版界的经验，科学、专门著作物的销路，远不如文学，文学之中，诗歌不如小说，小说不如走运的剧本，而采用文艺的形式，透过文学的手法所写出的“处世经验，成功秘诀，恋爱哲学，情书一束……”这一类的书，其行销之速，实尤在走运的剧本之上；所以，在战时，以科学的出版率为最低。出版界未能把握时代的重心，配合国策的需要，这也是出版业不景气的原因。当着另一个大时代——争取和平建设的大时代，正在开始的今天，我们出版界也应该变变作风了！

提倡学术，振兴文化，虽然要有思想自由，学术独立的精神；可是，依然十分殷切地需要政府切实的奖进，有计划的倡导，更需要有健全而负责的文化机构，博大精深的文化政策，不遗余力地为文化界服务，团结全国文化工作者在张开建设新中国的大旗下，对准百分之百有利于国族生存的方向，尽到最善的努力。譬如，关于科学专著的印行，系统地翻译域外的哲学、文学的名著，计划地编译科学教本及丛书，大量发行通俗的科学读物，就决不是一般的出版家所能胜任，非由政府出全力来担当不可，只有打开了研究科学的风气，使科学的常识，已为民众生活所必需，才能为一般的出版界开辟一条获利的大路，转向于科学的提倡与印行；但在今天不能不仰仗于政府。

建设新中国，必须有最新的智慧，最进步的科学知识和技术，政府在奖进学术的计划中，就得密切适合建国的需要而执行其光荣的任务，如仍旧是战战兢兢，惟恐国故失传，仅以做到保存国粹为能事，是非常不够的！

四、今后的希望

生活在黑夜里的人类，总觉得有一个希望像太阳似的悬在头顶，就算太阳的光一时被乌烟瘴气所遮蔽，变成漆黑的夜，相信发光的太阳是不会消灭的；所以，人类都有一股耐劲，咬紧牙龈，忍受一切可能遭遇的灾难，等待烟雾的扑灭，光明的来临。我一向就有这样一个不可动摇的信念，从不悲观，永远是抱着热烈的希望，期待着有一个光辉的明天。同样，我也相信，中国的文化，此刻虽然在战后萧条的废墟里，呈现着空前的衰颓；虽然在大战甫平，祸乱又起的浩劫中，同蒙着惨淡的愁雾，不过，值得告慰的，中国的年青人受了八年血火的洗礼，已能辨得出是非，看得清曲直，认得明真伪，至少他们不会盲从了，他们无所求于谁，因此也决不惧怕谁的面目可憎，而有所戒心，他们相信人吃人的时代，毕竟过去了，已有胆量凭自己的知觉与良心，经过“看货色，货比货”的结果，拿出大公无私的判断了。待这种大公无私的判断，已存在于超利害的老百姓的心窗，无论你是怎样的不服气，如何的眼红，忌妒，而必思有以构陷，诬蔑那些扛鼎的成就，也是徒然的劳苦。因为这样，今后的文化事业，大家都在万目睽睽下，公开的摆下擂台，作公开的比赛，只要你有“真货色”，一千个放心吧！决不会被埋没！今后无论是泥塑的，木雕的，装合的……各式各样的偶像，早被大时代的铁鞭，打得粉碎，或另行改作了解便的马桶，尽管也涂满了辉煌的金色；然决不会再混乱我们的视线了，决不会使你被他们的金色所威胁，一听到这些人的大名，就自动地解除了“元龙的豪气”，问这些把偶像改作的马桶，顶礼膜拜了！

在今天无论什么人，小伙子，老头子，男的，女的……只要你舍得对某一种学问，某一件事业，不取巧，不投机，尽心力而为之，能够耗费你全生命的三分之二的年龄，我包管你必有显耀的成就；而且这种成就，是与地球同终始的成就，只有天算地合，才可以毁灭你的成就。像这样一个心理上的大转变，我确认是缔这新中国的新动机，不仅是中国的文化从此可以蒸蒸日上的因素。可是，得来真不容易呵！要知道，这都是经过八年的血战，二千万人的鲜血换来的呵！

目前政局的动荡不宁，自然能使各方面感受些许不良的影响；但我们不能放弃一切，静待少数人的欲望满足以后，再开始赶做我们应做的工作。政局即长此动荡，我们还是要活下去的，我们不能因为他们的欲望未达而投河上吊，我们为什么不能在他们尚未波及的干净土积极建设呢！

如果要建设的话，自然还是祈望“不在其位，不谋其政”的老百姓，肯努力，肯干，能够不存丝毫依赖的念头，在各种应兴应革的工作上，作勇往直前的迈进。我们不必过分为今人耽忧，只有认定必须要做，不得不做的工作，努力干自己的。

无论如何，中国和文化发达的美国，经过了长期间的并肩作战，多少已有了一些进步。今后读书者的数字，必较战前和战时，增加若干倍，或由于生活水准的提高，逼迫着大家不能不具备一些知识和技能，作为争取生存的资本是无疑的；何况，广大沦陷区敌伪用以麻醉青年的教科书及出版物，自不能再听其毒害人心。这样说，仅靠后方几个出版家的书，供给战后全国的需要，照常识来判断，当甚感不足。但求政争平息，天下太平，国人求知的欲望，必然如饥如渴，尤甚于过去的五四时代；所以，中国的出版界只须好自为之，一定是有光辉的前途的！

（载《申报》1946年8月2日、3日）

一年来的上海出版界

黄嘉德

在八年抗战之中，我国朝野军民，集中力量，为国家生存和民族荣誉而与敌人作生死的决斗，军事第一，其他一切都居次要。出版界须配合战时情势，要上轨道当然是不容易的。现在抗战胜利了，一切都在复员中，出版界也应该复员。胜利至今虽然已经一年，可是因为时局还是动荡不定，所以出版界的复员工作并未完成，出版界的情形也未改善。关于上海出版界一年来的情形，我想提出几种现象来谈谈。

上海是我国文化和出版的中心，战前如此，在胜利后的今日也是如此。在相当限度之内，上海出版界的情形，也许可以当作中国出版界的一个缩影。我们观察上海出版界的现状之后，无疑的可以比较了解今日中国出版界的动向。

关于一年来上海出版界的情形，我想由四方面来加以分析。

（一）出版物的统计——上海的出版物可分三类，第一是报纸，第二是星期刊，第三是书籍。一年来上海已出版的报纸共有四十一种，包括早报晚报及每日出版的小型报。以张数而言，最多的每日出版三大张，最少的每日出版半张。期刊已出版的约有三百三十种，包括小报化的周刊。以性质而论，综合性的期刊最多。有一部分的期刊只出一期或数期，现在已经停刊。书籍包括初版新书和再版书共有八百四十六种。以种类而言，最多的是文艺书。

我们根据这些统计数字，可以知道一年来上海的出版物在数量上并不算少，可是由内容和销路方面看来，却不能使人满意。

（二）出版物的内容——一年来上海出版物内容的贫乏是无可讳言

的。以报纸而论，由于物质条件的限制，许多报纸的大部分材料，是依靠几个中外通讯社经常供给的；直接采访的消息，除本埠新闻和一些国内新闻之外，却比较少。报馆在国内要地及各国首都有特派记者的为数不多。所以有些报纸的材料难免千篇一律，不能尽量发挥其个别的特点。这是很可惋惜的事。

以期刊而论，杂志上的好文章不能说没有，可是不多。大部分的文章都有缺点：有的材料不充实，内容空洞；有的由抗战八股转到胜利八股，造成一种陈套滥调；有的是传单式的政治宣传品；有的是投机取巧，东剪西集而成的杂凑文章；有的是低级趣味的无聊文章，与专门揭发人们阴私和造谣生事的黄色新闻。在这些文章当中，最要不得的是后者这种含有毒素的无聊文章和黄色新闻。在几个月前，上海泛滥着一种小型报变相的方形周刊，就是这类低级趣味文字和黄色新闻的大本营。这种读物有一个时期达到七八十种之多，闹得出版界乌烟瘴气，使正正经经的期刊的销路受了打击。这种黄色新闻不但在战后物资缺乏的文化界糟蹋了大量油墨和纸张，而且侵占了一部分正当读物的市场，实在是很危险的现象。幸亏当局抱着扑灭黄色新闻的决心，把大部分方形周刊禁掉，才替正当的读物留了一条生路。

以书籍而论，一年来上海所出版的单行本书籍以文艺类占最大多数，其次为社会科学如经济政治之类。自然科学及实用技术一类的书籍甚少。这种趋势证明在战后的今日，一部分著作人和出版人依然在避重就轻，不肯在实用知识方面多下苦功夫。说到文艺作品，经过八年神圣抗战，无数可歌可泣的动人故事都是精彩的题材；可是至今还未见有真正伟大的抗战杰作出版。也许一年的时间太短；假以相当时日，这种伟大的作品该可以陆续和读者相见吧。

（三）出版物的销路——我国出版物的销数素来很少，与外国比较起来，真有如小巫之见大巫。英美有一些报纸，日销七八百万份。期刊如美国《读者文摘月刊》（*Reader's Digest*）每期销到一千万册，《妇女家庭杂志》（*Ladies' Home Journal*）和《生活图书周刊》（*Life*）每期也销到四百万册。普通新书销上十几万册不算稀奇。畅销书有时可以销到一百万册以上。回头看看我国的出版物，战前的情形不必说，以一年来的情形而言，报纸日销十几万份者真是凤毛麟角，销四五万份者也寥若晨星。一般的报纸大抵只销几千份至一万份。在期刊方面，专载黄色新闻的方形周刊在全盛时期销过二三万份，正正当当的期刊销上万份的已是屈指可数。一般期刊销数只不过几千份。书籍的销路更有限得很。初版印两千本，常常销了一年半载还销不完，有机会再版的，更是难能可贵了。

出版物销路不佳，乃是文化低落一个明显的象征。造成这种现象的因素当然很多，比较重要的因素有三：（1）时局未定，各地交通运输不便，印刷品寄递常生障碍。在邮局寄递可通的地方，如果比较远的，如重庆、昆明，常常需要几个月的时间才寄得到。（2）物价不断暴涨，印刷费及纸张价格增高，成本浩大，使出版物的定价不能不提高，因而影响到一般读者的购买力。同时，有钱买书的人对书籍不一定发生兴趣，而欢喜看书的又往往是穷小子，没有钱买书。（3）我国不识字者的百分率甚高。而在知识分子当中，有读书习惯的为数很少，有购书习惯者为数更少。一般人情愿花两三千块钱去听一次京戏或看一次电影，而不愿花两三千块钱去买几本有价值的书刊，在这种情形之下，欲求出版物销数激增是不可能的。

（四）文化人的苦闷——出版物最主要的东西是内容，而内容的文字是文化人费了心机搜集材料加以剪裁整理之后，绞尽脑汁写成的。所以文化人与出版物的关系最为密切。今日的文化人感到非常苦闷，因为社会一般人不重视他们所负的伟大使命，也不能给予他们应得的待遇。我国为文物之邦，自古以来是尊敬文人学士的。士为四民之首，可是时至今日，文人学士是受社会所歧视的。“士农工商”似乎应改为“商工农士”才适合实情。在战争期间，社会情形反常，一般人重视物质条件，而忽略精神因素。劳力者所得的酬报往往比劳心者为高。许多人认为“百无一用是书生”，因为“书生”不懂生财之道，在物质方面没有显著的成就。在战争期间，物价高涨，生活困难，受影响最深者不是商人、工人，而是列为四民之首的文人学士。这是一种很可痛心的现象。胜利至今，虽然已有一年，可是物价还在高涨，一般生活还是不能安定。文化人还是继续在被歧视，继续在生活重压下吃苦。举一个简单的例子来说。文人写稿所得的酬报，从来就跟不上排字工人的工资。现在印刷所的排工费是一千字七千元，而普通的稿费一千字却不过四五千元。在我国，文化人要靠写文章来维持生活是不可能的。文化人虽然不受社会重视，可是他们还站在他们的岗位上，为中国文化的发展而努力。这种精神是值得颂扬的。

我们由上面的叙述，稍微可以知道一年来上海出版界的情形。关于改善出版界的现状，我想提出四点来说：第一，先决的条件是时局安定，政治上轨道。如果时局还是不安定，政治还是不上轨道，一切发展都谈不到。第二，如果要改进出版物的内容，我认为文化界的人士应该积极提倡有价值有趣味的文章，有价值而不沉闷枯燥，有趣味而不低级下流，才能引人入胜，鼓起一般人的读书兴趣，使读者开卷有益，掩卷有味。第三，如果要增加出版物的销数，如果要文化普及，应该使交通便利，出版物成本减低，同时提倡读书运动，使一般知识分子养成买书和读书的习惯。第四，文人学士是国家文化最重要的建设者，应该受崇高的尊敬和优越的待遇。

出版文化与国家建设及民族复兴息息相关，希望社会人士在我国跻上世界五强之列的今日，不要忽视这一方面的发展。(转载《侨声报》)

（载《读书通讯》1946 年第 116 期）

在困厄中的出版业

张乃刚

谈到文化事业，一般论者，总会加以分析地说：“这是有关国家命脉，民族生存……”因此，足以看出文化事业的重要了。上海，这远东第一大都市，全国文化的中心，它的文化事业的荣枯，可以反映全国文化的盛衰。而一个国家文化的发达与衰退，也可以找到一个国家繁荣或衰颓的象征。这里，我们要问：上海的文化事业如何呢？

从书业代表请愿说起

当你走过四马路一带的时候，几爿巍巍然的大书店，几开间的门面，堆满橱窗的整齐的书籍，一定会使你直觉地以为那是表明了文化的发达。但是你再打开它的内脏看一看呢，那你就要垂头叹息了。这里，有一个事实可以证明这句话的正确：十一月七日，本市商务、中华、正中、世界、大东、开明、儿童、永祥、广益、文通、光明、生活、作家、龙门、百新、锦章，以及会文堂等二百六十八家书局代表，在书业公会开会，因不堪营业税的负担，及寄递时邮局的限制与阻难，当即决议，公推了代表徐伯昕、李伯嘉、姚蓬子等十七人，晋京请愿。这举动所包含的内容便是难以生存的挣扎啊！

出版事业的困难与要求

文化事业的基础是建立在出版事业之上的。没有出版即没有书店，也即没有文化。要了解现在上海文化事业的真象，必须分析目前出版事业的情形。

记者在几天之内曾访问过若干较大书店的负责人。这许多书店，过去都有过光荣的历史与辉煌的成绩。抗战期间，他们也曾在困难的处境下，惨淡经营了相当时期。抗战胜利，也曾带给他们美丽的远景与远大的计划。然而不幸的客观现实，随着一般工商业的不景气，不仅使他们的远景幻灭，计划消沉，即维持现状，勉力生存，也感到岌岌可危。最近几个月来，新出版的书籍，虽然没有正确的统计，但据出版商的估计，大家都一致认为已经大大地减削了。除了少数经营教科书的以外。

出版困难的症结所在，我们可以综合为下列各点：

（一）印刷成本昂贵：一切物价在不断地跳着，相反的，一般读者的购买力却在逐渐地减低。因此，印刷成本感到十分昂贵。以现在的物价来说：刊印二十开，五十页的期刊，加印工、装帧、封面及最简单的制版费，共四千本，成本要三百万元以上。小小的一本杂志，售价要在一千五百元以上，除成本外，再加上售商利润百分之二十至四十，则无利可图了。同时，我们拿国外图书来作一比较：美国全铜版纸印 *Life* 过去只卖六百元，现在涨到一千五百元。在我国，不但印费无着，连纸钱也不够。在这样的情形下，怎能竞争呢？再说，即使销出后，亦很久才能收回成本。同时，出版时的预算，往往在出版以后就赶不上了。随时上涨的物价，总要超过预算。因此，第一批出版资金，就可以使你搁住。要想再出版第二期，就没有办法了。因此，有一位出版商感慨地说："政府举办粮贷、茶贷、盐贷、丝贷、麦贷、生产贷款等等，为什么忽视出版业，不举办一次出版贷款呢？"

（二）寄费太贵，寄递麻烦：自邮费涨价以后，各地新闻界已经再三呼吁减轻了。出版界当然也首受打击。一种书籍或杂志出版以后，一半以上的销路，都得依靠外埠。在这交通阻碍，邮运困难的今天，上海到新疆、迪化，平寄要三个月才能到达。而航空邮递则以一般行李计算，非出版商所能负担。寄费往往超越成本数倍。同时，一本期刊，经过数星期或数月以后到达对方，其内容早已有明日黄花之感了。除了上述寄费昂贵，邮递时间太长以外，还有一个困难是：寄递手续麻烦。往往寄者在深夜三时，即须赶到邮局排队，化上大半天时间，如能够寄出，算是运气了。在有些地方，等了半天，归被婉言拒绝接收呢。

上述两个原因是出版业最大的困难所在。其他如资金周转不灵，选择稿件困难，读者购买力薄弱等，也都阻碍着出版业的生存与发展。

在这样的处境下，所有出版商都一致要求政府实行下列四点：（1）实行出版贷款；（2）免除一切征税；（3）增加文化经费预算率；（4）改订印刷邮费，恢复文化航寄。同时也要求各同业与经售商协力合作，解除困难。并提高稿费，以改善文化人的待遇。

作家、读者、工人

当记者对于萧条的出版业有了一个比较的清楚的了解以后，很自然的想到了平日靠出版作品为生的作家以及出版者的对象，读者与印刷书籍的工人了。他们一般的情形，究竟怎样呢？

讲起作家或文化人，很多人就会报以同情的惨笑。若干作家在借债度日，若干作家已经改就了他业。百分之九十的作家不能单靠写作过日。

在一条破旧的弄堂中，一幢老式平房的亭子间，我找着了一个迄今还靠写作度日的老作家。他刚刚校完一部五十万字长稿子，清瘦的长手指夹着厚厚的一垒原稿，营养不足与缺少阳光空气的黄面庞上，充满风霜的皱纹，在惨淡的微笑中对记者说："校是校完了，有那一个出版商愿意承印呢？即使印了出来，在兵荒马乱，民不聊生的今天，谁来买呢？"我问到了版税以及平日生活费的来源。他说："一二年前，我靠版税生活。发表费仅只供零用而已。现在不同了，主要的收入只依靠零碎发表的报纸文章，勉强糊口而已！"我们的话题转到诗与散文。他急忙地说："那更不行了，一位有名的写诗的朋友，现在还积压了十几部诗稿呢！"在文化凋零的今天，作家似乎是多余的，作品形成了"通货膨胀"的现象。

中国，这一个古老的国家，除了拥有号称几千年旧有的文化以外，一切新的文化，新的思潮，都是在近二三十年来开始输入的。照理讲，这几十年来的文化应该特别兴旺。一切新书的出版，也应该特别发达。可是，中国的新文化始终在不断的苦难中，明文暗令窒息了新生的萌芽。一个渴求真理的读者，不仅难以找到爱读的书，现在，普遍的贫穷，购买力普遍的低落，更大大地削弱了他们读书的机会与欲望。当你走到吕班路生活书店里，你可以发觉书店里朝夕挤满了读者，很多人捧着书，贪婪地细读着书中的每一个字。但是他们很少买书，读了相当时候，好像不好意思再读下去，歉然地走了。一位书店的职员对记者这样叹苦："他们求知的欲望真可佩服，有些人每天来读一二小时，甚至还有做札记的。但是他们很少买书的。"由于出版困难，销路呆滞，专以印刷书籍及期刊的工厂只得缩小，裁减工人，因此有许多工人走上失业的道路。把稿子变成书本的神圣的劳动力没有出路了。在厂的工人，则因为厂方裁员，劳动加强，他们也是在痛苦中勉强过着日子。

文化逆流一瞥

在一般正当的出版业万分困难的今天，由于一般民众心理的普遍苦闷，以及新文化的一再遭受摧残，一股文化的逆流乘隙而出了。这是一股浊流，在窒闷的文化界，在混乱的国土上泛滥着。

上海二百六十家书店，除了几十家比较正派的书店以外，大体上莫不多多少少的带有一些黄色的气氛。

据一位书店职员语记者，黄色书的销行是骇人的。譬如，一本

《健康的性生活》，就再版过多次，而且被改编或搜集在旁的集子里的也不少。竟有四五种之多。有许多书店（这里不便说出）专以承办这一类的书籍，发行到各个外埠去。

这是一股逆流！这是此时此地才产生的不可忽视的一股龌龊的浊流！

（载上海《大公报》1946年12月16日）

当前出版事业的危机

吴泉达

由于最近上海各书业联合晋京请愿，要求免征营业诸税，出版事业经营的困难，似乎引起一部分人士的注意，在处处落人后的我国，如果想从学术上迎头赶上，那末提高国民知识水准是如何迫切的工作。出版文化与国民知识更密切的关联，对于这一个事业的日趋下坡，实有密切关注的必要。

的确，当前出版业的现状，实太使人失望，几家最大的出版商都在观望，把完善设备的印刷机，用于印刷纸币和商业广告品上，而另一部分热衷出版事业的文化人，且患着实力不足的病症，胜利到现在，多少优秀的刊物夭折了，许多出版家闹亏损，如此日趋衰落的出版事业，试问如何能在知识文化中起作用呢？

为了要抢救出版事业的危机，我们对于造成今日出版业萧条的原因，实有加以共同研究的必要。

印刷成本的昂贵是出版业的第一重难关，以目前情形而论，假定出版一本二十开大，五十页的报纸本期刊或书籍，如以三万元以内一令纸价，七千元千字的排工计算，加上印工、装帧、封面及最简单的制版费，如果印四千本，成本就要在二百五十万元以上，那末这一本刊物印成后的售价至少要在一千以上，因为印刷成本之外，还得加上经售商的利润（现在一般出版者所给经售商的利益，自百分之二十至百分之四十不等），倘与国外图书比较起来，美国全铜版纸印的 *Life*，运到中国只卖六百元，在我国不但印刷费无着，恐怕光是纸张成本都不够。在这样高的印刷成本之下，无论出版后的销路情形怎样好，这第一批的资金就可把你难住，并且出版后即使能于最近期内销去，也不知几时才能收回资金来。

不但如此，即使你好容易预备好了一笔出版费，不管你预算得如何精密，但随时上涨的物价和工资，还会弄得你"进退两难"的。再说凡是出版人，都是困于资的多，拥资者从来不想来投资于此的。而政府当局尽管粮贷、盐贷、茶贷且从未闻有出版贷款，业中人既焦头烂额，外界人更望而却步了。

加以资金周转与选择稿件的困难，寄费的昂贵和购买力薄弱，致使出版业奄奄一息。我们要求：

（1）要求政府增加文化经费预算率。

（2）政府立即实施出版贷款并免除一切税则。

（3）改订印刷邮费价，以减轻读者负担。

（4）增加稿费，提高文化人待遇。

（载上海《大公报》1946 年 12 月 8 日、12 月 22 日）

在出版界五年

一 文

我在出版界整整有五年历史。在这五年之中，我看见出版事业蓬勃发展，但也望着出版事业一蹶不振。每一出版家都遭遇到一种空前困难，如物价不断上涨，子金逐日增高，存货无法脱手，销场又缩小到仅限于重庆和四川外围若干偏僻乡镇。特别是土纸书的运命问题，使每一出版家均感无比惶恐：万一已印书籍完全失去销路，出版事业就只有濒于破产一途。而土纸书今后必然没有读者这一事实，今天是可以断言的。

但出版界的苦痛并不只此而已，更严重的是巨额贷款简直不能偿还而又必须偿还。我们知道书籍不同于其他商品，没有一定价值，决不可以抵清借贷，然则怎么办？消极方面我们做到停止造货，相当容易，积极方面，要做到增大销货额制，使货款集中，用销货的钱偿还借贷的钱，却困难万分。我们廉价出售书籍，没有读者接手。每日收入不敷每日开支，希望书籍变出钱来还债无异于白天做梦。出版事业的兴衰，关系国家文化的兴衰。如何解决目前出版事业的危困，使出版事业兴盛起来，在建国大业中贡献并发挥力量，是出版界的一种普遍要求，读书界的一种广大希冀。我们以为解决危困的只有政府。政府今天如果举办文化贷款（或者说出版事业贷款），出版家便有生路。抗战八年，我们在后方重镇守住岗位努力，我们敢说有资格接受政府一份优待；而我们得到优待，继续从事出版事业，兴盛国家文化，对建国大业自信不无裨益。在此，我必须为整个出版界向政府呼吁，我想我们贤明的政府是不会让我们破产的。

关于出版事业的危难问题，我不再述说事实和意见。因为我主要的是想写出我在出版界五年之中看到出版中心如何转移重庆，出版事业如何蓬勃发展；现在就记忆所及，我谈谈我参加出版活动的第一年。

这一年（一九四一）是出版界最活跃的一年。因为销货条件优越，邮路畅通，发行网相当扩大，每一版书，无论初版或者再版，至少印五千册；初版书假如只印了三千，几天内一定全部售罄；这说明读者对于新的知识的渴望多么热，对于正当读物，尤其是有关抗战的读物的需要多么急切。书有销路，每一个出版家都干得很起劲。印制成本是不高的，而一版书又有很大的印数，这实在给与出版家一种便利；但同时也便利了读者，那就是印数愈大，读者负担愈轻；在这样的销货条件下面，书籍的发行额逐渐大了起来，一本真正结实，真正有东西的书，初版可以销一万册，再版三千到五千，也不会有什么问题。一本像样的杂志，起码有一万本的销数。

出版事业在重庆能像这样蓬勃发展，主要原因是物价相当稳定。我记得印制成本几乎没有上涨，而且维持了一个不算顶短的时期。纸张也是一样。印一本书，不要很多的钱，出版家既然负担不大，读者负担更是微小，买一本书只须一块多钱最多五块钱。因为重庆有这样的条件，特别是印刷方面也不比上海坏，上海的书来源又太困难，许多书必须在重庆重排或再版，于是在重庆，渐渐地形成了一个出版中心。

出版中心转移重庆以后，每一个出版家都用全部精力，应付这新的局面。工作是有意义的，争取四川尤其是四川外围许多落后的读者，我们觉得可以以出版书刊开始。这样，大家便分做几方面去作：有的出国际政治，有的出社会科学、自然科学；有的出伦理学、哲学艺术，有的出文学；这些书，都有很好的销路，但以文学书销路最佳。创作、散文、戏剧，都拥有广大读者；书一问世，可能一抢而光。战前一本书初版一千或者二千册要卖若干时候才会再版，战时却不同。抗战增大了一部分人的读书要求。不过，新诗还是不受读者欢迎，尽管努力的人多，然而，读者仍然极少。我记得我们社里出的一本名诗人的长诗，送到一位前辈那儿去，他竟一本也不肯留下！他是出版家，有门市，同时教育程度很高，但他会有这样的态度，你怎么办？读者对新诗兴趣低落，贩卖家又完全拒绝贩卖，我以为这样的贩卖者，或者说这样的同行，是根本要不得的。

国内作家的作品销到了饱和点，以后是文学名著的畅销。读者味口大了，从小本头的创作，散文的欣赏，进步到要接受大本头的翻译小说。他们想了解每一个作家，了解他们的作品和艺术。这一时期，出版界有一大特色，那就是大小出版社都在介绍文学名著。现象当然是好的，然而有两种情形对于读者都十分有害，一种是勉强找一个人翻译一部书，印出来，错误百出，不堪卒读，也算是介绍名著；另一种是找一本绝版书，不顾作家权益，翻版渔利，校对马虎，错字连篇。但读者能够辨别好坏，即使上当，究竟是少数。不过，这类出版商的存在到不能不设法消灭！

文学名著畅销的时候最久，直到抗战胜利，仍有不坏的销路。这说明一本有价值的书，确是永远有他的读者群的。顶受爱戴的作家是屠格涅夫、托尔斯泰、罗曼·罗兰，这些作家的东西，都深深印在好些读者心里。他们常常会想起小说中主人公的名字，也常常会想起小说中那种诗意的场面。出版家和读者花的钱得到了不小的功效，他们把优美情操带给世界，这功效还不够大么？

从国内作家书籍的畅销，到国外作家的名著受读者热烈欢迎，是出版界的黄金时代；这时候出版家算是最兜得转的时候，借贷是不免的，然而，借的钱却可以靠书籍变出钱来还清；再版旧书，初排新书，没有什么太大的问题，而且，每一个出版家并不仔细考虑书的销场，一本书问世，决不会销得很坏。出版界充满一种新生气象，同行与同行之间也颇能合作，只是程度有深浅。一般地说，每个同行的作风都还不错，做往来，到月底结账，毫无拖欠情事。

但在一九四四，特别是一九四五年出版界有一个转变。而读者趣味，也有了鲜明的移换。不过这两种情形是互相影响，互有因果的。

我想先从出版方面说起。在这一年出版界发现大批翻版书商和野鸡出版社，他们在做什么呢，他们在迎合一部分读者，囤积纸张，专印色情小说，书名是富诱惑的，如夫人、姑娘、爱情之类；至于内容，有的实在同《性史》无异。抗战以前，我们攻击这样书，其实，抗战时期所出的这一类书籍比战前更坏。张资平、章衣萍甚至叶灵凤这帮文人，我们早认为要不得，战后写色情文学的几位先生则较之他们更露骨。淫秽字眼的堆积，爱情场面的铺张，就是这些无耻之徒想出的花样。他们在害青年，然而，他们却靠读者发了财。这批人道德水准之低落，真是无法形容。不过，我们可不可以消灭这些有害读物呢，我觉得可以。我们要努力做到两件事：一件是拒绝卖色情小说，另一件是唤醒读者不买。色情书一旦停止买卖，野鸡出版社和翻版书商自然不能立足；做到这两件事必须步调一致。在重庆，已经有若干书店在做。今后在任何一地，这工作都很重要。鸳鸯蝴蝶派的抬头，在出版界也是一件值得注意的事。在重庆，自张恨水的第一本章回小说出版，继之，就有他的许多东西印出来，《啼笑姻缘》、《春明外史》、《秦淮世家》，这许多陈旧的东西的翻印，充塞坊间。张恨水的东西的好坏我不打算批判，但这些东西的翻印，我以为对于中国新文学运动是一种障碍，章回体的写作手法在今天是不应当存在的。也许张恨水在思想方面有若干进步，是用了旧瓶装新酒的办法装了一点新的内容，但是，今天我们要求的文学形式绝不能是章回；至于言情，或是作者自以为醒世的东西，我看毫无翻印价值。我们要考虑一个影响问题。考虑到这层，作者自己会自动停印他以前的旧书。这不是让某些出版商发财的时候，作者，我想是不会希望靠版税发财的。我们要计划如何提高一部分读者的水平，特别是小市民阶层昀，我们不能把他们限制在只能念念章回小说的阶段。还有，像徐訏的《鬼恋》和其他作品，完全玄虚，完全离开现实，也似乎可以少印或者简直不印。

色情小说、章回小说，以及其他谈情说爱的小册子，成了这一时期最畅销的书。别的有价值的书，不管是文学和科学的，销路都滞了。只有实用书、工具书有一定的销路，英文学习方面的书算是最好销的。——感谢我们的盟军，使我们中国读者在一个时期里面对英文发生那样大的兴趣。不然，出版界将只有色情，一无其他东西了。

凄凉的是排新书已不可能，再版书顶多也只有印两千册了。印刷费不但上涨，纸张更涨得惊人。一九四一年已成过去，初版再版都不可能有很大的印数。读者，大概只是一部分读者的趣味，转向于色情小说和章回小说；原因是他们的神经想得到一个松弛机会，不惜追求较低甚至是很低的东西。我说出版者与读者间的因果就在此。

正统出版物因为各种条件的限制陷于停顿状态。书的销路窄，使若干出版家不敢印书，借款利息大，使出版家不敢借款。到抗战胜利以后，出版事业，便一蹶不振，毫无起色。前几天我收到重庆来信，知道书业界的情形跟我离开重庆时完全一样，书籍无人问津，出版界是无比凄凉。

以上所述，是我在重庆出版界见到的出版事业发展的情形。我在出版界历史极短，许多事都只皮相地知，也许说出的事实未必对，好在都是忠实的报道，总有一些小道理。最后，我想对于同业合作说几句话，重庆同业几乎全是记账往来。每届月底结账，大概要开十五天到二十天的期票，期票期到，退票的事屡见不鲜，这根本要不得。我们承认重庆同业的确各有困难，然而，在任何困难之下维持一种商业信用却是必要的。同业间的合作不够，缺少一种互助精神，这也是需要建立的。

目前，出版家正当万分艰苦的时候。我相信，我们搞出版的人会竭尽气力支持过去。破产不要紧，要紧的是多少得到政府一些帮助。出版家服务文化的热诚，勿庸赘述；政府爱护文化的苦心我们也会看得到的。我们自认是做建国工作的一员，我们全体都要参加到建国大业中去。

（载《读者》1946 年第 1 卷第 2—3 期）

强化省营出版事业

徐 扫

商营的出版事业脱不了“商”的范围，处处要讲“生意经”，无足为怪。其上焉者以推进文化为主要目的，以求利为副目的，一切经营均力求两种目的之平衡。其次焉者以求利为经营的主旨，以推进文化为附带目的，遇到前后两种目的发生冲突时，即放弃后者而从前者。其下焉者，唯利是图，不计所出书刊对世道人心有何等影响。

在“私利高于一切”的现社会风气之下，上述三种出版商的人数分配是依次递增的。更且，胜利以后物价反而日见飞涨，出版商投资巨而获利微，不如其他商业那样“吃香”，多采守成的态度。因此展望出版界只见一片荒凉，即使有新书出版，亦多是迎合低级趣味的以及肤浅的所谓“易销书”。

在出版商场的这种情形之下，我们对于公营的出版事业责望特殷。因为公营出版事业具备以下数项宝贵的特征，能在此时振衰起敝。第一，公营出版事业纯以发展文化为主旨，不仅无须图利，在必要时还可以有计划地贴钱。第二，因为有了第一种特征，公营的出版事业无须斤斤于盈亏的盘算，其出版计划纯以社会的需要为根据，所以最能适应当前社会的需要。第三，公营事业所能动用的资金比商营的为巨，商人所无力经营的艰巨伟大的出版工作，公营的机构能够胜任。第四，公营的出版事业机构罗致人才较易，可能有较健全的编辑部。

本省公营的出版机关只有改进出版社一所。改进社在福建已有相当长久的历史，在初创立的几年间编行五种杂志，出版多量新书，在东南颇负盛誉。可惜全盛时期为时过短，刚跨一步便进入衰老期。降至今日，若依其表现而论，似已尽失上述公营出版事业的特征。数年来出版界是一片荒凉，上面已经说过，社会迫切需求有价值的精神食粮，但是该社出版的定期刊物由五种减至二种，所出新版图书也寥寥可数，几至停顿的地步。该社这几年来的存在，其业务似乎印刷（承印）重于出版，这在其出版概况及其内部人员配置两方面均可显见。现在的经理部比编辑部庞大得多，坐着“办公”的人员比编审人员多了许多倍。据说这种现象也有其不得不然的原因在——该社经费需要自给自足，不得不从印刷的赢利上取偿，而书刊的出版不徒获利微薄而且易致赔累。以现状下的改进社作为印刷机构颇能合于理想，作为出版机构则未能餍足社会的愿望。

省府直属的具有印刷设备的机构有二：一为省府印刷所，一即改进出版社。不久前省府将印刷所与改进社合并为一，不将改进社归并于印刷所，而将印刷所归并于改进社，可见省当局满拟以印刷作为出版的工具，而不愿使出版成为印刷的副业。然而合并之后，印刷条件虽更臻完美，而出版业务却陷入“半身不遂”状态。

改进社是本省唯一的省营出版事业，责任艰巨，社会人士期望特殷，应亟谋强化。强化之道，即在强调上述公营出版事业的四种特征。

（载《建言》1946 年第 10 期）

民营出版业的痛苦

景

目前的民营出版业遭受了极大的痛苦：

（1）成本激增。排印工较战前高涨七、八千倍，纸价较战前高涨一万余倍，而目前书价最高只涨到二千多倍。

（2）运输困难。出版物通邮地区既有限制，航空邮寄又于最近停止，战前所无的图书小包邮寄办法加重着读者负担，营业颇受影响。

（3）独占威胁。光复区敌伪出版机构的接收也出了毛病，印刷厂、房屋和纸张在某些人有特殊便利，使民营出版业无法发展。

此外，如非法扣检邮件、营业税的未能免征，都打击了出版业。至于读者购买力因书价不得不涨而相对降低，那是必然的。

最近上海新书业同业公会致书参政会呼吁，恐怕不会有什么效果。我们希望读者们给出版业伸出援助的手。

（载《读书与出版》1946年复1期）

粥多僧少之出版现象

钱宗吴

近几个月来的出版界，真是空前的热闹，别说那些方形月刊之风起云涌，就是其他的书籍杂志，也如雨后春笋一样，层出不穷。我们试走过报摊，只见五花八门，重重叠叠，尽是新出的东西。究其原因，一则由于胜利以后，八年来闷在心头的话，都急于倾吐一番；二则内地有许多刊物，纷纷迁移到上海来出版或者到这边来出上海版；三则最高当局颁布言论出版自由的明令，凡是对于出版事业有兴趣的人，都想一试；四则由于政治斗争的激烈，出版既是极有力量的武器，大家都努力生产；五则游资过剩，无缝不钻，出版有时也被生意眼所看中。

上面所说，还不过是荦荦大者，其他的原因当然还有，此地也不必细说了。可是这种蓬蓬勃勃的现象，却造成了一个严重的问题，就是出版物多，而读者却少，仿佛一种粥多而僧少的样子，有人把它也称为恶性通货膨胀，真是不错。察其结果，就是书籍、报章和杂志的一般销路，都大为呆滞，出版家虽然纷纷出版，读者却因过于分散而减少了。这对于出版商实在是一个打击。

然而这也并不是没有好处，它使人竞争，使出版家努力革新，以争取读者；它也刺激读书的兴趣，使读者群扩大起来。当然，我们果能集中一点力量，办几本更好的东西，自然更好，可是以文化人而论，所谓集中也有许多困难。把话说回来，以中国地域之广，人口之众，目前这一点出版物，实在不多，如果跟欧美各国比较一下，简直是太贫乏了。那末这又是什么原因呢？用简单的话来说，不外下列三点：（一）读书识字的人太少；（二）人民购买力薄弱；（三）交通工具不发达。能从这三点上多多努力，今日的这一点出版物恐怕还不够销呢！

（载《茶话》1946年第1期）

读物和毒物

甄　士

最近上海文化界的热闹情形，走在马路上都看得到，书报摊红红绿绿、大大小小的书报杂志，鲜艳夺目，一片茂盛气象，看了真令人喜悦，可是这喜悦当你走到那书报摊的面前站立以后，认识一下它的内容的时候，便不得不感觉到还得暂时保留。

胜利以后，数阅月来，在上海掀起的文化巨潮，有着两种畸形的病态。第一种是谁也会感觉得到的，这种投机的市侩们所做出来的文化事业，第一个阶段，他们以庆祝胜利标榜入这还算好，除了它那空洞的内容浪费了纸张以外，洋溢在人们心中的胜利的感情还是珍贵的，可是第二阶段便恶劣了，政府在开始逮捕汉奸的时候，在那文化领土的书报摊上很快地出现了许多毒草，《汉奸丑史》、《女汉奸秽史》、《陈公博浪漫史》，诸如此数小册子，名目繁多不胜枚举；真正提出惩治汉奸，严肃地暴露汉奸罪恶的文字却极少，而这一些投合低级趣味，甚至于含有色情淫秽的毒质的书籍，却在一辑又一辑的不断出版出来；直到最近，汉奸的噱头似乎已经卖尽，可是投机商的手段是层出不穷的，又在出什么“内幕”了，对于这种“文化”，我们希望当局应设法查禁，这种书籍的出版，不但浪费了人力物力，更播散着可怕的毒素，它实在无予以出版自由的理由。

至于第二种倾向，则不像上一种的单纯了，我们在许多态度严肃大声疾呼的刊物上，看到一种几乎是普遍的倾向，这倾向便是歪曲与宣传；我国国内的政治问题，在目前正有着轩然大波，这政治的波浪对文化界影响是必然巨大的，我们看到了有许多刊物在以民众的喉舌自任，有许多文化工作者在以民众的身份在对政府发言，这实在是应该的现象，可是我们反对借此而为自己作八股式的宣传，作歪曲的报道，想蒙蔽人民的思想，唯恐天下不乱，在煽动，在诱惑，在刺激，其蠢故不足道，其罪恶却不可轻恕。民众对于国家的政治有过问之权，文化人是民众的知识分子，更应该对政治有明确的主张，对政府有善意的批评，但是却不能成为他人的传声筒或是应声虫，这是文化人的耻辱，文化的污点。而目前上海的文化界，这污点有着很大的一块，这不得不使我们愤怒，更且它的罪恶，不仅仅玷污了文化而已，它的影响将使紊乱，八年来不论是在大后方，是在沦陷区，人民受战争的磨难已到了极点，战后的中国，不但没有能够稍事喘息来治理自身的创伤，更且在自己的国土上，又演出了战争，这是什么意思，什么人的罪恶，这账且不必去算了，人民反对这战争是真的，文化界中的反对内战口号也喊得极其高，可是有许多刊物的宣言，许多文化人解释这战争的文字，看了却要令人哭笑不得，他们只是在作片面的宣传，片面的解释，片面的呼吁，片面的报道。类此情形，实在很多，除掉在反对内战这一点上表现出以外，歪曲的宣传目前已经可怕的几乎是在每一件事实的评论中都表现了。我们不得不看清它的阴谋！指出它的罪恶，并希望他们收敛和反省。

对于充沛在目前文化界的这两种畸形发展了的书籍与杂志，假使它也是供给民众作精神食粮的读物的话，我们不得不指出说，这读物是毒物！

（载《中坚》1946 年创刊号）

蜜蜂的刺

张白山

这一年来，有些出版社又大量的翻印古书。什么古书呢？经史子集，无利可图，成本太高，没有这分财力，只好印些说部传奇的笔记。其中谈忠孝节烈、神怪报应的尤居多数。这志怪述异的大量刊行，出版家为的只在敛财，如从读者方面看，问题就不很简单，所引起的后果，颇足以令人担忧。因为这些笔记正如蜜蜂的刺，它处处在引诱你，如贪图它的蜜，一不提防就会给刺伤的。这流毒，我想恐怕比提倡谈经还要来得厉害些罢。只读经书谈名教，让大人先生们自去提倡，我们可以不去理它。而志怪述异的书，虽无人公然出来竭力提倡，可是诱惑力就很大。现在偏又年辰不好，兵荒马乱，什么都在闹青黄不接。文化这块园地更显得荒凉落寞，许多好书不能出版。出版家又不得不吃饭，读者既认得几个字，似乎也不得不读书。遇着这饥荒，读者正如饥民一样，饿得天昏地黑，明知观音土有毒，却也不顾死活的抢着吃了。结果虽不至于个个倒毙，而受毒可就深重。

说句老实话，这一年中，我们是被窒息在污浊的沉重的秽气里。纵欲的物质主义者，到处横流，卑俗的反动的市侩文化都装个笑靥迎人。敏感的人不免感受到痛苦或郁闷。挖个洞眼呼吸一下新鲜的空气罢。然而大抵没有这份气力。而芸芸众生那更不必提了。我想，笔记文学之死灰复燃，大约就是基于这窒息的环境。现在不论北平、重庆的大城市，并且至于僻地穷乡，充斥文化市场的，几乎全是志怪述异的笔记。这文化的衰退，实在令人害怕。一面麻痹了自己，另一面却招致了许多的不幸。

笔记在文学这部门中，原也应该占了一席，自无异议。有的谈考证，有的尚批评，有的记述风土，而文学大多朴质可诵。在中国做学问的，或研究腐败士大夫的思想的人，借助于它的就很多。所以从学术文艺的见地看来，仍是有它的存在价值。如王应麟的《困学纪闻》、顾炎武的《日知录》，便是属于这一类。而以思想博大，见识明达，文字灿然可诵者，如刘继庄的《广阳杂记》、郝兰皋的《晒书堂笔谈》、洪迈的《容斋随笔》等。但前者因为是学术性的，不为一般读者所欢迎。后一类则刊行不普遍，内容又不以谈狐说鬼为主。出版家不翻印，读者也无从看到。至若周密的《武林旧事》、李调元的《南越笔记》，以及《梦粱录》、《都城记胜》，那只限于喜欢民俗学的人看。此外，大部分的笔记，老实说都没有多大价值，看来看去无非谈些典章、科举、忠孝节烈、神怪报应罢了。这与我们的生活有什么相干呢？看后只有使我们更加愚蒙与无知而已。至多养成奴才性，好让人家来统治。《四库全书总目录提要》卷一四〇・子部・小说类下云：

“迹其流别，凡有三派，其一叙述杂事，其一记录异闻，其一缀辑琐语也。”

照这分类看来，记录异闻，最要不得。它是以趣味渊雅，文字动人为饵，慢慢把你牵引到天堂地狱去，如不彻悟□头，受害可就不浅，如蒲留仙的《聊斋志异》、纪晓岚的《阅微草堂笔记》五种。原也是中国传奇与志怪小说的珍品，当作文艺书未尝不可以。前者文字以纤巧精简见长，后者以叙事简明、说理透彻取胜。然而文字固好，我们学不来，即使学得来，又有什么用呢？而内容搜奇说异，蛊人太厉害了。这或谓作者多设词嘲笑老儒与道学家。可惜我们一般读者却不这样看。读者只觉得鬼知人情，亦足可爱。狐狸能变美女，且会性交，尤可亲近。于是少爷小姐读了之后，长夜不寐，不勉想入非非了。而学校机关白昼也闹鬼。我还不曾仔细注意过，有这种邪念的，是否人人都有。但据我所知，有不少的读者都中了这蜜蜂的刺，软绵绵的飘飘然而不自觉哩。我们这古老的衰败的民族，将不知如何去应付原子能、雷达呢。

继《聊斋志异》之后的志怪书更多，思想谈不上，文体益见卑下。如《夜谈随录》、《夜雨秋灯录》、《伊园谈异》等，谈鬼之外，兼论因果报应，浓艳淡俏，顾影弄姿，更是误人子弟，于是社会上小姐上吊，少爷落难也就多了。至如俞少轩的《高辛砚斋杂著》中还说：“鬼长不过二尺余，如鬼能修善则日长，可与人等，或为淫厉，渐短渐灭，至有仅存二眼旋转地者。”这简直是欺人之谈，在千余年前，王充在《论衡》一书中，已痛加抨击。但我怕现在的人，就算认得几个字的人，思想上还被这怪鬼支配着，为数不少罢。谈因果报应的，如《寄龛甲志》有一则写雷殛的事，更是令人喷饭。文云：“庚午六月雷击岑墟鲁氏妇毙，何家溇何氏女也。性柔顺，舅姑极怜之，时方孕，与小姑坐厨下。小姑觉是屋热不可耐，趋他室取凉，才逾户限，霹雳下而妇殛矣。皆曰，宿业也。”

这是阴谴之说，见识腐败而可笑。雷殛恶人，尤近荒诞。然而现在的读者还津津乐道呢。我们这民族太不长进了。又如谢在杭的《五杂俎》卷一中更煞有介事的写道：“雷之形，人常见之者，大似雉鸡，肉翅，其响乃两翅振奋声也。”像这些鬼话自明清以来的笔记中，屡见不鲜。明清两皇朝虽数度大兴文字狱，杀人焚书，不一而足，却偏让这些志怪流行民间，其用心如何，就不难明白。五四运动时代，人们谈科学，谈民主，反迷信，反礼教，成绩不能说没有。然而不到二十七个年辰，人家的文化科学，突飞猛进，一日千里。能运用科学，把空间与时间缩短。而我们的文明古国的人民还相信呼风唤雨、腾云驾雾的鬼神呢。江西龙虎山的张天师，不是云游天下吗？这未免觉得可笑而又可哀的事。这蜜蜂的刺，不知刺伤了多少纯真无瑕的小灵魂啊。

我曾在学堂里教过几年的书，学生中不乏有识见的，恳恳勤勤，喜欢接受新的文化，阅读新的文艺书。但也见过不少只爱浏览志怪杂书。有的还看《阴骘文》、《感应篇》，程度高的又看《九皇经》、《觉世经》。你说没有影响吗？这影响可真大。较易觉到的，便是头脑板滞，思想昏蒙。好像着了魔道。写起文章来，通的笔墨幽玄，不通的文词古怪，鬼话连篇。连写科学性的文字，也带了妖气，譬如《西青散记》罢。老腐儒是欣赏的文笔好，而现在的读者却喜欢降乩仙的女与显圣的关公。这不是蜜蜂的刺是什么呢？

说来说去，一言以蔽之曰，我是反对出版家在今天，不该刊印这类的书，读者也不该只读这类的书。我老想可印可读的书到底还是有的，不然终有一天，会给鬼怪吃掉，那可真悲哀了。也许出版家或遗老们不赞成我的意见罢。但读笔记的人们，可要听尼采的话：“他们要接近你的皮肤和你的血”。

（载重庆《大公报》1946 年 11 月 30 日）

精神食粮

赵 易

生活一天一天的上涨，只有迟速的不同，有时落了仍涨，吾们这批靠“笔”吃饭的人，实在吃勿消。

机器必须添了油才能推动。油贵了，工业家可以把多出的油费增加在制成品的成本里。所以油尽管贵，也不在乎，况且油现在正在跌价呢！

可是我们这般精神食粮的制造机器，也不能不加油，吾们的油是书本。昨天到一个旧书店去买一本必需参考的书，一问价钱，恰巧是在未改用法币前伪币定价的二百倍。换一句话，就是把伪币价格改了同数的法币价格，吾只有空着手回来。

我真不懂，从胜利到现在，米价只涨了一倍多，别的物价都大涨，但是不曾有过涨二百倍的。为什么书籍独是涨得这么贵呢？

但是单喊吃勿消有什么用呢？

（载《海风》1946 年第 8 期）

精神食粮的危机

贯

建国以文化建立为前提，文化以精神食粮为首要，这是人所尽知的。然而在高呼文化第一的建国期中，我们的精神食粮却正是危机四伏，而且有与日俱重的趋势。

广泛的收复区，东北九省，乃至边远省区，普遍地缺乏报纸、杂志、图书，甚至于教科书，那已经是不用说了；他们闹精神食粮的恐慌，那也许以交通不便运输不灵的原故。但是像京沪的首善之区以及全国各大城市，也同样有精神食粮不充分的危险。这危险却不是起于运输问题，而是起于供给精神食粮的文化事业机构本身所遭遇的经济危机问题。

现在的出版事业，大之如书局报馆，小之如杂志社，同样感受至经济上的困难。一面是生产品的成本加高，如印刷、运输、纸张乃至文稿各费，不知道提高了多少倍。一面是生产品的销售困难，因为所谓精神食粮，既非生活必需品可与人以不得不买的威胁，又非娱乐奢侈品，精可与人以不想不买的诱惑性。又一面是收款迟缓，增加了利息上的负担。积此种种原因，出版事业的危机不得不加重其普遍性与深刻性。

以首都而论，大书店本已不多，而新书又不能大量供应；各家报馆，除中央和平而外，也曾因经济问题，一致的停刊一日；各杂志社有的在脱期，有的在停刊，有的在空挂招牌，更有的索性关门大吉。首都的精神食粮，其危机已如此，其他各地更属可想而知。这危机，攸关建国前途，应该值得我们深切的注意。

我们知道，在平常的时候，各界各业，多有其本身的银行，作金融上的调剂与周转，然而我们没有文化银行！我们又知道，目前工商界的危机，社会上曾予以极大的注意，政府也筹划救济，然而我们没有听见救济出版事业的消息。因此，我们要指出文化事业的危机，希望有文化银行的设立与文化事业救济的措施。我们不能让精神食粮长此困乏，我们不能看文化事业自生自灭！

（载《文化先锋》1946年第6卷第3、4期）

精神食粮的等比

虎　痴

眼前的精神食粮，还是呈显着缺乏的现象，但是，自从胜利来临之后，精神食粮急剧增加的事实，也是不能否认的。不过，虽则统称是精神食粮，这中间品质的优劣，营养成份的多寡，正也大有分别。现把各种精神食粮的质料的差别，依据笔者私见等比于后。

▲旧文学　等是奶水，一个婴儿堕地之后，一定要有相当时期的吃母亲的健康的奶水，或以牛乳补助不足，才能奠定健全的身体的基础。

▲现代文学　等是白米饭，时时需要，是支持生命，发挥力量的基本要素。

▲科学　等是鱼肉之类，可以借其营养强健身体。

▲文艺　等是菜蔬之类，虽似那么的清淡，但一样可以供给身体方面不可少的营养的需要。

（上面是精神食粮的专指，以下是流行于现社会上的各种刊物的等比。）

▲日报　等是饭店，两三碗白米饭，选取几种爱吃的菜肴，饥饿问题便解决了。

▲小型报　等是酒店，那里有陈年佳酿，有喝了令人口干舌燥的烧酒，是在上酒店的善于选择，如再需要果腹的话，来上一盆炒糕或炒面，或蛋炒饭，味道不会推板到那里。

▲周刊　等是五芳斋之类的点心店，里面凡足以充饥止饿的甚么都有，而且都很精致，都很可口，往往吃了一客汤圆，见了八宝饭又垂涎了，吃了八宝饭，见了小笼馒头，又给吊起胃口了。又因进这点心的不是大嚼而是细品，所以尽管兼吃并食，还是很容易消化的，且有百吃不厌之慨。

▲投机性刊物　等是在街头叫卖的大包子，表面上看来，白白的胖胖的，又是蛮大蛮大的，很是亢进食欲，他里面的馅，甜的往往是糖精，咸的是单帮肉，虽则也是解决饥饿，但很有吃出毛病来的可能。

（载《吉普》1946 年第 14 期）

文章的“条件”

刘　桃

文化仿佛和“国产品”一样，正在遭受着快要“破产”的命运。我说这话，一是指出版物，一种是指作者。出版物则真是“洛阳纸贵”，外汇一变动，纸张油墨随之上涨，排工和印工，又是贵得厉害，加上“读者购买力”不佳，刊物怎么能维持正常发展呢？现在倘不是全部色情的作品，要谈民主呀什么，书籍还有“捉将官里去”的危险，书贾其亦难为也。说到写文章的人，更是苦不堪言，于今百物昂贵，惟有文章不值钱，以前的稿费最低千字二元，二元钱好买米二斗；现在是最高价七千元罢，买米只可买一斗余。而且，写文章也有条件，文章不能有火气，一有火气就要蹈如上之覆辙，编者固感觉麻烦，书店老板则生怕收受了印好了又要捉将官里去。色情文学呢，当然在取缔之例。横也不好，竖也不好，只有写些不痛不痒的文章了。然而，郑板桥说得好：“入木三分骂须精，搔痒不着读何益。”难道真是为写文章而写文章吗？——即使真想写点东西，看见出版界如此情形也只好掷笔三叹了。

（载上海《大公报》1946 年 9 月 6 日）

出版界的骑墙分子

摘　奸

当伪政府成立后不久，海上某书局的经理陇西后裔即告落水。但其人甚狡猾，善于骑墙，当即让经理之职于其族人，预为他日不败之地。时伪教育部某次长，即后曾为伪上海市教育局局长的，与有同学同乡之谊，遂异想天开，为其书局谋包办伪政府管辖区全部小学教科用书。这件事如成功，某书局就可一跃而执书业界的牛耳了。

他们一面请人编辑教科书和教授书，一面向伪教部钻营，结果，不知为了什么，没有成功。这是一件千真万确的事实，我的一个同学，曾经替他们编过几册教授书，没有完全编好，忽然中止不要编了。事后，他看见伪国定教科书出版，偶然在谈话中告诉了我，我到现在没有忘记。

最近，某书局的编辑所长也已回沪，大肆活动，以忠贞自许，很瞧不起那些在沦陷时期留沪卖文的同文。我很想当面叫他自己照照镜子。可惜的是现在没有旧小说里所说的照妖镜那种法宝，否则把他们一一照过，不怕他们不都露出原形来看个清楚。

（载《海风》1946 年第 9 期）

书肆即景

孟　超

偶尔到书肆里去走一下，忽然发现了出版界又有了不小的变化，根据出版物来窥察文化界嬗递的痕迹，应该不会有甚么差错；那末，今天的诸种现象，叫我怎么说呢？书籍，关乎文运；著作，关乎文风；今日情形，这个水银标，看涨呢？还是看落？那真是天晓得了！

你看，书肆里，台子摆的，架子上插的，一群一群的读者围绕而阅览的，几乎占十分之七八以上的是，某女士日记、某小姐情史、某某情书、初夜须知、新婚夜话……再就是鸳鸯蝴蝶派的小说，这里只举一个例子，单就冯玉奇一个人的作品就有二十几种之多，这一多产作家，真也可说是洋洋乎大观了。除此，就是翻印的旧小说，从《红楼》、《水浒》一直到《大破孟州》、《混元钵》之类。再其次，就是侦探间谍、武侠、黑幕。至于真正学术书籍、中外名著，大半都是几年以前出版，新出品的有价值的书，在以上许许多多的夹缝里，实在说占不到百分之一，重庆书业如此，据说昆明、贵阳、上海、南京，几乎全国，都是如此。

记得在几年前，出版市场所流行的是胡编杂凑，是翻版重印，早已有人慨叹是文化衰颓的征象。然而，当时的编凑，所采用的材料，还多是名著的撷取，翻版重印也还是中外名家作品，虽然不足为训；然而与今日比较，更不能不说是江河日下。追求他的原因，固然很多，但在这种政治局势之下，在这种社会现象之下，要求文化事业的提高，可真未必太那末容易啊！

上海方面，有一位出版界朋友，写信给我，他说："印费高，成本巨，纸张被统制，印刷厂被'劫收'，结果，只能不出新书，靠纸型翻版"……这位朋友，是一个有良心而看重文化的人，尚不肯拆烂污，骗读者，可是从他的口里，已经透露出其中不少的奥秘，自此而下，就益不足道了。

（载《萌芽》1946 年第 1 卷第 4 期）

略谈乡村小书店的经营

梦 萍

这里，所谓乡村，系指离开都市很远的小城镇，周围环绕着乡村，居民多以农为业，是一个日中为市，交易而退的古老庄园社会；因为她的环境与都市不同，所以经营书店的方法也大异其趣；这里，不需大量的资本、适中的店面、华丽的装饰和吹牛的广告……只须经营者有适当的经验、足够的物资、社会的关系和刻苦的精神等诸条件，便可以进行了。

现在，来谈谈在乡间经营书店的几个必要步骤：

首先，你得拉拢几个朋友，或则用合作的名义去主管机关登记，并与地方绅士（如保甲长等）应酬一下，时常联络，否则他们时常来麻烦你，派款派差是免不了的。

其次，在城街里或集镇上找一个适当的房子，加以相当的布置，如书架书桌等，这些东西最好自己买材料而雇木工来做，否则买竹制的也较便宜些。必要时，找一对大竹篓，一张粗毡，雇一长工轮流挑去邻近的每个集镇摆摊亦可，或则两者并用，以收宏效。

其三，为进货方面，最初，最好自己能到都市去大量采购一次，以为开张之用，以后或陆续由邮局用挂号的方法寄递或托可靠的人带亦可，货色方面要选择适合于当地环境的小学教科书（倘有中学校，亦可买中学教科书）、学生用具（如笔墨、字簿、信纸信封、练习簿、日记簿、大小楷字帖等）、新旧小说（如《三国》、《老残游记》、《古文观止》、《写信必读》和少数的张恨水、巴金、冰心等名家著作）和少量的浅近杂志（如《中学生》、《小朋友》、《儿童世界》、《活路》等）和多少彩色画片等，总之，办货亦应视当地销路的情形而定之，不能拘于一定的形式，这里，不过提供经营者一些参考资料而已。

最后，说到推销方法，为于店堂上或摊上的布置，须整齐美观外，最要紧的为将最受欢迎的（或封面好看的）书刊摆在前面容易惹人注目的地方，并须于墙上挂些有色彩的画片或时事照片之属，以招揽顾客或观众。在定价方面须力求便宜——或于成本加上四五成的定价（譬如成本一元，定一元五角等）在讲价时减去一二成，而能获得两三成的利润就可以了。在态度方面对乡下人须诚恳和气，狡猾的方法是顶要不得的。此外，你还得与地方机关的庶务人员，或学校校长有所联络，这点对于推销方面也很有补益的。

末了，对于管理方面，初创时，在这经济的不景气时代，最好少请些人，除了一个不可少的劳动工人外，一切都应由自己去苦干，顶多于生意稍忙时，请一个练习生帮忙就可以了。但对于账目方面，无论是合伙，或独资，收支都应该记清楚，不管采取流水账或新簿记，（顶好用简单的新式簿记）以便年终结算，知道盈亏和各种货物销售情形而好为将来的发展计划。

（载《农村杂志》1946 年第 2 期）

古书肆之红运

中原书生

上海古书市场是在四马路一带，名气虽不如北平的琉璃厂，然而在江南，一班爱好藏书与嗜鸩古籍的朋友，莫不趋之若鹜。书肆中，如来薰阁、来青阁资本亦相当浩大，文学者中，如郑振铎等都是老主顾，可以欠账，可以先将珍本带到家里去赏阅。上海沦陷期内，陈立夫秘密汇一百八十万元与郑振铎、张寿镛、何炳杜等托他们收购失散之古籍，而三人也就是转托各古书肆物色的，因为那时有不少藏书家，为了战时生活贫困而出售藏书的，各旧书肆乘机饱受了一批。除了一部珍本善本已为快手或附庸风雅之汉奸们搜去之外，存者尤不少。战事胜利后，书价大涨，这些奇货可居的古书，尤为涨得惊人，大都涨数百至千倍以上。此外，这些旧书肆还搜购了不少日本人的美术书画集子，在四川路地摊上也许可以二三百元购到一本的，一到他们那里立刻要三四千元，而且购书者依然踊跃。大约生活稍一安定，有藏书癖者，又趋活跃，故各古书店莫不大走红运也。

（载《七日谈》1946 年第 18 期）

旧书摊上淘新书

丘　木

我不懂得外国文，是怎样的一种遗憾呀！你看，虽然还没有同外国经常通航，在连路的旧书摊上，实在有着样样多花花绿绿的外国新书呀！

虽然不懂得外国文，那样花花绿绿的，我也常会被引诱到这种旧书摊上去随意翻翻。随意翻翻，虽然不懂得外国文，我也会被引诱得购买一本，两本。好在我看外国电影，也是不懂外国话的，不懂外国文的，自然也可购买一两本外国书。而且价钱又便宜，往往为一本外国书所化的，还比为一场外国电影所化的要省。因为，第一，从这种外国书上，是并不在被抽百分之五十六十的税的。

好在虽然我自己并不懂得外国文，我却并不是就连懂得外国文的朋友都没有。比如，黄次郎兄就是精通外国文的一个，我是可常常去请教他的。

据他告诉我，我所购买中间的一本，是叫做《老爷杂志》。那里面的一幅百分之九十五赤裸的女人像，真是够人爱的。我真想把她裁下了，配一个镜框，把她挂在我的床横头，好使我早午夜夜欣赏她。

黄兄自己在看的一本，说是叫做《媒翁来》，意思是“只准男人看”。

可惜里面没有图画，虽然我也是男人，我就无法欣赏了。不懂得外国文，真是一种遗憾。

（载《大沪周报》1946 年第 1 期）

开旧书店

寸　言

去年十月中和二个友人偶然谈起了近来书籍的价格问题，都感到了近来书价的高昂，真有不敢使我们问津之慨。于是，发了一下蛮劲，在辣斐德路的一角，我们也开起了一家书社来。

我们的书社，与别家不同的，就是注重收买旧书，不重于卖出，把收买来的较好的书籍，自己收藏起来，再也不愿卖出去了。并且还约定好：我们不要太市侩化，为文化略尽微力。

书社的店面，是利用了一位友人家的客堂和天井，还借用了他家中的文具。我们又整理出不需要的书籍来，和凑集了些资本，从各处借来几只书架，营业就开始了。

大概因新成立的缘故，每天卖出的书很少，收进的更少，整整的忙了十多天，与我们预定的目标离得太远。只得在星期日的晚上，我们——店员兼经理——开了一个“怎样使店务发展”的讨论会，结果却想出了一个新的方法来，就是除了买卖旧书外，还买卖新出的杂志期刊和书籍，并决定从下星期起开始。

这样决定后，书社中添设了一个新书部，由一位友人负责管理，但问题又来了：因为新版的期刊和新书，价目都非常昂贵，仅仅配了一部分，已把书社中的资本化去大半，和预定的资本额，相去甚远。再要来一次大大的增资，我们几个人，都觉得有点困难了。

天下没有做不了的事，我们书店的难局竟持续了三月之久，终于方法来了，就是向其他的友人招股，每股一万元法币。在友情的温暖下，迅速地集齐了股资，使新书部重又复活，虽不能把所有新书完全配齐，但也能得到大部了。

在书店中兼卖新书，上海恐怕只有我们一家，可以说是我们意外地想出来的。卖新版书还有几点愉快的地方：其一，本来要向外面买新书来看，现在都可以从自己店中借来看，即使要买，也有一个折扣可以便宜。其二，为了我们书局新成立，乏人知道，可以借助新书期刊的封面新颖美观，容易吸引读者，使旧书的买卖得到较佳的收获。

新书部设了不久，旧书的营业也兴起来了，但我们并不完全市侩化，可是不幸的事情来了：

大约在十二月开始吧，一位也做买卖旧书生意的顾客，把我们店中较佳的书籍，完全买去。起初时候，还非常兴奋，以为社中生意兴隆，销路快速，岂知因我们卖价便宜，被老做生意者利用，大大地吃了亏。因此，我担任了专为社中探听市价的人，经几次从四马路及静安寺一带的探听旧书市价后，知道一般旧书商的利润在二倍至五倍左右。譬如一本可卖五百元的书，在他们收进的时候，仅只一百元二百元间。同时又发现了我们社中书籍的卖价，有一部分真便宜得令人不能相信，像一本英文版的《新中国》，外面书店中已卖到七百余元，我们还只卖三百元，怪不得有内行人要来大量买了。

一气之下，把所有书籍的定价一律提高数倍，完全合符了当时的市价，同时也忽略了"不要太市侩化"的那句约言。

有一次，来了一位脸容憔悴的女人，手中的网线袋中，装满了各种书本。

"你们旧书要吗？"她有点怕羞地说。

我轻轻地点了下头，就把她袋中的书取了出来，仔细地翻阅一下，完全是大学高中部的参考书和读本，和一部《王云五大字典》，都是很好的所谓"热门书"，但我当时却装出了随便的样子，问她："你预备卖多少钱？"

她似乎说不出这些书的价目，思索一下说："你说罢！"

"你的书都觉得陈旧了，现在学校中都不采用，只能作为旧纸，就算五百元吧！"其实她的旧书中仅一本字典也可以卖一千元，何况内中的《三S平面几何》等书，都是有许多学校采用着，但我却这样说。

"怎么，这许多书只有十万元！"

"不少了，这些书称起来最多是六七斤重，现在旧纸每斤五十元，算算看，五百元还少吗？"我抹煞良心又说。

她看看很高的一堆书，似乎有点不舍，终于整起了书本，缓缓地出去了。但不多时却又回来了，轻轻地说：“卖给你们吧，我实在有急用！”

自从这次以后，我们的内心永远有着不安，渐渐地对于旧书的买卖感到了厌倦。以前说旧书商人有点“黑心”，但现在我们竟也变得与他们一样。

（载《读者》1946 年第 4 期）

请从免征书业营业税做起

蓬　子

出版界在重重困难与威胁下行将垂毙，今天已是有目共睹的事实。

首先是在严重的内战威胁下：全国的交通被破坏，读者的购买力被普遍削弱，造货成本被无限制提高。其次是在政府轻视文化事业的影响下：重重税收的压迫，累次提高邮费至不合理的程度，以及所有出版家除教科书外得不到文化贷款而受着高利贷的摧残……

缕述今天出版事业的困难处境绝非这篇短文所允许，这里只能略谈几多年来请求政府免征书业营业税，而至今尚无结果，从其中可以窥见出版事业是窒息在如何痛心的悲惨状态中的这一事实。

请政府财政当局看看今天上海（也就等于全国）出版界的实际情形罢。初版书没有一本不赔钱的，这里几乎不包括成本的利息，不包括开支，再版书可以赚几文的，不过一旦计算成本的利息，和业务的开支，也几乎是没有一本不赔钱的。讲到贩卖的同业，即使直接从门市售与读者，倘使十本书中剩下二本，或至多三本，就无从得到开支的利润。请向上海各书店门市部的架子上查一查胜利以后出版的书籍，是否都已十分之十的销光了呢？至于外版书刊的批发，其毛利仅千分之十五到五十，除印花税及开支，请问是否尚有缴纳营业税的余力？

而且在自身需要经济周转的时候，或者就是在需要筹款纳税的时候，没有一种制成品不可以向市场抛售的，便是作为制造书籍的原料的纸张以及制造工具的铅字和机器，也还是同样的情形。但是一旦白纸印上了黑字，立即就失去其原有的抛售价值。试想任何一个出版家或贩卖商对于任何一种书能有完全的把握吗？当然不！所以任何一家书店的财产便是或多或少的堆存在店里的若干卷旧书，一时变不了钱，而有的甚至永远也变不了钱的。那末，即使国家的税收是有统一性的，但是对于这样一种特殊的营业，是否应该另有一种特殊的补救办法？

也许有人怀疑出版事业既如此不可为，为什么不及早改行？恐怕这一切都是遁辞罢！回答这个问题很简单：第一，少数几家大书店依仗贷款过日，而这半年里中小出版社关门和停业的不知凡几，而且此风正方兴未艾；第二，尚在挣扎中者全靠几本好书，吃一本少一本，胜利后最初几月出版界的蓬勃和最近的萧索，正是慢慢吃光的象征；第三，书业同人生活的清苦，恐怕是任何一个行业所难于比较的，然而大家还甘于苦守着这个岗位锲而不舍者，正因为大家坚信文化事业之盛衰，有关一个国家的命运的缘故。

还有一个更悲愤的控诉，就是我们过去在大后方的时候，曾在敌机的疲劳轰炸下，以土纸烂墨印成书刊，掀起了蓬勃的抗战文化，支持了八年的精神战线。然而桂林撤退，西南的同业全部毁灭！胜利后由重庆东下，所有土纸书又都成废纸！政府未曾给我们分毫安慰，分毫方便，更不说分毫帮助，然而我们从来未曾因此向政府说过半句怨言，只是各自再度咬紧牙关，另起炉灶，希望仍旧站在出版岗位上对战后中国的文化建设有所贡献。但是，今天眼看着当年携手向敌人作精神战斗的旧伙伴，一个又一个的在困难重重中倒下去了，而垂危之际还得不到政府的一分温暖的慰抚，连一点最轻微最可怜的需求都得不到允准，我们心中的惨痛将是如何！

一个没有文化的国家不能算是国家，更不配称四强之一，五强之一！而近代文化的发达与否，其测验器就是出版事业的健康与贫乏，兴盛与衰落。今天中国整个出版界已经快到临死的时候，“人之将死，其言也善”，我们愿向政府再作最后的呼吁，倘使中国还是需要文化的话，（不要就不说空话了！）请赶快作亡羊补牢之计，立即从各方面来扶助垂危的出版事业，并首先请从免征书业营业税做起，则中国幸甚！

中国的文化幸甚！

（载上海《大公报》1946 年 12 月 15 日）

书业的免税运动

徐调孚

营业税是一种地方税，欧美各国都有。我国自从民国二十年裁厘后举办，国民政府颁有营业税法。

书业是文化事业，和一般商业不同，所以欧美各国大都规定免征营业税，以示政府提倡文化的诚意。然而我们中国却不然，书业并没有例外。近年来更变本加厉，增重税率。在战前，原是依照营业资本额为课税标准。在战时，因为币值变动过剧，改依营业总收入额为课税标准。然而，税率便随之增大了。

上海市书商业同业公会几家领袖同业，曾经在今年春间，托沈衡山、黄任之诸先生致函国民参政会，请提案主张应予免税。但结果怎样，我们不得而知，好像没有下文。上月，公会又由理事长李伯嘉先生率领了代表十余人赴京，向财政部、经济部、教育部、直接税局等机关请愿，要求免征。据说当时各首长都很表同情，但最近批语下来，却只免除了国定本及经教育部审定的教科书的营业税，其余的大部分普通书籍仍须征收。当然，书业界是不能满意的。于是公会方面决定召开全体会员大会，以便慎重讨论。

这是上海书业界要求免税运动的经过。承《大公报》记者的下问，所以把它一一的记下来。至于我个人的意见，无论是站在书业从业员方面，或书籍的消费者方面，都绝对的主张应该免税！为什么呢？当书业代表向当局请愿时，曾经胪陈了五点理由。这五点理由已很足以说明一切了，现在再申述如下：

（一）书业负有推进文化的使命，和其他纯粹以营利为目的的各业不同。所以政府向来都很重视，凡营业牌照税，运输进出口税，凡是他业不能免者，惟独书业得以例外免征。同样的理由，我们希望政府能把书业的营业税一并免除，以符合政府扶植文化事业的本意。

（二）“捐税转嫁”是一般商业的共通原则。书业的对象，不论为学校，或者个人，都是直接需用者却毫无疑义，绝不如其他商品之尚有抵押抛售等副作用。战后人民的经济水准低落，政府如要鼓励人民学业的进修和精神食粮的满足，自不宜削弱他们的购买力。所以应免税为是。

（三）上海书业界在抗战期间，所受的损失是不可以数字计的，无论是被敌伪劫没或是自己销毁，其量都足以惊人。胜利以后，元气未复，而工料又复膨涨增高，造货成本，倍蓰于往者；当然，水涨船高，不得不把售价一再加增，结果是读书人望而却步，无力购买，使文化受阻害。这是国家的损失。政府若能免税，庶几商人减轻成本，售价也可低落，经济文化都受其利了。

（四）营业税本来是地方税，税款的支配，中央得其三，地方得其七。上海市参议会已于本年九月间第一次大会决议通过书业免征营业税案，并由市参议会函请上海市政府转呈财政部核办在案。这样看来，地方已有应允的意思了，只要中央也肯牺牲自身的百分之三十的收入，事情就可以办妥了。

（五）财政部为协助平抑粮价和普遍救济民食起见，凡属粮食业，不论是制造或贩卖，一律从去年十月起免征营业税一年，已缴的税款并且可以发还。书籍是人生的精神食粮，这是大家都承认的，它的重要性实在不下于米麦等的营养要素。政府既然减免粮食业的税款，自应一并豁免精神食粮——书业的税款。

财政当局应该高瞻远瞩，权衡轻重，毅然免征书业的营业税，以扶植与国家民族命脉有关的文化事业，则国家进步，一切都蒙其利了。

（载上海《大公报》1946年12月15日）

为书业界呼吁

——关于免征书业营业税问题

范 泉

我相信凡是有良心的中国人，都会爱护祖国的文化和祖国的生命。打开一部世界史，每一次演变每一个故事都会告诉我们：文化的盛衰足以影响国家的兴亡。不要文化或蔑视文化的蛮夷之邦，纵然会立足于一时，但总不能存在于永久。我们是中国人，我们不能不爱中国，因此我们更关心中国的生命——那足以影响国家兴亡的文化的生命。所以这次政府的坚持征收书业营业税，尤其正当文化出版事业低潮时间的现阶段，这是一种失当的措施。

因为，我们的理由是——

第一，书业负有推进文化的使命，它和其他纯粹营利的事业迥然不同。过去政府对于书业免征营业牌照税和运输进出口税，便是一个明显的例证。现在书业正是面临空前的危机，在扶植文化事业的本意下，政府自应一并免征书业营业税。

第二，战后人民经济水准一般低落，政府要鼓励人民学养的进修，自不宜削弱人民的购买力量。免征营业税可以使穷乡僻壤也不因交通的阻梗和捐税的增加而得以供求相应。这是普及教育和建设文化的有效方法。

第三，就上海而论，自从抗战以来，书业所遭受敌伪的破坏最巨，损失惊人，至今元气未复，政府亦应予以充分的培养和便利。

第四，营业税的支配，中央得其三，地方得其七。现在上海市市参议会已经通过免征书业营业税，地方既愿牺牲百分之七十的税收以符扶植文化事业的本旨，中央自当更应权衡轻重，将百分之三十的税收一并豁免。

第五，今年七月十一日《申报》刊载中央社十日京电讯："财部为协助平抑粮价及普遍救济民食起见，凡粮食业不分制造贩卖，准予自去年十月起免征营业税一年，其已缴之税，准予凭证发还。”足见政府收回成命，绝不“格于法令”。而书籍为人生的精神食粮，其重要实不亚于米麦的营养，政府当应参照前例有重行考虑的可能和必要。

我生而不幸为一个中国的文化工作者，在新闻书业界工作了整整已有十一个年头，深懂得中国书业出版界的痛苦，更身受到出版、贩卖、发行问题的种种困苦和艰辛，所以我不甘沉默，不顾辞费，愿为书业出版界痛陈意见，聊作呼吁。我相信每一个有良心的中国人都会同情我们，都会挺身而作我们的后盾！

（载上海《大公报》1946年12月15日）

也算是“苦口婆心”

孔另境

出版业在目前，已经到了生死一线的境界，不加援手，已是十分说不过去，倘再给它推上一把，让它滚落到万丈深渊去，倘不是对它有切齿之恨，想不会有这样凶残成性之人吧！

我们不必去谈大道理，只放眼看看上海的书店报摊，去问问他们的营业情形，除了摇头长叹一声，没有什么好说，但他们所以还不关店还在摆摊，说句老实话，无非还在等等“也许会有好起来的一天吧”！

现在我们倘使连这一点小希望也给他们斩绝，犹之把一个人逼到了绝路，那他除了铤而走险，只好昂着头来让你宰割。书业无铤而走险之路，只有待宰好了。

宰了又怎么样呢？其他商品可以有美国货来代替，对于买办资本倒是一桩生意经，可是书籍和它是不同的，中国人还没有全学会美国语言文字，是代替不了的，不经过中国人加工改造，即使有心咬住人家的尾巴走，与大众是漠不相关的。

中国人有句老话：“干灰尘榨不出油来”，倘一定要榨，油固然没有，灰尘也随风而去，结果一无所有。现在的出版业已到了全面崩溃的阶段，不去榨它，也许还可以为这老大文化古国点缀点缀，倘一定要榨，油榨不到，反会给主子骂一句："奴才，连裤子也不要穿了！"岂不丢脸！

（载上海《大公报》1946年12月15日）

出版与捐税

傅统先

近来中国出版界发生了两件大事，都是对于出版事业将产生很大影响的。一件是关于书业营业税的问题，一件是关于新闻邮电加价的问题。书业和新闻界都在要求政府重新考虑，挽救中国衰落的文化事业。

关于书业的营业税，我们知道业经上海市参议会议决免征之后，上海全市书业二百八十六家又推派代表十七人晋京请愿，要求财政部免征。但是最近书业公会按奉教育部转下财政部咨文，只准国定本及审定本教科书免缴营业税，其余仍须照征。现在书业再推代表赴京请愿。我们希望政府特别爱护文化出版事业，准予全部免缴。同时我们更希望本市当局一面接受市参会增收建设捐的议决，一面也采纳免收书业营业税的议决。

关于新闻邮电加价，十七日《新闻报》有一段富于戏剧性的记载，内云："今日于化去一百余亿，修理华丽无比、精致绝伦之交通部大厦中，各地记者一百五十余人为邮电加价十倍事向俞部长请愿，维持原价，以延续文化事业。因在此高价邮电费用中，全国新闻事业均将蒙受巨大之摧残。于二小时诉愿中，余部长称，彼无兴趣与新闻界为难。"我们颇知邮电方面政府赔累不少，必须设法弥补。合理的加价和征收营业税，这是国家的财源，我们原似无庸置喙，但政府对于出版文化事业不能与其他以谋利为目标的商业作齐量观，而应予以特别的体恤。

不过在政府特别着重于开源的情形之下，我们觉得政府应整顿税收，剔除中饱，最要紧的似乎还可以在节流方面多用一点工夫，免得过分在文化事业上打算。

（载《申报·出版界》1946 年 12 月 26 日）

文化街沧桑录

萧　聪

五四以前的文艺杂志

新文艺杂志的产生，始于五四，但五四以前文艺杂志也很不少。前清末年商务印书馆出版过一种《新小说》，笔者只见过几本，是有光纸石印的月刊，好像那部有名的《官场现形记》也在那上面连载过的。此外也许还有别的，但笔者那时年纪还很小，印象已经很淡了。

民国以后，鸳鸯蝴蝶派的文艺杂志兴起了，曾经盛极一时。商务印书馆的《小说月报》是其中的老大哥（创刊时期其实恐怕还是在光绪年间），编辑者起初是后来改行做中医的恽铁樵，后来是王西神（名蕴章，精于词章，后来，做过新闻报编辑，上海沦陷后听说做了汉奸）。以精印碑帖出名的有正书局（在山东路四马路转角上，与时报同属一个老板——狄楚青，现在已经让位给一家刻字店了）出版过《眉语》（月刊），编辑是工于旧诗词的高剑华女士和他的丈夫（名已忘）。中华图书馆（店址在河南路靠近五马路，大约是现在百新书店总店的地位）出版过《游戏杂志》（月刊）（编者王钝根）和《礼拜六》（周刊）（编者王钝根、周瘦鹃）。国华书局（大约在四马路靠山西路西首，现在该店原址已经开了一家洋货店了）出版过《小说新闻》，编者李容夷。文明书局（商务印书馆南隔壁）出版过《小说大观》（季刊），编者包天笑。中华书局出版过《中华小说界》（月刊），好像也是包天笑主编的。

这些杂志的形式，大都是十六开本，两百面左右，五彩石印美女封面，四号字排印，只有比较不重要的短文和长篇连载间或用五号字。但《礼拜六》是卅二开本，《中华小说界》是廿五开本。售价大部分是四角，《小说月报》和《中华小说界》因为出版者资力雄厚，广告收入较多，所以廉价倾销，只售三角，《小说大观》篇幅多，约有其他各种的两倍以上，记得只售八角。《礼拜六》是小型的，只售一角。

说到内容，大概是差不多的：首先是铜版纸彩色印的铜版插图，不外是些平剧名伶和文明戏巨子的剧照，著名长三堂子妓女的相片，名胜和书画的摄影，有时也有几张作家的照片。以后便是短篇小说，笔记，平剧，传奇，昆曲（石印，有工尺谱），游戏文章，诗词，诗钟，谜语，杂俎，最后是二三种连载的长篇小说。短篇小说似乎是最重要的部分，约占篇幅三分之一到二分之一，每篇回目上面必定加上“言情小说”、“写情小说”、“艳情小说”、“哀情小说”、“社会小说”、“侦探小说”、“武侠小说”等等类别。长篇小说大都是章回体。文字是文言的居多，白话的偶然也有一二篇，但长篇的章回小说大都用白话。作品十之七八是创作的，写的不外乎鸳鸯蝴蝶、卿卿我我一类的东西。翻译的作品比较少，大概是由于当时懂外国文的投稿者不多吧。

这时期，可称为是鸳鸯蝴蝶派的黄金时代，但一到五四以后，这些杂志便逐渐地消声匿迹了。

从鸳鸯蝴蝶到黑幕·武侠

与上述的那些杂志同时，文化街上也出现过不少种鸳鸯蝴蝶派的单行本小说，大都是长篇的，自然也是出于那些杂志上投稿者的手笔了。这些小说的题名多半是“××梦”、“××录”、“××魂”、“××恨”、“××怨”、“××××录”、“××××记”之类。其中最有名最畅销的一种恐怕要数徐枕亚著的《玉梨魂》了。这本“哀情小说”叙述了一个阀阅世家的年轻寡妇和她的表兄弟的不幸的恋爱故事，在当时曾经赚取不少读者的眼泪。

稍后一个时期的流行读物，是所谓“黑幕小说”。这是一些专门描写当时社会黑暗面的短篇故事，诲淫诲盗，浅薄无聊，是它的特色。此后，“武侠小说”抬头了。开始流行的是一些笔记式的短篇，如《技击余闻》、《武侠丛谈》之类。接着出现了个人传记式的小册，如《甘凤池》、《霍元甲》等等。最后，综合许多神怪武侠故事的章回体小说也出来了。平江不肖生著的《江湖奇侠传》，可称为此中的巨擘。这一类书的恶影响很大，小学生因读了武侠小说，结伴离家去求仙访道的事件，就发生过不少起。

（载《读书与出版》1946年复第7期）

武汉之出版文化及其他

舒碌庭

我此次能作武汉之行，虽然并没负有如何重大的国家使命，像军事、政治或什么记者团的考察之类，然而我却也为了个人与事业的关系，去观光了一下武汉的出版文化界（图书业）的情形，这不能不算是我个人的小小纪念吧。

正因我是文化出版界的观光者，所以我只能在这方面记下我此行的一些观感，在其他方面的叙述，只好恕我观察不周到了。

我还是初次到汉口，得能睹水陆交通都能转达全国各地的国家中心地点，实是荣幸！可是我却惊异：怎么国家盛衰有赖的出版文化在这里却是冷寞得紧呢？后来再仔细地巡览一下的结果，原来在战前是很蓬勃的，固然不能与全国文化中心的上海相比，然而战事初起，抗战军兴，杀敌文化在各地被热烈地倡导的时候，这个大城市当然也没有例外。可惜，不久城市陷落，负着伟大的文化使命且有悠久历史的各大书局都撤向后方，所存的大部分是卖黄历、《千字文》的古书店，从此也就成了无声音的城市了。偶而从变了色的上海运到了一批新书，被读者不得已购读着，可是总不能算是“有文化”了，何况当地的出版物更无一见呢。后来伪宣传部直辖的“中央书报社”成立，乃有大规模的敌伪报出现了，什么“大东亚”，什么“新国民运动”。等到《大楚报》出现，胡兰成、关永吉辈大印其得意杰作，书评、评论、小说、散文都来了，可是没有人替他卖。有一次，他（伪中央报社）向一家卖《千字文》、《百家姓》的古书店利诱道：

“我们这种书，销路好，赚头多，你大可一做！”

“我们卖的是老书，只有老主顾，这种新书靠不住，不敢尝试，谢谢！”殊不知这位古书店老板乃是十年前的新文学书籍的发行者。因此我对这位老板说：

“《千字文》、《百家姓》，保留了你们的气节！”

现在的汉口可不同了，画报、杂志都纷纷自上海运到，几年来的苦闷的发泄，在这里就可看出来：一个刚运到大批上海来的新书的书店，被无数的人拥挤着，翻阅购买。《特写》、《环球》、《良友》的大型画报，价格虽较上海贵，总被读者大众所赞美，所感到无限高兴的。现在自陪都迁回来的各大书局，都在交通路的文化区装修门面，像“大东书局”、“教育书店”、“文风书局”等都准备复业中。由中宣部与《武汉日报》支持的“文风书局”，不幸于上月七八日之后的时光，失于慎，内部三楼全毁，幸仅刚漆好的门面尚未受灾，而“出版”之期，却要大大的延误了。也有正在找寻房子，另行办创中的像“汉口中国图书杂志公司”、“国际书报社武汉分社”等，至于曾经借以保留过气节的“千字文店”也在考虑考虑要跟随时代了。将来全国中心的武汉，因出版文化的蓬勃，而引起教育的普及，其他文化水准的继续提高，则其全国文化的领导定必抢过上海了。目前所急宜注意的，就是煤斤的缺乏，使大规模的印刷无从开展。因此，武汉的各大报：《武汉日报》、《新湖北日报》、《大刚报》、《华中日报》、《和平日报》都延时至中午才出版，其中以《新湖北日报》摇得最快，在上午八九点钟就可三三二二的发行出来了，所以武汉当局应一致注意电力的恢复！

在汉口没有玩过夜，因为没有电灯，电影院的电是打出来的，所以一旦“失手”，就要请观众休息半小时。手电灯可风行极了，白礼氏也被单帮大量驮运，黑暗的城市，有了文化没有煤！

“重庆人”在汉口也很吃香，因此我听见了一位世事观察家的话：出西洋后“镀金”，出东洋后“镀银”，到过重庆的人，可说镀“克罗米”，珍贵无比，我们收复区的人民是锈铜烂铁，既未镀金与银，又未镀“克罗米”，狗屁不值！言下不胜感慨。

码头上的地痞仍旧成群结队，走水路的旅客无限制的供养着，虽然报纸上载着“敲诈可告局”，然而旅客还是几千元（那边不能说伪币）一给，毫无吝色。

被炸塌的瓦砾场，有大批日俘在工作，他们的力气都很小，几斤碎瓦一搬，幸而人多手多，不然，做百年也不能完。还有所有的街道，都归他们打扫，看他们个个口蒙棉罩，神气不减当日，令人起无限叹息。

（载《人人周刊》1946年第2卷第3期）

我从唐山来

——在苦难中挣扎的出版界

李　清

上海是中国的文化中心，但这次我回到上海去一看，上海的文化事业竟是出我意外地冷落。这一点，最明显地表现在出版界。已经变成半官性质的商务印书馆与中华书局（商务印书馆的现任总经理是前教育部次长朱经农，朱氏为了做商务的总经理，特地弃官就商而辞去了教次的位置，商务的股票据说也有一大部分变成了官股。至于中华早已和孔家有关系）的情形，我不大清楚。我所知道的是，所有民间的出版机关没有一家不在风雨飘摇之中，在无可奈何中靠着高利贷作坚苦的挣扎。我曾经在抗战以前看到过上海出版界那种蓬蓬勃勃的情形，也曾在抗战期中经历过大后方出版界那种虽然物质条件困难却仍然生气磅礴的情形，但现在回到上海一看，不禁有隔世之感。说起现在上海进步出版界的情形来，真够得上可怜两个字。一本书，初版能够销完一千本，已经算好的，如果居然能够再版，那真是了不起的 best-seller（畅销书）了。杂志的情形也好不了多少。《周报》、《民主》、《文萃》，这些刊物算是好销的，每期也销不到四五千份。

进步出版界的遭遇

为什么进步的出版事业弄得这样狼狈呢？是不是出版界自身不努力，还是读书界的水准降低了？

说出版界不努力是太冤枉了人的。中国不比南洋，南洋很少有人肯花精力来做一行吃力不赚钱的生意，中国却自有一批傻干的人甘愿毕生致力于出版业的。在现在这种险恶的境况之下，他们居然还在咬紧牙关苦熬，可见他们并未放弃了他们的努力。

至于上海的读书界，我们固然不能否认，三年多的敌伪统治的确多少发生了一些倒退的影响。但一般说来，这影响并不严重。只要我们到吕班路生活书店去看一看，里面总是密密层层地站满了人。这一些人不一定是顾客，却无疑地都是热心的读者。他们围在那只摊放杂志的长桌四周，贪婪地阅读各种新出的刊物。有些学生模样的青年，则率性铺一张旧报纸在地下，席地而坐，捧着一本从书店书柜中抽出来的书，全神贯注地在阅读着。书店方面对这批读者倒也大开方便之门，听让他们随便取阅他们所爱读的书，从不加以干涉。

因此，目前进步出版界之所以这样悲惨，其咎不在出版界，也不在读书界，而完全是由政治经济的压力太大。

可怕的政治压力

上海虽然是一个四通八达的都市，现在在文化上却跟孤岛差不多：上海出版的书报，因为政治上的压迫，很难运销到外埠去，这就使书报的销路减少了至少一半。在各种民主刊物中，以《世界知识》的每期一万份的销路占第一位，这是由于它是一个专谈国际问题的杂志，在内地还可销一部分的缘故。其他刊物被限制在上海一隅，要打开销路当然是很难的。就是在上海，政治上的压迫办法也层出无穷。先是由警察局派人到总代理处整批地拿去。例如，《民主》，星期六一出版，刊物到了总代理处的五洲书报社，警察局的人也跟着就到了。你有三千他就捆载三千而去，你有四千，他就拿四千去。《文萃》比较聪明些，它不叫书店总代理，而由自己直接发给报摊零售。因为上海地面大，报摊众多，警察要到各个报摊去搜是相当麻烦的。《文萃》就在这种情形下发行了一个时期。但道高一尺，魔高一丈，压迫者又想出了新的办法。他们通过报贩公会，议决拒绝代售各种进步刊物。这样一来，进步刊物一下子从报摊上绝迹了。于是，《民主》不得不在这种再三的压迫之下宣布休刊，而《文萃》与《群众》也只能在刊物上大登启事，说是"读者如无法买到本刊，请以电话通知本刊，当即派员送上"云云。《群众》的遭遇更惨，据说它现在连固定的印刷所都找不得，而不得不每一期换一个印刷所了。最近接到上海朋友的信说，《文萃》的销路还是很好。可见乌云虽然密布，太阳还是有办法透露出一线光明的。

经济上的困难

经济上的困难是书报的价钱太贵了，非一般读者所买得起。一部《约翰·克里斯朵夫》要卖三万多，显然不是一般学生或职业青年的购买力所吃得消的。我是爱看书报杂志的，但我在上海的时候也不敢放手买，但即使扣紧着买，一个月也得二三万块钱书报费，这样一笔支出，在一个月薪一二十万的职业青年是不得不加考虑的。

因为排工印工都很贵，书价不得不高，书价高，读者的购买力低，书报的销路必然受影响。书报的销路少，出版业就更难维持，有价值的书籍就更不易出版，而读书界也就更无好书可读了。例如《资本论》，现在竟走遍全上海都买不到。这部书的纸版不是没有，但书店里不敢着手再版，光是印工就要好几百万，成本这样高，试问怎么卖得出去。

有一个很奇怪的现象是，一般文艺刊物的销路都比较差。这也许是因为上海现在没有一个中心的文艺刊物，可以吸引读者。但主要的原因恐怕还是由于时事问题太迫切，一般读者都集中注意力于时事的研究上而很少余暇来欣赏文艺。这不能不说是读书界的一个进步。另一个进步现象是，现在一般读者都不大注重文章作者之是否有名，而只注意文章内容的是否精彩。

最后，我应该告诉读者：中国的出版事业现在确是在苦难中。然而，一旦解除了那种政治经济上的束缚，它仍然会欣欣向荣起来，发达起来的。

（载《风下》1946 年第 5、6 期）

长沙的出版业

郁 坚

提起长沙的出版业，不免令人脸红，偌大一个五十万人口的都市，出版的书刊，数量既少又太不像样。杂志目前共有十余种，内容大多不敢恭维，比较勉强够水准的仅有《社会评论》及《天下文萃》两种，前者为综合性的半月刊，执笔之士都是湖南省境内的知名作者，内容不恶，印刷精美，从不脱期，已出至第十八期，庸中佼佼，雄踞着长沙杂志界的首座。后者由湖南大学同学主办，为文摘性的半月刊，已出至五期，每期泰半转载沪渝各报刊上的优秀文章，倒颇可一读。只是特稿奇少，又常常脱期，乃美中不足之处。

长沙的刊物有三大特色：一、内容糟糕，二、出版迟缓，三、寿命短促。本市的十几种杂志中，能够按期和市民见面的仅有《社会评论》及《大同半月刊》，《大同》已出至第十期，但是内容平平，无精彩可言。各刊物延期脱期，几成家常便饭，不足希奇，周刊能月出二册，已是天大的了不起，这与销路有关，内容糟糕，购者裹足，经济困难迫得它们只有延期脱期。

《新力周刊》、《人民世纪周刊》、《新语半月刊》、《湖南青年月刊》，这四种杂志，内容说不上好，前三种篇幅均小，《湖南青年》系大型刊物，字数之多，恐怕要称全市第一了。

最近出版的有《粮食》、《政治》、《活路》三种综合性的月刊，《粮食》由湖南大学一部分师生主办，《政治月刊》乃该校教授作品大本营，不过据我看，长沙的教授作品也十分平庸，比起沪渝等地来，真是瞠乎其后，望尘莫及。《活路月刊》的编辑人乃本市某报记者周君，内容以文艺为主，很多的是出诸外省的名家之手，还算不错。上述的三种刊物，迄今为止，只皆出得一期，就经济的拮据情形而言，前途如何，未敢乐观。

《湘江导报》与《自治月刊》，内容似乎太"专门化"了一点，阅者寥寥。《群策月刊》、《小雨点周刊》、《前锋周报》都已夭折。《学与思》是专门给中学生阅读的半月刊，内容更是乏善可言，该杂志原在蓝田发行，最近始迁长复版。

长沙杂志寿命之短，真出人意外，现存的几种杂志中只有《社会评论》出至第十八期，《大同半月刊》出至第十期，其余的均在五期之下，真是可怜已极，说起来叫人难过。其主要的原因为内容糟糕，销路狭隘，经济艰难，迫得它们只有延期、脱期或夭折。

本市的名教授名作家奇少，几乎等于零，一般文章水准欠高，因之印出来的杂志对读者缺乏吸引力，读者们宁愿花上五倍十倍的代价，买一本沪渝等地的杂志看看，而对于本市出版的，绝大多数人是望望然而去之。目前长沙最受欢迎的外埠杂志系南京的《中央周刊》，重庆的《客观》，上海的《光》、《西风》等。不过所谓海派杂志，亦极吃香，购买及揩油者颇众，这现象跟其他各大都市一样，读者的兴趣趋向低级，令人叹息，这些黄色刊物含有大量的毒素，贻害读者尤其是青年匪浅，深望当局能够严加取缔。

在长沙出版的新书，除科教书外，可说是凤毛麟角，已出的译作若《这就是美国》、《中国政治思想史》、《协商会议始末记》，蒋牧良的小说《十年》，实在看不出它们好在那里，至于部头小，尤其余事。抗战未结束时，由于交通困难，在沪渝印刷的教科书很难运湘售卖，所以本省的教员们便大编其教科书与××问答、题解一类的小册子，争先恐后，盛极一时。如今交通相当恢复，沪上各大书局的新教科书源源抵达，其内容及印刷远优于本地货，所以本市的教科书的出版遂日渐萎缩，凄惨异常，黄金时代已成过去，恐怕不会再回来了。

在长沙印刷的书刊，最好的用上等浏阳纸，优于重庆的土报纸，劣于上海的日报纸，但是可以看得清，尚属差强人意。

本市的新书店共有十几家，以代售文具和外埠新书刊为主要的营业，各家全皆如是，鲜有例外。专门出版的竟无一家，营业泰半不振，进出的人虽众，可是什九志在揩油，站着看一会儿走路，买的绝少，就中推海派杂志，无名氏的《北极风情画》，张恨水的《八十一梦》、《大江东去》……销路较广，严肃的书刊很少人问津；这并不是说它们不受人爱戴，欢迎它们的人也有，不过清一色地是洁身自爱的公教人员，这个年头儿，洁身自爱的知识分子焉得不穷？他们买不起自己所喜欢的精神粮食，只得站着揩油。有力购买的分子均是"有闲阶级"，他们根本不想增加自己的知识学问，仅仅需要茶余酒后的消遣，海派杂志挺合他们的胃口，无怪乎不胫而走，风行一时了。

最后，依据过往的经验，笔者觉得，本市各书局对揩油的态度尚属和蔼，这倒是一个可喜的现象。

（载《中央周刊》1946年第8卷第29期）

东北精神食粮供应站

——长春文化的面面观

东方离

一

历经敌伪十二个星霜努力建设东北新都的长春城，它是连结中长铁路的重要的输血站，南望关东南部的古城沈阳，北瞭关东北部的花都哈尔滨，它恰似一座连锁关东南北两名城的桥梁，任谁人也不会否认它今天在东北的重要地位性！

过去十四年间，它曾载上了伪满皇都的荣冠，因之随着这个荣冠的赐予，给它带来了多少健壮的原素，一跃而为东北政治、文化的中心都市。今天，虽然它已卸肩于伪装的皇都外衣，但它还是政治、文化的东北风云儿！

包容了过去五个伪大学（伪建大，伪法大，伪工大，伪医大，伪兽医大）而构成今日东北最高学府的国立长春大学，最少有二千名学子将要埋首在那里承受着祖国高深的教育，此外还有亟待解决的伪东方医大和伪王道书院近千名的学生，在东北号称最大的中学——松北联立中学——以及其他的省市所立的中学们，约有三千多名的男女中学生，这些个莘莘学子，都是构成今日长春文化都市的原动力。

那么，我们就立在这群知识青年的生存之需要中，来鸟瞰一下长春的文化缩影吧！

二

第一，还是先从新闻纸上说起。

我想谁都不会否认的是，自从东北光复以后，都市上陡然添了多少新闻纸。用新闻纸来点缀都市上文化的发扬，虽不是正确的回答，但总看得出社会里发言的机会算是比往昔多得若干倍，对于有这么些个新闻纸的发刊，无论如若抱着百二十分的欢和感了。

今天东北大都市报纸出版家数最多的除了沈阳，便算长春。但是若严格说起来，六十万人口的长春比起二百万人口的沈阳，还要高出一筹，关于这个原因，我们可以察觉出来的原因是：

（一）长春因了过去伪都的余荫，在印刷方面的敌伪资材，比起沈阳来要多出二倍乃至三倍以上，虽经……破损，但还能保持其最高的活动机能。

（二）长春有着来源丰颖的电力，推动着印刷机不断的转动，比起沈阳来，要有极大的便利。

（三）敌伪在长春纸的贮藏量相当的巨厚。同时新闻纸的价格也比沈阳低廉。

有了以上三个大原因，许多要搞报馆的人们，便都集中在长春城，所以六十万人口的都市竟和二百万人口的都市，在报纸的出版量上竟相并在东北大陆上驰骋而不稍示弱，说来真是长春城无与伦比的光荣。

让我们数数今天在长春发刊的报纸。

日出一大张的有《中央》、《华声》、《新生》、《东北时报》、《湘潮》、《工商》、《前进》等七家。日出四开纸一张的有《正大日报》一家。八开纸一张的有《忠勇晚报》。三日刊的有《新报》、《东北民报》二家，曾经出过版现在画了休止符号的有《民声晨报》、《大华日报》。计划在最近发刊的有《中报》、《正气日报》等。然而在这些报馆里在言论上最出类拔萃的，还得要数《中央日报》长春版，它由本年七七创刊，在主持人中委潘公弼氏苦心主持之下，奠定了今日基础，它每天出刊一大张，另外还有一张八开纸的副页，每星期还加上一小张印刷得不太漂亮的画刊。

新闻稿的来源，除了一两家有点专电和特约通讯以及录音外，大都依赖着中央通讯社的通讯稿，所以在此，使我们感到那么多的报纸，也许是一种纸的浪费。因之，各报只能在副刊上一争短长，但这也许不是事实，因为许多家报纸的副刊，也只是很随便的填满了那几栏空白的报纸而已。举个最显明的例子，曾有某报把副刊弄得像论说文范似的，使人看了却感到头痛。

严格的说起来，《中央》的副刊的确堪称代表作，无论在那方面上讲，都看到编辑者相当的苦心，因之也留给阅读者以相当深刻的印象。《中央》、《华声》文学版，由于选稿的水准立得很正确，所以并不曾给文学以侮辱，相反地，却寄与了东北文学以有力的推进。《工商》的《工商园地》，在扶植中小商工业者的写作力上来看，是饶有意味的一件事。其他《华声》、《大地》、《中央》的《副刊》有的也出现极隽永有味的文章，《华声》上连载孙克刚的《缅甸荡寇志》，是战争报告文学的创作，很为东北读者所欢迎。

三

于长春发刊的月刊、半月刊、周刊的各种杂志，据笔者所统计的结果，恐怕在东北各都市中要属第一位。这又是文化城市长春所得引为自豪的文化壮举了。

为了印刷的便利和纸张的供应便利，曾给予出版者以极大的欢喜，长春城从光复以来，便陷入于这个泥潭之内，一时印刷刊物风起云涌，造成了长春空前未有的出版狂热时代！但是其后为了印刷费的高昂和销路的停滞，又相继的给予文化探险者以很大的打击。

容我们凝目思索着这些给文化叠架的堡垒，都是些什么成绩呢？

在周刊有东方出版社的《一周间》，半月刊有华声半月刊社的《华声半月刊》，月刊有今日东北社的《今日东北》，东北妇女运动促进会的《妇运先锋》，东北科学技术协会的《东北科学》，东北公论社副版的《东北公论副版》，前进报社的《前进文萃》，国民图书的《新世纪》，吉林新闻摄影社的《松花江》，还有其他各中学的校友月刊以及其他笔者所未曾浏览的出版物，然而只就前途的花果来看，已足以压倒一切的都市，而独步东北的了。

倘我们再仔细的分析一下这些定期刊物的性格，我们在综合文化、政治、经济性质的杂志里，愿指出《一周间》、《华声》、《前进文萃》和《今日东北》来。在大众一般杂志里是《新世纪》，其他则是属于专门性格的月刊杂志了，如妇女杂志的《妇运先锋》，科学杂志的《东北科学》，文学杂志的《东北公论副版》，画报杂志的《松花江》。这样极尽综合、大众、妇女、科学、文艺等等杂志之大成的长春定期出版物，有谁会否认它在今日东北的出版地位呢？又有谁能比得了这样独占鳌头的地位呢？

《今日东北》是在东北青年层颇博好评的一个刊物，从光复发刊以来一直持续到现在，文章著述的态度不偏不倚，看得出相当的民主作风来。

《华声半月刊》是以新崛起的姿态出现在长春的出版界里，据说它主要的目的，是在把东北的象貌设法介绍给关里，这在某种意义上来看，是相当值得崇敬的，更一方提倡发掘现地的写作人才，以开掘此地真正的文运在这一点上更是令人期待异常的。

《东北科学》这是东北科学知识人向全国科学界最忠实的贡献，它突破了出版的难关，用最真挚的态度，来编辑这册科学的杂志，它曾提供了极其珍贵的东北源资的资料和有系统的统计，因之我们瞩望其未来的发展。《妇运先锋》是一册零断的刊物，没有理念没有主观而只是看到一群女人在发狂的呼喊和要求，很难给人一个良好的印象。《东北公论副刊》和《东北公论》相比照，恰是一个相反的对比，前者态度正肃，是政论杂志的正果，后者则似一束杂乱的野花，无章则的散开在原野，自然的色香虽可爱，但到底是野花，未能助长了多少文运的进展。《松花江》是今日东北唯一的画报定期刊物，摄影的优秀技术，虽从印刷不清晰的版面里也会看出来的，然而我们对其希望愈高，愈会令我们找出不满意的地方。譬如内容的不丰富，印刷的不清晰，编排的欠研究，在在都是待充实与改善的。

我们对长春的杂志界作如是的巡礼了。

复次，我们要介绍的是长春的出版界的扼腕姿态：

长春出版界也是表现了东北唯一新文化都市有力的佐证之一，因为这儿有东北唯一巨大的图书出版公司和许多群小的出版业者，每月最少有新书十种来问世于书坊之中，多少外城的书商都集中在这长春城，用大批的现款或记账，换走了长春大宗的出版物，借以解消东北各地饥馑的文化需求，据调查说，平均每月有六万左右册的长春出版物，被书商们运销到外埠。任何东北地方也没有这种现象的，当着上海、北平的书籍还没有大批的开往关东来，无疑地长春是东北唯一的书籍消费供应站了。

对长春文化一般的活动状态，笔者作了如是观，其中常有挂一漏万的疵病，然而匆匆自沈阳来此不到一月的时光，也只有做到这种最低地步介绍的能力了。

（十一，十二，卅五，国父诞辰记）

（载《华声》1946 年第 1 卷第 2 期）

王老显周和边区印刷业的发展

展 潮

王老显周五十大寿之日，和他长期相处的工友们，热诚的为他祝贺，他们写道：“他的心血脑汁，和边区每一个出版业上的成就是分不开的。”永兴印刷公司党的支部，则以显亮耀目的字体写着“党之光荣”！这对于作为人民出版家的王老显周同志来说，确是受之无愧的。

记得，一九三八年冬天，敌人后方第一张铅印品——《新华日报》华北版的启事，从晋东南一直贴到黄河边，直贴到平汉、同蒲沿线敌人的据点里；一九三九年元旦日，四开版的华北《新华日报》如期和读者见面了，这大大的兴奋了敌后的军民。当时主持这张报纸印刷事宜的，正是王显周同志。王老本是一位具有丰富教育经验的好教师，他对出版印刷业原是一个门外汉。但他抱着虚心学习的态度，在党的领导下，排除困难如期出版华北《新华日报》。不久，一个大的、几乎是无法克服的困难，又摆到他面前了。当时由于活版印刷的结果，把一副新五号铅字磨平了！把刚换上的一副老五号宋体字又磨平了！最后，连仅有的一副老五号仿宋体铅字也快要磨平了！报纸印刷模糊不清，热心的读者们，一次次的来信询问，甚至于责备。但是在敌人重重的封锁下，这困难当时几乎是无法突破的，印刷情况是愈来愈恶化了。这时王老日夜思虑，寻求解决困难的门径，他“不耻下问”，到处寻师访友和工友们研究，他听到老工人张建功谈到外边的铸版印刷术，他着迷似的开始试验了。好多人却劝他别枉费功夫，甚至还讥笑他说：“外行！外行!!”当王老提议用别的原料来代替雁皮纸和云母粉打纸版的时候，有些人更笑得合不拢嘴说：“哼！人家都不用做买卖啦!”但王老并不因这而气馁，仍以他当年在理化试验室里的精神，一直摸索着坚持着，他终于发挥了最大的创造才能，一九三九年五月二十三日黑夜，他第一张土造的十六开纸版告成了。接着他又铸了一张铅版，连同大样一齐送到社长室里。当时何云同志见了，几乎兴奋到“手舞足蹈”的程度；

而一些思想保守的人却仍怀疑着这种纸版的效能，正说着“打一小片刷刷倒还可以，一上机器就不行啦”的时候，王老的土造铅版竟然上了机器，焕然一新的报纸印出来了。为此，朱总司令曾给予王老以精神及物质上的奖励。当这种纸版被用各种方法传到重庆《新华日报》总馆的时候，大家都把它当作珍宝来欣赏，公认是印刷界的重大贡献。的确，经过这以后，使许多敌后新兴的印刷业，得以免除一大困难，使生产量迅速增长。后来土造纸版业的继续发展，乃至完全不用雁皮纸代用品的旭光连纸、毛边纸不用云母粉代用品滑石粉、土制云母粉，而代之以纯粹土产的麻纸与浆糊；打版时不用布片；以铜浇版机代替钢浇版机；甚至用木头或石块来顶铁烘版机的缺额，都是集体创造的过程，但王老却仍不失为带头的人。

假使翻一下晋冀鲁豫边区印刷史的话，我们会看到这样的一段材料：《冀鲁豫日报》的标题字，太岳《新华日报》全部铅字，乃至《晋察冀日报》初期的一部铅字，都是出自华北新华日报工厂。这都是得助于王老土造纸版的成功，它使华北《新华日报》、新华书店的产量和质量得到保证，腾出那架产量有限的铸字炉，去扶持其他工厂的发展。

解决了铅印品模糊不清的毛病；纸张和油墨的问题又被提出来了。尤其一九三九年七月敌人占领长治，实行“囚笼政策”后，纸张和油墨的来源奇缺，但报纸却不能不出版。王老为此曾花了半月时间，亲自设计、测量、督工，直至完成了敌后第一个水力造纸厂为止。到四〇年夏，王老后庄纸厂出产的纸张，已占报纸全部用量二分之一，成本却比外来的低一倍。以后在王老积极推进下，使因战争分割衰颓下去的民间造纸业重新振作起来，为边区的印刷业服务。据初步统计，今年边区一级和太行《新华日报》所用的一万块纸（每块一千张）中，土产纸要占十分之八。为了解决油墨困难，王老从向堂铺战役胜利品中，找到日本人汽车的齿盘，配上其他零件配制成一部畜力油墨机，又用松烟代替油烟（南方出产的桐油烧成），麻油代替桐油，从山上寻找到的土豆子，从铅灰中炼出密陀僧，造成有名的“新华油墨”。这种油墨占今天边区铅印品用量的四分之三，太行、冀南则纯粹用此。这种新华油墨的制造法更传播到晋察冀等解放区。

纸张、油墨可以自力更生，但是敌人“扫荡”摧残的扰乱却无法避免，而当时的华北《新华日报》更是敌人摧残主要目标之一。在这紧张的岁月里，王老正担当着管理资材的任务，他到处布设着小型的掩蔽的仓库，使印刷器材的损失减少到最低限度。一九四二年五月反“扫荡”后，正当敌人大吹把《新华日报》全部摧毁的时候，经王老和其他同志悉心掩藏着的机器材料，又被刨挖出来，照常出报。同时他又帮助建立不久的野政印刷厂，把敌人烧毁的两部半机器，改制成一部四开机。这部机器今天仍在永兴印刷公司照常地工作着，只要你稍微留心，便可以看到它的胶杆全是重配的，很多机件的部位都变动过的，而轮转不休的桃轮，却是用铁边镶成的木头。

为了更好的了解这个革命老人，我利用短促的一天，在机器间，在工人宿舍里，跟工友，跟职员干部们闲聊。我发现每个人都那么热爱着王老，亲切地谈论着他的一切。排字工人张九龄说，自己过去最爱发脾气，跟谁都合不来，可是王老总是很耐心地劝导自己说：“你看，又火了！发脾气不顶事!”再次冒火时，便自然而然想起这位慈祥长者的面容，坏脾气也就逐渐被克服下去了。会计李英说：当她初到新华书店工作时，错把王老当成总务科的赵有恩，她绝不会想到亲自看问她们的这位慈祥长者，就是总经理。这位革命老人实事求是的钻研精神，更成为工人干部们传颂的佳话，你随便遇到印刷厂任何一个大人小孩，他都会告诉你王老的从山上研究出来的“黄心棒”，比麻杆还要亮；或者是他种的西红柿，比生产展览会上的还要大。这种科学的精神，使他精通印刷业务上各种问题，了若指掌，致使思想保守不好说话的小炉匠韩金生老头，也不得不赞叹王老说：“我是将才！掌柜却是个帅才!”并且在王老的开导下，小炉匠的头脑也逐渐活起来了，开始学习掌握科学的修理方法。对于革命工作的态度，王老更有着自己的一句格言：“不怕工作小，只怕干不好。”因此抗战开始的时候，他以一个中学教员，甘心情愿地当晋南干校一名油印员。一九四四年书店大部干部整风，没有人当校对（坚持工作病了），他便在炎热的天气里当校对，同时又兼带给病号看病打针，有时甚至亲自去替整风班烧水作饭。今年五月里为了出版《人民日报》，他担负起组织永兴印刷公司的重担。为了使报纸如期出版，他亲自去邢台买木料监工把工作房修好，又为了减低生产成本，他节衣缩食，出门不坐汽车也不骑牲口。他不只一次的嘱告大家：说到优点切不可有半点夸张，他说自己在印刷业上，即便有一点点成就，也是在党的领导下和大家研究的集体成果。他在答复询问他某项成绩的原因时，只是这样短短的两句话："第一不怕困难，第二不怕困难，第三还是不怕困难！"结束此文的时候，让我向这位"三不难"老人致敬，并祝他健壮！

（载《人民日报》1946年11月14日）

群众底文化食粮

——群众读物介绍

樊　宇

群众读物到现在已经出了二十三本，这是一件好事，也是一件大事。

最近几年里，好多区村干部，民校小学教师，村剧团员在工作生产读报以外，很迫切地要求有适合他们水平的读物，他们的房子里常常放着《阿Q正传》，联大翻印的《不走正路的安得伦》，诗建设社出版的《诗集》，剧社里发来油印的剧本、歌篇，有人还从日报剪下通讯保存着，同时也有人把张恨水的言情小说，石印的《济公传》、《小五义》当作珍本保存起来。

但是我们的文化机关和文化工作者们编印通俗读物的工作还满足不了群众的要求，现在在张家口，印刷条件好一些，文化工作者集中在这里的也较多了，就由教育阵地社主持出版了群众读物。

这读物有三种：一种是连环图画，适合识不大几个字的半文盲看的，已经出了两册，一本是《三儿脱险记》，一本是《葛存的故事》。一种是群众歌集，已经出了两集。一种是群众读物，已经出版了二十三本，都是由新华书店发行的，几个战略区的邮局都可以买得到。

歌集的出版给教师和村剧团解决了一个大问题，从反攻以后，因为各个剧社都到前线去工作，到边缘地区、新解放区去工作，新的歌及时地传播到老解放区是少一些，又因为地区扩大了，这个地区有歌唱，那个地区就没有，现在编出歌集来了，每一集有二十支歌，内容有歌咏解放区的，自卫战争，生产，文化英雄模范各方面都有一两个，而且都是在群众里最流行的，又因为是新闻纸本铅印的，比从前油光纸油印的易于保存，据说自去年十一月到今年二三月农村的歌声在部分地区是比较沉寂的，现在群众歌集出来，县区的文教部门如果好好使用它，把它向各村去介绍，歌声就又会普遍而热闹起来了。

歌集六个月了只出版两册是个缺点，以后能够有十个歌就出一册，一两个月出一次，就会更和当前任务结合，也能保证一个月里村剧团、小学校都能唱会两三个歌。

认识几百个字的人看连环图画是适合的，教师们更应该注意这个读物，把它当作民校、小学校的课外读物。对初学识字的人，合乎连环图画来作为读物，又有故事又有画，是便于我们记忆的，下地或歇晌的时候拨工组几个人凑起来看，还可以识字的，拆开贴在学校或家里是比三战吕布或是二十四孝图好得多的。

群众读物二十三本里面，有英雄模范介绍（胡顾文，张瑞，杨怀英，韩凤龄），也有民兵战斗故事，生产军民关系的故事，有故事有鼓词，诗歌，话剧，秧歌剧，每一本都是薄薄的三十页左右，容易懂又用不着花费很多时间，可以当作文艺作品来读，喜欢写作的人，还可以从里面学习一些方法，这些东西比起《阿Q正传》或苏联小说来当然要差得远，但是因为它反映了边区的实际生活和斗争，所以也容易从里面学习东西。我们也有许多村干部和民校的积极分子认识了千多字了，在读群众报以外也可以找群众读物来看，可以知道的事更多又可以提高文化学习和阅读文艺作品的兴趣。看了以后讲给村里人听，也可以活跃村的文化生活。教师们读了它也增加了课余讲故事的材料。

村剧团今天自己都会编剧本了，现在群众读物也选了十多个剧本

(《眼睛亮了》、《向着八路军》、《纺棉花》、《小两口》 等)，鼓词(《吴满有》、《李盛兰献古钱》)，可以作大家编戏时的参考，剧本适合时也可以选来演的。

所以，群众读物是应该深入到区村干部，小学民校教师，村剧团和村里的，只有这样，群众读物才有了群众的基础，群众有了它，也就可以解决文化食粮问题，不必硬啃苏联小说和《七侠五义》 了。

既然是群众读物，那就不只是群众看，也要群众写，群众来批评的。是不是通俗？内容是不是适合群众需要，就得等着群众的批评。群众也要写，虽然写出来有时是粗糙的，但是那材料和形式也是群众自己喜欢的。在今后群众读物还须注意培养与提高一大批群众作家的。

此外，还出版有《妇婴卫生常识》 与《卫生常识》 两种，是我们开展卫生运动中很好的参考材料与宣讲材料。为了使边区人民更提高他的文化生活与达到“人财两旺”，这书也有它一定的价值。

(载《教育阵地》1946 年第 7 卷第 1 期)

我对于教会出版事业的热望

田耕莘

我想每一个负有传教职责的人，必定日夜在寻求最有效的方法，以提高福音传布的速度。这种焦思苦虑是我们分内事，否则，我们便有亏职守，我们无颜见上主，亦愧对教会，我们将无地自容，疚心万分！

历来先圣先贤所遗下的传教方法，我们都应该采用，可是我们不能把它们等量齐观，漫无区别。传教方法必须因时制宜，亦必须因地制宜。我们看耶稣对犹太解经学士们讲道时，就引经据典，无异饱学之士，但对群众谈道时，便乐用通俗的譬喻，务使人人领悟。这是很显然的，在乡村讲道，不同于在大都市；在前清时代的中国，亦不同于民国时代的中国；即从民国成立以来而论：民国初年时，国民知识远逊于五四时代，北伐时代又远过于五四运动时代，以我个人经验而言，我深切地感觉到，就在这八年抗战时期中，国民的思想或知识，亦有了显著的改变。时代是巨轮，是洪流，它瞬息不停的在往前推进，我们跟得上它，我们便站得住，也可以称得起是这时代的人，否则，我们便会被时代隔绝，被时代遗弃，被时代埋没；我们个人被隔绝，被遗弃，被埋没，其实不算一回事，但因为我们是负有使命的，所以如果我们的教会，竟因我们的不努力，不上进，而同时被社会隔绝，被社会遗弃，被社会埋没，我们的过失便不能宽恕！

因此，我们必须对每一种传教方法，加以检讨，分别缓急先后，或加以革新，加以改良。

我们教会对于以文字传布教义这件事，可以说是历史最久的了。我们拥有全世界各宗教经典所不能比拟的旧约，耶稣的宗徒更遗下了他们记述的福音；直到如今，我们还保留着不少古代教父们的手迹，一卷卷，一捆捆的羊皮，一块块的石碑铜版，都使教外人艳羡万分，当他们走进我们那些古老的图书馆、博物馆或档案室，他们无不惊奇。一部西洋中古史，尽管有多少人在诬蔑我们，在过分地宣传我们的缺点，可是一提到毕生在隐修院中抄写古籍的修士，以及他们保存古代文化的功勋，他们也不知不觉肃然起敬，异口同声的赞扬。

自从我国的印刷术传到欧洲以后，教会很早就采用，在今天欧洲各大图书馆中，我们可以看到不少高至二三尺，装璜精致的巨著，其中百分之九十九是我们教会中人的手泽。即以沟通中西文化而论，我们教会也建立了不可磨灭的功绩。最近整理就绪，并业已公开的北平北堂图书馆便可以向你说明四百年前的传教士，离乡背井，远涉重洋，他们可以抛弃一切，却不能丢开书本；明末一般士大夫信教后，官职可以辞谢，家产可以牺牲，但念念不忘的，便是著作，口不停述，笔不停挥，结果，我们才有了一部很丰富的遗产。直到今天，我们还在怀念那个时代；那时代的人，外国教士学习中文的便利，不如今日，中国教友，了解西文的程度，更不如今日，至于他们的人数，更远不如今日，印刷技术的迟钝，不言自明。然而，他们那些著作的内容，大部分够得上第一流的标准，著作的数量，也很可观，如果拿我们今日中国传教士的人数及出版品的数量来和他们作一个比较，这比例额相差之距，恐怕是相当惊人的。

莘个人，自愧学浅，但既谬膺枢机重任，又兼北平总主教职，对历代教会所最注重的传教方法，自不能不特别珍视，更不能不盱衡当前中国社会的一般情势，而加以倡导。

文字能垂久远，人所共知；印刷物影响之大，亦为大众所承认，无论如何顽固，如何保守的人，对此亦决不致有异议，我个人却另有三点感想：

一是传布不纯正学说，不纯正思想以及有碍道德风化的刊物，充斥市肆，我们应如何急起直追，使我们能比他们更占优势？

二是教会中过去的出版品，不仅量少，即在质的方面讲，有待改进之处，亦复不少，版式和封面等，似乎是小节，可是往往因这方面的忽略，而减少了多少读者。至于如何推广销路，建立发行网等，我们更期待有志于公教出版事业的教友的合作。

三是我们不能完全注重于对内，我们的口号应该是七分对外，三分对内，因为所谓传教工作便是向外传，自耶稣以至近代外国传教士，他们干的工作，多半是"打出去"，闭关政策，与传教工作是处于相反地位的，我们必须推翻它。因此我们的出版事业，其对象也应该以教外重于教内。

个人所见如此，故于到任后，即着手成立上智编译馆；我必须致谢于野声总主教的合作，他接受我的请求，委方杰人司铎来平担任馆长。此外，张金寿、周信华二司铎，承主徒会与宁波戴主教的许可，惠然肯来，参加工作，亦使我非常感激。其他教友之在馆服务的，相信他们必能在方馆长指导下，有优异的贡献。

最后我并期待全国教会人士，对此新兴事业，加以扶助，共观厥成，这是我最大的希望。（转载《上智编译馆馆刊》）

（载《益世周刊》1946 年第 27 卷第 22 期）

急赈我们的精神食粮

人们把“书刊杂志”当做我们的精神食粮，除非是自甘菲弃，不求长进的人，当然会承认这精神的食粮，比之口腹的食粮，是同样重要，甚至前者超过后者之上。

本来，我们的医学书刊，已经非常贫乏，自从抗战以来，愈发闹起饥荒，我们走遍书坊，很少有新书刊看到。这里最大的原因，并不由于医学界里没有努力著作的人，而是由于他们的著作，没有办法出版。我们的医学书籍，完全要依赖几家大书局来出版的话，那是一辈子也看不到医学书籍的日新月异；而静得下心思来孜孜写作的人，又多是不善生计的书呆子，穷得无法自己掏腰包，找不到出路，只有把他们的心血的结晶，束之高阁。

幸而能设法出版的，也须通过重重难关，费尽心力。笔者在战事期间，承朋友帮忙，曾经出版过几本书籍，深悉此中甘苦。一本书的能够出版，真的是没有一行没有一页，不经过作者三番四次的付出极大的精神，而所得代价，以言酬资，实微乎其微，主要的仍还是读者能够给予精神上的鼓励，而读者论长道短，究竟体谅的人少，不体谅的人多。譬如，像预约订户，如果出书期稍迟，就会函札如雪片飞来，说话很不客气，即此一端，已使人心灰意懒，发誓不要干这桩吃力不讨好的工作了。

其实，主其事的人，何尝愿意延宕出版，而事之出人意表者，每有难以逆料。印刷好了，只须装订就是，想不到工人请愿增资，停起工作，你有什么办法呢？

此外，困难的情形还多，说也说不了，我们的精神食粮，那得不闹饥荒？

我们希望教育部的医学教育委员会，能够办一个急赈：

（一）征求各科著作，选定优秀原本，指定专家翻译。

（二）经审定其内容确有价值者，即由医学教育委员会出版，交由各大书局发行。

（三）优给著作者权利，以资激励。

（四）编印医学的图书定期刊，介绍国内外新书杂志。

过去卫生署有《中华药典》，军医署有《军医必携》，国立编译馆也有好几种医学书籍的印行，要是各方面，都能集中力量，注意到这一点来，则今日严重的书荒，不难于短时日内，获得相当的解决！

（载《浙江卫生》1946 年第 6 卷第 6 期）

翻印与翻译

傅统先

据外交部王部长自己在立法院报告我们的，《中美商约》允许翻译美国的出版物而禁止翻印。有人担心甚至于连翻译也在禁止之列，例如照一种人的解释说，假使美国著作向中国当局注册或保留版权，那末这些刊物便应得到中国政府充分的保护。这一点我们希望外交当局把它说明得更清楚一点。

不过我们更觉得《中美商约》中连翻印的禁止也是多余的。中国是一个科学落后的国家，中国人能读英文书的人已经是少得可怜，甚至于买得起中文书的人也就不可多得了。这种翻印的限制从美国的出版商看起来得不到多大的好处，因为中国所能销售的数量是很少。相反的，我倒觉得在中国书坊间散置一些翻版西书还可以替原著作者发生一些广告和宣传的作用。再从中国的西书读者看起来这只是禁止他们多读西书。

老实说，假使翻印和翻译不受《中美商约》的拘束，双方都可自由翻印和翻译，这在中国是占便宜的，因为照中美出版界的现状看起来，中国所能得于美国著作方面多于美国所能得于中国著作方面的。但是我们要知道美商由于这次中美条约的签订所得的利益太多了。美国是一强国，即使在这一方面吃一丁点儿亏，在另方面亦很足以弥补的了，更何况这是与中西文化的交流有很大的关系呢！

这次的《中美商约》表面上看起来是平等的，而实质上是不平等的。我觉得中山先生所分别的真平等和假平等也可以应用到这一方面来。美国是一个工商业都很发达的国家，而中国则不然。因此，假使说中美双方可自由通航，这在表面是平等的，但实际上美国有船，而中国便无船可航。再如说，中美可以自由通商，但是美货销到中国来的多，而中国货销到美国去的很少。这不是不平等吗？

既然如此，何以在通航通商是开放的而在出版物的翻印却又是禁止的呢？中国出版界方面只觉得我们的外交当局没有替中国的文化前途着想。

（载《申报·出版界》1946年11月21日）

中国应该参加国际版权公约

袁　达

这次抗战胜利，中国成为五强之一。我们为适应这个新得的荣誉和地位起见，有许多方面实在应该急起直追，以免仍旧处于落伍和落后的地位。

其中有一件和中国的作家和出版界有直接关系的，就是中国应该赶快参加国际版权公约。这对著作家和出版家有利害关系，对整个国家有地位和信誉的关系。

最近被美国政府礼聘出国讲学的我国作家舒舍予（老舍）先生，有一本名叫《骆驼祥子》的小说被译成英文，在美国出版，成为畅销书之一。这在中国和老舍先生个人，可以说是很光荣的事了。老舍先生的生活，几十年来一直在艰窘中过去，甚至弄得患贫血和营养不良的病。这在坚贞卓绝的老舍先生也许无所谓，但是他的亲友和爱好文学的读者，实在看不过去。此次出国以前，笔者曾跟他谈到《骆驼祥子》这译本的版税问题，他表示这件事他没有发言的余地，因为中国根本没有参加国际版权公约，因此在法律上，我们是没有地位可以向人家要版税的。因此这本书原著者该得多少版税，只好随译者给。而现在老舍先生的家属，正靠着那位译者所给的一笔有限的版税作生活费的一部。

中国应该参加国际版权公约的原因，并不单单为了要使我国作家的版权得有保障，可以取得应得的版税；更重要的，是要使中国和中国的著作家、翻译家和出版家，能够像样地在国际上站立起来，得到国际的重视和信誉。

我们希望中国的文化界和出版界人士，会注意到这个问题。

（载《申报·出版界》1946 年 3 月 16 日）

保卫言论出版自由

丁　静

国民党二中全会以后，蔓延在重庆、广州、西安以及其他各地的摧残言论自由的野火，自五月下旬以来，是以更加凶狠的姿态扑向两个重要文化重心了。在上海，五月廿四日《消息半周刊》被当局饬令停刊以后，紧接着的是英文《新华周刊》的被禁、《新华日报》的“碍难允许先行出版”、《昌言》半月刊的“不许登记”、某些报纸的遭受“压力”、某些杂志的被扣被没收……以至最近风传中的“将以查禁大批黄色刊物的名义来查禁大批进步刊物”。在北平，五月廿九日“新华分社”、《解放报》及其他七十六种刊物杂志被封闭停刊以后，当局继续漠视全国人民的抗议，拒绝全国人民的呼吁，反而变本加厉地在“想尽一切方法破坏变相的宣传复活”（《大美晚报》）。

如果听任这种情形继续下去，在中国两大文化重心——北平与上海影响所及的几乎半个中国的广大地区就会变成没有眼睛和没有喉咙的世界了！如果全世界还想听一听这半个中国地区上的人民底呼声，如果这半个地区上的人民还想听到和看到一些真实的东西，是无论如何不能听任这种不合理的情形继续发展下去的。全世界和全中国人民必须立即扑灭这种摧残言论自由的野火。

自然，当局认为这种为了便于进行内战独裁而摧残舆论的疯狂行为是合法的，他们特地替北平和上海的查封刊物制造了一条罪名，这条罪名就是“该项刊物未照章登记核准”，所以是“于法不合”。但是，事实上，这些刊物并不是没有“照章登记”：例如《北平解放报》是在二月十九日依法填表申请登记的，上海《消息》半周刊是在四月六日依法向上海市社会局申请登记的，上海英文《新华周刊》是在出版前一周向上海市当局办理登记手续的，上海《昌言》半月刊为大同大学的曹惠群氏主办早已向社会局申请登记，却在最近被把登记申请书退回，其理由是“上海所出杂志刊物业已甚多，无庸出版”。依照国民党当局颁布的旧出版法第七条，只须依法申请登记，不一定要经过核准，就可以发行。那么，这些刊物“于法不合”的罪名显然不能成立，所谓“因为未经登记致遭查禁”，只是摧残民主言论的一种藉口，那还不十分明白吗？

何况，政治协商会议所议决的纲领中即曾规定：“确保人民享有身体、思想、宗教、信仰、言论、出版、集会、结社、居住、迁徙、通信之自由，现行法令与以上原则抵触者应分别予以修正或废止之。”在政协决议的附记中，更明白指出：“修正出版法，将非常时期报纸、杂志、通信登记管制办法，管理收复区报纸、通信社、杂志电影，广播事业暂行办法等，予以废止。”根据这一决议，最高国防委员会更于一月廿八日决议，在其两项第一则中明令公布修正了出版法及其施行细则。由此可见，旧的出版法已经取消，新的出版法尚未颁布。这些被查封的刊物大都发行于政协决议及最高国防委员会的上述决议发表以后，本来并没有遵守旧出版法的必要。现在，这些刊物为了息事宁人，委曲求全，不惜顾到当局的一切法令，照旧章请求登记，反而遭到被迫饬令停刊的悲惨命运，岂不是完全说明了在当局心目中，并无所谓“于法不合”的问题，而只是消灭人民的基本自由、破坏政协决议的问题吗？

现在，我们再退千万步说，即仅北平、上海的这些刊物以及“即将”要被查封的刊物的确是“罪孽深重”，非被查封不可，是否可以由一个不三不四的官员随便一纸“手令”就可以封闭了呢！北平的七十七种刊物是由市政府的布告饬令停刊的，上海的几个刊物则是一位警长的“手令”饬令停刊的。当通知停刊时，不告诉刊物发行人任何被封的理由，甚至发行人最低限度地请求准许已排印好的次期刊物发行也不可能，并且无理地查抄承印刊物的印刷所，胁迫印刷所不再承印……所有这些办法，没有一项是合乎法律的。刊物如果登载了违法的文字，只可以向法院控告；印刷所承印已申请登记的公开刊物，乃是正当营业，任何人没有理由去干涉它，更不能随便胁迫侵犯它的这点起码的自由！但是，现在当局竟在国际观瞻所在的上海及执行总部所在的北平如此大胆地置国家法律不顾，侵犯商店基本自由，贻笑大方于全国全世界……这难道竟不是“于法不合”了吗？

那么，是不是真的因为“所出刊物杂志业已甚多，无庸出版”，或者真如一位查封杂志的官员所嘲讽的那样：“这是一种节约的措施”呢？不，并不，完全相反！我们知道，以全国出版杂志最多的上海来说，所出杂志每月不过十五万册，这数目比起美苏民主友邦日出数百万册杂志的情形来说，固已逊色不少；即就目下全国人民渴望民主进步的精神食粮的需要来说，也非常显得不够。“没有理论，就没有行动”，为了和平民主的胜利，为了和平民主的新中国的胜利，就必须出版比现在千倍万倍数量以及更高质量的报章杂志来，首先取得心理与精神上的和平民主建设的胜利！现在所出的刊物以及进步报纸实在太少了！而且，没有一个人敢说，出版进步书报乃是浪费的。如果要“节约”、如果认为“刊物业已甚多”，那无需压迫进步书报，只要当局多停止一些没有人要看，而且是挨户强迫推销以增广印刷数量的那些报纸刊物就可以了，那些白报纸与黑油墨早就应该“节约”了，那些强迫别人去看的东西，才真正是“嫌太多”了！

最后，是不是真如一位查禁杂志的高级官员背后偷偷地所说：“乃是因为这些杂志善于挑拨感情，好乱成性的缘故”呢？不，也不。恰恰相反，这些被封闭的刊物，哪一种不是以反对内战，主张和平团结为职志的呢？如果说，因为这些刊物反对破坏政协分子、反对好战分子、反对妨碍人民自由的措施……就算是“挑拨感情”、“好乱成性”，那岂不是全中国人民包括党国元老、反对警管区制的孙院长、冯副委员长、于院长等等都是“好乱分子”了吗？事实上，如果当局真想制止“挑拨感情”、加强国内团结，那就应当大大协助这些被封闭停刊的刊物，帮助其发行，使它们的和平团结民主的主张能深入民间。同时，倒是对于那些真正“好乱成性”的东西，那些专以挑拨国内各政党关系、造谣侮蔑进步措施的东西，非加查禁不可。但是，恰恰相反，一方面是要查禁主张团结和平民主的刊物；一方面倒是不认为“出版过多”，而容许了那些曾在敌汪时代宣扬“大道”、提倡“拥汪”的“挑拨感情”能手，出版了不少刊物，对于这种真正挑拨感情、好乱成性的东西不加限制，对于主张和平团结民主的则予压迫。难道这还不够说明这些措施乃是破坏和平团结民主，准备实行内战分裂吗？

根据这些法理和事实证明，所谓“于法不合”，实在就是要一心消灭人民的基本自由，而消灭人民言论自由的存在，也就是要澈底的完全破坏政协决议，以便利反人民、反民主的内战的进行！由此可知，上海的许多杂志早已申请登记，（有的在十个月前就申请登记了），而当局延不发给登记证（至今上海数十家杂志联谊会的会员刊只有五家获得登记证的），这就是当局“准备下一手”的伏笔。而十八日《文汇报》所传许多进步刊物将遭查禁的消息，也决不是空穴来风。

根据这些法理及事实，全国读者与全国杂志界不仅有必要而且有理由立刻联合起来，制止摧残言论自由的野火蔓延！时间是异常迫切了，如果我们不能制止它，在内战的狂风助长之下，这股凶残的野火马上就会烧去所有进步的书报，烧去我们的眉毛，那股恶毒的黑烟，将会熏黑我们的眼球，闭塞我们的耳朵！

立即要求被饬令封闭的进步刊物杂志准予复刊！立即要求赔偿被封闭刊物杂志的损失！立即颁布民主的新出版法！立即核准各杂志刊物的登记！立即制止随意封闭刊物的现象！立即停止内战！立即实现政协决议！

反对摧残言论自由的斗争是与反对内战运动不可分的，前者是后者的内容之一，但只有和平完全实现，摧残言论自由的斗争才能胜利。全中国与全世界的人们将誓死保卫这一基本自由，我们不能没有喉咙，不能没有耳朵！我们要像保护自己的眼睛那样去保卫言论出版的自由！

高尔基逝世十周年忌日，上海。

（载《民主》1946 年第 36 期）

从检查到查禁

钟子芒

新闻检查是将废止了，这在我们文化人立场说，是天大的喜事，为了的是新闻检查是将文化人的思想束缚，是不能自由地发表各种意见，并且新闻检查是法西斯政治的遗留，中国政治是走向民主的大道，当然新闻检查是毒瘤是应割去的，可是为甚么当局对于新闻检查还牵丝握藤的留恳着呢？为甚么当局对于与新闻检查同样为渣滓一样的戏剧检查不撤销呢？我实在有些弄不懂，而听说茅盾先生的《清明前后》也曾删去了不少台词，这是不是一个民主的胜利国应有的现象呢？无□这一回的戏剧节，剧人在大声疾呼演剧自由了，虽然或许要人先生们怕触伤他们的“尊严”，可是现在民主官儿，则至少真得有些“大国民风度”，他容许人批评，批评得不对自有人出来指这批评是“诽谤”，是“谩骂”。像英国的张伯伦，丘吉尔，阿德里，我们不问他们的政治观如何，总觉得他们做首相的态度不坏？很容许报纸上批评，能容许议员的责问，骂了阿德里，即使荒谬不但文章不加检查，而且很能“幽默”的读下去，同时也不会发生头破血流的惨剧，这是民主官的最低的条件，而今日之官儿仍留恋于新闻检查，等于留恋于装保险玻璃汽车，自己有“缺德”的事，所以怕，所以惶恐

“不良分子”的袭击。

可是“新闻检查”，到底手续麻烦，而挂一漏万，非“彻底”办法，因之在高嚷民主政治的声中，法西斯的政治手腕都有人施出来了，请看二月十五日的大报上的一则新闻，便知道民主的逆流在“澎湃”了。

“广州社会局今派人在各书店查禁，张铁生主编之《自由世界》，司马文森主编之《文艺新闻》，及邓邦俊编之《学习知识》等三杂志。按该三杂志均曾为文要求民主，并对市党部查禁所谓反动书报办法有所批评。”

这岂不是民主政治中的奇闻，我想在广州不只实施了新闻检查，同时更来一步最澈底的办法，“查禁”，这真使文化不寒而栗的，将来不只“查禁”而已，恐怕会将一个个进步的文化人拘留，暗暗的杀害，遭到杨潮一般的命运。本来在法西斯的魔掌下“查禁”是他们的惯技，而在推行民主政治的途中，竟也干这样一套把戏，能不令人寒心。

而平心而论，广州、香港一带的色情文化是充溢着，为甚么不查禁？却对要求民主要求进步的三本人民大众的刊物加以摧残，加以杀害，我觉得今日文化人应全体抗议这不法的事实，虽然我与这三大杂志的编者，并不认识，可是站在正义的立场，对于广州的社会局此举，实在深恶而痛绝，全国的文化界若不加以制裁，那么则其法西斯的毒瘤是要繁殖的。

（载《真话》1946年新4期）

抗议杂志审查

孟

最近本市社会局通令全市杂志界，须于出版前一日将清样二份送往该局审查。理由未曾说明，也许又是为防止什么吧。站在推进文化运动的立场上，我们认为多少是不合理的！

在中国过去对于出版的检查，原是司空见惯的事情，北洋军阀时代有，国民党统治时代也有，敌伪统治时代更不消说，所以出版商对于书籍杂志要在出版前送给官厅盖一个“检讫”的图章，仿佛已成了习惯，照例的公事。自从抗战胜利以来，情形却不同了一点，杂志出版的时候，只要送请市党部登记以外，似乎不必再经过这一段麻烦的手续。这对于出版商真是一个大解放，对于整个的文化界，也是一件德政，看见上海刊物之风起云涌，就足以证明这德政确乎推动了文化的发展，使战争八年郁积在心胸的牢骚苦闷，获得了一个自由抒发的机会，现在社会局忽然一下子要恢复起旧制度，不知是奉了中央的命令要这样做，还是因为觉得目前这种自由太多了一点，特意要加上一些限制？

我们知道现在的出版法上没有规定刊物必须经官方审定的一条，而况大后方正在开放言论，连报纸新闻都已取消检查制度，何以上海除了还在实行新闻检查之外，更要加上这杂志检查的办法？

现在上海的出版物固然相当庞杂，可是这种自由的发展，其实并没有发生过什么严重的问题，倘市政当局认为某种刊物的言论有不妥当的地方，那尽可以单独召该刊负责人去谈话，用一种疏导的办法使该刊加以订正，好在现在市上流行的刊物，谁也不是秘密出版的，有地址有负责人，当局大可不必顾惧拉不到“辫子”的，若照现在的通令办理，一方面显见政府不大合乎“潮流”，同时又使出版者蒙受种种不便（因为照规定须于出版前一日送审，这不但手续麻烦，而且时间上也大有问题），影响到整个的出版界前途！

还有一点：这送审的办法，又不是全国的，而刊物却须销行全国各处，倘此地认为“检讫”，而别处又并不通行，这就等于前几年的有过的情形，于政府威信反有损碍，而当此全国正谋团结统一的时候，实在是一种得不偿失的举措吧！

（载《新文学》1946 年第 2 期）

出版界亟宜自肃

秋 翁

出版界在许多周刊风起云涌的今日，所有主办人以至我们每一个执笔者，都应该自肃。不要因为新闻检查制度业已撤销，言论得以自由，而太无拘无束。要知道：检查虽已撤销，国家的法律依然存在。言论应该就法律范围内自由，以不侵犯他人的权益为自由，这才是民主国家健全的自由！正当的自由！

假如为了刊物的风行，专事向壁虚构，捏造和报道不确实的新闻，徒以轰动社会观听为能事；那便一方面毁损了别人的名誉信用，一方面又欺骗了读者群。今日连篇刊布，明日更正不确，不啻不打自招，这是千万要不得的！法律要来惩戒与取缔的。同时又怎么好把言论自由四字来掩护自己呢？

往往又有甘趋下流的，为了扩张刊物的销行额，不惜刊载诲淫文字与猥亵图照。虽逞一时之快，实则妨害了社会善良风化。他的罪行，甚于自渎。自渎仅仅个人受害，此则斫丧青年，贻祸益烈！法律尤其要取缔的。

我人负着文化使命，写作文字，出版刊物，虽不必大唱高调，要对国家民族如何有益与建树，可是总不应该自趋歧途，忘了本责。无论如何，总得新闻务求真实性，立言须有建设性，这样尽可能的给读者提供美好的精神粮食。即退一百步言，也该使阅者虽不受益，亦当无害，才不负文化人的使命，对得起阅者，同时对得起自己的良心！

笔者岂敢批评同业、妄议同文？完全为自肃立场发言。不自肃而作害群之马，既不免遭及严厉的取缔，亦将为出版界之罪人。那时即或仅仅拔了孔雀身上的毛羽，使林子里的鸟全般失掉美丽，岂不追悔莫及了吗？

（载《海光》1946 年第 16 期）

上海滩的文化

黄 裳

上海究竟还是中国的文化中心，虽然在目前这种时局的低气压下面，难免不也露出一种奄奄一息的样子来。美国的商品充斥在上海的市场上，文化食粮也有其一种优势，如生活画报的国际版每册才卖六百元，而且是大量供给，又绝无官方的人物的查收，所以销路很不错，虽然买的人不一定都懂英文，至少看了图画也是满有趣的。提到现在上海的刊物，可以拿周报的被迫停刊为例，可以知道罪恶的黑手是在用了什么样的方法来压迫着这些刊物。

周报在第二次内政部的覆查登记证时，被批了八个大字“查禁有案，不准登记”。这“案”是谁也不知道的。甚至迄今周报社也还没有拿到任何公文通知它的停刊。不过，在上一期发行的时候，警察局来了一部大卡车，将全部数千册的预备分给报摊的周报都没收了。一个以营利为生路的出版家，怎么赔得起这种本，于是不得不下期宣布休刊，自胜利后发刊迎接国军与接收大员开始，迄今正好一年。

周报在同型的民主刊物之中是惟一编得活泼而辛辣的一种，也最受读者欢迎，然而现在是第一个被黑手窒死了的。在报摊上常常可以看到两位警察，一个手执手枪做预备放状，另一个则把报摊上的刊物（认为不妥的）没收掉，有时他们高兴，连一些黄色小报及《伉俪月刊》、《见闻》之类的也拿了走，据说，这是揩油，因为他们很喜欢看这种东西。

在这种情形之下，报摊上自然充满了花花绿绿的方形周报和小报。战前盛极一时的那种小报现在约有四五种。有《今报》、《沪报》、《铁报》、《锡报》……。作风还是一样，于充满了肉色之外还加上骂骂激烈分子。这似乎是上海小报目前的唯一的特色，无论那一张上，每天都得有一段的。万一没有了材料就异想天开将……人物描写成红胡子绿眼睛，犹如僵尸，倒也可以消闲解闷。

中央电影摄制场拍了第一部片子《忠义之家》，内容糟得不可言，写影评的朋友都不愿执笔。导演还舍不得瘦皮猴蹿树根的几个镜头，虽然经过多少人的攻击，也还是不愿意剪去，除了这些也似乎真没有了可看之处了。

戏剧界也是沉闷得很。上海的演员对内地的演员们不满。蓝马批评上海剧人太多那种“我是卖艺的”的作风，为人所不满。然而这确是实情，这见的红人都慢慢走上了京戏里的卖头牌的路子。石挥们与导演编剧开火以后自己演了一个《雷雨》，没有导演，大为成功，每人分到二百多万，结果是作了西装大跳其舞大跳××。上海的所谓剧运的前途也可以想见了。

内地来的剧人最初给人以严肃之感，最近似乎也抵不过上海的引诱，纷纷谈恋爱，闹桃色案件。推想同流合污之日，大抵也不远了。

新书业所遭受的危难也是相同的。目前外汇增长，报纸大涨，除了排工之外，又多加了一部负担。据一位先辈作家相告，他所经营的书店，从内地带了纸型来的，在上海重印，每本如可销去五百部，即可维持，但是一册较大的书排工即需二百万左右，这数目也是颇惊人的。

除此之外，新书店还常常为警察光顾，时常搜去民主刊物，一下就损失数十百万，真是不大受得起。生活书店较好，还在出书，而门市部的生意也最佳，大概是上海唯一的一家活跃的新书业者。商务还在出一些莫明其妙的东西，即战前份量重而结实的东西，也不多见。

外汇放长的“好处”，对出版家是报纸飞涨，排工高。某前辈作家说：“上海美国货的便宜，使我们能抽好点的香烟，吃点奶粉，用用美国牙膏，对老百姓讲倒还是好的。外汇提高后，美国货大涨，而中国工业原料也大都仰给进口，必亦大涨，结果仍旧是美国货价廉而物美，大家不过是再群起而用贵了若干倍的美国货而已。”看看目前的情况，的确是如此的。

点缀“承平”，上海又在选举“上海小姐”与平剧歌星舞星……的皇后了，目的是救济“苏北难民”。昨天在新仙林舞厅举行。真是欤盛胜哉！“上海小姐”是上次足球义赛用五百万元买进义球的王韵梅女士。共得六千五百万元赈款。上海就是这样一个地方，女人的能力比在别的地方更容易表现得出。至于京戏皇后则是上次在平自杀闹得满城风雨的一位。她现在是与著名的“男人”白云搭在一起了的。在这样的“上海小姐”才有这样的上海市，而这也就是中国的影子。(八月二十日)

(载重庆《大公报》1946年9月3日)

关于编辑技术

云　涛

记得跨出校门之后，就踏进了一个出版机构服务，那时，在东北，日本帝国主义者正伸出了魔手，蚕食鲸吞，节节逼近而来，终于万宝山事件爆发，接着又有所谓“田中奏折”暴露，日本帝国主义处心积虑企图吞并中国的阴谋，已由政治的进攻而进于军事的行动。为了适应当时抗日潮流的需求，我们创办了一个月刊。可是，由于经费来源困难，真够得上说惨淡经营。虽然生活相当的清苦，但，一股充沛的热情支持着，所以内心倒感觉一些温暖和愉悦。在“九一八”的前夜吧，我又踏进了上海某大报馆。于是，十余年来，大部分的时间使我完全在文化与出版界兜圈子。

目前百物高涨，印刷自不能例外。因此，出版一种刊物，的确不是一桩易事。印刷，纸张等费用，委实相当可观。基于此，我们不干则已，干起来的话，自然需得切实认真，绝对不许浪费，或徒作点缀场面。在这苦难的时代里，担任一项工作，就算是为了吃饭的职业吧，事业心也是决不可少的，要积极的干，要打破“混饭”主义。

是的，我在出版方面担任工作，为时比较的久，可是十分惭愧，简直没有什么可以报道的，谈不到什么心得，更无论成就。在此，仅就编辑技术工作方面，试述一二，藉资请教！

一种刊物的发刊，必先确定其发刊的旨趣与愿望，从而认清和争取其读者的对象，然后不断的加以灌溉耕耘之功。“不问收获，但问耕耘”，这话，对于文化事业工作者可以说更觉中肯，因为文化的耕植，常非可期之速效，只要认清目标，努力不懈，最后必然可以获得成功。自然，首先要紧的是内容务求精警，做到字字珠玉，篇篇可读。同时，编辑上的技术工作，却也不能疏忽。举例说，一张报纸所以能够获得广大读者的爱护，决不是出于偶然的：内容固然毫无瑕疵，编辑技术也一定十分讲究；比如标题明朗醒目，版面新颖别致，使读者容易得到一个明快舒适的感应，这也是成功的一大因素。报章如此，刊物亦然。一句话，一本刊物的编辑，在发稿之前，必须要有一个统筹部署的计划。所以作为一个编辑工作者，需要注意的，约如下述：

第一，标题活泼严肃。在每篇文字付排之前，必需有一番仔细的整理工作，例如篇幅的精确估计，标题的装置配备，以及版面的设计等，在在需要处理尽善，那末等到手民排出来，大体上，可以清醒悦目了。否则，表现在校样上的文字，可能是一片凌乱芜杂，太不雅观；印出书来，又必徒然使读者望而生厌，很容易把蛮好的一篇文章，轻轻忽略而不加细读的。正如戏剧导演者，对于剧中人物，必须安排处理周到，那末，演出于舞台，才能倍见其生动。这是相同的道理。笔者以为：标题的配备，第一要做到活泼轻松，同时也须注意严肃，不宜流于低级和庸俗。

第二，篇幅紧凑美化。我们经常可以看到某些报章杂志，出现在版面上的新闻或作品，不是紧密，便是疏落，大有不“合流”之感。甚至一块天窗，一个漏洞，好像无暇顾及，不去加以调整；不然的话，索性胡乱填一幅图版，或是一块尺寸不合的广告，就算“OK”。这种编辑，毕竟是失败的。无论是文字，插图，广告，都得要有全盘的设计与调整，避免“不惬意”的“疏”与“密”，以完成紧凑和美化的境界。因此，一根铅条，一条花边，一个空铅，以及标题的角度，板面的“明”与“暗”，插图与广告的重心等等，都是值得研究和布置的。

第三，编辑校对的配合。提起校对，在一般人目光中看来，好像是不足重视的。略识之乎者也，就可胜任愉快。其实，绝对不是那么一回事。校对是一桩枯燥而乏味的工作，假使没有细心与耐劳的习惯，我相信是决定干不好事情的。同时，没有具备各种常识的人，请他担当也是同样干不好的，否则往往闹出笑话，错误连篇，结果一篇好文章也因此减色不少。在这里，我以为值得一提的：就是编辑与校对必须配合。编辑和校对，是二而一的工作，一个标准的编辑工作者，不但能“编”，而且能“校”，自编自校，当然工作合拍。总之，编校人员必须相互了解，配合无间，这在工作上是有极大裨益的。

十，四，夜于裕华村。

（载《中建》1946年第10期）

门外谈编辑之道

西方朔

秀才不出门，能知天下事

上中学的时候，觉得编辑很有神气，此刻做了三年的编辑，对于这种昼伏夜出，形同鼠类的生活，已有前世作了恶，今世作编辑之感，加以自己的小姐，常为我的健康而销双眉，心血来潮，顿起改行之念。然而始终是说说而已，因为苦中有乐，食之无肉，弃之有味。编辑工作于人于己，都是一种最好的教育。对于别人，没有一种教育比新闻的影响更大和更直接。对于自己，工作逼迫你关心大事情，使你从一字一句之中，懂得许多政治上的把戏，正如古语所说：“秀才不出门，能知天下事。”

不必戴新闻系的方帽子

我没有进过新闻学校，我至今讲不出一条新闻学的定义。而且只是上过几天大学，对于教授讲的板本学不生兴趣，在校室里无聊得将女同学的头发拿来比较。我开始编电稿的时候，有一个编得很好的朋友循循善诱的指导我。但我这位并没有进过新闻学校的编辑朋友，他的底子很高，原来就不错。以后我还知道一些同行，都没有戴过新闻系的方帽子。我由此相信，只要底子不差，编辑可以自学而能。

比写一首诗还难

别以为标一个题目，编一张报纸容易，实在是比写一首好诗还难。一个好标题，第一要正确，是非真伪，分得清楚，谎话阴谋，看得明白。第二要简练。有如鲁迅的文章，没有一个多余的字。第三要形象，如生龙活虎，抓住读者的神经中枢，一张好报纸，整个消息的或大或小，适如其分，有关的东西都并在一起，而且安排得赏心悦目，如果你不善于比较轻重，善于组织，善于拼排，内行一看，就知道你还欠几分火色。

一个鼎的三条腿

由此观之，作一个好编辑，有三个条件，像一个鼎的三条腿，缺一不行。一条腿是政治认识清楚，才可以明是非，辨真伪，知轻重。一条腿是会使用中国文字，不要以为这件事很容易，有些卖文吃饭的文人，或自以为文化人之流，写的文章好多都还要进裴绍钧的文章病院哩。一条腿是精通编辑技术，政治水准高，国文程度好的人，学起编辑来非常之快，但要掌握编排的技术，还需要一个相当长的时间，编久了的人，标一个题目，要八个字就是八个字，要六个字就是六个字，分稿之际，早已成竹在胸，整个一版，俄顷之间就安排好了。

从何学起

假使你将来愿作编辑，我可以告诉你从何学起，对不对不敢负责。你要勤于读报，把国内国外的大小事情，一字不放地逐日读完，不懂的地名查地图，不懂的人名查辞典，不懂的事情尽可以向懂得的请教，这样一来，你的基础知识就可以逐渐丰富。你要比较几种值得一读的报纸。看它们的消息是怎样处理，看谁处理得最好。还可以看编得不好的报纸，以它们为前车之鉴。你有了这些准备，有机会编的时候，就不至于不堪造就。

做编辑的基本道理

编辑的行市颇吃香，要找一个好编辑是很难的，你如有志于此，不愁没有饭吃。新闻事业，中国尚是萌芽时期，你是英雄包你有用武之地。但是话又说回来，一个编辑，熬更守夜如果为的只是吃饭，挑葱卖蒜不是人干么？要做编辑首先要不违背良心替当权者摇旗呐喊，欺骗人民，或者当新闻流氓，吹吹拍拍，投机取巧。否则还是不做编辑的好，免得祸国殃民！

（载《职业青年》1946 年第 1 卷第 3 期）

书评家的任务

杨同芳

近来上海各报多辟有“出版界”、“书报评论”一类关于书报评介的副刊，在被敌伪奴化了八年，读书出版界呈现空前寥落沉寂的景象以后，随着文化复员，重又热闹起来，这是不能不令人欣喜的事。书报评介的被人注意，也可以看出文化出版事业的渐渐地在复苏了。

大抵任何一个国家，出版事业发展的时期，书评家也产生得最多；书评家产生得最多的时期，又往往能促成出版事业的推广。希腊大哲亚里斯多德说：“没有批评，就没有进步。”书报是我们主要的精神食粮，要希望它能对读者发生积极的效用，那我们就得以亚氏所说的“公允判断的标准”（A Standard of judging well）衡量书报的价值。盖莱（Cayley）与施各德（Scott）曾将批评分为五类：（一）指摘；（二）赞扬；（三）判断；（四）比较及分类；（五）鉴赏。批评家于此五种，或谓以一种或数种为批评的范围，或谓应包括全部。批评的学说最精审的要算安诺尔德（Arnold）。他说：“批评是一种不计利害的企图，在传布世间所知所思之最善者。”

就目前上海书评副刊上所发表的大部分文字言，内容不外两类：一类是属于介绍性质的，一类是属于批判性质的。属于介绍性质的又可分为二种，一是纯粹介绍的，把一本书的每编每章的要义，逐一加以简括的叙述；一种是一般的介绍著者的思想和书中的大意。属于批判性质的则须具有独到的批判眼光，以客观的态度，根据逻辑的方法，作正确的评判。不过最多的还是前一种，述而不评。

无论是介绍或批评，书报评介的作品，对于读者和作者都是很有裨益的。书报评介一方面评介作家，作品及问题，一方面它本身就是一种独立的优美的文体。欧美有许多作家，专以写期刊上 Book Review 栏的文章驰名。书报和书报评介的区别在：书报供给人们的精神食粮，而书报评介乃分析精神食粮的价值，并予读者一种指导和选择。书评家常将作品中作者的个性或思想表露出来，和作者在书中表现他的个性或思想，并无不同。书报评介最初用为批判和研究书报的一种工具，而后来却超越于“工具”的范围，竟成为书报和作品的另一种形式了。

批评家精读一书后，明瞭其内容及价值，求得一概念或结论。不过他自己所得到的概念或结论，只是个人的，试验的，不能强令读者信服。所以书评家一定要凭客观的态度，不可武断，以自己的思想为思想，意见为意见。书评家的读书和普通读书一样，必须认为读书是一种不绝进步的程序。书评家可以找到比较的价值，而不能臆断永远的功效。近代书评家叙说出自己对于某一书某一作者的意见，目的在激起读者的精读此书。这种激励别人读书的功能是很大的，惟其如此才能继续发见作品的价值，作者的思想，且足以弥补书评家一己的观点的错误。书评家以他所得的结论（相对的或然的结论）作为其他研究或批评的阶梯，使之对同一书或另一书进一步求论断，因此书评的价值并不在论断的本身，而在层层剥进寻求论断的全部程序，希望真理愈求愈接近，问题愈探讨愈精辟。书评家的任务，是把自己对于阅读某一书或某一作家数种书的心得与经验传递给读者，使他们也得到同样的心得与经验，或者超越于书评家的心得与经验的范围而能发见更多的更广泛更深切的思想。书评家在这方面应该是读者的良师益友。

安诺尔德认为书评家是传布思想的居间人，他能把“世间所知之最善者”传递给别人。人类的思想就靠这班书评家来沟通，传布，普及。有时作家的思想或不为世人所洞悉，而书评家则使之提炼而为最精粹的思想，因为有许多著作，对于一般读者，颇感把握不到中心思想之苦，书评家这时便担当了介绍、分析、撮要、揭示，使读者能彻底领会，而认识其价值。优良的书报评介不啻为原书的“绪言”。书报是传布文化和思想的工具，而书评家的任务，在使这种工具能显示其效用。作品所以能因批评而增加其社会性——即社会的价值——就由于书评家传布作者的思想与读者，而使这种思想成为共同的需求，使人人都能发生同情作用，感悟作用，由了解而接受。英哲 A. 赫胥黎曾告诉我们，书评家对于文化的最大贡献就在他能吸取作者的思想的精华，加以拣剔、凝炼而给人去滋养精神。这实在是再确切也没有的。

在另一方面，书评家又给作者以很大的激励，有时更予他们以指导。书评家固然负有领导作者使他易于领受时代思潮的任务，同时书评家在某种情形之下，也可能造成有系统的新思潮，使风行于社会，为作者著述时的先导。安诺尔德对于这方面说得很透彻，他认为书评家最大的事业是：造成一种“知识环境”（Intellectual situation），以备著作家写作时所吸收。我们要希望最正确的知识最精粹的思想领罩着整个的知识界，必定要使书报评介的力量和作用，发扬光大。书报评介最发达，文化出版事业也一定最发达。因此我们也可以说：书评家是知识界的开路先锋，是文化的前驱者。

对于促进文化、思想、学术与社会的相互作用，书评家确负有很深重的任务。提高社会的文化水准，激动读者的研究兴趣，使读书界的风气为之一振，可说全是书评家的贡献。尤其在今日，书价高昂，出版界情形异常紊乱，即使是对读书感到极需要和有兴味的人，有时也会觉得无力购书之苦。书评家如果能有系统地替这班读者打算，给他们介绍一些可读的书报，给他们灌输一些有用的思想，该是多么有意义的事。至于那些初学者，更可以因书评家的指示，知道选读怎样的书报，因为他们可从书评中就性之所近，获到选择读物的机会。

书评家在读者和作者两重的期待下，要负起时代的任务，慎重地把有价值的书报尽量给社会介绍。如果说翻译家是文化的移植者，那么书评家于移植的使命之外，更处在为文化思想传布作居间人的地位。

目下上海的出版事业已渐渐蓬勃起来了，书评家应该吻合社会的需要，担当起出版界开路的工作。我觉得即使没有批评，单单介绍介绍也好，无论怎样，提倡社会的读书风气，不只是出版家作家的事，也是书评家应做的事。

（载上海《大公报》1946 年 12 月 29 日）

读书会的组织

衡

诸位同学现在是放假了，在寒假里你们要做些什么呢？也许你们已经计划着了，或者已经实行了。在这儿我愿意贡献一点意见，就是聚会几个同学组织成一个读书会。

最先，一定有人要问，为什么要组织读书会呢？在回答以前，我要先问同学一声，是不是你们常说："我们要充实自己？" 当然。在这大转变时期，同学们都感到自己在祖国担负的责任是多么重大，然而自己的知识呢？惭愧得很，无法说有这么大的力量来担当，但是，我们就这样地 "无法说" 算了吗？绝不能，在今也许说不能够，可是在将来相信一定能够，因为今日与将来之间有一个预备的时间——充实自己的时间，"充实自己" 只在课堂上听先生讲，回家抓书本里念就够了吗？我们再举一实例，我们常听长一代人们说："×××在学校总是考第一，可是到了社会上就不成"，这是什么意思，诸位都明白，只是念死书在社会上是不会有多大用处的，所以我们不只念教科书，还要多读一些增加我们的知识，修养我们自己的书，而这些书学校中是不会一本一本教给我们的，这只好自己来读。在这里发生了问题，中国的出版业虽不发达，然而这类书却不少，我们个人怎么能买得起这些书，还有我们怎样去读这些书？而我们遇到了问题又怎么办呢？最好的办法就是大家聚在一起团体的来做，那么大家的问题由大家来解决，一定会比个人解决容易的多吧！

接着就是怎么的组织呢？第一我们要聚集同学，读书会是同学为了减少个人读书的困难，集合而成的团体，所以人越多越好。第二我们要聚集书籍，在今日的书价贵的吓人时，同学购买力不够，可以分别购买，轮流阅读，这比个人担负好得多，再把自己一部分书收集在一起编成类，登记一下，这样可以不乱，并且可以免去遗失，需要参考时就可以很容易的由读书会中取来。至于报章杂志，我们是需要看的，因为这是最接近现实的生活，购买的方法也与购买书籍一样，并由读书会去购买还可以有一部分的折扣，这实在是便利同学的。其次就是找个地方，定出时间，另外定有会费，并选定主席，大家可以共同的商讨和研究。

其次是读书会进行方面，各种事情都完全预备好后，选定各人所看过书籍来向大家介绍，并叙述自己读这本书的心得，在介绍时可以加评论，大家再来批判。假如人数过多，可以按读书的类别分成小组，为的是减少同学的时间和精力。报纸和杂志最好是大家轮流的读，读完以后，对于时事或有关于我们的问题可以相互的检讨，不但使我们对现实的问题能更清楚的认识，并更引起我们对将来的关心。

最后要跟同学谈一谈读书会的发展，读书会不仅是使同学们能读书，会读书就完了事，并且更进一步的练习同学走向多方面去。我们常在报纸上看到什么讨论会、座谈会，可是看看读书会讨论不也是占着很重要的地位吗？我们在读书会里讨论书里的问题，对于时事等各问题的讨论与那些座谈会、讨论会有什么区别呢？又有同学们在读书及读书会里，用口来介绍和讲自己读书的心得，这不是又和讲演报告相同吗？或者不用嘴来说，而用手来写，这不就是练习写作，如果我们在读书会里来写自己的东西，简直就等于一个写作会，设若把我们写出来的作品，集合在一起钉成册，如果再付印的话，就成了一本小小的杂志。更不要忘记我们的读书会还是一个图书馆呢！我们可以从这里取书读，我们也可以在这里阅读书籍报章杂志。

读书会对于同学是极有利益的，尤其是能锻炼我们集体的活动，在今日，我们不正是需要“团结”、“共同工作”吗？空喊是无用的，我们要做，要练习做，同学们在课余的时间内，在玩的时间内匀出一点空间，组织读书会试一试，并希望能永久的继续下去。

（载《一二一月刊》1946 年第 1 期）

谈自我学习与组织读书会

要健全自己，顶重要的是自我学习和加强自我学习。自我学习的最好方式是组织读书会。读书会不一定要有甚么严密组织，但一定要有一两个最积极的人来主持和推动。

编者先生：

我是一个职业青年，刚脱离学校不久。

在今日的中国，仍存在着许多不合理的现象。譬如说，发育还未完全的小孩，就须担负其成人般的重工作。也许像我这般年龄（二十岁）的人，还正在学校中幸福地读着书，可是我，为了生活，只得走向社会上来谋职（虽然这不是可耻的事）。

当然，也有许多人说，社会就是大学，但是实际上，从这社会大学中，能学些什么呢？也许只是颓落和欺诈吧。整个社会就如烂泥塘一样龌龊，假使不坚强一点，就很难保持自己的纯洁本质，弄得同流合污。

因此，我有一个想法：认为在我们职业青年中，假使每个人都不同流合污，首先应该健全自己，要注意自我学习建立起正确的人生观，要明白宇宙间的事事物物，目前更要担负推动争取民主建国的任务，在各个人的本位上积极从事工作。服务于同店中的同人，应该怎样学习呢？首先是否要有一个集体的读书会或学习小组，经常举行座谈会，有机会让大家共同讨论问题，研究问题。在座谈会中，团结同业，广泛的交朋友，那不很有意思吗？

可是我又怀疑这只是一个不能兑现想法。因为事实上，每个职业青年收入都低微，加之工作忙碌和沉重弄得大家喘不过气来，迫使每个人只能顾到维持自己的生活，那里还有兴致谈学习？我想到这些就踌躇了，怎末办呢？是不是坐视我们一批职业青年整天的无聊地谈女人，玩赌博，喝酒等等来消磨时间呢？我觉得不该坐视这些朋友把宝贵的时光白白糟蹋，应该想办法使他们走上正路。因此，我把下面这些问题，向你请教：

（一）读书会怎样才能把它弄起来呢？

（二）如不能达到目的又该怎么办？

（三）许多事实上的困难如何解决？

这三点希望您给我解答一下：

一个读者阿华

阿华先生：

的确如你所说的：像烂泥塘一样的龌龊，稍一不当心，便会同流合污。怎样才不会同流合污呢？也正如所说的要健全自己。健全自己的办法，是要加强自我学习，多读书，多知道些道理，建立正确的人生观。这样，就不会同流合污了！说到学习，我也认为：

第一，最好的方式，是组织读书会。首先把读书兴趣最高的朋友们集拢起来，大家决定共同读一种书，读完之后，推定一个人担任报告：对这本书的重要内容，读的心得，以及书中的问题等等，提出来共同研讨并展开辩论，不懂得的地方，再向学有专长的先生请教。

读书会不一定要有甚么严密的组织，但一定经常要有一两个最积极的人来主持并推动，如期把指定的书读完，读完的书一定要在读书会里报告。

第二，读书会的组成，人数不一定要多，五六个人，就可以，最先选择的书最好根据大家的需要和兴趣来决定；书的分量不要太重，文字比较浅些的好。由读书会敦请读书较多的朋友作导师，要他介绍书报杂志，并经常提出问题来研究和讨论。

第三，你所说的事实上的困难，就是一般职业界朋友工作忙，没有空读书。我想："事在人为"，假如每个都能合理的分配自己的工作时间，那一定会挤出读书的工夫，时间少无关系，主要的是每天不间断的读下去，日积月累总会有成就的。我们青年人不应该怕困难，倒要想办法克服困难。

（载《文汇周报》1946年第114期）

怎样充实我们的读书会

一、讨论纲要

（一）读书会情绪不够紧张，活动不够积极，主要原因何在？——是否不能与一般需要适应？是否有与实践不相配合之倾向？

（二）读书会性格之重估——读书会在整个进修活动中居于何种地位？是否为单纯作理论研讨的场合？是同志集会？是工作人员集会？抑应兼有两方面之要求？

（三）读书会形式之重估——多讨论？多作读书报告？多邀请专家演讲？多作生活检讨？多作工作检讨？抑或改作各种活动之实践：服务的、组织的，以及其他……

（四）对于今后读书会之建议——把握性格、形式内容及组织成员之具体建议。

二、意见汇集

王岷生同志首先起立答复第二个问题，他说：读书会在现阶段是本社进修活动的唯一具体表现。“进修第一”是我们必须力行的口号，但是除了每星期日的读书会以外，我们几乎没有什么活动了。岷生同志以目前读书会的不够充实归咎于二个原因：“以性质而论，我们的读书会既非同志集会，又非工作人员集会；以内容而论，我们虽力求作为理论研讨的场合，然因对现实问题的缺少讨论，内容不免流于空泛。”由于上述二项原因，发展到今天，即流为一种每周联系一次的机会了。

顾家樑同志强调进修必须是主动的。他说：被动的进修非仅毫无成效，抑且容易养成反感。因此，推论读书会所以缺乏生气的原因，就在于过度的强迫性，他是被动的，所以也只有趋向消极的后果了。家樑同志提出：读书会能否分成许多小组，许多种类的活动；让每一个参加读书会的人，就各自的兴趣，选择一组活动，这较之勉强聚在一处讨论同一个问题情绪必能热烈得多。

姚志英先生毫无保留的赞成上项意见："我看到许多参加读书会的人，遇到研究革命理论的场合，实在一言都发不出来"，"革命理论并不是可以信口开河，胡说几句的，研究革命理论首须在社会科学各方面具有相当的修养，这自然不能责之于众人。何况各人的兴趣不同，有的志在从业，有的志在服务，道不同不相为谋；相顾默然的时候，会觉得索然乏味"。因此，他同意家樑同志分组讨论的提议。

徐宗毅先生主张：每次读书会讨论务须有中心，不要以讨论革命理论这样大的范围作为题目，无中心不易使问题集中，而且往往会信口开河，愈说愈脱离本题，最后犹如脱缰之马，一发不可收拾，讨论了大半天，一无所获。

何肫林同志认为分成小组讨论确易增加读书会的情趣。淳安时候，我们有小组讨论，现在大家确实减少兴趣。不过何同志还认为最大的原因还是理论与实践，有不相配合的倾向，理论研究确不能与一般的需要相适应。问题是："究竟什么是一般的需要？"

陆麟勋同志说：提出读书会内容与一般实际需要的相差太远，确是事实。犹忆淳安时候，每逢讨论时事问题，群情高涨，就因为适合当时的一般需要。"今后能否多请专家莅社演讲？本人一贯主张，读书会在目前虽不够充实，但在进修的意义上，仍旧是非常重要的。"

张正邦同志指出读书会的宗旨应该是"求知力行"，一面求知，一面力行。时至今日，以言求知，同志同人本身的不努力是无庸讳言的；以言力行，因为业务的不能开展，力行又无用武之地。但是古往今来，我们观察每一个成功的人，都是手不释卷，孜孜进修；"所以我主张读书会务须充实，具体的办法是分组研究，集体讨论"。

赵耿梅同志也承认：读书会的不够充实，不够生动，确系事实，但不能即视为读书会的整个失败。其次，他说适才何肫林同志提出读书会的一般需要是什么？我的答复是做人，做事，以及政治（革命路线）的认识。苟从这三点来衡量，我们这二年来的努力并不是毫无成效的。相反，我们曾经收到很好的效果。所需要警觉者，即：经过了二年讨论以后，应该有更多发展，应该在实践上更能配合于具体的发挥。他又说：从今起，所有进修纲要等都应重新编制。

高祖文同志指出今天的问题应该是读书会的如何充实其生命，不应该涉及于存废，这是进行讨论必须认明的前提。谈治本，主要在确定这个集会的性格，是同志以及与工作人员间“联络感情交换知识”的一般性的集会呢？还是专为研究理论的同志教育的集会？也就是说：读书会对会众，究竟怎样的要求？至于治标，不外从两方面入手：内容应多接触现实，技术上则同意于“分组研究，集体讨论”的办法。分组研究在求精，集体讨论才能使研讨的结果发挥配合作用。最后说：“展开社会的服务的活动，乃是进一步的理想。这也许不是治病的药，而是一种补品；补品就不是用以治病的。”这种看法，他自己认为“可能是偏见”。

宋宝山同志认为读书会的不尽合乎理想，肇端于下列四点：（一）同志同仁之间情谊的交流未臻理想地步；（二）缺乏中心领导，例如进修辅导委员会的不能负起领导责任；（三）实践和理论的配合不够；（四）见解还不能完全一致。

金大均同志也提出了二点原因：一是缺乏指导，进修辅导委员会不能发挥任用；二是缺乏自由讨论的风气。他认为欲求学术理论的发扬光大，自由讨论是最理想的方法。五四时代的北京大学所以成为当时学术文化的中心，即因为他具有这一种精神。

邵景康同志很同意中心问题研究和分组活动的二个方式。认为革命理论乃许多方面的综合，包括政治、经济、法律、社会等等，这样可以分为许多小组。小组讨论和研究结果可以汇为数个中心问题，提供大会作集体的讨论。这就是张正邦同志所提出的分组研究和集体讨论的办法。

三、主席结论

"进修第一"系本社一贯的领导原则，本此原则，我们将每星期日的读书会很顽强的坚持到今天。二年又五个月来，读书会真正的评价如何，是失败还是成功？确是很值得讨论的问题，我认为基本的指向，总是正确的，进步的，相当成功的。技术的处理，则尚多错误，而亟待改正。

麟勋同志说：虽然读书会未收理想的效果，但不能因此而忽略进修的整个意义，耿梅同志认为就做人，做事及革命理论研究这三者衡量的话，我们的读书会可以说是成功的。这二项意见，都非常正确。

读书会在基本上的正确性，是无庸疑义的：它合乎工作与事业的要求，也合乎时代潮流的要求，这一点我们必须认清。因了方式不善而倾向取消主义，这是要不得的。星期日的上半天，我们正在宝贵的运用，如果屈服于取消主义，还不是把这半天无聊的消磨掉？无聊的消磨较之有意义的进修，孰得孰失，是不难衡量的。

诚如若干同志所说，我们的预期过高，过高的预期容易与实际脱节，因而带来了失望。读书会有许多缺点，这是不可讳言的事实。主观上，由于我们自身的不够奋发，不努力向上，不迈进无休，换言之，就是缺乏进修的热情。客观上，作为指导机构的进修辅导委员会，不克担负起鼓励并激发社员进修的责任，也就是未尽领导之能事，失责之咎，当然无所推诿的。

大均同志提出读书会缺乏自由讨论风气一节，本社固提倡自由精神，惟凡为社员，必须把握共同的中心，共同的原则，借以发挥领导群众的作用。本社社员对达成这一任务做得尚太少，正如宋宝山同志所指出，社员意志还不能完全无缺的一致。本社早有社员基本纲领的提出，和社员的观点意见，务须以此为准绳；我们对于三民主义应有坚强的把握，对一次革命的理论应有坚强的信心，我们要对任何相反的主张作顽强的反驳。我们反对官僚资本，反对政府中所有的贪污腐败分子，但是我们必须强调："我们不与整个党的组织对立，不使人民对本党所领导之政权增加离心力。”凡此都是我们一贯的主张，也是本社维系重心的基本信念。这些精神在本社社员基本纲领中已经很明确的提出过。作为一个中建社员，应该坚决把握，随时发挥，这样我们才能表现出一个共同的立场，丰富着一种共同精神。不然的话，基本信念如果尚未获得一致，则一切有关问题必将徒滋徘徊，无由解决。

读书会一般的需要是什么？耿梅同志所说的“做人，做事，和革命理论修养”的答案，颇为正确。至于方式改进，本日讨论中许多同志主张分组研究，集体讨论，那当然是很好的方法，值得作为未来改进的参考。但是在基本上，坚定事业信仰毕竟最是根本。如果能信赖事业，就必然会产生了自我充实与力求进步的意念，有此需要，才会对进修活动发生热诚。

当前现象可以看作对于团体事业信心的测验，这个测验的成绩是我们值得警惕的。我们要以充实进修来巩固信仰，不能不先对同志提出加强事业信念这一个要求！

（载《中建》1946 年第 6 期）

怎样组织读书会？

M

来信之一

……我是个常常逗留徘徊在书店里看看翻翻书的人，不讳言，我是个非常喜爱看书的。我埋怨书价太贵，也像成群的金钱不充裕的爱读书者们一样。这里，是请先生在“读书与出版”上想办法，就是像葆君的“用集体力量来买书读书”那样计划的法子，这计划很好！相信对于原则上，一定有很多人赞同这建议了，第一步将如何入手做呢？订定具体的步骤，实行……是否要有像图书馆那样的书室之类？……

董任予敬上四月十六日

来信之二

……组织读书会，我是很赞成的。不过过去的经验告诉我，要维持得长久，十分困难。说起原因来很多，一时也说不清楚。我想恢复读书会，不过不知道怎样使之长期存在。……

金叔鸿四月十日

复函

组织读书会，不必拘泥于形式。会名没有，章程没有，都不要紧。要紧的是确确实实有这么几个人（同学、同事等）都想读书而无力买许多书。你和这几个人都谈得来，就可以向他们发起。大家都赞成，就可商议每人出多少钱，凑起来买几本书。到书买来，就每本书排好谁先读谁后读的次序。要推定一个人记账，收谁多少钱，买某书花多少钱，都记清楚，以免发生可能的纠纷。书看过归一个人负责保管，谁需要时可向他取，日后是否把各书搭配分给每个人，可由大家商定。

还有重要的是各人自定读书计划，这些计划集在一起，就可知道应先买几本书，需用多少钱。这比全体用一个计划好，因为可以照顾到各人兴趣的不同，学力的不等。（如果兴趣学力没有大差别，自不妨用一个计划。）但要使每个人都能买到想买的书，而又不致有多买少买的争执。

读完某书，把要点或疑问提出来，请大家讨论——如果能这样做，当然有益处，可是不要勉强。个人的研读（做笔记或摘录）应当看重。

组织起一个读书会，或者不太难，要长久维持一个读书会，就必须使每个参加者的确得到共同买书读书的利益。互相督促，互相讨论（不一定要全体集合在一起开会），都是有效的方法。

（载《读书与出版》1946年复2）

漫谈杂志

今 轲

“杂志”，是精神食粮中的时品。如春天的桃杏，夏天的瓜李，秋天的梨柿，冬天的柑橘，因此，人们喜欢它，超过了一日三餐的面包与大米饭——日报与书籍！

时品，有热，有冷；有剥了皮吃的，也有连皮吃的，如樱桃之类。冷品，要特别讲究卫生，连皮吃的，更应讲究卫生，否则，吃时很快意，一个不当心，便有中了菌，害病的危险！因此，我们对于这精神食粮中的时品，也应该特别小心。

战时，杂志不算多，纸张印刷恶劣，而且邮寄不便，过去了，不去管它！

今天，检查制度取消，言论亦已自由，纸张、印刷、邮寄诸条件都将逐渐改善，今后真是杂志的新天地了！于此，便应该来一个普遍的总检讨。不然，这一时品的为害，恐将超过了虎疫与鼠疫！

在这里，我不打算作个别的检讨，仅分几个类型去谈谈。

（一）国际政治类。这一类有名杂志，大概是：《文摘》、《时与潮》、《世界知识》三数种吧？《文摘》与《世界知识》，不客气地说：似乎有点偏好苏联。究竟是不是，读者的眼睛是雪亮的，请你们自己去判断！《时与潮》，比较上是客观一点，但过去选材不够严格，纸张印刷都嫌太坏，希望今后能够改善。这一类的杂志，为读者所喜，故而销路不错！所以首先谈到它！

（二）译文杂志类。这一类，以《西风》资格最老；《西点》虽晚出，但封面很讲究，他们都各有其读者，虽然，文字浅内容杂，但无大害。

（三）学术杂志类。这一类，今天还没有看到一本真正像样的。过去《哲学季刊》、《新政治》、《新经济》、《科学与青年》、《文史》，都还可以，我们希望这一类的，能够改出月刊，至少能有《哲学》、《社会科学》、《自然科学》、《文史》、《地理》等类。《读书通讯》、《图书月报》是这一类的批判者与介绍者。

（四）文艺杂志类。这一类，多半为左翼作家所把持，如《文联》、《中原》、《希望》、《文哨》、《文艺杂志》（后四者已合出联合特刊）等，他们有着一贯的作风。是政治口号的文艺化！但是，仍不能不承认他们写作的技巧——爱情的外衣；动人的场面——暗杀，暴动，游击等斗争的场面；热情的文字——它们暴露了黑暗，又指示了光明（片面的、自我的光明）。青年人，尤其是中学生是很受诱惑的。这手法仍是旧小说的那一套。《火烧红莲寺》之类的小说，能叫小学生背剑上峨眉山，或五台山；《冲出云围的月亮》之类的小说，为什么不能叫中学生往陕北跑呢？

在文艺方面，不客气地说：国民党是惨败了！这并不是这一方面作者个人的不行，主要的是：国民党没有这一方面的政策，既没有文联，更没有文坛！他们在这一方面被窒息了！《文艺先锋》便是一个可怜的代表。

比较上说，能够为文艺而文艺，无党派色彩的纯文艺，是《时与潮文艺》、《法国文学》等。大体说来这两种还可以。

（五）艺术杂志类。除各种画报外，尚有《戏剧生活》、《电影》、《音乐》、《艺术家》种种。这一类有些是偏重于大腿色情的，又有一些是偏重于党派色彩的。读者应予以注意。

（六）一般综合类。这一方面的杂志比较多，值得一说的是：《东方杂志》、《新中华》、《文汇》、《建国青年》、《正气杂志》、《新中国》等。《东方》与《新中华》牌子比较老，内容比较实在，但版式也比较呆板！表里如一地老气横秋。《文汇》是《世界知识》的姊妹刊，他们不仅文字上是千篇一律的“苏联第一”，就连广告都是清一色的。恰巧笔者手头保有的一二一期《文汇》，广告便是四本谈苏联的书。这也许是偶然，我在这里，特别要提起读者注意，不要被伪装蒙瞒了！不要被糖衣欺骗了！《建国青年》，虽然标着青年，但在比重上，它仅是四分之一，余三是时事评论、学术论著、文艺园地。今天它已出到第四期，从这四期看来，分量是很重的，没有那一篇文字不是值得一读的。《正气杂志》、《新中国》，也都是一个可读的综合杂志。

（七）党派杂志类。《群众》、《解放》是共产党的，《中华论坛》、《青年学习》是第三党的，《国论》、《民宪》是青年党的，《再生》是国社党的，《国讯》是职教派的，《平民》是建国会的，《民主生活》、《民主教育》是救国会的，《民主周刊》是民主同盟的，至于新出的《农村杂志》是不是乡建派的，尚待考。国民党办的杂志不算少，最明显的就是《中央周刊》、《文化先锋》与《三民主义半月刊》，但是只有点，而无线，更谈不上面，国民党在这一方面，类似文艺，仍然是一个失败者。

（八）海派杂志类。海派杂志，据说在上海已有一二百种。它们一致的形式是四方的，有女人的大腿照片；其内容亦一致的是：色情，是风花雪月。此风已传到重庆了，它就是黄色的“重庆风”，这一类是有毒的，但却是盛销的。为了文化，为了学术，为了中国，为了人类都应该鸣鼓而攻之。

（九）人物杂志类。以它为名的，目前仅有重庆出版的《人物杂志》一种，目前已竟出到第四期，大体说来还不错，但是，人语，似乎有点党派色彩，又似乎偏了左。人们往往把“左”误认为前进，这不知害了多少人。我的朋友某君，是一个专业的文化人，他不仅一点“左”的瓜葛都没有，而且还是一个国民党党员哩，但是，他写起文章来，左翼的人都佩服他的左。有一次，他说：写文章不左，不仅没有读者的爱护，同行的吹捧，甚至还会招来群攻的打击！这也许是真的。但是，我总认为左与右同样地是错误，为什么寻求真理，一定要走偏锋呢？

（十）游记杂志类。《旅行杂志》，是这一类的唯一代表。过去，记得在桂林出版的《时代知识》，他们便是经常地有着这一栏的，这种杂志，也是颇有趣味的。

（十一）新闻杂志类。自从一般新闻记者，出其类似内幕、侧闻一类的稿件，发刊《新闻天地》以后，接着又出现了《新闻杂志》、《新闻快报》种种，这一类的杂志，一致的作风是新闻杂志化。虽然，他们有时也会扑个空，但是，人们总是喜欢知道内幕与侧闻的，何况，寻风扑影就带一点小说性，戏剧味呢?《报报》、《人报》是这一类的另一作风。

（十二）副刊杂志类。此类，在中国首倡之者为《时与潮副刊》，接着而出了《文摘副刊》、《东方副刊》等等，这一类以谈心理、生活，介绍新知分栏，率以轻松，幽默文字出之。是有闲阶级茶余酒后的较佳刊物。

（十三）职业杂志类。除农工商外，尚有《教育通讯》、《医药杂志》、《法学杂志》、《新闻记者》（似已停刊）、《军事杂志》、《天文台》等。职业者自办的自我教育杂志。

（十四）学龄杂志类。以学龄而分的杂志，如：《健康儿童》（幼稚生）、《少年读物》、《开明少年》（小学生）、《中学生》、《大学月刊》等等。《大学月刊》似为民盟人士所发行。

此外办给青年人读的，那更多了，例如：《建国青年》、《青年学习》、《青年知识》、《民主青年》等等。

（十五）女性的杂志类。她们认为男人办的杂志，偏重了男人，因而她们自己也办了一些女人看的杂志，如：《女青年》、《妇女月刊》、《妇女文化》、《现代妇女》、《妇女旬刊》、《家》、《家庭》种种。其中以《现代妇女》党派色彩为浓厚。

（十六）地域杂志类。从《中苏文化》到《东北文化》、《西北建设》、《边疆公论》、《新新疆》等，都是可以说是地域性的杂志。

（十七）批判斗争类。《大道旬刊》、《政治向导》，是这一类的有力者!

（十八）语文杂志类。《国文杂志》、《国文月刊》是谈中国语言文字；《英语周刊》、《英文月刊》等等，又是谈英美语言文字的。我相信今后可能出现的语文杂志是《俄语旬刊》、《法语半月刊》等杂志，因为在广大的中国，尚不少它们的爱慕者啊!

此外，还应该有《文献杂志》、《资料杂志》，以无代表作，故不再述。

这分类法，是我杜撰而试用的。余留给我的同调者。

最后，我也谈谈我理想中的杂志，首先，应该是无党派的，但，为了真理，不妨阐扬或批判主义；为了是非，不妨向党派作善意的建议，或无情的打击——它的尺度是国家、民族、人民的利益。

其次，是现实的。不拘现实多么复杂，多么辣手，要有勇气面对着它，理解它，批判它！千万不要逃避现实，如想逃避，不如干脆不办！

其次，是观察的，理解并批判现实，还不够，还要进一步去观察。有勇气，但须能审慎，预言未来——由它站在时代的前面，给人类做个向导。

其次，是综合的，既名“杂志”就不应该清一色。它像人们的饮食一样，应有酸甜苦辣，应有色香味，更应有大菜、点心、小吃。杂志，在上述的廿类，虽无法一一包括，但可斟酌损益而配合。这是编者的天才——只可由编者慢慢地体验，我是主张面授，秘传的，恕未能公开。就此打住。

（载《建国青年》1946 年第 2 卷第 2 期）

杂志界的惨状

老读者

最近的定期刊物，出版得相当多，但一般情形并不良好。有几种杂志的销路，甚至惨不忍睹。

以下，是几种较著名的杂志的行销状况。郑振铎、李健吾合编的《文艺复兴》，在未出版之前，一般预料，或将有一番轰轰烈烈的情形，因为两位编者都是文坛巨子，谁知创刊号出版，只销去了三千册，最近的一期总算好一点，已经销达五千册，但还是不免亏本。

其次，魏金枝主编的《文坛》，创刊号仅销一千五六百册，第二期仍旧好不了多少。同时魏又兼为启明书局编《小说世界》，书局老板预算可销一万二千册，六千册分发外埠同行，六千册销售于上海，但是如意算盘打豁了边，本埠只发掉了二千册，外埠也是大批退书。

最少的是《旅行杂志》，每期只销一千册，其实《旅行杂志》内容很充实，编得也不坏，不像《文坛》、《小说世界》那样的毫无技巧，读者所以不多的原因，大概是为了太专门性的缘故。

侦探杂志目下有三种，一是程小青主编的《新侦探》，销三千五百册；一是孙了红主编的《大侦探》，创刊号销六千册；另有一种是小型的《小侦探》，是《大侦探》的子刊，销三千册。

此外，属于冯葆善发行系统下的刊物：计《宇宙》七千册，《电影》六千册，《春秋》最近复刊，销七千册，以前该刊可销万册，现在减少了三千册。惟《西点》已由七千册逐渐增加到一万册，这恐怕是上海各杂志中销数的最高额了。

黄嘉音主编的《西风》，性质与《西点》差不多，战前声势相当浩大，但胜利后在沪复刊，每期不过销三千册左右。因此黄嘉音很灰心；他主编的另二种刊物《家》与《光》，甚至因乏人问津而寿终正寝了！

（载《海燕》1946年第8期）

我们须要的刊物

博　奋

它们是：态度纯正、不偏不倚、无党无派、新颖通俗。

近来不断读到几篇关于读书界的没落和读者不长进的文章，使我也愿意对这问题说几句话。不错，现在无论走到哪一个报摊上，报摊上所陈列的几乎是清一色的软性的，麻醉的，黄色的刊物。从这一点上，来判断出版业只知投机取巧，唯利是图，而忘却其本身所负的重大使命；同时从这一点上，说读书界眼光短，胃口弱，不能接受正经的知识和学问；结果便造成今日这种情势，那责任是应该由出版业和读书界共同来负的。这样说法固然未尝不可以，不过我觉得此外还有一个重要的原因不该忽略，那便是客观环境上的限制！我们直截了当的说，今日的写作者尚不能随心所欲的写一些东西，出版业亦不能随心所欲出版一些东西，读书界更不能随心所欲读一些东西。远者不必说，去年胜利到来以后的报摊上，各种新刊物的出版如雨后春笋，其蓬勃的气象真令人可喜，远地如上海出版的刊物亦能如期到来，俨然恢复了战前的状态。那些刊物里面自然仍缺乏纯学术性的，然而对于一些新的理念和思潮的介绍却不能说没有裨益，曾几何时，竟造成今日黄色刊物一面倒的趋势，这责任又应该由谁负呢？所以这里我不忍说亦不得不说的一句话，就是要打算改进今日的情势，光是改进出版业和读书界还不行，客观环境的限制非放松了不可，现在你愿意不看黄色刊物而欲看一种比较进步的杂志，可是到哪里买去呢？谁又叫你出版呢？

其次，说到天津文化界真是贫乏已极，漫说没有一本像样的刊物，就是报纸除了二三种外也没有多少可看的。偌大的一个都市，能使它永远留着一块“遗憾”的空白吗？为解救读书界的饥馑和精神食粮的补充，无论如何也希望有一种刊物出现。那刊物在我的计划是这样的：态度纯正，不偏不倚，不属于任何党派；思想要新，拿潮流，赶上时代；以深入浅出的手法写各种文章，文字力求通俗，使人人能懂，而内容决不低级或无聊，必须是介绍一些知识或智慧，读来有益；整个刊物包罗万象，国际，政治，经济，文化，艺术等都有，要紧的是篇篇可读，而且读来有趣，不忍释手，虽是干燥的理论，亦待做到这样程度；最好是中型的，携带既方便，看时也容易；印刷要好，编排要新，时时换样，不拘一格；售价低廉，使穷苦的学生也买得起……这样的刊物，我想是大家须要的吧？

（载天津《大公报》1946 年 11 月 3 日）

全国杂志评述：少年与儿童

柳　丝

自己在重庆耽了八年，做过公务员，做过生意，最后两年，还是干起老本行来，从事于儿童书籍的编著了。因为职业的关系，一向就注意搜集少年和儿童的刊物，可以说见一本买一本，几年以来，到也收集了不少，所以这次复员归来，重临上海，行囊中除了几套破旧衣服之外，就是一大堆几年来积存的少年儿童的杂志了。到了上海，本地出版的同类刊物，也复不少，于是我的“财产”，又增加了些。《礼拜六》的编者也许知道我的癖好吧。叫我对于这一方面，来一个评述，义不容辞，只好执笔，也许可以供同行朋友参考吧。

现在先说在战时的大后方所见到的几种吧。

《抗战儿童》

这是著名全国的孩子剧团的几个小朋友办的，月刊。出版期间，正当后方民众运动蓬勃的时候，所以内容多载鼓励儿童参加战时工作的文字，冯玉祥、陶行知、郭沫若等都有文章在上面发表，可惜后来孩子剧团无形解散，它也就寿终正寝。

《儿童世界》

《抗战儿童》停刊后，关心儿童文化的大小朋友，重新组织，出版了《儿童世界》，由何公超、柯槐青合编，内容以科学与文艺并重，因为文字通俗，旨趣高尚，风行于大后方西南各省，据说，远至印度、绥远，及沦陷的鄂北，也有读者。胜利后，移沪出版，并由月刊改为半月刊。现在已出到第七期，我们希望他不但能保持过去的水准，而且更要进步，以适合建国时期的需要。

《新儿童》

出版于桂林，由“大姊姊”黄庆云主编，内容宗教气味太重，上帝呀、耶稣呀，喊得太多了。特点是每期有“大姊姊”信箱对于儿童提出的问题，加以详尽而亲切的解答，迎合儿童心理的小玩意儿——谜语、谜画之类……特别多，这是受小读者欢迎的主要原因。桂林沦陷前停刊，现在已于广州复刊。

《少年之友》

这也是在桂林出版的刊物，以少年为对象，惜乎编者不大懂得少年心理，内容芜杂，好像只要是一篇稿子，就排印出来，结果成为一本没有中心，没有计划的杂志。印刷陋劣，用新五号字，排得密密的，形式与内容一样，一无可取，胜利后似乎不曾复刊。

《现代儿童》

出版于福建永安。月刊。内容自然科学的材料特别多，排版的格式也还美观，可惜限于印刷条件，与理想相差还远。胜利后，是否继续出版，不得而知。

《小朋友》

出版于重庆，中华书局发行，现在已在渝、沪两地，用两副纸型同时出版了。这刊物，在战前就有很久的历史，也就是所谓“老牌子”，正因为牌子老，内容货色也就永远是这么老气横秋的样子。也难怪编者，一个大书局是不容许有新鲜、泼辣、前进的风格的。

《孩子们》

出版于昆明。编者思想前进，为同时代儿童杂志中别具风格者。关于高尔基、铁托元帅的故事，时有介绍，日本女作家绿川英子的清丽热情的文章，也曾在它上面出现。现在是否尚在发行不详。

《开明少年》

老作家叶圣陶主编，战时出版于成都，现在已移到上海来出版了。老编辑家的东西，毕竟不同凡俗。首先，文章不炒冷饭。谈原子与原子弹，谈“蒙古人民共和国”，谈“人民的世纪”，都是挺新鲜而配合时代的。战时印刷低劣，字体模糊，现在一定可以改善了吧。

现在要说到胜利后出世的几种了。

《小学生》

上海中国科学公司印刷，韩群编辑，编辑先生选稿的眼光太差了，陈旧的童话，古老的教训，不断的出现，最近一期，连宗法社会道德规范的“闵子骞单衣顺母”也登出来了。排版格式还活泼，印刷也清晰。唯其如此，我们希望它不要老是做一个“绣花枕头”才好。——跟着时代前进是要紧的。

《少年读物》

这刊物创刊于沦陷期间的上海，现在算是复活。主编陆蠡先生被敌人捕去，至今没有下落。我只看到复刊以后的几期，给我的印象是自然科学的材料，特别多，可惜写得太专门化了，大人看了尚且兴趣索然，爱读轻松、活泼的文字的少年，大概不配胃口吧。文艺也很少新鲜的东西，王尔德的童话又在大登特登了。——二十年前早就出过单行本。

《少年世界》

这是最近才出世的刊物。论名称，它应该是给少年们看的，但内容，却只适于小学五六年级的儿童阅读。偏重于文艺，自然科学的材料似乎太少了。找不到什么特色。

《时代儿童》

是几个小学校长、教师编的刊物，出版于上海，印刷、编排，倒还精美新颖，可惜内容太芜杂，大概由于稿荒的缘故吧，有点杂凑的样子。再者不管议论或诗歌，教训特别多，一副老师教学生的面孔。每期刊载连环图画太平天国，是它的特点。

综观目前的少年、儿童杂志，要找到一二份富有时代精神，帮助我们的下一代摆脱传统道德，认识真理，向民主大道前进的，实在可以说是困难得很。如果有人责备我批评得太苛刻，而且来一个反攻，那末我只好用“看人挑担不吃力，自上肩头嘴要歪”，来自己解嘲。

编杂志本来是件不容易的事，何况是编少年儿童的杂志。

（载《礼拜六》1946 年第 22 期）

最近的儿童刊物

大 燕

在物质条件等各项困难之下，出版一本刊物，真不是一件容易的事；儿童刊物当然也是这样。

又一件困难的事，便是儿童刊物的内容，除了要有意义，需要有现实性，更要趣味化；儿童大都是不好带的。而书本，原来是静的东西，因此又必需要合时代，应季节和带着充分的活动性。

因此，一本儿童刊物是很难讨好的，这便是有些怕“蚀本”的出版者们，不敢轻易尝试。

相反地，另一种有着“毒素”的连环图画，却一直在畸形发展，在大街小巷，无处不到地引诱着纯洁的孩子们。这真不是一个最危险现象。

不过我们是无法去阻止他们去读那些有害的东西，因为他们都有着不可抑止的求知欲，何况连环图画正是一种很好的形式，就是没有内容，但是孩子们那里知道“有毒”呢？

如果能用以灌输良好的儿童知识，一定是很有成就的。过去大众书局有联系良好故事的连环书出版，如《鲁滨逊飘流记》、《木兰从军》等，相当受儿童欢迎，但那时所受压迫太大，就渐渐淡了下去，很为可惜。近来在各大报的连环漫画如《三毛从军记》等，孩子读者似乎要比大人们多，因此，希望漫画作者们，注意及此，也多多为孩子们写一些。

我们只有尽量介绍良好内容有充分活动性的儿童刊物，和用这种形式的连环图画刊物，把孩子们从那些有“毒”的“读物”那里拉开。严厉阻止不是个好办法。

在最近显得很有生气的儿童刊物出版界中，只有一本是完全用这种形式的；但一般刊物都很能注意尽量运用插图，帮助着灌输优良的儿童知识。这些刊物，大都能合乎儿童读物的条件，但当然还需要不断努力地改进。

现在我们把那些很有前途的儿童刊物来介绍一下，供给家长们的参考。

儿童书局的《儿童知识》，已出版了第二期，是惟一完全用连环画的月刊；根据出版的二期看，他们确乎是在努力地做到新、精、趣三点。连系于图画的文字相当简明，图画并时用套色版，对于引起儿童们的兴趣，大有帮助。内容也相当充实；不过对于用作孩子们“启蒙”之用，有时似乎稍嫌繁复，应接不暇，比较更适合于低级小学生读。在今生儿童读物中，确可说是一本有眼光有勇气办的刊物。

《儿童世界》迁沪后由何公超先生主持，这几期都是重庆版，据何先生在一次招待会上表示，在重庆版印完后，当即革新内容，尽量加入现实性文字，使儿童读了，感到亲切介绍各项日常智识，新的科学，使儿童们对时代了解，激励进步，预料当能一新我人耳目。

篇幅比较最多的便是《小学生半月刊》，是一本包含较广而富有活动性的中高级儿童刊物。常能看到适合时代、国情、用生动有趣笔法写成的童话故事，用简洁明达的语句介绍的科学知识，又用“小工艺”、“小学生园地”等鼓励儿童动笔和动手，训练他们动手的材料比较起来是少的。文字中也有插图，相当好，也嫌少一些。编排用横行和大小两种字，有便利也有缺点。不过编者韩先生和作者们的注意有充分活动性，是为特色。

中国画报社的《儿童周刊》，篇幅最少，不过要按每周出版已非易事。内容的童话，故事为多，较乏科学；文字均能简洁，保持过去轻松的作风。

还有一本《时代儿童》月刊，内容丰富充实，精警具体，适合于高级小学儿童阅读。惟暑假中并未出版，少一良好儿童读物。

以前各大报纸如《申报》等，大都有儿童期刊，现在仅有《大晚报》一家，尚有沈百英先生编的《儿童乐园》，每逢星期一出版。最为普遍的报纸上，缺乏儿童的食粮，真是憾事。

一般地看，这些刊物的内容、文字、印刷各方面都相当地进步，也从此可见是有着一些关心儿童的教育家和作者们的一种克尽厥职，绝不肯粗制滥造，力求进步的精神，是可以为儿童、为国家庆幸的。

贤明的家长们！多多地介绍给你的孩子们吧，那将是一件有价值的事，也是父母们应有的一些责任。

（载《申报》1946 年 9 月 26 日）

上海，新文艺的复兴

钱纳德

眼前，放着的是三本杂志：《新文学》、《文艺复兴》和《文章》。“文学是时代的反映，最好的说明可以到书摊寻找。”就在这三本杂志中，我们体验到刘西渭先生这一句至理名言。

八年酷烈的殊死斗争宛如一场噩梦，一觉醒来时，新的日子正在迎候我们。反映时代的文学，该走怎样的道路呢？郑振铎先生在《文艺复兴》的发刊词中说：“抗战胜利，我们的‘文艺复兴’开始了；洗荡了过去的邪毒，创立着一个新的局势。我们不仅要承继了五四运动以来未完的工作，我们还应该更积极的努力于今后文艺复兴的使命；我们不仅为了写作而写作，我们还觉得应该配合着整个新的中国的动向，为民主，绝大多数的民众写作。”以群先生在《文艺工作的新起点》（《新文学》）里也说：“抗日战争的结束，同时即宣告一个新的时代的登场，文艺工作者正该适时地重整阵容，开适应容新时代的新斗争和新工作。肃清旧时代的微菌旧时代的沉滓，为新时代打下坚实健康的基石。新时代的胜利即人民的胜利，而人民的胜利将保证新时代的丰饶。新时代是属于人民的。”这两条路虽然出于两人之口，殊途同归，目的却只有一个；所谓“打下坚实健康的基石”也就是“整个新的中国的动向，为民主”，“为人民”。在实现这个目的上，郑振铎先生勇敢地要文艺工作者做“人民的先驱者”，称文艺工作者是“人民之友”或“人民的最亲切的代言人”；我觉得郑先生这说法未免因循着古来士农工商，以士为首的惯例把文艺作者和人民区别开来了。文艺工作者应该是“人民”中的一员，他为“人民”所孕育，抚养，以至于开花结果，成了“人民的最亲切的代言人”；却不是和“人民”有主宾之分，贵为“人民”的朋友。提出这一点小意见，也许会被人斥为吹毛求疵，拿数千年“惟有读书高”的中国智识分子心理而言，这个“友”字可真万万用不得；否则文艺工作者永远不会跑出象牙塔，只是在塔里哗啦哗啦。五四运动的失败是前车之鉴，今日我们要讲“文章下乡”和“文艺深入民众”必须收拾起这顶文士的破头巾，不在笔头上耍花腔，而正正经经地如托尔斯泰翁所说的把我们的心和人民溶含在一起。这样，作者出自人民，文艺才是人民自己真真的东西，既不会列入统治者的“庙堂”，也不会背叛人民的利益，为法西斯蒂阴魂作行尸走肉。

《文艺复兴》较《新文学》多了一半的篇幅，内容上《新文学》比《文艺复兴》似乎编辑得更为活泼一点；虽然两本杂志都具备了诗，散文，小说，戏剧，论文，报告，这是两本纯文学的杂志；另外一本《文章》，则依“编后”所提及的特性而言，是以“文化综合性”为遵轨的，但也一样地有诗，有散文，有小说，有戏剧。

《文艺复兴》中的几篇小说都值得一读。茅盾先生的《一个够程度的人》是自以为有资格统治人民那一类的写照，钱锺书先生的《猫》，则显示了不肯放弃破头巾一类人的群像。作者拿猫作引子，拉上了一大堆人，看来颐谷爱默建候间的纠纷该是题旨所在，但真真引起我们兴趣的，到是时评家，作家，画家那批人。这批宝贝赤裸裸地显示了读书人的丑相；作者的笔十分清丽，笔下所塑造的人物，可真脏得令人生气。也许作者原意即在借题暴露这批活宝；否则说颐谷，说爱默，说建候，这篇小说岂不略嫌累赘？杨绛先生的 *Romanesque*，读了令人兴犹未尽：梅的下落，使我们和彭年一样地为她牵挂；妙处可也就在这一点儿上。作者从另一角度上接触到一个社会问题，但他追求的原是 Romanesque；

我们因无权要求他的解答。《新文学》里，钟望阳先生的《籽》，把仇恨，屈辱，母爱，同情揉和在一块。经过了八年的战争，这种分不清的感情无疑地已引起了不少的问题；作者满腔的同情付予彩彩，付予老龙，甚至付予小杀坯。对于这种朦胧的同情，作者却并不再想深究，因为他还是一个智识分子，虽然出生乡间，已经是城里人了，他只能逃避了事。

《文章》刊载了以群先生的《五年》，徐迟先生的《一塌糊涂》，另一篇徐迟先生所写的《两胡桃》见于《新文学》。这两位作者来自大后方，所写的题材也是大后方的，告诉我们的却都是辛酸的故事。拿黎靖来说，五年前对于生活的一切美丽憧憬，五年后却融解一腔忧虑里。看来这只是生活担子的重压，使黎靖或任何人都会在生活前面屈服下来；这里面可也包括了一个人的韧性，看是否能熬过生活的大洪流，而超生彼岸。至于《两胡桃》中沈少奶奶的遭遇，则可以作为石铭要回前方去的注解。真真接触到问题核心的，倒是《一塌糊涂》，外国大夫所不懂的，也是中国人所最有耐心的。同时，郑振铎先生要求文艺工作者必须“为民主”的主旨，便可不言而喻了。

《新文学》中的两篇报告，译笔清丽。恩尼·派尔这位大兵记者之为大兵所爱好，决不是一件偶然的事情，看了《这是你的战争》，我们可以知道派尔之待大兵，并非祇是一些友谊温情，他有着全心的挚爱。派尔对于大兵，也说明了一个文艺工作者应该怎样在人民当中活动，这是我们的明鉴。

三本杂志摆在我们前面，如果要为每一本都做精细介绍，似乎是件多余的事情。读者有时间看介绍文章，何患没有时间读原书？所以唠叨一番，则是因为刚从大后方来，久亲两面通气的土报纸与粗糙的印刷，看见了这些精致的装帧和漂亮的色彩，旧梦重温，有着说不出的喜悦而已。

（载《文联》1946 年第 1 卷第 3 期）

英美杂志在上海

靳 苓

随着盟军的光临，睽违已久的英美杂志又见充斥市面了。这些杂志大都系“黄牛”以物易物，向盟军换来。西摩路、福煦路电车站口有一个书摊，堆列此类杂志最多，普通如《生活》、《老爷》、《美国人》、《观察》等，最新的每册售价约法币一千元；《皇冠》、《考罗乃》等约五百元。

英美杂志中销路最畅是好莱坞电影杂志，其值倍于《生活》等普通综合性的杂志，惟书摊上不多见，偶有一二残缺不全的，也为爱好第八艺术的信徒“江西人觅宝”而去。

电影杂志中《电影生活》、《电影》开本最大，内有精彩五色像片版，巨幅明星照片，售价自三百元至一千五百元。

南京路、四川路上有一家中外图书杂志公司，搜罗最丰，惟标价足以吓坏人：最旧、最小的几册也在四千元以上，较佳者则索七千五百元，合法币一百五十万元，入此黑心店购书实不啻“与虎谋皮”也。

英美杂志中销路最畅者为《读者文摘》，上海向有此书翻版，售价三百元，较原版为廉。但一般从事翻译杂志文章者，则以此书过于“热门”，一篇好文章，同时表现五篇以上译文，每月新书出版，形成“抢译”之风，职是咸放弃此书弗译了。

（载《上海特写》1946 年第 1 期）

台湾的新闻杂志

黄少玄

台湾光复不到一周年的时光，而来写台湾（被日人强制施行日化文化统治了五十一年）新闻杂志，似乎无可叙述之处，但经了省外来台文化人的努力提倡，与当局及省党部方面之不断协助与提携，并配合台胞对于出版事业的兴趣浓厚，所以台湾新闻杂志出版事业，不特不幼稚与落伍，且能发挥而光大，真是在台湾特殊情况下。凡百事业中以新闻杂志出版事业，是个最进步之一环，兹将台湾光复后新闻杂志出版事业概况叙述如下：

自台湾光复，台胞以骤得解放之后，一般文化人，竞趋于新闻杂志出版事业之经营，除台湾行政长官公署机关刊物之《新生报》、《现代周刊》及李卓之主办《中国时报》与七十军政治部周汉仪所办《自强旬刊》等等，多在未渡台前或在渡台期中计划及之，其所邀约之写作人员，大半为抗战期中之文化战士，其内容并未臻至完善，但一切具有省外出版事业之规模外，其他如台胞所办之出版事业，有如雨后春笋，台北一隅之新闻杂志于三十五年一月中所申请者，即有三十多种。且所申请发行人之籍贯，除一二人外，均为台湾省籍之发行人，编辑人亦为一般有志台胞踊跃参加写作，极呈蓬勃之迹象，足见台胞对于新闻杂志、出版事业兴趣之浓厚。惟一二月间上述三十余种之出版事业中，除《民报》、《人民报道》外，不旋踵间先后停刊，默察前途，均未有复刊之可能。究其原因不外下述各点。

一、因受敌人长期毒化文化之影响，对于写作极感困难无法继续出版。

二、出版后因受文字上未能流畅，阻碍致销路停滞，营业部分亏本过巨而停刊。

三、因受物价暴涨，无力继续出版。

基上所述之一切原因，台胞对出版事业已趋于新转变，兢向日刊发展，除台南《中华日报》、台中《和平日报》均由中枢有计划在光复台湾出版外，台北出版之《国是日报》、《大明报》、《工商日报》，基隆出版之《自强日报》，高雄出版之《国声日报》，花莲港出版之《东台日报》，与台南《兴台新报》由三日刊改为日刊版，台中《竹声报》五日刊亦改为《国民新报》三日刊，台中《民声周刊》亦拟发行胜利周年纪念号，尚有台北《重建日报》、《台湾日报》与台中《大同晚刊》，亦准备即将发刊，至新出版之杂志刊物，如《日月潭周刊》、《正气半月刊》、《海潮半月刊》、《台湾评论》等，其编排编辑均迥异过去之刊物，且出版以来，亦能按期发行，故现阶段台湾之新闻杂志及文化水准已能渐次提高，与省外一般新闻杂志可能取得密切之联系，台湾之文化已够普及，今后当有发展之可能。兹将台湾现在发刊中之新闻杂志列表于下：

（一）日刊十二种。《新生报》、《中华日报》、《和平日报》、《自强日报》、《民报》（日晚）、《人民导报》、《大明晚报》、《东台日报》、《国是晚报》、《台湾工商日报》、《国声日报》、《台湾经济日报》。

（二）通讯社三种。中央通讯社、台湾通讯社、民权通讯社。

（三）三日刊四种。《兴台新报》、《国民新报》、《光复新报》、《台湾商工经济新闻》。

（四）五日刊一种。《鲲声日报》。

（五）周刊九种。《现代周刊》、《日月潭周刊》、《中华民报周刊》、《新力周刊》、《诤友报周刊》、《经济周报》、《台湾公论周刊》、《民声报周刊》、《民生报周刊》。

（六）旬刊一种。《自强旬刊》。

（七）半月刊四种。《正气半月刊》、《海潮半月刊》、《台湾杂志》、《董风半月刊》。

（八）月刊九种。《台湾警察》、《台湾之声》、《台湾评论》、《台湾画报》、《新台湾画报》、《现代兵学月刊》、《教育月刊》、《晓钟月刊》、《新正月刊》。

（载《海潮》1946年第8期）

东北的报章杂志

少　手

东北现在已成为全中国也是全世界人士瞩目的中心，这里，我避开了火药气味浓重的战场，来谈谈那边的报章杂志的出版情形：

整个东北，现有的报纸约有二十多种，主要的有《东北日报》、《安东日报》、《长春日报》，长春《光明日报》、《长春新报》、《哈尔滨日报》、《北光日报》，大连《人民呼声报》，佳木斯《人民日报》、《文化导报》、《辽河新报》、《辽东日报》，吉林《人民日报》、《民主日报》、《胜利报》、《群众报》、《新本溪报》等。这许多报大都是四开两版铅印，但最近已有多家在筹备着出版对开大报了。

杂志方面也非常多：在哈尔滨出版的有《先锋》、《热风》、《求是》、《文化青年》、《文学月刊》等。在长春出版的有《中苏研究》、《东北青年》、《新群》、《北斗》、《艺术与生活》、《中国青年》、《女群》、《妇女知识》、《东北文学》、《现代女性》、《艺海》、《笔阵》等。在安东出版的有《白山》、《辽东群众》等，总计在三十种以上，大半是文艺杂志。

主持经营出版工作的有东北书店，安东建国书店，辽北书店，本溪大众文化书店，大连大众书店，辽西书店等。

（载《红玫瑰》1946年第1卷第1期）

办杂志者的苦闷

含　凉

我的朋友心血来潮要办杂志了，我劝他且慢性急，等报纸源源而来，上海读者的水准渐渐提高了，再办不迟。他说报纸贵一点，卖价大一点，水涨船高，无所谓。至于读者的水准，要读者去提高的。假使老是那些低级趣味的刊物充斥着，读者的水准一辈子提不高的。他宁可贴老本，非尝试一下不可。可是出了三期，他懊丧地对我说，悔不听忠告，已成了骑虎之势。我说贵刊内容并不坏，就是作者的阵容，也很弹硬，不至没有广大的读者啊。他摇摇头说，不踏进门槛，不会知道里面的真相。古人说如人饮水，冷暖自知。那位经销的书报社老板说，封面太老实，最好要花花绿绿些。现在最容易推销的，只有两种杂志，一种是“骂”，一种是“趣味”，规规矩矩的东西，爱看的就少。这倒不去管他，因为阳春白雪，曲高和寡，早已料到的，我不愿意随波逐流，想给与读者一点有益的精神食粮。可是另外的阻力不断地袭来，纸价步步上涨。最近排印工又要加价，甚至加百分之百，成本方面超出预算一倍，而售价却加不起。如何可以维持呢？我说，现在杂志有二百多种，假使读者照单全收，一个月的支出，为数可惊，如何有此购买力？所以上海杂志的发展，实在是畸形的。好在老兄不是牟利，为文化事业努力，就是蚀本也无所谓，他听了只好默然。

（载《新上海》1946 年第 5 期）

国内医学杂志述评

忱 航

一、《社会卫生》（上海）

主编：谢筠寿

地址：上海中正路四五七号

型式：十六开本 月刊

据我所知道的刊物当中，要算这一本刊物是最值得推荐了。执笔的，都是医药界里老作家，内容确实很好，可以挠一挠大拇指的。举最近寄到的第二卷第五期来说：崔柳山先生的《上海的排泄问题》，讲的虽是上海一地，其实这个问题的严重性，无论在那一个都市里都存在。你到过杭州吗？迎紫路是一条很热闹的大马路（现改为中正街），有一家明湖浴池，隔壁的巷堂里，东一洼，西一孔，都是尿便。外国人说：“到中国地方要想解决‘溲’的问题，可找厨房去，这是经验之谈。”实际上，还可补充一句：“进巷便是。”所以接着读君浩先生的《旧金山市卫生局之组织》，我想你一定会想起我们的时代，比人家要倒退多少年。

再次，你可以读张德周先生的《现在的台湾医药界》。台湾是刚从日本人手里解放过来，回到祖国的怀抱。那里的医药界情形，当然是值得我们关心的，这篇文章，有它很扼要的报导。

谢筠寿先生的《助产士真过剩了吗?》，是触及我国实行公医制问题里的一个人事问题。不仅是助产士，就是医师，也何尝不是如此。我们的培育人才和使用人才，一直是各管各的，不能配合起来，因此毕业即是失业，实在矛盾之至。接着，我们应该读倪章祺先生的《略谈儿童体重》了，这是一篇实测上海市八个市立小学，三千多个中国儿童体重的报告，指出中国儿童的营养问题，非常严重，最近笔者也曾协助检查溪口武岭学校的全体学生，共计一千三百余人，检查的成绩，也使人有同样的感觉（下期本刊，当可有专文报导）。

另外还有一篇余云岫先生的《小儿百日咳预后漫谈》，周梦白先生的《前期的化学治疗》，内容丰富，用不着我多说。李群先生的《巴西的黄热病》，等于医学家克鲁士（Oswal Hocruz）的小传，兴味隽永，可当小说读。毛文贤先生的《假如我是个病人》，值得转载到别的通俗医药刊物和普通杂志里，给广大的民众读一读。

纵观全期载稿九篇，篇篇可读。这个刊物在战前已经出版有年，拥有广大的读者，战后复刊，似乎比以前更茁壮些了。

二、《健康导报》（武昌）

卢镜澄主编　湖北省卫生处出版

八开一张，每月出版二次，九月一日创刊。

这是一种完全报纸式的通俗卫生刊物，无论内容，编排，都像一种小报，读完创刊号以后，确实使我欣羡。平时我们痛感国民卫生知识的缺乏，对于卫生教育的这一工作的开展，我总觉得各方面不够积极。笔者，现任中学教师，很想在课余之暇，也来尝试编印一种这样的报纸，且对通俗医学常识的宣传，认为办报（至少三日刊），是一种最有效力的利器，着实有它发展的前途。我们要灌输民众医药常识，要想在民众的荒芜的脑子里，除草播种，对于我们的工具和方式，是不能不深切研究的。我们应该怎样写通俗的文章？应该怎样编这一类的刊物？也就需要大家多多商讨一下。

该报创刊号初试新声，不同凡响，好像先天很足，要紧的还是加意培养！

第一，报纸本身，必须预先筹有充足的基金。编辑的人，必须畀予全权，以专责成。

第二，选材，应绝对以民众为对象，内容要深入浅出，文笔要轻松流畅，为免稿荒，不妨尽量转载，如《社会卫生》二卷五期，有毛文贤先生的《假如我是个病人》这一类文章，如能在通俗的普通刊物或报纸发表，更有意义。该报创刊号所载《登革热》一篇，我不很赞成。

第三，要建立普遍而完密的通讯网，必须和各省市卫生机关、社团取得联系，以求各地消息的灵通。各地报纸，应大量订阅，辅助稿源。

第四，树立发行网，特约各地通讯站（指刊物自己的）多方推销。要是基金很充足，不应当想赚钱，应该提出百分之五十以上的份数，作为分发赠送之用，因为第一步目标是立名，是要各方多知道。

第五，从创刊号看来，可知武昌印刷条件很好。所以文字之外，希望尽量增加些图画。

以上五点，算是我的一点意见。第二号还不见寄来，颇为关念。因为物价高涨之下，刊物要办得出色，固然不容易；要长寿，也很难。要是出了几期，就夭折，真太可惜了！

三、《大众医学》（广州）

编辑：李焕荣、冼维逊、潘劲夫

社址：广州中华北路四七二号

刊式：十六刊本、每月一次

看到这刊物，不禁使我联想起广州和桂林这两个地方，中医势力之雄厚，就在印刷条件非常困难的抗战期间，我也看到他们所办的刊物有五种之多，源源出版，而且篇幅都不少。有的还是旬刊；而我们这边，却是沉寂得多了。何以我们这边，对于刊物会这样不加重视，这样鼓不起大家的劲来呢?

该刊自八月一日创刊以来，已出至第三期，每期十六页，创刊号已再版一次，想来销路还好。据说两广人民的民族性，比别省人要富于朝气，肯有所作为，或者真有些道理。

不过该刊的命名，既然是《大众医学》，则所争取的读者，应该也是民众。细读三期内容，尚有可商榷的地方。我的印象是还不够通俗。

请问编辑先生，在你们广东这一区域，就只有你们这一家吗?假如你们的刊物，舍弃几篇只能供医药界自己看的稿子，更求文字的，内容的通俗化，也能拓展你们的销路吗?如果能够，那我非常希望你们把握《大众医学》的这一主旨，譬如像《医学文摘》这一类的稿件，干脆就转移到别的医学刊物（办给医药界自己看的）。如果只有你们一家，那我更希望你们侧重大要方面去努力。

或许是我的偏见，不论是办医药界自己看的刊物，或是办民众要看的刊物，最好界限划清，愈清愈好。两者混合，反而会麻线吊鸡蛋，两头落空。

四、《卫生旬刊》(长沙)

主编：尹一彬

社址：长沙北大路湖南省卫生处

刊式：三十二开

想象起来，编者先生对于办刊物的兴趣很浓厚，也很努力，这本刊物，现已出版到第六十期了，一年三十六期，不久可以做二周年了，我很佩服他的这种毅力。

不过我的另一猜想，编者的处境，似乎陷于孤军奋战，不免太艰苦了。不论那一种刊物，要想能持久，总得随时灌注新血液，有了新血液，才有新生命。现在肯动笔的人，实在太少了，真使办刊物的人，徒唤奈何！有不愿自讨苦吃的，干脆就不办，这是一种聪明的想法，可是今日医学卫生刊物的贫乏，就是落根在这种聪明里。为了卫生教育，也是我们亟须开展的一桩工作，大家鼓起些热诚来给现有的刊物，帮助一点力量好吗?

至于这本刊物的内容如何，这里我不想评论。因为它的风格，又是另外一种，而这种作风，根本和我的见解很多不同。对象也像《大众医学》一样，而且更模糊些。我记得汪企张先生有一篇论刊物的文章，《医进季刊创刊号》，说明无论办何种刊物，第一要紧的，先得稳定刊物的性格才好。

该刊的印刷和纸张，也很不错，篇幅不算少，每期十四页。我有一点建议：现在上海的报纸，多有医药卫生的副刊；我想别处的报纸，一定也有。我们可以专门选择顶好的那几篇文章，转载过来，作为每期的主要内容，因为该刊的型式是三十二开，这样好像是各报医药副刊的一种单行本，我们在普遍灌输民众卫生知识的这一意义来说：实可毋须避抄袭之嫌，或许这样一来，可使旬刊本身愈发充实，愈易引起读者的乐于保存，甚而至于得到卫生机关的注意，大量订购以备分发之用，也是说不定的。

（载《浙江卫生》1946 年第 6 卷第 6 期）

精神食粮的消化

——略谈读报方法

高　天

把报纸比做精神食粮，是最恰当不过的。作为一个现代的人，不能脱离社会、脱离人群、脱离国家与世界而孤立地生活，因而就不能不注意有关社会、人群、国家、世界的大大小小的事件，报纸正是记载与评论这些事件的一天的历史，现在一般人都有了这样的习惯：睁开眼第一件事就是读报纸。在人们生活日程中，读报就像吃饭一样重要和不可少了。特别是在国际国内时局的重要关头，一天不读报就会有与现实脱节之感。

吃饭不小心，会把病菌、毒素、杂质吃下肚里去，往往因而致病甚而至于有生命危险！报纸这精神食粮，消化也是同样道理，一不小心，吞下无形的病菌、毒素、杂质之类，其危险性更非一饭之害所可比拟。

精神食粮的消化应该怎样讲求才适合于“精神的卫生”呢？

“尽信书，则不如无书”，这句话很有道理。在今天，时事变化波谲云诡，把戏百出，谣言乱飞，报纸的言论记载有如万花筒，看起来眼花撩乱，时时都有受骗的可能。要是像某些报纸的“有闻必录”一样，读报的人也“有录必信”，那就一定受骗无疑。当然，并不是说所有的报纸都在造谣，所有的言论记载都是谣言谎话，也有不少是站在人民立场，报道忠实，言论准确的，要辨别是非，分明黑白，这就在报纸读者的批评眼光了。

只有用批判的眼光读报，才不致盲从受骗，才不致听凭病菌、毒素、杂质侵入，危害到精神的健康，这就是我要介绍的第一个基本的“卫生”方法。所谓批判的眼光，就是用一定的尺度来衡量报纸的言论和记载，从而加以比较与选择，然后批判地接受。通常用来衡量报纸的尺度有三：一、看它的言论立场；二、看它的编法与内容；三、看它的特点。

看一个报纸的言论立场似乎很艰难，其实也很容易，只要注意它是不是真正站在人民的立场就够了。报纸是政治的工具（政治的宣传与教育），代表着一定的政治利益，反映着一定的政治主张，甚至每个字都有它一定的作用。报纸的“超然”与“纯客观”是不可能的，如果有某个报纸故意标榜什么“超然”、“中间”，那它一定肚子里有鬼，更不可不加以提防。官报（政府或当权政党机关报）是代表统治集团的利益，商报（民营报）也有些是代表大资本家大银行家买办或地主的独占利益。在独裁政治之下，官报的立场是与人民对立而妨害人民利益的；在资本主义制度之下，有些商报也是与人民对立而妨害人民利益的。尽管平时讲得天花乱坠，一到重要关头，尾巴就会露了出来。比方说：内战明明是反动独裁派屠杀人民进攻人民的罪行，偏偏说“政府战乱”；美军驻华明明是支持国民党打内战，替国民党队军助威和帮手，偏偏说它“顶好”而且“为中国人民所欢迎”；明明是卖国行为，硬说“不妨害主权独立”；明明是倒行逆施祸国殃民，硬要称颂为“神明圣武”……这就露出了官报的尾巴。又比方：明明是老板打算盘，剥削劳动力，偏偏说“为劳工谋福利”；明明是囤积居奇，偏偏说“来货缺乏”，这就露出了资本家投机商们御用报纸的尾巴，抓住这些尾巴，它们便无所遁形。这样，你就不会上它的当了。

其次，看一张报纸的编法与内容，也可以看出它的好坏。在编法上，从新闻文字的选择处理与取舍的标准，也是可以辨别的报纸的好坏的。应该注意它是不是选取与人民大众利益相符合而为人民所欢迎的新闻？这些新闻是不是排在它应占的适当的地位？是不是故意登出些造谣的新闻来淆乱读者的视线？比方五月间孙夫人对美国人民的广播，有许多报纸竟然一字不登，最近美国和中国人民所举行的“美军撤离中国周”，也有许多报纸置之不理而以显著地位刊出些无耻之徒的谬论，(如称颂美军“顶好”，说美军杀中国人民只是风纪问题等等)，苏联代表葛罗米柯在安理会提出要求调查各国驻军海外，指责美军驻华的正义呼声，有一家报纸，竟以“葛罗米柯”四个二号字标题的短栏地位刊出。诸如此类的故意抹煞、故意歪曲、故意歧视的编法也是很容易露出反人民的骗子的尾巴的。从这方面拖下它的尾巴，真面目就完全暴露了。

再次，从一张报纸的特点来鉴别它的好坏，是最直接有效的方法。看清楚作为它的特点的是什么，最容易看出它的真面目，例如“小骂大帮忙”的《大公报》，特点是社论文字的格调，写来入情入理娓娓动听，但它在重要关头就会拿出刀笔手法强词夺理，淆乱黑白，你在欣赏它的文字丰采的时候，不要忘记警惕着文字背面隐藏着的东西。再如《中央日报》，作为特点的是连篇累牍的官样文章，训词废话一字不漏，歌功颂德惟恐不周，充分表现出它是当权政党的机关报；又如“和平即扫荡”的《和平日报》(原名《扫荡报》)，连篇杀气，满纸叫嚣，一面诬赖他人进攻，一面又捏造战报夸称“国军”的“胜利”，一望而知其为好战分子的喉舌。当作特点的材料，是不是为人民服务，是不是为人民欢迎，这该是鉴别报纸好坏的最灵验的试金石了。

拿这样一些尺度来弄清楚报纸的好坏之后，你就会知所比较知所选择。

选择好的报纸当作每天的精神食粮，应该算是人生的一种幸福，一种享受。但是，倘若享受不得其法，囫囵吞枣，生咽活剥，那就不仅难以吸收营养，甚且要弄成消化不良症。所以，我们选择了好报纸，还得进一步讲求阅读新闻的方法。既然是批判的接受，就不能无条件的信赖，把一张报纸当作偶像，当作权威。要知道报是人编出来的，评论与新闻是人写出来的，“人非圣人，孰能无过”，一时疏忽，忙中之错在所难免，挂一漏万，顾此失彼总是有的。所以，科学的思想方法应该是阅读新闻，把握时事发展方向的最有力的武器。科学的思想方法，运用起来是非常广泛，我在下面列举几个重要的注意点：

一、要用追求真理的态度来穷究消息的来源、背景和作用。报纸消息的来源，除了各报自己的特讯之外，通常是由几个通讯社供给的。中央社是国民党的机关通讯社，新华社是中共的机关通讯社，路透社是英国的半官方通讯社，美联社是斯克利浦斯霍华德系报纸的通讯机关，美国国际新闻社是赫斯特系报纸的通讯机关，合众社是和美国若干大报有关的通讯社，所有的通讯社都有一定的政治立场，代表了一定的主张和意见。电讯如果来自南京，多半是中国官方的消息，来自延安，通常是中共所发表。要是硬把内战写成内乱，那就反映了好战分子“战乱”的心决。

二、要分清楚新闻事件的根据与条件。例如：当前中国内战的根据是好战分子维持独裁进攻人民的政策，其重要的条件则是美帝国主义的援助。要没有美国援助的条件，内战独裁的政策寸步难行；要没有好战分子的内战政策，美帝国主义的“援助”，就失掉了对象。如果美帝国主义不假手好战分子而直接进攻中国人民，那就成了帝国主义的侵略战争与中国的民族独立战争，战争性质根本改变，就不再成为内战了。

三、注意新闻事件的本质与现象，不要为眼前现象所迷惑。例如：五月中的政府人事更动，拉了名为“无党无派”，实则国民党的“忠实同志”的俞大维做交通部长，名为“无党无派”实则无党籍的国民党“同志”王云五做经济部长，当时宋子文曾对外宣称：政府已“自由主义化”，政府真的因此而“自由主义化”了吗？只有天知道！不经过政协决议的方式改组，建立从中央到地方的民主联合政府，一党独裁的本质是依然存在的，既然保存独裁的本质，更调一两个部长的现象就绝不能看成“自由主义化”，自由主义与独裁在本质上是不相容的！

四、注意新闻事件的内容与形式。例如：十一月十二日由政府单方面决定召开的国民大会，在形式上也可能扮做包括苦干党派代表和若干地区代表的“全国性”国民代表大会，但如国民党以外的大党中共与民盟不参加，所有代表都是国民党员或由国民党当局指定，那么，它的实际内容就只是国民党包办的或国民党一党的“国民大会”，不妨把它改称“国民党代表大会”，倒显得更为适合。

五、注意新闻事件的发展与关联。任何事物都不是停滞不进的死事物，都有其发展的法则的。例如：美国当前的世界政策：建立霸权，积极反苏，绝不是偶然的，它是美国帝国主义扩张的必然结果，今天到处挑动新的大战，是由战时战后美国资本与军事政治力量扩张一贯发展而来的，不应把它只看成一时的错误或某些个人的倒行逆施。同时，任何事物都不是孤立的，必须把握住相互关联的法则。例如：目前在各地严厉推行的征实征借政策，是与国民党内战独裁的政策分不开的，因为要打内战，才不顾人民死活逼缴军粮，因为政治独裁，才不征得人民同意就推行这反对人民利益的政策，而且不准人民起来反对。同样的，反对征实暴政的行动与当前和平民主运动也是分不开的，要停止征实必须停止内战，要保证征实之类恶政不再出现，又必须实现真正的民主。这样，和平民主运动就不是抽象的东西，而是与人民切身利益有着密切关联的。

以上不过是一些原则性的方法，对读报多少有点帮助，但，怎样运用它来帮助精神食粮的消化，还在读者自己的把握。

（载《青年知识》1946年新第10期）

闲话古书

引　柏

日寇侵华期中，我国文化方面遭受到的损失真是难以计算，就以古籍而论：整批夺去的、劫火烧毁的、被无知者拿去作践的，可说“汗牛充栋、难以计数”。古代遗留下来的古籍，经了多次的灾厄，本已所存无多！现在又来一次大举“扫荡”，恐怕硕果，也难以仅存的了！

幸而像郑西谛先生一班学者，做了一番抢救工作，保存了不少名贵珍本，我们只要读郑氏的求书目录（曾在《大公报》刊载一部分），就可知道当时有价值的古书散在沪上为郑氏知见的，已有这样多，其余亡失的，也可想而知了。

作者曾在乡间看到多种丕烈士礼居的手批校本，可惜大半不全，当时因为在流离避难期中，也无心加以顾问，事后追思，很为懊悔！不知这批书籍，是那一家藏书家失散出来的。当时为了“行色匆匆”，没有细细检查有无藏印，否则这个疑问不难打破。

聊城海源阁杨氏，四明天一阁范氏，常熟铁琴铜剑楼瞿氏，要算近代稀有的藏书家了。但是海源阁已经了数次的兵灾匪劫，大好的宋版秘籍，被匪徒当作柴烧，嘴里还说：“谁谓古书珍贵，连引火也不爽快！”天一阁也发生过几次离奇的窃案，精华大部丧失。保存最好未遭意外的要算常熟铁琴铜剑楼的藏书了。在抗战前，曾将几种稀有的珍本借给商务印书馆影印，就是百衲本《二十四史》中的北宋本《前汉书》，即是瞿氏所藏。未知这次日寇侵扰，有无大量的损失？

（载《文潮月刊》1946 年第 1 卷第 3 期）

外国人对于我国的古籍

外国人士来华侨居的，对于我国的古籍文献、金石玩器，都是肯肆力搜求，以为研究东方文化的一助。所以我国历代的贵重物品，多数远涉重洋。当然啰，应该责怪国人的太嫌不孝，不能把祖传的宝物永保。其二实害于国内争战的不绝，每一次战争总要遗散不少。所以每常到异国人家里去，看见古籍古玩，非但作楚弓楚得之想，而且是感慨地说道：“世界人失之，世界人得之”，比之“天下人失之，天下人得之”，好似我的气量宏大，胜于古人呢。现在我所见闻的几位异国人，描写出来。

以前德国驻粤领事华浪纳魁梧其貌、雄伟其躯，其性格沉毅而英明。公务之暇，辄作驰马弄犬之乐，广场驰骋，小犬争逐，平野草原间，常见其表现好身手。此外就见其徘徊留连于横墟的玩器店和城内的各书场，苟有悦意的，斥挥多金，毫不悭吝。我曾目睹其在府学东街一家书肆内，购得旧木版的《金瓶梅》一部，斑斓残破，垢积尘封，不吝多金，购之以归。据称是书旧有原版，得之甚难。该书且为中国稗史中有数的杰作，书本虽属残旧，幸尚无遗缺之嫌。其谈娓娓，怕恐浅学的国人，远不及他，对之甚有愧色。后闻华氏把该书页的残破者，再托华籍友人，重行校订编志。书凡数十册，耗费却数千金，华氏早已返国，当必挟书以俱。不过在此世界变迁，这部原版《金瓶梅》是否无恙，还是已被战神收了去？

（载《秋海棠》1946年第3期）

我们为什么要办民众读物

顾颉刚

抗战胜利了，全国上下都欢欣鼓舞，每一个都市里的同胞，均以大国民自许，这种现象固是可喜。但实际到各都市的角落和各处乡村地方一看，所谓大国民的实质呢，又令我们气馁了。中国的民众除了极少数的智识分子外，大都受不到相当的教育，就连识字的机会也少得可怜，即使有若干民众幸而受到小学教育，能看懂极浅近的文字，可是出了学校之后，永远得不着相当的书本作日常的读览。因此，便无从吸收新的智识，自然无从认识新的时代，更无从负荷起新的责任。至于一辈不识字的民众，当然浑浑噩噩地过着上古的日子。这样的大国民，不要说和联盟国相较，就和战败国及二三等国家相较也要叫我们惭愧得无地自容。

提到这一个问题，我们不能不把病根上溯到中国的历史上去。以前帝制时代，士大夫和平民的阶级是分别得相当明显的。像我们这样一辈人，在呱呱堕地时就已命定的成了士大夫的候补者，自幼读的是《十三经》、《二十四史》，于是就可以赴试，就可以挤上士大夫的队伍里去。一般平民对于这些高文典册，一则看不懂，二则又限制你的身份，不给你挤上去。所以士恒为士，农工商恒为农工商。士大夫瞧不起士以外的人，便称他们为“白丁”，为“市井小人”，为“乡下老”，为“无识女流”，总之把他们当奴隶看待，他们去服劳，自己来享受。这些服劳的人绝没有受智识的必要，因为那时只要君主地位安稳，国家大事就已做好了一半，下边对上边是该尽“养”和“卫”的责任的，上边对下边“管”固然不肯放松，“教”却不负全责，那时的教只想教出些子弟使他们将来可以帮助君主做管的工作，并继承祖先的家业而已。至于此外的农工商有了智识反而不好管，女子更是无才便是德，澈底的推行愚民政策，所以大多数的民众教育不但无人想到，即使有人想到也会给人痛斥为多事，或竟触犯了君主的忌讳，牺牲了性命。这原是时代如此，我们不必怨他们，也不必笑他们。然而这些民众究竟是人啊！既是人，就有人性的要求。因此他们也有求知欲，在工作余闲的时候，除了嫖赌等不正当的娱乐外，便是看戏文，听说书，念唱本，读小说，玩图画。他们想从这些消遣中知道些古时候的事情，也想知道一些现社会的形相，并且找得些兴奋的资料来作自己做事时的模范，他们得不到士大夫的领导，所以有些地方粗鄙得可笑，他们没有士大夫般的修养，所以有些地方淫荡强悍得可怕。在一个社会里，倒底士大夫少而平民多，所以上面这些戏文啦，说书啦，唱本啦，小说啦，图画啦，靠了几个天才者的表演和创作，吸引得无数观众的同情，其流行就非常迅速而普遍。士大夫们对于这些东西向来是不屑正眼看的，但到它发生很大的影响时，就被瞥见了许多的坏处，于是利用政治的力量批定它们的诲淫诲盗的罪状，禁的禁，烧的烧。这种办法只是消极的取缔，不是积极的改造，焚禁的效力只是一时的或一地的。“野火烧不尽，春风吹又生”，不久又会因政治压力的松懈，和民众的切身需要而复活，这类诲淫诲盗的东西依然流行在社会，那些主持礼教的士大夫终究没有根绝的法子想。

自帝制推翻，民国成立，规定人民不分阶级，不分性别，一律平等后，没有所谓士大大和民众的分野了。依理，像我辈所谓知识分子的人，应该多接近民众，使他们的知识水准日渐提高，达到真正平等的地位才是。不幸我们旧日的观念和习惯一时未能扫除，法律条文只成了一句空话，除了一班大商人握有经济权已取得高等地位，知识分子不再骂他们为市侩之外，其余农、工、兵、妇女还是攀援不上。知识分子对他们总是望望然而去之，因此他们也不敢和知识分子接近，各地虽有民众学校的设立，但那是变相的小学校，收的成年学生能有几个？虽有民众教育馆的设立，但里边的经费实在是少得可怜，非但设备不周，而且其中的职员薪金叫他们拿了去也没有办法来安定个人的生活，又教他们怎样去努力办事，更不必说他们挪不出车马食宿等等费用到各乡去做宣传工作了。这种教育馆，我跑进去参观时，只有寥寥的几份报纸，或把一册画报拆成单片贴在墙上，聊作点缀，桌上地上尘土寸积，“鸿儒”固不愿去，“白丁”也不会去，弄得这些接近民众的机关竟变成了一所所的“寥寥古行宫”。小说本是民众所爱读的，十余年来也出了许多创作家，但欧化的文体和少爷小姐的架子就隔断了民众们探看的路口，民众能看且敢看的，还是数千百年前的旧东西，上海锦章图书局之类的石印书铺每年不知要把这些旧东西翻印到数十百万部，让他们天天发挥反时代的毒素。年画几乎每个民众所必备，我前数年和甘肃人谈，知道他们每年每家平均须买五毛钱（约合现在五千元），但这些花花绿绿的彩印品还是几部旧小说里的故事，或引人财迷心窍的麻醉药。他们听戏，听大鼓书，听弹词，唱的依然是“真命天子登极”，“黑虎星下凡”，“文曲星降世”，“大清皇帝万万岁”，“二八佳人小金莲”，教他们的思想怎样变成民国人所应有的思想。固然也有些民众读物印出来，像定县平民教育促进会所编的，但他们还是用了自己常用的文字写出，实际上是知识青年的读物，真正的民众索解不得。而且定价又嫌高，真正的民众也没有这么高的购买力去买它。所以民国成立后，虽然说是人民一律平等，可是实际上依旧有了两个极大分野——智识分子和一般民众。

从帝制时代到民国以来，纵的历史上的情形是如此，我们再从横的地理上看又怎样呢？东南沿海一带，较为富足，知识较高，读者想都有认识，不必多说。且拿较为疏远的黄河流域一带来说。我于民国二十年春天受了大学的委托到那里去访古，访古是多么一件风雅事呵！想不到离了铁路线后，坐骡车走旱路，一路借宿在民家，竟使我受到极大的刺激。我们看见许多人家，只有一间屋子，在这一间屋子内只有一个坑一个灶，坑是睡觉的，灶是吃饭的，除此之外什么家具都没有。他们享受这样原始的生活，然而他们的嗜好和疾病却是现代化的，有的是自己不争气种出来的鸦片烟，有的是日本人毒化我们的白面，又有的是给军队传进去的梅毒，“三分像人，七分像鬼”，真是对于他们最恰当的批语。我深深的叹了一口气道：“国没有亡，种先灭了！”自从抗战以后，我又到甘青宁一带黄河上流去旅行。因为那边的宗教事业很活跃，靠了宗教的约束还不致十分堕落，但因宗教的力量太强了，遂使他们只知有宗教而不知有国家。我们碰到了人，问他“贵处那里”？他只会说我是那座庙子里的。他尚不知道自己住居所在是某省某县，当然不会知道自己的籍贯是属于中国的。加以帝国主义的爪牙们潜伏在各处做分化的宣传，更觉得危机四伏。我看到这种情形，禁不住又叹一口气道：“种没有灭，国先亡了！”这许多问题的症结，都在民众没有受到相当的教育。这并不是他们不想受教育，实在是一辈知识分子的眼睛都只会向上层瞧，望高处看，不屑和他们接近，不肯屈己去启发他们，教育他们的缘故。

这一个大问题，不提出来也罢，一提出来时就觉得太严重了，如果不能解决这个问题，那么中华民国的根基始终是站不稳的，一等国家的资格也是永远成为问题的。我们难道眼睁睁看着这种情形延续下去吗？不，决不，我们应该将这些民众呼唤起来，设法教育他们，使得每个国民都有健全的智识，热烈的感情，强壮的体格。中华民国拥有许多这样的素质优良的国民，才不愧为世界上一等强国，我们才配称得起一等国家的大国民。国父孙中山先生早在遗嘱里指示过我们，“求中国之自由平等……必须唤起民众共同奋斗”。民众的力量是广大的，不容忽视的。抛开了民众本来即不成为国家，国家的基本要素除了土地主权之外，便是人民。假如说一个国家可以舍弃了多数的民众，而仅仅靠了少数的智识分子便能成立的话，那犹如将一所屋子筑在海滩上，潮水一来就冲着走了，它的基础的不稳固和立国的不能长久，也就可想而知。

民众的地位既是这般重要，我们该怎样去唤起他们？这就是要我们用尽教育的方法，利用他们日常工作的余暇，看戏文，听说书，念唱本，读小说，玩图画时，设法编插入新的知识，来替代那旧有的，陈腐的，落伍的，封建的，诲淫诲盗的内容，逐渐纠正他们过去一切不良的生活习惯和目前一切错误的思想行动。他们都是有职业忙于生活的人，平常本没有空闲功夫来听那呆板的功课，读那死沉沉的教科书。并且一般民众限于智识的关系，他们的趣味和我们不同，譬如说：平常商铺里的广告画落在我们手里只有随手一扔，扔到字纸篓而已；但民众得到了一张，就要贴在墙壁上看几年，欣赏一个痛快。地摊上的小唱本，我们睬都不睬；但民众买了回去，便要唱了再唱，唱得一家人都熟悉了它的内容而后已。那些一格字一格画的连环图画，略识几个字的人看得疯狂似的，听说现在一个摆小摊租看这类书的，一天净赚两万元，比了大学教授还阔。我们嘴里讲到的古人是唐尧虞舜孔子老子，但戏剧和小说里天天传给民众的历史智识是聪明的诸葛亮，公正的包龙图，勇敢的关老爷，滑稽的济颠僧，所以某国教士为在夷人区域里传教的方便，竟说诸葛亮是耶稣的老弟了。

因此，我们觉得倘能采用他们固有的方式将这些东西的内容逐渐改换为现代的，他们一定很容易接受；如果能在这新颖的内容上注入了他们的趣味，而且逐渐提高他们的趣味，他们一定是更乐意的接受。于是我们在民国二十二年长城抗战之后，便纠合了许多志同道合的朋友在北平成立了一个通俗读物编刊社。出版唱本，戏本，图画，一共编出了六百多种，销路的广大远出我们的预想，凡民众所乐意接受的，一年中可销到百万本。我们把六七年中的销售总数计算一下，竟销出了五千多万本，以我们微薄的力量而居然能有这一点成绩，这很可以增加我们工作的自信力。

“七七事变”后，为了印刷的昂贵，发行的不便，不得已而停顿了下来，然而教育部又在作了，那老向编的《抗战三字经》，便销遍了穷乡僻壤，这是对抗战的宣传最有利的。现在胜利了，我们觉得这一个工作并不像抗日的战事一样，可以就此结束，正应该因时局的安定格外扩展开来，使它成为建国的利器。所以，现在我们又在国立社会教育学院陈礼江院长的领导下，组织民众读物社，集合广大的同志，继续以前的事业，认定建国事业为今后努力的中心，竭全力以赴之。

在现在精神食粮如此恐慌的中国，一辈知识分子既仍爱惜身份，很少有人肯卑躬屈己来做这些接近民众的下层工作，来启发他们的知识，我们既切实见到了这问题的重要，自然不忍不勤勉地做下去。但愿我们做了之后，一辈知识分子不再袖手一旁来讥笑我们的浅薄，或者用了矜怜的态度来代我们扼腕叹息，以为一辈上等人怎会做出这般下等事来。我们诚恳的忠告你们：现在不是从前的帝制时代了，“民可使由之，不可使知之”，这句话早不通行了，现在的时代潮流不容你们再独善其身，伏在象牙之塔里舒舒服服地过一生了。只有将一般民众呼唤起来，改正他们的思想，指导他们的生活，使他们明了二十世纪中国人应该担负的责任，知道这世界是怎样的一个形态，而我们必须怎样来争生存，中国才能在积弱之余勉强跻列在强国之林。大家起来，不懈不倦的干去吧！相信不久的将来，一定能从你我的手里造成一个名副其实的真正自由强大的中华民国。

一九四六，十一，五

（载《教育与社会》1946年第5卷第3—4期）

国民教育的重要工具
——民众读物

方 植

它是推进国民教育的重要工具

依照目前的国民教育制度，国民教育的对象除了未成年的儿童以外，还包括失学的成人民众；所以一个中心国民学校或国民学校，儿童部之外尚同时办理着民教部，分设初高级成人班及妇女班。其教育目标，据部颁课程标准规定，为：（一）使成人及妇女信仰三民主义并激发其民族意识，培养其国民道德，改良其生活习惯，训练其办事能力；（二）使成人及妇女熟悉民权之运用，获得公民常识，并学习常用之文字，增进生产之知能。至于教学科目，据课程标准上规定，民教部是只分为国语、常识、算术、音乐四科，国语科包括读书、写字、作文三项；常识科包括公民、历史、地理、自然四项；算术科包括笔算及珠算。而修学时间，初级班每期以四个月结业为原则，高级班以六个月结业为原则。课程既各此简单，修业期限又那么短促，而目前一般成人班、妇女班应用的课本，又多只是薄薄的一册，把国语、常识、公民等科并在一起，加以编制，称为混合课本。试问：仅凭这些简单的条件，能不能达到国民教育中民教部的教育目的呢？进一步来讲，民教部里的成人和妇女学生，我们对于他们的期望，绝不是在校修习几个月之后就此了结，我们是无时无刻不想配合着社会教育的设施，使他们离校之后，继续接受良好的教育，以收民众教育的宏果。

社会教育的重要活动和工具，约计起来，有读物、音乐、戏剧、电影、说书、播音，以及图书馆、体育场、美术馆、科学馆等等。而其中最富语文教育意义，能够藉以培成民众养成善用休闲习惯的，怕只有通俗的读物一项。读物是一般民众的重要精神食粮，而过去坊间留存下来的恶劣读物又是那么繁多，处处影响民众的思想与生活。我们站在教育的立场，是宜一面积极地编制新的民众读物，一面消极地淘汰或改良原有的民众读物。使能在优良的、合理的民众读物中，继续民教部之未完成的工作，一面使民众继续接受识字教育，使能自由阅读、写作，并养成其读书习惯；一面增加民众的各项常识、增强其民族意识与国家观念。所以，不论就国民教育或社会教育的意义上说，民众读物都永是达到教育目的重要工具。

民众读物在过去

在过去，我国民间流行的读物，统计起来，可以说绣像小说最受民众欢迎；其次则为地方的鼓词，南方的说书等。其所以能深入民众，而为民众所接受，则因为它们的体裁是故事的或韵文的。过去民众读物的作者，能够依据一般民众的需要和兴趣，替我们启示一条路径，我们应该感谢他们。但说起内容和意识，却太与教育意义相违反，而且甚至有反教育的作用了。大抵，坊间流行的民众读物，除了极少数的以外，没有一种不含着某种毒素，非是淫亵，即是鼓吹迷信，夸大君权万能；而且多是以家族主义为出发点，无期之中在传播着家庭个人的狭窄思想。去寻找稍带科学思想的，几如凤毛麟角。并且，就文字而论，又是那么芜杂、凌乱、欠通，于民众教育更无补了。

所以自从清季兴办新教育以来，有识之士，都努力于民众读物的编辑与整理。整理的工作，大抵由于资料搜集不易与夫工作繁杂，未曾有何成就，所以工作大部偏于编辑方面，兹依刘钧鸿先生的报导，综述如下：

清光绪三十四年，学部编辑国民必读简易识字课本，是为我国政府有正式民众读物之始。

民国四年，教育部设通俗教育研究会，以研究通俗教育事项，改良普及教育为宗旨。其研究事项，分小说、戏曲、演讲三段，小说股职掌新旧小说的调查、审核、撰述、翻译等事项（直至民国十二年，该会以经费短绌，名存实亡，不很有所表现）。实际上，他们所已作者，除调查、审查坊间小说，优良者鼓励，不良警告书商勿再贩卖外，每年亦自撰些读物付印。

民国十二年后，平民教育促进会及中华职业教育社在各省努力平民与职业运动，主持者对通俗读物，不复作消极的干涉，而为积极的创造；共编著的课本有《平民千字课本》，《千字课自修用本》等；补充读物有《平民的救星》，《安平之路》等。

民国十九年，教育部编有《三民主义千字课甲乙种暂行本》。民国二十年，编印注音符号小册，并审查连环图画九十九种，二千二百九十二册。民国二十五年编有《民众学校课本》等，并有《民众常识文库》，《连环图画及民族文艺》等，此外为适应抗战需要，增编非常时期民众丛书一种。

民国二十七年教育部于教科用书编辑委员会内特成立民众读物组，俾得从事致力于民众精神的制备。在二十七至二十九年中，他们所编辑撰著者二百二十种，内分民众歌词、民众小说、民众故事、连环图画、自修读本等。

依上所述，可以看出我国最高教育当局早已认清民众读物的重要，并且早就向这方面努力了。即就本省而论，福建教育厅抗战以来，对于民众读物的编印也出过很大力量。比如说，民国三十年的一年中，该厅即用全力编印这一类的书报、图画，如《中华革命史》（附挂图），《民众连环图画》，以及《战时国民读物》（乙套，计十四种）等。但所收的效果，则甚轻微。其原因，第一当然是由于数量太少。上述的教育部以及平民促进会所从事的工作，其中除开教科书性质的各项识字课本外，作为民众真正补充食粮的民众读物，数量极少，凭这渺小的数量，即使其他条件十分具备，也难排挤原有的民间读物取而代之，何况过去的工作，还有许多极待商酌的地方呢？大抵，过去新编的民众读物的缺点，同时是此后应加改进的地方的，有（一）不够通俗；（二）不够通俗文艺条件；（三）人物缺乏典型化，深刻化；（四）内容不够充实；（五）字与词不够条件等等问题。

通俗和通俗文艺

民众读物是宜通俗的，这大家都知道，但什么是通俗呢？老向先生的定义下得最恰当，他说：“通俗不是鄙俗，不是粗俗，不是俗不可耐，不是低级趣味。”他更进步，对形式与内容两方面启示了范围。他说，在形式上，通俗是技巧问题。一样的意思，多种的说法，那一种说法能得到最多数人的了解，那一种就是通俗，那一种文字能使人容易看懂，容易记忆，那一种就是通俗。乡下有许多商店挂着特别的幌子或是在门口摆上一个石猴、木牛之类的东西，使乡民不必看字号，只要一看幌子就知道是卖什么的，可谓深得通俗之旨。在内容上，通俗是个教育问题，对一般民众说话，必须要多方取譬，必须要循循善诱，因势利导，在教学上要不违背民众心理，就其已有的知识作基础，再与以新的知识，这就是通俗。通俗是由浅入深，是深入浅出。

通俗的意义是这样，但过去的一般民众读物不论形式与内容，都未曾达到完全通俗的地步，大抵由于求效之心太切，是以过去民众读物的撰稿人往往不能用精细的工夫，精细的手法，去依通俗的原则慢慢写去，弄到不特主题艰涩，内容枯燥，而运字用词也都顺着自己的习惯草率写去。这当然不能达到目的，所有的精力算白花了。

我们要建立一种新的事物来代替原有的事物，在工作的过程中，应该保持客观的态度，绝不能极其武断地摆斥原有的事物的优点；反之，这存在于原有事物的优点，极宜虚心地学习、接受，作为重建的准备，民众读物亦然。至少，据我个人想，过去民间流行的民众读物，其所以能合民众百读百说不厌，兴趣横生者，在于它们能符合通俗文艺的条件。即文字率真、活泼，内容为故事体，极其复杂曲折的能事，以吸引民众的兴趣。但一般人所新创的民众读物，却多如说明书或标语的引伸，不管民众能够接受，乐于接受与否，纵笔一味写去。这太没有顾到民众的阅读心理了。我们知道，新知识新观念的输入，绝不能太急：太急了就使民众“招架”不及，干脆被拒绝了。其次，文人的思想，因为多见多闻，所以能随时前进：前进是变化不息。民众的思想，因为素来缺乏教育的熏培，是停滞的，不易变动的，只有应用轻松、活泼，而情节曲折的故事，寓教育的意义于其中，多量的灌输，时常的灌输，才能慢慢地转变其原有的歪曲思想与观念，达到教育的目的，这就非通俗的文艺作品不可。再次，我们必须利用民众知识限度内的事实，利用民众思想所能及的道理，利用民众利害攸关的假想，作为故事，才能收宣传为教育的效果。老舍先生说得最好：从思想上着眼，设法使民众读物真达到了通俗，然后我们方能欣赏通俗文艺，方能知道通俗文艺不仅是通俗，而且是文艺。我们最大的错误，就是以为通俗文艺只是言语俗俚一些，别无好处，其实呢，通俗文艺必须成为文艺；通俗而不文艺，正如典雅而不文艺，都必失败。他又举例来说明。一部新小说是想象的，一本鼓词也是想象的。一部《红楼梦》能使大家闺秀害病，一部《武松》（乡间有专唱武松者，不提《水浒》中其他的人，而专表武松：武松打虎能唱三天，挑帘杀嫂能唱半个月！）也能使乡民入迷。其实，《红楼》与《武松》的魔力，都是文艺的魔力；《武松》虽俗，到底也还是文艺，否则不能使乡民入迷。

如何制作适合民众的通俗文艺

就字义上来看，似乎通俗文艺只是民众读物的一部分，可是实际上，它应该占据民众读物全部的领域。我们观察过去的民间读物，发现如此事实，敢说将来民众读物的趋势也是如此。×××先生曾经写过一篇文章，支持这种见解。他认为民众读物也应该就是通俗文艺的广义的解释，因为即使要想灌输像历史、科学、军事、政治之类的常识，最有效的办法还是通过文艺的形式，像过去的《三字经》，就是一部简单的中国历史，历本上的节气歌，就是一种中国式的科学常识，当家歌，就是一种农民日常生活的知识。而孔孟的遗教和历代哲人的著作所以维系中国人几千年的信心，毋宁说是透过了通俗文艺的教育的麻醉。艺术的武器作用，再没有像通俗文艺那样锐利的。所以，一句话，我们应改变观念，认为通俗文艺是唯一最能发挥效果的民众读物形式，能遵循这一条康庄的道路走去，方能达到民众教育的目的。

分析言之，通俗文艺的制作，应该更依循一个原则，即“现实的反映”；和两条途径，即故事与韵文。

现实生活的反映和现实问题的解答二者，能够于通俗文艺中切实顾到，始能把握民众的读者，不然的话，任你写得慷慨激昂，痛哭流涕，而内容却空疏抽象，即使文字方面做到浅显易解的地步，与民众也还是格格不相入，不为他们所接受。可以说，旧的通俗文艺的魔力，就建立在反映现实生活和解答现实问题这一个社会的基础上。我们观察民间流行的通俗文艺，常常发现它们所反映的，大多数是作者歪曲了的现实。可是民众仍然对这通俗文艺发生兴味。这为什么呢？因为他们可以在其中得到关于自己的生活的安慰。而且，民众有许多在实际生活中没法子解决的痛苦，可以在这些文艺中无形地获得了满足，由其中感到愉快。举例来说，旧日小说和唱本，几乎没有一种不是宣扬着因果报应之说，没有一种不是大团圆主义；更没有一种不灌输民众以家族主义，个人英雄主义。这在我们看来，完全是一种封建意识的麻醉。可是，一般民众在一片黑暗中，无可奈何中，却需要这些麻醉来安慰自己，使得自己能在绝望的日子里生活下去。这就是典型地完成了文艺的武器作用。就以目前的情形来说吧，抗战胜利以来，岂不增加了许多贪官污吏。他们发了国难财之后，接着又因缘时会发了胜利财。岂不一样存在着奸恶商人。他们勾结官吏，来垄断，操纵物资，简直把老百姓踏在足底下，只顾自己的利益。在这环境之下，民众是苦到极点了，这就使他们憧憬于包公、施公、彭公一类的“清官”，兴趣横生地阅读这一类的小说，口沫横飞地津津乐道他们铁面无私，“先斩后奏”的英雄行为，这一种安慰，虽然是一刹那的，空虚的，但对于生活在苦难中的民众，却可使他们借以吐一口不平之气。旧日流行的通俗文艺，其所以能赢得民众的爱好，即在于它们能如此的反映现实，解答现实。这应是我们亟加取法的地方。

故事和人物典型

上面说过了，过去民间读物之所以获得最大成就，是在于利用故事的体裁。旧日的通俗文艺是最讲究故事的。它们的特色，是以复杂曲折的情节，表出悲欢离合，人情世态；其作品不论是短篇的，长篇的，总是非常接近民众的生活，通过了一个活生生的故事，高低起伏，转转折折，经过一个很复杂的过程，使读者无意中留下很深的印象，成为作者的俘虏。这就是旧日的通俗文艺成功的一因。

但现在一般关心民众教育的人们，却太把民众看低了，认为民众欣赏的容量不大，认为他们的文化水准太低，给予他们的读物，不该太于复杂，是该简单化的。因之，三四十年以来，绝少看到新的民众读物，即使有些这一类的读物发现，也非常简单，甚至浅薄简陋，丝毫不能发挥作用。其实，抹煞通俗文艺的深度，漠视民众的文化水平的高度，是完全错误的见解。中国古老的民间，是有着极丰富的文化生活的，即使是一个完全不识字的农民，也自有其文化的享受。所以我们要制作适合于民众的通俗文艺，要把新的通俗文艺代替旧的通俗文艺，以影响民众而乐于接受，就不应抹煞民众文化水平的高度。必须把故事写得十分生动，十分曲折，十分深入，如果把民众的真正需要歪曲了，认为民众读物，只好“简单”，因而把政治口号简简单单的译成一首歌，或撰成一篇虚构的简单的小故事，那就什么效果也没有。我们此后的努力，应该趋向于故事，这故事的情节不嫌复杂、曲折，越细腻、委婉，越能争取民众的读者。而我们所决定灌输给民众的新观念和思想，只好在这故事里透露，暗示的力量无论如何比“平铺直叙”来得大。

其次，编写民众阅读的故事，更有一点不可忽略的地方，就是故事中人物，应该各赋以活泼泼的生命，绝不可随手写去，千篇一律，应该使他们各具独特的性格，使成为一定的典型。过去民间小说，如《岳传》、《三国演义》、《包公案》、《水浒》、《西游记》，所以为民众所喜欢阅读，津津乐道，百读百说不厌，其中有赖于人物性格的浮雕化、典型化甚多。我们随便跟农民谈起岳飞、关云长、包龙图、曹操、秦桧、武松、孙行者、猪八戒，这些人物的形象，马上就活生生重新浮起农民的脑际，他们会极激动地对你滔滔把他们的故事复述个不休。因为故事中的人物，靠着独特性格和特殊的面貌，已经根深蒂固的生在他们的心坎里，成为他们的熟悉人物了。另一方面，如江浙流传的徐文长故事，福州一带流传的郑堂故事，以及各地流传的呆女婿故事，因为主人翁的性格缺乏独特性、典型性、刺激性，故事的本身也只是懒洋洋、轻飘飘的，农民们在说的，听的时候，至多觉得好玩，但引不起热情与憧憬，一下子在他们的脑子里消失了。这就说明故事里人物人格深刻化的重要。现在文人们般弄的新文艺，可谓盛极一时了，长篇短篇的小说，以及剧本，每年都有相当数量出版，但大多数的作品，只是使人看过之后，很快的淡忘了，求能如《水浒》、《红楼梦》、《西游记》、《三国演义》，以及民间小说如说《岳飞》、《包公案》、《说唐》、《儿女英雄传》等等的深入人心者，可谓凤毛麟角。这是什么缘故呢？难道新文艺的意识不如旧日流行的民间文艺吗？殊不知正确的意识固然在教育意义极其重要，还这意识的能够为一般人或民众所接受，是宜通过作品的形式、语言、题材和文法的。可以说现在新文艺作品，没有一篇不跟民众生活距离太远，无论形式、语言、题材、文法方面，都不是民众所熟悉的。我们为着教育民众，绝不宜心怀偏见，无条件地排除旧文艺；为使民众能够了解，应该虚怀地利用旧的形式，民众熟习的语言，即今天还活在民众的文化生活中的语言。这就是通俗文艺。唯有如此，才能把我们所预备灌输给民众的思想和观念，通过了故事，渐渐地为民众所吸收，接受。

韵文的力量

故事之外，通俗韵文在民众教育上的力量也不可忽视。别的地方不说，只说作者生活着的福州吧，坊间的唱本、小调，历来是一般民众的恩物。每当农暇工余，一般农民、工人，多喜在灯前、树荫，手执一张，悠悠歌唱，或争相吟诵。而福州民间盛行的说书，其所以为民众所爱嗜，曲折、复杂、动人的故事之外，是赖歌唱的（一面歌唱，一面以灵听的手势敲铙子，音调十分柔和、好听）。民众的爱好韵文，也许是根于人类爱好音乐的天性吧。

既认清韵文是教育民众的另一重要工具，我们在着手之先就该做调查研究的工夫。关于这，过去王凤喈、廖人祥两先生曾经做过一部分。他们在重庆附近，搜集通行歌本二百八十二种，把每一种歌本的内容一一分析，分析结果，甚足以资我人参考。

据分析，全部歌本，可分七类：（一）男女言情；（二）因果报应；（三）神怪；（四）英雄；（五）劝世；（六）实用；（七）笑林。中以前五项为最多，总共出现次数为二六一，占全部歌本百分之九三。至体裁方面，一般韵文大都有两种形式，一为诗体，即三言、四言、五言及七言之韵文，中以七言为最多。其实就是古体的白话诗。二为戏曲体，有白有唱，白取对话或自述形式，唱则为每句字数不等的韵文。而歌本的编制，最大多数都是以故事为中心，故事有的根据正史，有的根据民间传说，其中虽然多属附会，但都是有根据的，绝非完全虚造。至于歌本的字数，据研究也颇能适应民众的需要。计二百八十二种歌本中，最短的是四百字，最长的是四万三千字。普遍是三四千字左右。

依据上面的分析，使我们得到结论，即我们对于流传民间的韵文，亦如故事一般，是应一面就原有的加以整理，一面从事新编。不论整理、新编，都宜就内容方面加以修改，把新的思想和观念通过作品赋予民众，同时于体裁、字数方面，采取原有民间文艺作品的精神，更重要的地方，须充分运用暗示方法。文学的教育作用，是完全注重暗示的，作家笔下的奸恶人物，在写作时侯绝对不用明显的文字说他是奸恶的，但从其行动方面，予以深刻的写照，使民众读者自己来判断，断定这个人为恶人，或某种行为是恶行为，使他们自然而然地发生一种厌恶之感。同时，对于良善的人物或行为也不直言其善，但从故事的进行中表现其伟大，使读者自然而然地发生爱慕和钦仰之情。在旧式的小说、歌本、戏曲中，用直接指示方法的固然多，而用间接暗示方法的也为数不少；但不论就技术而论，就效果而论，都以暗示方法为最好。如果在一篇小说或歌本里，左一个口号，右一个口号，口号尽管制作得非常有力、简明，慷慨激昂，淋漓尽致，但绝对没有民众的读者。他们一看到，一听到就头痛了。

关于民众文艺读物的制作，除上述的以外，应该再加讨论的，尚有“字”与“词”二者。字与词的适用与否，关系民教效果也极大。兹以篇幅有限，拟另文发表。

总之，民众读物是推进国民教育的重要工具，它是使促民众离开学校之后继续受教的利器。为发挥效能，我们向国人大声疾呼民众通俗文艺的重要。关于通俗文艺，我们要从事的应取两个途径，一为把原有的加以整理，增删或淘汰，使每一种都富有教育意义；一为从新写作，供给民众，不论整理或新编，是都有其原则和方法的。本文所提供的，只算是小小的意见，希望国教同工们参加热烈的讨论，使此后作为民众读物基柱的通俗文艺能因之而更得教育家和文艺作家的重视，从而积极展开此伟大的工程，以裨益于社会教育和国民教育。

（载《国民教育指导月刊》1946 年第 4 卷第 7、8 期）

《国民必读》之编辑与应用

魏冰心

教育部国民教育司在三十一年间就开始计划编辑《国民必读》。预定分编甲乙两种：甲种程度较浅，注意基础训练，供略识文字的国民阅读；乙种内容较深，衔接甲种，供高小初中及高级民教班程度的国民阅读。并决定先着手编辑甲种《国民必读》，于是即行拟定编辑方针，搜集内容资料，规定课文体裁；随后分别起草、修正，并一再审查、补充、改编，先后七次之多，历时三年之久。直到三十四年初，始成定稿。现拟先将稿本付印，作为暂行本。惟兹事体大，关系重要，内容取材，体裁形式，是否完善妥适？未敢自信，还要请求全国人士分别审查，详加批评。更盼望提供具体意见，以便再加研讨，重行修正。一方面希望各省市尽力推行，分别试用，征集实验报告，汇送教育部，以凭检讨，并供修订时候的参考。除在本期月刊先将《国民必读》甲编稿本揭载外，兹略述此书编辑的目的，编辑的经过，及此书之应用方法等，以就正于全国教育界人士。

一、为什么编辑《国民必读》

做一个现代国民的基本条件，必须具备高尚的道德，充沛的知能，并熟习运用语言文字，使能表情达意，以巩固国家的基础，发扬民族的精神，始能推进地方自治，实现民主政治。我国自实施国民教育以后，学校教育方面的儿童的义务教育，与成人的补习教育，同时并进，社会教育方面对象扩大，范围广阔，用各项设施，各种方式去推行。不过所施的教育，虽然以教育宗旨为鹄的，课程标准为根据，但无全国性的、统一的、基本的宗旨，管、教、养、卫于一炉，指示做人处世方针，而为不论男女老少，不分贫富贵贱，人人必读的教材。教育部为适应时代需要，弥补缺憾起见，才努力于此项工作。这是编辑《国民必读》的动机，倘若略加分析，编辑《国民必读》的目的，最主要的有下列四项：

（一）提高国民道德　道德是维系民族国家的一个因素。国民道德的高低，关系民族国家的兴亡盛衰。国父孙中山先生说："大凡一个国家所以能够强盛的原故，起初的时候，都是由于武力发展，继之以种种文化的发扬，便能成功。但是要维持民族和国家的长久地位，还有道德问题；有了很好的道德，国家才能长治久安。"又说："从前中国民族的道德因为比外国民族的道德高尚得多，所以在宋朝一次亡国到外来的蒙古人，后来蒙古人还是被中国人所同化；在明朝二次亡国到外来的满洲人也是被中国人所同化。因为我们民族的道德高尚，故国家虽亡，民族还能够存在；不但是自己的民族能够存在，并且有力量能够同化外来的民族。”由此可见道德是立国的精神，有伟大的力量。道德高尚的民族国家，必能永久生存；反是则衰微，甚至灭亡。编辑《国民必读》的目的，第一是要提高国民的道德，保持我国固有的道德，发扬我国固有的道德。

（二）增进国民知能　国民知能的高下，也关系于民族国家的盛衰兴亡，国民的知能水准高，国必富强，反是则贫弱。我国固有的知能，在历史文化上，是有其辉煌灿烂的成绩，远胜于欧美各国。但到近几百年来，不但不进步，反而渐渐地消沉。国父孙中山先生说：“我们今天要恢复民族精神，不但是要唤醒固有的道德，就是固有的知识也应该唤醒他。中国有什么固有的知识呢？就是人生对于国家的观念，中国古时有很好的政治哲学，就是《大学》中所说的格物、致知，诚意、正心，修身、齐家、治国、平天下的那一段话。把一个人从内发扬到外，由一个人的内部做起，推到普天下止。像这样精微开展的理论，无论外国什么政治哲学都没有见到，都没有说出，这就是我们政治哲学的知识中独有的宝贝，是应该保存的。”又说：“我们除了知识之外，还有固有的能力。中国人现在的能力，当然不及外国人；但是在几千年以前，中国人的能力，还要比外国人大得多。外国现在最重要的东西，都是中国从前发明的。”并列举我国从前发明的指南针、印刷术、火药、磁器，以及人类享受的衣食住行的种种设备，如茶叶、蚕丝、拱门吊桥等，这些重要的东西，外国今日知道利用他，所以他们能有今日的强盛。由此可见，我国固有的知能，以前并非不及欧美，而且胜于欧美，只是到了近代，渐渐地退化，以致民族国家处于贫弱危险的境地。编辑《国民必读》的目的，第二是要增进国民的知能，恢复我国固有的知能，发展我国固有的知能。

（三）指导国民学习文字　我们要传达自己的思想感情，在同时同地可用说话发表，用不到文字写作。但是说话受地域时间的限制，不能传到远方，留到后代，所以如果不在同时同地，必得记事、通信，而记事、通信，必须利用文字；在另一方面，自己要明白别人的记事、通信，了解别人的思想感情，更须熟识文字。所以文字是代表语言符号之一，是传达思想感情的一种工具。不过语言、文字都是一种艺术。用语言来表情达意，固须训练；用文字来表情达意，更须训练。要做现代的健全公民，必须能够运用文字；要能够运用文字，必先认识文字。认识文字不能专注意机械的各个的练习字，而是要用读物做介绍，从知识内容的获取，进而文字形式的熟练，才是有目的有意义的学习。我国文字的形、声、义比较艰深，学习比较困难。但是现代日常应用的，据调查统计的结果，不过二千字至三千字。倘能熟练这二三千个常用的文字，阅读现代普通浅易的书报，自可不成问题；传达自己的思想、感情，也可胜任愉快。编辑《国民必读》的目的，第三是要利用读物为工具，介绍日常应用文字，使一般国民都能认识与运用。

（四）培养国民阅读兴趣　广阔的社会，上下四方，往古今来，包罗万象；我生也有涯，而知也无涯，所有社会上的事事物物，自然无法尽量教，无法尽量学。而且社会是在不断的生长改造的进化历程中，未来的演变至如何程度，成为如何现象，谁也不能预卜先知，自不能预先教导适应社会环境的种种方式。所以对于儿童或成人的认字读书的教学，只能授以工具，使有解决困难问题的能力。换句话说，就是除了指导认识了解社会上比较应用最广的文字以外，应该注意练习阅读的能力，使学会解决生字、新词、难解语句的读音与意义，明了普通文字的大意，阅读一般参考的图书杂志。这种阅读的能力，应借读书的机会，从小好好地培养。还有更重要的一点，就是欣赏文艺。从前是专属于有闲阶级的士大夫享受的，而现在应该普遍的民众化，不论是士、农、工、商，不论是男、女、老、幼，更不论是达官贵人，或是贩夫走卒，都应丰富其精神生活，使平等的享受欣赏文艺的权利。假使儿童、青年或一般失学民众单只学会了读书，而没有培养阅读的能力，则不能继续的自力读书。纵然认识文字，而不能利用文字。假使单有阅读的能力，而没有培养阅读的兴趣，则一旦离开学校，不自觉其需要，便抛弃书本，不能永恒的自力读书。纵然有阅读的能力，而不能影响其精神生活，不能丰富其精神生活。所以教学除了训练阅读的能力以外，更应该培养阅读的兴趣。而培养阅读的兴趣必须供给切合需要，适应心理的优良读物。编辑《国民必读》的目的，是要利用读物为工具，训练阅读能力，使对于读书有经常久恒的嗜好与良好卫生的习惯，并以培养国民阅读的兴趣。

以上四项，前两项是属于内容方面的取材，后两项是属于形式方面的学习。概括的说，编辑《国民必读》的旨趣，在内容方面，注重德性的修养与知能的扩充；在形式方面，注重文字的熟习与阅读的训练。

二、怎样编辑《国民必读》

着手编辑《国民必读》的时候，先得解决两个问题：第一个问题是取材如何？分量多少？第二个问题是体裁如何？文字多少？前者属于内容方面，后者属于形式方面。兹分别说明如下：

（一）取材与分量　在前面说过编辑《国民必读》的内容方面的目的，为提高国民道德与增进国民知能。选取题材自必根据目的，注重这部分的修养德性与充实知能。但是道德知能的范围，包罗广阔；现代国民最低限度所必须具备的，究竟有多少项目？有何客观标准来衡定？恐怕见智见仁，各有其主观的见解。国父对于这一个问题，在民族主义的第六讲中，会有剀切详细的指示。国父认为我国要恢复强盛的地位，必先要恢复民族的地位，必先恢复民族的精神。要恢复民族的精神，又必先恢复固有的忠、孝、仁、爱、信、义、和、平的固有美德及诚、正、修、齐、治、平的固有知识与古代创造发明的固有能力。这遗教是全国人民所共信共守，而更希望要能共行的。八年抗战，我国的国际地位提高了，处于五强之列；全国国民应自勉自强，自尊自重，不愧做现代文明国家的人民，而有堂堂大国的风度，必须人人具备这部分德性的修养与知能的充实。中国国民党第五次全国代表大会通过、通令全国同志一致遵行的“党员十二守则”，是国父遗教的结晶，尤注重于提高国民道德与增进国民知能。以期自立立人，自救救人。允宜“父以教子，师以教弟，长官以教属僚，将帅以教士兵，共信共行，互切互磋，亲爱精诚，始终无间，人人能为世界上顶天立地的人，斯中华民国成为世界上富强康乐之国，然后三民主义能实行于全国，弘扬于世界，千年万世，永垂无疆之休”。所以《国民必读》的取材标准，遵守国父遗教，以党员守则为纲。惟每一守则包含的范围，广狭不同，因是每纲之下，视其内容的繁简，分列若干项目。在分量方面，多寡求其适中。分量过少，则国民必备的道德知能，未能完备；分量太多，则一般国民不易在短时期内熟习记忆。因此决定全册为五十六课，不论在学校教学，或在家庭自修，不论是小学程度的儿童，或成年失学的民众，只要略识基本文字，可能在二三个月内熟习。兹将全册内容方面的纲目及百分比列表如下：

纲	目	百分比
爱国	国家　民族　历史　地理　国旗　国父　守法　教育　纳税　当兵	三〇
齐家	父母　子女　兄弟　长幼　夫妇　邻里	一二．四
接物	仁民　爱物	五．四
立业	守信　尚义　敬业　乐群	九
处世	和蔼　公正	五．四
治事	礼貌　节操	五．四
负责	服从　忠实	五．四
服务	勤俭　廉洁	五．四
强身	整洁　健康	五．四
快乐	互助　（救济）	五．四
济世	真理　学问	五．四
成功	坚定　毅力	五．四

（二）体裁与文字　在前面说过编辑《国民必读》的形式方面的目的，为指导国民学习文字与培养国民阅读兴趣。根据这个目的，文字的体裁，要能引起阅读的兴趣为原则；选择的文字，要以日常应用的范围

为标准。那么那一种体裁的文字，为一般文化水准很低，略识之无的民众所喜欢阅读？换句话说，民众喜欢阅读的，是散文呢，还是韵文？我们根据历史的经验，民众喜欢阅读的是韵文；试看以前训蒙的书籍《三字经》、《千字文》、《百家姓》、《神童诗》、《女儿经》等等，都是韵文，流传几百年，地域遍全国，现在五十岁以上的人，从前多半念过这些启蒙读物；虽然当时一知半解，未能彻底明白内容，但因韵文易于熟读，所以至今还能朗朗背诵，这势力是何等的伟大！再看民间文艺的儿歌、童谣、谜语、民歌、谚语，以及宣卷、弹词、唱本等等，也都是韵文，所以能在民间普遍流传。惟其是韵文所以民众能欣赏，老妪都能了解，孩童都能上口吟唱。又如宋朝陈北溪的《小学诗礼》，明朝吕近溪的《小儿语》，吕新吾的《续小儿语》，现代总裁的《新生活须知》，也都以韵文编辑。这可见韵文迎合儿童及民众的心理，因其易于吟唱，便于记忆。因此《国民必读》的体裁决定以韵文编辑，使能以歌咏养性情，行动合礼节，一人习之，可以群众传布，幼时习之，可为终身体验。但是韵文有三言、四言、五言、七言，以及长短句等不同的形式，应用何种方式的韵文编辑为适当？我们根据写作的经验，三言、四言语促声短，有时意义不免割裂；七言，字多句长，有时内容不免重叠敷衍；长短句虽可就事物的繁简而使文字自由伸缩，但又嫌未能整齐统一。因此，《国民必读》决定采用长短适中的五言，每课八句四韵，在一课中以不转韵为原则，但间有一二课，因行文的便利，两句转韵。所用韵脚，完全遵照三十年国民政府公布的中华新韵的规定，举凡□□□□□□□□□□□□□□□□□□□□□□各韵，全书中都经应用。可能借阅读课文的机会，附带学习注音符号，而使读音统一正确，合乎标准。统计《国民必读》甲编全册共有一万字左右，除课文二千二百四十字外，其余为注释等附件。在二千二百四十个字的课文中，有八百二十个生字，约占课文字数的百分之三十六。换句话说，就是每课课文中平均有十四个生字。假使一般国民两天熟读一课，那么每天认识七个生字，并不算多。假使已认识几百个基本的常用字以后，才阅读《国民必读》，文字障碍更少，可专注重于内容方面的研讨。民众常用字汇与词汇，教育部国民教育司正在编订，现在编辑民众读物，选用文字尚无客观标准，可资依据。《国民必读》的课文，虽然尽量采用普通常用的词类，但因体裁为韵文，字数限制，韵脚关系，不得不酌用文言词类，未能完全用纯净的语体叙述，例如“麑鸾”等名词，“允诺”、“俯仰”、“覆载”等动词，“仓颉”、“季札”、“杵臼”、“栾布”、“许扆”等的“颉”、“札”、“杵”、“栾”、“扆”等人名，较为生僻，非常用的词类。将来国民常用字汇与词汇颁布后，当参照标准，再加修正，尽可能改用普通常用的文字。

《国民必读》的取材与分量及体裁与文字，已略如上述。编者在实质方面，力求切实；在文字方面，力求简明。采用格言、成语，以资景仰而不违背时代精神；采用民谚故事，以资引证而适合社会心理、民众需要。课文后面，间附注释，多半为古圣先贤的嘉言懿行，自成一短篇故事，也可供阅读。初稿编竣以后，详加审查，征集各方意见，再行改编。二次稿本完成后，又复审查修正，如是一再修订，先后共七次。兹将第一课与第五十六课的课文，初稿与七稿，并录于下，对照比较，可见此书编辑经过的一斑：

国家（初稿）

头顶中国天，脚立中国地；
口吃中国饭，身穿中国衣。
做人大道理，应从爱国起。
有国才有家，爱国即爱己。

国家（七稿）

国无民不立，民为国之基。
积家而成国，家国本一体。
国民尽责任，当从爱国起。
有国才有家，爱国即爱己。

成功之本（初稿）

社会求进化，事业尚竞争。
健行千里马，高飞九霄鹏。
前程何远大，猛进逞才能。

万事求成功，成功本有恒。

成功之本（七稿）

革命有目的，自由与平等。
抗战除强暴，团结必能胜。
建国谋富强，坚毅必能成。
有志竟成功，成功本有恒。

三、怎样应用《国民必读》

顾名思义，所谓《国民必读》无疑的应为人人必须诵读的课本，但在应用上也可分为四方面：一、民教部用作国语、常识科的教材；二、小学部用作国语科的补充读物；三、民众教育馆可用作教学资料；四、家庭间可用作自修读本。从各方面去推进，使普遍流传于民间，而人人能熟习。兹将四方面的应用方法，分别说明如下：

（一）民教部用作国语常识科的教材　三十二年订颁的中心国民学校及国民学校民教部课程标准，初级成人班及妇女班的国语科教材要项第三项规定“《国民必读》的阅读与理解”。并在教学要点读书作业第二条中规定“初级班在可能范围内，应开始教学注音符号，随后利用卡片，使认识并熟习常用文字，由名词、代名词，而动词、状词、副词，再加连词、助词、叹词组成的单语单句，渐进而至简单的复句，最后阅读《国民必读》”。所以《国民必读》为民教部的主要课本，但应另编民众识字课本，使认识若干基本文字以后，才开始教学《国民必读》。

（二）小学部用作国语科的补充读物　小学各科教材除采用国定课本教学外，应充分供给补充读物，尤其是国语科的读书教材，更须尽量供给文艺性的或参考用的补充读物，使欣赏文学，增进知识，以丰富其精神生活。《国民必读》为文学的知识读物，可作为小学部读书作业的补充教材，供中高年级儿童精读之用。惟小学低年级儿童不甚适用，因基本文字认识不多，尚无阅读的能力，亦难了解内容的意义。

（三）民众教育馆可用作教学资料　各地民众教育馆如有附设的民

众学校，当然应用《国民必读》为课本。如无固定形式的学校，也可每天规定一适宜的时间，使民众自由到校，逐课学习。或利用星期日，或逢场，逢集，逢墟的日期，在露天教授，召集民众，使自由参加，自动学习。每课顺次教学，如先期印刷分发固好，否则可用黑板或纸张书写课文，逐字逐句，讲解诵读。

（四）家庭间可用作自修读本　《国民必读》既为人人应读的课本，那么家庭间未进民教部就学的成年失学的男女，固应互相传习；即使已受各级教育的知识分子也应补习，务使人手一编，家弦户诵。

《国民必读》的应用，已略如上述。教学的时候，探讨内容，以提高道德，增进知能；诵习课文，以熟练文字，培养兴趣，都应注重。至教学的过程，大要如下：（1）了解内容大要——先把课文概览一二遍，明了内容的大意；（2）解释疑难语句——提出课文中所有的生字、新词、难解语句，分别教授读音或解释意义；（3）诵读课文——用各种多变化，有趣味的方法，诵读课文，熟习的程度，要以能背诵为标准；（4）演讲故事或补充内容——课文中有引证的故事，应详细演讲，须补充的内容，应详细提示，务使彻底了解而止；（5）研讨字句——课文中所有特殊的字句，应分别提出，指示字的使用，句的构造的方法，使能应用；（6）摘要表述——课文内容可列表解的应列表，须摘录的应笔述以资整理；（7）指导实践——课文内容倘有应该实践的事项，须指导其方法。全册课文，自始至终，都是五言四韵，前后并无由短而长，由简而繁的进程。相反的，在“爱国”一纲下的各课，内容意义，较为艰深；所以在开始时，可将一课分为两段，每段四句，分两次教学，在教者方面固较便利，在学者方面也较容易。成年失学民众倘在民教部读毕了《国民必读》甲编，即为已受补习教育。如果没有进正式的民教部或民众学校受业，而在星期日或家庭间自修，亦能熟习《国民必读》甲编，经考试测验而成绩及格的，似乎也应该为已受补习教育。这是作者的意见，尚无法令规定。

（载《国民教育指导月刊》1946年第4卷第7、8期）

怎样选择课外读物

唐　先

我们除了日常生活营养所需的食粮之外，在精神上更需要有一种食粮来补充，而报章杂志便是我们最好的精神食粮。

每个人都可从书报中间获得许多高尚的观念，珍贵的思想和实用的学识。尤其是我们在求学的时候，更不应专限于学校里所规定的书本，有许多同学专门在书本上用功，而对于课外读物却忽略了，这是一大错误。我们不但要在书本上找寻知识，更应该在课外找寻有用的读物来补充我们书本上所不能得到和遗漏的知识。

阅读书报的范围既如此广泛，学校里所能读到的书又是少得可怜，当然所获得的学识也是有限得很。因此我们不得不自己想法找些课外读物来阅读，增进自己的学识。但是张开眼睛看看课外读物，多得不可胜数，我们不得不把这许多课外读物来一下选择。

无益的读物，看了既费时间，又耗精神，得不到一些好处，我们当然摒弃不读，但另有一种比无益还坏的读物，内中含有毒素的，我们更应谨慎选择。记得在二三年前吧，有几个小学生，因受了武侠小说的毒素，竟然离家出外寻仙访道，想作侠客仙人，试问这是谁害了他们？还不是受了坏书的影响。至于有益的读物，换句话说，就是能教导我们向上，和有助于我们自身的阅读物。它是我们青年学生真正忠实的好伴侣，它不但可使我们获得许多鼓励和教训，抑更进一步充实了我们做人的经验和智识。

所以阅读有益的读物，可使人走上成功的大道，成为伟大的人物。反之，阅读有害的小说书报，则导人入恶劣的歧途，遭遇到悲惨的失败与崩溃。

从这上面观之，选择有益和有害的读物，其影响于一个人的成败是多么的大啊！所以我们预备要购买一本阅读物之前，必须要郑重选择。但怎样去选择呢？下面是我个人的一点意见：

一、内容——在我们选择一本阅读物的时候，第一步最重要的，就是先看看这本阅读物的内容，是否值得我们去看，里面有没有毒素，它给我的益处有多少？能不能拿来运用，这是最起码的条件。

二、经济——在学生时代的我们，经济并不宽裕，当然无多余的金钱来购买价格昂贵的阅读物，同时价昂的阅读物不一定全是优良的。只要内容精彩，于我们有益不涉于荒淫，即是旧书亦无妨的，我们要求的是智识，不是形式。

三、印刷——必须清楚（这是比较次要的），以不妨碍目力为原则。

四、例解——一本阅读物的例解必须具备，因为有了例解，我们就多一层了解，同时可以多得许多以前所不知道的东西，这在帮助增加见识上是重要的。

（载《学友》1946 年第 5 期）

连环图画

少　夫

街头巷尾，出租出售连环图画的摊头甚多，在每一座摊头，往往都簇拥着一群儿童，其年龄自八九岁以二至十岁，甚至还有许多成人妇女。有人曾喻为街头教育，然而这种教育是危险的。

危险是在于这些连环图画的故事内容。

这一说法是有根据的，最近就有一个例子：

二十二日早晨五时北京路发生一件胞弟杀兄嫂的血案，据凶手之妹称：凶手平时欢喜看连环图画，其临行凶之夕，尚在看《翠屏山》一书，不料竟效石秀杀起兄嫂来，所以或系中了连环图画的毒。

连环图画的故事内容，大抵不出奸淫、盗贼和神怪三类，因为是用图画表现的，而且取费甚廉，发行广泛，因之便更普及大众，深入民间，这对于社会的影响太大了。

为救救儿童着想，当局是应该积极予以取缔的。

我曾经和有关当局谈过这个问题，据他们说，他们也早就注意到了，但在取缔时，这些书的出版者却很理直气壮地拿出内政部登记核准印行的执照来，使我们倒感到相当狼狈。

倘使以上是事实，我们除请本市主管当局据实呈报外，并请内政部彻底查究一下，究竟这些含有毒素的书刊，凭什么能发给准许证？是什么人在承办此事？其中有无其他情事。

自然，我们也更希望那些出版家们别昧着天良再赚这笔杀人的血腥钱。

（载《申报》1946年9月24日）

儿童妇女精神饥饿，连环图画如何改良

何力平

“连环图画”问题，早就有人讨论过了，它给与儿童甚至成人妇女恶劣的影响，是不用多说的。我最近走民国路看到有一小间门面，内面排满了密密层层的连环图画，夜晚电灯雪亮，许多妇孺坐在矮凳上聚精会神的阅览，宛然是一个小型的图书馆。

正因为连环图画内容不外乎淫盗和神怪，所以看的人在不知不觉中装了一脑袋希奇古怪的东西，而这些希奇古怪的东西在某一个时期会发生作用（就是中了连环图画的毒），例如过去儿童入山求仙和这次北京路血案的事件，都是中毒之后的反应。

但是我们深一层看法，取缔连环图画远在抗战前就有人呼吁过了，为什么不能实现呢？倒并不是内政部有什么准许证，禁止不了；而实实在在因为它拥有广大的读者，儿童和妇女成为连环图画的爱好者和拥护者。他们虽然智识浅薄，可是同样需要精神食粮，然而我们的文艺家忘记了他们，艰深欧化的词句读起来有如天书，不是他们的智识程度所能了解。我并不是拥护现在的连环图画，而是说：现在连环图画虽要不得，不过一旦取缔之后，儿童和妇女的读物在那里呢？我们的文艺家应该低下头来看看这些渴需精神食粮的大量的妇女和儿童，利用连环图画的形式把科学常识，抗战英雄故事，历史上的名人奋斗史……这些崭新的题材注射进去，使连环图画变成指导儿童和妇女走向光明大道的教育课本。

连环图画的形式本身无罪，有罪的是借连环图画的形式装进淫盗和神怪的内容；我们不妨反过来拿旧瓶装新酒，以连环图画的旧形式装进科学道德艺术的新内容。这样更容易把爱看连环图画的儿童和妇女争取过来。为了救救中连环图画毒的妇女和儿童，除了消极的取缔外，我更积极的呼吁文化人注意这个问题，动手为民众服务，创造有血有肉的新连环图画！

（载《申报》1946 年 9 月 27 日）

为上不起学的儿童们呼吁

——小人书是不是儿童的恩物

需　人

在“抢救孩子”的呼声盖过了“教育第一”的现在，对于第二代的失学问题确是使我们焦灼的事！天津十个区调查失学儿童的确数是九万多，拥有一百八十万人口的天津都市是二十个人里便有一个上不起学的儿童。儿童的家长们为了孩子们的前途曾经碰过若干的钉子，焦愁着若干的时日，流过若干的眼泪，结果为了经济的窘迫竟放任孩子们流浪街头，荒废学业，望着高大的校门叹气！这是战后中国的第一个年头的失败，这是复兴建设途中的一个暗礁，同时也是收复区文化水准低落的一个致命伤！要抢救教育，抢救孩子，我们要对孩子，中国的第二代负起责任！

孩子们的家长是负不起责任了，教育界同人是负不起责任了，教育当局是负不起责任了，九万多个儿童在街头徘徊着了，他们要失去天使一样美丽而成为街头流浪者了，他们要弄污了干净的衣裳像捡煤碴的孩子了。他们要变成可怜而又可恨的不规则的行为了。谁能为他们负责，谁能真心的为中国的前途有一些打算？

这不怨我们要愤慨，可悲的事实摆在我们面前时，我们一定要愤慨。在这时，教育当局筹措出实施二部制的办法，挽救了八千儿童，维持了一百多位教员，这是善举，我们为努力小学教育和挽救小学教育的当局祝福，同时为这将有福气入学的八千儿童喜欢。

在这里，另一个问题在街边被提出来了，小学生们酷好的又看起小人书来了。

我们记得，小人书这问题曾经是麻烦过教育当局者的心的，虽曾经过报纸的指摘，认为小人书的怪诞不经及影响儿童心理健康是第二代的有害的食物，实在有取缔的必要，而官方也有过一纸官样文章在令饬取缔，但取缔自取缔，租卖仍租卖，一群迷于飞仙剑侠的小朋友们仍自有他们耽读的机会。如今抗战胜利，书贾们印文学书卖不到钱，黄色刊物泛滥成了文化的逆流，于是生意眼又垂青到小人书上面来，他们知道怎样投机，怎样赚钱，和怎样才是生意经，才可以推广他们的销路。除去成本大套的印些既成的小说故事之外，如今又印出了许多关于抗战的故事的小人书。而在我们天津，在小书摊、小书铺以及公园里的小茶馆，都摆出了鲜明显目的小人书的封面广告，上不起学的孩子们又得到他们的“恩物”了。

本来，赁一部小人书，所费是有限的，普通的定价是五十元到一百元，也许孩子们的家长看到了孩子们有书可读这一点上，总比徘徊在街头好得多，而且在那封面上显示着的“七七事变”、“抗战胜利”、“最后一颗子弹”是中国历史上的胜迹，读了这些有字的图画故事比在街上翻骨牌香烟片，抛砖打瓦，满地乱滚弹球儿体面得多，大人省心，孩子得益，于是小人书风起云涌的兴旺起来了。

具体的事实已然摆在我们面前了，我们看到儿童失学是一种焦心的实际问题，而失学儿童再遇到小人书的诱惑，落井之后还要投石的事实，我们是万万看不过的！

倘如说，现在新出版的类似抗战鼓舞人心振作人心的小人书的内容正当，具有引导儿童、教育儿童的力量，我们也希望负有教育责任的当局要小人书摊及小人书铺把那些不正当的书分出去，要正式的审查，要负责的纠正，以免这些得不到正当教育的孩子们，走不进学校的大门反而走入荒诞迷妄的路。如不这样，失学的孩子们就更苦了，中国的前途就更可悲了！

不要放弃责任，天津市的新闻界、教育界、参议员和好管闲事的先生们，可以到有小人书的地方去看看，如果有好的情形，我们可尽力的提倡，如果里面有着毒素，我们好想法子清毒！

为津市失学的儿童，为中国的第二代着想，这小人书却是一个值得注意的问题。

（载天津《大公报》1946 年 9 月 21 日）

小人书和武侠小说

林　滋

近在本园地读到谈小人书的问题，这比着目前的许多贪污案件和全国各地灾情，自然显得是极小的一个问题，然而若把事实拿出来，却是十分严重，凡为儿童之父母者均不应忽略它，皆当仔细考虑一下。

我们常能够望见在街巷中心，一个推车摇铃的小贩，车子上摆着一堆污黑残装的小册子，书上的字体图画拙劣已极，旧书里不知藏着若干传染病菌，但每个车摊周围都挤满十岁上下的儿童们，争先恐后的去拿它，聚精会神的在翻看，甚而废寝忘食，抛弃功课，这情况果可乐观吗？是可容忽视吗？

这小人书的历史已经有了不少年，它的流毒也已很深，造成的原因，第一是有这类书的出版和这类小贩的售卖，第二是儿童们没有许多可看的书。解决的办法，自然是针对着这两种原因下手：第一是取缔这类小人书的出版并取缔小人书的贩卖摊贩。这实在不难，只消负责社会和教育工作的当局下令并实施取缔，这比取缔香烟楼和星卜容易的多而且有意义的多。至于第二步供给儿童高尚有益的大批读物，除了社教当局努力之外，一般的文化人教育家均当尽一份力。尤其是肯化钱出版大量的软性色情刊物的人们，何不致力于救济儿童的精神食粮，于社会、于第二代国民、于自己的子孙都有极大的好处，实在值得去做。

对于儿童有毒无益的是小人书，对于成年人毫无益处的读物之一应当是武侠小说吧？提到武侠小说，像是只有平津是它的出产地。大江以南很少有出版武侠小说的，有的如×山×侠传之类也是北方运去的。平津两城在事变前武侠小说最畅行，最近又有再起之势。笔者当初也曾爱读，而且幼年时颇抱爱国之志，认为中国受尽外侮，复仇之道最好是能有武侠小说中的大仙剑侠辈出来，取敌人首级于千里外。就是在“七七事变”起后，日寇连连占我若干省市，多少名山大川，我还时时在盼望着祈祷着，大山中的剑侠这时应该出来报国了，把日寇大将的头颅砍掉几个。但，长白山，泰山，太行山，嵩山……除了峨眉山以外，全中国的大山都被敌人打到了，我们的剑仙大侠都往那里去了？怎木一个也不出来一显身手，国家已到如此危险地步，我们的那些武侠小说作家告诉我们的那些能人，到底有没有呢？

从此我对于武侠小说，大大失望，同时我也恨极了写武侠小说的人。他们坐在屋里想入非非，满纸胡说八道，骗了读者，骗了社会，骗去了洋钱！这类荒诞之谈有甚么益处呢？对国家，对社会，对读者！我是一个书呆子，总想着一切都应当于人于世有一点好处的事才肯做。而今西洋的科学家已经研究出来原子能，而我们的武侠小说作家只会说仙道剑，西洋的一般人的读物是那样的丰多而有益，我们读的却全是色情软性刊物和荒谬的武侠小说！我们该不该自省一下呢？读者和作者们！

（载天津《大公报》1946 年 9 月 27 日）

再谈小人书

需 人

月前为了悯惜失学的儿童把时间流连在小人书上，曾代儿童们呼吁，请社会上予以注意小人书是不是儿童的恩物，这问题却已引起了人们的注意，除本园地外，本市的报纸也有几家谈论到这问题了，为了儿童们将来的幸福，身体及心理上的健康，我愿再把这个值得注意的问题提出来，请热心的人士加以留意。

首先，我再申明我写那篇文字的意思，因为上海几家书局印刷了大量的关于抗战一类的小人书，使天津的小人书铺又发达了起来，失学的儿童们，便流连在小人书摊上，但书铺内不仅是新出版的小人书，以前的旧的小人书也参杂在一起，这便是我们要注意的地方。在新的小人书方面，经我走过的几家书铺所调查的，关于描绘抗战的书约有下面十几种，计：（一）《七七事变》；（二）《保卫芦沟桥》；（三）《保卫大上海》；（四）《淞沪抗战》；（五）《桂林血战》；（六）《柳州血战》；（七）《缅甸血战》；（八）《台儿庄大战》；（九）《牺牲》；（十）《抗战胜利》；（十一）《河山光复》；（十二）《最后一颗子弹》；（十三）《无名烈士》；（十四）《自己人不打自己人》；（十五）《中国空军》；（十六）《中国建设新空军》；（十七）《中国空军战斗史》。

以上尚不完全，还有两个书局出版一个书名的，或书名略有变更的。此外还有关于世界战的《轰炸柏林》、《原子炸弹》、《原子炸弹秘密》、《轰炸东京》等等，关于描绘人物的如《十九路军蔡廷锴》、《戴笠将军》、《张莘夫殉难记》等，在这些书里面，所含有的意义则是鼓舞人心的一类事情。但在新出版的书中，也有不是关于抗战的，或是武侠的小说，或是社会上的故事，内容尚待考查。但这里面惟一可忧虑的，便是上面所说新旧小人书参杂一起出赁。旧的小人书如《封神榜》、《西游记》以及荒诞的飞仙剑侠，社会上诲淫诲盗的堕人意志的故事，则是儿童们以及成人们都看不得的带毒的东西。以这些有着毒素的东西供给儿童们浏览，这便是我代儿童呼吁的主要的一点。

其次，归纳各方对于小人书的意见，约有下列四点：（一）小人书内容怪诞不经，尤以武侠故事易使儿童受惑。（二）小人书不是出售而是出赁，赁书的人不止儿童，易使书页污秽，其中传染疾病，为害甚大。（三）看小人书也是一种趣味，好的不防保留，坏的可以查禁。（四）审查或是禁止小人书，比取缔烟卷楼子、星相巫卜及对四郎探母禁解有意义的多。

关于小人书铺或书摊，在经营这生意的人们未必是有意对儿童不利的，他们为了生意及收入方面的打算，除去在门首墙边张挂着惹人注意的书面广告以外，在摊上的，在摊子的周围放下小凳子，搭着木板，以备赁书的人坐看，在书铺里，除去小凳子木板外，尚有大案子及桌子，晚上还有电灯。他们的生意都不错，据一家书铺的掌柜说，好的时候一天三五十人来看书，便有几千元的收入。

小人书究竟要得要不得呢，这还得待社会上好管闲事的先生们调查一下考虑考虑吧，我为中国的第二代，为上不起学的孩子们，诚恳的希望我们贤明的当局注意一下这问题，同时更希望有生意眼的书店老板们，能够给儿童们出版些可读的书。

（载天津《大公报》1946 年 11 月 1 日）

哀文化

孩子们躲在墙角看小人书，书铺里销得最好的是《说部》。

编辑先生：许多天来，我心里就压抑着无比的悲哀、怨恨和愤怒，这些悲哀、怨恨和愤怒，随伴着日常接触到的千奇百怪，荒宇宙之大唐的无耻的事实增多而逐渐漫延，扩大。前些天，为了依照计划，赶快把图书馆借来的几本书读完，内心纵使如何的痛苦，也无暇宣泄出来。然而，先生，我们的心毕竟也是肉做的呀！我们缺乏脂肪、营养和世故，但不缺乏强烈的正义感，我真看不惯这些不合理的事实，接二连三地发生，并顽固地存在。我要控诉，我要抗议，向社会，向政府，向青年朋友们，向广大的同胞们！

首先，我要告诉你，在河南，甚至政治文化中心的大城开封，文化可以说根本不存在的。

上海的书刊无法行销，因为派报社不敢贩卖。十月十一日，坐了一天慢得像黄牛拉着一样的火车，我从家里到学校，第二天上街预备订一二份上海的报纸。因为我想只有看看民间的报纸，才能听一些人民的声音，好在政府法令中，还没有明文规定，强迫我接受阅读那些报纸的义务，更其万幸的，还没有剥夺我阅读民间报纸的权利。可是，先生，您猜怎么？我一连跑了三家派报社，竟至上海一些报、刊物、新书的影儿都见不到。于是，我迷惘了，我惶惑了，我大声地问：为甚么没有？头两家像两只葫芦样，凭怎么也不透露一丝的风儿（也许他们在揣测我奉命来调查的）。最后一家的负责人，在我固执地苦苦追问下，才悄悄地告诉我，早几个月就都查禁了，谁还敢再来这种书、报、刊物！

蒋主席的诺言犹在，事实和行动却不同。不久以前，曾在报纸上看到，说××地方查禁××报纸，××杂志，我总不敢相信，我还天真地想着：这才真是造政府的谣呢！在不久的过去，蒋主席不是曾经向全国同胞广播，提供过四项诺言吗？难道地方官厅敢如此倒行逆施，破坏主席诺言，就像昨天主席劝告各地停止造像的电文里所说“欲陷中正于不义”？然而事实竟残酷地摆开面孔□你看，你说，这叫人痛心不痛心。

写到这里，看到贵报九月廿八日的社论，我不禁笑了，贵报向政府要文化政策，天呀，我们的政府正在为内战而“憔心悴力”，那有“文化政策”这玩意儿呢？搁笔。祝你健康。

易风。十一月一日于河南大学。

（载上海《大公报》1946 年 11 月 10 日）

男女儿童：读物嗜好的差异

周朗山

（一）

在美国，勃里丹氏（Brittain）曾经费了许久工夫研究男女儿童对于读物嗜好的差别，尤其注意研究的是他们所写的故事性质的差别。据说，男孩所嗜好的是富有动作趣味的故事，女孩所嗜好的是比较静的和多带感情质素的故事。女孩大多擅长于视觉和听觉的想像，男孩则擅长于动作的想像。女孩对于各种名字具有特殊的兴趣，她们常常喜欢用神秘的和触目的名字。她们所写的故事比较复杂，常有琐琐碎碎的事情放进去，但在情节的连系上就欠缺一点。她们又喜欢多用情绪的材料（如悲哀，同情，恐怖等），但有时用得太多，或竟用不得当，类乎神经质的样子。同时，女孩所写的故事的顶点，常常奇特到使人发笑的。男孩在故事的组织结构上特别擅长。至于在故事中涉及宗教和道德问题的，又以女孩为多，这可见得儿童们所受家庭教育的影响是如何深切了。

（二）

伦敦的 Bethnal Green 图书馆曾于一九三六年举行过一次男女儿童爱读书籍的测验。当时受测验的为三百个女孩和二百六十九个男孩；都是自六岁至十五岁的。在事前并没有通知他们做什么测验，所以他们的答复可以说是十分真实的。据图书馆的报告，谓男孩最爱读的为冒险的故事（测验答复爱读者男孩八十二，女孩十二），女孩最爱读的为学校故事（女孩一百四十八，男孩五十六）。在他种书籍中，男孩所爱读的为航空故事，历史故事（没有女孩爱读），印第安红人故事（没有女孩爱读），海洋故事（没有女孩爱读）；女孩所爱读的为家庭故事（没有男孩爱读），童话，童子军故事。许多女孩喜欢有名的小说，像司各脱，笛更斯，和勃朗脱等人所作的，而男孩则喜欢各式各类的书籍。聪明的母亲们，请你们参考这个统计去给你的孩子选购读物吧，当不会为他们所厌读而致浪费金钱的。

（载《新妇女》1946年第2卷第1期）

教科书的回顾与前瞻

钱慧芝

抗战军兴以来，孩子们的读书问题，受到很大的影响。随军撤退到内地的学生，因为内地物力和交通的困难，课本未能普遍供应。虽然在教育部的领导与督促之下，成立一个“国定教科书七家联合供应处”，由“正中”、“商务”、“中华”、“世界”、“大东”、“开明”、“文通”七个书店共同负责组织成立。事实上，还是未能做到理想中一般的无憾。至于不幸留在沦陷区的学生，根本成了汉奸们向暴敌献媚的工具，尽管汉奸们的“教育书局”用威逼利诱手段，把沦陷区的“商务”、“中华”、“世界”、“开明”等几家书店组织成为一个伪“中国联合出版公司”，想借以解决灌输汉奸思想的学校课本问题。但事实上可怜得很，许多就读于学校的学生，连伪编教科书都不能够人各有书。

伪组织的教科书问题，不值得谈。

自由区教科书，限于物力，出品不如战前一般精美。原因如下：

一、纸张只能采用各地土制品，大都是手工纸，少数小型造纸厂机制纸，因木浆和漂白两个重要条件不能解决，所谓机造纸，仍是质地不匀净，色泽不光洁，不能和江西、福建出产的改良手工纸相比。

二、机器的性质欠佳。因为各大书局的大规模印刷厂，既被劫于上海，复被劫于香港，好机器可说损失殆尽。只靠着内地所有那些劣品机器，勉任其劳。

三、材料成分欠佳。如印刷上至为重要的油墨就无法采用上等货。用不很好的油墨，经不很好的机器，印出字迹在不很好的纸张上，成绩当然好不到那里去。

四、动力不够。印刷厂不一定能够得到足量的马达电，很多地方的印刷厂，用人力代替电力，在机器上装配手摇设备，并在机器旁边的地上，掘出一个小坑，工人站在坑中，用手摇动机器。这样，不但转动的次数极少，而且动力不匀，那里印得出好东西来。

五、技术低能。印刷技术工人，本以上海为水准最高的所在，上海沦陷，此中好手东流西散，转辗进入内地的人数不多，于是只能在当地选拔工人聊以充数。这种工人，经验几乎谈不到，民国二十六年某书局在汉口印书，甚至工人们只懂装活字版，而不懂装印铅版，汉口且然，他处可知。至于较为深奥的科学书，工人们有了稿子，有了材料，排不出活字版来，更不在话下。排印如此，其他浇版装订等，也难免有此现象。

当时各书局印书，无法作整个的统驭，只能分散为若干个小单位。因而有所谓“成渝区”、“湘桂区”、“赣闽区”那些地理上的书业专有名称。换言之：成都、重庆、桂林、邵阳、赣州、长汀等地方，成为造印中心地带，造出后分别就近作发行于某一区域。比较其优劣，赣闽因是出产上等手工纸的地方，纸料占优势，出品因而也占优势；其次湘桂；成都、重庆因所用纸料甚差，出品就更好不起来。

想起来不能不令人凄惨，教科书纸张印刷既有些“不堪入目”之病，而灯光又受限制，学生们夜间在一盏半明不灭的豆油灯下，作自修，其艰苦的情况，不待身历，可以想像得之。几年中学生们因生活不佳而影响于体质之外，更因教科书不佳而损伤其目力，不能不算是青年们与孩子们一种不易补偿的损失。当然，这损失就是抗战的代价，而我们已从代价上取得了胜利的结果，但是损失依然是一种损失，不能遽而加以否认。

以上是教科书供应与教科书形式上的优劣的过去的话。

说现在：

日寇屈膝，已有半年，国定本教科书七家联合供应处，已经建立了据点在上海，各大书局，也已以积极奋斗的姿态出现于上海。那么，学生们的教科书问题，该已得到了满意的解决了罢？

仍未尽然：

第一，现在上海所造的白报纸本教科书，其总数量谈不到供应全国，而且谈不到供应收复区的全境。内地的学生，今年春季上学所可得到的教科书，十之八九，还是无异于胜利之前的东西。有些人以为各大书局恐怕胜利以前在内地制造的“土纸本”教科书，将无出路而成为呆货，所以不愿把上海制造的报纸本流入内地，这是一种不知其所以然的臆测之谈，并无真实的理论根据。各大书局本届在上海造货，物质上困难并未完成克服，更因时间方面的限制，即使有某一书局诚意想以沪版教科书供应全国，这诚意也不容易“兑现”的。

第二，现在上海所造的白报纸本教科书比内地固然不可同语，比战前尚属不无逊色。

为什么在中国印刷事业最发达，印刷技术最优良的上海，仍旧制造不出和战前同样的在上海制造的教科书呢？

有原因：

一、印刷业受敌伪摧残以后，水准已不能像过去一般高。

二、现在造印教科书的纸张，质料终究差。过去用加拿大、瑞典报纸，不算考究，普通而已；中学教科书则都用道林纸印造，现在，用日本货报纸，已算考究了。普通不过用天章报纸，更多用海龙招贴纸，天章报纸已不够净洁，海龙招贴纸正面还不必说，反面的粗糙，简直像剉刀（有些折书女工，把手指擦出血来）。纸面的不平，简直有些尽林泉丘壑之胜。这种纸张，叫“印刷祖宗”用“祖宗机器”来印刷，亦难讨俏。

三、你说是书局方面减低成本，故意以劣纸充数罢？又不然。自然各书局回到上海造货以后，因大量搜求白报纸，除纸价级级上涨有如疯狂，使书局力不胜任外，市场上可购之货日见枯竭，颇有有钱无货的现象，倘不放宽购料的范围和减低看货的眼光，势将有无米为炊之苦。敌伪的报纸，各书局所得染指者，微乎其微。

四、用以浇铅版的纸型，大都是从内地运来。这种纸型，出乎意料地不够好。要重排新版，时间上不许可，成本的增加尚在其次。浇就印用的铅版，字迹图形，如在梦中，求其印出后可以辨认，已要费九牛二虎之力，谁也不敢保险印得好。

因此，今春上海坊间发行的学校教科书，尚不能说已经解决学生们的“眼睛愉快”问题。

希望今年秋季上海各书局的学校教科书，可以面目一新。此则有关乎下列各点：一、纸张来源，必须有可靠的解决。二、旧版的不堪印用者，必须重排新版。三、教科书售价加倍比例，必须能与成本方面的物价倍数的比例不致相差太远。此外，交通问题必得妥善解决。这是普遍供应的第一个大前提。

学校秋季开学，转瞬之间，时期又要到来。那时候，全国各学校，是否都能够得到和战前一般好的教科书，给青年们和孩子们去读？到目前为止，似乎还是没有充分的把握。

这篇文章，对于教科书的内容方面，一句话也没有说到。作者对教育毫无研究，不敢胡说；再则作者是一个和书业有关系的人，更不便说谁好谁坏。不过是就一时所感，随便写上了那一堆话，读者们不必过于认真。

（载《春秋》1946 年第 3 卷第 1 期）

国定教科书之编辑经过

魏冰心

教科书是教学上不可缺少的重要工具；尤其是对于中小学的学生，要传授知能，启发思想，修养德性，指导生活，都须利用教科书。“工欲善其事，必先利其器”；“无米之炊，巧妇难为”。同样的，教师要达到教学的目的，收获教学的效果，必须有优良的教科书，供给教材，指导学习。一个优良的教师，固然可以活用教材，自选教材，利用大自然界的事事物物，形形色色为教材。可是时间精力，不允许个个中小学教师课课都能自己编选教材。要是基本知能较差，教学技术水准较低的教师，没有了教科书，教学更无法进行；倘有优良的教科书，还可以把规定的教材，依次教授，收获预期的教学目的。所以中小学教科书是不可缺少的重要工具。尤其是在推行国民教育，学校数量大增，教师素质降低的现时代，更加不可缺少教科书。

我国中小学教科书的编辑发行，远在前清末年。当同治六年，江南制造局即附设翻译局，翻译格致、化学、代数等数理科图书，这是我国翻译西文图书充作教科用书之嚆矢。光绪二十八年，无锡三等学堂编辑蒙学读本七编，交由上海文澜书局石印发行，这是我国最早编印的小学教科书。同时，文明书局、广益书局、商务印书馆也陆续编印中小学教科书，尤其是文明书局、商务印书馆出版的种类最多，各学校大都采用为教材。民国元年，中华书局开幕，也以编印教科书为目的。民国十年，世界书局奋起，以全力编印中小学教科书。之后，大东书局、开明书店、正中书局也陆续出版小学、中学师范学校各科教科书。这期间还有新中国书局、儿童书局、北新书局、大众书局、钟山书局等，也发行中小学教科书，但科目并不完全，销行也未普遍，且有未经教育部审定或核准发行，即印刷出售。我国自废科举，设学堂以来，各书局先后编印各级学校教科图书，以应需要。对于新教育的推行，不无贡献；又因出版业为营业上的竞争关系，对于教材的编选，印刷的技术，随时改良，颇多进步。自民元以来，各省市前进的中小学，也有自行编辑教材，随时实验；可是往往限于人力，限于经济，忽起忽灭，未能为普遍的持久的推行。

中央教育行政机关对于中小学教科书的改良，素来十分注意：一方面先后订定教科图书审查章程，审查规则，审查条例，审查规程，规定中小学教科书须经审定后，才准发行；未经审定的教科书，各学校一律不准采用。在另一方面，为谋全国中小学采用统一教材起见，计划编印国定教科书，先后已有三次：第一次在前清光绪三十二年春季，学部图书局颁布初等小学堂国文教科书及修身教科书各第一册，同年秋季，又继续颁布第二册。但因取材不合儿童心理，编制亦未妥善，南方各报大加批评，极力反对，是以未经继续编印颁布。第二次在民国四年，教育部教科书编纂处编订小学国文读本纲要，及国民学校修身教科书第一、二、三册草本，取材迁就当时环境，未能适合民主思潮，等到洪宪帝制消灭，教科书的编纂也就停止。第三次在民国二十三年，教育部组织教科用书编辑委员会，特约部内外对于教学、编辑较有经验的人士执笔，先编辑小学各科教科书；到二十五年陆续编辑完成，先后交由商务印书馆、中华书局、世界书局、正中书局制版印行。但因承印书局未能加速印制，尽力推销，各学校采用的很少。等到抗战军兴，情势变更，课程教材自应重加厘订，以适应时代要求。因此部编小学教科书承印书局中止印行。所出版的只有高小实验国语教科书四册，初小国语教科书三册，初小、高小算术及高小自然教科书各一册。以上三次编印国定教科书，都未能贯彻政策，全部完成。所以到抗战开始，我国中小学教科书仍旧采用审定制。

审定制是由教育部公布中小学课程标准后，出版家或公私团体、机关、学校以及私人都可遵照各科课程标准规定的教材纲目，自行编辑教科书，依照规定手续，将稿本呈请教育部审查。倘使教材编选适合标准的，由部审定，发给执照，准许发行；倘使不合标准，或编制杂乱，内容错误，不易修改完善的，便不予审定，并禁止发行。教科书的审定制与国定制各有利弊：国定制之利最大的一点，是全国中小学可以采用统一教材；其弊在不能因竞争而进步。审定制之利最大的一点，出版界因营业上的竞争，教科书之内容、形式，得以随时改进，各学校的选用教科书，也因版本颇多，可比较优劣，采用善本。版本恶劣的教科书，必然因销路的不广而自然淘汰；其弊在被商人垄断，不易统制。现在我国的中小学教科书，既由审定制而递改为国定制，主持编辑国定教科书的机构，自必企图保持国定制的利，矫正国定制的弊，使中小学教科书的内容、形式都臻完善，而成为合乎理想的标准课本。

在二十六年以前，各出版业竞争发行教科书，大量推销；中小学所需各课本，不但数量上供过于求，而且可选用比较优良的教材。等到抗战军兴，京沪一带的出版业，虽经中央督促协助，未能将印刷器材完全迁移到后方；不但不能继续编印新版教科书，即旧本的再版数量也大为减少。而且在战区的，各大书局分局，都被暴敌摧残，版本损毁，存书散失；加以交通阻梗，运输困难，教科书的供应数量，骤然减少。后方各省、市虽然增设学校，弦诵不辍，但是所需课本供不应求；边远区域更发生书荒现象。同时，坊间发售的中小学教科书，情形非常混乱：有审定的版本，有初审核准发行的版本，有未经审定或核准发行的版本，更有已失时效，内容不合现代需求的旧书，也搜集出卖。而且因为材料来源短少，造货成本增加，各大书局在后方再版的课本，偷工减料，粗制滥造；版口既缩小，纸质又粗薄，插图减少，印刷模糊，妨害儿童目力，降低教学效率。教育部虽然一再取缔，一再召集各书局负责人谈话，责令改善，终未见大效。社会人士，也群起责难。在这种情况之下，中小学教科书的供应问题，日益严重。因此教育部不得不在人力财力非常贫乏的抗战期间，加速完成编印国定中小学教科书的计划。

早在民国二十年，本党召开全国代表大会时，就决议由政府统一编印中小学教科书；二十七年四月本党召开临时全国代表大会时，通过《战时各级教育实施方案纲要》，规定实施准则十七条，在第四条中说："对于各级学校各科教材彻底加以整理，使成为一贯之体系，而应抗战与建国之需要，尤宜尽先编辑中小学公民、国文、史地等教科书，及各地乡土教材，以坚定爱国爱乡之观念。"同年，中央颁布《抗战建国纲领》，也有改编教材的规定。于是教育部遵照《抗建纲领》及《战时教育实施准则》的规定，充实教科用书编辑委员会，积极从事于中小学各科教材的整理；除乡土教材一项，令饬各省市教育厅局分别编辑呈审外，编辑委员会的工作：一方面总审查坊间发行的中小学国语、国文、公民、史地等教科书，同时编辑中小学各科战时补充教材，以应急需。此项补充教材，早在二十九年交由正中书局印行，通令各省市中小学采用。另一方面编辑中小学语文、社会二科教科书。自二十八年开始，到三十年而小学国语、常识、历史、地理及初中公民、国文、历史、地理等主要科目的初稿，先后完成。惟因二十五年，修正颁行的中小学各科课程标准，各学校经多年的试验研究以后，认为内容繁杂，分量太重，有重加修订的必要。同时，国民教育实施以后，小学课程更应重加厘定。教育部根据各方面的报告与提供的意见，并为适应时代要求，增进教学效率起见，准备改善中小学课程。在二十九年组织课程标准修订委员会，检讨中小学课程，分别起草中小学各科课程标准修订草案，先后开会审查修正；到三十一年初，才全部公布。同时，国立编译馆扩大组织，教科用书编辑委员会并入编译馆，成立教科用书组，把已编成的各科稿本，依照新颁修订课程标准，重行分别审查修改。这一年的秋天，初小国语常识课本第一至四册及初级成人班妇女班的课本，先后修正完成，交由正中书局出版，称为暂行本，指定学校试用。暂行本仓卒出版，版口纸质虽经改良，内容形式尚嫌草率。编译馆在三十一年冬及三十二年春，先后两次征求出版家对于初小国语常识前四册暂行本的意见，正中、中华、世界、大东、商务、文通等书局都有书面报告，检讨各课教材，颇多可供采纳的意见。同时，编译馆邀集国内富有编辑经验，教学经验的人士，逐课审查教材的支配，编制的设计，文字的组织，图画的配置等等。编译馆再参酌探讨的结果，把暂行本分别修正，才成为正式的统一课本，交由正中、商务、中华、世界、大东、开明、文通等书局联合组织的“国定中小学教科书七家联合供应处”印行，订立合约，由七家联合供应处负责统筹印制供应。初小国语常识后四册及高小各主要科目，初中语文、公民、史地等科教科书，也同时分别修正，先后完成，陆续交给七家联合供应处制版印行。惟初高小算术，系采用大东、文通、中华三家书局编辑的稿本，高小自然系采用正中、世界二书局编辑的稿本，而由编译馆加以修正或改编。同时，为使小学教师节省准备时间，改善教学技术，应用国定教科书便利起见，初高小各科各册都编有教学指引，供给参考资料，指导教学方法，尽可能与教科书同时出版，以资参考应用。至是国定教科书的基础，才得建立。

到本年春季，国定教科书小学部分，主要科目已完全，计有初小国语常识及算术课本各八册，高小国语、公民、历史、地理、算术、自然六科课本各四册，都已出版。中学部分，初中国文六册，公民三册，历史四册，地理四册，及师范地方自治一册，也已出版。另有民教部初级成人班妇女班课本四册，合订本各一册。统由七家联合供应处组织下的正中、商务、中华、世界、大东、开明、文通等书局供应全国中小学的需要。初中其余各科各册，及高中，师范，职业学校各科教科书，民教部高级成人班，妇女班课本，也在分别编辑，陆续印行。今后中小学教科书将由审定制改为国定制，凡是已有国定本供应的科目各学校应一律改用国定本，不得采用各书局或各省市教育行政机关编印的同科目的版本；各书局及各省市教育行政机关也不得将以前编印的课本，再行再版发售。

国定教科书编印的经过及其促成的原因，已如上述。现在要说编印国定教科书的目的：第一，中小学的衔接与大中学的衔接，往往因为学生程度的参差不齐，互相责难。其实各级学校学生应该达到的程度，各科课程标准中都经严密规定，所以仍有参差不齐的现象，原因之一是各校所用的课本不一致，内容详略大有出入，以致毕业会考及入学试验，都没有准绳可循，毕业会考的试题往往程度太低，升学考试的试题又往往程度过高，于是上下不能衔接。现在全国中小学一律采用国定课本，毕业会考和入学试验，都应就课本命题，自无太深太浅的弊病。学校教学既有标准，学生程度也可渐趋一致。第二，近几年来，学生的流动性极大，各学校收容的转学生日多；在以前各校所用的课本并不一致，教材难免有重复或遗漏，或前后不衔接的弊病，学生学业固受影响，学校行政也感觉困难。现在采用国定课本，教材统一，不但转学的学生不受影响，就是兄弟姊妹也可先后共用一书，节省经济，减轻负担。第三，中小学的各科教材，必须经过审慎选择，以求适合国策。不能全凭编者或教者个人的好恶，主观的见解，而取舍不同。国定教科书是精选全国各书局出版的教科书中的优良教材，不是粗制滥造的作品，全国中小学学生都应该诵读研习的。第四，教科书是教学上比较重要的工具的一种，还有和教科书配合的标本、模型、仪器、图画、表解、字典、辞书、留声机片等辅助教学的工具。最近电化教育正在发展，更须摄制教育影片，编印广播教材，和教科书联络。这些辅助教学的工具，都得以教科书为中心。各学校采用了国定教科书，教材既经统一，辅助教学的工具，便可陆续制造，以供各校应用，增进教学的效率。如上所述，编印国定教科书的唯一目的，在使全国中小学采用统一教材；这也就是教科书采用国定制的好处。

再说现在编印的这套国定教科书，是以三民主义为中心思想，以自治治事，自信信道，自育育人，自卫卫国为学生终身努力的固定目标；并以发扬三民主义和管教养卫的真义为各科教材的一贯系统，使成为组织完整，意义丰富有益于学生进德修业的教科书。若就各科内容的旨趣说，国定本的历史，是以民族主义的精义为中心，将我国固有的道德、智识、能力，溶化在历史教材中，激发学生爱护民族国家的情绪，并坚定其民族的自信力。国定本的地理，是以民生主义的精义为中心，并根据国父的实业计划，将各个开发富源的建设计划，融会贯通在地理教材中，使了解本国宝藏的丰厚，民族前途的希望无穷，而且可认识我国今后经济建设应循的途径，实行民生主义的具体方法，而愿为建国努力，为主义奋斗。国定本的公民，是以民权主义的精义为中心，将个人的修养，政治的意义，自由、平等的真诠，权利、义务的关系，政权、治权的区分，五权宪法的运用，民权初步的实施，地方自治的实行等等，择要编入公民教材，使能明了政治，运用政权，牺牲小我，爱护国家，以完成公民的使命。国定本的国语、国文，是应贯澈历史、地理、公民三方面的知识，而以整个三民主义为选材的标准。古人说“文以载道”，“诗以言志”。现在三民主义已为全国人民共同信仰的大道，而实现三民主义以完成建设事业，又为全国人民共同努力的大志。所以国语、国文教材，以三民主义为纲，以党员十二守则为目。至国定本的自然，目的在使学生理解自然界的现象，明了人生和自然界的关系；培养其研究自然的兴趣，与增进其利用自然，改进生活的知能，并指导探求科学知识的基本方法。国定本的算术，目的在培养生活中的计算能力，养成计算敏捷和准确的习惯。

中小学教科书是全国儿童、青年诵读研习的课本，和一般普通的读物不同，其重要性自不待言。尤其是国定教科书，有示范性质，更不可草率从事。教材的选择排列，固须求其精当适用，文字的组织结构也要求其严密完整；即如插图、纸张、印刷、装订等等，也应注意提高水准。教育部为谋精益求精，准备再加修订，以期合乎理想的标准统一课本起见，先后令饬各国立师范学院及其附属中小学，各国立、省立、市立师范学校及其附属小学，各省、市立实验小学，对于国定教科书详加研究，实地试验；并先后函请中小学教育专家，各书局著名的中小学教科书编辑员，对于国定教科书详加审查。希望把研究试验审查的结果，贡献改善的意见。不论是教材的评量，编制的检讨，文字的商榷，插图的配置，以及报告教学经过，学生反应等等，凡足以供修订时之参考的，都很欢迎。倘使确有心得或特殊价值的，当酌予奖励。务期中小学的各科教材得以改善，教学效率得以增进。

（载《教育通讯》1946 年复刊 1 第 6 期）

改造我们的教材

陈 绯

课内外的学习不仅应该打成一片，使学习不成为“苦修行”，不偏重，也不偏废，而成为一种经济的、有效的、活泼的、有乐趣的生活的一部分；不但如此，我们还应该从其中求得更积极的效果。我们知道，目前我们所用的课内教材有绝大多数是承继着二千年来的传统思想传统精神的；而且我国自从“五四”以来，文化上的发展曾经历了欧洲近五百年文化发展的道路的——那就是说：在短短的二十六年里，在我们的环境中产生过人家五百年中所产生的学术思想——而我们的教材却不曾跟着时代日新月异，而是稀稀落落地落在后面各种不同的阶段，真正能赶得上时代的却是极少极少，而一时又不可能把所有教材都订正或重编过。因此我们在读书学习的时候就必须常常注意到教材的正确与否，我们必须养成怀疑研究的精神，绝不可一味地盲目接受。

目前一般课内教材中的错误可以分为下列几种：

第一种是封建思想。这种例子在历史课本上最多。例如太平军的革命是被写作“发匪”的，辛亥革命以后，由于国父孙中山先生的倡论，才知道太平天国是农民革命。又例如明末的李自成等的农民革命至今还是被写成造反的流寇，促成明朝亡国的大罪人。课本上从不着重写出“流寇”蜂起的原因；而在国文教材中却有初中的《费宫人传》，特别强调费宫人的贞烈，且口口声声称李为“闯贼”；同时在高中国文中又有多尔衮的《致史可法书》和史可法的《覆多尔衮书》，教师们常常会对史可法的邀清朝“聊兵西讨”（讨流寇）颂赞不已。曾经有一班同学读第一篇之后，回答教师所问：“为史可法计应如何挽救当时的局势?”

四十个人当中大多数都说："除一死报国之外别无他计。"或"暂时向清朝有条件投降，一面赶快平流寇——安内而后攘外。"却忘记了流寇也是明朝的老百姓。只有一个人说："应该立即整顿内政，赈济灾民，招抚流寇，与他们团结御侮，逐满清出关。"他为什么会这样答呢？后来发现他看过郭沫若先生的《甲申三百年祭》，那里告诉他那些流寇是怎样的一些"官逼民反"，"铤而走险"的老百姓。

诸如此类的把百姓的反抗压迫视为叛国叛君的贼寇，在我们的历史教科书上是举不胜举，其恶果不仅是歪曲史实，而且是在青年学生思想上暗暗种下认革命为"造反"，"宁赠友邦不与家奴"的封建帝王时代的毒素。试想我们全国青年若都接受了这种思想，八年的抗战还会有胜利的一天吗？甚至根本连抗战也不会有呢！

第二种是出世思想。这种例子在国文教材中特别多，最普通的如陶渊明的《桃花源记》，苏东坡的《前后赤壁赋》，李白的诗，总之许多古代的文章诗赋中出世思想特别浓厚。而抗战八年中的许多伟大文学作品——反映和领导过神圣民族解放斗争的作品，学生们都无缘在课本中和它们见面。因这种教材而形成的反应有两种：一种是不能接受这种思想的对文章感到厌烦，甚至于就因而讨厌文学，以为文学都是这样脱离实际生活的；而另一种是对这种教材颇感兴趣的，就养成出世思想的"小老头儿"，对社会、国家、世界都感到没有希望，而且感到厌恶，却徒然憧憬着一个理想的隐居的好所在，脱离世俗而去。以大量的这类教材，我们能希望把青年教育成二十世纪五十年代建设新中国的国民吗？

在国文教材一时尚不能彻底革新的今天，唯有鼓励同学多在课外读新文艺作品，在不同的思想和作风的作品中，我们会吸取最适合于这时代的东西的。

第三种是狭义的爱国主义与法西斯主义的思想。例如在史地课本中常常对蒙古、新疆等地少数民族问题作反三民主义中民族自决的论调，而告诉我们蒙古的独立是中国丧失主权，而间接地就是说国内少数民族应由汉族统治（其实这是大违国父民族主义的要旨的）。再如小学、初中课本较多的英雄崇拜的思想，把历史上许多侵略魔王如拿破仑、汉武帝、唐太宗，甚至希特勒、墨索里尼等作英雄崇拜的对象，这无疑的是跟着以往日本的法西斯教育走。

第四种是脱离生活的教材。例如大家在小学和初中一时期，几乎谁都要经过挖心思来研究鸡兔同笼的四则题，而事实上谁又会把鸡兔关在同一个笼子里，而且会有可以数脚不可以数头的事么？在日常生活中，报纸、杂志、书籍无一不是白话，而在国文课上却天天读古文，次次作文言作文，这又是多么荒谬的事呢？

凡此种种，在今天教育家们都在为生活奔波，救死不遑的时候，教科书仍不能不将民国二十几年的版本再版、三版、五版、十版地印出来供用，纠正这些错误的唯一有效办法就是多多参考新的课外读物。

（载《时代学生》1946年第1卷第13期）

遗毒未清之囤积教科书

城隍山人

上海在沦陷时期，敌伪方面为了要发卖教科书，特地设立了一家联合出版公司。在创办的时候，需要大批工作人员，便在几家老书局的职员尽量调用，以资熟手。

可是，一班深明大义的职员们，谁也不愿去干这汉奸工作，结果，仅由几个贪婪的无耻之徒，去担当了这件任务。

当然，他们的目的，只在C. R. B，所以一进了这家敌伪公司，立刻便在这上面打算盘了。由于伪教育部的通令，各学校必须采用这套伪国定教科书的，这班伪职员，当然明白：将来在沦陷区中，大大地有一笔生意可做，因此，书刚从印刷所里出来，他们自己人，更照七折的批发价，全部分担着购下来，囤积在一处栈房里。等到开学的时期到了，各处学校都到这家伪公司里去配书了，他们便回答说："早已卖完了！"

学校没有书是开不来学的，于是，便向他们请商："可否代为设法？"只要条件谈妥，就是一千册两千册，也可以源源供给，自然，他们是出了照定价出两三倍黑市价，才买到手的。

不但这家伪公司，因为独揽教科书生意，赚得翻倒，尤其是那班伪职员们，在这黑市买卖上，那一个不是西装革履，添置起簇新的脚踏车来。

现在这家伪联合公司虽然早已被封闭了，可是，我疑心，他们那种流毒，却已经普遍地传染到另一批人的身上了。否则，在某某几家书店，刚刊登过大量供给教科书的几天以后，我们便一本也买不到呢！

（载《快活林》1946年第6期）

取消掺杂法西斯思想的国定教科书

史　永

当德国被希特拉统治的时候，每户每天所看阅的报纸是被强制规定的，所有中小学教科书都须应用戈培尔的出版公司出版品，书中将希特拉描写得上帝般的伟大和尊严，企图将“一个政党”，“一个领袖”的意识，贯澈到每一人民每一儿童的心目中。住在上海的我们，也同样遭受过“法西斯”的“布施”，那就是《新申报》和《中华日报》等的出版物。日寇利用流氓强制我们订阅，也是每户一份，不拘你看与不看，要与不要，总是每月底会有人来收赈，你总得照付……凡此，都已成为历史的陈迹，怕不值得我们重提吧。

然而，“法西斯的目的是错的，方法是对的”，我们的许多过去崇拜法西斯主义的，现在还想抄袭希特拉老法子的先生们，常常这样说。事情也具体起来了，在文化“督导”方面，新有一种刊物也在模仿，各区的经理人员也派定了。这批经理亲自跑到各商店去，识时务的老板，既有过日寇时代的经验，自然也“照办”了。可惜规模尚不如《新申报》之大，手段则是一样的。然而大规模的也有，那就是国定教科书的出版。

国定教科书的办法，是因复员才从大后方推广到收复区来的。自从有了这种办法，所有向来出版教科书的书店如商务、中华、世界、大东、开明、文通、正中七家书店不再出版中小学教科书。七家被“联合”在一起“供应”，全中国中小学应用的教科书，“只此一家，别无分店”。国定教科书初中历史编辑要旨第三条上说，“本书内容，系遵照总裁训示”……可知国定教科书就是国民党的党定教科书。我们认为“党天下”是人民批评国民党的话；“还政于民”、“言论自由”……则是发自国民党最高领袖的预约，我们曾在报上看见政府取消学校党义课程的新闻，今天再来阅读此种教科书时，就会对于“知难行易”产生相反的解释。一位教师曾对我说：“当我拿起此种党定教科书来教学生的时候，我不知道自己是国民，还是党员？”

国定教科书纯粹属于党义部分的，在初中有“初级中学公民”。第一册第一讲包括三民主义四课，新生活规律二课。其在民生主义上说明“民生主义与资本主义及共产主义的区别”。记得希特拉在柏林危急之秋，曾大叫“德国受西方犹太资本主义和东方布尔色维克主义夹攻”的话，但该书却没有说明民生主义与国社主义有什么分别，或遭受到“夹攻”过没有？第二册第五、六课是讲“社会财富与国民经济”，从经济学的“生产和分配”出发，内“交换与货币”节上说，货币“以作交换媒介物”，我国“依据国父货币革命原则”，“实施法币政策”。因此，“经济实业的发展，实有一日千里之感”。因此，“中央、中国、交通、农民四行”法币源源出来了。这当是必然的事，以作者在校教书的朋友做例，战前在中学授课一小时，收入一元，现在每小时可收法币八百元至一千元，将来还可有“敬师”收入，已够受“一日千里之感”了。第三册第二十、二十一两课是“国家与领袖”，说明国民应服从蒋委员长的真诚，是“一，要认定服从蒋委员长为中华民国国民的天职……”下面还有二、三两条。纯粹的党义课程在师范及高中是“地方自治”读本，“本书主旨在阐明三民主义地方自治之理论与实际”，立论“完全根据国父遗教，蒋主席言论，及中央国策”。可知除此以外就不容别有立论了。内容当然还有“保甲”，“组训”，“督导”，若予“力行”，已像目前上海实行的保民大会一样。这是我们身历其境的事情。

除了上述党义课以外，凡历史、国语、地理等都是党义宣传的课程，而且包含着危险性的法西斯主义的思想。如初中历史（高中历史上海尚无出版）第一册上第三课“中国历代疆域的沿革”，从“先秦疆域的开拓”、“秦汉疆域的扩张”，到“元明清的疆域”，凡能开拓疆域的，不拘是蒙人的元，“是中国历史上疆域最广的时期”，是满人的清，“……无不称藩内属，版图之大，仅次于元”，结论归到“当此世界风云正急，我国在蒋委员长领导之下……恢复完整的疆土当不在远了！”这种理论，和墨索里尼有古代大罗马的复活梦，希特拉要建立第三帝国，日本“八纮一宇”……究有什么不同。有人当日本屈服后，曾经到上海大谈美苏必战论的指示，他说：“到了第三次世界大战以后，中亚细亚属于中国，而苏联的西伯利亚，大半边是我国的了。”原来这种思想在国定教科书上早已贯彻始终，早已预先布置了。这种日本人喊过的“大东亚”、“雄浑的构想”，究竟编者能从那一条中山主义上，找出这种思想的根据呢？有之，除非是汪精卫引用过的“大亚细亚主义”。我们的编者就将这反动思想掺入教科书内，以收“潜移默化”之效。

原来中国的法西斯运动，有他的基本的弱点，就是没有坚强的国内产业，资本家作后盾。他的基础是建筑在封建地主，买办及官僚资产阶级的结合之上，他是殖民地的封建的法西斯主义。如果中国争取到独立以后，中国民主化以后，他就无法站脚，所以中国的封建法西斯主义者虽然口口声声要为中国民族独立奋斗，而实际的措置则是推动中国走向殖民地化的道路。没有殖民地化的中国，就没有中国的法西斯主义。这就是他们用尽方法拒绝中国民主，团结，统一，进步的原因。因此，他们必需依靠某一帝国主义者代自己来统一中国，若干特务分子目前口中“只要某国一答应，我们就再来一次清党运动”，就是这样的道理。这种思想在国定教科书初中历史课程上，也准备好了。第三册第七十九课到第八十五课，费了七课篇幅叙述元朝的盛衰，内有“世祖的武功”，说：“世祖忽必烈入主中国以后，更将中国的威声，扩张到全世界去。”内有“伟大的元帝国”，说：“元室帝王居中国为大汗，兼领四汗国。举朝鲜以西，地中海以东，贝加尔湖以南，安南以北，都行我国的政教，受我国文化的浸润。这种泱泱大国的雄风，真是振铄古今中外了！”如果这种教科书能出版在日寇占领期间的上海，将是怎样会受日寇的欢迎啊！据一般历史家所知，当时蒙古人在中亚细亚是建立人民头颂的三角尖塔，在美索不达米亚是破坏灌溉农田为牧场，在钦察汗行的是蒙古自己的政教。在中国，将人民分为蒙人、色目人、汉人、南人四等阶级，对于汉族的残暴，等于日寇统治沦陷区时对待中国人民。我们的法西斯理论家，对于上代祖宗为争自由所流过的血，遗忘殆尽；不在这里“发扬民族正气”，竟至对过去暴政如此歌颂有加，把尾巴伸得这样露骨，有什么期望呢？期望“再来一次大扫异己”吧？

因此，国定教科书初中国文甲编第六册第九课有以“蒋中正”具名的《康济录序》，上说：“姑就保甲一端而言……今剿匪各省，均定举办保甲为基本要政之一”……云云，故“昔人有言，前事不忘后事之师”。把书册内容前后各篇联贯起来，目的就是这样一个。

至于教科书内容的枯燥，国语教科书没有一篇“五四”时代及以后新文化运动的文章。有之，则仅为陈立夫、戴季陶、陈布雷等党国要人的训示。地理教科书出版在卅五年一月，而内容尚是廿六年七月以前的省界。又如中山先生晚年决定国民党以后应走政策的文章，既无一篇采纳，也无一字提及。甚且拒绝欧美各国过去现在的学术思想的介绍。我们在这里也不愿拖延篇幅了。

将全国学生要读的教科书的学术范围，竟束缚在这样狭小的道路上。这种用心，固适合于激动坚持法西斯独裁的内战，但显然不宜于德意日崩溃以后要求思想自由，民主建设，今天成为“五大民主国之一”的中国。

应用国定的办法，把所有中学教科书党化——法西斯化了以后，以国民党一党中的法西斯分子立脚点上看起来，虽然已尽其“督导”的职责；无奈学生是国家的学生，请问“推己及人”，如何“以身作则”？

我们认为自有民国以来，教育上束缚青年思想自由的措置，从未有如所谓国定教科书之狭隘刻薄者。我们认为取消这种法西斯教育的教科书，愈快愈好。此种教科书之影响所及，焉止秦始皇的“焚书坑儒”！

（载《民主》1946 年第 29 期）

论中学国文教科书

吕思勉

这几天，有一位中学教师，拿了一本高中国文教科书来请教我。这使我这位亡清老秀才，民国大学教授，年余六十，素以国学及旧文学知名的老学家为难极了。这里头的材料，包括了四书、五经、先秦诸子、正史、通鉴，还有许多叙述学术源流的文章。讲到派别及体裁，则骈文、散文、诗、赋、词、曲、新诗、语体文、小说、平话，自先秦以至现代的人，无所不有，姑无论我不懂得，就使懂得，也何法讲给学生听？

隔几天，他又要请我代几点钟课了，这使我更为难了，教师来请教我，我还可以模模糊糊说个大略，对学生，是要彻头彻尾，讲个明白的，这使我如何办法呢？再四思维，到底没有勇气把这本书去讲，我另找一些教材罢？苏东坡自己说："天赋至愚，笃于自信。"我虽不及东坡，于此颇有同感。我现在，且把我所选的教材，和我讲说的话，写在下面，请教于教育家和文学家。

我所选的教材，系取自本年十一月八日《大公报》的北平通信，如下：

> 收复区和大后方的区别，最大的，就是不十分明了抗战的意义。譬如北平，若干代表人物的思想，便和大后方至少有八年的距离，以此故，对于压迫他们八年的暴敌，一旦投降，反而觉得他们可怜。"虽然日本也该有这么一天。但是，但是……"
>
> 四万武装的日本兵，仍然乘着他们的黄卡车横冲直撞。车上人在讽笑路人的奔逃。十二万没有枪杆的日侨，更到处皆是他们和她们，散步、育儿、买菜、乘人力车访友。矮人们大腹短腿，着西装作蟹行，女人们仍着飘飘然的和服。这些侨民，并没有集中。有的，却自动集中在新月饭店、东兴楼饭店，及吉士林咖啡店内，用

他们容易得来的钱，挥金如土。侍役照旧以日语应侍，恭谨不堪。而一些变为新贵的敌伪人员，对于他们的旧主人，仍然深深鞠躬，争着会账，以示衷心之无他。

从太平洋上血战回来的美国兵，却不能不奇怪起来。睁大了眼睛问道："这是什么意思？顶不好。"可是北平人反而见怪不怪。直得美国人看不惯，起身动手打时，才敢跟着拼命。据说平津一带打日本人的，首先动手者，却是盟友的仗义。

果然把八年来的事都忘了么？为什么看见人家打，还会跟着拼命呢？可见血和泪的债，到底是不易忘掉的。然而为什么一定要跟着人家，才敢拼命呢？十五日，该报又有北平通信，说：

当各交通机关，一再阐述以德报怨，不念旧恶，保存民族固有道德时，这里的良善人，偏偏连续着发生了许多次聚打敌人的全武行。谁使当地人如此苦闷？

感情到不能镇压时，终究要发泄出来，可见他心头不是没有一般滋味了。然而谁使他长期镇压着呢？八日报上的通信又说：

仅有的一件事，便是儿童们尚少这种爱敌精神，和平以后，日本儿童，没有一个敢在街上走。因为没有一次，不为这些小暴徒们截击与毒打。这里，可以看出北平可喜的新时代。

新时代，果然就能给我们以新的生命么？仅使新生代而能不受古生代的影响，教育倒可以不讲了。"何意百炼钢，化为绕指柔"，怕古生代在其新生时，也和现在的新生代一样罢？

然则从前的新生代，为什么会变成现在的古生代呢？

人，前底不是老虎，不会单独的和人家斗争的。还记得二十多年前，和甲乙两位朋友谈天。甲说道："近来看见一件事，真使人气死了，有一个中国人在前面走，不知怎的，触怒了后面的外国人，伸手便打他一个嘴巴。这中国人勃然大怒，正要发作，回过头来，见是外国人，倒变作强笑了。口里说道：我道是中国人，却还是外国人。敛了笑容向前走。还自言自语道：倘使是中国人，我一定不和他干休了。中国人没出息到如此，中国还有翻身的日子么?”乙道：“你也别这么说。人到底是人，做事情，总要有些计算的。在现今的状况之下，和外国人计较，你道有得直之望么?终于不能得直，何必多此一举?我终不相信人和人有多大的差池。你不见近来报上说：有一个德国人，到日本去乘火车，不知如何，发起脾气来了。要打车上的侍者。车上人要干涉他，他便走入车厢，把门关起来了，口中还在大骂。火车到达之后，侍者便在法院里控诉他。这德国人无可如何，只得自认不是，以道歉了事。日本，固然没有领事裁判权了，外国人民，一样受他们法庭的审讯，然而这个侍者，要是没有人替他撑腰，你道他真会和外国人诉讼么?”乙的话，可谓深有道理。人，总不是以一个人的资格，和人家争斗的。在某种情势之下，懦夫也可以有立志，在某种情势之下，就百炼钢不得不化为绕指柔了。商君洽秦，《史记》上说他能使秦民勇于公战，怯于私斗。然则在先，秦民也是怯于公战，勇于私斗的。他却以何法，使之倒转来呢?这种方法，似乎是不难想到的，我们现在，也不必去考究他了。然而人和人的接触，方式多着，范围广大得很呢，决不能到处都靠着国家去鼓励他。然则社会的风度，要求其正直无私，见义勇为，我们该用何法造成他呢?

说到此，我请诸位同学想一想。他们没什么说，我又续讲了。我说道：

人，总只是人，他们决没有以一个人的资格，替人家斗争的，具体的说，一个尚武的社会，他们的战士，都舍死忘生，死不旋踵，一个怯弱的社会，就不然了。这是为什么?从精神方面说，人生来就是个社会动物，他们是最喜欢受社会的奖励的。一件事情，做得而有人说好，甚至非如此做，则在社会上竟无立足之地，那就赴汤蹈火，也有人去的。从物质方面说：这种社会，对于战死的奖励，自然也不但是空言的赞美。至少他的遗族，要多受些人家的辅助。“战陈无勇非孝也”，这是中国相传的古训，这是为保存家族的荣誉起见，然而管子说：有老母在，则不得不三战三北，这也是人情。我们从前，曾调过苗族的土司兵出征，他们对于战争的态度，和我们大不相同。不但不觉得畏惧，倒还争先恐后，像是出去做一回要子一般。他们所以如此，就因为他们的社会组织，和我们不同，他们的社会里，不是这一个人，定要靠着那一个人生活的，便没有“有老母在”等问题，舆论，总是随着实际的情形而转移的，在这种情形之下，自然容易鼓励人家奋勇向前了。这是说对外。

以内部而论，我还记得，在若干年前，有一个中国人，到西洋去留学。西洋的大学里，是有一种旧生欺侮新生的风气的。有一次，他给他的同学，打了一下，连脸都打肿了。他谨守着中国人不尚私斗的教训，去告诉校长。校长却厉声道：“你如此无耻么？”意思是说：“你受了人家的欺侮，不能报复，还要来告诉我么？”还有一个东洋留学生。他在东洋住得久了，有些地方，沾染了些东洋的风气。有一次，他的儿子，在外面和小朋友游玩，给人家打了，回来告诉他。他厉声道：“你没有手么？”意思也是叫他自己去报复。由此看来，东西洋的社会，都和靠腕力自行报复的时代，相去较近，中国却较远了。靠腕力自行报复，自然不是件好事，然而由第三者判断，也是有利有弊的。这里所谓第三者，该包括法庭和仲裁的私人在内。法庭和仲裁的私人，情形是怎样呢？大抵争执的两造，不能没有强弱。判断的结果，使强者便宜一些，弱者吃亏一些，事情总是易于了结的，要抑强扶弱，就难了。现在的法官或私人，是怎样呢？他们的目的，是在于俸禄或谢仪的。他们的审判，调处，都只是一种经济行为。那自然要以最小的劳费，得最大的效果；自然要朝着易于了结的方向走了。这种第三者的判断，自然也是要受社会的约制的。然而得当的批评，生于内容的明了，在现今社会上，各个人都为着自己的问题，忙个不了，那里有功夫去管人家的事情？即使去管，也自然有种种原因，能使事情的真相，为之淆乱，他们又何凭判断？自然只有能殼后从了事的人为贤能了。朋友，凡事要主持正义，总要使其事情延长。扩大，难于了结，甚至终不能了结的。这种人，最容易受到社会的指摘。然而你要是看见，社会上这种人加多，这种办事的方法，而处人家认为正当时，你就知道社会的风气，前进了一步了。

朋友，说北平的古生代，都不是可喜的，这是冤枉的。我们不看见报上又有一种议论，说北平的孩童们，都没受到毒化，要归功于家庭教育么？这话是真确的。然而对外的斗争，要是不能从速获胜，束缚久而不能解除，民情是会跟着变迁的。因为现今的社会，一般人的脑海里，历史是不会久被记忆着的。当满清初入关时，强迫中国人薙发，打辫子，中国人也曾抵死反抗过，然则满清灭亡时，又有留着辫子，自以为保存国粹的了，其时间也不满三百年。朋友！你不看见印度的回教徒和印度教徒，互相敌视，至今还成为印度独立的阻力么？印度自始何尝有所谓回教来？

以上是我所讲的第一个阶段。通信里还有一些材料，我便把他采作第二个阶段了。

> 日本人在西直门外，建立了新住宅区，但他们自己却至今不肯迁往那冷落的区域。曾经用来和城内中心区的房屋作交换。

中国人，是以善于同化异族著名的。五胡、契丹、女真、蒙古，以武力侵入中国的，都给中国人同化了，就是这样同化了的么？通信又说：

> 有人说，七百年来的古都，一向是用这种以不变应万变的软磨硬的方式，来抵抗侵略的。北平人像是牛皮糖，随时都可以复原。抗战前的生活方式，也就是几百年前的生活方式。外来人在这里创造自由主义本地人能够适应，外来人在这里建立专制主义，本地人也能够顺受。

果然这种老法宝，还能再用之数百年，而期其继续有效么？对不愿住在新住宅区，而愿意将其和城中心区房屋交换的人；对集中在新月饭店、东兴楼饭店、吉士林咖啡店，挥金如土的人，自然这是有效的方法。但是这只是他们专靠武力侵略，连自己的生命，也不知其究在何时的结果，非武力侵入的异族，怕就不是这样了。就是以武力侵入的，只靠我们这一次的抵抗，始终没有停止，而沦陷的区域，为时也不过八年。倘使其再延长一些，我们的抵抗力再弱一些，他们朝不保暮的情势，比较缓和一些，那时候的情形如何，就又要难说一些了。民族不过是文化的结晶，文化不过是生活的方式。五胡、契丹、女真、蒙古，我们的生活，实在没有什么要效法他的。茶食，饽饽，最初虽是女真食品，然到现在，久变为中国食品了。"茶食"二字，原只算得中国话。饽饽在满清未亡时，我也只在市招上看见，以后就并此而不可得见了。中国人，自然再没有住蒙古包的。然则北族的生活，改变了中国人的生活的，怕只有睡热炕这一件事，因中国人贫穷，生不起火，所以这种风习，在黄河流域，也成为适者罢？现在却如何？大餐能不吃么？就使能不吃，害了病，西药能不吃么？国药铺非不到处都是，为什么战时接济，战后救济，药物也成为主要物品之一呢？洋房能不住么？就使能不住，火车，汽车，能不坐么？坐火车，汽车，到底不是骑马，人的生活，能不因此而引起变化么？自今以往，到底从前软磨硬的法宝，能否继续有效？而且保证人家的文化，对于我们，没有磨的力量呢？

通信里末了一段，是很有文学意味的，我又采取来，作为我代课的结束。

> 到北平来，风沙依旧。最大的希望，是想在治安允许下，去凭吊一次卢沟桥，看看石狮子的泪眼，干了没有？抗战第一个七七纪念日，敌居留民会，在第一弹的所在地一文字山，立了纪念碑，满山满野，敌伪欢呼若狂。到今天，这块碑，仍在卢沟桥畔。

朋友你不看见：在上海被敌伪改去的路名牌，至今还没改过来么？

> 卢沟桥，当认为我们的圣地，回来的人，应向这里集中，向永定河忏悔。让这圣水，洗涤了我们八年来的罪恶。再用一个新的抗战阵亡将士纪念碑，来代替了那丑恶的一文字山纪念碑。
>
> 这是可能么？有多少人回来，曾想起卢沟桥？有多少人，曾想起了忏悔？

这种文字，学生读了，感动的程度，比读《水浒传》、《红楼梦》如何？何况《诗经》？我总不懂，许多自命为新文学家，为什么总说《诗经》，《楚辞》，极有趣味？为什么我总不懂？毕竟老学究的程度落后了么？他们了解的程度又如何？且如《诗序》，有多种高中国文教科书，都把他选入。这一篇文章，教给中学生，到底打算如何解法？我倒想请编这部书的人，做一个教案，给我看看。

你到底在教经学？还在教国文？

快别迷恋着你的旧梦罢：我们自动的，把古语留作一种特殊的教科，使普通学生，省下一些功夫来，来做个现代的人。已死的古语，在学校里，虽然少被诵读了些，却可保存我们这民族的活言语，否则"汉儿学得胡儿语，争向城头骂汉人"，到那时，怕未必有人，记得什么诗云子曰了。

我决不是不知道旧文学的用处，亦决不是不知道旧文学自有其文学价值，能够感动一部分人，而且感动得很深。然而我总觉得任用何种方法提倡，这一部分人，永远只是这一部分。我曾见一个从小在新式学校毕业，并没读过一句旧书的人，长大来自行研究，其国学的深沉，旧文学的渊雅，在今日都为第一流。我又见过一个和我并时，而且略早的人，从小在私塾里，读过许多旧书，当其读书之时，其书远比我为熟，长大来做了账房先生，十足的肠肥脑满，小时候读的书，都不知忘到那里去了。诗云子曰，对于他的为人，再没有一些影响。

我们这一次，物质上的损失，反正已经大了，倒也不在乎再损失一些。如果可能的话，我倒想把商务、中华、开明、世界、正中……的中学教科书，一概付之一炬，只各书局所选的活叶文选，留下一小部分来。然而这也不是必要。我"天赋至愚，笃于自信"。我倒说：还是像我这样，在报章、杂志里拣一些材料好些。

（载《上海青年》1946 年第 2 期）

论侨校教材问题

皮力辛

目前美洲的华侨教育实在有许多问题须得解决，而教材问题又为一切问题的中心。“工欲善其事，必先利其器”，教科用书是教学上一种重要的工具，特别是对中小学生，要传授知能给他们，启发其思想，培养其德性，指导其生活，在在需要教科用书；同样的，教师为要达到教学的目的，收获教学的效果，也必须要有优良的教科用书，供应教材，指导学习。本来一个优良的教师，固然可以活用教材，自选教材，利用大自然界的事事物物，形形色色以为教材，可是美洲侨校受着行课时间上的限制，教员也因为精力的关系，不允许课课自编教材，因此教学上不免感到种种的困难。倘若侨校有优良的教科用书，依次教授，教学上一定能收到很大预期的效果。

中央教育行政机关对于中小学校教科用书，素来十分注意，过去曾先后订定教科图书审查章程，审查规则，审查条例和审查规程，规定中小学教科用书，须经审查合格后，始准发行，凡未经审定的教科用书，各校一律不准采用。同时，为谋全国中小学校采用统一教材起见，曾编印国定教科用书，先后已有三次，抗战军兴后，则未能按照全部计划完成，而仍旧采用审定制，但是依据编纂教本之中小学课程标准，为适应社会情状的变化，则时时加以修改订正，使学校不与社会脱节，使课程亦不与生活脱节。不过，政府以往在人力物力限制之下，对于海外侨校的教科用书始终未能尽到最大的努力，胜利之后，教育行政当局为利便侨校教学上的应用，计划仿照国内中小学校教科用书的办法，根据海外各地客观环境，单为侨校编印一套教科用书，但是目前国内仍是烽火未息，我们不敢断定这个计划几时可以完成。

笔者此次来美，得有机会在三藩市到各侨校参观，与各侨校负责人及教师接触，始悉各校关于采用教材感到极大的困扰，因为侨生中文水准较低，又是夜间补习教育的性质，国内所出版的教本嫌其程度太深，学生难于领受，并且国内编印之课本更以交通阻滞，运输不便，供应无着。目前各校所采用之教本，多为民国二十四年以前出版者，且须降低标准使用，我们深知现在是科学的时代，这个时代最大的特点，就是一个“变”字，我们的衣、食、住、行在“变”，我们的国防、政治、经济、社会道德也在“变”，我们闭目一思，我们的生活无一方面不在继续不断的“变”，在“变”的社会和“变”的生活情境之中，当然要求有“变”的学校和“变”的课程，以便造就适应“变”的人才。

今日我们华侨学校，一方面要应付上述的“变”，另一方面对于侨生负有传授祖国的悠久历史与灿烂文化的责任，使学生不与现实社会和现实生活脱节，更要使学生了解祖国的伟大，民族的优秀，而激发其爱国热诚。因此我们感觉得，目前各侨校对于采用教材实在是一个严重问题，是需要有过渡时期的解决办法。

在政府编印侨校教科用书没有实现以前，为了适应当前的需要，解决一时的困难，教师们只有在可能范围内尽力自行编选教材，不过自行编选教材，也不是漫无标准的，须依照国定课程总目标，要“注重发展儿童身心，培养国民道德，民族意识及生活所必须之基本知识技能，以期养成修己，善群，爱国之公民为目的”。换言之，我们选择教材要以三民主义为中心思想，自治治事，自信信道，自育育人，自卫卫国为学生终身努力的固定目标；如果我们就各科内容的旨趣说：历史这一课，要以民族主义的精义为中心，将我国固有的道德、文化智能溶化在历史教材中，使明了祖国历史演进，激发学生爱护民族国家的情绪，并坚定其民族的自信力，以促进世界大同的愿望。地理一课，要以民生主义的精义为中心，并根据国父的实业计划，将各个开发富源的建设计划，融会贯通在地理教材中，使了解祖国宝藏的丰富，民族前途的希望无穷，认识祖国的版图及今后经济建设的途径，而愿为建国努力。公民一课，要以民权主义的精义为中心，将个人的修养、政治的意义、自由平等的真铨、权利义务的关系、政权治权的区分、五权宪法的运用、民权初步实施、地方自治的实行等，择要编入公民教材，使能明了政治，运用政权，牺牲小我，爱护国家，以完成公民的使命。国语或国文一课，是应贯彻历史、地理、公民三方面的知识，尤其要教导儿童熟练国语，使其发言正确，说话流畅，并且养成其阅读能力和兴趣，使其能应用文字于日常生活，培养其对祖国文字的爱好，激发爱护国家民族的意识和情绪。

海外华侨教育，政府过去是尽力太少，今后是有整个的计划，但这计划的推进，单赖政府的力量是不够的，必须我侨胞一致共同努力，完成华侨教育新的发展。

（载《华侨评论》1946 年第 1 卷第 10 期）

从小妹妹底教科书说起

沈 着

新春开始，千百万辛勤的学子又将重整书包上学校去了，小妹妹也要我帮她买几本国定本教科书；当我买了这几本印刷模糊的孩子们的“读物”回来的时候，心中实有无限的感慨。首先想到自己，这好像是对一个失学甚久的职业青年的一种极大的讽刺，所谓“今生”大概是不可能再背着书包上学去的了。我的“黄金”的价格在苦难的生活交易所中是不会在挂牌的了；永不能再像小妹妹一样的天真地笑，活泼地跳，而被人们称做珍贵的“黄金时代”了。这是多么辛酸的生活底体味呀!

再，打开书本，观看书的内容，实在觉得这种教科书是不能称之为读物的，只有空洞的标语口号，生硬的纲要原则，与现实生活完全脱节。已经做了几年老师的人是不能不为了千百万弟弟妹妹们的幸福与自己的工作的职责而向全国社会人士说几句老实话的。我要真诚的申述，我要沉痛的控诉。

现在通行的中小学教科书是国立编译馆主编的所谓“国定本”。统一编印，统一发行。虽然没有完全依武力行使，但完全依“法统”的权力来推行教育的统一的。总算把抗战的口号编进去了，但，一直到抗战第七个年头（卅二年七月）才印出第一版，真忙坏了编辑先生，把军事、意志、力量等口号印在书上让学生念着背诵，把警报、炸弹、防空防毒的知识给学生记着戒备。然而，时间才过满两年，胜利已来临了，和平的事业应立即开始，假使再过六七年才修改现在的本子；再把受降缴械、复员还都等口语来代替军事、意志、力量。那，实在有点儿使教师和学生啼笑皆非。所以，我们第一个要求：教育行政的效率要快，而且要赶上时代。根据和平建国纲领，要保障学术自由，不以政治思想干涉学校行政。让大家特别是教育文化界人士来共同研讨并根据民主与科学的精神来改革教学的内容。在此原则下，可自由编印，自由讲授；负责教育行政的机关和首长，只有积极的鼓励和帮助；决不能再作消极的压抑与限制。

教育与生活不能分离，“来，学做人！”这是教育的神圣底目的。教他怎样来做个好人，为人民大众服务；怎样来创造生活，使人类进化。这是教育的忠实的意义。所以，教育是为了生活，是应该为人民底生活而服务的。不能作少数人的工具来奴化人民。因此，我们坚决主张教育民主化，反对人事官僚化，课程党义化，训导法律化等不合理的反民主的一切措施。要使学生求得一切做人的知识与条件就需要课本与生活配合，凡是讲的、听的、学的、做的，都应该是与大众的生活有密切的联系而为人人所需求的。人是有灵感有理知的动物；每人都应有自尊性，所以，对学生的人格应特别注视与尊重。笔者凭四五年教师经验，深深的感觉到学校中师生的隔阂是一个极大的弊病，影响教育实非浅鲜。其主因即在于没有尊重人格，双方没有生活的感情，好像完全是敌对的。少数官僚政客的学店老板及其帮凶，视学校为养役奴婢的场所；只要能服从命令听任指使即“是”依其权势而咆哮吹擂；是谓“训导”。稍有“不轨”则斥骂之，毒打之，开除之，均遂其所欲。因而学府之尊严，学术之自由败坏无余，殊堪痛心。要之，生活指导应情感化，依情依理而说服之，则学生无不敬佩而感亲切。无理的威严并不可取，易使学生起反感，并痛恶其权势而常常群起反抗。因而相互对立，永无情感可言。所以，我们要沉痛疾呼：维护学术尊严，党团退出学校，保障研究、讲学、思想之自由，注意学生人格的培养，不能丧失其自尊性。而师生的生活应打成一片，使感情融洽，增加了解，相互尊重，共同学习与研究。能如此，则教育事业的前途定能大进一步。一切法西斯的虎狼行为必须根绝，它的徒子徒孙，特务党棍官僚政客之流，应立即退出学校。教育工作者是清高的，要德望重的人才能胜任。

回顾往昔，我们真有无限的愤慨，种种恶例，决不能再存在于和平建国的今天。中国人民在千呼万应的要求民主。这次政协会议通过的和平建国纲领中关于教育文化一项，其列举各点，我们都认为至关重要，国人应一致拥护，促其完满实现。

教育事业是国家的百年大计，不容一误再误；国家要建设好，则教育问题是不能不予以应有的重视的。国家建设要求民主，民主的中国必有民主的教育，我们每一个教育工作者要为实现民主而努力。

一九四六年二月十二日。

（载《民主生活》1946 年第 7 期）

对完小课程及教材内容的意见

——一个实际工作者的建议

白　槐

今天边区完小教育当中的一个大问题，是各地学校课本不全，更没有教授法和一些普通的参考书籍。因此，教员在上课和准备当中，就会感到很多的困难，尤其是对于才开始作教员的同志，更是一个困难。有些教员在准备当中，编的教材，不是太多，就是太少，不是太深，就是太浅，更不容易抓住一课内容的中心。听说教厅在这方面已作了很大的努力，计划出版一整套小学教科书和一些必要的参考书籍，那末，这个问题不久也就可以得到解决了。根据目前情形看来，在一九四六年的上期，教厅出版的课本，恐怕还不能印齐，因此，在这里谈一谈完小的课程和教材内容的意见，以供作参考。

一、完小的课程，本来在第一次文教大会上已经确定为七种，但从报纸上和各地小学的课程表上看来，有些学校的课程在名称上、数目上还没有统一。我的意见，各地完小的课程应该统一规定成下面几种：国语、算术（包括珠算）、史地、公民、常识、游艺六种。文教大会上决定有政治课，政治的范围很广泛，编写教材也不容易使之系统化。同时，在完小政治课的内容，主要的不外乎是养成学生热爱人民，热爱边区，了解民主政府的各种政策法令，熟悉边区的各种建设事业和知道一些大后方的情形。所以政治课就可以合并到公民和常识里面去。同时，在课程上用公民不用政治，也比较更实际些，包括的范围也更广泛一些。

二、各种课程内容。国语：过去的国语教科书，有个普遍的缺点，就是内容重复太多，文句不生动活泼，练习很少，比较深一些的生词、成语、典故的注解不多；特别是在初级课本上有关自然和国际方面的一类课文，在乡下普小的当地老教员就没法教。因此，我想在以后的国语课本的内容不要太单调，每隔三、四课附带一个练习，这些练习是由浅入深，由简到繁。比如在高级第一册里面，就应该多一些错白字的识别和不通话句的改正，第二册里面，就多一些简单的便条和书信之类的练习，到第三、第四册上，就应该更进一步加强学生的写作和阅读能力，和教一些普通的文法，常常练习写一些简短的记事文、新闻通讯、各种契约地据等等。在课文方面，一方面固然要照顾到边区的实际，另方面也要注意提高学生的写作技巧和对课文的欣赏。如果在一册当中关于边区的，劳动生产的比重占得过多，是会减低学生的兴趣的，教员每天讲这一类文章，也会感到枯涩无味。所以必须依据每册程度的深浅，编撰一些能够启发学生智力，能够养成学生的好品质的这一类的故事和文章。

公民课的主要内容，应该是训练学生怎样当一个好学生，好子弟，好公民。第一、二两册着重于好学生，好子弟的培养。因此，教材应力求通俗浅显，最好是用故事的体裁编写。第三、四两册着重于在怎样当一个好公民，教材就要符合边区实际，家庭生活，社会生活实际需要的知识，就应予以讲授。新社会公民应具备什么品质，就应予以应有的注意。过去高谈阔论，脱离实际的偏向，就应予以纠正。边区模范学生、劳动英雄、模范干部的事迹，就应酌量编入。

常识课的主要内容应该是：（一）生产常识，着重于培养学生的劳动观念；农作法的改良、虫灾预防、土壤、肥料、种子；边区出产的工业原料等等有关生产建设方面的介绍。（二）自然常识，着重于自然现象中简单的科学常识的灌输。（三）卫生常识，主要是疾病的预防及治疗，以及养成卫生习惯，顺便讲些生理卫生。（四）政治常识，内容应是边区施政情形、中国政治现况、国际常识等等。这些内容有浅有深，有多有少，不必像过去的自然课本一样划分单元，这类教材可以采取一种综合性的编排法。如像讲了庄稼上的虫灾预防后，就可以讲人身疾病预防，讲了些科学常识后，就可以讲讲国际常识，不一定要把生产常识讲完，再讲其它常识。

算术和珠算：过去的和现在的算术课本的缺点是例题少，为了和实际联系而使得有些题的文字太多，特别是高级一、三两册里的整数和分数四则题，有些题教员还不能算。以后的算术课本应该增加例题，四则例题更应该增加。其次，百分比，面积计算，会计这些分量也可以多增加一些，因为这些实用，计算也不很困难。珠算主要的应该是使学生能练习打快，就要多打流水账。进度可以慢一些，三年级开始学加减法，到了高级再学归除。珠算的目的，主要是为了实用，花样不能教的太多，什么飞归、狮子滚绣球等可以不教。一个完小毕业学生能够打万位数的加减法，百位数的乘除法，斤称歌，回到乡下或合作社都够用了。

史地课本已经看到张思俊同志所编的初稿了，我觉得在地理部分方面，还是先有一课概述比较好些。在这概述里面，首先说明中国的位置、形状、人口、河流、山脉、行政划分等。这样给学生的印象要明确些，就是以后依照河流或行政区域讲，也比较有系统。

最后，学校进行生产，主要目的，是锻炼和养成学生爱好劳动的习惯。它的内容，在通学学生比较多的学校，应以纺织为主，农业为副；住学学生多的学校，应以农业生产为主，纺织为副（有女生的例外），农业生产又以种菜蔬为主。但不论怎样，学生在学校内的生产，都应该在不妨碍学习，不妨碍生理发育这两个原则之下进行。

各种课程的比重：国语每周五节，作文二节，算术四节，珠算二节，史地三节，公民二节，常识二节，游艺二节，生产五节（在课外活动时间内），共二十二节。

在编写教材当中，要照顾到这样一个问题，即是在一、二两册不能太多，应简单扼要，抓住中心，课文最好能带故事性。因为高一年级都是才由初三年级升上来的，在初级最多不过三种课，而且都有课本，到了高级，课程增加了，而且又要自己抄笔记，如果太多太深，会使学生感到麻烦害怕，而不能接受。

三、根据目前边区的条件，要大量出版教授法、参考材料，是不可能的。最近看到的国民教育参考资料，内容大部分是各地办学的经验介绍，这当然很好，不过我觉得如何提高小学教员的文化程度和帮助解决他们在教学上所遇到的困难，在今后恐怕也是一个重要问题了。所以我提议教厅很快的出版一种像"手册"一类的参考书，这种参考书就像百科全书一样，什么问题都有，但它的内容必须以新出版的各种教科书为根据。比如解释较深的生词、成语、典故、算术上的难题和对其它课本上的材料补充等。过去虽然出版了一些小学教师读物，但和课本的内容脱离很远，对教员的直接帮助要少一些，今后出版的这种"手册"，应该成为小学教员的"百宝箱"，在教学上遇到的疑难，都会在这个读物里迎刃而解。

一九四六年一月二十三日晚于西华池完小。

（载《边区教育通讯》1946年第1卷第5期）

从初小国语课本谈到国民党的"标准课本"

牟　寒

一

抗战胜利后，为了适应边区新的需要，从去年十月初，便着手重编小学课本，截至今春，已大部付印。日来来张的中外记者及各界参观人士，常搜集小学课本，作为研究边区教育之资料，为了便于大家了解计，愿就初小国语课本之特点，加以阐述。

（一）首先，它是从劳动人民需要出发，贯彻了教学做合一的精神。年来由于小学教育的普及，百分之九十五以上的入学儿童，都是劳动人民的子弟，过去他们多半没有入学的机会，现在家长送他们入学的目的，绝大多数，不是为了以后升学，而是使他们成为一个能写会算，遇事不再遭难的人。因此，除一年级外，在二、三、四年级用的三、四、五、六、七、八册国语课本内，应用文占了全课本的百分之十五，读完一套国语之后，不但会写条子，写契约，记日记，写通知，更会记拨工账，写对联、启事和广告。现在可以随便举个例，如五册国语第九课的《拨工账》，原课文是这样：

“定唐东下素村的青年，组织了五个拨工组，拨工组长兼任学习组长，他们建立了记工的制度，大家轮流记拨工账，整工的记个‘○’，半工的记个‘△’，欠工记个‘×’。每五天齐一次工，欠工的抓紧还工。”下面是第一组的拨工账：

日 / 给谁 / 姓名	初一	初二	初三	初四	初五	
	许国烈	许付	李钦文	帮抗属	第二组	
李钦文	△	○	○	○	○	欠工半个
许德财	×	△	○	○	○	欠工一个半
许付	×	○	△	○	△	欠工两个
许国烈	○	○	△	×	○	欠工一个半
张计山	○	○	○	○	○	

教师如果认真的进行教学，保证很快会学会。不但注意学习应用的东西，而且在应用中学习，国语第四册第二十九课“群众代笔处”很可以说明这一点：

“曲阳范家庄小学，为了使学生们学的东西真正会用，又能替群众办事，他们收拾了一间房子，预备了纸墨笔砚，教学生们在课余时间轮流到那里去值日，给村里的人写路条书信……有的字写不上来，就问老师，后来把这里起名叫‘群众代笔处’。

起初，村里的人，以为小孩子干不了什么。后来看到他们写的很好，大家都高兴的说：‘想不到小人还能办大事。’”

一般农民赶集上庙，买卖东西，很小的时候，就需要会看钞票，懂得度量衡的知识，因此在第一册就加进了《升斗石》、《寸尺丈》、《斤两》几课，在第二册上就学习了《认票子》，农民耕种收割，往往是依照节气做的，过去他们买“麻头”，“三年早知道”等，都是为了这一点，因此在第□册上插进了《二十四节》一课：

一、二十四节

立春雨水，趁早送粪。惊蛰春分，栽蒜当紧。
清明谷雨，瓜豆快点。立夏小满，开渠防旱。
芒种夏至，割麦种谷。小暑大暑，快把草锄。
立秋处暑，种菜莫误。白露秋分，种麦打谷。
寒露霜降，耕地翻土。立冬小雪，白菜出园。
大雪冬至，拾粪当先。小寒大寒，杀猪过年。

群众送子弟上学，常常担心，他们做了学生，读上几年书，回了家不愿干活，看不起爹娘，不听话，不懂怎样过光景。为了使儿童成为一个模范的劳动者，把有关儿童修养的内容，占了全部课本百分之二十到百分之三十的篇幅，农村有句俗语：“孩子不吃十年闲饭”，因之从第一册起就注意到加强儿童的劳动观点，如第一册第九课的课文就是这样：

太阳出来了，我起来了，娘去做饭，我帮娘去做饭。

为了鼓励他们听爹娘的话，多替家里做事情，更加进了《小劳动英雄的条件》、《选英雄》、《拾粪竞赛》、《小连变好了》、《王秋□》、《白占山》等课。在三四年级更介绍了一些劳动英雄：“胡义顺”、“赵占魁”，为了肃清一般儿童传统的轻视劳动人民的观点，曾写了《工人和农民》、《学谁好》、《谁养活谁》等课，如在第三册《学谁好》内曾有这样一段：

哥哥说：“你怕种地吗？不种地那里来的饭吃？你怕做工吗？不做工那里来的衣服穿？以后我们边区，谁不做工，谁就没衣穿没饭吃。”

除了使儿童养成一种吃苦耐劳的习惯，同时更使他们影响成人，以推动大生产运动，这一点，从第一册第三十五课的课文可以看得出来。

小学生，起得早。查懒□，挨门跑。不让懒汉睡懒觉，不让懒婆睡懒觉。

其他如《帮人打扫》、《打飞蝗》等都有这样的作用。

（二）普遍贯彻民主的精神。民主教育的内容，在课本中占了百分之十五到百分之三十的比重，特别强调的写出边区儿童在家庭学校中，已经不是挨打受气的“小冤家”、“小奴隶”，而是新社会的主人，他自己完全有着独立的人格，在家庭可以说话，在学校也可以提意见。如：第五册第二课牛国材的家庭会议：

一个十三四岁的孩子，自己做主席，在灯下和娘、妹妹开家庭会议。他说：“咱们要想把光景过好，就得常开展互相批评。”娘说：“什么叫批评呀？”孩子说：“谁有缺点，大家互相提出来，叫他改。”娘说：“你每天早晨不起……”孩子说：“娘说的对，从明天起，我一定早起。”他回头对妹妹说：“你十二了，光玩，一点柴火也不拾。”妹妹说：“我接受哥哥的批评，不过娘打我是不对的。”娘说：“那是我的不对，你以后要好好做活。”妹妹说：“好，往后瞧吧。”娘儿三个谈到三星快落，才睡觉。

你知道这孩子是谁吗？原来他就是行唐小劳动英雄牛国材。

不但使儿童学习运用民主，更进一步使他们了解民主实质，让他们知道自己的生活和民主的密切关系，培养其坚决拥护民主的思想。在他们这个目标下，介绍了许多民主政治下劳动人民翻身的故事，如《刘凤仙》、《放牛谣》、《童养媳》、《黄元》、《学徒》、《胡顺义》、《高街村》、《张老汉》、《老百姓的天下》、《一个理发工人的话》、《张希和被处了死刑》、《减租谣》、《子弟兵的母亲的来信》、《相信组织的力量了》、《周二的生活》、《赵占魁》、《人民的张家口》、《桑荣福》、《五一劳动节》等。为节省篇幅，现在仅写出第三册的《黄元》、《高街村》两课略供参考：

二十二　黄元

黄元是一个铁路工人，十六岁就在平绥铁路上当学徒，现在已经四十二岁了。

察哈尔解放后，被选为省政协委员，铁路工人们特别开大会欢送他到省政协工作。黄元在大会上说："像我们这样的人，抗战前或日本人在的时候，谁把我们当人看？可是现在不同了，一个工人，竟被选成省政协委员，这是几千年来没有过的事情。

四十二　高街村

阜平高街村，多半是喇嘛的佃户。抗战前，因为交不起租子，常常被喇嘛拉了牛，拔了锅，家家都穿破烂的衣服，吃树叶，喝糊糊，过大年也吃不上一顿白面。

抗战后，实行了减租减息，高街的人们，生活都改善了，差不多的人家，都能吃上黄干粮，隔几天还能吃顿白面，也有了新衣服穿，冬天有的还穿上皮袄。

为了巩固既得的民主权利使每个儿童成了民主的保卫者，在课本中对反民主，好战的反动派，给以适当的揭发，如《新儿童》、《反动派》、《保卫边区》、《子弟兵和老百姓》、《特务撤毒》、《狼心狼》、《听见谣言要追根》、《保卫和平》、《四秃子山》、《追悼武区长》、《河边村的老汉》、《一个逃兵的话》、《进城》、《红军到了杨家洼》、《沙□□磨口沟》、《把大仙抓起来了》、《谁逼着他做坏事》、《去了一块心病》、《两个疑问》……并拿国际友人看到的民主地区与反民主地区做了显明的对比：

第六册第三十八课　美军观察组的故事（一）

一九四四年秋末，美军观察组通过重重封锁线，从延安来到晋察冀边区。

边区的军政首长，都热诚的招待他们，他们非常高兴。每次出门参观、考察，谁都不肯离开从后方带来的那支自动步枪。有的同志问他们："每天走几十里地工作，那样劳累，为什么还要背着枪呢？"

一个会说中国话的说："为的防备土匪呀，在重庆的时候，一出市郊，常常遇到路劫，现在天天在小山沟里来往，人烟又少，那能离开枪呀！"

那位同志告诉他："请放心！边区境内，那里都没有土匪！"可是他们总是半信半疑不肯离开自动步枪。

第三十九课　美军观察组的故事（二）

后来，日子久了，看到边区的军政首长，陪他们到各处参观，常常深夜才回来，走过漆黑的山沟，什么武器也不带。慢慢使他们感到带枪有些多余了。

有一次，他们几个人到曲阳游击区去，遇到敌情，把一个皮包丢掉了。在路上发觉后，他们非常焦急，因为那里面盛的都是些重要照像材料，正要派人去找，忽然有一个人跑的满身大汗，把那皮包送了来。原来这皮包被一个老太太拾着了，她曾看见美国人走过，估计一定是他们丢的，就叫民兵跑步送来。

观察组的人，非常感动的说："原来边区不但没有土匪，简直是'路不拾遗'啊！"从此他们认识了边区是最安全最自由的地方，便把自动步枪送给八路军，再不肯背着枪走路了。

（三）学习科学知识，培养科学头脑。为了使儿童身心健康，成为建设新社会的后备军，在全套国语课本的比量中，有关科学常识的东西，占了百分之二十五到百分之四十。为了启发儿童研究科学的兴趣，编写了以下的课文，如第四课的《孵鸡的故事》，第六册的《詹天佑》，第七课《壶盖为什么会动》，第八册《牛顿的故事》等，但给儿童学习的科学知识，不是脱离现实的，而是实事求是的。在现有的物质基础上提高，课本的主要对象，是农民子弟（适合城市环境的占一小部分），因之就特别注意农业知识的推广，如《谷雨》、《锄地》、《压绿肥》、《伏天还能种什么》、《怎样养牲口》、《腌菜》、《喂母猪》、《栽树》、《挖蝗卵》、《什么庄稼上什么粪》、《怎样放羊》、《两件事》、《修猪圈》、《拔黄疸》、《选种歌》、《秋耕》、《浸种》等。这些办法，既实用又容易做，如第二册第十四课，怎样养牲口：

要想牲口不生病，住的要干净，圈要大，门向阳，粪尿要用土垫上。要想牲口不生病，吃的要干净，草要短，料要净，鸡毛不在草里扔。

第五册第八课　浸种

民国三十三年春天，曲阳二区的干部，号召各村浸种，范家庄有不少的人，不相信这事，有的反讲怪话！“我种了半辈子庄稼，没浸过种，也没少打粮食！”

村里的小学生为了使大家相信浸种的好处，就在村南种了两片大麦，一片浸了种，一片没有浸种，村里的人们，都说：“孩子们又胡闹哩。”

可是后来，大家都看见了：浸种的苗出来的快，长得壮，没有浸种的苗出来的迟，苗子很弱。麦子熟了，没浸种的麦穗黑疸很多，浸了种的只找到三四颗黑疸，而且多打了三斗多麦。

这以后，村里的人，都相信浸种的好处了。

同时，为了培养儿童刻苦钻研的精神，更把抗战中自力更生用土法子来克服困难的办法来教育儿童，如：

第四册第二十八课　杏核算盘

阜平田字口村的小学生，打算学珠算，可是算盘很贵，又不容易买到。后来他们慢慢研究，用土法子来克服困难。把杏核用烧红的铁丝烫透，再串在铁丝上。又从木匠那里借来家具，做了木框，算盘便成功了。大家有了算盘用，一个钱也不花。

边区政府知道了，特别让他们把杏核算盘送来，在边区群英会上展览，还奖了他们五百元边币。

为了达到使儿童身体健康的目的，在科学常识的内容中有一部分的卫生常识，如《起得早》、《洗脸洗澡》、《苍蝇》、《打扫》、《夏天要注意》、《耳朵的卫生》、《眼睛的卫生》、《剪指甲》、《卫生模范》、《身体怎样才会好》、《讲卫生》、《砂眼》、《帮人打扫》、《跳蚤》、《检查卫生》、《吃饭》、《痢疾》、《消灭虱子》等。它的特点同样是适应于农村环境，而不是一些大众可望不可及的东西，并且注意到由学校卫生，推动农村卫生，现在不妨举两课作例子：

第二册二十四课　卫生模范

二牛每天早上，扫院扫屋，帮爹垫猪圈牛圈。大便以后，就把粪盖好。家里到处干净，全家没有一个病人。村里选他做卫生模范。

第四册三十四课　帮人打扫

李家湾赵二堂的家里，过去很肮脏，整年家里有病人。村里的小学生听说了，天天派人去帮他家扫院子，扫屋子，垫猪圈、牛圈，有时还背一筐土替他垫茅坑。后来赵二堂觉得不好意思。也渐渐注意卫生了，家里再也没有病人了。

另外，对反科学、封建迷信，在课本上也尖锐的提出批判，如《神像》、《信他作什么》、《许愿烧香是胡闹》、《抬龙王》、《挖井》、《没人敢动的树》、《鬼火》、《屈死了四条人命》等都是，如：

第四册六课　没人敢动的树

奶奶庙的院里，有棵老槐树，上面挂着红布匾额，人们都说这树上有神，不敢动它。

一天，几个小学生去打树上的老鸹窝。一个老太太走来说："别胡闹！惊动了树神要叫你们害病的！"

小学生们说："别迷信啦！那里有什么树神?"

大家都不听她的话，把老鸹窝打下来。过了许多天，也没有人生病。

（四）宣扬抗战英烈，教育民族后代。中华民族经过了八年艰苦的民族自卫战争，打出一条生存的道路。今后我们要建立一个独立自由的新中国，用八年来坚决残酷斗争的可歌可泣的史绩，来教育我们新的一代，培养其民族自尊心，这一点是很重要的。因此这方面的材料，占了全部教材的百分之十，平均分布各册课本中。如《小日本》、《七月七来了日本兵》、《地道战》、《温三玉》、《铁西瓜》、《马老太太》、《我是区长》、《消灭敌人留下的痕迹》、《烈士塔》、《舍己救人》、《卖货郎》、《平型关大战》、《我是边区的小学生》、《忘不了》、《五十九个殉难者》等都是。这些教材中，一方面揭露了民族敌人（日本法西斯）的兽性的残酷，另一方面也表扬了中华民族英勇儿女，在民族敌人面前的坚贞。有以下两课可以说明：

第三册十八课　温三玉

温三玉，才十三岁，民族气节好模范。
敌人围村庄，沿街挨门串。
爹爹哥哥和小队，忙往洞里钻。
狗汉奸，把小孩唤："八路军那里有？洞口在那边?"
小三玉，不发言。
鬼子汉奸生了气，皮鞋踢，洋刀砍，
五个指头全砍掉，三玉还是不发言。
小英雄，不发言，保证了小队的安全，

英雄故事人人传。

第四册四十七课　我是区长

冀中“五一”反扫荡那年，一天，抗日的区长老吴，被敌人包围在大李村。敌人把村里的人都赶到广场上。鬼子问一个老头子：“谁是区长?”

老头子说：“不知道!”鬼子一刺刀就刺进他的心窝。

鬼子又问一个青年：“说！谁是区长？不说，你也一样。”

青年不吭声。鬼子又要挑他，老吴忽然从人群里跳出来说：“我是区长!”

鬼子正要来捉，这时许多人都喊起来!

“我是区长!”

“我是区长!”

鬼子再也认不出谁是区长来了。

但又不是狭隘的民族主义者，对帮助我们抗战的国际友人，同样在课本中加以宣扬，让儿童学习他们，如《白求恩》等。

在编写方法和取材方面，采取了走群众路线的方针。编写前，先搜集了各地对旧课本的意见，加以研究分析，更以井陉、曲阳、阜平、平山等县四十多种小学教师自己创作的课本，作为参考材料，此外有的抄自小学或村上的黑板报，如第三册二十九课的《修猪圈》便是从龙华葛存村黑板报上抄下来的。有的是从《群众报》上剪下来的，如六册上的《张葱妮》。有的是采用了农谚，如第一册十五课之《谷雨》和第一册三十九课的《锄地》。有的是儿童自己编的口歌（童谣），如第一册二十六课《懒婆懒汉》便是阜平羊道村小学生写在“懒汉滩”边常念的歌谣。另外更参考了陕甘宁边区，晋冀鲁豫边区的小学课本，以及抗战前和抗战中的旧课本。

边区地域辽阔，城市与乡村要求不同，老根据地与新解放区认识程度不一样，自难全部适合。因此在《教学注意事项》内又提出授教时为适应时机，可以挪前移后。特别必要时，更可以编写补充教材。

因为时间短促，不妥之处，自难避免，我们最近正设法向各地教师及教育工作者普遍征求意见，以便使再版时毛病更少些。

二

近来我们看到的国民党政府国立编译馆主编由教育部审定的所谓“标准课本”，这个课本全八册，是国语常识合编的，发行者是“国定中小学教科书七家联合供应处”。系民国三十五年一月北平片艳纸本第十五版。在它的编辑要旨上，提到“本书依照民国三十年十一月教育部公布小学国语常识两科课程标准编辑”。因为它的内容，大多是和解放区的小学课本背道而驰，现在愿意提出几点略供各方参考：

首先，它没有从广大人民的需要出发，每册课本国语及常识的内容共六十课，真正学了能用的东西，却很少。单拿群众日常迫切需要的应用文来说，八本书四百八十课课文中，除了《送给□姑母的信》（三册），《穿夏衣》、《爸爸写来的信》、《张□的信》（四册），《舅公从东北寄来的信》（六册），《一新给大中的信》、《大中覆一新的信》（七册），《给小学生的一封信》、《一个东北孩子寄来的信》（八册）等八篇书信外，仅有《级会的布告》（三册），《菜单》（□册），《公告牌上的启示》（八册）三篇。按全套课本计算，仅能占到百分之三。而所有的八篇书信中，又多半讲了些与群众日常需要无关的东西，如在第八册上所选的陈布雷给小学生的一封信中这样写着：

> 亲爱的小学生们：
>
> 我听得人说：“世界上任何图画，没有比小学生们一队队提着书包上学去更美丽，世界上任何音乐，没有小学校的琴声歌声和书声更好听。”
>
> 你们相信这句话吗……

像这类的应用文对群众又有什么用呢？如果说它也适合一部分人的要求的话，那么这些人不是别的，正是那些城市里有钱有闲的人们的公子小姐，他们既不愿做工，更不肯种地，只需要他们学怎样使唤“下人”，怎样吃得好，穿得好，住得好，怎样学一些虚伪的应酬话而已，下面的课文，更可以证明：

第一册十课　米和麦
农夫种稻　十分辛苦
我们吃饭　谢谢农夫
农夫种麦　十分辛苦
我们吃面　谢谢农夫

自己不参加生产，享受了别人的成果之后，向劳动者说声“谢谢你”，这是教导儿童学习什么人，不是很显明吗？在三册十七课《四季的衣服》一课，曾列了这样一个表：

四季	种类	材料
春	夹衣 单衣	□□ □□
夏	单衣	夏布 绸缎
秋	夹衣 单衣	棉布 绸缎
冬	棉衣 皮衣	棉絮丝棉 呢绒皮毛

五册三十二课，《我们的住宅》内父子五人，讨论到造新屋的时候，讲到住宅被敌机炸了该怎样办？曾有这样一段对话：

爱华说：“第一步应当计划造多少屋，第二步再购备木和砖瓦。”

仁华说：“我们应该先请工程师打图样，拟计划，然后找匠人精密计算，购买材料。”

像这样讲究的衣服住宅，在中国究竟有多少人能享受得上呢？用这样的“标准课本”来教育广大人民的子女，将会起什么样的效果呢?!

在全国范围内，实行民主政治，建设一个民主的中国，这不但是世界潮流所趋，举国人心所向，同时也是国民党一口答应下来并签过字的。在这原则下，无疑问的在国民教育中需要加强民主教育，培养儿童之民主思想。可是我们翻遍了国民党的八册课本，丝毫找不到有关民主教育的内容，只有在六册二十三课上露了一下“民主”的字眼儿，题目是《君主和民主》，全课文是这样：

一、君主政治的失败：
- 国家的大权，都在帝王手里。
- 帝王的权力越大，专制越厉害。
- 人民受不住帝王的专制便起来革命。
- 推翻帝王，实行民主政治。

二、民主政治的好处：
- 人民都是国家的主人。
- 国家的大权操在人民手里。
- 政府只有管理人民的权。
- 政府的官员，由人民选举，不好的官员，人民还可以罢免。

但紧接这个课文，又写了《拥护领袖》一课，来补充这个“缺点”，课文是这样的：

拥护！拥护！拥护我们的领袖！
为了民族，为了国家，
我们要拥护领袖！
完成抗战的机构，他计划建国的良谋。
他是风浪中的舵手，他使我民族险中得救。
拥护领袖，誓死奋斗！
拥护领袖，驱除倭寇！
拥护！拥护！拥护我们伟大的领袖。

把这两课课文排在一起，它本身就是一个很大的讽刺，读者可以心平气和的想想看，让人民这样无条件的拥护领袖，“领袖”是人民选举而又可罢免的官员呢？抑是专制独裁的帝王呢？在“领袖”统治下的人民，是国家的主人呢？抑是“领袖”的奴隶？！很显然的是后者而不是前者。

秦始皇是历史上一个最封建残暴的专制魔王，他害怕人民反抗，于是搜集天下武器铸成金人，害怕读书人讲话著书，就来一个“焚书坑儒”。这些故事，是连几岁的孩子都知道的，可是这个课本在七册第六课上的课文中，对他的阴险残暴，却只字不提，反而把这位杀人的专制魔王写成历史上的了不起的大英雄。原课文曾这样写了秦始皇的“政绩”：

> 秦始皇的重要事迹：统一中国，打败匈奴，征服南越，确定了郡县制度，修筑万里长城，统一全国度量衡、文字的形体和衣服的式样。

这课本是在祖国抗战最艰苦最危险的年代编写的，可是仔细把他的课文检查一下，有关抗战教育内容的课文，却非常稀少。除了六、七、八册，这方面的材料占有百分之十的比重而外，在一、二、三、四、五各册课本中仅有十一二课涉及抗战问题，每册以六十课计，仅占到百分之四。

最令人奇怪的是在全套课本中，不但很少揭露民族敌人的残暴，反而在第六册第二十五课《日本的开化》中用羡慕的笔调来写道：

> 日本自从我国种田，织布，造屋等方法传去以后，渐渐开化。汉朝时候，受我国封赏，成为我国的属国，唐朝的时候，又派学生到我国留学。现在日本的文字，一半是我国的文字，一半是他们借用我国的文字改造的“和文”。

这和过去日本法西斯所叫嚣的“同种同文”又有多少差别呢？无怪民国二十八年北平伪教育总署编审会，只把国民党抗战前的小学国语课本，略事删改就出版了，甚至伪蒙古自治邦政府在民国三十二年编写的《国民读本》都有许多课文与国民党的课文相同（如《黄香》、《好孩子》、《长城》、《上学校》、《晏子》……），难道这就叫做“民族至上”吗？

总之，看了这些课本，我们真不明白。国民党要把儿童们训练成什么样的人？

（载《北方文化》1946年第2卷第1期）

进步的小学国语课本

子　曰

我做儿童的时候，所读的国语课本是被称作“共和国教科书”的《国文》，写的简单的文言，单以文字而论，不算坏，可是内容却不甚合儿童的兴趣。例如：“荷花上，有蜻蜓。两目，六足，四翅。身有筑，能屈曲。”——这是何等的简洁。然而一般的儿童都祇能像唱山歌一样的喊唱，却不了解它的奥妙。大概编者缺乏关于儿童心理的常识，因此不免有这种缺点。

隔了十多年，我们看见了另一种用白话写的课本给孩子读。说是要顾到儿童的兴趣，所以开头老是“大羊跑，小羊跑。跑跑跑……”一类的玩意儿。除了跑，必需“跳”。“跳一跳，跳两跳。一、二、三、四、五……六、七、八、九、十。”有时便是黑羊和白羊在桥上碰头的故事。一家书局有这样的题材不算稀奇，偏偏还有其他的人家抄来抄去。不是跑就是跳，头也给弄昏了。

在敌伪时候的“国定本教科书”更不成话。甚而有好些不合文法的辞句。不知是那些死不要脸的家伙干的，真作他妈的孽！

前天我偶然翻看小女的国语常识课本（国立编译馆主编），觉得这是最进步的一种小学课本。题材都很现实，编排也颇新颖。有一篇题名《梅花和樱花》，说道："……梅花不怕风雪，首先开出美丽的花朵，吐出芬芳的清香，真不愧做我们的国花。樱花是日本的国花，一定要天暖了才开花。樱花盛开的时候，望去一片绯红，好像是很好看，可惜繁荣的时候极短促。"用两种花朵来象征两个民族的盛衰，是很恰当的。下面却是带着深厚的同情对侵略者的妄为而得到不良的结果表示惋惜"……现在，日本无数的儿童，在看樱花的时候，看不见他们的父亲，看不见他们的伯叔，他们已经做了孤儿。他们的父亲和伯叔，都已为日本军阀的侵略战争而牺牲了。"末了一节，意味尤深："梅树越老，花儿越香，当樱花盛开的时候，梅树上已经结着累累的梅子了。"

该书利用图表的地方很多，使学生易于记忆。文体变化甚多，但无论用故事体，书信体，自传体，诗歌体，都写得极其生动自然。这确是值得每个小学校采用的。

（载《七日谈》1946 年第 13 期）

国定教科书之供应问题

魏冰心

编印国定教科书的经过，笔者已撮要报告，在本刊第六期发表。关于教科书的供应问题，现在常因未能普遍适合需求，引起各方的责难，笔者愿就此来作一简要的报告。

国定中小学教科书，是教育部督导前教科用书编辑委员会及现在国立编译馆的教科用书组编辑的；交由正中书局、商务印书馆、中华书局、世界书局、大东书局、开明书店、文通书局七家联合组织的"国定中小学教科书七家联合供应处"发行。教育部与七家联合供应处订立合同，由该处统筹印制，负责供应全国各省市中小学的需要。

凡是中小学各科各册教科书国定本已经出版，七家联合供应处已能供应的区域，中小学应一律采用国定本；国定本尚未出版的各科各册，或虽已出版，而七家联合供应处因交通运输关系，还不能供应的区域，可以暂时沿用各书局以前遵照二十五年修正课程标准或三十一年修订课程标准编辑，并经教育部审定或核准发行的版本。收复地区以前敌伪编印伪教科书，是实施奴化教育的工具，早经禁止发行，禁止采用，教育部也曾一再令饬收复区各省市主管教育行政机关遵照。惟去年敌人投降，失地收复，恰巧在秋季开学时期，国定教科书的需要数量大增，七家联合供应处准备不及，未能充分供应，以致收复地区的中小学仍有用伪教科书为教材，即如京沪一带也不免有此现象。现在已时隔一年，七家联合供应处自不能再有所推托，自应充分准备，普遍供应。本学期收复地区倘有仍旧秘密抛售伪教科书的，应封闭发行书局；中小学倘有仍旧采用伪教科书为教材的，也应严予惩处。最近教育部又通令各省市主管教育行政机关严密调查，以期肃清奴化教育的遗毒。

教育部为什么把国定教科书交给正中书局、商务印书馆、中华书局、世界书局、大东书局、开明书店、文通书局合组的七家联合供应处发行？抗战胜利，失地收复以后，上海等地出版业纷纷呈请加入联合供应组织，发行国定教科书，教育部为什么都没有批准？外界往往不明真相，颇有误会，甚至引起责难。现在笔者可说明经过的事实，解释这两个疑问。

国定中小学教科书是在抗战期间为适应急需而匆促编辑，陆续付印的（参阅本刊第六期《编印国定教科书的经过》一文）。中央没有大规模的印刷机构和发行机构，无法自行出版销售。教育部为谋推行便利，供应普遍起见，不得不交由向来出版教科书，印刷厂完备，发行网普遍，抗战期间在陪都及后方各省市继续供应教科书，并在陪都或后方设有总管理处的正中、商务、中华、世界、大东、开明、文通七家书局发行。并为指挥监督便利与支配供应统一起见，由七家书局另行组织“国定中小学教科书七家联合供应处”一机构，以负供应国定教科书的绝对责任。所有资金也由七家书局按照成销比例，自行筹集，其不足之数由教育部担保向国家银行洽贷。在联合供应组织内的七家书局，印刷机构和发行机构都尚完备；抗战期间后方都设有总管理处；正中、商务、中华、世界、大东、开明在抗战之前发行中小学教科书已有悠久之历史；抗战期间在后方各省市也尚能尽力继续供应教科书。文通书局在抗战之前，虽未发行中小学教科书，但在西南有颇具规模的印刷机构。而在三十一年间该局并遵照新颁修订小学课程标准，编辑各科教科书，呈请教育部审定。其时教育部正在积极从事于编辑国定教科书，将由审定制递改为国定制。该局遂自愿将所编的国语、算术等课本的版权，贡献给国家，惟请参加发行国定教科书。教育部审核该局所编的各科稿本，认为取材尚合标准，可酌量采用。为鼓励书局编选优良教材，贡献国家采纳起见，因此准许文通书局加入国定教科书的联合供应组织。这是七家联合供应处成立的经过情形。现在呈请加入联合供应组织的各出版业，在当时既未申请参加，后方或无总管理处，或印刷机构并不完备，或发行机构并不普遍，或向来没有出版教科书，或虽曾发行，并无显著的成绩，悠久的历史，抗战期间在后方各省市更未能负责继续供应。

教育部为督导七家联合供应处切实负责供应国定教科书起见，与该处订立合约，每期两年：第一期自三十二年五月至三十四年四月为止。这一期的供应办法，是统印分销；就是由七家联合供应处统计供应数量，集中印制，按照七家书局承销比例，分配给七家书局自行发行。第二期自三十四年五月至三十六年四月。这一期的供应办法，在上年度是分印分销，就是七家书局按照承销比例，自行分别印制发行，惟各科各册的纸型，统由七家联合供应处制成后，分发印刷，以资版本统一。在本年度又恢复统印分销办法；在若干省市并用统销联销办法。即七家书局在某一地区统一或联合销售，而由七家联合供应处与省市教育厅局订约，负责供应其所需的数量。七家书局因资金有厚薄，分局有多少，可能负责供应的区域，数量也各有不同。教育部核定分配成销比例是：正中、商务、中华各占百分之二十三，世界占百分之十二，大东占百分之八，开明占百分之七，文通占百分之四（本年度儿童书局、中国文化服务社、独立出版社、胜利出版社四家参加发行国定教科书，是由七家书局自愿让与，其承销成数也由双方自行商定。外传七联改为十一联之说，并非事实）。教育部与七家联合供应处所订的合约，最重要的条款是：七家联合供应处有印行国定中小学教科书的特权，绝对负责供应全国各省市中小学所需的国定教科书。除经教育部批准，七家联合供应处同意，或七家联合供应处无充分理由，不能照约负责供应的地方外，不论任何机关，学校或出版业，都不准翻印；倘发觉有翻印情事，应依法取缔，并责令赔偿七家联合供应处所受的损失。所以不准翻印的原因：一方面是使七家联合供应处可确实统计供应的数量，绝对负责，不能推诿；一方面是教育部便于监督，防止版本的杂乱而不统一。在该项合约尚未满期以前，上海等地出版业请求加入联合供应组织，发行国定教科书，教育部所以一律没有批准的原因在此。须等到明年合约期满，另定推行办法的时候，再加考虑。将来国定教科书是否将版权公开，听任各省市教育行政机关及出版业自由翻印，或仍由教育部督导各大书局组织联合供应机构负责发行，各有利弊，是今后应详加研究考虑的问题。笔者以为如果版权公开，也须严密订定印行办法，决不能无条件的公开版权，听任自由翻印。否则必致偷工减料，粗制滥造，纸质恶劣，版本杂乱，无法管理。

在抗战期间，七家联合供应处因受人力、财力、物力的限制，以及环境运输等的种种关系，供应区域止限于大后方各省市，未能普遍，自抗战胜利，收复失地以后，国定教科书自应全国普遍供应，不受限制。七家联合供应处因我国疆域辽阔，交通困难，为谋分区印制，就地取材，就地供应，减少运输的时间和节省运输的经费起见，将全国分为六个供应区如下：

上海供应区——供应江苏、浙江、安徽、江西、福建、河南六省与南京、上海二市及台湾行政长官辖区。

重庆供应区——供应四川、西康、云南、贵州、陕西、甘肃、宁夏、青海、新疆九省及重庆市。

长沙供应区——供应湖北、湖南二省与汉口市及广西省的北部。

广州供应区——供应广东省与广州市及广西省的南部与海外侨区。

北平供应区——供应河北、山东、山西、热河、察哈尔、绥远六省及北平、天津、青岛三市。

沈阳供应区——供应辽宁、吉林、安东、辽北、松江、合江、黑龙江、兴安、嫩江九省及长春、哈尔滨二市。

在上面六个供应区之中及其他省市的重要城市，为谋供应便利起见，并规定七家书局中有分局三家以上的，各设供应组，分别办理各地中小学所需国定教科书的供应事宜，以期统一支配，互相联络。

本年秋季全国中小学所需国定教科书的数量，自比上学期增加。七家联合供应处按照各省市呈报教育部之最近学生数，并参酌历年销售数量统计结果，预算印制八千万余册，按六个供应区支配如下：

上海供应区——一千六百四十二万三千册。

重庆供应区——二千一百六十六万三千册。

长沙供应区——一千三百十九万九千册。

广州供应区——四百七十一万七千册。

北平供应区——一千七百六十四万六千册。

沈阳供应区——六百七十九万六千册。

七家联合供应处因近半年来，工价剧增，各区造货成本增加二倍以上。因此本年秋季国定教科书之售价，不得不请求增加。教育部现已核定自三十五年七月份起之售价如下：

白报纸本——按照原定价以四十八倍出售。

道林纸本——按照原定价以五十二倍出售。

浏阳纸本——按照原定价以七十倍出售。

至本年秋季应供应的国定教科书，初小为国语、常识、算术各八册，高小为国语、公民、历史、地理、自然、算术各四册；初中为国文、公民、历史、地理四科全部。今后全国各省市中小学所需国定教科书，七家联合供应处自应绝对负责，充分供应。教育部已严令遵照合约，切实办理；并已通令各省市教育厅局调查七家书局当地各分局对于国定教科书的准备数量，供应状况，详实报告。倘使供应区域仍不普遍，供应数量仍不充足，供应科目仍不完全，七家联合供应处自不能辞卸推行不力的责任。

（载《教育通讯》1946 年复刊 2 第 1 期）

本省教科书的供应问题

杨乃藩

本省光复以还：教育上的实际问题，千头万绪，浩瀚纷繁，而影响最大、需要最迫切的，莫过于教科书的供应。教科书是根据国策和教育宗旨的产物，光复后的台省，再要沿用根据日本人国策、应用日人文字写成的教科书，当然是绝大的荒谬。然则本省各级学校的教科书，应该怎样来供应呢？

最正当最简单的办法，当然是采用国定本教科书。可是采用国定本，在事实上有若干困难：

一、供应困难。国定教科书，是由国定中小学教科书七家联合供应处发行的。可是在内地，因为纸张缺乏，印刷设备不完全，就呈着供不应求之势。即以上海而论，本年春季开学时，各校四出搜罗，书坊居为奇货，旷日持久，仍买不到书，而用代用课本者有之；乘机囤积，待价而沽者亦有之。上海是文化荟萃之地，尚且如此，偏远些的地方，困难尤甚。更何论远处孤岛的台湾？而且交通阻滞，输送维艰。大批的书籍，要能及时赶到，也不是容易的事。

二、售价昂贵。教科书是学生必要的食粮，如能免费供给，最属理想。否则亦应尽量压低其售价，使贫寒子弟，也能易于负担。国定教科书从上海运来，上海的纸价和排印工都远较本省为贵，再加以运送各费，成本自然增加。上学期市上出售的初小教科书，每本昂达十元左右，贫寒子弟，无力购买，简直是普及教育的威胁。欲求其普遍推销，恐怕是很困难的。

三、失时间性。国定本教科书，编辑于战时，正当抗战激烈之际，因此其内容多鼓励民气，同仇敌忾之作，即其封面，即绘着飞机大炮、军舰坦克的图案。其课文也多失去时间性的。随便举几个例：初小国语常识课本第二册第二十五课《躲避空袭》，第五册第六课《防空演习》、第七课《小歌咏团》、第三十四课《缝棉衣》，第六册第十一课《舅父从东北寄来的信》、第十二课《盐和毒气》，第七册第三十一课《国家总动员》、第三十二课《出征军人的家属》，第八册第十三课《一个东北孩子寄来的信》、第十八课《一个日军的车夫》、第二十课《避空袭》、第二十六课《救助苦难中的小朋友》等，其内容似乎已和现在不相适合。又如“粮食不浪费，抗战才能早胜利”（第五册第十四课），“快发挥固有的精神，来向敌人索讨血账”（第六册第二十二课），“失去土地未收回，建设事业未完毕”（第七册第十二课），“这个美丽的故都，已被敌人霸占了。我们还得努力奋斗，赶快把他收复”（第七册第二十二课），“合力打倒侵略国，收回失地保边疆”（第七册第二十八课），“现在，中华民国的天空中，飘着敌人的旗帜，中华民国的土地上，踏着敌人的铁蹄”（第七册第三十一课）等，其语句似也有修改的必要。此外，在抗战时期，“军事第一”，所以关于战争的文字，在国定本中，所占的分量很重；现在抗战结束，踏上建国的途程，教科书的“气氛”，也有转变的必要。

四、失空间性。台湾沦陷了五十年，这五十年中，政治、社会、经济、教育等各方面都是日本化的，说一句“情形特殊”，并非过分。而且在日人的厉禁下，一般学生，但知日文日语，不知国文国语。台湾同胞的语言，属于闽南语系统，又和国语相差甚远。再就地理环境来说，本省又远处海隅，自然物产、人文风俗，以及气候季节，颇与其他各省不同。因此种种复杂的因素，如果以国定本实施教学，那末课文的程度、教学的进程、时令的适应、实物的示范等，都会发生困难。就这一点说，把国定本原封不动的应用到本省来，也是值得考虑的。

上述四点，前两者关于外形方面，后两者关于内容方面，说明本省采用国定课本的困难。为了贯彻国策，划一程度，教科书的统一是必要的，不过本省在这过渡时期，由于上述的原因，似乎也应酌加变通，编辑一套适用于本省的教科书，以应付目前的需要。关于这一点，听说教育部已经照准本省教育处的请求，允许本省自行编纂的计划。

不过教科书的编纂和供应，实在是一件艰巨的工作。初级小学教科书，以《国语》、《常识》、《算术》三种计算，每种每学期一册，共计须二十四册，如春秋季分开，则须四十八册，再加每册另编《教学指引》（即教授法）一本，须九十六册。其字数要多少？须费多少时日？高级小学教科书，以《国语》、《算术》、《历史》、《地理》、《自然》、《公民》六种计算，每种四册，须二十四册，春秋季四十八册，连教授书也是九十六册。其字数又要多少？又须费多少时日？再加高中、初中、职业学校（农、工、商、水产）、师范学校（简科、本科）……数量之大，实足以惊人。这是就编辑方面说的。再从印刷方面说，本省小学生，约有八十五万人，平均每人每学期用书四册，即须三百四十万册，每册用纸一张半，即须纸张一万合。每册成本以五元计，即须台币一千七百万元。这还仅限于小学部分，中等学校的用书，更加累赘复杂。试问这样庞大的数目，其所需的材料要多少？在工厂接收未久运用尚未灵活的情况下，其纸张的供应和出版的排印又将如何困难？所以，要解决本省的教科书问题，没有坚定的决心和充分的准备，是不会成功的。

在本省光复之初，教育处曾编有暂用课本数种：《国民学校暂用国语课本》甲编（一、二、三年级用）和乙编（四、五、六年级用）、《中等学校暂用国语课本》、《国民学校暂用历史课本》（四、五、六年级用）、《中等学校暂用历史课本》和《民众国语读本》。这些书籍只是一服“救急剂”，一则一般的教科书没法编，也没法印，所以以此为应急；一则上学期本省的学制，还是沾袭日本的旧制，课程也没有改订。所以以此作补充。从八月一日起，即是三十五年秋季起，本省是正式实行我国的学制，遵行我国的课程了。因此，从本年秋季起，就应该有一套适用于本省的教科书来配合新实行的学制和课程。

所谓适用于本省的教科书的编辑，至少须包含下列各点：

一、民族意识的强调。本省同胞，原有很强的民族观念，但是五十年来，日本人的统治，把本省和我国完全隔绝，完全封锁，所以本省同胞，对于我国近百年的历史，是比较隔膜的，而日本人的教育，对于我中华民族历史的悠久、文化的进步、人种的优秀、创业的伟大……当然都是尽量掩饰，甚至肆意诋毁的。所以民族意识的灌输，使本省青少年都了解“三民主义”的国策，在本省的教科书中，应该占着比较重要的成分。

二、中华名物的介绍。也是因为本省和国内各省隔膜的关系，本省同胞对于我国的名物——尤其是近代的，有很多不了解。如重要的纪念日、重要的革命潮流、重要的人名地名、重要的机关组织，以及政治经济文化各方面的名词都须在教科书中，尽量的介绍，以期消除隔膜。

三、学生程度的适应。本省学生，过去没有机会读国文，学国语，对于本国语文的程度，自然是很浅的。为了要适应这一点，应采取下面的办法：（1）注音符号的教学，应该加重。（2）深文的语句，应力求浅显，而与国语相符：不教文言文。（3）课文的量，应较为减少，以增多练习的时间。但是另一方面，台湾是我国的一省，台湾的学生的程度应该和各省划一，台湾学生到各省去升学时应该不发生困难，所以课本的全般的程度，应该适合课程标准，不能任意降低。这两方面，都须加以注意。

四、乡土教材的加入。本省自编的教科书，应加入本省的乡土教材，那是不成问题的。尤其是本省的许多先贤先烈、名胜古迹，在日本人统治时代，或者湮灭不彰，或者故意曲解，在新编的教科书中，都应就我民族的立场，加以阐发，以养成儿童正确的认识。

五、一般观瞻的顾及。本省在日人统治时代，是用的日本教科书，现在要改用我们的教科书，在儿童的心目中，就要有一个比较，即在外形上把我们的教科书和日本教科书比较一下，如果相差太远，那末就会发生不良的印象。这似乎是小节，但却相当重要。为了顾及观瞻计，有几点须注意：（1）教科书的种数，譬如日本时代初级小学的教科书有《国语》、《说话》、《算数》、《修身》、《习字》、《音乐》、《图画》、《工作》等几种，而国定本则只有《国常》和《算术》两种，似乎太少，所以至少要把《国语》和《常识》分开。（2）教科书的印刷，以前的教科书，开本较大，插图较多，印刷也很精美，这不但对于学生的学习兴趣，学习卫生，都有关系，即于观瞻也有影响。我们的教科书，纵不能求其毕肖，至少也不能太坏。（3）教科书的售价，目下因为成本关系，当然不能不涨，但其售价应力求减低，以免给人以不良的印象，这也是要注意的。

根据上述的原则，来编一套本省适用的教科书，在目前人力物力的条件下，困难是不能免的：

一、人才的不足。教科书编辑的人选，非常困难，而本省教科书编辑的人选，尤其困难。咄嗟之间，要找大批的专家，到这偏远的省份来，就很不容易。而且外省的人，对于本省的人文风习，学生程度都不熟识，本省的人，对于我国的教育法令，以及国文国语的修养又嫌不足，要找适当的编辑人才就很困难了。此外绘图的，写字的，都需专门技术，也得加意物色。

二、时限的迫促。教科书的编纂，是要供实地教学应用的，其选材、排列、遣词、造句，都得经过周详的考虑和斟酌，最好更要经过实地教学的实验，以考察在教学上有何困难。可是在本省迫切需要的情形下，余暇是绝对没有的，一部书的编辑，最多只允许你两个月的工夫，粗制滥造之诮，当然是不能免的了。

三、参考资料的缺乏。就参考书一项来说，本省目下好像居于沙漠中一样，国内的书籍真是太少了，许多重要的资料，都无法搜罗。比如要找一部商务或中华出版的国语和常识分编的初小教科书，就困难异常，再要找一部部颁《小学初级暂用字汇》，就简直无处可得。因为这样，编辑工作的进行，就益加艰苦。

四、乡土教材的问题。如前所说，教科书中应该加入若干乡土教材，那是没有问题的。但是编辑乡土教材，又有许多问题。因为时间所限，实地的观察调查和写作是不许可的，而应用现成材料又恐和现状不符。此其一。有些史料，记载各殊，取舍难定，比如关于吴凤的传说：有些是说他自我牺牲，穿了红衣服候在山下，让番人杀了去祭祀，因此番人大受感动；又有人说则是他全副武装和番人搏斗，力尽被杀（连雅堂《台湾通史》）。究竟何是何非就很难决定。此其二。再有许多名物，台湾的名称不同。比如称火车汽车，叫自动车，那是日文，当然须改正，是不必说的。又如称粥（稀饭）为“糜”，照古义来说，倒是对的，但是为了统一国语，就应该加以改正了。再如芒果，台人称“样仔”，“样仔”是土话，改称芒果也是对的。但如凤梨，国人都叫做波罗蜜，其实波罗蜜另有其物，生在印度，台南也有出产，和凤梨绝不相同。如果舍“凤梨”而称“波罗蜜”，那就错了，此其三。诸如此类的问题，在编辑教材时，也会发生许多困难。

此外还有许多实际的问题，比如课文的注音，最理想的似乎是全文注音，但是一来印刷技术上有问题（注音铜模最近才运到，还没有浇就）；二来注音符号的作用和日本的假名不同，全文注音，容易引起学生误解；三来易使学生专读注音，而忘记汉字的本身。所以比较妥当的，还是采用生字生词注音的办法。

当然，困难是一件事，打破困难以应付需要又是一件事。教育处对于编辑本省应用的教科书的工作，于本年四月中旬开始进行，预计以一个半月编辑，一个半月印刷。现在已成书者有初小《国语》八册，初小《常识》八册，高小《历史》四册，高小《国语》四册，高小《地理》四册，初中《国文》一册，初中《历史》三册，高中《国文》一册，都是在上述筚路褴褛的环境下完成的。现正在印刷之中，预计可以在秋季开学时供应。笔者也是参加这项工作的一员，因此敢把工作过程中的酸咸甘苦，略述如上，以供关心这一本省教育上实际问题的人士的参考。

（载《国民教育指导月刊》1946年第1卷第2期）

教科书恐慌？

最近有许多中小学学生说，跑遍了书店买不到教科书，买了国文，缺少历史，有了算术，又没有地理。为了要明白其中的原因，两天内遍访了商务、中华、世界、正中、大东、开明、独立七家书店，所谓“七家联合供应处”便是。

收复区日渐扩大，教科书的需要量当然日益增多，负责全国中小学教科书供应的机关“七联处”，在上海成立机构，供给东南三省两市的需要。后来青岛、开封等地也向上海来配购，有一时期便感到支绌。但归纳各家的意见，一致认为恐慌的情形并不如何严重。因为这情形只是个别的，并不是普遍的。可能缺少某几种，某几册，或者某家缺少，另一家却有多。他们相信：只要能够充份配得白报纸，这一种情形决不至出现于下学期。

现在在教育局策导之下，凡买不到书的学校可以向教育局去登记，三月十五日截止，十六日开始发给，但是去登记的只有二十所学校，数量还不到一万本，可见恐慌的情形已经过去。

希望当局在下学期有周密的统计及计划，则这次教科书缺乏的恐慌当不致重现。

（载《申报·出版界》1946年3月16日）

教室里没有课本

——教科书的恐慌潮

本刊专访

随着春季的开学，千万的学生买不着国定的课本，就连九岁十岁的学童也川流不息到各书房里配书，书店里充满着：“《国语读本》（第六册）有么？《常识》（第四册）有么？”的声音，课堂里上课半个多月还有许多台板上没有教科书，中学生连基本的学课像外国史、地、化学、动植物学的国定课本也无处购买，教科书这样抬高身价，也是本年度的奇迹。

据熟悉书局内情的人：目前教科书的恐慌，它的原因是：第一，在上海教部核准设立七联办事处（包括商务、中华、世界等出教科书七家书局），其他书局恐出教科书没有销路，很多是停止印刷。第二，七联办事处所印的教科书，并不是全印春季用课本，而是春季用、秋季用双册并印，所以假使印了一百万本，其中五十万本秋季用的是放在栈房里过春夏二季，而另一种应时春季用课本，就因数目小成求过于供的怪现象。第三，上海所印原定行销于三省二市的，现在河南、江西等地也依靠上海的供了；于是教科书成了珍贵品。

教科书的售价依照规定第一次是照定价增十五倍，第二次是十八倍，第三次是二十四倍。由于市上教科书的缺乏，许多小书局照定价是不肯卖出去，非要同他们黑市交易才能买到。七联办事处印就的教科书第一二批合起来每种几十万本，市面上一销而光，至于中学的国定教科书，祇出了公民等几种，外国史等都没有出版，中学生有了课目没有教本。

（载《大沪周报》1946 年第 1 期）

怎样解救教科书荒

吴岳彦

教科书的“荒象已成”。学校买书，不是买不到，就是买不全。

教科书在战前各书局自由竞争时期，从未有如今日之书荒者。无论在内容、图画、书法和印刷、纸张各方面，战前各大书局的教科书都各具优点，并未较国定本逊色，只有过之无不及。在供应方面，因各书局竞争之故，备货充分，往往超过学校需要。某些书籍甲书局售缺时，可在乙书局购入，所以学校购书远较今日便利。教育部为了编印国定教科书，费数年的时间，集许多人的精力，至今中学教科书尚未全部完成；而为推行国定本，四联总处贷巨款与七联处印行，至今书荒严重如此，实在使人太失望了。

为解除今后教科书的恐慌，我认为教育部应采取下列两办法：

（一）国定教科书仍由七联处统印总销，各书局可依照教育部颁行之课程标准，自编教科书，呈部审定印行，使与国定本并行。因自由竞争之故，内容方面和印见方面始有改进的希望。

（二）国定教科书可由各地书店自由翻印，由教育部核定翻印者的资格，并规定国定教科书之开本、用纸、装订及定价、供销等，如有违反上项规定者予以取缔。

上述两办法之一，如能实行，当可解除今后的书荒。教科书关系一国国民教育，这是何等重大的一件事情。如因书荒而使许多小学延迟开学，荒废学生宝贵的时间，究竟是谁负其责？

欧美民主先进国家，对于教科书未闻有所谓“国定”者；何况我们的国定本，几经修改，缺点还是很多呢！所以我以为教育部对于书局自编教科书应即予开放，听其自由竞争，使优良者存在，恶劣者淘汰。国定本也可和书局的自编本竞赛，如果它的内容确实比书局编得好，国定本还是受人欢迎的。

编教科书本是一件难事，我们对于国定本，不欲过于苛求，但有若干错误，我们觉得编译馆太疏忽了，手边有一本标准本《小学国常》第五册，随手翻到第三十七页，就发现一个严重的错误，图画是一个“肺”，文字是“消化器”。同册第十二页，文字是“呼吸器”，共有两个图，右上角的图似为“消化器”。我们再把这一册书翻阅了一下，觉得文字上也有可修正之处：

（一）第五册第十一页：“陶侃是晋朝的一位名将。他在广州做官的时候，每天早晨，把一百块砖搬到院中，晚上再搬回屋子里，从来没有间断。”其中“把一百块砖搬到院中”一句，似应改作“把一百块砖从屋子里搬到院中”。

（二）同册第二十六页：“一颗原子弹的爆炸力，超过了二万吨最强烈的炸药，和出动三千架超级空中堡垒的轰炸，有同样力量。”末二句似欠斟酌。

（三）同册第五十一页：“孔子名丘，号仲尼，鲁国（在今山东）人，有学生三千人，年七十三岁。”末句“年七十三岁”是活到七十三岁的意思，似尚须补充一二字。（上海《中央日报》）

（载《报报》1946年第3卷第10期）

怎样补救教科书的缺乏困难

一、本地教科书缺乏的一般情形

1. 抗战虽已结束，然以物质条件限制，与夫交通不便，教科书的缺乏，仍为普遍而严重的问题。学生们学期结束时纷纷向当地书局预约，或向亲友商借，否则到开学时，就是有钱也买不到书。旧书也走了“红运”，售价奇昂，学生们的负担因之加重。（浙、黄岩东山镇）

2.（甲）参考书太少；（乙）教材内容贫乏；（丙）采用之教科书多系一种，不能采用二种以上的教科书，以便交互使用；（丁）采用之教科书多不适合时令，以及现代社会之需要。（湘、邵阳中一乡）

3. 本地教科书缺乏的一般情形如下：（甲）战时交通不便，运输困难，教科书未能如期运到；（乙）本地书店因资金关系，未能大量储备，确致供不应求；（丙）学校不能预计下一学期的学生数，故定购书额未能确定；（丁）低年级儿童未养成爱护书籍的习惯，易于损坏散失。（闽、罗源县）

4.（甲）学校教科书往往有《国语》、《常识》并无《算术》，或是一年级教科书齐全，二年级仅买到一部分；（乙）学校教科书往往一个年级采用几个书局出版者，甚至一个书局而出版年月不同，内容颇有参差。（江西省立南昌乡村师范学校）

5.（甲）有些学校因为缺乏课本，往往敷衍着不肯进行功课，耽误儿童许多宝贵的光阴；（乙）有些书贾看到学校需要课本很急，便以贱价买些旧的课本来搪塞，这些课本有的还是课程标准修正以前出版的，不但不合时代要求，甚或是有些更陈腐的材料，但一般学校因为急需课本，也便胡乱抓去使用；（丙）有些商人看到课本缺乏以为有利可图，便自刻木版随便翻印，结果插图恶劣，文字的模糊，简直不堪入目。但是有些学校因为买不到教科书也不得不采用。（豫、方城县）

二、在供应方面的补救方法

1.（甲）鼓励学生用旧书，凡学生用过的教科书尽量集中到校里来，由校方估价标签出卖；（乙）由校方油印；（丙）联合几校翻印；（丁）利用习字课抄写。（浙、黄岩、竞存乡）

2. 各学校提早注册时间，以便登记所需教科书的用量，通知经售书店，早日购到供应，或报请教育科主办，或由中心学校组织合作社办理购销事宜。（闽、罗源县）

3. 一面特约书商向内地采购，一面扩大抄书运动。(浙、永嘉)

4.（甲）指定僻偏或学校较多的县份，设法翻印；（乙）每县应设立教育用品供应合作社，并在距离较远的市集设立若干分社，以便统筹供应。(江西省立南昌乡村师范学校)

三、在教学方面的补救办法

1.（甲）低年级的《算术》，中高各年级的《常识》，可以不用书本；（乙）自编补充教材。(浙、永嘉县)

2.（甲）以活的研究代替死的课本；（乙）多用设计教学法；（丙）由校方多备课外读物，令儿童阅读，由教师指导。(浙、临海县)

3. 将选定的教材板书绘图于大黑板上，先实行集体教学，再分全级为若干组，优等生充组长，每组有一块小黑板，组长将教师所指定之教材再板书一次，辅导其他儿童学习。(豫、荥阳县)

4.（甲）教学时宜多用画图及实物模型；（乙）引用故事以启发儿童兴趣，（丙）多提问题，使儿童研究机会增多。(湘、邵阳、中一县)

5.（甲）国语教材，可用选读方法，选择此时此地需要之材料，利用写字课时间，令儿童抄写，算术科教材抄写更易；（乙）高年级《社会》、《自然》，中年级《常识》诸科，可用调查研究等方法实施教学，最后整理材料，列成大纲，令儿童抄入笔记薄，低年级儿童不能抄写，宜用油印分发。(闽、罗源)

四、编辑补充教材的心得

1.（甲）多搜集乡土教材；（乙）要适合儿童心理；（丙）多用具体的事物作教材；（丁）要分成单元；（戊）要适应时令；（己）要由浅而深。(浙、黄岩、竞存县)

2.（甲）编辑补充教材，须根据部颁课程标准，以儿童化、教育化、乡土化为原则；（乙）所编教材，须注意生字之分量及其反复次数；（丙）文字的深浅，恰合儿童程度；（丁）语句须明白顺通，合乎语言的自然顺序；（戊）内容充实，叙述具体周详；（己）体裁方面，

低级以故事为主，中高级以记叙文、说明文为主。（浙、永嘉县）

3. 过去教师于编辑补充教材时，大概根据社会的需要，致儿童读来无味，不能接受，强迫学习，很难收效。倘迁就儿童的需要，而不顾社会的需要，又有违教学的目的。故编辑补充教材，当以社会需要为前提，同时亦须适应学生需要，以求两者之调和，故编辑之方式可用戏剧、歌谣等体裁，例如唱一个《保卫福建歌》“……一千三百万的斗士，守着这十三万方公里的地方……”比生硬地教学福建的面积人口，收效更大。又如先游览名胜古迹，然后教以乡土教材，亦为有效的方法。（闽、罗源县）

4. 我们自编补充教材，目的当然是为补充正课之不足，所以所编之教材必须与所教正课相连系，以便使儿童能对一件事物认识更清晰一点，但是所谓连系，并不是和课本相同。（豫、方城县）

（载《国民教育指导月刊　江西地方教育》1946年新第10、11、12期）

教科书也有黑市

糟　翁

中小学校开学已经将近一个月了，可是因为书局里不肯供应书本，致使学生没有书读，先生只好清唱。

有一天某校的庶务员，到某大书局去配某项书籍二百册，柜员说：“即使少数也没有，何况要这许多。”

庶务员只索垂头走出。刚到门口，突然有一个穿了半新不旧西装的中年人，在拍他肩头。他问：“干么？”那个中年人道：“方才贵校不是要某某书二百册吗？”他说：“怎么你有办法吗？”中年人道：“是的，但是价值方面得另行计算，因为这批书，不是店里的，是我们老早定下来的存货。”他笑道：“什么存货，漂亮点就说囤货。再不写意的话，就是你在本店出卖黑市书籍！”中年人受了一顿教训，便溜走了。

这是事实，并没有捏造。唉！文化商人也和市侩一鼻孔出气了。教育前途，还有希望么？但是在这种情形之下，教师们既因薪水短少而空着肚子，还要因为缺乏教材，凭着空口说白话，还双重打击，试问那一个能够受得了呢？

（载《新上海》1946 年第 13 期）

教科书普遍发现黑市

贝多芬

有些人时常为了子女的求学问题而担忧，其实学费的不胜负担，还不是一件顶难解决的事，最严重的倒是书本问题。照目前的状况看来，学生的人数至少要超越现有书本的数量几十倍之上，书本恐慌的现象，不自今日始，远在抗战军兴的初期，自由区的所谓国定教科书便已发生了这缺点，内地印刷材料的欠缺，洁白纸张难求，这情形至今可以做到无憾的一点，然而书本的恐慌，则是于今为烈了。

上海一隅所出版的教科书，要供应到全国各地，教育部规定了上海有七家大规模书局来联合供应这些国定教科书，然而所见诸事实的，依旧是粥少僧多，难以支配。曾经有许多好朋友特地从内地赶至上海来购置书本，却是没有一个不是失望归去的。粥少僧多自然是造成书本恐慌的一大原因，然而症结所在说出来实在足疾首痛心得令人发指的。

国定教科书经分一三五七与二四六八两种，单数是供上学期用的课本，双数则是下学期——便是目前所需要的课本，但是当在下学期的时候，书局里的先生会向你说只有单数的存书，到了需要单数书本的时候，他们又向你诉说只有双数的书本了。连商务和中华亦是如此。

这难道真是为了书本缺乏吗？并不尽然！假如你有相熟的朋友在书局里的话，或者可能出了另外一种“非规定”的代价而获得的。

时常有人挟了公事皮包走进几家学校去探听："贵校的书本可买齐了没有?"校方的答复自然是没有买齐，于是那人会非常热心地替学校当局包拍胸脯，只需学校开口，缺多少有多少，绝对有把握，书价当然是黑市，那是不消说得的。

原来那些教科书已给少数人操纵垄断了，等于电影院的戏票用正当手续买不到票子，必须求诸飞票党。

（载《海星》1946 年第 5 期）

1947 年

沦陷时期上海出版界之回忆

王　达

抚今思昔　无限感愤

想到沦陷时上海出版界的情况，自然有无尽的感愤，不过话说回来，如今我们虽是获得胜利，并且有了所谓“言论自由”，究竟出版界的自由有多少？却亦不无叹惋罢？不用说别的，只要看看白报纸的价钱，排工印工订工的价格（稿费不在话下！），就足可以把自由压入九幽地狱，更不必谈还有另外的牵掣了。

自二十六年至三十年底太平洋战争发生，租界的“孤岛”始终维持着特殊地位，到这时候，我们不能不感谢帝国主义者之间的矛盾，如果他们一德从风，来打中国这落水狗，那岂不糟了？从前军阀官僚恃为逋逃薮的地方，不想变成全民托命之所在！上海三百多万市民，仗着这个天窗，呼吸一口自由空气，也真是租界“功用”的始料所不及！记得“八一三”战后，各报刊都在致全力于抗战宣传，有的文化工作者再直接参加了抗战工作。有一时期我翻阅了一九三七年八九月间的《国闻周报》，看了那些充满血泪的文章和战场上凄惨的照像，真不由得全身的血液都沸腾起来，可惜那时我自己不在上海，而且所订的上海刊物也大半都断了，竟像闷在另一世界一般。

老牌商务　炮火洗礼

第一个受炮火洗礼的出版家当然要推老牌的商务，闸北始终是日军的靶子场，不过商务是有了痛苦经验的，上海之外，还有香港和北平两个印刷厂，可以继续工作。北平早已沦陷，当然在日魔爪牙之下，事实上仅剩香港。民国三十年以前，我们可以充分看到商务的出版品，唯杂志因内迁不易见到。其中很有些是学术上的巨著，例如石印本的《王静安遗书》，唐圭璋编的《全宋词》，影印的《元明善本丛书》、《古今逸史》、《历代小史纪录汇编》等都是这一时期出版的。廿八年二月商务还有印得很完备的《图书汇报》出版（新八号），说不定也许这就是最后一号了。顺手翻阅广告，最触目的有《中山大辞典一字长编》、《赛铜字模》、《小学生文库》、《幼童文库》、《化学工业大全》和供应文具、乐器、承接印件、函授学社招生等等，今日视之，都像三代以上了。那时，一部影印的《纪录汇编》，七十六册，本装四开连史纸，不过五十元钱，《中山大辞典一字长编》仅仅四元，假设和今日的书价比一比，岂不要舌桥不下？我自己曾买到福开森编英文本的《中国艺术综览》和《历代著录吉金目》，都是洋洋大观的书，前者是香港印刷，按照那种装潢、制版，恐怕今日光是成本就要四五十万了！

几个大出版家中，中华始终沉闷。也许是把大部分精力都去印有价证券了，凭我的记忆，只有战前出版了上册的《辞海》，总算把下册补出了。有一时期，京沪旧书店充塞了上册的单本《辞海》，这可能是兵燹中散出的，那价钱自然是“奇廉”，因为永远不会配到下册。

开明作风　沉着应付

沉着应付是开明的一贯作风，他们的出版主要机构虽然内迁，但上海还有几位老人苦守，如夏丏尊先生即是其一。有好些书是这时候印行的，例如齐鲁大学的《文史研究所丛书》便有几种，吕思勉的《先秦史》，童书业的《春秋史》等均是，而风行一时的周谷城《中国通史》也是廿八年八月才在上海初版，不能不说是一件大事。书籍之外，开明还办了《学林月刊》，和后来的《说文月刊》，要算孤岛上少见的学术刊物。虽然有租界作护符，究竟不敢过于明白表现抗日情绪，除去一部分倏忽起灭的报纸、刊物以外，有心人只好把一肚子委屈寄托在历史上，史学书出版比较多，这未始不是一个原因。同时，到了三十年以后，一些无法无天的商人，竟翻印起开明版的《二十五史》来了。固然，这是违法的勾当，然而，比较翻印或影印各式各样的《金瓶梅》以及《百美图》之类，不还有意义得多吗？《清史稿》本是由监察院呈请国府查禁的，以致这部书的黑市价钱很大，孟心史先生曾在北大的《国学季刊》著论反对，到此时，禁令完全等于零了，数百部禁锢着的史稿“解放”出来，没有一个旧书店的架子上不摆几部，奸商们更照《廿五史》的版式缩印了，于是和《廿五史》凑在一起，成了十足的“廿六史”，这种书，现在居然也不大见得到了。

郑西谛先生的劳绩

给文化界撑撑门面的，还有郑西谛先生的《中国版画史》，他在烽火连天之中一集一集印下去。此外还有影印的《顾氏画谱》（锦套四册一函），给中国旧的木刻作了一次总清算。郑先生还负责给中央图书馆秘密抢购善本书籍，并代他们主持印行初集的《玄览堂丛书》，都可以算是文化黑暗时代的一盏不熄的明灯。其意义比之今日的《中国历史参考图谱》尤为深长。

汪记带来“伪文化”

最初作日本傀儡的是旧官僚、旧军阀，如梁鸿志之流，他们不大懂得自我宣传，而一任敌人摆布，所谓“维新政府”是把文化事业完全交给“鬼子”搞的。日本人的宣传方法非常拙笨，他们简直连苦药要加糖衣都不晓得，而是扯着耳朵灌你。“维新”的教科书都是交日本的“华中印书株式会社”编印的，干脆把青天白日旗换了膏药旗，代替“公民”课的“修身”教科书里，画着中国小孩子向太阳旗大鞠其躬。这和日本“讲谈社”所出的“绘本”上面，画着日本儿童骑着高头大马，而中国的脏孩子骑着一口猪一样，即使是最没有国家观念的汉奸，也会觉得不大合适的。所以除了在日本“点”、“线”地带之外，可以说没有人肯读这种课本。华中印刷的外围是“三通书局”，有人说是陈群开创的“华通书局”改组的。陈群落水很早，日本人派他的用场最多，华通也就一变而为三通。伪教科书的包销由三通办理，就是外埠的学校，想要买上海各大出版家的书籍，也往往得通过“三通”，不然连寄运都会发生问题的。例如这时候商务把《万有文库（初、二集）》改编了一种《万有文库简编》，许多“新”设立的“伪校”都买一部，几乎以三通经手的为最多。这个我们还可以原谅他，最没出息的就是盗窃一些易销书的版权，印成《三通小丛书》，以廉价发卖。作家之稍有名者，几无一人不受他们的侵害，可是此事至今也没人提起了。自汪记政府成立以后，出版形势稍有变化，三通就成了纯粹日本书商，在那里不大看得见中国书。

我们应该说“伪文化”是汪记带来的。汪本文人，故攀龙附凤者亦以文人为多，文人的本领无非耍笔杆，搞出版，于是，在日伪双重卵翼之下的新闻纸、刊物、出版品，其数量几乎不下于今日！

这时物价已步步高升，排工开始大过稿费，白报纸由数元一令涨至数十元。按情理说，这笔不必要的宣传费是可以省下了，可是不然，“宣传部长”林柏生，正以配给报纸为香饵，在钓着一般落魄文人。

“伪文化”阵营剖视

我们先得明白汪阵营的两大实力，其一名曰公馆派，汪氏的亲属外戚、诸陈、诸汪、诸林及若干同乡属之；其一曰周派，即周佛海为首领，其下有罗君强、金雄白、朱朴之等人。两派不但在政权上摩擦甚烈，即在言论上也是各有羽党的。林柏生是公馆派少壮大将，主持着上海的《中华日报》和南京的《民国日报》，完全发卖本色膏药，除了大东亚就是和平建国，《中华日报》以副刊吸引一部分文人，也出版过几种丛书，但无论如何，其读者是倒胃口的，十足做到“报销文化”的地步。

敌伪报纸及其人物

周派的报纸是南京的《中报》，上海的《平报》、《国民新闻》。《中报》由罗君强主持，《平报》则是金雄白，《国民新闻》的老板原是特务头子李士群，请了有名的“和平论者”文坛流氓胡兰成作主笔，李原与周一党，后忽转入公馆阵营，裂痕很大，终被罗君强设计毒死。不久，“宣传部”说是要节约报纸，把《平报》勒令停刊，《国民新闻》也就无疾而终。金雄白是有钱的，他开着一爿银行，便重起炉灶办了小报型的《海报》，专事报道软性新闻，舞女长三起居注，一时成为有闲阶级最流行的东西，直到胜利，还在出版。

纯粹日系报纸有《新申报》和日文版的《大陆新报》等。《新申报》当然是为了影射《申报》的牌子，其编排风格和日本的《读卖新闻》、《大阪每日新闻》几于一样，《大陆新报》除日本人阅读以外，中国恐怕没人看。有时为了得到一点真的消息，中国报反不如日本来的新闻纸如《朝日》、《大每》、《东京日日》、《读卖》等，或尚偶尔透露一两分日本的窘状，例如山本五十六的《无言凯旋》，似乎就是日文报先登的，中国报纸唯恐马屁拍得不响，还敢讲半句出范围的话吗？况且消息也封锁得厉害，来源只有“同盟社”，起初德国的“海通社”还发一部分稿子，等到德国的实力日见衰微，海通也就一丝两气的不能有什么表现了。

《新闻报》和《申报》都是太平洋战后由中国的不肖分子接办的，就中当然以陈彬龢为首逆。这个文化贩子据说自始至终是以买空卖空为职业的。从前做商务的编辑，曾以贱价买了许多第三者的稿子，换上自己的名字出版，因而博得更大的声名；居然做到《申报》总编辑，其实还不是有人替他捉刀，而他坐享其成？这回从香港逃回上海，根本没有韬光养晦之意，而是待价自沽，他的第一炮是《蒋介石论》，发表在唯一日系英文报《上海泰晤士》上，有的中文报把他翻出来，这一下，当然可以蒙主子青眼，于是就成了《申报》总经理，同时变成上海文化大亨。

与陈同等够得上真正文化汉奸的则是袁殊，他从前据说左倾过，也溜过日本，是个百分之百无耻的家伙，好像还写过一两种小说。汪政权没出现时，他就在上海搞什么“兴亚建国大同盟”，出了很多小册子和丛书，拉拢一部分日本人作后台，声势很不小。汪氏登台以后，也成了“出岫之云”，干过江苏的教育厅厅长和什么清乡主任之类，百姓的血汗被他刮得可观，据说他在苏州的生活非常豪侈。但他好像对于文化出版事业非常感觉兴趣，上海办了一片《新中国报》，还出版了不少刊物，在那一时期的文化界，隐有异军突起之势。《新中国报》的编排，就事论事，不能算坏，所以能拥有大量读者，就是他所办的刊物，也能花样翻新，引人入胜，不能以人废言的。

刊物巡礼 文友的风波

报纸说完，再说刊物。纯日本系刊物当然也数《华文大阪每日》，这是日本文化侵略的单刀直入工具，本在大阪印刷，在中国编辑。其后因为南北币值差异，到太平洋战后，就出一种上海版，名曰《文友》。这刊物曾闹过一场乱子，因为那时有一派日本人，感到汪记官吏过分腐化，必须加以“整肃”，否则这个组织将不会发生什么效能，于是《文友》上就有一连三期的“风闻言事”，骂官方报刊的“报销文化”，骂“储备银行”的薪水特优，最后骂到特工机关无法无天，随意发财，谥之为“无大不大”的机关。文章写得很峭利，有人传出内幕，说是江亢虎的手笔，也有人说是卸了任的“宣传部次长”孔宪铿干的，究竟谁也不明白，不过汪氏及其群小看了这个大不开心则是真的，因之大办交涉，居然弄到把《文友》暂停，又过了许久，才复刊了。这一回，除了大东亚八股以外，当然不会再有别的。

周门的朱朴之，本是清客一流，因不甘寂寞，也办了一个刊物，就是《古今》。其作风以避免现实为主，格调很有些像从前的《宇宙风》、《人间世》。主编者也是风字号的朋友居多。宇宙苍蝇式的掌故，不痛不痒的闲适小品，又复活起来。周作人、徐一士等老作家都在上面写文章。此时，文化界已竟成了清一色的大东亚，所以它虽然不够刺激，究竟不致于太倒胃口，销路很不错，接连着也出了几种丛书。在上海出版界算是自标一帜，这个不妨就算清客式的。

女作家也来了，冯和仪办了《天地》，其系统不是“周公”，而是“周婆”。好像女子不能落后似的，丈夫炙手可热，太太也要出来摆摆风头。《天地》之外，还有《小天地》，作风与《古今》异曲同工，不过掌故少些。这个可算丫鬟式。

林系（公馆）好像拿不出什么刊物，《中华日报》有一种周刊，是非常呆板的官式刊物，没有读者，也不知从何时起就停了。林系的人物慢慢挤进电影界去，据说这是比较容易发财的。像什么冯节、韦乃纶等，都是。他们还办一个叫做“中央书报发行所”的机关，表面上管售卖各书局刊物，骨子里是管配给报纸，也是大有油水的。人一到脑满肠肥，大约也就不要什么刊物，而在“公馆”里养尊处优了。

袁殊的嚎头很大，他除《新中国报》外，又办了一种文艺气息的综合刊物，名为《杂志》，好像是二十七年创刊的，中间停了一个时期，到三十年又复刊。这刊物的编制有些仿效当时的中立派刊物《春秋》、《万象》，唯政治气味较浓，开头一篇《一月风雨》是专给大东亚呼喊的，不过换一下手法。此刊读者相当的多，其成功处为编制新颖，取材多方，插图特多，小说也不少。拿这种东西和初期日本的宣传品比起来，真是云泥立判，后者不但加了糖衣，而且是一种带有毒汁的鲜花了。袁殊的出版是多方面的，《杂志》、《新中国报》是他的主干，此外还有《政治月刊》、《新学生》、《锻炼》、《江苏教育》等不下七八种，《新中国报》且出了不少的丛书，最有名的是连续了五六集的《中国内幕》。

太平书店下水文人

后期上海出版业出书最多的是“太平书店”，这本是日本人的生意，不知怎么转移到陶亢德、柳雨生两人手里，他们都是从香港逃来的。下了水，就办这爿店。柳雨生编一种中型文艺刊物，叫《风雨谈》，由太平书店发行。太平出的书，多半是小说、散文，其水准都说不上高，还有就是徐一士、瞿兑之的掌故集子，销路也不见得好。

日本和苏俄始终是维持着矛盾的友好关系的，故俄国报刊可以在上海发行。一种小报（忘了名字）经常攻击希忒勒，日本人虽是头疼，也毫无办法，不过这种报纸很难流行到上海市外去。俄国作品的翻译也不受禁阻，耿济之译的《家事》等书，都是那时发行的，文化生活社版的《密尔格拉特》、《巡按使》、《猎人日记》等书，也照常可以买到。与此同例的还有法国，胜利那年春天，贺之才译的《罗曼·罗兰戏剧全集》由世界书局分册出版，可惜竟没多少人注意。若按比例计算起来，倒是日本文学作品，介绍进来的并不多，战争初期火野苇平等人所作的《土与兵》等虽曾风行一时，不久也就消沉下去。

文化统制南北不同

老作家的作品，也不是完全不可以销售，第一还是要看有无显明的“抗日”字句，譬如《鲁迅三十年集》，始终有极大的销路，《鲁迅全集》也可以买得，只是不能寄到北方去，这里也可以看出南北两方日本主子对文化统制的程度颇有差别。有些书只要把稍有妨碍的序言扯去或涂抹了，就可以卖，如钱穆的《近三百年学术思想史》、潘光旦《中国伶人血缘之研究》，全是这样。《良友文学丛书》有许多种可以买到，后来又改组良友复兴书局，书仍旧是那些，内幕如何，便不晓得了。日本人是无孔不入的，往往先是利诱，后是威胁，以巧取豪夺的方式霸占中国的产业，商务、中华等大店不能得手，就拼命找麻烦，战争末期，曾以收用金属为名，把商务杨树浦仓库中的全部《百衲本二十四史》及《四部丛刊》锌板抢了去，幸亏伪教育部部长李圣五念及商务旧情，出头转圜，才保留下来，又如中华的门市部曾闹了一次大火警，也是很可疑的，而文化生活的存书，被大量盗出售卖，恐怕也有日本人在后面捣蛋，该社的陆蠡不是终于失了踪吗？

这里还有要说的，便是属于中立性的一些刊物，如《万象》、《春秋》、《大众》之类，《万象》最早，《大众》次之，前者平襟亚办，由他的中央书店发行；后者钱芥尘办，单独发行。内容够得上一个“杂”字，自鸳蝴派至宇宙派、人生派，无所不包，长篇小说，每期连续，更是吸引人的主力。三种刊物的版式都很奇怪，长宽的比例似颇不调和，今日的《茶话》一类刊物，还在袭取着这个形式。

关于印刷，这时比较好一些的刊物十之八九由科学仪器公司承印，印工价格上升的速度，正不减于目下。日本人办的“华中印刷”早已停顿，以后伪课本的印刷是由上海临时凑集起来的“联合出版公司”办理的，这无非应付官差的意思，大约是出于不得已，然而中国的事情很难说，有的人也许很为了这件事吃亏。

默读晚明野史寄痛

以上拉杂说来，已竟写了几千字。我们觉得那时候的出版界，确实有些人在那儿沉默的努力着，并不全是丧心病狂。我听说开明在那时还收了一些稿子，也解救了一部分文人的灾厄。日本人什么都讲统制，中国人却专门在统制的夹缝中玩把戏。唯其有统制，故有配给纸，而书籍的价格也不至于如现在那么无止境的高。神州国光社的《中国历史内乱外患丛书》那时照常可以出，我们读晚明野史未尝不可以寄遗民之沉痛。古人说，“哀莫大于心死”，只要此心不死，到底有发芽生根之一日，所怕的是斩草除根，或者揠苗助长！鲁迅先生说过，太阳以下无新事，痛定思痛，我们是不能不对过去的历史有深长的感慨了。

（载上海《大公报》1947年10月23日、10月30日）

北方文化思痛录

芹 曝

看了王达先生的《沦陷时期上海出版界之追忆》一文，不禁引起许多感想。日本人是抱着分割中国的计划的，华北、华中、华南既分成片片，声气不通，东北另有傀儡，西北也另起国号，叫什么“蒙疆政府”，硬要废除中华民国的年号，改为“成吉斯汗纪元”，同时更分了察南、晋北两自治区，小集团之中，更分小单位，必须弄得中国人身首异处，肢解凌迟，才满足了他的奴化野心。因之，北方的文化情形，与长江流域又自不同。（即在长江流域，京沪武汉便又是两事，不能相沟通。日本在每一区域的军阀当局，就是那一区的太上皇，谁也不敢惹他，文化思想，当然也不例外。）我愿尽其所知，把沦陷时北方文化出版情形作一概括叙述。

文化侵略进军

你不可以看呆了，以为北平从民国二十六年“卢沟桥事变”之后才沦陷，它的沦陷一直可以追溯到“九一八”！东北沦陷那年冬天，天津就有了便衣队，北平也被土肥原和川岛芳子之流闹得草木皆兵。日本的文化侵略者，更是始终以北平为总窟穴，东单牌楼附近，几乎全是日本学生的世界。东厂胡同的“东方文化事业委员会”里面，经常住着日本的“中国通”，勾结着中国的遗老型人物，盗窃中国文化，设计侵略秘谋。巍峨堂皇的近代科学图书馆、人文科学研究所图书馆，藏书数十万册，完全供这种侵略作研究参考之用，和上海的自然科学研究所、东亚同文书院相辅而行。他们表面上是效法英美，以庚款办理对华文化事业，但骨子里完全是对华侵略的准备。试看日军占了北平之后，把持各种文化事业的人，多半是和这里有关的，就可以知道了。先是，他们以编辑《续四库全书总目提要》为号召，买动了一部分不合时宜的“前朝”文人，用几百元一条的代价，向他们收买《提要》稿子。有些洁身自好的人，当然不肯为这些魔鬼效劳，可是一部分堕落分子，非得用鸦片提神以便应付姨太太之流，就跌入他们的罗网了，而这些人，到后来也就多半正式出面，作了傀儡。

最早反映于出版界的就是《日语会话》、《日文文法》一类的书，民国二十年以后，北平人学日语之风如蚁附蜂拥，大街小巷，都是日文日语补习班的广告，这里面顶出风头且弟子满城的要推张仲直和张我军，张仲直后来果然做了王克敏的什么政务厅长官，可谓十足不负所学，当然他的弟子，随之飞黄腾达的不在少数。我记得刘半农先生曾作一文大骂，说满处都是“空泥西瓦”之声，真和《颜氏家训》里骂的那位专门教自己儿子学鲜卑语及弹琵琶的大官一样，简直忘了自己的祖宗三代！这话说得一点也不刻薄，只要看看日文书仅仅是会话文法，而没有专门研究日本文化思想以及国情的著述，便可深长思之了。

日本也派遣了不少的留学生在中国的国立大学读书，如鼎鼎大名的武田熙，就是北大的旁听生。日本人攻陷北平之后，有一时期，他竟成了北方文化的狄克推多。

距离北平城不到四十里的通县，就是殷汝耕的“冀东政府”，你挂青天白日旗，他挂五色旗，你在向孙中山先生三鞠躬，他却在肆意的谩骂革命！在北平城里，也公然有他办的报纸，什么《新兴报》之类，电车站的卖报小孩子，曾大声吆唱：“殷汝耕的报，看看《冀东报》！”宋哲元委员长（冀察政委会的委员长）除去印行袖珍本的四书五经之外，便是向部下提倡“八德”，至于这些出版物，倒有听其自生自灭的雅量。假若不是上海的刊物，还可以流入北平，看两篇火剌剌的文章，听两句带点刺激性的口号，我们简直以为自己是生在“满洲国”或是朝鲜国了。——然而，这种忍受，也算是一种力的蕴蓄罢，不然，张自忠将军怎么会终于作了第一位为国捐躯的战士！就是那时的知识分子，也是养足了劲，等待放他一炮的。

忠贞不二的文化人

当日本的坦克车轰然雷鸣于前门大街及西四牌楼的时候，北平的文化分子用了极度的沉默与愤怒答覆他，始而是杜门不出，继而是间关万里，终于也许是饥苦困惫而死，但他们的素志不违，所以是“九死其犹未悔”的。更有一派立志作顾亭林、李二曲的老先生，如钱玄同、马裕藻、孟心史、高兰仙等，都算尽了“行已有耻”的责任，卖了藏书过日子，到底不食周粟，钱先生在廿七年冬天气愤而死，高先生是翌年故去的，而孟心史则在廿六年便抑郁以终，他的老朋友是董康，这位复辟派的顽固老头子干腻了刻小说、词曲的消遣，也许是嫌在上海当律师收入不丰，不能忘情于魏阙，不听孟先生的劝告，以七十高年，还演了一曲袍笏登场的丑角戏，如罗振玉之出任伪满一般，我们实在没法子替他原谅。不过，我们所抱憾的，却正是日人所喜欢的，他们是“读圣贤书”而忘了“所学何事”，日人则刚刚利用了这一缺点。

空白和报纸蜕变

始而，北平城的文化简直是一片空白。日本的大东亚文化还没来，中国的有志于斯者亦尚在观望，仅有一二极不见经传的人物——如老舍在《四世同堂》中所说蓝东阳那一型——出来说两句肉麻的“颂圣词”。报纸是不换招牌，却换了内容。除同盟社以外无消息，除大东亚皇军圣战以外无社论。一个多月以后，因和各路交通断绝，报纸都缩成八开大小（实在也是配合内容贫乏），声称白报纸来源断档，不得不节约篇幅，直到日人正式霸占了《世界日报》，改为《新民报》，才算又恢复了大报。天津报纸维持到最迟才内迁的是《益世报》，而日人本来在天津办有《庸报》，即在抗日潮达沸点之时，也未曾停过，到这时候，当然可以大摇大摆，唯我独尊的垄断一切了。此外，天津还有新起日系报纸《东亚晨报》。

《新民报》是配合着新民会而产生的。新民会等于日人的特工机构，和伪满的“协和会”性质相同，亦即“宣抚班”之变相。起初是张之洞的少爷张燕卿主持这机构，后来缪斌来了，大印其“新民主义”，宣传“武德”，日人如获至宝，于是把会的组织又变更了一下，吸收了一部分北平的动摇知识份子，和一群想乘机自肥的官僚政客。《新民报》就是他们的宣传工具，当然一举一动都得受顾问老爷的支配与监视。老百姓那有人肯订这种报，他们没办法，就硬派给店家和住户，不但这个报，同时还有老牌的《盛京时报》和《大同报》，全是伪满出版的，人们骂声不绝，报纸送来，随后就扯了包东西，或是丢到茅坑去。

北平人对于看报，倒也有点像上海，不看大报，专看“小报”。不过小报的内容不像上海之低级与滥污，著名的小报有管翼贤办的《实报》和凌昌荣办的《新北平》。至于老牌的小报如《群强报》等，始终是在苟延残喘中维持着，既不改进，也就无影响可言。《实报》的主人被日本宪兵赶跑了，报纸似乎也关了门，无奈这位管先生，不舍得他那部从日本朝日新闻社买来的 second hand 轮转机，终于像狗贪恋肉骨头似的从香港跑回来，关门不到一年的小《实报》，居然以“新姿态”再与旧都人士相见。至于《新北平》，当然得按照日本人给北平“正名”的规定，改为《新北京》。（日本军入城后不久就成立了维持会，主持人以奸商为主，如冷家骥、邹荃荪之流，日人主张复平为京，以为“新政权”成立建“都”之张本，曾由维持会出了一张堂皇富丽的典雅告示，郑重申明，可惜我没有照像机，不能摄下来留个纪念，自是以后，凡把北京还叫北平的人是要受惩罚的，认为抗日证据之一！）

傀儡汤尔和批判

廿七年初，日本鬼子也觉着这样的文化不像一回事，配合着“临时政府”的成立，好像来了一套新的设施。“临时政府”是有“教育部”的，傀儡是汤尔和。我们不大知道汤氏以前的政治渊源，好像在张大帅时曾摄过内阁，其实他倒是个勤勉的学者，国内专攻“医学”而不“行医”的，他算第一个人。自从政治生命中断，据说他每年交商务三十万字译稿，向不愆期，著名的《东省刮目论》，就是他的译笔。学者搅政治，往往弄不好，何况又出仕伪朝？所以尽管有人称赞他，在群丑之中，他是唯一的硬汉，敢于和日本人说两句话，但这又怎能掩尽罪行呢？不要说别的，单说编印伪教科书及允许日本人设立新民印书馆两事，对于我们思想文化的影响就太大了！伪教科书有南北之分，二者并不能通行，若以历史论，北早于南，以内容论，北甚于南（指奴性）。唯北方的伪课本，只有小学是新编的，其最大特点，就是把“公民”改为“修身”，插进许多富于“提携”、“共荣”的屁话。至于中学课本，完全是照了中华书局的本子抄袭的，最有趣的就是国文，中华本高中国文曾选《宋史·岳飞传》，后面的题解一项有“本课主旨，在提高学生抗敌御侮的精神”的话，伪本也如法炮制的印了进去（可能是编者故意如此），无怪过了两年之后，日本主子觉察出来这部课本不妥当，又饬令“教育总署”改编了。新民印书馆的馆址是阜成门外的成达师范，成达原是当年徐树铮办的学校，预备训练自己的干部的，地址宽广，房屋很多，日本人利用基址，设备一所规模极大的印刷厂，始而是专印伪课本，后来就连伪联合准备银行的票子也在这里印。北平本非印刷业中心，除去商务分厂、“京华印书局”外，没有一家设备够资格的印刷厂，新民在那时候真可称首屈一指。并且，无形中京华也等于被他统辖，他经常派了印件给京华，印工是很刻薄的，京华只有低头忍受，否则也许就正式吞灭了他，为了维持己身的延续，这种苦衷是北平人所了解的，可是京华却苦不堪言。平时他们的生意就很淡，这时工人自然更到不能生存的地步。

文化攻势展开，无聊文人效力

以新民印书馆为中心，日本人渐渐展开文化攻势。这里先说来自国外的新“玩意儿”。日本人觉得光是《立言画刊》以及宣扬“圣战”的小册子之类不足以吸引读者的注意，由大阪每日新闻社的设计，刊出了《华文大阪每日》。其创刊号好像是廿七年春天出版的，所网罗的，完全是北平小报界那一群“落魄”的文人，如张醉丐、刘白羽（专写剑侠的）之流，前面加上几篇永远没人看的大东亚八股，只有七色封面，印的可真是考究。但饥者易为食，北平人好久没看到杂志是什么样子，看了这五颜六色的图画，少不得要买来看看，何况价钱只有一毛？这种刊物，连销带送带派，居然也就发行不少。

这刊物发行了不久，引起了一部分与日人有来往而不甘寂寞的人之动机，第一个纯文艺性的刊物就是《朔风》，由方纪生氏主持，内容与从前的“风”派刊物多少近似，避现实而作空谈，封面编排，一如《宇宙风》。我们在这上面开始与苦雨斋主人重逢，在每篇“清淡”的文字后面，都附了几句感慨的话，那意思还是很唏嘘的，正所谓麦秀黍离的意思。虽然仅仅一点火光，也可以使冰窖里的人感觉到温暖的。旧日作家作文章的人，只见到过闻国新。之后没有多久，台湾人张深切办了一种大型月刊《中国文艺》，小说、散文、论文、译作都有的，知堂老人也在上面发表东西。因为有了这样的空气，《华文大阪》也觉得专登剑侠小说是不能吸引人的了。忽然杀出一名柳龙光来，在上面大骂北方“文场”的热昏，把张醉丐之流都否定了，从此被丢进茅厕坑，而开始了效颦鲁迅的杂文。他们好像居然以此标榜，有识之士，真不免为鲁迅先生叫屈！但他们是有钱的，用重价来悬赏，征求小说和电影，居然被他们提拔了好几个“作家”，什么“方之美”呀，“张金寿”呀，作品内容，当然是迁就现实的反动。可以说，他们把毒化的药饼，涂上了一层更厚的糖衣。

老官僚提倡国学

北方的老官僚当权，根本看不起所谓“新文学”之类。不比南京的汪、周，对新文人尚有卵翼之意。他们要作作痰迷诗（几乎是恢复八股才合适），作作什么“议”、什么“考”等等，春天要修禊，秋天要登高，四六滥调的“纪事”必不可少。于是有的人在拍日本大人之余，又来办什么国学讲习会，以王揖唐为首，搜罗了一些既腐滥且无人品的家伙，在那里咿唔呫哔，每月有月课，还有膏火之资，十足的古色古香。以这种“学者”为中心，产生了一个叫做《中和》的刊物，编辑人有瞿兑之、徐一士、孙海波等，以学术性为号召，可是每期终于免不了敷衍两篇大东亚。现在仍被人称道的燕谷老人《续孽海花》，就在这上面连载的。此刊内容虽很陈腐，但对于研究掌故，却很有成绩，因为那时正在奉命反英美，他们曾征集了许多鸦片战争以来的对外交涉材料，尤其是庚子之乱的史料，很是不少，似大部分都是名词家郭则沄的手笔（笔名龙顾山人，还在上面撰有《红楼续梦》，笔墨也不错）。这刊物一直到日本战败的一年才停了。

周作人跳入泥沼

廿八年苦雨主人变节出仕，北平的识与不识，人人惜之。原来在出仕以前，他已担任了伪“北京大学”文学院长之职，部下喽啰，以沈启无的奔走为最力。徐祖正、容庚等，都来任课。二十七年冬天的刺杀案，到如今还弄不清头脑，日本人说是地下工作者欲得而甘心焉，如今在法庭上似乎又变成日人的诡计威胁，总之，这一刺不要紧，苦雨主人正式化为钱牧斋、龚芝麓，而沈某因为替“恩师”吃了一枪，大有居功之意，也就伏下后来“破门”的预兆。

关于苦雨主人之下海以后的批判太多了，也不必我再来渲染。使我们感觉特异的，就是，如果中国政府不倒霉，日本没有“入主中国”的当儿，这样的“老人”之流出任政治，我们都有些感到不调和，如今真的亡了国，自命清流之人，居然跳入烂泥塘，委实有点令人不解。不过看了明亡之后那些名士纷纷应了鸿博，像《己未词科录》所说的丑态，其实也是“古已有之”的了。以周氏的种种造作之气看来，倒也没什么稀罕。这里最宝贝的还是沈启无之流，大约他以为周氏登场，起码也得让他有油水，像管管“总务”之类，不料他始终当着那不咸不淡的国文系主任，这就更加促进了那幕师生交哄丑剧的爆发。

奴才势力清一色

日本人大约感到像《朔风》、《中国文艺》等稍有自由性的东西长久“无政府”下去有点不妥当，于是开始有计划的统治了，以军报道部为中心的《武德报》，成为统治的大本营。《武德报》是较《新民报》后起的军方报纸，自然，其混账要赛过《新民》。而《华文每日》的柳龙光从日本跑回来，就主持了这个报，这家伙野心十分的大，借着日本人的后台，在北方大肆活动，收蓄后来的喽啰，造成自己清一色的奴才势力，成立了什么“华北文学报国会”，来响应日本的主子。（日本也有所谓报国会也者，比较持重一些的老作家都敢怒而不敢言。）开设了华北文化书局，以《武德报》的印刷机（即前《华北日报》者），大量印行他们的报国作品和刊物，什么《中国文学》（封面上公然标了“文学报国”字样）、《国民杂志》、《妇女杂志》、《少年世界》等叽哩咕噜一大堆，又是什么《新进作家丛刊》、《文艺连丛》把些半生不熟、浑浑沌沌的作者弄得飘飘然如腾云驾雾，情愿跟了他乱跑。特别是他的女人“梅娘”，更被捧得成了“有数作家”，真是廉耻道丧，达于极点。沈启无既不得意于周，便慢慢转入了这一群。

周沈合演丑剧

周的意思好像还自居于浊流中之佼佼者，对于弟子之叛离师门，颇不开心，很有干涉沈氏之意。不料沈氏却连连开炮，起初是由部下群众化名来骂，后来就在《国民杂志》上公开的攻击，骂周为清谈之士，不协力大东亚战争，也就是反动分子。在东京召集的所谓“东亚文学会议”席上，日本作家片冈铁兵更毫不客气的提出扫荡老作家的口号，周氏闻知，乃去函质问，好像跟这些人很闹了一通，作了几篇文字把经过直托出来。也正在此时，周氏为了表示不服老，自己编了一个叫做《艺文》的大型杂志，由新民印书馆发行（此际周的乌纱，倒早已被王揖唐给摘下去了，也许，脱了袈裟又穿袍褂的隐者，到底禁不起朱轮华毂的诱惑，因而甚不开心，火气大发，兹或亦其一因）；而沈氏也对抗的编了一种《文学集刊》，同时在新民印书馆发行。沈更在另外的刊物上，直接了当指摘周的阴私，并大骂《艺文》的不行，于是周氏乃印了“破门声明”，用明信片寄到各处，大意说“沈启无即沈扬，从前曾受业于我，并蒙我的提携，今乃叛师反噬，故脱离师生关系”云云，这个要算北方文化界丑剧中的滑稽插曲。

事情最不可开交的时候，沈甚至在南方的小报上把周氏家庭私事多弄出来，周氏还曾南游一次，由京而苏，未至沪上，大约是有点愧对长兄幼弟之故罢？（其侄丰三，听说因不满家庭而自杀了，这孩子是始终在八道湾的苦雨斋中的，压根儿没到过上海。）对照着华北文化书局的丛书，周氏也主编了《艺文丛书》，其中他自己的东西有《书房一角》、《秉烛后谈》、《药堂杂文》等，而在上海的太平书店，还印行了《立春以前》等书。《艺文丛书》之前，在北平新民印书馆出版的，还有《药味集》一种，是刊在《朔风》及《中国文艺》上的东西，印刷、装帧，完全日本作风。后来的《药堂杂文》，封面上是武者小路画的画，题了几个假名，更有些令人不舒服。

到日本失败的一年，北平的报纸全部被停了，即身为华北情报局局长的管翼贤，也没法保护他的小《实报》。这时，为了节约合并成为《华北新报》一种，天津则并为《华北新报（天津版）》，刊物之类，也纷纷告吹。到“八一五”前后，北方竟可谓已经全无文化。

另外还有一个出版机关，便是所谓华北编译馆。主持人便是《中和》的编者瞿兑之，有一种《馆刊》，又印了几种学术性的书，其中属于旧书的也不少，如《草韵辨体》、《花随人圣庵摭忆》（黄秋岳的笔记）等。到最后，似乎《中和》也在此发行。唯至三十三年以后，此机关被取消。

罗振玉的悲哀

与北平声息略略相通的是所谓伪满与伪蒙。日本人办了《蒙疆文学》，以拉拢察绥一带的知识分子，入其彀者，亦不少。不过这到底是一块荒地，垦不出什么东西来的。东北的人民，谈不到言论，唯一可说的就是罗振玉氏以日满文化协会名义印的《大清历朝实录》，算是在学术上有些价值的。此书影印、红栏、红圈，装璜富丽，今日价已逾千万。在当时，这是禁止输入关内的，可是商人们神通广大，到底弄了进来，而且，好像是作为关外物资交换的筹码之一的。罗氏所印，还有《三代吉金文存》及《辽陵石刻》等，不过这是战前就已印好的，战后才正式发行。其时罗已被黜，退居旅顺，取历年金文拓片影印，是目下金文最丰富而可靠的结果，惜无考证，更无编目。罗氏于廿九年逝世，他的《贞松堂遗集》还是燕大的引得校印所印的，其中有《集郁篇》一卷，是他的自传，对于晚年所遭日本的监视，甚为不满，作傀儡者，大可为前车之鉴。说到这儿，不由得又让人想起唯一在沦陷时期维持了一阵自由的燕京和辅仁，燕京的学报，一直到廿九年还出，容庚且印了两厚本的《殷周彝器通考》，辅仁则有《文苑》刊行，似是注意文艺的。还有一个中德学会的《中德学志》，也常有邓文如、沈兼士诸人之作，大约到太平洋战争一起，除《中德学志》外，其余都暂时停歇。当我们去年又看到《燕京学报》的复刊号时（庆祝司徒校长生日的），正不知有若干感慨欲诉无从也。

拉杂说来，不料已满数千字，只好打住。

（载上海《大公报》1947 年 11 月 20 日）

忆桂林

——战时的“出版城”

赵家璧

胜利快两年了。上海的出版界虽然在胜利的最初几个月热闹过一时，可是最近却像是愈来愈不景气，除了翻印些内地的旧纸型以外，每月出版的新书，寥寥无几，而刊物的销数，达到一万份者已如凤毛麟角，书籍的销数不过一二千。死气沉沉，如在黑夜。

记得三十四年八月十五日日本宣布投降的那晚，正值重庆的出版业公会在白象街商务印书馆新修的东方图书馆楼上开会，一听到街上的爆竹声，欢呼声，经主席打电话到报馆去证实了这消息以后，大家不约而同的站起来，拍手欢呼，互相握手庆贺。有个朋友说：“胜利了，我们干出版业的人苦了这八年，经过桂林撤退的那场恶梦，现在又好回到上海去好好的干一下。我们要每天出十本新书，每本书初版都要印上五万十万本。”这些话，应当不是梦话，不是妄想的，但是看看今日上海出版界的情形，反使我回想起桂林来。

从三十年到三十二年的桂林城是被称为自由中国的“文化城”的。其实那里只有一所大学，四所中学，一所设备简陋的图书馆，一所空洞的艺术馆，但是它有近百家的书店和出版社。抗战期间自由中国的精神粮食——书，有百分之八十是由它出产供给的，所以说桂林是“文化城”，不如说它是“出版城”更来得适当。

桂林在战前是一个荒僻而落伍的小城，太平洋战争爆发后，上海和香港、广州等大都市的人民，成群的向桂林撤退，顷刻间把它繁荣成个具体而微的小都市了。西菜馆、电影院、拍卖行、跳舞场、银行、旅馆，应有尽有，可是最多的还是书店和出版社。

在一横一直的两条马路上，像样的店铺不上一千家，大小书店却占去了百分之五。假如把没有铺面的出版社计算在内，出版业的单位在百数以上。当时每天平均出版新书、期刊在二十种以上，刊物的普通销路约近一万份，一本专谈新诗的月刊可销七千本，销路最大的刊物可印二万份。单行本的印数，初版以五千为单位，出版物中不免有不少是剪剪贴贴的东西，大部都是正当的读物。

发行的网线，也遍及全国。以桂林为出发点沿潮桂、粤汉铁路可以销到长沙、曲江；从耒阳转交公路，可发至江西、浙江、福建等地；利用西南公路，桂林的书先运到贵阳，再由贵阳分运昆明、重庆。重庆的市场可以消化桂林书刊的半数，再由重庆西发成都，北发西安、兰州。桂林的四张报纸，广告收入有四分之一是出版业的新书广告。桂林的酒菜业，也以出版业视作最大的主顾。当地百业中以出版业为最活跃。广西的地方当局也给予出版业以相当的鼓励和帮助。假如以中国出版业的发展史而言，桂林的这一阶段是值得大书特书的。

桂林出版事业发达的原因，第一，广东、湖南、江西生产大量的土纸，质地较佳，因铁路公路的便利，运费不高，售价较低。第二，从汉口、长沙撤退的印刷所，大半没有去重庆而来桂林，那里共有印刷所大小二十余家。第三，桂林是西南公路铁路交通的中心，运输交通，迅速方便。最后而最重要的是从上海、香港内撤的文化人，因为这里能自由的写作，大都喜欢在桂林住下来。这许多优越的条件，很快就把桂林造成一个“出版城”了。

可惜好景不长，三十三年春湘桂战事爆发，衡阳动摇，桂林市当局下令撤退，桂林的出版业第一个遭遇到打击。经营百货、西药、布匹的商人，都能花巨数的运费，把他们的货物迅速抢运，而笨重价廉的书就无法出高价去租到车皮，疏散到四郊呢，当地的乡民谁都不敢收藏这些危险的货物。许多的出版业者，便只能带走了纸型，成万的书不得不丢在桂林，估计城中的存书至少有三分之一无法运走，到敌兵侵入桂林，便与城共亡了。

有能力抢走的出版业者，在撤退途中又遭遇了两次大劫。第一次是三十三年七月间柳州车站附近专堆托运书篓的仓库发生火灾，把从桂林撤退下来安放在柳州准备继续西运的一大批存书烧毁了。第二次是八月间金城江的大火，桂林出版业中逃过柳州火灾而把存书运到金城江的，发见金城江所有仓库栈房都已满满了，于是在沿江边由各出版业者自行出资，合作搭了一排草屋。存书、纸型、行李、眷属，都在那排草屋里等着往独山去的车子。那天爆炸的火药库就在左近，大火一发而不可收拾，许多人把整篓的书往江边抛，于是不被烧毁的都化成了纸浆。经过那次大火的人，将永远不会忘记那惊心动魄的一幕。

从桂林城中抢运出来的书，经过了这两次大火，可说全部化了灰烬，安全到达重庆的，怕不及百分之一二。所以桂林的陷落，不但是国家军事上的一大损失，对整个中国出版界的打击也是不可估计的。

桂林这“出版城”陷落以后，出版中心自然的移到了重庆，但是四川纸张缺乏，销行范围缩减，作家情绪消沉，就是直到胜利到来，重庆的出版界仍远非桂林可比。出版业者回想到桂林时代蓬蓬勃勃的气象，只能感叹好景之不长，而柳州、金城江的浩劫，又使你胆战心惊。可是每个人都抱着一个希望，希望有一天胜利到来了，大家都回到上海去重建自己的事业。那时外国的纸张，源源而来；物价稳定，每本书只卖几毛钱；人人都有买书的能力，铁路、公路、航空、轮运，四通八达；言论开放，出版自由。出版业者也可以舒一口气了。

现在胜利快近两年，桂林、重庆的出版业者都已回到了上海，但是看看今日上海出版界的消沉，不禁使我又回忆起桂林来了！

（载上海《大公报》1947年5月18日）

杂忆五四时候的出版界

调　孚

今天是五月四日，《出版界》编者出一个题目给我，要我回忆一下那时的出版界情形。编者为他的刊物设计，为读者打算，这题目出得很对。可是他找错了人啦！他只知道我在出版界；却不知道那时我还是个学生，离所谓“出版界”还相当远呢！然而，题目既已发下，又不好交白卷，无已，只有就我当学生时代所知道而为现在还记得的略为写下一些罢。

五四运动是文化的启蒙运动，它有借于文字者至大，所以五四运动与出版物关系至深。可是那时的出版界远没有现在的蓬勃。出版书籍的书店似乎还只有商务、中华等二三家，新书店一家都未曾兴起。

作为这一文化启蒙运动的思想中心，无疑的是《新青年》杂志。我已经不记得我那时在怎样一个机会里第一次得读《新青年》，但一读到了这杂志，就非常贪婪地去吞噬它，绝不肯放松一点儿。也可见这份杂志对于那时青年吸引力之大了。我们不但对它的内容感觉到满意，而对于形式，尤其觉得新鲜可爱——诸如语体文、新标点以及无韵的白话诗等。它创刊于民国四年，初名《青年杂志》，后改《新青年》。

商务印书馆的《东方杂志》是创刊于前清光绪三十年的，那时早已流行着了，但《新青年》既取得了权威的地位，《东方杂志》便显得没落了。同时它们俩还开过一次笔战，《东方杂志》想抵抗新的潮流的来袭，但毕竟是没有用。大约是两年之后，商务印书馆于是也决意改变方针，换人编辑，开始接受新的内容和新的形式。

在这时候，出现得比新青年略迟，而地位可说是相等的是《新潮》杂志。它是北京大学几个学生组织的同人刊物，分量似乎比《新青年》多，读起来更杀渴。

和《新潮》相对抗，也是北京大学学生所办的，有《国故》杂志，这是一股逆流。

五四运动发源地是北京，所以刊物的出版也以北方为盛，那时其它的刊物此起彼伏者很多，我们在南方，难于看全，即使看到也已记不起来了。这里，我仅把出版的时期比较长久一些的，记述几种如下：

《新中国》杂志，分量在那时是最丰富了，可是内容却杂得很，似乎不甚精粹。

《解放与改造》，后来改名《改造》，上海出版，主持人是“研究系”的一批人物。

《少年中国》和《少年世界》，这两个杂志都是少年中国学会编辑。《少年世界》创刊在后，停刊在先，一共出不到一年。它的内容似乎报道多于评论，所以比较起来枯燥得多了。《少年中国》出过一本《非宗教专号》，它给我的印象很深。这个“少年中国学会”后来几经蜕变，就成为现在的“青年党”。

《北京大学月刊》，这是一个学术性的杂志，由商务印书馆代出版。

《新教育》，这是由几个从美国回来的学教育的人所办的，可以说是专门介绍杜威的实验主义学说的杂志，性质比起那时流行的一般刊物专门得多了。

《每周评论》，比较偏于政治性的周刊，也是胡适之他们几个《新青年》上做文章的北京大学教授所办的。

《星期评论》，仿效着《每周评论》，国民党党员戴季陶、沈玄庐等人在上海办这个周刊。

商务印书馆继续着《东方杂志》的革新，把《小说月报》、《妇女杂志》、《学生杂志》等也换了编辑，以新的面目和读者相见，不过这已是五四运动之后二三年了。

至于单行本书籍之出版，则并不如期刊之热闹，商务印书馆先有《尚志学会丛书》，后有《共学社丛书》，编辑者彷佛都是“研究系”的人物。北京大学在商务印书馆有《北京大学丛书》之出版，第一批出版了胡适的《中国哲学史大纲》、周作人的《欧洲文学史》、陈大齐的《心理大纲》等书，在这时的出版界里，好像都以“名著”的姿态出现的。

中华书局出版的《新文化丛书》，时期略后。

新书业的第一家创立，要算亚东图书馆，他们最初出版是哪些书，已经忘记了，只记得他们的特点之一是经售北京大学书刊。

《新青年》的出版机关是群益书社，但这家书铺子所出的书籍，除了几本中等教科书、英文字典等书以外，并没有什么新书。

泰东书局之设立，大约也在这时候，但它直到几年后出版了创造社的书刊，才为大家所注意。

在北京，新潮社除了杂志外，也出版一套《新潮社丛书》，有《蔡孑民先生言行录》、陈大齐的《迷信与心理》、周作人的翻译小说集《点滴》、王星拱的《科学方法论》等书，大约很风行。

最早的专载新文学的纯文艺刊物，要算革新后的《小说月报》。最早的新文学单行本书籍或者是《文学研究会丛书》罢，但它第一种书籍的出版是又后于《小说月报》革新后若干月了。

完全凭了记忆，杂乱的写了上面的一些。我的记忆并不可靠，所以也许这所写的全不是那么一回事。这并不是不可能的事，我得预先声明。

（载上海《大公报》1947年5月4日）

出版业小考证

翻录寄

一、最初的报纸

中国最初的报纸，是唐朝的邸报，手写纸条，记官员的派遣、皇帝行踪等事，记述简单而无连贯。北宋时，中书省枢密院每月录重要政事的诏令，誊报天下，仍是手抄，非刻版印行者。南宋时，邸报篇幅加大，除记录官员进退、朝廷政令外，尚有各地贡品，记载较详细。北宋时有日报名朝报，每日由进奏院发行，仍为手抄。此外，进奏院小吏及外官派人驻京师刺探消息，曰内探、省探、衙探，恐怕是最初负起记者的任务的。所见所闻，他们便私写小条纸飞报四方，称为小报，或称新闻。

二、书籍的印行

书籍雕版印行始于隋朝，杨坚开皇十三年诏废像遗经，悉令雕版。唐五代渐盛行，北宋时印版书画几完全代替手抄书。刊书与抄书难易不啻百倍，虽隋时已有雕刻，因习其技者少，刻书艰难，故直至唐五代始渐盛行。应麟《笔丛》亦谓雕本肇于隋，行于唐，扩于五代，精于宋。刻工至宋时即有活字版，沈括云，其法用泥刻字，每字为一印，火烧令坚，欲印则以铁范置版上而密布字印于其中，顷刻印千百。清时，尚有木刻活字及以铜铅刻为活字的。

三、书籍的装订

书籍如现在一样，一页页的订成册子，程大昌《演繁露》云始于唐朝，唐以前皆为卷轴。赵翼以为非必如此，因唐时白乐天诗云“新诗三十轴，轴轴金玉声”，微之序白乐天诗亦云“前后数十轴”，故唐时尚用卷轴。《笔丛》的记载谓唐末宋初钞录变为印摹，卷轴变为书册。这又如程大昌《演繁露》的意见相合。

四、杂志的发行

发行杂志的远源，可以追溯到明朝万历十五年礼部言举业流弊太甚，请选弘治、正德、嘉靖初年中式文字选其尤者刊布学宫，俾知趋向；后由王仲房选科场主司及士子之文，旁加批点，刊版发行。其后坊刻渐众，出版的经营，由官方到民间了。那时主要的内容，除科场主司及士子的文而外，还有十八房进士的旧作，举子的文稿，诸生会课的作文，名曰程墨、房稿、行卷、社稿四种。印刷的地方皆在苏杭，北方商人买去贩卖。《戒庵漫笔》：“余少时未见有房稿刻本，有书贾从利考朋友家抄得窗课，每篇铜钱数文持去发刻，唐荆川中会元，其稿是门人蔡瀛所刻，薛方山中会魁，其三试卷亦门人钱梦玉以东湖活板印行之，今则满目皆坊刻矣。”可见那时这类“杂志”也是雨后春笋样的蓬勃。《七修类稿》记载：“成化以前，世无刊本时文（杂志），杭州通判沈澄刊《京华日抄》一册，甚获重利，后闽省效之，渐至各省提学考卷也。”

五、稿费的历史

用文稿卖钱，以前是叫润笔，现在也还有这样称它的。王楙《野客丛书》的记载，说陈皇后失宠于武帝，用黄金百斤请司马相如作《长门赋》以悟武帝，此为润笔之始。唐《李邕传》说李邕最长碑颂，朝中衣冠及天下寺观多宝持金帛往求其文，前后所受馈遗至巨万，时议以为自古鬻文未有如邕者。这是靠卖稿而发了财的例子。

皇甫湜为裴度作《福先寺碑》，裴度送他车马结彩甚多，皇甫湜却发脾气嫌少了，大怒道："碑三千字字三缣，为什么只有这一点报酬呢?"裴度只好笑着，补足九千匹绢彩给他。据沈括《笔谈》载："太宗（宋）立润笔钱数，降诏刻石于舍人院，每除官，则移文督之……"由此，可见稿费也曾经朝廷规定过。又杨大连作《寇莱公拜相文》，词有"能断大事不拘小节"，莱公以为"正得我胸中事"，例外赠金百两，既曰例外，当然那时是有常例可循了。故稿费定例，恐自唐时始，"每字三缣"较之目前每千字若干元，当不可同日而语。

《侯鲭录》记王仲舒为郎中，谓马逢曰："贪不可堪，何不寻碑志相救?"逢笑曰："适见人家走马呼医，可立待也。"卖文稿便又成为疗贫之方了。明唐子畏有巨册一帙，自录所作文，簿面题曰《利事》，以待售文。又欧公《归田录》记馆阁撰文例有润笔，其后遂有不依时送而遣人督索者，简直像张先生讨学钱样抛头露面了。杜甫有《送斛斯六官诗》言此类事，诗曰："故人南郡去，去索作碑钱，本卖文为活，翻今室倒悬。"是种况味，当更非汉唐时可比。

更惨的当是明万历年间出卖窗课，《戒庵漫笔》记载："余少时未见有坊稿刻本，有书贾从利考朋友家抄得窗课，每篇铜钱数文持去发刻……"一篇稿子只卖得稿费数文钱，这恐怕是初期出版商对著作者的剥削罢！

六、图书审查制度的建立

南宋高宗赵构和丞相秦桧，怕人诽谤和议，令各州郡所有刻版书籍，都用黄纸加印一部，送秘书省查看，这大概是图书审查制度的滥觞。当时，各郡试士文卷，都由赵构亲自批阅。朝臣做诗文或言谈，动辄被指为诽谤。如范彦挥因作《夏日久阴》，芮□因作《牡丹花诗》，贾子展因醉后有嘲笑语言，李孟坚因父李光撰野史失实等罪，放逐远地方编管。

（载上海《大公报》1947 年 12 月 4 日）

我看上海出版界

蓬　子

杂乱、零落，是今天出版物的一个显著现象。茫茫来日，我不知道出版家中那一位先生已经有了一个今后的计划！

关于中国出版界日趋衰落的危机，近年来我不知已经大声疾呼过多少次，然而言者谆谆，听者藐藐，有关的各方面始终没有理睬，因此自己也觉得再要开口，实在太无意思。现在潘际埛先生又再三嘱咐，一定要我说一点今天上海出版界的情形，推却不了，只好以义不容辞解嘲。但我决定不再空谈出版事业的兴衰，有关中国文化前途之类的大道理，仅仅作为类似新闻的报道，约略说明今天上海出版界所面临的，为大家所同时看见的事实罢。

首先我们可以从经济力量上看一看上海的出版界，因为没有钱印不了书，这最简单明白，所以这也就是测量上海整个出版界的实力的最实际又是最正确的天平秤。我想，我在这里最好提到李伯嘉先生对我说过的话，商务印书馆即使在抗战的艰困年代，也没有向银行借过钱，现在却经常借钱渡日了。我颇为清楚，战后商务印书馆的业务已经逐渐跨回正常的途径，在正常的逐步开展着；然而何以还要不断借钱者，举出一个例子，就可以明白。当我们初从重庆到上海来，那时白报纸的价格仅仅四五千元一令，而眼前已涨到十二三万，那里排工的价格仅仅每千字四百多元，而眼前已涨到快近二万，难道一年有零，书的价格已经跟着涨了三十倍到五十倍么？或者一本书的利润能够有三十倍到五十倍么？为了再生产，继续增高负债的数字变成很自然的趋势了。但是，虽然能不断借到钱，商务印书馆还无力印出大部头的书来，这又是有目共睹的事实。商务印书馆如此，其他的大书局也可想而知，至于新出版业更可想而知是陷在如何极度悲惨的经济困境中了。借钱么，国家银行无路可通，而黑市的高利贷可以压死人。然而不幸事实上，除了紧缩又紧缩，一个职员须做二三个职员的工作，忙得头昏眼花、杂乱无章之外，为了继续印出几本书来，仍旧不得不忍痛乞求于高利贷。因此，去年春天昙花一现的新出版事业的盛况，跟着秋风一起，便日益凋落，而其中多家已陷入停顿状态中，甚至关门者也不在少数了。其中原因，除了制成品跟不上，原料、书籍的利润跟不上高利贷的剥削，另外还有极重要的一点，就是战前印刷费固然可以在书出之后慢慢再算，到了月底，还可以打一张半个月的期票，便是纸张，也只要一声电话，纸行就直接送到印刷所里，过一个时候再付纸钱。在出版物的成本上，像上面所说的过去那样周转的余裕，今天是完全不存在了，一切都得付现，甚至还须先付定洋！所以全上海的出版业中，至今还在勉强挣扎的几家，我相信我的判断不会错误，恐怕多半依靠或多或少的几付旧有的纸型。至于战后开头另起炉灶来的，今天已很难数出还有若干家尚在踊跃出版新书了。

其次，从出版的方针上看，又显出了另一种凄凉的景象，今天的出版物是如何的贫乏！我们依旧先从商务印书馆说起罢。在战前，像《四部丛刊》，像《东方文库》，像《大学丛书》，像《科学大纲》，像《辞源》，商务印书馆的出版物的复杂和庞大，颇显出一个近代出版家的气魄。而今呢，几家大书局恐怕多半以几本国定教科书作为生命线，连商务印书馆的出书方针恐怕也不堪回首过去罢。新出版业自然更不必说了，即使翻印几付旧纸型罢，也要看看哪一部书是可以销得快一点的。至于新排的稿子，自然更要顾到销路的多寡，对于大部头的专门性的著作，只好对着它望洋兴叹！像战前，普通一家新书店，只要自己振作一些，隔天印出一部新书几乎不成什么问题，而在今天看来，几乎是不可想像的天宝遗事了。今天是：有一本，印一本，并无一定的出版方针；不过，也可以反过来说，各家都有它一定的方针的，那就是，即使赚不到钱，希望不要赔钱，至少不可赔得过多。杂乱，零落，是今天出版物的一个显著的现象。但是，就是这样将就地拖下去罢，存在手头的几付旧纸型还是很快可以印完的，茫茫来日，我不知道出版家中那一位先生已经有了一个今后的计画！

再其次，从发行的数量上看，更衰落的骇人。在抗战刚刚胜利的时候，我们以为苦尽甘来，今后任何滞销的书，其发行数量总在万册以上。这不是盲目的乐观，以中国地区之大，以沦陷时间之久，以一般青年对于新的知识的渴求，一万册实在不算一个夸大的奢望。因为在大后方时代，局促在一段狭小的地带里，每本土纸书也还可以印到三五千册。而且事实上也一度证明这一个估计没有错误，前年冬天就有一星期内销完一版新书的高度记录，这便是茅盾先生的《腐蚀》。不幸，从去年春天就内战爆发，全国的交通线若断若续，一本新书发不到几个大城市里去。譬如像东北，仅仅沈阳一市，战前就是一个广大的书市场，今天倘能在这九省里普遍行销，每一种书何只千册以上。然而这好光景那一天能够到来呢！目前我们出版一本书，普通只敢印一千册，即使自认为可以畅销一时的，最多印二千册，而最初的发行额仅仅只有几百册。这除了受交通阻塞的影响而外，读者购买力的日益衰落，在要想读书的人看来，书籍已经成为一种特殊奢侈品，当然也是一个重要的原因。如像在重庆、贵阳，数百元可以肉食一顿，而一书之价，动辄万元，这是穷书生的经济能力所能负担么，然而这又岂是出版家的本意！所以这几百册乃至千余册发出去的书，恐怕有一个很大的数目长期停留在各地同业的书架子上，至于真正被拿在读者手头的，实在是惊人的寥寥！

但是，再其次，我们不能不痛苦地特别提出来的，是这一年以来，上海出版的色情书籍，如洪水之泛滥，几乎每一角落都被波及。类乎《亭子间嫂嫂》、《红裤子》一类书，装璜在上海的街头巷尾不必说了，就像重庆这一个古朴的山城吧，据说也在不断的翻印，不断的畅销，跟着又不断的翻印，不断的畅销，几乎使人疑心这一类书是代表了中国今天的文化，紧紧地抓住了读者的灵魂！

关于今天上海出版界的情形，我只想说出上面这些大家看到的事实，再往下说，就难免违反我自己的禁条，就此带住罢！（三·十四夜）

（载上海《大公报》1947年3月16日）

当前图书出版事业检讨

端木锡琦

一

对于今日出版业所遭遇的危机，关心的人士不难有一概念。但空洞的言论，不足以说明危机之严重，只有借助于实际的统计材料，我们才能针对现实，作一番详尽的检讨。

先从书的出版量而言，在战争的几年里，全国出版图书由三十年的一八九〇种累增至三十二年的四四〇八种（注一），在战时人力、物力、时间何等可贵的情形下，经济困难的境况下，我们已有这样的成绩与收获，出版界的坚苦卓绝，使我们忭慰和兴奋。我们有更好的理想，深信我们的贡献将随胜利后益加光大，但事实是最好的说明，我们三十五年的出版统计却剧降为一四六一种（注二）。

这种现象，表面上看来是可悲的，出乎情理的，在胜利后一切不能恢复常态的局面下，出版量的剧减还是情有可原，但我们若仔细地研究，各科出版数字的不均，我们不能不戚然心忧了。下面是最明显的趋向。

文艺类数字之剧增，由三十年总数百分之二十八增至三十二年总数百分之四五·八，在胜利后三十五年的统计仍占各学科之第一位。这充分显出了我国读者倾向文艺之兴趣，我们并不反对文艺出版之增加，但我们却不能不作内在原因之研求。我们知道：我们整个出版业的出版是无计划，出版家固未尝不能创造需要，但就大体而言，毕竟是迎合需要考虑销路者居多，即使有少数的出版家多印科学书籍或是创造一种新的需要，但多数资力薄弱的出版家若群起仿效，自难维持其营业，文艺出版既有销路，那末就大多数以营利为目的的出版家争向这一部门来投资，亦在情理之中。但是，我们要问：为什么一般读者喜好文艺之书籍？固然，文艺是现实的反映，时代的镜子，人民生活意识表现之工具。在战时，文艺作品可以激励爱国情绪，发扬抗建精神，但事实上，目前坊间刊行的文艺作品，有多少够得上时代的需要，与其说是一般读者情绪之高涨，无宁说是因为生活的重压，精神颓废了，兴趣低级了，道德低落了，形成了社会一般情绪麻痹的病态。这病态原应随着胜利来临而改变，但，相反的，它却仍然高踞第一位，这是何等可惧可畏的事。

科学类数字之锐减，由三十年总数百分之七而为三十二年总数百分之四·二，胜利后三十五年的统计又一降而为总数百分之四，这是如何违反时代的要求！自然，我们不能不承认印行科学书籍成本之惊人，但原因却亦未尝不是提倡之不力。我们为促进国家工业化的早日实行，人民生活水准之提高，科学常识之普及，国运之兴隆，实有即刻加重其分量，刊行需要迫切之通俗科学书刊。纵使事实上困难重重，不能超出其他的学科，至少我们亦得避免寡而不均之现象。

二

诚然，上面所说出版物的畸形的发展，其造成之危机，出版家固应负局部的责任，但出版家当前所遭遇之艰苦，亦非局外人所能深悉的。无疑的，欲求出版物质与量的提高，首先出版家要有雄厚资金，营业能得定额盈利。在今日的情形下，一切都成问题：物价高涨了，购买力薄弱了，捐税加重了，资金周转不灵了，管理不易了。我们不难由下面调查所得的实例加以分析和说明：

出版新书一种的成本计算：

假定页数：一〇〇页（一页两面约十四万字）

假定印数：一〇〇〇部

假定纸张：白报纸（市价每令约十二万元）

假定书式：新六开本（每令纸可裁一万八千页）

各项工作单价（根据最近同业公议最低价格）：

排版——每千字一八〇〇〇元（五号字）

纸型——每页八八〇〇元

浇版——每页一七〇〇元

印工——每令三二〇〇〇元

订工——每万页一二七五〇元

计算结果：印一百页新书一千部，即需成本四百六十七万余元；印二千部成本则为五百七十八万余元；若增厚一百页，则印二千部成本即为一千一百五十六万余元。读者仿此就可算出目前印书的成本。

以六百万元资金，方可印行一百页新书二千部。换句话说，每部成本即约三千元。这与三十三年同样情形下用熟料纸印之，每部成本价二十五元，虽说两者纸质不同，但其相差之倍数至足惊人。设非资金雄厚之出版家，何堪胜任？照今日出版家的定价一千四百倍发售后，所得之实价最多不过四千五百元，即使二千部的新书全数售罄，连同出版前所需之时日至少亦在一年之后。学术性的书籍，甚至我们还不敢作一年的奢望，这样罄售的结果，其所得毛利亦不过三百万元。规模稍大的出版公司除去每年庞大的开支，能有多少纯利？何况以一年后之币值再求同样之生产直如缘木求鱼。再加营业期间之运销损失，新书广告，著作人之版税，书籍时间性之失效，捐税之缴纳，都无往而非一笔巨大之支出。但出版家不能与投机商比拟，以六百万元资金坐收子息，既无风险，一年后亦可有加倍的收益。

出版界之资金周转问题，如所举实例而言，投入之资金，一年后亦仅能加半收进，甚至有亏蚀之可能，如无再版出书，续谋大量生产，自属不可能之事。

再就印刷原料来说，纸张申请须先领证，甚难如数请准。加以最近政府管制极严，今后外国纸张益难进口。本月一日新闻报载：经济政策研究会今举行会议讨论白报纸进口问题，决定对于国人经营之纸厂予以（1）贷款，（2）订货或（3）贴补，以增加其生产量，对于尚未开工之国人经营之纸厂亦将予以经济上之援助。该会曾征询中宣部、教育部及资委会对于白报纸进口之意见，该三机构均主张增加白报纸之进口量，该会今日讨论结果，认为如增加纸张进口，所费外汇甚多，故决定对国人经营之纸厂予以经济上的援助，以增加产量，供给各方需要。这无异是出版业的当头棒喝，今后外货进口必少，现存纸张必再猛涨。如此售价一日数易，非印刷界的人士亦都争起囤积居奇，造成了宁囤纸张而不出书之可悲现象。

至于铅、锦和锡的方面，虽然使用价值与流转率较为长久，但近年来由于生产之锐减，运输之艰难，亦造成了惊人价格，因而促进了生产的剧减。

这事，出版家的两大生命——纸和铅——在如此处境下，我们又怎能望其欣欣向荣？

次就读者购买力来说，好读书的多是智识阶级，这一阶级的人又多是靠薪水收入来维持生活，家庭的负担，已使他们喘不过气来，斗米一书，岂是他们能力所及，我怕也许有一天，因为惊于书价之巨大而猝然晕到于书堆上的。

捐税方面，经过了若干次的呼吁与请求，教科书的营业税终算豁免了，但其他书籍的征税，亦已足使出版界一蹶不起，奄奄一息。

运输的困难，又是出版界一向所最感苦痛的事，其影响所及，至少有下面的几点：

（1）书籍配调的不灵活，形成了一面缺书，一面有书销不出去的矛盾现象。

（2）赶不上季节及时间的需要，往往书运到的时候，早经不合需要。

（3）运寄时间的悠长，使出版业的资金无形中呆滞而受加重的利息负担。

（4）运费贵，加重了读者负担，书籍的推广与销路，遂成了极大问题。

以上不过举其荦荦大者，他如机器之破旧，生产程序之繁复，工潮之起伏，更足充分说明当前出版业已遭遇前所未有的危机。即以全国出版界首屈一指的商务印书馆而言，战前的职工待遇，久为一般人士所羡慕，最近为了待遇问题，劳资纠纷迁延两月不曾解决。

三

上面谈到目前出版家所遭遇之种种艰辛，这是与整个民族文化存亡息息相关的问题，我们不能坐视其自生自灭，而应针对当前症结，探求解救的途径。

在量的方面，就是说出版物的内容与其趋向，当然要切合时代潮流的要求，对全国人民尽其启迪的责任和指导的任务，以达成早日完成工业化和宪政之鹄的，而不再去专事迎合社会的病态。首先我们得靠出版界坚忍之努力与政府有力之辅导，全国出版界自身须先取得密切的联络，设定全国每年出版物之计划，庶不致再有某项学科畸形发展的现象。当局更应随时发表统计材料，促进出版家的注意。

在量的方面，我们要进一步求各地平均分配。翻开我们的出版统计来看，各地书籍分配不均的现象太显著了：在边疆，在辽远的省份，最需要文化流通促进教育普及、民族谅解的地方，却看不见书，这是何等不合理的措置！京沪区的邮局自胜利后已增添了若干便利邮递效率增高的措施，愿各地普遍采行，愿新书和读过的书籍源源流向四方。

印刷原料与一切必需器材之供应，至少在目前我们国内的生产力是不足供应的，应由政府代为购进，不分工厂之公营私营，调查其规模之大小，需要之多寡，按月作切实定量之分配。

生产技术之改善，影响生产之成本，至为明显。从成本的计算表上，排字的费用占去了全部成本的二分之一以上，我国文字构造复杂，因此排检困难，最常用的亦有七千余字。过去排字架上各字的位置，全部根据部首的笔画，觅取不易；愿作进一步的改革。（四月二日）

（注一）：见拙作《当作图书出版事业之检讨》一文，载卅三年重庆《出版界月刊》第一卷第六、七合期。

（注二）：见三月二十日《申报·出版界》孔敏中著《三十五年度出版界之总检讨》。

（载上海《大公报》1947 年 4 月 13 日、4 月 20 日）

谈谈出版界的自救和刷新

兆　莘

现在的出版界，因为一般的物价高，成本吃重。同时因为整个社会经济的贫乏，人民少有余力买此在日常生活中需要成分比重较轻的图书。加以内战尚在进行，交通运输困难，以致销行范围不广，所以一般图书的销路，都异常清淡。像本版第十三期秦牧先生的文章里就说起有许多名作家，所拿到的版税还不够买一本原书，其销路之窄狭可以想见。

方今世局多故，社会情形混乱到极点，有知识的人目击种种，以限于环境，虽满肚子怀着郁闷，却也不得发泄，敢作敢为的作家不能说没有，但也因困于衣食，所有文思都在油盐酱醋中冲淡了去。真真有价值的书因此也就不容易产生，就是有一二杰出的作家果能不受环境压迫而做了一些不世之作，也因为无出路，仅供自家欣赏和覆瓿而已。

在出版界本身，他们为要挣扎生存，不能不顾及现实环境。换言之，他们为争取所出产图书的销路，不能不迎合一般顾主的心理，大家的生意眼就都不期然而然的集中到学生在校必备的教科书和参考用书（包括工具书）上去，于是所出版的书除正式教科图书外，大部分都或多或少的带着一种公式化和宣道意味的书。此外自然也得迎合世界潮流出些科学书籍，但因文字的隔阂、文化水准的不同，外国图书的输入又多困难，资源不继，致使这方面所出的图书，或则失之肤浅陈旧，或则流于骛高不切国情。而一般最最畅销的书，还是针对着一般人士苦闷的情绪而出的一些带着刺激性的社会科学书，或则是多多少少含有诱惑性的色情书，而后者一种尤其是一般书商所认为最可捞本的。

出版是人类传播文化也是促进文化的手段，现在我国出版界因受大环境的影响，已走到上面这样的一个严重时期，我们如若不愿见中国文化长此衰颓下去，不论是业内业外的人就都得加以深切反省而谋所以振作。从事出版业的人，尤得明白自身所处地位的重要，对外在的环境应设法加以打开和推动，而本身的力量尤其应当尽可能的设法加以充实。目下国内一般出版界，其内部组织处处不免暴露出松懈的弱点，而人事的不健全，尤其随时引出许多无谓的浪费时间和物力，因而增高了成本，因而减少了销售量。有些因为生意眼太重，把国人永远看成不长进的顽童，因此影响整个的著作界。针对这，我们觉得不能不希望一般出版家，尤其是历史悠久或力量雄厚的出版家，应得注意健全人事，极力避免官僚化。同时并希望他们应从大处着眼，以前美国福特在不断扩展他所经营的汽车企业中，他增高工人工资每日最低为美金五元（后改为六元），减少每周工作时间为六日（后改为五日），日各八小时，当时一般资本家都强烈的加以反对，甚至华尔街银行都停止和他往来，终因他伟大的魄力，工人的热烈合作，克服了困难，而年终获得惊人的利润。当时美国的社会也盛行着消极的节约储钱，他却提倡大众“用钱”，尽量“运用余钱”，把整个美国保守的恬退社会改变成进取的活动的社会。现在英美等国最畅销的书，大都是经过读书会或读书俱乐部等的推荐和配销。这些会或俱乐部虽不一定由出版家组织，但是这种类似的组织，我们的出版家正可加以仿效，设法广为提倡，予以精神鼓励，甚至不屑出以实力援助。同时我们觉得国内的科学研究实在太可怜了，也希望出版家不妨设些实验室，收取低廉的费用，供给从事实验研究的人以方便。在这方面出版家，他正可出些指导这种实验的书，把整个空疏的社会变成一个实事求是的社会，这种读书风气和切实研究的风尚的养成，无疑的是大有助于出版业的发展的。

最后，我们还得再补充一点，整个出版业的振作和活跃，自然有赖于国内政治的安定和全盘经济的改善，但我们也得认识出版界的自身振作和刷新，同样可以影响整个政局和全盘经济的改善。出版业必得不忘其足以左右或领导国内思想界的立场，须尽力健全本身的机构，充实本身的力量，时时振作精神，时时刷新内容，迎头赶上大时代的前面领导。

（载上海《大公报》1947 年 2 月 9 日）

中国的出版事业与新闻事业

王明通

一、中国出版事业的现况

关于中国出版界日趋衰落的危机，近年来已经有人大声疾呼过多少次，然而言者谆谆，听者藐藐，有关的各方面始终没有注意。但出版事业的兴衰有关中国文化前途，今天中国出版界所面临的危机，乃是大家所同时看见的事实。

我们可以从经济力量上来看中国的出版界，因为没有钱印不了书，这最简单明白。所以这也就是测量中国整个出版界的实力的最实际而又最正确的天秤。王云五先生对我说过这样的话："商务印书馆即使是在抗战的艰困年代，也没有向银行借过钱，现在却要经常借债度日了。"我们知道得很清楚，战后的商务印书馆业务已经逐渐恢复正常的途径，而且在正常的逐步开展着；然而何以还要不断借债呢？我举出一个例来，就可以明白。当我们初从重庆回到上海来，那时白报纸的价格仅仅四五千元一令，而眼前已涨到十二三万；那时排工的价格仅仅每千字四百多元，而眼前已涨到快近二万，难道这一年来书的价格已经跟着涨了三十倍到五十倍么？或者一本书的利润能够有三十倍到五十倍吗？为了再生产，继续增高负债的数字就变成很自然的趋势了。但是，虽然可以不断借到钱，商务印书馆还无力印出大部头的书来，这又是有目共睹的事实。商务印书馆如此，其他的大书局也可想而知。至于新书业更想而知是已经陷在如何极度悲惨的经济困境中了。借债吗？国家银行无路可通，而黑市的高利贷又会压死人。所以在不幸的事实上，除了紧缩又紧缩，一个职员要做二三个职员的工作，忙得头昏眼花，杂乱无章之外，为了继续印出几本书来，仍旧不得不忍痛乞求于高利贷。因此，去年春天昙花一现的新出版事业的盛况，跟着秋风一起，便日益凋落。而其中好多家已陷入停顿的状态中，甚至关门者也不在少数了。其中原因，除了制成品跟不上原料，书籍的利润跟不上高利贷的剥削，另外还有极重要的一点，就是战前印刷费固然可以在书出之后慢慢再算，到了月底，还可以打一张半个月的“期票”，便是买纸张，也只要一声电话，纸行就会直接送到印刷所来，过一个时候再付纸钱。在出版物的成本上，像上面所说的过去那样周转的余裕，今天是完全不复存在了。一切都得付现钱，甚至还须先付定洋，所以全上海的出版业，至今还在勉强挣扎的几家，我相信我的判断不会错误，恐怕多半是依靠或多或少的几付旧有的纸型而维持。至于战后才开头打起炉灶来的，今天也已很难数出还有若干家尚在踊跃出版新书了。

其次，从出版的方针上看，又显出了另一种凄凉的景象，今天出版物是如何的贫乏！我们依旧先从商务印书馆说起罢。像《四部丛刊》、《东方文库》、《大学丛书》、《科学大纲》、《辞源》，这些商务印书馆的出版物都是复杂和庞大，颇显出了一个近代大出版家的气魄。而今呢，几家大书局恐怕多半以几本国定教科书作为生命线，连商务印书馆的出书方针恐怕也不堪回首了！新书业自然更不必说了，即使翻印几付旧纸型罢，也要看看哪一部书是可以销得快点的。至于新排的稿子，自然要顾到销路的有无多寡，对于大部头的专门性的著作，只好对着它望洋兴叹！像战前，普通一家新书店，只要自己振作一些，隔天印出一部新书几乎不成什么问题。而在今天看来，几乎是不可想象的“天宝遗事”了。今天是：有一本，印一本，并无一定的出版方针。不过，也可以反过来说，各家也都有它一定的方针的，那就是：即使赚不到钱，希望不要赔钱，至少不可赔得过多。杂乱，零落，是今天中国出版界的一个显著的现象。但是，就是这样将就地拖下去罢，存在手头的几付旧纸型还是很快可以印完的，茫茫来日，我不知道出版家中哪位先生已经有了一个今后的大计划！

再其次，从发行的数量上看，更衰落得可怜。在抗战刚刚胜利的时候，我们以为苦尽甜来，今后任何滞销的书，发行数量总可以在万册以上。这不是盲目的乐观，以中国地区之大、人口之多、沦陷时间之久，及一般青年对于新的知识的渴求，一万册实在不算一个夸大的奢望。因为在大后方时代，局促在一段狭小的地带里，每本土纸书也还可以印到三五千册。而且事实上也一度证明这一个估计没有错误，前年冬天就有一星期内销完一版新书的高度记录。不幸，从去年内战发生起，全国的交通线若断若续，一本新书发不到几个大城市里去。如东北，仅仅沈阳一市可以寄到，倘能在这九省里普遍行销，每一种书何只千册以上？然而这好光景哪一天能够到来呢？目前上海书店出版一本书，普通只敢印一两千册，即使自认为可以畅销一时的，最多印二三千册，而最初的发行额甚至仅仅只有几百册。这除了受交通阻塞的影响而外，读者购买力的日益衰落，在要想读书的人看来，书籍已经成为一种特殊的奢侈品，这当然也是一个重要的原因。尤其在重庆、贵阳，数百元可以肉食一顿，而一书之价，动辄万元，这是穷书生的经济能力所能负担得起吗？然而这又岂是出版家的本意！所以这几百册乃至千余册发出去的书，恐怕有一个很大的数目长期停留在各地同业的书架子上，至于真正被执在读者手头的，实在是惊人的寥寥无几啊！

但是，再其次，我们不能不痛苦地特别提出来的，是这一年以来，上海出版的黄色刊物和色情书籍，如洪水之泛滥，几乎每一角落都被波及。《大观园》、《大沪》及《亭子间嫂嫂》、《红裤子》一类的书刊，装潢在上海的街头巷尾不必说了，就像重庆这一个古朴的山城吧，据说这种书刊也在不断的翻印，不断的畅销，跟着再不断的翻印，不断的畅销。几乎使人疑心这一类书刊是代表了中国今天的文化，紧紧地抓住了读者的灵魂！

二、中国新闻事业的现况

目前全中国的报纸，就已登记而取得合法地位者，共约九百八十四家，通讯社约有三百四十四家。全国报纸如此多，其总销数多少，这是新闻的人所应该知道的。目前因办理登记的工作还不十分完善，而且各报的发行数字，都不肯据实报告，故无法作精确的统计。现在各地报纸有的每天出几万份，有的每天出几百份，平均大约每家每天出版在两千份以上，总共在二百万份左右。这个数目，依据什么来统计呢？是以全国报纸消耗量来估计的。目前按全国报纸消耗量为二千一百五十吨，一吨等于四十令，共约八万六千令，每令对开共一千张，共八千六百万张，平均每天须消耗二百八十六万张报纸（每天全国报纸出版张数）。全中国四万万人，只有九百八十四家报纸，平均每二百二十五人才有一份报看，较诸欧美各国，真是少得可怜。他们的新闻事业非常发达，二三人就可以看一份报，而且我国报纸都集中于都市，如京沪一带，平均每十人就可看一份报，这是一个缺点。

在二百八十六万份报纸中，其地区之分布情形大概如下：京沪两地发行最多，约有六十万份，《新闻报》约二十万份，《申报》约十万份，南京《中央日报》约七万份，三家共三十七万份；《大公报》约五万份，《文汇报》约三万份，上海《中央日报》、《正言报》约三万份。天津《民国日报》七万份，《大公报》约五万份，北平《世界日报》约三万份，东北约十万份，武汉约十万份，重庆、成都共约十五万份，香港、广州共约十六万份，西安约五万份。以上地区共约一百五十九万份，其余的分布于各小城市。

报纸都有政治意识，换言之，印每一张报纸都具有政治背景，就目前情形，大体可分成下列五个系统：

（一）国民党系统——国民党系统可分为五类：

（1）直属中央——截至现在为止，共约二十一家，加上分社共二十三家。因其业务必须时常向中央报告，其发行数量亦较为精确可靠，共约四十万份。如南京《中央日报》约七万份，天津《民国日报》七万份，二家共约十五万份。《上海中央报》、《武汉日报》、《天津日报》均三万份左右，共约十万份。其他加上沈阳、重庆、福州、成都、广州、台湾、贵阳、长沙等地，有的销三万份，有的销万余份，有的销八千份，总共为四十万份。

（2）省市党部所办的——江苏六家，安徽四家，河北三家，三省共十几家，加上其他各省市一共有二十七家，统计约每家发行五千份，其总为十四万份。

（3）党内同志所办的——较著名的如上海《东南日报》、《申报》、《新闻报》、《正言报》，发行数量共有四十万份。

（4）《和平日报》——渝、沪、粤、京、兰州、台湾各地都有，共约十五万份。

（5）县市党部所办的——多为小型报纸，但总数亦相当可观。就上述数字观之，国民党所属之报纸，每天总发行数量约一百十一万份，占全国的总销数二分之一以上。

（二）共产党系统——就所知道的，在哈尔滨及苏北（以前），均有报纸，延安《解放日报》自延安克复后，已迁至山西兴县，现在是否继续出版，尚不知道。因延安人口不多，且智识亦浅，故发行数量甚少。《新华日报》在重庆时有时曾发二万份，有时一万份，平均约一万五千份。其次就是共产党的外围报纸，如《民主报》，约五千份。《文汇报》现在虽然否认其与共产党有关系，但其舆论与共产党完全一致，均可称为共产党之外围报，约共三万份。《联合晚报》，其主张与《文汇报》相配合，约一万五千份。香港《聚商日报》，则全为共产党所支持，共产党办报人员现都集中于香港，准备以香港为基础，借以发展华南。总计共产党报纸发行数字约十万份左右。

（三）青年党系统——（1）上海《中华时报》，因经济困难，故销数不大，约五千份左右；（2）成都《新中国日报》，约八千份；共为一万三四千份。

（四）天主教系统——《益世报》虽没有真正政治色彩，因其有一个系统，而且有其政治主张，故可自成系统。重庆、上海、天津、西安、南京（晚报）、北平，均有报社，共八万份左右。其主张与国民党相同，且其主办人为党同志，故完全与国民党报纸相配合。

（五）没有特殊背景的——直到目前尚未发现其与任何政党发生关系的：（1）《大公报》——沪、渝、天津均有出版，共约十二万份。（2）《新民报》——京、沪、平、渝各地出版，共销十二万份。（3）《世界日报》——分北平、重庆二地出版，共销三万余份。（4）《星报》（胡文虎办）——香港有《星岛报》，厦门有《星光报》，汕头有《星华报》。

以上系就政治背景分成五大系统，其中有一百一十万以上是绝对接受本党的指示的，从这里我们可以看出各个系统在新闻宣传上的力量，而本党可以说基础极为牢固，立于不败地位。

虽然现在一共有九百四十八家报纸，还有三百四十四家通讯社，数目似乎很不小，但事实上还不够。上面已说过，如照人口比例，我们二百二十五人才有一份报看，但从这里，我们亦发现了新闻事业前途是很远大光明的，因为荒地多，而开垦的尚小。就目前全国各报所经营的情形看，可以完全没有一家合乎我们的理想，其原因不外下列数点：

（一）社会基础不巩固——现在各报，没有一家有固定之读者，直接定户很少。因此，报业之发展完全操于报贩手里，这是目前最不合理的现象。虽然这与社会整个经济、文化、教育都有关系，但其本身之不健全，亦是原因之一。分析起来不外：（1）不能真正代替某一部分读者说话，以适合他们的需要。如上海现在就没有一家报纸真正代替劳工说话，因此不能特殊的反映某一部分读者之思想、主张与需要。不但如此，尚有一些报纸在欺骗读者。如《新华日报》，有时没有消息，专载共产党宣传的文件，读者们固然需要看看各方面的宣传及主张，但最大的需要还是每日的国内外大事……此外，一家报纸如果没有一贯的主张和认识，没有一贯的方针和态度，今天发出这样的论调，明天又换了另一个论调，像这样举棋不定的态度，亦会使读者发生讨厌与卑视的。

（二）经济基础没有建立——现在全国各报，没有一家在经济基础上已呈巩固现象，故现在报纸的生存就全靠津贴，找后台老板，一旦后台老板不能支持或不肯支持，即非垮台不可。故报纸完全受老板所支配左右。有的则以机器来发展附带业务以支持，如经营印刷。而且以低利向四行贷款，或要求政府分配平价纸，这些都不是报纸发展的正常途径，而是末路。报纸必需自给自足，自己支持自己，但目前的报纸，都不能做到这个地步。

（三）设备不良——照现在的情形，几乎他有一部平板机，他就想出报纸，甚至借他人的机器来印报，这都不是办报应有的现象，因为这样不但不能印得好，而且不能持久。同时，现在一般人都说，各家报纸都是中央社的再版，自己都没有通讯网的建立，故无国外电讯。派至外国之特派员，多写通讯稿，而少电报，因电费过昂，所以除了几家大报有时有一些专电外，其余都靠中央社，如果中央社不发稿，即要关门，这亦是一种不合理的现象。至于各报的社论，可以说，可看的都很少，甚有时连社论都没有，虽有其文字之是否通顺亦成问题。再谈到专栏作家，在各国，不论军事、政治、财政、经济、教育、工业等，都专栏论著，他们的专栏作家是很吃香的，因其著作影响很大。但我国目前都没有专栏的论著，这亦是不能十分发展的原因。至于副刊，更少有一个办得成功。其基于以上种种的原因，使我国的新闻事业始终不能发展，而距离我们的理想很远，这是我们今后办报所应注意的。

以前新闻检查时，其缺点都被遮盖了，政府都成为义务的校对，但自从检查制度废止之后，缺点暴露无遗，尤其记者之缺点更多：

（一）除党报外，没有一个超然独立的认识和超然独立的风格。譬如现在的青年从业员都认为办报应该反现实，才能出风头，才是进步。现实固然有令人不满的地方，但如果一切现实环境都被反对，试问如何能够生存？所以如果没有一个超然独立的认识和风格，人云亦云，随波逐流，都无法立足的。……一个报纸的成功，及一个记者的成名，是必须有坚定的把握、正确的认识和独立的风格。

（二）对国家不负责任——一个新闻从业员必须对国家负责任。政府有不当的地方，批评是应该的，但应该以整个国家民族的利益为前提，如果与国家民族利益冲突时，应该绝对牺牲个人成见，对国家负责任。英国是没有新闻检查制度，但其具有检查的精神，他认为有碍于国家民族的利益，即予以考虑。但我们则不然，我们都患着这样的毛病，认为只要能出风头，即不管什么国家与民族，这是错误的。

（三）对法律不负责任——新闻从业人员不但对国家应负责，而且对法律亦要负责。如对《出版法》、《诽谤法》，都应该注意的，决不能借新闻纸作工具，随便骂人，要侮辱谁就侮辱谁，这种态度更不应该。

（四）对个人道德不负责任——譬如某人与我不合，即写篇东西臭骂他一顿；某人与我有私怨，即诬告他贪污，使他人名誉受到损失；又如最近北平美军强奸沈崇一案，当时北平当局及美军方面都商定不要把沈崇名字公布出来，但记者们为了表示消息灵通，为了出风头，到处打听而把她的名字公布出来，使她受到很大打击和损失。这都是记者们所应注意的个人道德问题。

（五）对社会不负责任——目前黄色新闻充溢市面，甚至普通报纸有时亦刊登黄色新闻，借以推广销路，这都会影响于国民的道德观念及伦理观念，对于会上之危害实在太大，这亦是一种不良的现象，为我们所应该注意的。

（载《正气月刊》1947 年第 2 卷第 2 期）

厄难中的出版业

本报记者

（本报特写）谈到文化事业，一般论者总会加以分析地说："这是有关国家命脉，民族生存……"不错，这确是千真万确的，没有一个人可以低估文化事业的重要，而文化衰替最现实的表征，就是出版业。出版事业的兴旺，那无疑地是说明了文化的发达，书籍的销路亦即是说明一般读书兴趣的倾向。如果窒息了出版业，也就是勒死了文化。

上海，这远东第一大都会，我国文化的中心，它的出版业的荣枯，可以反映全国文化的盛衰，而一国文化的发达与衰退，也可以找到一个国家繁荣或衰颓的象征。这里，让我们看看：上海的出版业如何呢？

从文化街到书摊

福州路是被人称为文化街的，巍巍然的大书店，几乎全集中在那里，堆满橱窗或书柜的是整齐的书籍和杂志。许多人走出走进，人们将直觉地以为那是表明了文化的发达。但是你再打开它的内脏看一看呢，那就要叹息了。

堆着的书籍有几本是初版新书？看看一月份初版新书约略的统计：心理学和哲学是七本，社会科学是十六本，自然科学是六本，史地是十一本，文学是十九本。我们天天在报纸上所见到的新书广告，十之七以上是重版。偌大的一个中国，竟只有这几本新书出版。而更令人气短的是销路的呆滞。美国的一本新书可以在一年中销售四五十万册，但是我国的新书在半年中通常只可售去五六百册。初版印上三千册以上的书是稀有的事。

就只有黄色的书刊，在今天走着较好的命运。上海马路上有许多书摊，全是挂满着冯玉奇和笑呵呵之流的“言情长篇”之类，像《红裤子》，《名情郎》等等。书摊贩告诉记者，每种书每日能经常保持五本以上。

想想，这是个多么可惜的对比呀！因此，上海二百六十八家书店中，除掉二十家左右比较正派的书店以外，大体上莫不多多少少的带一些黄色，而若干正派书店也只能以经营文具来维持。

一本十万字书的成本

十万字的书籍是不满二百面的，但是它的成本却要五百万左右。战前一千个五号字的排工是六角，现在是一万八千元；一令纸的印工往年是一元二角，现在是三万八千元；战前一令外国报纸是三元三角，而现在是十二万左右；这一串是多吓人的数目。我们不妨详细地计算一本十万字书的成本：排工一百八十万，纸型八十八万，印工四十四万，封面纸卅八万，封面印工七万八千，制封面版廿万元。除掉纸张不能折扣以外，余外均以九折或八折计算，那末成本就要五百万元左右了。

书业资金的周转比任何营业都不灵，销路最好的书收回货款亦需三个月，哪一家书店有如此雄厚的资力来垫本呢？而况书籍的销售又是那末呆滞。

书的售价仅仅增加了一千数百倍，而物价却飞腾了万倍以上，你说，叫书业怎样的安然的渡过？

出版界要些什么

我们坚信任何一位从事文化出版事业的人，都有决心挨过这厄难的日子，而不临阵逃脱，然而那样严重的难关不是独自所能解决的。去年十一月里，书商是迫不得已只能走向南京请愿之途，这种举动所包含的内容便是难以生存的挣扎的表示。

出版商在问："政府举办粮贷、茶贷、盐贷、丝贷、生产贷款等，为什么忽视了出版业，不举行一次出版贷款呢？"

邮递的不便也使书商在发行上遭遇困难，因而书籍销售市场无形中缩小了。整个华北及东北，除掉几个大城市以外，就没有寄递的可能。同时寄费大贵，也是个致命伤。譬如从上海到新疆迪化，平寄要三个月，文字往往失去时效，而航空邮递则以普通行李包裹计算，这是非出版商所能负担的。寄费因而超过成本的数倍。现在，各地出版界已再三呼吁减轻了。

出版界目前正遭逢到最艰难的时候，然而这是多么有关国家民族前途的事业，这该是整个社会的责任，从厄难中抢救出版事业。

（载《社报》1947 年新第 6 期）

出版界的厄运

金

政府最近修改了《出版法》，据说把尺度放宽了。但尺度虽然"放宽"，一则由于《戒严法》的引用，一则由于"节约"意义的扩大，出版界要因此而活跃起来，显然是不可能的。

特别严重的，是纸价的飞涨。半个月来，白报纸从每令四五十万跳到八九十万，一度且曾跳到一百二三十万。薄薄的一本杂志，成本就要四五千元。一般知识份子的购买力那么低，每天要看一份报，一个月定一份杂志，就要花十万元，如何能负担得了！

目前的情形，除了极少数能配给到纸张的出版品能够维持以外，所有文化事业都陷于空前的困厄中。另一方面，由于人心的烦闷，只有黄色的刊物可以计成本获利出售，而得到大量的销路，而在出版方面，它们也最能得到便利与支持。

就整个文化事业说，今天已呈现空前的低潮，大规模的书籍固很少出版，就是严肃一点的杂志也寥若晨星，报纸是更不必说了。

国家全部武装化以后，自然不要文化了，但为民族的前途着想，这现象是实在令人悲观的。

（载《创世》1947年第3期）

国内出版界

丝 丝

中国有四万万以上的人口，在各国中首屈一指（英国本国人口只有四千余万，要加上印度等殖民地的人口，才能够以万万计）。可是中国报纸、杂志的销数，说来却不免令人惭愧。就报纸说，销数最大的上海几家老大报，现在每家也不过销行十万份至二十万份；说起杂志，那更可怜，十几年前的《生活周刊》，在黄金时期虽然销到十万份左右，可是现在比较有生气的几个刊物，听说销数也不过以千计。如果用人来平均，中国现在报纸、杂志的出版数，或许只能稍稍胜过阿比西尼亚这一类的国家而已。

美国的人口约有一万四千万，美国的杂志销过百万份以上的就有好几种。其中《读者文摘》销到一千一百万份，《生活书报》销到五百二十万份，《妇女家庭》杂志也有四百十万份的销数。日本的人口，不过七千余万，日本报纸、杂志的销数，也不是中国的所能望其项背。《朝日》和《日日》两新闻，战前据说就各有八十万至百万的销数。《东京读卖新闻》在战后一度被国际版编辑铃木东民接收去办，大有进步的色彩，销数曾突增到一百五十万（后来又被保守派人物马场恒吾抢回）。此外，苏联、英国和法国的报纸、杂志的销数，也无一不胜过中国的多多。

中国报纸、杂志销路的远不如人，和人民教育程度以及购买力，自然都有重大的关系，和政治的关系也不浅。在坏政府的统治之下，官办党办的报纸，只能靠政治势力和资本力量去打击同业，本身没有什么精彩可言。官办党办的杂志，更少办得像样的，至于进步的报纸、杂志，受着政治的压力，都苦不堪言。编辑先生能够保存头颅，不致步李公朴、闻一多的后尘，已经是“皇恩浩荡”，哪里敢望报纸、杂志有什么大发展呢？就是因为这种原因，中国报纸、杂志的销路，比十年前不但没有进步，反而退步了（中共统治区的出版界为例外）。

在这种情形之下，中国的进步文化人，哪里敢羡慕英国作家威尔斯有五万余镑的遗产（五万余镑等于叻币四五十万元）？敝仝宗洪琛先生不作第二次自杀，也算是侥幸了。

一九四七、五、廿一。

（载《现代周刊》1947 年复版 54 期）

出版界的寂寞

亮　范

据报载英国星期日报《世界新闻》最近宣布每周发行量，七百十一万二千三百八十三份，平均每六个英国人看一份，这种定期刊物，畅销的数字，在我国人的目光中看来，实在是可以使人吓得目瞪口呆，为我国出版界所艳羡不已的。就现在我国的出版物而论，最畅销的周刊，恐怕顶多不过销一万册左右，平均是每四万七千人看一本，那实在是太相形见拙了。

方块字仅限通行于这仅有的一个国家，这也是刊物的缺乏销路的一个原因，相反的英美的出版物，不仅限于本国，甚至在我国还拥有很多外国出版物的读者。我国出版物的销数非常可怜，销路最畅的日报亦只有二十万份左右，有些报纸甚至销过三五百份，至于定期刊物，连载十份的也有。这最大的原因，当然还是购买力太薄弱，即就读者而言，并不是不需要精神食粮，也并不是现在的出版物都不合口味。如果一个月多订几份报，多买几本书，那生活就会成问题了。到底在物质生活无法解决的时候，精神的食粮谁也不会有这种奢望的，所以在书店里，站着浏览的多，而购买的少。

在今日高度不景气的社会里，出版界首先遭到了厄运，从事出版事业的人很少有不喊亏本的。

英国《世界新闻》销路的所以畅和所以为读者所欢迎，是因为一面披露社会弱点，一面批评政治。老实说，在我国的定期刊物中，便缺乏这种内容充实的周报，而且站在新闻记者超然立场说话的人太少，往往容易卷入政治的漩涡。同时，站在政府立场说话的刊物，在世界任何一个国家里都不会受到欢迎，除非向国外宣传的。试看我国的日报，《新闻报》拥有大部分商人的读者，偏重于商业广告。《大公报》便是以比较敢说话而吸引一部分读者的，至于那些官方报纸，《中央日报》、《和平日报》销路便不很好。

其他比较著名的期刊的内容即使充实，能够大胆批评政治和披露社会弱点的，而在全国戡乱总动员之下，是否需要改变论调，这样对销路也是有重大的影响。

所以今日的出版界实有其重大的危机，虽在宪政即将实施之时，一般的出版物，真如雨后春笋，可是夭折的却不在少数，就坚持着的这些也无不摇摇欲坠。

内容的不够充实与困难的经济环境也有着密切的关系。出版商付不出较大的稿费，职业作家便只能停笔而改弦易辙。生活既无保障，作者愁米愁柴，没有进修，复无写作情绪，当然写不出好文章。商人以营利为目的，出版界既如此不景气，当然不会肯投资。至于文化人，又是穷的居多，怎么有这许多钱来办刊物。

在我国写文章，顾忌特别多。既然写了文章，不能果腹并且容易招惹是非，所以多无病呻吟之作。故对出版界大家都有寂寞之感。

假使物价再上涨，经济问题不能解决，出版界怕快要总崩溃了。

（载《公论周刊》1947年第8期）

不容忽视之精神食粮问题

林纪东

当此物价腾贵，民不聊生，内政外交上又属问题重重的时候，我们忽然提出精神食粮问题，似乎题目太迂远，太不切实，不值识者一笑。但据我们的看法，在一个积弱百年而又对外作战将近十年的国家，物价腾贵，奸匪作乱，乃至帝国主义者乘虚而入，兴风作浪，均不算太稀奇的现象。只要负责处理国事的政府有魄力，有定见，能不顾一时的毁誉，领导全民，沉着应付，问题尚不难解决。国家前途的大患，宁在学术不昌和邪说的横行。因为中国地大物博，宝藏遍地，社会经济组织，亦和资本主义高度发达国家，牵一发而动全身、如响斯应的情形不同（即没有那样敏感）。所以当前的经济问题，既非没有根治的办法，亦不至遽起巨大的波浪，而学术不昌，邪说横行，才是国家前途的大患。

这种话看似迂阔，说明白却极为简单。学术不昌，科学不能发达的结果，势必处处落人之后：军备上，人家已有原子弹，我们的步枪机枪，仍须仰给外人；经济上，人家已用机器在大规模生产，我们大部份的生产事业，还停留在手工业生产的阶段；而教育不发达，人民大众愚昧无知，无从实施宪政，建立有轨有则的政治，使国家的百般设施，并入正轨，尤为诸般大患中之最可虑者。中国近百年来，已吃尽了学术不昌，智识落后的亏，经过这一次大战的洗炼，应该更深切地感到昌明学术的重要。而我们的学术气氛，偏偏在此时最为落寞，瞻望前途，怎不令人不寒而栗？

学术既然不昌，自然没有健全的理论引导社会，而一般大众知识不够，昧于判断，又因生活不安，牢骚满腹，于是邪说乘虚而入，妖言四布，积非成是，以致社会没有是非，国家没有正气，认贼作父者比比皆是，民族意识，湮没殆尽。随便举两个例说，苏联对中国究竟存的什么心，是路人皆知的事实，其行为怎样，亦为有目者所共见。

这次孙哲生先生，对各报记者发表谈话，表明其对于中苏关系的意见，举国上下，虽感其表明略迟（因为孙先生和邵力子等，是一向提倡亲苏的人，有趁早表明的义务），尤憾其语意之不尽明朗，然仍有人同此心之感。不意还有亲苏的报纸、杂志，或则侧击旁敲、隐表反对，或则寻章摘句、公开抨击。同一的报纸、杂志，对于苏蒙侵我边疆的北塔山事件，一则用极小的地位登出，尽量表明其不关重要；或则颠倒是非，故意张大所谓新疆民族问题，公然为异邦洗刷，以表明衅非彼起。中国立国数千年，历经外患，汉奸亦层出不穷，但多发现于国土沦陷之后，由于无耻分子的偷生干禄，且即令是投入敌人的怀抱的汉奸，如汪精卫之流，大半“独抱琵琶半遮面”，表面上还在倡说什么中华民族独立。在自由国土之内，公然为敌人张目，公然发表汉奸言论，而国人不以为怪者，尚以此为嚆矢。邪说横行至此，民族意识消沉至此，可胜慨叹！

上面我们已就当前学术不昌和邪说横行的情形，点明精神食粮问题的严重，如果我们丢开这些高远的问题不谈，专就当前浅近的事实来说，则我们这个立国数千年、人口占四万万五千万的国家，每月出版的数量已少得可怜，全国各大书店，在整整一个月里面，已难得出版几本数量巨大的新书。十万字以上的新书，亦已日见减少，而这些新书之中，又大半为工具书和课本，有学术性的参考书，已如凤毛麟角。如果更让我们说得透彻一点，则我们今日书籍出版的情形，不但谈不到什么学术名作，参考书籍、大中学的课本书尚未完全，连小学教科书，至今还是抱残守缺，采用出版将近十年的国定教本。

书籍如此，杂志亦何尝不然。时至今日，我们不但极少巨型的、专门的学术杂志，即综合性的学术杂志（如战前中华学艺社的《学艺》杂志之类），亦已寥若晨星。我们现在所有的，只是些评论时事的杂志，这些杂志的一部分，虽然刊登的是中国文字，发行人和编辑人是中国人，但由它的言论态度看来，究竟是否代表中国利益的杂志，往往不能令人无疑；而另一部分杂志，虽毫无汉奸臭味，其言论又大都失诸不痛不痒、空话连篇，颇有揣摩风气、曲学阿世之嫌，于国家社会殊鲜补益。

报纸，虽然比较地发展，但亦未能令人乐观，因为报纸的最大功用，除了报导事实之外，在于发扬舆论。但是现在若干自命大公的报纸，自社评以至专文，所刊登的似仅少数主笔和编辑的成见，未能目为大众的舆论。另外一部份报纸，虽然基础观点比较正确，可惜勇气太差，忠实事业的精神不够，在邪说横行的情势之下，未能针对时弊，为明朗的主张，言论大都依违取宠，微弱无力，大有官僚主义之嫌。

书籍和杂志的出版，何以如此贫困？报纸和杂志的言论，又何以大多不合于国家切实需要？自然均有探讨的必要。就前一点说，经济条件自然是极大的原因，现在出版一本十万字的书，假定以每本二千册计算，间接的成本不算，最少要一千三百万元。资本如是之巨，而出版营业的特征，又为周转迟缓，读者购买力薄，与货币流通极为迅速、利息高昂的当前经济情形，适相违反。在这种情势之下，出版怎能不窒息？有学术价值而行销并不普遍的参考书籍，又怎能大量出版？就后一点说，则属整个社会风气的问题。战争以来，因高物价的压迫，经济情况变更的急剧，许多人养成几种变态心理，如疲敝不振、投机侥幸、不求远略等等皆是。而国权的微弱，又使许多奴隶性重的人，形成依附外国的习惯，负责处理国务的政府，和领导国人奋斗当权政党，又不能目击危机，及时挽救，泄沓因循的结果，遂成今日滔滔者天下皆伪之局。

综上所述，足见今日精神食粮的贫困，几近山穷水尽，倘不急图挽救，实为国家民族的大患。据我们浅见，当前挽救的办法如下：

一、实行补贴政策。在公用事业、生产事业方面，政府早已实行补贴政策，所以维持必不可少的事业，并使其售价低廉，适应大众的需要。现在虽有若干专家倡言废止，大多数的意见，仍主张局部维持。出版事业，为国家必不可少的事业，正与煤矿、轮船相同，其有售价低廉，以适应大众的需要，而增进国人的智慧，又为公众所共认的事实。且其需要补贴的金钱，远较其他公用事业为少。现在若干大出版家，多半在一曝十寒、敷衍门面的境地。其余小出版商，更有岌岌不可终日之势。政府应该高瞻远瞩，将补贴政策并用于出版部门，对于历史较久、信用较好、规模较大的出版家（如商务印书馆之类），酌予补贴，而附以（一）每年出版一定比例的学术著作，及（二）若干书籍限定售价的条件。

二、筹划国营出版。出版事业，关系国家前途，全民智慧，原不能完全听诸商营。当此物价腾贵的时候，这种本重利薄的事业，尤不能完全诿诸商营。所以国家应该设置出版机关，大量出版各种有学术价值的著作，巨价收稿而廉价售书，以增进全民的智慧。退不得已而求其次，亦应责成国立编译馆董理其事，不要只考订几个名词，出版几本部定用书，竟认为已完成堂堂国立编译馆的任务（或谓在此民穷财尽的时候，政府安有余力为此不急之务。要知挽救垂亡的出版事业，并非不急之务，政府经费虽然艰难，但是可以挹注的地方仍然很多。例如在此财力、人力两绌的时候，停办一两个有名无实的大学，移以经营出版事业，岂非两利之道）。

三、加强文化运动。上面所列两种，系就挽救学术不昌的病象所提的挽救办法，至于针对当前邪说横行的病象，最有效的挽救办法，莫过于加强文化运动。提起文化运动这个名词，或有人以为题目太大，然而文化运动，就广义言，固然赅括多方，如就此时此地的需要言，则不外一种思想斗争的运动而已。现在既是邪说横行的时候，自然是极需要思想斗争的时候，如何打击帝国主义者及其尾巴们的荒谬言论，如何宣扬有利国家民族的正确理论，使大众明辨是非、慎分黑白，诚为当前的急务。而此种普遍严重的问题，不应再让几个文人来孤军奋斗，应该由有职守的机关，排除万难，联合有国家观念的文人，一致奋斗，以收辟邪说、正人心的功效。

总之，当前精神食粮问题，无论就量的方面言或质的方面言，均已十分严重。其严重的情形，或不如经济问题之显明与敏感，但其严重的程度及其对于国家民族将来的影响，确已有过无不及。深望举国上下，以其注意经济问题时间的十分之一，移注于这个不容忽视的问题，以保全中华民族的元气，祛除国家前途的大患！

（载《智慧》1947年第27期）

书肆偶涉

巴 人

如果你很少有机会到书市去散步，终于有一天你看到了满架琳琳琅琅的新书，你一定会惊奇中国出版界的蓬勃气象。我就是这样的和祖国文化感到生疏的人。第一个给我的感想是：人类的生命可以被摧残，只有文化是摧残不了的。中国新文化的运命，一开始便备受压迫和摧残，始则有古墓阴影的包围，继则有刺刀枪尖的虐杀，终则有战火的烧毁；但据说国宝也有人保存下来，而新文化的果实却依然在壮大。

在这些琳琳琅琅的书籍中，我看到中国文化的三方面发展情况，这就是历史科学是被建立起来了，外国经典的名著是被广泛地介绍过来了，有血有肉的人民文学抽出芽头来了。而这三种发展情况，似乎又在说明这样一桩事实：我们要从民族文化、历史的再认识中，广泛地接受世界的文化遗产，来充实这已有人民文化可以产生了的新中国新文化的园地，我对这样的情况感到了无限的欢悦和钦佩。

在中国历史科学的建立过程中，在较远的过去，有经今文学派与古文学派的分别，新文化运动展开之后，有以实验主义的方法整理国故的一派。一方面不脱离主观的成见，来解释中国过去的历史与文化思想；另一方面采取考证学的方法，一点一滴地将历史事件与文化思想片断地割裂开来，而又喜作好奇的翻案文章，把大禹当作一条虫，否定了中国历史所自来的传统。一九二八年社会科学运动展开后，又有以社会科学方法来论断中国社会发展的论争。这论争显然过分侧重于社会发展阶段的划分与社会科学经典著作的引用与比拟，而忽略了中国历史事实与情况之本身的探讨，以求其发展的迹象。之后我们可敬的历史学者，致力于材料的搜求和探讨，但其关于古代史的，常常以甲骨金文中只字片语，来概括具体历史的整个发展，有的甚至推翻中国历来的历史记载；其关于近代史的，也往往忽略了具体事实的记载，以结论式的经验教训作为事实的代替，这于人民的教育自有它的意义，但不明白具体事实，

“经验教训”的结论是不容易被接受的。

在历史科学的发展中，我看到这样三个勤苦的开辟者：吕振羽、翦伯赞与范文澜。他们对于中国社会的发展阶段的认识是大体一致的。吕振羽对中国史前期社会与古代社会，早已作了深入的研究，对于中国社会的发展，则在他的中国政治思想史中作了概括的叙述。这是中国一位天才的历史学者。翦伯赞从他确立历史哲学以后，来开始他的中国史纲的写作，他是大大地扩大了中国历史的横断面的描写，世界历史的变迁的关联与中国各民族之相互斗争贯彻以形成一伟大中华民族的过程，他都有深到的叙述。范文澜则主编了一部通史，这是一部采取了历史科学业已发见的论断而发展了中国古文学派优秀的传统的著述。他们之间的劳作，显然有相互影响之处；但作为中国历史科学整个的发展看，则三人又有一贯的脉络：这就从发掘到扩大，又从扩大到综合。这之间发掘的吕振羽与扩大的翦伯赞的观点是更为接近的；他们的工程更注力于历史各时代的社会性质的阐明，而中国通史的作者们则于此以外一样不忽略历史的政治事件的演变，给予中国历史以全面的发展概况。我仅从这些书上，已经明显地看出社会科学的中国化在历史一门上，确已有了相当的成就了。

其次关于中国文化思想史的，我已看到有中国思想通史的第一册和中国近代思想学说史，在后者的著作中，我们可以看出它著作的方法：从每一学者著作的全面研究中，检讨其思想的特质，予以细密的分析叙述，使读者了然于其人的思想内容，这也是中国新文化运动以来的思想学说史方面的辉煌的成就。胡适之以实验主义的方法，将中国古代哲学家思想加以整理，但事实上，其间不免有胡适之化的中国古代哲学家面貌的再现，而且因为他根本不理解作为思想学说发展的社会背境，使每一学说从社会阶级关系中脱离出来。冯友兰的《中国哲学史》，较之胡适之的半段哲学史，是更精深的著作，但他囿于“真际”与“实际”二元论观点，将记载的历史与现实的历史对立起来看，我们仅能在他著作中看到个别哲学家思想内容分叙的周到，而不能看到作为中国文化思想本身发展的痕迹以及它与中国社会发展的关联。自然在这一点上，中国近代思想学说史的作者，怕还须作更大的努力吧。

外国经典名著的翻译，仅就文学上说，我们已有了《战争与和平》，中国著作界常停留在半截主义中。《战争与和平》早已出版了半截，却很难望它能全部出版。作家的生活的艰苦，出版者力量的贫弱，读者购买力的低下，这便是著作界半截主义的因素，但经过了八年的抗战，半截主义竟也被抗走了。《鲁迅全集》的出版作了一号召，而现在我们则可以看到莎士比亚的全译本。且从著译者与出版者的企图中，将有巴尔扎克的全集和高尔基的选集。同样，英国文学现实主义的鼻祖迭更司，虽然曾经早有过林译的《块肉余生记》与《滑稽外史》，虽然他的《双城记》已作为中国中学英文的课本，而现在则重新被提起注意和译述了。我们看到这种巨大册数的著作之得以翻译，得以出版，这便可以推知中国文化工作者忠贞不拔，在抗战时期万分艰难困苦中为文化而斗争的勇气与毅力。这还可以推知中国的读者对于外国文化遗产的接受性的扩大和加深，他们不再以浅尝一脔为满足了。这更可以推知中国文学将在未来工业化的推进与资本主义的发展中，将有正如西欧资本主义国家在资本主义上升时期那样的具备丰富内容与深刻思想性的史诗似的作品出现——我相信中国忠贞的文学工作者一定能实现这一个愿望的。

一切文学的提高，必须有广大的普遍的基础；花瓶中长不出花，花是在土地中生长的，我们的文学工作者，常常在“普遍为了提高，提高为了普遍”这一种循环论的格式里打圈子。社会的改造，是文学土地的开辟；这不是在文学本身中兜圈子的事。首先是用怎样的文学工具去开辟文学土地，改造社会，促进人民文化修养的要求，而后才能达到文学的提高，也只有这样的提高，才是真实的提高，是从土地上自己生长出来的高度，而不是宋人揠苗助长的做法。文学上的提高与普遍，不是文学自身的流转过程，而是通过社会改造的过程。抗战以前喊了多少年的“大众文学”，但大众不知有新文学；吃不饱馍馍是不会再找文学果子来助消化的。而抗战与人民自卫战争中，中国的文化力量与土地力量开始结合起来了。人民自己的，为人民而写作的新型的文学也出现了。这不是旧瓶新酒的重演，这一样是改造了旧瓶，容纳新酒的事。新生活从旧生活中生长，新文学也是从附丽于旧生活的那种活的旧形式中生长了。屈服于旧生活中那正直的农民的性格，给予他喜爱的文学以健康的色调。有人说，农民间流行的口头文学，大都是健康的，流行于城市的小市民间的文学，多是有病的。如果这话是真理，那么，正直忠诚的农民性格与狡黠腐化的小市民生活，便是这二种文学不同的源泉吧。没有中国农民的解放将不会有中国工业化的发展，今日中国农民文学的发展，将迎接中国“萌芽”的出现吧——也许会比萌芽有更坚实的内容。

偶涉书肆，我已感到中国新文化前途的光明，文化力量的伟大。生命是可以摧残的，文化人也尽可就义于刑场之上，但文化是种植在人民的灵魂里的东西，它有自己保存的力量，它有不可被阻压的发展的路向。文化虽然也可以被历史的反动力量所利用，但长在恶魔的心田里的罂粟花，还是要枯萎和被消灭的。

一件事非常明白：希特勒欲借文化力量，制造原子弹毁灭正直的人类与正义的文化；但原子弹的应用却尽了打倒希特勒主义最后一翼，这日本法西斯的一部分任务，而今日法西斯的阴魂，又想以原子弹征服世界，但非常明白：蒸汽机创造了一个资本主义的时代，原子能将必然创造了一个大同世界。资本家是不能征服这科学文化的最高成果的，这科学文化的最高成果将是人民所享受的。一切摧残文化的人，将被埋葬于文化的消毒力量里！

北望祖国，我向一切为人民战斗的文化战士敬礼！

（载《读书与出版》1947 年复 2 第 12 期）

出版与邦交

最近行政院所通过的《出版法修正草案》对于出版自由颇多限制。出版自由当然是相对的，在各国的解释也互有不同。但在民治的国度里，出版自由是基本自由之一，其重要性不下于人身自由，政府对于出版事业，除触犯刑法者外，是不加干涉的。战时因事实的需要不能不有新闻检查，然而英美的战时新闻检查也是采取“自动检查”制（Voluntary Censorship），把政府干涉的成分减到最低限度。由此可见英美政府对于出版自由的尊重。

行政院所修正的《出版法》，据新闻局董局长的谈话，系配合宪政的需要，把二十六年所公布的《出版法》中与《宪法》抵触部分预加修正，以利宪政的推行(《中央日报》十月卅一日)。但我们如果对于该修正草案的条文加以研究，我们可以发现，所谓“配合宪政”云者，不过是用国家代替了党，而在实质上不见得比旧法有何进步。新闻纸及杂志的发行依然需要登记（第二章），所不同的是把申请书呈转核发的日期略为缩短。这是无关宏旨的修正。至于出版品登载事项的限制，则范围至为广泛（第四章），几乎无所不包，准此以行，出版界将无时无刻不触犯规定的可能。在法治还没有建树起来的中国，出版事业绝无保障之可言。地方军警封闭报馆，逮捕记者，在今日已是很平常的事。《出版法》对于出版事业的保障，不置一词，而对于各种限制，却不厌其周密，可见自政府角度看来，出版与政府是站在敌对地位的。我们以为这是错误的心理，应该有所改正。

我们在本文里所要讨论的是第四章所列各种限制中之一项，就是所谓“妨害邦交”。

“妨害外交”一词至为空洞广泛。新闻只对于国际大事不能不作忠实的报道，使读者能明了其真象与底蕴。现在国际关系那样的微妙错综，在有闻必录的信条下，“妨害邦交”的罪名可以很容易取得的。政论家对于国际局势的论列不能不批评是非，判别曲直。这样也随时有被指为“妨害邦交”的危险。《出版法》是那么含糊而笼统，欲加之罪，何患无辞。在这种限制下，如果遇到像《雅尔达密约》那样违反中国利益的外交事实，报纸可以隐瞒而不登载，人民可以噤而不言吗？在许多外交的场合下，政府所处的地位是困难的，舆论往往可以为外交后盾，增加政府不少力量。第一次世界大战后，中国代表团在巴黎和会上所以能毅然决然的拒绝签字，未始不是国内舆论一致反对和约的结果。政府为着邦交而干涉新闻的登载或言论的发表，无异是对外宣布本国出版的不自由，政府可以随时的控制舆论。这样，政府的目的虽在“促进邦交之敦睦”（董局长语），而外国人反以摧残舆论视之，又何苦来哉！其实，外国人并不希望中国政府用这种方法去促进邦交，外国人所要知道的是中国舆论对于某种事件的反应。惟有在发表自由的条件下才有真正舆论的出现。

我们知道外交是现实的，讨价还价的，外交当局有时不能不妥协、迁就，委曲求全。为着目前的利害，有时甚或牺牲未来的利益，其中万不得已的苦衷，只有身当其冲者才能知道。新闻界对政府的苦心孤诣未必能完全体谅。外交秘密的成分居多，在谈判的过程中，消息的泄露与否，关系至大。政府在这种关头对于新闻界不敢信任也是人之常情，无足怪的。但新闻界自有它的使命与责任，政府不能因为一时的愤怒而遽目之为“妨害邦交”。

关于新闻纸与邦交的问题，英国《泰晤时报》在一个世纪以前曾有一篇名论，还值得我们的参考。法国的总统路易拿破仑推翻共和，自称皇帝，英国政府予以承认，当时《泰晤时报》对于此事有严厉的指责。英国首相达尔培（Lord Derby）认为此种言论有损邦交，所以他在议会席上对该报大肆抨击，他说：“现在英国报纸既然要分政治家的权力，就应该负起政治家的责任。”《泰晤时报》在一八五二年二月六日的社论里对于达氏的批评予以答复。这个答复是英国名记者戴朗（Delane）的手笔，至今尚为英国报人所传诵。戴氏指出政府当局与报纸的不同，说：

> 报纸的第一个责任是得到最早最确的新闻，立予发表，使其为全国所共有。一个政府当局则不然，他用秘密的方法去取得秘密的消息，他又严事保守，惟恐泄露，然而到最后仍然为报纸的宣布而归失败。报纸以披露消息为生命，它所知道的不能不公诸全国，它是按日出版的，永远在那里把事实诉诸开明舆论之前，同时在可能范围内并推测其趋向。

因此，他又说：

> 为保持它的尊严与自由，为着人民最大的利益，报纸不能过于接近政府，更不能牺牲永久的利益，而讨取一时当权者的欣喜。

这是戴氏在差不多一百年以前所说的话，到现在仍然可以适用。一个失掉独立言论的报纸就是失掉了它的存在的理由。在实施宪政高唱入云的今日，政府不能再为出版界加上一道苛酷的枷锁。

（载《世纪评论》1947 年第 2 卷第 21 期）

上海的几家前进书店

徐　徐

胜利以后，上海增加了不少的书店，有的是国民党体系的，如接收伪太平书店而组成的正言出版社，接受伪华兴书局而组成的独立出版社，前者由吴绍澍氏主持，后者由潘公展氏主持，皆是以国民党体系为出发点，而出售各种图书。至于纯商人组成的书店，则有生活书店及文化生活出版社及上海杂志公司三家的复员。这三家书店战前是早已设有的，战后迁至内地，在胜利来临后，方进行恢复迁回沪上。在战前这三家书店，就拥有良好的声誉，获有广大的读者，所以迁回后生意方面很不错。不过因为四马路一带，原有地点已易主，只得在偏僻的地方设立。生活书店在吕班路，地点尚好。至于上海杂志公司，则在老北门附近，文化生活出版社，且在巨籁达路一里弄中，地点皆过于偏僻，不免多少要影响到营业方面。

生活书店主持人为徐伯昕，系邹韬奋主持生活书店时之旧人，因为历史的关系，他的出版方针，是采取最前进的姿态，除出版的本版书循此方针外，所代售的书籍，亦必合此尺度，所以该书店除代售中共方面所出版的书籍数十种外，并有苏联外国文书籍出版局所出的中文本的各种宣传书籍，也有十多种之多。这些书籍，中文译得很好，并不是出于苏联中国通之手，而是出于李立三一人手中译出。李立三当年在中共中系具有无上权威的领袖，所创之李立三路线，便是除在农村引导农民暴动外，并且要进展到攻取都市，被毛泽东击走后，他就在苏联担任这苏联外国文书籍出版局中文部翻译员，工作得很努力。据说由他一人之手译成的中文书，已有数十种之多，最著名的为《俄罗斯人物列传》，及《考验》等。至于与生活书店同样采取前进步骤的书店，新设立的则有姚蓬子所主持的作家书屋，地点在福熙路，还有卫海威路上的中国文化投资公司，爱文义路上的立达图书公司。这三家新书店，可说在出售图书上，是取的同一步骤。据说，这些前进的书店，生意看着不错，但每天白看书的却川流不息，使老板叫苦。

（载《新光》1947 年革新第 5 期）

武林书肆凋零

梨花白

“武林书市”是闻名全国的。当“临安书肆”大量印行被现在所珍贵的“宋刻临安版”书籍的时候，今日号为“出版界之王”的美国，还是草莱未辟的地方呢。不单是宋代，即自元明清以降，杭州官私所刻的书籍，只要去翻一翻古书的目录，便可知数量如何之大。可是今日的情形呢，说起来不免令人感慨系之了。

除了一二种迎合各地来杭游客的“导游”书籍以外，胜利后，杭州本地几乎没有产生过一本新书。即使有几个“出版社”，然而并没有见过他们出过一册书。

幸亏杭州与上海近在咫尺，上海各大书店在此都有分号。否则，这里几十万人民的精神食粮，将不知恐慌到如何程度了。

各家支店的门市部，似乎以开明书店为最“开明”，所以店中日夜都挤满着“观客”。商务印书馆陈列的书分类井然，中华、世界两书局平素出入的人也不算少。其他若干书局去顾问的似乎便不多见了。

然而目前，杭州顾客最多的，并不是这些“正统”的书店，而是陈列着五颜六色封面的武侠、色情、侦探小说以及“性知识”书籍的书店。这些书店经常是门庭若市，拥挤着许多小市民、少爷、姨太太等类的人物。“揩油”的多，买书的也多。售这类书的书店多，摆摊子、捧着成叠的书在茶坊、酒肆、湖滨兜售的更多。从这里，不难明白我们的出版界和社会已走入怎样的歧途了。

不可不提起的是，许多“借书店（或摊）”分布在每一条街和巷，借书店性质类乎图书馆，不过除了保证金（目下每本通常的五千元）以外，要一笔借书费。因为他们架上的书籍可以在人取阅后再借，而且又是许多图书馆中所没有的小说书，所以它拥有大量的读者。街头巷尾的小书摊，连环图画摊，为数更多。小朋友只须化了一包糖果钱，便可坐在摊前特备的小凳上翻阅半天。然而，连环图画中百分之百都是具有迷信、封建、诲淫等毒素。“小书”流行的后果，是不堪设想的。上海摊上印行这些“小书”者当然无暇考虑及此，但我们“进步”的出版家对儿童的读物似无余暇计及，实为一大遗憾。

最后，再来报导一点关于古本书籍的情形，杭州目前仅剩有上十家的旧书铺，因为古本书乏人问津，所以皆兼营新出版的各种低级读物。木刻书的存量尚丰，不过善本甚少。通常一本木刻书的价钱不过自数百元至三四千元。如果运气好，化一包“马力斯”香烟，买到二三册“明版”，也是常有的事。

正经的书店生意清淡，低级书店营利可观，这不但是杭州为然，也许是当前出版业的一幅缩影罢。

（载上海《大公报》1947年4月20日）

衰退中的无锡出版界

夏行芝

出版事业的盛衰，照理是依都市的繁荣与否成正比的，这谁也不能否认的，但在号称“小上海”的无锡，却是例外了。无锡是沪宁线的重镇，水陆交通的要冲，胜利后她一切展开了新生的蓬勃；但是出版界的繁荣，仅是昙花一现，以后就日趋衰退了！

胜利后有《锡报》、《人报》、《大锡报》、《大风报》、《江苏民报》及《无锡晚报》等先后创刊或复刊，这是出版界达到最高潮的时候。卅五年二月，刚创刊仅一百多天的《大风报》即因经济短少而首先宣告休刊，同年五月，《无锡晚报》亦以同样情形停刊，其余四家报纸即日在挣扎中而挨到今天，但这四家报纸并不因此而增广读者，物价的动荡，报纸的限制进口，逼得他们缩小了篇幅。过去，一度有《益世报》无锡分馆及《大声报》创刊之说，但如今已成了空谷足音，不过有《导报》者，恐不日将创刊问世，《无锡晚报》也有卷土重来之意，《江苏民报》也有增出晚刊之说。

其次我们要谈刊物和杂志。胜利后最先创刊的杂志为《无锡周报》，内容和编排形式悉照上海之《方型周报》，创刊五期，即告停刊。继起者为《时代生活周刊》，完全依学生为主体，读者也大多为学生，虽名周刊，实为不定期刊物，断断续续的出了八九期，也寿终正寝。再后是《消息报半月刊》的产生，可是仅出二期，因其言论“过火”而被勒令停刊，所以给人留下的印象，也比较淡薄。再继而起之者为《大江南周报》、《新报（周刊）》及《建新周刊》、《大江南》和《建新》，立论比较公正，惜其得不到社会人士的注意，因而也默默沦亡了。而《新报》赖色情的号召，竟能维持到今朝，据云销路不恶。最近又有《青年新闻周刊》出版，但是它的寿命如何，我们尚不能预测。

综观上述各点，我们知道无锡的出版界并没有向荣的气象，然而并不是没有理由的：

一、因为交通发达，所以京沪各报在当天上午十时即能到达，一下子夺去了本埠各报的销路，期刊和杂志亦是同样充塞着市场，所以本埠的报章、杂志始终徘徊不前。

二、每种刊物出版，必先向党政机关备案，否则就来一个勒令停刊，随便给你一顶有色的帽子，使你哑口无言。

三、纸张和印工价格高涨，而出版后又得不到更多的读者。

四、风靡惯了的人们，不需要从苦斗出来的精神食粮，因为他们需要的是色情啊！

凡此种种，就注定了无锡出版界窒息的命运！

（载《青年知识》1947年新8期）

金华书报业巡礼

云　秋

由于战争的赐予，金华在民国廿九年至三十一年间，曾成为东南各省军事、政治、文化的中心，那时上海的出版业文化界人士，沿着浙赣线奔退下来，金华就恰成个歇脚站，配合着交通的四通八达，他们随即重新在此撑起门面干起营业来。当时的书局、出版社曾多至数十个以上，每天的营业额也颇可观。后来，浙东国军撤退，金华沦陷了，一切归于烬灭，这一段的书市盛况也只成一历史陈迹而已！

胜利后，金华一切均未复原，书业亦然。不过，比起浙江其他所在来，金华仍算是一个较有文化气息的地方，书店、派报社等还到处可以看到，内面存书也比较充实，不似其他地方刚摆满个摊子便一无所余了。现在，先看书店业吧，“商务”、“中华”是比较有历史而且门面很大的两家。由于资本雄厚，更由于官方予以种种的专利，这一年来《大学丛书》、《国定教科书》一类，确也给了一些利益。其次，“新民”、“大东”、“时代”，这是同列在中正街上的三家，表面上也兼销些新书新杂志之类，实际上却多的是坊本小说《古文观止》一类东西。这可以说是目前出版界的通病，也就成为他们不得不经售以资挹注的苦衷。再往东场、法院街一带，也有“义记”、“胜利”等三家，规模较小些，却也“五脏俱全”。“商务”、“中华”店内买不到的书，往往在这里可发现得到。再往下算，西市街还有“正中”暨“文化服务社”两家，前者不久前并往杭州，后者却在最近开张起来。此外，三牌楼还有“现代”一家，是经售普通书籍兼营旧书生意的。

派报社有三家，销路大的算《大公报》和《东南日报》，《文汇报》是被警察局禁止的，仅仅逐日有几十份寄到英大去。此外《浙江商报》和《中央日报》好似很容易看到，《申报》、《新闻报》在这里却没有什么发展。

目前，金华书报业所最感头痛的是，畅销的书不被准许自由卖买，可以自由买卖的，又却是大都卖不出的。警方曾屡向店方申诫“硬性书报，不准销售”，于是像一般大学生需求的《新经济学大纲》、《政治经济学基础教程》……甚至凡是生活书店等出版书均很难买到，就是有，大概也要再三商量，老板们才战战兢兢地替到后门去抽本给您。金华便是这样的一个金华，金华的书报业也便是在这样的境况下恢复不了昔日的光芒的。

（载上海《大公报》1947 年 4 月 13 日）

镇江书报业

李毅君

一个店员说，每天只做几万元生意，能维持开支已很不容易了。

经过八年抗战的江苏省会镇江的书报业，并不如我们想象的那样很快的已经恢复了旧观，依然是贫乏得令人难以相信，此间虽说是每天出版有五种新闻纸，《苏报》、《江苏省报》、《新江苏报》、《江苏建报》、《东南晨报》（最近《江苏省报》和《东南晨报》又相继因营业不振而被迫停刊了），谈到这几家报纸的实际销数，经常只不过是三四千份而已，而且多数还得要靠向外县去推销，在这类报纸上，经常登载关于本省政闻及各地方的消息，比较来得多而详尽，也是唯一与京沪各大日报异趣之处，仅在这点上，能拥有一部分的读者。至于要谈到报纸的内容编排和报道新闻技术各方面，显见较京沪报纸相差颇远，字体仍是用的旧五号字，有时同样字多用了，竟无法排出，只得用标点符号来代替，其贫乏的程度，可以想见一般了。归根结蒂说起来，还是由于财力的限制，连铅字也几乎无力添购了，这确是一个严重的问题。

谈到此间的书业，大都散布在沿中山路西段一带，有华成、镇江、大新、中央、东吴、东华（中华书局特约所）、商务特约所、中国文化服务社镇江分社，开通、新明等书局，约在十家光景，还有大西路、宝塔路，有几爿旧书铺。这十来家书店的主要业务，都是销售中小学的教科用书，和兼售海派的黄色小报，张恨水著的一类章回小说。至于各书店代售文具用品的也比较多，也许是专门为了此间公务机关来得特别多的原因，更为了做苏北各县的批发生意着眼吧！

关于新文艺书籍和定期新型刊物，如《新闻天地》、《观察》、《国文月刊》、《活教育》等类刊物，亦仅有中国文化服务社和开通书局有得卖，但销数甚微，反而张恨水一类的章回小说容易销售。

据开通书局一位店员对我说："每天营业的情形，大有每况愈下之势，有时一天仅做几万元生意，每逢到礼拜天或假期，生意比较有点起色，可以卖到一二十万元。每日营业所得，如果能够维持一日的开支，包括房租、人工、伙食等，已经是很不容易了。"

在这百物昂贵、经济枯竭的时期，多数人的生活，已感维持不易，往往一本很薄的书，动辄要卖到五六千元，谁还能买得起。老实说：这个年头，能够读书和想要读书的人，多无力买书了，镇江书报业的不景气，也正是我们意料中的事啊。

（载上海《大公报》1947年4月20日）

绍兴书报业

姚祥降

绍兴，这个浙东数一数二的城市，不但具有经济商业上的特殊价值，在文化贡献上也有其优秀的历史传统。古今多少文化伟人先后从这里培养出来；然而在这里作为文化先锋的书报业，却一点看不出蓬勃的朝气。让我约略介绍绍兴书报业情形如下：

绍兴民众，大多擅长经商，民性善良，这里的书店的营业方针，大多逃不出了这个狭隘的范畴。十多家大小书店，其主要的业务，是经营中小学的教科书籍（有几家为商务、中华的特约经售）和一些交际大全一类的应用书籍，及一些武侠淫荡的章回小说，论其销路，倒还不差。

中国文化服务社绍兴分社算是以较新的姿态出现在书业界的，虽然有一点新文艺书籍和一些陈腐的定期刊物，然而真正能代表民间言论的刊物和一些进步的理论书籍，却不易看到。

古书斋在这里很多，古本书籍很容易在各式的地摊上看到，价钱十分便宜。假如你懂得古书善本的话，在这里你总可以发现一些名贵的珍藏。

谈到这里的报纸，数量仅次于省会的杭州，大多是对开一张。然而他们的内容却不免千篇一律，没有独特的风格。又因这些报纸完全是某一个国体的宣传工具，基于自身的立场，当然不能代表真正的民意，完全失却了新闻事业应有的精神。其中《绍兴民国日报》历史较长，是县党部的喉舌，《越报》为县政府的代言人，《青年时报》属于青年团，《绍兴商报》是商界的集体组织，比较接近民众。

以这样小小的一个地区，居然有了六份地方报在角逐竞争，外加沪杭各大日报的倾销，因此就影响到报纸本身的销路。于是大家就凭借彼此的基层关系，抢推销，拉广告，然而销路总属有限，最多的也不过二三千份罢了。

（载上海《大公报》1947年7月20日）

扬州书店一瞥

凌　羽

扬州又名江都，是诗人杜牧讴歌的“淮左名都”。虽然也曾被人讽刺过“青山也厌扬州俗，多少峰峦不过江”，但城北的瘦西湖、平山堂还永远是游人留连的胜迹。因此，扬城多少还保持了风雅，文化水准在江苏是有数的。

这一次笔者趁寒假期中来扬州小住，阴霾，风雪，大大给春节减色，伏在屋子里看一本行箧中的《竹刀集》，真是够人厌倦。年初七，天放晴，我带着无限欢悦的心情作了一次战后扬城书市巡礼。

扬城书店大多在辕门桥中段，商务、中华、世界特约所比门而居，这三家除了略具参考书之外，无书可看。倒是一家万象书店成为这一段书市中的佼佼者。万象旧藏世界文学名著甚夥，新译骆驼版《约翰·克利斯朵夫》和《战争与和平》都各备两部，可是索价，都在三万五千元以上，问一问书价就给吓退的。他如《文学丛刊》和《译文丛书》俱全，书价的高，决定它们永远是橱窗里的装饰品。

左卫街中有一家"联合图书服务所"，开明、生活、文化的书都全，可是却限于文艺一部门，我猜想经办者一定是位能文艺的爱好者，然而生意也很零落，那一家经常供应《世知》、《中学生》、《观察》、《文摘》、《文艺复兴》等杂志，每种两份，书到即罄。"联合"除卖书外还举办了一个借书部分，保证金三千元，每月借书费二千五百元，藏书全部是新文艺书籍，搜罗相当广泛，基本读者以中学生及职业青年占多数，办理成绩极佳，这是救济购买力薄弱的最好方法。"联合"不但解决了精神食粮荒，而且还提高了读者文化水准。每有新书出版，他们都尽先添进去，这尤其是难能可贵的，不过希望主持者设法增添"杂志"一类。

旧书摊，路过几家，破旧线装书塞满书架，偶尔发现几本新书，索价并不太昂。旧城边有一家旧书铺，里面倒有不少西书，打听他们的来源，是"称斤"买进的，所以一本《作家小传》只在一千元就可以获得，少抽一包香烟，可以买一本旧书，在今天是要引为乐事的。

扬城早些时，面临内战前哨，人心不安，哪一个还有情绪读书呢？近来炮火去远了，可是人们却又要为生活愁烦，读书似乎是一件太不合时宜的事了。

（载上海《大公报》1947 年 2 月 2 日）

芜湖书市

凌　羽

芜城是一处米市场，在这市场里，充分表现了市侩的功利主义文化，也就是那些含有毒素的黄色新闻和低级趣味作品的盛行。

于是凡属于文化部门里的各种单位，如报纸，如剧场，如书市，都仿佛置身在一处荒漠的原野，任凭用什么执拗的战斗姿态，都不能克服周遭色情文化的猖獗。所以大多数文化战士只好悄悄地引退，剩下的也仅有数得清的孤零零的战士了。

这儿的书店还称得起“林立”，有商务芜湖分馆，有中国文化服务社芜湖支社。商务专售教科书和一般参考用书，去年年底粉刷一新，它有大中小学校做它的基础，营业有相当把握。中文支社则专门经售独立出版社的丛书，间或有几册零落的新书，可是生意不佳。中文支社经售《世界知识》、《中学生》、《新中华》、《读书通讯》、《妇女》等刊物，标价老是加二成，购者很少，销路最好是《世知》和《中学生》。

专门有新书供应的要数“新中国书店”，这一家有开明的书，也有生活的书，但是不全，标价常加至百分之五十，把利钱看得太重，例如“开明”李广田的《诗的艺术》定价是一千四百元，当去年开明特价时期，这本书他们要卖到二千二百元，所以到今天，四本书还没有售出。新中国书店经售的杂志范围相当广，有《文艺复兴》、《文艺春秋》、《世知》、《时代》、《论语》，一度卖过《文萃》，近一个月来据说“不肯”卖了。

其次是新华、建华和建国三家，也偶尔有文化生活出版社、开明的书出售。可是曹禺的名著，直到今天还是书架上的装点品，购买者简直少得可怜。

下焉者的书店，就专门卖冯玉奇、捉刀人的小说，销路出奇的好，一部《风流小姐》远超过巴金的《火》。

书店老板倒并不是迎合低级趣味，事实上是新文化书籍的标价太高与读者购买力的薄弱互为因果，造成今日芜湖书市的凋零。

芜市有一个学院，十几所中学，学生在五千人以上，其他职业青年和知识青年也有相当众多的数目。但这些青年，都不幸做了通货膨胀中的受难者，他们没有那么多的钱购买《鲁迅全集》、屠格涅夫等人的作品。他们花三千元买一本全球书店出版的《鲁迅散文集》已是不胜负担的了。

这里的书市真是陷入一个悲哀的境地中，书店除了靠一年两期的学校教科书以及平日出售的文具外，进步的书很难找到基本读者。书店里固然难有新书插架，而跑书店的读者也给那些色情的东西“挡驾”了。

荒漠的芜湖文化，零落的江城书市！

附带提一提外国书刊吧，那可以说是“绝无”，《时代》、《读者文摘》从来就没有看见过，倒是满街的美国玻璃用具替代了美军读的战时袖珍式书籍。

至于旧书铺，好像除了一家息尘轩书画铺子里，间或发现几部《四部丛刊》之外，要找一家如上海福州路马路书摊都不容易。一个需要精神食粮的文化工作者，在这里是要感到窒息的。

笔者是一个中学教员，我有一个起码的要求，就是希望全芜湖市的中学教员提倡与鼓励学生读书，文教当局经常举办读书会，报纸上增辟读书周刊，这样才可以把荒芜的文化园地垦植起来，从而扫荡那些含有毒素的色情文化。

（载上海《大公报》1947 年 1 月 26 日）

慨叹广州出版事业

广　良

抗战事起，上海变为孤岛时——廿七年春，本刊也曾避地到过广州一次，歇了半年脚，一直到广州失陷前夕，才撤退往桂林。如今我们再到广州，廿七年初来时的印象，现在都已成为八年前的往事了！八年来的岁月，时间虽只有二千多日，如果我们回忆这一段短短的历程——国家、人民和本刊，都经历了无限辛酸，真是有不堪追述之慨！只就本刊离开广州的前一晚来说，眼看着敌人登陆到这古城，十天的战事，这所谓革命策源地的大城底命运是一个多么悲惨的遭遇！如今偶然忆及，还足够我人热泪盈眶！然而，现在已是抗战胜利了，这些不堪追忆的往事尘烟，没有再来翻忆的价值了——现在我人再来偶提一句的，实在亦只是催护重来的人不能免的一点忆旧底感情而已。

本刊原创刊于上海，而有机会两次迁来广州出版，也许有如佛说，和广州有点夙缘。第一次迁来，是因上海我军阵地转移，上海沦为孤岛，出版事业受敌人压制，我们为应读者的要求，坚持战时文化事业，支撑抗战宣传，不使中断，故而南迁。而这第二次来是为的什么呢？原因似乎也并非偶然。因为当去年敌人宣布投降之后，集中重庆的一般出版同业，以纸张来源、印刷条件、书刊运销等等，陪都终究不是一个适宜于战后出版业发展的地方，大家都作易地复员的打算。咸认今后我国出版业中心，仍当属于沿海省份，上海自然也是主要地方之一，华南港粤、华北平津，亦都是一个重要性的地方。而上海租界收回后，特殊性消灭，也许华南的地位更觉坚强。更具体的说，出版事业是须要一点的自由空气和水分才能培植得茁壮成长的。这时蒋主席还没有宣布国民的言论、出版、思想、信仰等四大诺言，在当时的现实环境下，出版界大家都要慎重的考虑各自战后发展的基地的。这在华南的香港，就具有这一个特殊性。同时亦在这时候，于敌人只刚放下武器，国共双方即剑拔弩张，华中华北，遍地烽烟，因此我们迁出陪都后，就只好再来华南，临时找一个稍歇的地方，让我们有点观望的时间（华南港粤，都是本刊一再莅临的旧地了），作局势稍微安定后发展的准备。这样本刊就第二次再到华南——港粤来。

然而，这差近一年以来我们再来广州后，于广州出版业文化事业，却觉有无限的感慨。

广州是一个所谓革命策源地的地方，如果根据一般革命逻辑来说，能够产生革命的力量的，应该要在一个有自由气氛、文化水准相当程度的地方的。这我们是在经营出版事业，别的不说，在出版言出版，就来谈出版事业罢。这个地方出版业的现象，实在使我们自己也觉得太沮丧，太惭愧了！我们前面已经说过：出版事业是须要一点的自由空气和水分，才能培植茁壮成长的。不久以前，一位外国的朋友即曾说过，广州没有言论自由的迹象；南京一位粤籍的国民党党员——孙中山先生的哲嗣，也说广州是没有出版自由的地方。出版业所切需的自由水分和空气，在广州刚巧最缺乏。这样贫瘠的一个地方，怎能希冀它培育出什么东西出来！

记得在陪都时，一位在广州办党务的朋友，曾对我说过，希望多一点“文化人”到广州来，冀望造成战后珠江文化一支巨流。而今不只这一个幻望连一点影像都没有，在这一个的文化领域界内，实在使人觉得太贫瘠了，太荒芜了！也许说得过分一点，这地方就一如北邙的废冢一样死寂和荒凉。这样的一个文化萎绝的地方，怎样配得上称“革命策源地”呢！一个地方的文化事业，兴衰繁谢，即关系该地百年祸福。目前广州的文化领域之奄奄一息现象，我们实在感觉到太可怜了！原因何在？质之粤省当局，对此现象，我们实在慨叹太深了！

（载《宇宙风》1947 年第 146 期）

畸形的香港文化

——香岛水沫之四

韩北屏

说香港没有文化，是太武断了一点，不过所谓“香港文化”也者，另有其形态和特质，是落后的，封建的，而又是殖民地性的。

曾经有一位新闻界的前辈对我说：“没有一个地方的报纸，更比香港的具有鲜明的地方性。”我同意他这句话，而且我要把它引伸到香港的出版界中来。

目前香港的出版界，景象萧条，正当的出版商，除了用内地的纸型，再版些书籍，偶而也出些政治性、时事性的小册子。至于出版大部头的作品，简直无人尝试。其原因在于本地印刷纸张等等的成本太高，市场又淡滞，运到国内去销售吧，国币价格日跌，等到款项收回，恐怕连成本的二分之一也不够，时间再长些，那就更不堪设想。

可是，另一边，那些黄色的小说，色情的图画，却日出新书，彩色的拙劣庸俗的封面，挂满了街边的书摊。此类小书，销售甚佳，一两万字，十几二十页，售价港币二角。他们以廉取胜，售价高过五角，那就难卖了。他们以多取胜，每本书总有二集三集，以至数十集，不断的出下去。内容荒唐怪诞，文字似通非通，文言白话，广东方言，应有尽有。

说到香港的报纸，日晚报共有十三四家，四开小报，朝生暮灭，简直无法统计。大报中间，只有一两家报道正确，言论公正，而且注意编辑技术，其余的则毫无可取。销路最大的日报，也不过三万多份。

多数的报纸，在电讯上绝不竞争，更少见通讯文章。他们竞争的是社会新闻、体育新闻，一条奸杀的新闻，可以放在第一版的第一条。而且，本埠新闻中间，有时是记者的“创作”，他们像写小说似的虚构新闻，地名是某街某号，人名也是某某，新闻有头有尾，有描写，有叙述，有议论，强调色情，渲染奸杀，用耸人听闻的标题，来迎合读者，争取读者。

至于报纸副刊，那更是光怪陆离。这些副刊，大概可以分成三类：

第一类，刊载杂感，小品，配合时事的短文，反映社会生活的报道，影剧，书评等等，这是极少数好报纸的好副刊。

第二类，专登西风杂志式的文章译作，谈谈清淡的人生，浅说科学的奥秘，介绍幽默笑话等等，翻译多过创作。经常另有一两个长篇小说连载。可是，这样的副刊，仍是少数。

第三类，那才是洋洋大观的多数。他们谈鬼说怪，铺张扬厉，仿佛鬼就在面前似的。谈蛇，这是广东人奇怪的嗜好之一，他们对蛇特别有兴味，分析蛇的种类与性能，替蛇起绰号，介绍伪造的蛇祟故事。色情文章，触目皆是，其露骨的程度，恐怕任何一地方的最下流的报刊也望尘莫及。这种色情文章，有用文言，有用白话，也有用粤语，不讲情理，一味放肆。香港政府曾经屡次予以处罚，也不能收效。另外，也有长篇连载，一个小小的副刊，可能有五六篇连载。长篇小说的内容，也是非侦探即爱情，非猥亵即下流。报纸副刊的文稿，隐然存在着包办制度，好比一个六栏的地位，五个长篇连载，再加一篇短文，一篇色情短篇，就可凑足字数。每篇文章有固定的作者，固定的地位，编者只要转发排字房就行，每天版样无须变动，也无法变动。

四开小报呢？它不同于上海的小报，还刊载有新闻性的文章，或是轶事琐闻，这里也是长篇短篇、文言白话夹用的小说，色情，神怪，各式俱全。

写上述小说的人，全港大概有一二十人，他们的稿费收入，最高可达港币二千元一月，每人可以同时写四五个长篇的续稿，实则无一可取。

这些诲淫诲盗报纸的流毒，对于年青男女，对于社会生活，实在为害甚大。在那些文章作者的眼中，似乎每一个人，每天总沉浸在淫欲中，此后无所事事。

再说到报纸的出版时间，日报大概是上午七点钟前，晚报就滑稽了，最早的在上午十时出版，最迟也不过下午一时。当太阳高挂中天，晚报已在满街叫卖了。最早出版的那家晚报，听说和日报一样，是在前一晚编好付印，不过延迟到中午出版而已，这样不是没有更新的电讯了吗？他们不在乎，反正吸引读者的是“创作”的社会新闻，色情怪诞的副刊，早两天出版，也没有什么要紧。

英文报纸有三家，也出有晚刊，那是洋人与“高级华人”的读物。编辑技术不高明，态度还算好。

（载上海《大公报》1947年9月26日）

书店在沈阳

泙　心

（沈阳通讯）春天在沈阳已经衰老了！公园里绿树成荫，紫色的丁香花开放在要人新贵的洋房上，一辆一辆乌黑的小汽车，不停像的风驰电闪似的在马路上穿梭着。

在马车塞满着的街道上，风砂扬起，马粪的气味随着也跟着向脸上扑来。有钱的人在沈阳可以尽情的去享乐，联谊社、世界饭店等，都是吃、喝、玩的好场所，南京、上海等大戏院也是消磨时间的好地方。而一般穷公教人员，在高粱米要卖到流通券一百廿元以上一斤，大米二百多元一斤，猪肉四百元以上一斤，每月只有一两万收入的人们，除去伙食万元外，还要来养家活口，哪里还能谈到“享乐”二字！是的，假如在过度重担下，亦须要精神上消遣的地方，那恐怕只有去蹲书店。

蹲书店，这怕在关里，从南走到北，也享受不着这种好福气；就是在旧书摊上，你要多翻了几分钟，也会遭到：“买吗，你啦，这本便宜!”至于书店，无钱人自然谢绝了。

沈阳的书店可是另一种作风，无论是贵重抑是便宜，无论是科学或是杂志，你可任其意来选读，看完这本调那本，不高兴看了拍拍屁股走，爽当利落，并且有的书店给顾客们预备一列列他的长椅子，每天每天坐满着，背诵也好，做笔记也好，门口斗大的“欢迎入览”公开到底，店家是绝不讨厌的。假如在图书馆，尚有一个借还的麻烦；假如在赁书铺，还有一个租费的不经济；可是在沈阳的书店里，这些琐事费用都没有。这是沈阳书店特别的风味。

（载《老乡》1947 年第 1 卷第 4 期）

一个小书商的苦闷

张雪堂

我是河南省一个小城市的小书店的经营者，在遍地失业的现在，总算有一点职业，好像该没有什么苦闷了。但我的苦闷是一言难尽的。失业虽比有业苦闷来得深，但职业中的苦闷却更为曲折复杂，在日常中遇到想不到的糟心的事。

我开设这个小书店，是有一点理想的。近几年来这个小城市是繁荣得多了（当然不必管这繁荣的本质怎么样），而文化事业并不相应着繁荣。书店虽有两家，并且生意还不错，但所卖的书很难说是对文化有益的。这些书大概可分为两类：一类是五经四书及医卜星相的书，二是武侠爱情的小说。前者的主顾是外乡外镇的书贩，因为乡间还有私塾。后者的主顾多为小市民及学生。我为打破这种污浊的读书风气，使读者跳出四书五经、武侠的圈子，于是就组织了一个小书店，专卖新出的杂志及比较高尚的书籍。一个月后我才感觉失败了。新文学的书籍尚有几个顾主，至于学术的书籍几乎无人问津，倒是来找《蜀山剑侠》及《卜筮正宗》的却大有人在。这时我才具体的明白了什么叫理想，什么是现实，我才知道别的书店所以卖那些书，完全是为适应现实的需求的。

书店是太平时代的买卖，衣食足而后读诗、书。在物价波动、生活不安的今日，却是最不景气、最难做的生意了。发财的人大多是不买书的，想买书的多半是无钱的知识分子。看到那些穷公务员、穷教员们徘徊在店中，欲买又嫌太贵的情形，真令人难受。我虽然同情他们，但我又不能将书白送他们，因为我还得顾到我自己。

胜利之后，正如一个朋友所说：文化事业是大有可为的。但胜利不久就受到了无理的检查，鲁迅的《呐喊》被没收，曹禺的《北京人》及丁玲的《母亲》都受到不准再卖的警告。后来因为销售《文萃》与《民主》，引起地方当局的注意，几乎酿成巨祸。这还不够伤脑筋的吗？

失业苦，有业也苦，这都是“年头”逼成的，有什么办法？

（载上海《大公报》1947 年 3 月 9 日）

“文库”狂

王　奇

近来各大书局都在置重心于“文库”，最早的当然是商务的《新中学文库》和《新小学文库》，前者今春开始预约，后者现在尚在预约中。继之而起的是大东书局的《新儿童基本文库》和中华书局的《中华文库》初中第一集、小学第一集。大致价钱、册数、内容，都差不多（大东的二〇〇册，一百二十万〇五百元；中华的《小学文库》三百册，二百万元，但可分购，低级八十万，中高级各六十五万元；商务的《小学文库》第一集二百册，一百三十四万四千元；平均数是，小学的不到万元一册，中学的要超过万元），凭售价说，不能说不算便宜（十二月以后如何，就不可知了），可是在购买力极低落的今日，到底这些书的销路如何，实亦不无疑问，因为一下子拿出一百几十万来买书的，终于是少数，就是各学校的图书馆，恐怕也只能预定一种而已，战火弥漫中，能有这种购买可能的学校有几？更觉不胜令人杞忧。

这些书都是以本局的旧出版物为基础的，例如商务的《新中学文库》，连版式都没改，大小参差不齐，不过加了一张画一的灰纸封而已。可是为了“号召”不能不说有所补充，于是罗斯福、DDT、原子弹、联合国之类，你也有，我也添，说来说去，不过那几桩，显而易见，这是“应应景儿”的勾当。若是原来没有这么多现成的纸板，恐怕谁也不肯如此“不惜工本”的。商务曾刊行过《小学生文库》，那时有五百册之多，中华也刊行过《中华初中文库》，现在自然是以此为底子。至于商务的《新中学文库》，那是由《万有文库》的学生国学丛书史地、自然科学、应用技术等书中选出若干种，另加几种新出版的东西凑成的。

当第一次淞沪战役之后，商务被炸，王云五氏以《万有文库》为复兴商务的“撒手锏”。那种包罗万象的气魄，果然是雄厚的。对于一般学校及小型图书馆也着实便利。在馆方呢，不必出若干版税和排工，只须改头换面，把旧日出版过的东西从新“类化”一番，就成了看过去汪洋浩瀚的一大套。这是一种手法，自然，里边也有特别请人译写的，不过所占比例甚少，仿佛今日的《新中学文库》一般。因为此一计划的成功，才有连续而来的《万有文库》二集、《丛书集成初编》以及《小学生文库》等。中华的营业方针一向是跟了商务跑的，于是中华的各种文库也陆续的来了；仿佛《四部丛刊》之后一定有《四部备要》,《辞源》之后必有《辞海》似的，好在那时候物力丰裕，学校不在乎几百块钱，定了商务的，不妨再照顾一下中华，兼收并蓄，可以落个藏书完备的美名。

把同类的书或根本不同类的书汇在一起刊行，这事也很早了，中国过去的“丛书”就是。丛书之刻始于元明，而盛于清，有的以类相聚，如《说郛》、《顾氏文房小说》之于说部，《借月山房汇抄》等之于史事,《古佚丛书》、《士礼居丛书》之于版本；若《粤雅堂》、《知不足斋》等则以博搜为事，往往包括了经史子集。近人谢刚主曾作了《丛书考》，这里不赘述。总之，这便是中国最早的“文库”了。不过那时丛书所选，大都要取不甚流传的秘籍，或是版本特佳，重刻以广其传，并不以普通书为目的。“文库”二字之名，应当是贩自日本，日人给藏书的地方叫做文库，如有名的“内阁文库”、“静嘉堂文库”(以收买中国皕宋楼藏书著名)、“金泽文库”等，或属私人，或属国家。到后来，刊行大部的丛刊，亦即称之为“文库”，如鼎鼎大名的《岩波文库》是。也许，日人的说法，又是学了西洋的丛书和图书馆根本是 Library 一个字的吧?

《岩波文库》是以全世界的名著为对象，陆续刊行的，犹之乎 *Everyman Library' Modern Library* 等书的办法，与中国的固定若干册、一次缴款的不同。生活书店所刊行的《世界文库》有点像《万人丛书》的办法，可是又分期合订，成了杂志的形式，虽然第二年改出单行本，但亦不久中止(因战事影响)。所以中国大规模连续出“文库”的还没有。——若是不经战争,《万有文库》再出下去不知如何?

取旧书集同类而印行一大部的办法，也是日本人优为之。他们利用着进步的印刷术，低廉的人工，竭力作这种生意。“平凡社”尤其是专门以此种出版物维持营业的。我们所看到的《世界美术全集》、《书道全集》、《东洋历史大辞典》、《东洋史大系》、《世界史大系》等等，全是这种东西。我觉得他们的办法有可以为我们借鉴的，就是“以类相从”。譬如《东洋历史大辞典》那样的书，中国就不曾有，一个学历史的人，往往为了一件极小的问题，得遍查许多典籍，真乃苦不堪言。近来虽有廿六史翻新之举，可是凭一个人的力量，作这种伟大的工作，难免要“俟河之清，人寿几何”，恐怕出全了是遥遥无期的。

为了暂时营业，采取综合编制，以吸收一部分现金，这是无可非议的。可是旧日著述，是否完全可靠，真不免有些疑问。记得《万有文库》初集刊行后，曾引起许多评论，对于里面所收的科学及应用技术书表示不满，那无非是嫌它过于陈腐，或是早已时过境迁。这个本来很难说，科学日新月异，中国又是落后的国家，怎么能追的上人家？不过若是拿一九二四年出版的福特公司编印的《驾驶术》，翻了出来就当作驾驶汽车的课本，也实在是笑话。我每逢看到《辞源》、《辞海》上的汽车、摩托车插图就哑然失笑一回，因为那是道地一九二〇式的，都市的人固然无所谓，对于农村的人，就可能发生影响。Webster 字典辞典的插图是和正文一道，每年修正的，中国就办不到。关于“文库”的编刊，亦作如是观。前文已经说过，添几本罗斯福、原子弹，是的的确确不够的。

我老实不客气地建议，普及的、牟利的“文库”固然要编，专科的、参考的“文库”也不能永远拱手让人。丁福保老先生以私人力量编成偌大的《说文诂林》，拥有编译所的大书商，以及拥有研究所的公私立大学是该有愧色的。创造固然不易，整理却非甚难，不信，凭我的理想，提出几个计划看看：

一、《中国史学参考文库》。我觉得像《廿六史会通》那样办法太笨滞了，我们何必来翻印廿四史呢？有许多古人的说法也该扬弃，应该以朝代为纲，以人以事为目，把属于一个问题的古今论文辑录在一起，附以极详明的索引。这是一种永久性的出版物，不妨每月一期或半月一期，对于新的论著也可以收纳，合订起来成为一部词典，分看起来是各专题的研究。有点像中央研究院的《史语集刊》，而内容要扩大，不但昔贤成说，东西洋的学者议论亦须译录。

二《金文集释》。采《说文诂林》方式，将宋以来至今日的钟鼎铭文、研究、考释、按器、按时代、按国别剪辑，附图录索引，对于研究史学的人必大有用处。推广此例，甲骨、汉隶均可如法辑录。墓碑、石刻、陶瓷、明器等目。若连合起来，可称为《考古文库》，与哈同所印的《艺术丛编》差不多而加以科学化。

三、《中国社会史大系》。这个可以说是"一"的分支。社会史的研究已由附庸成为大国，而且论战极多，理应有一结集，俾便检索，分期、分题编辑皆无不可，唯索引必须精细。

四、《新科学文库》。搞科学的人，好像非西文书不念不看，他们因为实验实习忙迫，也没有工夫去翻译。其实，文字的工作，我看也很重要，今日中国人科学常识之不行，与此不无关系，这个文库可以分为普通组和参考组，随时出版，以介绍最新的科学知识及技术为主。

五、《世界名著文库》。*Everyman Library* 及 *World Classics* 等，其选书对象皆以全世界为单位，而且是有系统的，不是随着译者高兴什么就是什么，我们自新文化运动以来，虽然各书店译述新书可汗九牛，但说到系统，实属茫然。应该按照哲学、文学、美学、科学、史地等科，分组按时代按国家编列，广请通人，加以译述，并须编者引论、作者年谱或传记，以为阅者参考资料。

当然这是作梦，满街车着白报纸，作为押款投机的筹码，有谁理会我的呓语呢？可是，世界绝不能永远黑暗，也就是说，学术必有重放光明的一天。

（载上海《大公报》1947年12月18日）

说古书读本

芗　圃

读古书要借好的读本，有好的读本，才能受事半功倍之效。从前人为举子之学，入门的官定宋元人注四书五经，只用些坊本评点讲章之类。他们本来不是读书，只是找一块敲门砖而已。他们所读的也不是好的读本，不过资以揣摩挦扯以为临场之用而已。

好的读本必须是深入浅出的，必须备有提示、启发、详博而反约的功用与体段，有组织、有见解，而又宽厚从容，面面俱到。因此读本的作者，单有深湛的造诣是不够的，必须有一种极其博雅涵宏的态度，而且自信其取径方向是无害于从学之人的，这样他才能做一部读本。

朱子便是最适宜于为这样的读本的人。朱子的《四书集注章句》，不论科举士子如何点窜涂饰而为他们代圣立言的标准，不论汉学家如何一次两次的议论指斥，总之的确有使人在自己分上受用深造之处。至今我们更加看到，往日对于《四书集注章句》的利用借口与指斥都已无所用之了，而《集注》仍然为学者一部最重要的读本，我们可以尽量采取受用，而不用再过虑其流弊了。

《四书集注章句》为什么成其为最好的读本呢？第一，在乎它所托之高且重。我们虽不必守孔、曾、思、孟道统之说，但《学》、《庸》、《论》、《孟》之为儒家最博大精微之典籍，却是从程朱表章以来，而即成为千古定论的。朱子说："四子，六艺之阶梯。"要从思想上对六艺下工夫，没有四书的阶梯，便是白费气力。朱子托意于此，其用心当然更精且密。其次是他自己的态度与方法。他谨守程子以来的家法，一字一句，皆用他一贯的宗旨去采择、衡量，而又没有忽略前人解经所用的训诂、校勘、考证的方法，并且兼取一些不甚相同的说法，用自己的判断来排比、去取。精约、弘通，不但使我们从注里看到正文的精义，好切实地在自己身心上体认受用，而且让我们懂得读古书的方法。真正能使四书成为六艺的阶梯的，便靠着这部《集注章句》。朱子自己说："某下一字时，直是秤轻等重，方才写得。"以如此矜慎的态度，自会成为有益的读本。

《古文观止》不是好的读本，因为编者本来没有编造好的读本的诚意，他的主旨不过让做八股的士子学一些古文的调子。因此，他所选的虽上至战国，下达明朝中叶，而真正有文有质的作品并没有选入，空疏无物，而音调铿锵的文字却选得不少。读过了《古文观止》，我们还不知道春秋三传在性质上与文章风格上有什么分别，也不知道王伯安原来是一位大理学家，因为它本身全然没有提示和启发的作用。不是博，而是杂；不是约，而是陋。因此《古文观止》不能做我们的读本。

《仪礼》有一部好的读本，张稷若的《仪礼郑注句读》。以张稷若这样的大家来做这部读本，与其说他绰绰有余，宁可佩服他敬谨精约。

后来朱郁甫也为《礼记》做一部读本《礼记郑注训纂》。朱郁甫也是有成就的学者，但我们把这两部书比较一下，便看得出两位作者的识器度量相去之远，几乎不可同年而语了。

我们应该有一篇好的古书读本目录，免得仍然乞怜于坊本讲章之类，使我们看不到古书的真精神！

（载《图书展望》1947 年复刊第 4 期）

排印·影印·翻印

王　奇

这里谈谈印古书和翻板书的事。

印古书的风气近来好像非常不振，若与民国二十年以后比起来，恍有隔世之感！（一部美术丛书要一百五十万，令人舌桥不下！）其实印古书在前清末年已竟很流行了，《国粹学报》（刘师培主编的）曾印了很多失传的古籍，发行的机关叫“国学扶轮社”，其对象多是明末义士的遗著，遭文字之狱不能刊行的。因为刘师培那时参加革命，排满的气味颇浓（曾别号光汉子），后来这些书收在一起，叫做《痛史丛书》，好像改归商务出版了。这时还有一个文明书局，专用石印有光纸印行各朝代的笔记，就是如今还由中华书局代卖的《笔记小说大观》，共有四百余册，说是大观，倒也很不错，后来小品文盛行时林周诸人提倡的《陶庵梦忆》，以及俞平伯倡导的《浮生六记》等书，全包罗在内，可惜那时却没人拿它当作宝贝。

慢慢就来了影印古书，这也是东洋人先有的。在日本，影印的善本孤本很多，此时中国书商，渐渐效法。商务印书馆有个藏书楼，名曰涵芬楼，收买善本旧本书甚多，都是张菊生先生经手的，遇到好一点的本子，就影印出来，名为《涵芬楼秘笈》，校订的人，多半是无锡孙毓修先生，倒也出了二十种光景，现在这些书早绝板了，有时在旧书店里淘着一两种，很可喜悦。由《涵芬楼秘笈》反引导出来影印《四部丛刊》，其发起总在民国元年至八年之间罢，目录和板本都是长沙叶德辉定的，参与的人好像还有董康和缪荃孙。叶氏于十五年在长沙被处死，这件事渐已无人提起，他的《郎园读书志》所附《书林余话》还谈到这件事。有人说，《四部丛刊》扉页上的题字都是董康的手笔，看那瘦硬的风格，确是很像。这是中国影印古书规模最大的，即在商务本身，亦以此刊及《百衲本二十四史》为巨擘。这书的底本，除涵芬楼自己的收藏外，最大的来源要算江南图书馆，这些书本是杭州丁丙的故物。丁氏八千卷楼藏书，驰名海内，光绪末，由缪荃孙的介绍，两江总督端方出钱收买，办了一个江南图书馆，即后来的江苏省立国学图书馆。此外，常熟瞿氏铁琴铜剑楼、乌程蒋氏密韵楼的东西也很不少。这部大规模的有系统影印古书出版之后，引起了出版界向古书动脑筋的风气。

与此同时，本来上海还有一家古书流通处，专门用石印影印古书，不特古书流通处，就是那些开在四马路一带专卖旧书的店家如扫叶山房、文瑞楼等也开始大印其古书，这个系统又不是承继商务，而是远绍同文书局。前清末年，与江南制造局同时开办的同文书局，用极清晰的石印印了《二十四史》等书，行款装订，全很古雅。于是仿行者踵起，有什么点石斋、蜚英馆、鸿宝书局等，不但大部的经史注疏有了影印，专门给入场的士子预备的夹带书，更是多不胜数，什么《四书题境味根录》、《四书人物串珠》、《四书典腋》、《大题文府》之类，细若蝇头，小如手掌，亏那抄写石版的人，怎样写来！这种技术，好像如今有些失传了。同文版的《二十四史》，如今也要卖到几百万，那是以乾隆四年殿本为底子的，开明的《二十五史》即照此版，就是《百衲本的廿四史》、《旧五代史》、《明史》之类，还不一样翻的这个本子？这些书店影印的对象大致是“应用书”，亦即“学术书”，版本不限宋元明，而专以清刻精校的为主，价钱公道，切于实用，倒是很有功于士林的。

接着来了中华书局的排印《四部备要》，他们的标榜是空前大规模的“排印”古书，而用的是“聚珍仿宋板”。我在《印刷和装订》一文，已批评过这种铅字，并没什么好，所以叫做“聚珍”，当然是模仿乾隆年印《聚珍板丛书》的名字的。那丛书是用木活字排印的，仿宋代毕昇胶泥活字之法，算是乾隆帝的得意作。《四部备要》与《丛刊》之别，是前者注意板本，后者注意适用。即以经书论，前者不收清人注疏，而后者则有清《十三经注疏》之辑；史书中，也有《吾学录》、《通志二十略》、《历代史表》等专门备查的工具书；而集部里的各种选本——《古文辞类纂》、《（正、续）词综》、《明词综》、《经史百家杂抄》、《十八家诗抄》等，均是《丛刊》所不取的，但在一般应用上却很便利。故以普通学校论，《丛刊》似不如《备要》。

到民国二十年以后，影印排印古书成了一窝风，开明印了《廿五史》，把《新元史》夹在里面，接着又印《廿五史补编》。这时，光是印《二十四史》的就有好些店家，有的标榜什么《廿六史》，有的专印史书的《食货志》（此时唯物论盛行，《食货志》感需要）。可是到后来都是骗局，印《二十六史》的一家（记不清加的两种是什么了），以注文字样与正文同大号召（另加括弧），实际上连前四史都没出完就没有下回分解了。

民国二十四五年，商务在“一·二八”后复兴计划之下，实行大规模生产计划，《万有文库》一集之外，又出了二集，其中主要是《国学基本丛书》；同时决定了影印《百衲本廿四史》和排印《丛书集成》。前者是毫无疑义的盛举，对于学术界造福甚大；后者就很难说，因为排印多错误，且又擅加标点，疵缪百出，承学之士，颇有微辞，不是做学问的人，这种书只好摆摆架子作装饰品，那也就谈不到什么批评。

有人将民国二十四年叫翻印古书年，商务的一炮之后，中华立刻宣布影印《图书集成》，而商务的影印各省通志，续印《四部丛刊》二编、三编，把《国学基本丛书》提出单行还不在内。上海杂志公司老板张静庐，于几次颠仆之后，东山再起，除编印几种刊物之外（如《中流》等）、并印行《中国文学珍本丛书》，专从小品文、明代小说上着眼，全书有百种左右，由施蛰存等主持标点，因有《金瓶梅词话》等书在内，大约生涯很是不错，但也惹起学术界许多讥评。平心而论，这种书于“世道人心”并没什么好处，可是在纯文化立场，也自有其价值。前乎此，已有林语堂、刘大杰标点排印的《袁中郎全集》了。

大书店在这样动脑筋，小书店也并不落后，所谓一折八扣的书，如排山倒海，汹涌而来，如大达图书供应社、中央书店等，均是以此为业的。林语堂曾于《宇宙风》著论盛赞此种书之便宜有用，便宜确是不假，定价一元的书，打个一折，只有一角，再打八折，就成了八分。《三国演义》、《红楼梦》、《水浒传》、《女仙外史》、《绿野仙踪》等，绝对不会超过五角钱一部，若比之今日动需数万元，简直是天上人间！凡事盛极必衰，大约这也算一端罢？

和上海杂志公司同时有计划印古书的，还有生活书店的《世界文库》，《文库》的设计在前，而《中国文学珍本丛书》居后。在《文库》中，如《金瓶梅》及《警世通言》都是分期刊载，看的人当然不过瘾，《珍本丛书》看出这一点，便起而承其弊，并把猥亵部分印成单张小册(《通言》《珍本》中无有，代之以《拍案惊奇》)，好像小册与单张反成为精英，有此一篇，余书可废。若是说到取材用意，自然不如《文库》的严肃。

大批的古籍，任便怎么便宜，那时读者的购买力到底吃不消，即如《丛刊》、《备要》，定价都是六百，特价四百，按物价指数折合，今日已逾二千万！到廿五年下半季，商务首先印行《缩本四部丛刊》，中华继之，《备要》也有了缩本，都是改本装为洋装(《备要》并有布面精装本)，册数在一百至二百之间，收藏的便利，价钱也便宜了许多。这可以说是印古书的新发展。

让我再谈谈翻板书，这是非常不道德的勾当，按法律说，是犯罪的。但中国商人谁管这一套，只要有利可图，无不可以大翻特翻。民国十七八年，是翻板小说盛行时期。翻板中心在北平，其对象始而是流行小说，例如张资平、郁达夫、郭沫若等，后来就转移到蒋光慈、鲁迅等人身上，反正以市场销路为标准，愈是畅销者，愈是翻得快。郭氏的《石炭王》、《屠场》等译本竟觅不到原板，鲁迅翁的《毁灭》译本，北平也根本没看见原刊，而《准风月谈》等也是一到北平即有翻板(并把“准”字错成“淮”字)。有一时期，连商务的《辞源》都翻了，只卖两元多钱，故都东安市场的书摊，几乎清一色的翻板书，这现象持续了足有三年之久。后来，上海的著作家提出抗议，并要起诉，才渐渐敛了迹。

到敌伪时期，这现象又死灰复燃，起初是伪满书店大批翻印巴金、茅盾、老舍等人的作品，在大连、辽宁等地畅销，日人进兵北平及南京，这路货色也随了来。同时，南京、上海的三通书局（日伪合办），也把上海流行的作品大量翻成《三通小丛书》，如叶绍钧、夏丏尊、丰子恺诸先生的作品，均在不免，曹禺的剧本，似乎也有。在敌伪势力之下，诚然是“莫可谁何”；所以有一阵把开明版《廿五史》都翻了，清史稿也印成《廿五史》大小的本子，这都是很令人诧异的事，到如今却连主名也纠不出了。至于大批的翻印外国书，那又是一回事，还不在本文讨论之内。

（载上海《大公报》1947 年 10 月 2 日）

改革中文排字的一点小意见

韦晓萍

我国印刷界现行中文排字的方法，若从科学的观点看，是颇成问题的。中国字因为是单音字，所以字数特别多，《中华大字典》竟收到四千九百零八字；其中有许多重复的字，同音同义异形的字同时并用，除了刻板的记忆之外，极不易于分别。加之字形也继续不断的变化，以致人各一体，漫无标准，渐渐地失掉其统一性，而字数也愈来愈多。二十四年教育部颁行的《小学分级暂用字汇》二千七百十一字，应用起来，自然不敷，即如 William Gamble 最初创用的排字架所列之字数，到现在经过各人的应用也感到大有改进的必要，原因过多或过繁复，每每仍不能便利于排字时间的。

试观二十年来各私人或团体编订发表的字汇，以及打字机排字房所列字盘就可以知道经常国字的基本字汇所应占的字数了：

名称	字汇	字数	备注
俞氏中文	常用字八五三		
	特用字一〇二	二三二九	
打字机	间用字一三九四		
民生华文	常用字八八四		
打字机	间用字一四九九	二三二三	
王云五	常用铅字	二四〇〇	
舒氏华文	常用字一四三八		
打字机	备用字一三四四	二七六七	
平教会	通用字表	三四二〇	
徐则敏	各种适用字汇	四四三一	
庄泽宣	基本字汇	五二六九	
华丰印刷铸字所	新式字盘标本	六六五九	
王云五	常用字二五〇九		商务印刷所艺徒训练所试用
改良字盘	普通字四一七七	六六八六	
教育部	注音汉字常用字表	六七八八	
Gamble	二十四盘常用字八四四	七〇一四	现通行于各印刷厂
排字房盘	六十四盘普通字六一七〇		

把这许多字汇，企图只用几个字盘分别排列得一清二楚，俾便于排字时俯拾即是，本是不容易的事。照现行排字房的全付字架，七千另十四个五号字可以分装八十八盘，所谓常用字和普通字，仍是先按部首次按笔画排列。其中常用字八四四字的先后位置，排字人务必熟记，不待乎考查部位与笔画即可检出的。普通字六千有余，则只能按部首与笔画来检取。据王云五先生说：所谓常用字八百四十四个字中，有时也不一定的，这还须视配合时间环境的应用而改变，有时因为二十四盘的范围有限和先时与目前时地均不尽同的原故，却也不得不退居六十四盘的部

位字，和许多罕见的字并列一起。可见这仍是因一时之方便而转变，并无一定科学的理论为依据和科学的畴范为限制，自然，应用起来，初学入门的人是很难有所依从的。

事实上，这些不合理的地方，倒也并不完全由于字架的错误，原因中国的字汇也太多太过于复杂，很难于用一种简单的字来分清楚。我常常想，如果真能有一种简化的方法，使国字改换现行的部首制度，用另一种显而易见的别类来代替也许方便得多。我个人尝编行一种实用国语字汇，在《发凡》里，有一段话，是这样说的："通常字汇分类次序，皆以部首笔画为准，作之者，但就字释义，既不详其所由，复不究其所及，名曰渊博，实则枯涩。而学之者，字字必查，每用苦之。因而冬烘之辈遽求便利，即倡言'有边认边，无边认中间'之语，初学者，亦奉以为圭臬，于是读'斡'为'干'，读'芃'为'凡'，读'萑苻'为'佳苻'，诸如此类，谬误百出，未始非为旧持之见所误。"所以当时颇有一种兴趣，想对国学的类列加以新的整理。后来见柏寒君的《汉字随谭》，则予这种认定以明确的阐释。他说："字的主要部分还是声符，俗谓认字认边，就是认声符部分。如果老早就采用制造复音词来分别同音词的方法，形符是可以不加的，例如'方草'、'方木'、'方舟'、'方鱼'、'旨方'、'方守'等词，可以指示不同的意义，那么'芳'、'枋'、'舫'、'鲂'、'昉'、'防'等形符就可以不用了。"

假如这个认定可以成立，而能使形符的重要性能减到最低限度，中国的形声字便可以大大减少，而常用字也因而大减，这样使学习文字的功夫更简易。自然，到那时，排字房检取字汇，就按音符去检字，也就方便得多。所以说："如果不发展这个长处而从增加形符着手，那是大大的不智。"王云五先生已经在商务印书馆艺徒训练所中采用四角号码排列字汇来代替向来的部首排列，亦即是希望逃出部首的限制而想求向着最简明的方向去做。总之，今天按用部首与笔画的排字方法，实在有大加改革的必要了，原因这样做，既不曾达到"简"，也不曾做到"明"的要求的。

（载上海《大公报》1947 年 6 月 8 日、6 月 15 日）

印刷和装订

王　奇

我先声明这是一个门外汉的看法，请内行不要顶真，我们这里不过当作随便谈谈的题材罢了。中国的印刷业中心当然是上海，这和美国的印刷业集中在芝加哥而不集中于纽约有点不同，其原因总不出交通条件罢？提到上海印刷，我们便想到老牌的商务印书馆，它的创设，距今差不多有五十年了，据说当初在河南路（或是宝山路?）只是一家印印商店仿单招贴的印刷店，所以才叫做“商务印书馆”，在《三十五年来中国之教育》一书中，有一篇记商务本身的文章，好像上面有一幅最初馆房的插图，是一幢双开间的弄堂门面房子，真是蹩脚得很。到后来，因为新教育思潮突起，才改变方针出教科书及参考书，有一套《最新教科书》，出版年月大约是光绪末叶，恐怕是商务教科书的老祖宗。这时张菊生、李拔可等先生已加入主持，“元老”如吴稚晖等亦有份，他们都是留日的，其出版及印刷，多少是仿效了东洋，听说起初商务的技师根本是东洋人，渐渐的，自己在厂里设了训练班，中国职工学会印刷，就把东洋人一古脑儿遣散了，同时，自从商务印了大批的教科参考图藉，并办理杂志，日本书店生意吃亏不小，因此日本人从前就恨透商务，无怪乎二十一年“一·二八”之役，用无情的炸弹把商务总厂及东方图书馆炸个精光！

商务的印刷自初期就不低劣，教科书用楷体字，也很清楚。你若看看《三十五年来中国之教育》一书后面所附的各式印刷样张，更为大吃一惊，诸如胶版，凹板，黄杨雕刻版，雕刻钢版，三色、七色等板，都是漂亮极了，比起东西洋来，并不落后。那时物力富裕，考究的印刷品的确不少。珂罗版的碑帖是家常便饭，狄平子主持的有正书局专以影印名人书画及碑帖为主，王石谷、恽南田、黄鹤山樵等大名家，都有影印原色的裱本，点缀厅堂，和原迹不爽累黍，好欣赏而没钱的酸客，大可一饱眼福。商务也印这些物事，但不甚多耳。民国十五年以后，《东方杂志》首先以影写版印制时事插图，后来风起云涌的画报不妨说以此为嚆矢——最著名的是《良友》、《文华》、《时代》等，各报纸也都出图画增刊，其起始的一家则为《时报》，原亦狄平子所创。二十年以后，中华书局的《新中华》崛起，为《东方》的劲敌，也附有画报，与此同性质之综合刊物如《申报月刊》等，无不如是——《申报月刊》后改周刊。

中华创于民元，发起者如颜惠庆等，全是当时的显达，最初以教科书与商务竞争，后来才多方出版，气魄声势，在国内稳居第二位。它的印刷以钱塘丁辅之所发明的聚珍仿宋字为号召，《四部备要》全部千余册，全用此体排印。在我个人看来，此体古雅或有之，看着却未必顺眼。尤其密行小字，殊觉不甚齐整，而且使用太滥，也就失去雅趣了。商务为与之竞争，初有楷体铅字，后又有古宋体，自称采自宋刻精椠。按样子说，确比丁氏的聚珍仿宋为古雅，唯大规模使用，则未之见。原来近代铅字的体裁是明万、嘉以来刻书通行之体，在这以前，元刻多赵体，字画生动，宛如手写，宋刻虽匠人所书，但其笔致沉着坚劲，一望而知非近人所能办。范铅模印，是十足机械化的，要想学那变动不居的东西，当然不方便。

中华的新印刷厂——即永宁公司，此乃抗战时改易的名字，以避敌伪占用者——成立后，铅字大加改良，铜模均系新造，字体清晰而美丽，有如日本之轻磅铅字。自二十年以后，新五号字流行，较六号为清楚，而比五号多容字数，刊物报纸，大量利用，中华的新五号，我以为是最好的。所惜中华的书，封面设计，都太庸俗，致将里面的排版也影响了。反不如开明美成印刷所的东西，更为清爽耐看。

战前大印刷店的排印，无不标点放在另行，绝不似今日之标点自占一格。看惯标点另行的书，再看目下这些敷衍了事的印刷，觉得非常别扭。

商务、中华之外，是世界、大东。世界初期非常不争气，出书都是低级的蝴蝶派滥调，自陆高谊主持，才力争上游，在民国二十年至二十六年间，很出了些有用的书，印刷也很不坏。小学教科书中还有彩色版的，今日看来，真是太奢侈了！二十年以后，影印排印古书之风盛行，商务的《丛书集成》和《四部丛刊》初二三编、《百衲本廿四史》领导于前，中华的《四部备要》随之于后，世界也影印了一套国学丛书，包有《十三经》、《四史》、《通鉴》等，和开明的《廿五史》竞赛，另排印《诸子集成》，还有大套的医学书。铅字的应用，那时可谓已到极致。至于大东，则着重印制钞票邮票，出版物根本不多。惟影印原迹本的郭沫若《甲骨文字研究》和《殷周青铜器铭文研究》颇为士林所重。近来则中华也步其后尘，专门在印钞上打算盘。说起印钞票，老牌子当然要推美国钞票公司和英国的德纳罗公司，那是外国生意，且不谈他。中国印钞机关，当以北平的财政部印刷局为巨擘，前清末年设立，在北平白纸坊，占地甚广，一切机器，在当时都是最新式，并自制油墨，自己训练雕版技师，北方各都市省邑的钞券，无不在此印制。邮票当初是全部在此印，后来忽然和英商订了合同，北平工人大恐慌，曾群起请愿，偏偏第一批在英国印的邮票就把国徽印错了，青天白日中间的空圈，竟弄成两条线，等到发现，业已发售许多，主持者理屈，才又恢复了北平的印制邮票权。可是五分票子，仍以在国外印者为多。

廿四年后，曾由国语统一会的请求和设计，仿日本汉字旁注假名的办法，创制注音铅字，每字之旁附有注音符号，以为推广基教之用。部令小学教科书及民众读物一律用此体印刷，由商务、中华两家承制铜模，不料尚未完工，已遭事变，事遂中寝。商务的小学课本及《儿童世界》等刊物业已改用此等铅字，其体较瘦长，因须留一半地位给注音之故，这一套工具，又不知何时才能重见，此次远东基教会议好像也没人提起了。

日本除轻磅铅字之外（铅字大小，以Point计，俗呼磅），在战时又有扁体汉字，专为省纸，不顾目力，实在要不得，但今日北方报纸好像还在使用着这种“接收”来的物资。

战时各大书店内移，印刷所拆散或改头换面，再也看不到从前那样清楚漂亮的印刷，比较好的只有中国科学公司，可是也不能把标点排在句外。

让我在最后略略一谈装订。和印刷比起来，中国的装订可差多了！精装的是一翻就掉页，平装的是日久必开胶。越是重磅的纸，越是不行。西洋的装订，有的从十几层高楼下摔掉都不会跌坏，就是日本，也比较好得多，不知为何我们便不行！考东西各国，装订和印刷完全分工，日本书的版权页（这是日本幕府时代的遗风，表示负责的，至今成为定例），除印刷者外，还有制本者，即指装订。我以为分工愈细，进步愈多，我们把印刷、装订、出版、批发著作集中一处，当然弄不好。三十年来国人只知竞争印刷，罕知竞争装订，遂致一本很好的书，因装订不佳而大大减色。最近如《鲁迅全集》的重印，仍采用那种粗恶的红布面子（初版也是红的，但是麻布加浆的），里面也极易脱叶，以此来纪念非常注重印刷装订的迅翁，似不无唐突贤者之憾。二十年后，商务等大店，有机器缝制的书，比较牢些，又只限于薄本，厚的仍无办法。特别是常用的工具书，页子一脱，即成废物，不知我国大出版商，有无志士，起而改革之！本来中国的装订是很考究的，宋版蝴蝶装所用浆糊，至今不生虫蛀，莫非我们竟不如古人了吗？

（载上海《大公报》1947年9月21日、9月28日）

谈插图

王　奇

书籍有插图，好像一棵树上开了花，格外有生气，这是尽人皆知的。然而今日的物质条件限制了我们，排工、印工、订工，再加上几十万一令的白报纸，一百页以上的书就得卖万把，谁还有胆量去过问锌版？于是，我们的刊物、书籍，只好变成“无花果”。除了几张广告，是看不到图画的。

然而这事也怪，即在战前，较高级的刊物和书籍也是没有插图的，除非那些名曰通俗亦即低级趣味的东西稍稍以此来号召，若是把插图和漫画来比，那就“相去远矣”了。鲁迅先生竭力提倡版画，中国新版书就有了高深的成就，但他也很喜欢插图的，以三户书店名义出版、由文化生活社影印的A. 阿庚所绘《死魂灵百图》不是全出于他的主持吗？童话《表》，也附有插图，在《译文》上所译的文字，往往是连原图复制的。可见他的苦心。我觉得像《死魂灵百图》这样的书，中国需要大量的介绍，因为实在太有趣，而且画得也真可以“示范”。

可惜我的一本《死魂灵百图》竟在日寇侵来的时节，付之劫灰了！如今想要买一本，却是始终碰不到。

凭记忆所及，似乎新文学运动以前的刊物倒是有插图的：例如包天笑主编时期之《小说月报》，虽是鸳蝴派，在当时总不能算太低级。这插图都是墨笔绘制，有些是丁悚的手笔，也许有些出于张荻寒、张之光、张聿光等老辈画家（在那时算新派了），记不甚清了。其作风殆与同时流行的小学教科书插图是一致的，呆板而欠活泼，有形体而欠灵魂，自然，如今看起来是很“索然”的。我相信这种插图完全仿自日本的通俗刊物，例如《主妇之友》、《讲谈俱乐部》等，所刊小说，全有插图，直到今日，还是如此。而日本作风则来自欧美，尤其美国的通俗读物，如*Short Stories*，*Literary Digest*之类，以刊登侦探小说吸引读众的，其插图之丰富热闹，是无与比伦的，*Saturday Evening Poet*一类消遣读物，也是这样，本来，他的目的既是给有钱有闲的消遣一点时光，这种轻松的玩意儿是不会忘记的。我们要求插画，其目的不是纯粹消遣，乃是说，插画也是一种艺术，根本便是文艺之一部门，和作品综合起来，更易使人了解。

也真怪，古代的印刷术那么幼稚，雕刻起来那么困难，反而没有一种小说曲本不带插图，翻翻中国板画史的图录，我们会惊讶得叫出来的。陈老莲可以给《水浒传》和《三国演义》每个人画一张生动而幽默的像，一来就是百余幅，幅幅不同！这不比A.阿庚的魄力更大吗？当巴尔扎克、左拉、莫泊桑、狄更斯、司各脱等十八九世纪的大作家作品里有插图的时节，中国的“徽派”、“金陵派”刻工画工早在小说、戏曲里面有精彩的表现了！清末民初上海排印的《三国演义》等，还有影印的陈老莲《绣像》，篇篇不苟，每回都有插图，也是一篇不少，到后来可就不行了，图是小得可怜，画也走入魔道，拙劣不堪，与连环画本的艺术是伯仲之间，这种插图实在不要看。于此，我便不能不奇怪，陈洪绶会给施耐庵画插图，为什么我们的画家不能给《子夜》、

《腐蚀》、《家》、《骆驼祥子》、《四世同堂》之类的画全部的插绘？好像大家的趣味全集中于《阿Q正传》，你也画我也画，外加木刻，我并不反对阿Q图画化，然而，我觉得大家有转变一下对象的必要了。如果有人肯破费工本，出一套插图本的长篇名著，我想在生意上也许不会太蚀钱的。不知可有大老板们肯干。

也不能说完全没有插图，我们看看黄色小报，完全消遣性的新鸳蝴派刊物，插图是有的，像豆腐干大小一块，广告上尽可以大书而特书的"插图丰富生动"，其实那图完全像报纸广告，一点个性都没有，像《马凡陀山歌》的丁聪氏所绘插图那么诙谐而流动的是非常之少。我看商务影印穆译的巴尔扎克《人间喜剧》，连插图也印了，那图真好玩的很，比狄更斯的《匹克威克外传》更要惹人爱好些。这也是我们的示范呀！我们不能尽看那些封面女郎式的画，而要代表出个性生龙活虎似的东西。

这里就又想到儿童读物，小孩子的东西有插图不但是天经地义，而且也流行得很久了。商务印书馆的《少年杂志》曾为我们三十以上的人们所宠爱，那时它几乎是独占的。这个小刊物从民国八年开始改革，图画也增多了，但那样子风格和《小说月报》里登载的一致，时代如是，无可如何。到了民十以后，又有大变革，全部故事化，插图更加多，而且有许多是外国书的原图复制的，所以加倍使人喜欢，我记得在小学时常常拿来临摹，可以看出儿童心理之一斑。稍后，又有了《儿童世界》和《儿童画报》，中华书局也出了《小朋友》来竞争，郑西谛所译的《列那狐历险记》就连载在《儿童世界》里，有照原书复制的插图，很是好玩。就是一般图画，也比《少年》中笔名少槑所画的图有味多了，好像一位画家叫做许瞰谷的管这件事。没有几年，许君死了，《儿童世界》的图画部分，改为林履彬负责，林氏的图画得不差，有许多长篇童话的图至今尚有影子，那时我已入初中了。还有像《熊夫人幼儿园》这类连续图画故事，也是《儿童世界》开始登的，其来源大约是外国刊物，后来改为《聪明的汤武》，就全是林君创作了。拿林君的成绩比起《小朋友》赵蓝天氏的作品，赵氏便显得太呆板，完全老气横秋的派头。幸而又有了一位王人路，给中华画了不少的儿童读物。

现代书局有一种《现代儿童》，在儿童读物中抛了一颗炸弹，张天翼的《大林和小林》吸引了不少的人，不过那插图似乎并不太好。开明书店的《中学生》是程度较深的，很少有插图，倒是那套《少年文学丛刊》，都有翻印原本的插图和丰子恺先生的插画。前者最好玩的是《木偶奇遇记》，后者最好的是《爱的教育》。儿童读物彼时是风起云涌的，世界书局也译了许多外国名著，如《希腊故事》、《小人国游记》等，全有复制的图。北新的《民间故事》等也有图，然太拙陋。苏联的少年读物大量介绍进来，伊林的书就有不少的译本，譬如《问题十万》，有开明本和良友本及民智本，开明民智都是缩小了图画的，唯良友本改名《室内旅行记》，图画照原大，印得特别好。良友还印了不少种木刻连环故事，如《一个人的受难》、《光明的追求》等，可惜如今都绝板了。

古代板画和插图的研究由郑西谛及鲁迅之提倡盛极一时，《中国板画史图录》、《北平笺谱》等书成为瑰宝一般。最近，我听说刘士珩所刻的《聚学轩丛书》全部木板要按斤论价出售，我在苏州曾见到那排列在安徽会馆一架一架的老古董，竟有许多块被当作柴烧了！其中最可叹惜的要算全部《暖红宝曲本》（在丛书之内），这是一套刻得仔细而有徽派插图的大规模曲本，莫非就这样听其零落吗？新的固然要提倡，旧的也真要有个方法保全。又譬如，董康所影印的《明刻西厢记》有一册珂罗板的《千秋绝艳图》，可是听说这板子也早摔得残缺不全了，我认为这都是出版界应该注意的问题。

（载上海《大公报》1947年8月31日、9月7日）

封面装帧沧桑录

王　奇

新文学书籍的流行还不到三十年，但波涛起伏，新旧更迭，倒有多少种书已经绝版，多少红极一时的作家寂寂无闻了，说句老式慨叹的话，正是“世变甚殷”的象征。由于过眼云烟的记忆，觉得书籍的封面装帧也着实兜了好几个圈子，使人不胜今昔之感。五四以前的文艺书，正是鸳鸯蝴蝶派的天下，封面设计，大半用各式各样的折枝花卉作图案底子，然后就龙飞凤舞的题上几个手写体的行书字，有许多是深色封面，白色题名的，也有施以彩色的。商务印书馆初次发行的《说部丛书》（林译的小说），封面设计极简单，好像边栏之内分几排写书名、译者、作者，如是而已。又如《小说大观》、《大中华》等杂志，都是只有朴素的题名，商务发行的杂志，如《东方》、《教育》、《妇女》、《小说月报》等，则底层均有淡色图案。《小说月报》的插图颇搜罗古代名迹，偶尔也有外国作家照像。后来，民国十二年叶劲风创刊《小说世界》，封面上每期掉换一张照片或是中西名画，间加五彩，这要算比较活泼了。世界书局的《红玫瑰》和《快活》等都是低俗的女子画片作封面，和内容倒也相配，好像永远不登大雅之堂。

鸳鸯蝴蝶的系列这时已趋没落，初期新文艺作品的刊行中心在北平，翠花街的北新、景山东街的朴社等很吸引过一部分人。北新以刊行二周（鲁迅、周作人）的单行本为主，鲁迅翁的书面往往出于自己设计，如今载在《鲁迅全集》的末一册的各式装帧缩影，可以一览无余。但有几种是出于陶元庆氏手笔，如《彷徨》及《苦闷的象征》等，那时能懂这种富有象征意味图案的人尚不多，迅翁自绘封面，有时用图案字，有时用手写体（前者如《华盖集》、《呐喊》，后者如《野草》、《热风》等），但均充满一派典雅大方的情调，洁素的纸面上，只有作者及书名而已，配上“毛边党”的朴质作风（这是迅翁自己的话，北新初期书全是毛边的），格外有种可爱的气度，刊物《莽原》、《语丝》亦复如此。

南方的亚东、泰东两家是新书前进，但在封面设计和装帧上是不大考究的，只有亚东的胡适、独秀两种文存封面，在简单的直格图案上，写上几个作者亲笔的题名，在充满花花绿绿的上海出版物中，如金钗布裙，清而不寒。至于那些标点书，如《红楼》、《水浒》等，则尚未完全脱离旧式装帧似的，不过较雅洁耳。泰东的出版物更简单，都是题了书名算数，印刷得也不甚好，所以有些寒伧相！

商务对装帧的改革最初反映于刊物，《东方》是一贯朴素，《小说月报》常变花样，郑西谛接编时代，总是一期一换样子，使人有新颖的观感。最妙是《妇女》杂志，一度革新碰钉子，因而激得章锡琛另办《新女性》，开创开明书店，这时又成了比较保守的形式，每期有一幅彩色中国画，印得很漂亮。至于商务印行的新文艺书，如文学研究会的著译，则一贯是仿宋字题签，再简素无比。

大量使用图案字的是开明，我相信这是受了日本的影响。《新女性》、《一般》等全有漂亮的图案字，是否出于钱君匋氏设计，已记不清，唯以后开明书多出钱氏装帧，在出版界造成一特殊风气，则是我们应该注意的。北新书局的书虽有封内装帧，然均非常简单。鲁迅翁是极注意此道的，有的甚至连装订都亲自监督，例如《纺纶故事》即有一种绸面子的，很好看，但难得，大约是迅翁特别设计的版本。封里装帧初期多与封面重复，后始改用占有两页地位的长条图案，而最显著的代表便是开明，事变前有趣味的如丰子恺设计的《少年文学丛书》，一群小孩看着好东西流口涎，是脍炙人口的。使用素布作封面，压以凹下去的线条图案，也自此时始。书脊题字，一向是不注意的，此时也图案化了，而且往往有连续状的花纹。普通图书，书名题字之下，总是有两色或单色花纹图案的居多，不像今日的素淡。

新出版家风起云涌，社会科学书更走运一时，大江及现代的书，封面设计，各有风格。初期创造社的书有的改归现代出版，封面也都改了样子，现代的封面，可以用他们自己出的《现代月刊》为代表，注重线条，图案字的笔画特重。大江书铺的东西后改归开明，其纯文艺书多用素描式的图案，至于社会科学书，很喜欢用红墨两种颜色，好像至今尚未改变。

良友和生活是后期新文艺书的重镇，良友的装订极考究，《文学丛书》的精装本全是软布面黄道林纸印的，且加护封纸，上面印着作者的速写像或照片，在当时显然另具一格，里封装帧的播插图（似是英德木刻）也是有名的，大方，含蓄，相当受欢迎。生活版的书，起初都以《生活周刊》为中心，封面只是几个铧版字，谈不到装帧，后来出版范围扩大，才渐渐注意及此。我觉得他们的书大都是沉着有余，活泼不足；即如著名的大型文学刊物《文学月刊》，封面一派严肃气象；又如散文刊物《太白》，每期画一两只小品彩画，好像北平的诗笺，都有过分简质之感。可是绝无低级趣味，这是它的特长。《世界文库》封面的设计不见得好，方格子，无花样，呆滞而古典，好像中世纪的《圣经》。里封面每期有一小幅木刻或绘画，小至如火柴盒子，倒很有趣。

叶灵凤很给创造社的书画了不少封面，张资平的色情作品差不多全是他装帧，却也看不出什么好处。此公现亦不被人提起了。

我觉得战后书籍封面设计大有返璞归真之意：第一，学术书多用铧版题字，别无装饰；第二，封面很少用全幅图案，大约只是图案字而已；第三，色彩比较单纯；第四，里封面装帧少见（郭沫若的全集有的，显得很豪华似的）。这一方面说明心理方面的渐趋严肃，一方面也表现了物质的困难。

一知半解的叙述，未免太粗疏了。

（载上海《大公报》1947 年 8 月 24 日）

漫谈装帧

——兼评两年来画集及一部分著作的装帧

M

在中国，出版界是向来不注重装帧的。即使注重，也不过注重了封面上的画而已。

这也有其客观原因的：国内物资贫乏，一般人太穷，买不起书，所以书商们只打算减轻成本，抑低定价，以便加速售卖的时间。

这里我们不谈这些，就来漫谈一下装帧工作吧。

只注重封面画或封面设计，不过是装帧工作中的一部分。装帧工作的全部，是包含封面设计、装订设计、选择材料（封面用的皮革、纸张、布料等）等部门的。用表格表示如下：(图略)

简单一句话，装帧工作，就是美化一本书的整个外形的工作，它是工艺美术中的一个部门。一个装帧工作者，他所应具备的条件，除了美学的修养、绘画的技巧以外，还需要有印刷及制版的常识。

鲁迅先生虽然不习画，但却是一位修养非常高深的装帧工作者。他装帧自己第一本小说集《呐喊》，选择了深红色的书面纸，封面就只一方那样大小的阴文锌版，书面与书脊都只有四个字："呐喊 鲁迅"、"鲁迅：呐喊"。读者捧到这本书而欣赏其外形，却并没有单调的感觉。《引玉集》的出版，虽然有抛砖引玉的意思，而其本身的装帧，实在使人感觉到这是一块琢磨功夫甚深的好玉石。《海上述林》，他选择了金丝绒和皮革两种材料做封面，虽然仅仅书脊上一条烫金的书名字，却使人处处感到庄重和大方。

"五四"以后，几家新书店中比较起来，"开明"的装帧工作是比"北新"郑重其事的。北新的出版物只注重封面画，而开明的书籍，却已重视了整个装帧的设计。例如沈端先译的《妇人与社会》（倍倍尔著），本色棉布软面精装，外加硬壳套子；丰子恺的《西洋画派十二讲》用方脊硬面精装，很是别致。这本书抗战时期我没有带入内地去，藏在浙东一个乡村中，胜利以后返乡，取来一看，书面的硬纸板却被蛀虫腐蚀掉一部分，可见十八年以前装订时，浆糊中没有加入防腐剂。

在八年抗战中，内地的几个文化人集中地，如重庆、桂林、昆明等城市，出版物的外形美化工作根本谈不到，有时连照相锌版也无处去做(民国廿七年秋，武汉撤退后的三四个月内)，只利用些旧式手工刻的木版，来替封面装帧一下而已。在桂林，我曾用三层本国纸裱成的裱纸做书面，后来各地公认桂林的出版物是最美观的，可见内地物资贫乏的程度。所以那时期，根本不谈装帧问题，有，也不过注意一点封面画而已。

胜利后，回到上海，我以为从此我们搞装帧工作的人可以不愁没有好油墨、好布料、坚厚的纸张了。不料胜利虽到，和平未获，以致物价仍是直线上升，使出版者无力考究装璜，装帧工作者不能畅所欲为。二年来，上海的出版物中，注重装帧的，好像凤毛麟角一样，可以一谈的不过几册画集和几本比较厚实的著作而已。这里，我们就将它们拉出来，对其各别外形作一简单的研究：

一、《鲁迅全集普及本》（我还没有见过纪念本），仍袭当年初版本的形式，初版是布脊纸面，再版改进为布脊布面了。这形式，当时《鲁迅全集》的出版委员们一定经过一番详细的商讨，但倘先生在世，我想这形式他是不满意的。譬如说，书脊与书面即使不加一点图案装饰，至少“鲁迅全集”四个字应该选先生的亲笔或请书法老练的图案家写美术字来做无□铜版，然后烫金或烫银。翻翻鹿地亘译的日文本《大鲁迅全集》的用纸和装订，简直有天壤之别。

二、《抗战八年木刻选》（开明版），白色硬纸面烫金，烫红粉又烙硬印线框，图脊串线订，精装。庄重、大方、朴素中显得美感。

三、《彩色版子恺漫画选》（万叶版），纸面、烫银、方脊、缝纫机订，精装。装帧设计很费了一番心力，形式很似日本的《商业美术全集》，可惜烫银的技术不良，把图案线条及字的笔画都弄得模糊不清了（内容画幅，粘贴时太偏于切口，看起来很不大舒服）。

四、《全编二次大战后世界政治参考地图》，双色冲皮面，圆脊串线、粘装。装订形式颇有点像西式账簿，封面少用设计心思，很可惜。

五、《苏联木刻》（天下版），冲皮，圆脊串线订，精装。封面及里封均未设计，使人非常感到单调。大概是付印时太注意了大方，所以失掉了美观。

六、《英国版画集》（晨光版），冲皮面烫银，圆脊串线，精装。庄重、大方，犹如战前良友版的《苏联版画集》。这本集子的几个封面字甚糟，先前的“良友”和现在的“晨光”，出版物的封面字都是如此笨头笨脑的。

七、《世界政治手册》（上海生活版），重磅木造纸三色封面，平装，打眼订。此书装帧有美丽中带幽雅之感。封面画好像是过去图案家郑川谷氏的遗笔。墨色与书脊却是另有一番设计功夫的。这是一本工具书，打眼平订，不便翻检，是其缺点。再版本之封面纸改薄了，这一定又涉及成本的关系。

八、《演员自我修养》（史坦尼斯拉夫斯基著，新知版），打眼平订。封面的双色套版设计技术很高明，图案有古美术风味。

九、《中国通史简编》（新知版），打眼平订。封面字太粗了一点，封面字周围的那个粗线边框，如果改为一个细线条的图案框子，当会增加美感不少。底封面之绿色与封面之棕色不调和，是设色方面的疏忽。

关于衬页的设计，“八一三”以前上海的出版物是很普遍的，战后的单行本上却很少印用了。这当然因为纸张贵，印刷制版费高，所以出版者必得省掉这一笔成本的开支。扉页（里封面）的设计以及用别种墨色（与正文有别的墨色）印制者，现在仍在慢慢地普遍着。上面谈到的九本书，大部分是都有衬页和里封的，其中《世界政治参考地图》和《抗战八年木刻选集》的衬页是非常美术化的。前者用两幅南北极的鸟瞰地图，并且有光影的设计，摄制铜版印刷；后者用带模样版画，摄制锌版，印在书的天头附近的地位，真是非常美观而大方。《世界政治手册》的里封是印在衬页上的，不妥当。构图和设色、技巧均属上乘，称得上庄严、美观……对于没有衬页的书籍，里封以外即背着一张硬书面子，我总感觉得好像一个人之着衣服，汗衫外面就套上一件外衣，少着了一衬衫，感觉上实在是难过之极的。

过去具有相当规模的书店，都请有装帧和绘图的人员担任专责，现在却大部分没有这一个部门，而由书店老板自己兼做设计的工作了，所以出版物的外形，弄得乱七八糟。为了节省稿费，往往到别的书中去拉出一张图来摄制金属版，配上几个字，就成为一张封面画，大小比例不管，色彩调和与否不管，印出算数！但仔细一想，在时代、环境一切都是凌乱、一切都不太平、兵荒马乱的国度里，谁还有心思去管到美观与装璜呢？

（载上海《大公报》1947 年 10 月 9 日）

作家·老板和装帧者

M

装帧最考究的是曹靖华，最随便的是茅盾，态度最可亲敬的是鲁迅。

有人说：装帧工作者是书籍的成衣匠。对，这句话有一部分理由。因为他专门替书籍装璜外形，但是有别于成衣匠的。成衣匠不负选择衣料、设计绸布表面的织物图案的责任，技术好的成衣匠，他可以注意到你的腰围、胸围和臀部等等，再加缝工的精细剪裁的注意，任务也就完了。装帧工作者替书籍做衣服，他要构思图案，注意形式，选择材料，此外还要了解她（书籍）的内心（内容）。——譬如说诗歌、小说、论文、学术著作、实用技术之类。

一个装帧工作者对于一本书的封面构图，大都不愿意作家或发行者（即老板）指定题材，但也欢迎他们提供意见，以作构思方面的帮助。关于装订的形式和封面材料的选择，装帧者往往和发行者共同商讨而决定，因为一是尊重老板的主张，二是有关书店的成本。有许多作家根本不管这些事，一切由书店方面决定即可；有许多作家全部要管这一些事情，墨色、纸张、构图、装订他全要参与。有许多作家意见很多，要这样要那样，而事后又这也不对那也不对，全无定见（有些书店老板也是如此）。装帧工作者碰到这样的场合，只能谢谢了。

大概而论，一位初出单行本的作家，意见最多，他对于自己第一本单行本的出版，犹如一个母亲对于第一个女儿出嫁那样的郑重其事。一般修养较深的老板，对于一本比较有分量的著作，往往也是十分注意它的外形。至于那些只着重于生意眼的书店老板（他只希望你替他画得鲜艳，能引诱人），是不足道的。

作者群中，茅盾先生好像从不与闻这些事，他的初版《动摇》在商务印书馆出版，封面图案俗得很，他也不讲什么话，后来《幻灭》、《动摇》、《追求》在开明出版，钱君匋氏替他设计封面，事先也未必请他去过眼。《子夜》初版时章雪村先生去布店选了一段印花洋布，请叶圣陶先生写上两个篆书，装成精本，他也不说意见。相反的曹靖华先生在一部译稿寄出时，往往已选好了封面图片，并且通知发行者用几种颜色，如何布置，用什么纸张等等。鲁迅先生遇到要别人设计封面图时，也是喜欢提供意见的，但非常尊重绘图的人，体贴、了解胜过任何人。当时他为《未名丛刊》之一的《往星中》托陶元庆氏设计封面，写了下面的内容提要，寄给陶氏去作参考：

《往星中》四幕喜剧

作者：安特来夫。全然是一个绝望厌世的作家。他那思想的根柢是：一、人生是可怕的（对于人生的悲观）；二、理性是虚妄的（对于思想的悲观）；三、黑暗是有大威力的（对于道德的悲观）。

内容：一个天文学家，在离开人世的山上的天文台上，努力与星界的神秘的交通；而其子却为了穷民之故去革命，因此入了狱。于是天文台上的人们的意见便分为两派：活在冷而平和的“自然”中呢，还是到热□然而满有着苦痛和悲惨的人间世去？但是，其子入狱之后，受了虐待，遂发狂，终于成为白痴了，其子之未婚妻，却道情愿“回到人生去”，在“活死尸”之旁度过一世。她是愿意活在“诗的”、“罗曼的”、“情感的”境界里的。

而天文学家则并非只要活在“有限的人世”的人，他要活在无限的宇宙里。对于儿子的被虐，以为“就如花儿匠剪去了最美的花一般，花是被剪去了，但花香则当在地面上”。

但其子的未婚妻却不能懂这远大的话，终于下山去了。

“（祝你）幸福呵！我的辽远的未知之友呀！”天文学者抬起两手，向了星界的世界说。

“（祝你）幸福呵！我所爱的苦痛的兄弟呀！”他伸下两手，向着地上的世界说。

我以为人们大抵住于这两个相反的世界中，各以自己为是，但从我听来，觉得天文学家的声音虽然远大，却有些虚空的。这大约作者以“理想为虚妄”之故罢。然而人间之黑暗，则自然更不待言。

这样一种抽象而包容哲理的内容提要，封面设计者固然可以理解这一个剧本的内容，但要用具体的图画表现出来，不免有些困难，所以鲁迅先生又加了一条附注说：“以上不过聊备参考。璇卿兄如作书面，不妨毫不切题，自行挥洒也。”提供了意见，而又放宽了界限，使人便于落笔。他自己有主张，有意见，而又非常尊重别人，信任别人。有时他完全不与闻，即墨色和封面字的地位，他也交与封面设计者决定。他在收到几种封面稿以后又写信去问——

“1. 书名之字，是否用与画同一之颜色为宜，抑用黑字？

2.《乌合丛书》封面，未指定写字之地位，请指出。

《彷徨》书面的锌版已制成，今寄上草底，请将写‘书名’‘人名’的位置指出，仍寄敝寓，以便写入，令排成整版。”

他又非常体贴封面作者，鼓励封面作者。一九二六年十一月他给陶元庆氏的信中说：

“……未名社以社的名义托画，又须于几日内画成，我觉得实在不应该，他们是研究文艺的，应当知道这道理，而做出来的事还是这样，真可叹。……

这里有一个德国人，叫 Ecke，是研究美学的，一个学生给他看《故乡》和《彷徨》的封面，他说好的。《故乡》是剑的地方很好、《彷徨》只是椅背和座上的图线和全部的直线有些不调和，太阳画得极好。”（以上均引自三十五年版《鲁迅书简》页一四四——一五四）

我以为作家、发行者和装帧者，对于一本书的装帧设计，意见如能趋于一致，则这家书店出版物的形式、美观的程度必能到达水准以上。

（载上海《大公报》1947 年 11 月 27 日）

英国版画与我们

——向中国作家、版画家、出版家们诚恳建议

萧 乾

一

我是连一个圈子都画不圆的人，然而那并不能阻止我对于绘画的喜爱。而对一幅画，正如倾听一阕音乐，我可以通身感到兴奋、震颤，但却还没有本事说出它个所以然。这里，我并不想把本集所收的各画逐一评下：那是我多么想做的事啊！我也无意去冒充一个艺术史家，把三百年来英国版画的沿革原原本本搬出来。对于英国文化，我的确有广泛的兴趣：由他们的服装家具到他们的文学艺术，但消耗了他们七年的面包，我仅仅把五位当代小说家弄清楚些。关于版画，这里抖搂的知识都是抄自大英博物院管版画的专家巴塞尔·葛莱等人的。但我向不喜死读历史。这里我想呈献给读者的，毋宁是我读完英国版画史后的一点感想——而且是完全针对着中国版画界而发的。

知道我一向穷到怎样的朋友一定奇怪，我竟会有闲钱和闲心搜集起洋珍本书——甚至版画来。这令我回忆到1940年的夏天。希特勒虽然没在英伦三岛登陆（谣传有一条德潜艇的水手曾在苏格兰荒僻的东岸野餐过一次），但当北法全部沦陷后，英国人的确有点恐慌。书籍在太平年月里是宝贝，遇到危难便成为最辣手的累赘了。我那时同罗孝建、蒋硕杰、吴元黎三位中国同学成天无精打采地徘徊在俨然成为前线的剑桥街上。那时，在集市场开设逾半世纪的大卫书摊上有的是名贵书籍，小牛皮装的，猪皮装的，第一版的约翰生博士编纂的《英文大辞典》，孤本的莎翁戏剧，有的便宜到连我都可以买上几本。这是我收藏的开始。1942年的夏天，我离开伦敦，正式进剑桥皇家学院读书了。那时，我已结交了不少位英国文艺界朋友。皇家学院向来是不大容易进的，而能住进那十六世纪学院的院墙里，尤不容易。我住了两年。承院长、导

师及舍监的好意，得到两间雅致的屋子，座于前后大草坪之间。书房的两座窗户，一面是中古教堂，一面临剑河。来看我的英国朋友们走时总说："你不知道你有多幸运！"于是，为了装饰我的房子，他们送起画来。有的如今还挂在我江湾日本式的小平房中。从那以后，我攒省下的钱，便常用在买版画上了。由伦敦动身前，我用所有柔软的物件（破袜子、大毛巾等）把它们好好缠裹起来，装进箱笼。三个月漂在海上，它们随我一同来到了多灾多难的中国。

二

当代英国绘画正如当代英国诗歌，大多受过弗洛哀的洗礼，属现代派，非常难懂，而即使朦胧猜出了，各人的解释也绝不尽同的。版画受近代心理学的影响还比较小（本集仅《潜艇在祖国领海上》及休斯·斯丹顿的四幅稍具神秘性），因而容易欣赏。最末一幅《战士之墓》，略似太极图。原画是大幅的，缩小时也许减了色。描写的内容并不神秘：是德国潜艇炸沉了联军商船以后，海面上浮荡起一片油迹，机影掠过，仅剩数只海鸥在哀悼。论音乐，中不如西是毫无疑问的；论绘画，中国的气魄实比西画高一格——这原因（也即是其代价）就是中国绘画之纯由性灵出发，不借科学的光。然而版画本身与印刷术是分不开的，因而也就不能完全与科学绝缘。这大约是西方版画比中国略胜一筹的原因。一个中国人很难对西洋水彩折服，正如西洋人看中国人的油画总觉得"差点儿"一样。但在版画上，还是颇有一些可以借镜，应当借镜的地方。其次，绘画搬动不便，而以中国出版界目前状况，对大批彩色作品的翻印，技术上也是成问题的。但最主要原因是我觉得中国版画过于粗糙，正如英国版画之过于纤细。这两个极端间如能找到平衡，即是说，保持了现代中国版画的"力"，而更能加以精细，表现出光和影的对照，距离远近的透视，甚而使用到色泽的灿烂，且除了"农村破产"等等外，还能兼及宇宙间其他题材，则中国版画必将更具深邃的艺术性。论"战斗性"，本集的作品是几乎没有的；但是艺术成分却还值得我们吸收，而那也正是编者所仅想介绍的。

中国当代版画的祖师是来自中欧，这事实本身无可非议。英国最早的木刻也还是取法德意大师，起初在英国弄木刻的，也多是大陆来的客人。但就人物相貌、风景特色论，英国与欧洲大陆之间的差异并无中国与欧洲间之大。同时，自十七世纪以来，英国已渐渐建立起本土的传统来。凡看过《珍本插图金瓶梅》的朋友们，都必慨叹我们祖先对于人体，无论是画还是刻，并不怎样会处理！那么肉感的故事，然而刻在纸上的，是无臀无奶的干瘦女人和一些毫无色欲表情的男子。中国版画需要新技巧、新血液的输入，问题是如何把新的手法本土化了。

直到昨天，版画在西洋虽已渐被视为艺术，但还不能与油画水彩同登大雅之堂。一般保守的艺术评论家还认为“画”以写意，代表的是灵感；“刻”以求工，需要的是耐性而已。版画是平面的，无透视，无光影对照，而且即使有色彩，也大受先天的限制。本集所收的作品即说明本世纪英国版画家怎样与这种成见奋斗，怎样发掘版画潜在的表现力，企图发现比绘画更别致的特点。到今天，英国知识分子对每年一度皇家学会的出品倒往往微怀轻藐，对于版画，却寄之以偏爱。这也可说是风尚的转移，但这转移却不能不归功于荷嘉思以来的英国版画家的辛勤努力。

许多人谈艺术，又有许多人论经济，但二者之间是相关的。魏晋石雕与十五世纪意大利油画之昌兴，是因为有佛耶教徒掏腰包照顾。即使有五四运动，如果没有那么多学生买书，新文艺也不会有今日的天下。在所有艺术中，最不受时间、空间辖制的是音乐。贝多芬尽管死了一百多年，他的音乐却健在。（中国古乐的损失是由于无谱！）而且柏林、伦敦、上海，随处可奏。一幅画则不然了。达·芬奇的《最后的晚餐》听说已在凋损了，负责人正想法用冷气来保存它。许多中古壁画都如雪片般剥落，看守人望了无可奈何。就是完整的，现代印刷术也还不能把一幅画翻得与原作无异。因此，学画的人要去巴黎卢浮宫瞻仰《蒙娜·莉萨》，去佛罗伦萨看《爱神之诞生》。版画虽是视觉性的艺术品，却比较不受时间空间限制。普通木刻油布刻一下子可印几百幅毫无损伤，金属刻可以印上千幅（一般版画多注明：如5/40，即是共印四十张，此为其中之第五）。不受时间、空间的限制，可就变成经济上的便宜了。第一，一般油画只有一张原作，版画可以有许多张，张张都是原作。作者辛劳的报酬自可以数倍于一般画家。第二，世界上虽然仅有几位大收藏家，但却有无数中小资产阶级好风雅的小收藏家。他们既不甘心挂一幅珂罗版而又买不起半幅米芾，版画的价钱刚好适合他们的钱袋。于是，他们买，版画家生活有着落，版画艺术从而获得提倡，这个因果循环关系，对于推动任何事物都是不可缺少的，无倚无靠的艺术品，尤不能单靠西北风来培植。因此，我愿见四马路、琉璃厂书店的窗口，一如伦敦、巴黎书店的窗口，有零幅的版画标价出卖。这样，许多家墙壁上可以卸下那些英美烟公司的美人玉照来，而版画家的收入也可不限于副刊编者每月寄来的那点可怜的稿费！即使抛开钱的问题（我们的艺术家愈穷必愈清高），费了许多时日刻出一幅东西来，副刊一登即丢之乎也，岂不太可惜，也大违反“版”画的原意了吗？

英国版画，正如任何国家版画的昌兴，都有赖于具有艺术趣味、并有企业见地的出版家之提倡。我想谈谈插图。提起插图，我们想到的不是章回小说前面那些绘像，便是坊间的小人书。这里我想谈的是作家与艺术家的搭伙问题。中国新文艺运动已有三十年历史，中国现代绘画运动的历史就更悠久了。中国文艺家与中国画家可曾有过一次合作的企图？如果书店老板没想到这个可能性，作者应抓了画家的胳膊说，咱们自己来合作吧！家喻户晓的阿Q，如是在国外，至少应该有十几位画家为他造像了！《边城》的插图也是在书出了十多年后才动手的。为什么没人来为《儒林外史》、《官场现形记》插些图？我细想了想，这点倒也许是与中国的老传统不大合。中国文人一向好玩字画，然而“文”与“画”，一向却泾渭分明。心理上，唯恐一沾，双方都丢身分。这种心理在文人是不智，在画家直是形同自杀。如果文艺家仍持旧日隐士态度，那自然无话可说，否则是应该互相提携一下的。版画家一向与文艺界最接近，而且由印刷术上论，也最易合作。为什么不试办一下？这试办，不是作家协会与木刻协会的事。那是指腹为婚。一定要由个别作家与个别版画家自己去追求、恋爱，以至生出一个白胖囡囡，这风气保管就盛起来了。

出版家在这段姻缘里，至少可作证婚人，有时甚而要做媒人。但首先，他必须有勇气来担任婚服喜酒费。英国插图家有的是按幅计酬，有的是由作者版税中照比例抽。另外，英国时常于翻印古籍（无印税）时，请当代名画家作插图。本集“走兽”卷中的《伊索寓言》插图，原文还是十七世纪初叶的古英文。中国有的是古籍：本草、地志、人物志都是现成材料。这种工作，就势必非由出版家采取主动不可了。

英国版画及与其密切相关的印刷术之昌兴，大部分是由于作家、画家、出版界有勇气，有卓见，对版画具有热忱。试以英国版画史的扼要事实为证。

三

早期英国版画史上的功臣几乎都是出版印刷家，而插图书则是英国版画的起点。十五世纪凯克斯敦所印的书，如《金色的传说》（1485）里面的插图，多是引自法、比、荷、意本的。到十六世纪，约翰·德（1522—1584）才开始有新作插图，其《殉教者》（1576）一书的插图，据说还是出版家自己刻的。那时版画的用处已很广泛了。地图是刻的（如 1579 年的《英国及威尔士地图》），技术书（如 1540 年托玛斯·西门的《接生术》中的图解）是刻的。一般著作首页大都是王后或贵族的肖像。到十八世纪，诗人威廉·布莱克开始了自著自插图的风气，这风气一直保存下来。本集中就有几位即是这个传统的继承者。而外国作者赢得英国爱戴的，也往往是因为作者兼能插图，如捷克的恰佩克及中国的蒋弈。这传统教育了读书人，读书人从而又维持了这传统。然而历代英国艺坛上的中心导演者，总是一批酷爱美术的出版家。十九世纪的克尔米斯考德书店，本世纪初的鸽子书店，现存的莫须有书店和金鸡书店以及克利斯特书店等，都是讲求纸张、油墨、装帧、字型以及书画并重的著名出版者。

远在文艺复兴以前，欧洲便有了单页的版画，多是些中国灶王爷式的宗教画。到十八世纪初叶，此风大盛，一时版画家的收入竟丰于绘画家。普通版画家都有其订户，多至一千二百份，每份可收一吉尼，而当时六幅油画拍卖的底价仅八十四吉尼。绘画需要对艺术有修养，但若贺加斯（1697—1764）的连环版画《时髦婚姻》（1743）及《浪子历程》（1733）都是雅俗共赏的社会讽刺画。有一时期，每个英国画家多另有一个版画家把原来绘画刻成版画，如田园画家康斯台布（1776—1837）的刻手鲁克斯，到后来有些作为副本的版画，声誉竟驾乎原画之上。结果，有的画家一面鄙视版画，一面却又吃醋；有的，如伯恩·琼斯、怀思勒，绘画之外兼做版画。本集的作者大部分都是兼做绘画的。甘做绘画家替身的版画家，今日已不存在了。主要是因为在欣赏家的心目中，在艺术史上，在经济收入上，版画已经成年独立了。

四

一部英国版画史本身便是一部印刷技术史。线刻是十六世纪由荷、比输入的。蚀刻最早是由一个伯希米亚人温塞劳斯·贺莱介绍进来的，他的名作是仿凡戴克画意的《四季》。当时查理第二世雇用贺氏，每小时的报酬是十个便士，结果这个伯希米亚人死于贫穷。直到十九世纪中叶，蚀刻才经过查尔斯·杰克（1813—1894）由法国重新输入。

十七世纪以前，彩色版画便已存在，但到十八世纪才风行起来。方法是用蚀刻描出轮廓，以金属雕版术显出暗影，然后着色。这技巧用于花卉虫鸟，效果特好。英国坊间这种插图书还很容易找到。

整个西洋艺术是与科学分不开的，版画自不是例外。牛顿发见光谱总和为白色后，彩色版画家也试验起三色印刷术来。版画的金木材料混用的结果，又促使瓷器制造家试在瓷器上加铜。每次技巧新颖一步，版画就比绘画更便宜一些。至1859年法人加尼所发明的铜板铜面刻，为儒伯介绍至英，版画的寿命更长，复制的数量愈多，经济上也就更有益于版画家了。

染刻分干湿二种。1768年拉普仑思介绍给英国的干法，不上十年，英国人散迪自己发明了湿法。到十八世纪末叶，有德人鲁道尔夫·阿克尔曼居然在伦敦河滨街开起一家染刻陈列所。

纯粹英国血统的木刻大师当以十八世纪末叶的托玛斯·毕维克（1753—1828）为第一人。他十四岁起便拜雕刻匠托玛斯·贝勒北为师，先雕世家纹章及钞票，后来雕银面。他的杰作是《伊索寓言》及《英国禽鸟》的插图。他首先创始了木刻的浓淡术，即是把欲淡处刻得低于平面。他首先在黑白之间，刻出“灰色”来，即是用斜纹表达“色泽”。这方法，在本集艾格妮丝·帕克尔的作品中，看得最清楚。毕维克成功的另一秘诀是尽量直接模仿自然，所以每刻飞禽，必设法觅到标本。

诗人布莱克虽然对于印刷术无大贡献，却是版画史上一奇才：那么奔腾的想象，那么强烈的象征力，版画在他手里成为预言家的衣钵了。他的《天真之歌》（1789）、《经验之歌》（1794）两大杰作可以说是艺术两大极端——伟大与纤细、雄魄与缠绵的交流。我曾经见过E. M.福斯特先生家传的一本《天真之歌》，记得打开那手绘本，第一页便是一个生翅膀的赤婴，后面是一片青天。在剑桥曾听过一次幻灯演讲，看到几页他的《经验之歌》，游牧时代理想国的氛围十足。可惜他的名作十七幅维吉尔及临终前为但丁《神曲》作的插图从未见到。

十九世纪的大事件是工业革命，这史实也大大影响了版画艺术，金属成为一般雕染的工具了。染的，可印三百至五百张，雕的几乎无限。工具的改进使版画愈发普及起来。十九世纪末叶是英国文学下乡的极盛期，工业革命所赐予的印刷造纸技术上的进步，使若干古典作品如莎翁戏剧及多少当代作品如狄更斯廉价大量销售。有的书内加新插图，至少本本封面上都有幅图画。画报（如1842年创始的《伦敦画报》）大量出现了，连同图文并茂的幽默杂志（如《笨拙》），版画作品又多出一条生路。此外，维多利亚时代逢节逢年特别讲究用画片道贺，如雷登兄弟俩便是贺片版画专家。

二十世纪的英国版画，正如一切英国文化活动，是过去三四百年的继续。插图书即在战时也仍在制作中，伦敦书店街窗口摆的是，庞德街列斯特尔方场的陈列馆里不断举行着单人或联合展览。葛楚德·赫密斯的花卉，艾格妮丝·帕克尔的走兽，无论构图、笔划，都充满了古典风味，然而又绝对不是墨守传统，尤不是抄袭。T. S. 爱略特的诗，溯源到十七世纪，表现的却是大战后世界的空虚，奥登的诗剧写的是1930年反法西斯的生死斗争，用的形式却是古希腊的表现方法。新与旧是相对的，又是连续性的。

五

艺术需要新血液，随时需要新血液；但如果硬把肢体锯断，另接上新的，势必造成局部或全部麻木作用，成为一具残废。

中国版画需要两种并行努力，一方面是由插画、由单幅创作找经济上的活路，一方面取材也得扩大些，《饥饿》、《死亡》，或《斗争》、《行军》，这些应该刻，但这以外的也不妨刻刻。像葛劳斯那幅《风筝》，线条温柔委婉，多富抒情性。然而在农业的中国，那还不是习见的风景线！看看鲁迅先生选的《苏联版画集》的内容多丰富！苏联版画家对十九世纪文学巨著依然热心插图，对科学课本如《熊之一生》等也参加合作。单调未必即是进步。当前中国版画界，似亟需在题材的开拓上努力一些，从而扩大这艺术的领域，以摆脱定型和僵化。

技术上，直到今天大家都还只安分守己地在一块木头上刻，谁也不像有兴致试试别的途径。去年一位朋友自川康边界寄给我一张彩色木刻，题材是藏女舞姿，而颜色鲜艳可喜，绝不逊于本集中法雷的《玫瑰》。我立刻把它寄给了一位英国朋友。三年前运到伦敦展览的中国木刻，曾给人以千篇一律的印象。为什么不在木头以外，试试旁的媒介？

有人说英国版画是有了三百多年的历史，中国版画却还不及三十年。这个时间的圈子可是我们自己箍起的。中国历代的石刻拓片本身便是世界版画史上一笔值得大书特书的贡献，当代中国版画家哪一位又曾下过一番功夫去研究呢？抛弃了本土的遗产，哪一位又曾试用过西洋的蚀刻、铜刻或发见什么新技术呢？

这本选集除了陪伴沙发旁寂寞的桌灯以外，我愿它还会产生点发酵作用，对国内版画界朋友们摸索新途径能有所启发。尤其希望出版家们采取主动，使在书画同源的中国，“书”和“画”能迅速携起手来。

（该文为萧乾编的《英国版画选》的代序，该书1948年由晨光出版公司出版，《大公报》1947年8月17日、8月24日曾节录）

谈贺年片

张　仪

贺年片在今日确已成为一种“事业”，它的销路恐已超过每年的畅销书（Best Sellers），它的背后有成群的名家在为它设计，不论是色彩、词句或是字体方面都是费过一番心血的。所以，贺年片种类的繁多和纸张印刷的精美，往往会使我们目迷五色，爱不忍释。不过目前在上海的大百货公司或西书店所能见到的精品却属凤毛麟角。第一，纸张欠佳。第二，画面设计多半俗不可耐。第三，即使有了好的原稿而印刷又不能显出原画的精彩和神韵。

记得远在二次大战发生前，笔者曾收集到一套选用现代十大名画家的作品所印成的贺年片，每张有四十开本大小，纸是最好的手制纸，套色版精印，与原作相较十分逼真，再加上名家的诗句，既可作名画集欣赏，又可作名诗集句读，确是尽美尽善。可惜战乱连年，如今此物已不知散落到何处去了。英国皇室以前每年在圣诞节将临时，例由英皇及皇后等人各选一幅画作为当年御用的贺年片设计，印成后分赠亲友。后来也逐渐成为图片收集家的目的物之一。目前英国正处于艰苦的时代中，不知今年尚有此闲情逸致否？

圣诞节已在眼前，新年佳节也遥遥在望，国内外却依然烽火连天，苦难未已，我要请问每年下凡来粉饰太平的圣诞老人，你坐在炮弹上的滋味如何？

从马路上店家的银色窗饰，不禁使人联想起每年到了这个季节又要忙坏了多少绿衣人。他们整天背负着整袋的礼物包裹和成千成万的贺节贺年片，踏遍世界的角落，向人们的心底里投下一些温暖，可曾换得几声感谢？

贺年片的起源，据说还远在一百年前，仿佛也正是圣诞的季节，一个叫做陶卜生（W. E. Dobson）的英国人亲手画了一小幅《合家欢乐图》一类的东西，寄给他一个远方的友人作为对他一番盛情的怀念。自然这位画家在当时是再也不会料到一百年后的今日，一张小小的“秀才人情”，会变得如此的风行的。

（载上海《大公报》1947年12月18日）

一本书的诞生
——在汉口市书业公会讲

张静庐

一本书的生产过程，大概可分成四个阶段：

一、交稿；二、付排；三、校样；四、装订。

交稿是属于编辑部的工作范围，一部书稿的完成，也有四种不同的方式：1. 编选；2. 编著；3. 撰述；4. 翻译。编选是将别人著述的文章或文件法规，经编者一番选择和整理，自己除在卷前写上一篇凡例或旨趣外，不另补充意见，例如学校国语读本及六法全书、法规、判牍等。编著如商务版的《学生国学》丛书，虽也是选辑前人的文章，但是经过编者的注释或考证，就可以取得著作权。还有以自己的著述为主，而部分的采取别人的作品作为示范。撰述则为完全自己的著作或演讲。翻译有直译与重译二种，直译是依据原文翻译的；重译即间接译，是将另一国的译本拿来再译，例如鲁迅先生译《死灵魂》是依据日文、德文版，丽尼先生译《屠格涅夫选集》中之《贵族之家》、《前夜》等，是依据英文版。

全稿杀青后，交给出版部，由出版部视其内容和分量，规定版本的大小和排式。大概学术性的著作多排廿三开本或廿五开本，文艺小品多排三十二开本或三十六开本。这就其通常习见者而言。也有例外的，如文化生活社较厚的书都采用廿八开本，如《蒋冯书简》采用十六开本。凡版式在三十六开以下的，称为“袖珍本”，旧书店称为“巾箱本”。以其携带便利，分量较少或因实用关系的书多印袖珍本，如战前生活版的小型文库为四十开本，现在教育版的《诗词选集》为六十四开本，电报码则印五十开本。最小的书型，有大东版《中国名妓抒情诗》为一百二十八开本。这种小型书，在科举时代是常见的，那是准备给应考相公夹带偷进试场用的。现在除《寸半英汉字典》之类外已不采用。至于诗歌画册，其版式大多不一律，如《马凡陀山歌》为横三十六开本，《三毛从军记》为方二十开本，都为例外。

排版有横排、直排二种，凡英文、理化、算术、歌曲等，因有字母与公式曲谱关系，宜于横排。一般书籍大都采取直排，虽在民国廿年前上海光华、现代等书店文艺书多采横排，但不久渐归淘汰。排版通常三十二开本为十二行三十六字，中缝页码分排上下；或十二行三十八字，中缝页码排在边上。抗战期间因纸张来源缺乏，版口都特别放大，有老五号字排十七行四十字，新五号字排十九行四十四字者，名为“战时版”。其实用新五号字，印在土报纸上面，模糊不清，就菜油灯下阅读，确乎有损目力，对中年人尤不相宜。据说茅盾先生在重庆，经常须借助于放大镜。鲁迅先生生前自己设计排印的书版，不仅多留天地，且须加排“四配四”，战前的北新版各书可以参看。可惜现在的《鲁迅全集》已非当年旧观了。

铅字的大小，有头二三四五六七号之分，更有新老之别，如新四号、老四号、新五号、老五号。新闻杂志上用作标题广告的，则更有特四行、特七行、特十行等大型铅字，排书版是用不着的。字体的种类，除经常用的老宋体外，又有黑体、正楷、仿宋三种。黑体是方形的。正楷创始于汉文印刷所，所以称为“汉文正楷”。仿宋除普通常见的仿宋体外，还有三家专用字体：华丰印铸所的真宋体，商务印书馆的北宋体，中华书局的聚珍体。

中国的书版排字技术，创始于美华书馆，迄今已有九十年的历史。以五号字计算，共有七千零十四字，分装八十八盘，其中有二十四盘所放置的是常用字，计有八百四十四字，称为“廿四盘头”。其余的六十四盘，称为“部位盘字”。倘遇有原稿上比较罕见或较深奥的古体，则须另刻。铅字的放置，向来是采用“部首检字法”，民国三十三年，王云五先生在重庆发表《中文排字改革的报道》一文，他将部首检字法改用四角号码检字法，在商务渝厂实验，据其报道，以二十名小学程度的艺徒，四天的四角号码训练后，十六天的实习，每天工作八小时，每人最多能检四千三百四十四字，最少亦能检三千二百字，比较旧式的工作效率约可提高一倍以上云。

排版与校样，差不多是同时进行的。因为要使一本书出版迅速，同时又要顾虑印刷所材料的搁置，势不能让它全部排完之后再行全部送校。校样的次数并无限制，第一校因为检字不全或待刻的字较多，归印刷所自己校对。第二校后方送给出版部，校对之后再送还印刷所。印刷所照已经校出的错字改正后再送出版部，这叫做第三校。普通的书第三校后就可“付印”。但如果错字还多的话，则送四校、五校未尝不可。古人说“校书如扫落叶”，扫了一叶又发现一叶，所以任何仔细谨慎的校对员也不敢说经他校对过的书保证没有错字。不过这里要特别提一提，就是亚东版的旧小说，错字的确不会有，据我所知道，汪原放先生每一部书的校对，总在十二次以上，其工力与耐性是值得钦佩的。

校样“付印”后，排字房将书版送给纸型间打制纸型，再浇成铅版送交机器房钉装木板，上机器印刷。一面将书版仍退回排字房，拆散归还原来字盘。一个一个的铅字检出，现在又将一个一个的铅字放还原处，这手续确是麻烦而不经济的。所以较大的印刷厂已采用电炉制字，不再还架，而是将已排过的铅字全部倾入熔炉。一方面不断地另制新铅字，以供排版之用。

书的装帧犹如一个人的服饰，朴质或华丽，固须各如其分。但亦必须经过一番设计，最低限度也要使读者看了不感觉恶俗。整套的丛书，还须要选用花衬页和扉画。普通的书则只重封面设计，用什么图案，印什么颜色，印一色或多色。顶应该注意的是封面图案的设计务须与书的内容互相配合，才能够相得益彰。鲁迅先生的书，有由陶元庆先生作画，如《朝花夕拾》、《坟》；也有仅仅由他自己署签的。最使我们缅怀不置的，有鲁迅先生曾经辑集其亡友瞿秋白遗著印成一部《海上述林》，其装帧的华丽精美，到如今还为出版界所称道，而无出其右者。

装订有打洞、穿线、锯背、缝机、铅丝之分：普通一般用书大都是用"打洞钉"的；篇幅较厚的书，为求阅读时的方便，多用"穿线钉"；再厚的精装本，则用"锯背钉"；教科用书须用"缝机钉"，以其快速而且坚牢；薄本的小册子，用"铅丝钉"。但铅丝容易发锈，有损封面美观，故除宣传文件外，即使一般篇幅较少的书，也不愿采用的。

上面所讲的，都是粗枝大叶，但我们已经应感觉到一本书的诞生，实在也是"来处不易"！何况更处在今天内战扩大、工料高涨、交通阻塞、销路滞呆而出版又不自由的时候。

（载《读书与杂志》1947年复刊2第9期）

我做了编辑

罗雅英

我感谢上帝，托您的福，使我做了编辑。做编辑这件事非同小可，这是一件最荣誉的大事。因为在我主编的园地中，有宰割之权，有取舍的威严。投稿者视我如皇帝，视我如圣贤，他们都盼望着我发发慈悲，开开大恩，将他们的作品赶快刊登出来。

其实不是那么容易的事。我做编辑，有我固定的主意，我必须运用我的法术，局外人焉知个中神妙。

我做编辑，最大的秘诀，就是先请老牌作家来执笔。无论他们随便胡抹一篇，或是说说梦话，也得用头号字标题，排在最前端。这样读者就认为我交游宽广，主编得太精彩、太有力量。假设老牌作家不肯赐稿，我便用求情献媚的手腕来索取，就是跪倒地下，向他们三拜九叩我都干。反正稿子到了手，登载在我的园地中，读者就要称赞我为第一流的大编辑。

至于亲戚朋友的文章呢，那也得赶快刊登。只不过晚于老牌作家一步罢了。我非常明白，在社会上做事，必须顺乎人情，才能行得开。假设不这样，一定要碰壁砸台。因为有这种因素，所以亲友的文章不管好坏，不管通不通，总得要登出来。不然见到面，那多么不好意思的呀。怎么对得起这一群熟人呢？况且他们在另一方面不是还帮助我吗？

外面投寄来的稿子，我一向是不看的。除非当我高兴时，我便随意抽出一份来瞧瞧。小声儿说，他们的文章，有的真比老牌作家写的好。不过，我不能轻易刊登出来，因为他们的名字太陌生了，陌生得使成千成万的读者都没有见过。无名作家的文章怎么能在我主编的园地里出现呢？那岂不让读者批评我编的水准太低了吗。假设版面缺一块，实在凑不上的时候，我便用着了这些稿子，叫他们的文章做做补白有何不可，这是他们的幸运，这不能不念我的好处。

当我不高兴的时候，或是和太太打了架，我准不看外面投来的稿子。因为我心中麻烦，哪有心肠读文章。这些篇完整的稿纸，不是叫我擦了鼻涕，便是叫我做了手纸。有时候，我心中暗想："这群傻小子，白费心血了。盼着吧，盼着吧，盼到老也登不出你们的文章来。"

关于附邮票，要求退稿子的事，真使我头痛心烦。我有工夫还吸着烟聊天，或是给我爱人寄封情书呢？哪有闲时间给他们当听差。什么心血的结晶！在我的眼里，只不过是一堆废纸罢了。

总之，我做编辑，必得运用奇妙的法术，这样读者才能认为我是第一流的大编辑。

三十六、一一、二十五。

（载《生力》1947年第6期）

怨做编辑？

家 南

每一个晚上，差不多从元旦到大除夕，在深夜三时半左右编完“国际”，拖着疲乏的身体走上宿舍区就寝的时候，辚辚的粪车声总在这个时候，划破了静寂而黑暗的天空。在我们这辈做编辑的人的世界里，这时是一天才告结束，而在一般人的另一个世界里，这时是另一天刚开始。我们，真是彻头彻尾地过着“日入而作，日出而息”的生活。

睡上床后，身体固然是十二分的疲倦，但是脑海里却往往失常地清醒，“意志”固然在督促自己快入睡，但是“意识”却顽强地不肯安然入梦。这时候，我会不自然而然地想：这种极端迟起、极端迟眠的生活，的确太违背了“早起早眠”的古训。鸟，日出时鸣于枝头，日没时飞还林巢；兽，日出时游于旷野，日没时跑还洞窟。我们人类的祖先，亿万年来也一向以太阳的出没，作为工作和休息的依归。编辑的生活，无论从生物的、生理的、历史的，甚至家庭的传统习惯上讲，都是极端的不合理，极端的不自然。行为主义学派大心理学家柏符洛夫虽把人类的行为解释为“刺激”与“反应”的机械作用，但是，假如我们做编辑的生活，做编辑的“行为”，完全是为了换取一份薪水的“刺激”而产生的机械“反应”，换句话说，就是为了换取温饱而不得不勉强熬夜，那么真是一千个不应该，一万个不值得！

我的经济情形虽然不大好，家庭的负担相当重，但是我十二分自信我做编辑，决不是单纯地为了生活。我拿了报馆的薪水，应该工作，并且应该好好地工作，这是我的责任。可是除了责任以外，我还有我自己的“理想”，唯有在“理想”不动摇，并且日益坚强起来的条件之下，我才有继续努力干下去的勇气，熬夜也无所谓。

然则，什么是我的“理想”呢？这“理想”有时候不免有点模糊，犹如未经整理过的思想一样，往往不能有条不紊。深夜扪心，觉得非详细地把它检讨一下不可。我思索，我考虑，我演绎，我归纳，我终于得到了一个结论。概括言之，就是我不但要“编”，并且要“学”，并且要不断地“学”。报纸，是二十世纪人类的精神食粮，其重要性比诸杂志书籍，可以说有过之无不及。假如我们把有价值的杂志、文艺、科学、哲学的名著比诸鱼翅、海参、燕窝、白木耳，那么报纸就是白米饭，比前面几样名贵的山珍海味更是一天不能缺少。但是要编好一版报（我特别着重这“好”字），确乎不是一种轻而易举的事情。由于新闻范围之广大，事实之繁多，报道之互异，你得研究，并且需要把整副精神，整个身心，放到这里边去。你要在新闻范围之内“学”，同时还要在新闻范围之外“学”，你要学历史、地理、政治、经济、哲学、法律、伦理……就是科学，你也不能完全是门外汉。我现在编着“国际”，每天差不多看到全部的新闻稿，我要利用这种“近水楼台”的便利，好好地“学”一番。同时还希望利用白昼的一些闲暇，把新闻范围以外的种种学问，好好地“学”一番。

然而要做到这一点，真是戛戛乎其难啊。难的原因，就是国际问题的范围太广。试想：国际问题所牵涉的，在空间上，包括七大洲、六大洋，地球上每一个角落，甚至地球以外的太阳、月球、行星、其他星系，以至整个宇宙。在时间上，表面上虽好像只关于一天，但是新闻是历史的横断面，假如你对于亘古以来亿万年，尤其最近数十百年间“纵”的历史没有相当的认识，那么对于当日“横”的历史也决不能认识清楚，必将遭遇到“见树不见林”之讥。在新闻的性质上，有重大，有轻微，重大的固然不可忽视，轻微的有时倒也有趣。诸凡德国的崩溃，日本的投降，联合国机构成立，莫斯科会议揭幕，丘吉尔有女下嫁，英公主好事期近，日本议会，无人出席，庆祝圣诞，多人丧生……这一切，都是你的材料，你得把它们分割、合并，分量必须适当，轻重不可不分，总得把它们拼凑得像一支什锦果盘才得！

更有进者，从各家新闻社来的稿子，论调有左倾的，有右倾的，有比较客观的，也有根本错误的，总之，你得有自己的观点，自己的见解，你必须毫不留情地指挥它们，使用它们，决不能让它们来牵着你的鼻子走。此外，最重要的一点，就是世界是一个整体，新闻虽然庞杂，但也是一个整体。在这二十世纪科学昌明的世界中，每一件事情，不论大的小的，都有着或多或少、间接直接的关系，决不能把它孤立起来。格式塔学派大心理学家考夫卡说：“认识事物，认识全体。”我也作一个推论说：“认识新闻，认识全体！”

是的，我得“学”；“编”是我的职业，“学”是我的理想。我虽非弗洛伊特学派的信徒，但是很相信该派大心理学家阿德勒的说法，就是“一个人还是生活的中心”。事实上，也唯有个人的不断地充实，他所表现于工作者，也才会充实起来。

我作如此想，我朦胧睡去……我在睡梦中还作如此想……

（载《申报馆内通讯》1947年第1卷第3期）

书店工作漫谈

俞 斌

也许是出于一种本能，也许是因为童年时缺乏游伴，我从小就热爱书本，养成了看书的习惯。

最初，我只觉得书本跟万花筒一样，里面的景象千变万化，其味无穷。我就像别的孩子玩弄万花筒一样的玩味各种书籍，不加选择，什么都看。连环图画、寓言童话、侦探故事、章回小说、神仙剑侠、鸳鸯蝴蝶……都曾经吸引过我。我常常对着那些五花八门的读物发笑、流泪、兴奋、梦想。我好像一个愚笨的渔人，在浩瀚的书籍之海里撒下一张大网，却只网住一些无用的泥沙。

等到我不把书本当作万花筒，而把它当作一架向上的梯子的时候，我才真正懂得了爱书。我多么惋惜过去那些浪费了的时光，而又多么惶恐地发现，该看而未看的书竟有那么多啊！于是，我又带着一种新的贪婪去接受那些新鲜的东西了。

这些值得感谢的书本，为我展开又深又远的世界，为我指出人类的梦想与希望。我从它们得到了新的生命，新的精神。在我去接近别人，去观察现实的时候，它们永远是最好的向导。

我觉得人决不能离开书本，如果你离开书，你就会成为生命大队中的落伍者。

还是在初小上学的时候，我就曾一再在“儿童志愿调查表”上，用歪斜稚气的字体填上自己的志向——经营书店。这引起老师们很大的惊异，有的以为我将来会成一个“学者”，有的却以为我将来不过是个“书呆子”。事实上，我那时对于这种事业并没有什么了解，只是单纯的爱书而已。

抗战发动以后，我的家庭很受打击，我失学了。这使我更想进书店工作，我以为书店里看书的机会多，可以弥补失学的痛苦。

我的志向总算达到了，我真正参加了书店工作，而且一直干了七八年。在这七八年中间，我的志向在表面上并没有改变，在实质上却已经起了一种升华作用。

刚踏进书店的门，这想望了多年的工作就打破了我天真的幻想。我是为了自己喜欢看书而进书店的，可是书店并不是请我去看书而是要我去工作的。起初我很失望，但是实际工作教育了我，使我慢慢地认清了书业工作的意义。

这里，我想把在书店里学到的一些东西告诉给关心书店工作的读者们。

书是文化教育的工具，是社会进步的前导。可是，要做到这两点，必须先把书献给广大的人民。

一本好书，应当合乎广大人民的要求，一个真正爱书的人，应当把自己对“书”的爱推广开去，尽量把书交到广大人民的手里，使一切爱书的人有书看，使一切还不懂得爱书的人也爱书，这正是书店工作者的责任。

但是，这只是一个笼统的原则，容易懂，也容易说，实际做起来仍有许多问题。

譬如说，有时候，我觉得工作太繁重了，占去不少看书的时间，很为苦闷。于是，我就问自己：你为什么要看书？当然为了充实自己。而充实自己是为了使“工作”做得好。如果你不但不能工作得好，正要觉得工作妨碍了读书，岂不是成了“为读书而读书”的书呆子？这样一想，我就重新埋头做下去。

这并不是说做了工作就可以不读书，正相反，书店工作者是必需多看书、多学习的。有了正确的认识，才能辨别书的好坏，才能帮助读者，才能真正为读者服务。而且，书店工作者能比别人享受到更多的阅读的方便，如果不去利用，未免太可惜了。你愿意进了智慧的宝山，而不俯身拾取一些灿烂的宝石吗？

一个好的工作者不会因为工作而荒废学习，也不会因为学习而厌烦工作。问题是怎样把时间支配得好。工作和学习是一样永不停息的战斗，我们活着，就必须坚持这种战斗。

这些工作都带着烦琐的事务性质，并不像一般人想象中的文化工作那么有趣。要学习这些工作，是需要耐心和毅力的。自然如果能看得远些，你也能说这些枯燥的事务里可以找到乐趣的。

譬如说，做专门工作，粗粗看来，和普通商店里站柜台的工作并没有什么两样，每天只是收进钱，卖出书，有时碰上一些趾高气扬的买主还得受点冤气。可是，如果你对店堂里陈设的各种书籍曾经涉猎过一番，或者对于作家对于作品的内容多少知道一些，你就不会把它们看成普通的商品，你会觉得它们有生命、有意义，发射出智慧的光辉。你会替它们掸去灰尘，你会小心地抚平那翘起的书角，你会热心地把它们推荐给需要它们的读者。在它们被读者买去之后，你还会高兴，因为作者的心血有了着落，因为你的工作有了一分成绩。

又譬如说，做校对工作，一般人以为这等于看书，是最值得羡慕的差事，其实不然。校对决不等于看书，校对的时候，你的两双眼睛变了一架机器，在原稿和校样之间移来移去，拼命要捉住校样上的错字。神经一紧张，思想就不连贯，你也许看懂了一句两句，却决不能记得全篇的内容。校对工作使你头脑疲劳，使你目力衰退。可是，你想到自己对读者所负的责任，你会觉得在书上遗下一个错字就是对读者的罪过，你也会觉得，捉到一个错字就是一件功劳。所以，有人说：好的校对工作者找到一个错字，就像长虱子的人在衣服上找到一个虱子一样高兴。

上面所说的大多是书店工作者个人的苦闷，这些问题，只要自己对事业有认识，有信心，肯下决心，肯努力，都是可以解决的。至于书店工作的真正困难，还是由客观环境所受到的压力和限制。

书店所负担的任务是教育文化的任务，可是所处的地位却是商业的地位。现在，物价飞涨，购买力低下，是目前整个工商业的困难，自然也是书店的困难。纸张来源缺乏，运输困难，书籍又比别的货物容易损坏……这些问题已经给书店造成了重重障碍。可是，书店的障碍还不止于此，因为书店是为人类制造精神食粮的，总不免要触及思想和政治，所以书店所受的限制比任何别的工商事业都多。

虽然前途是这么艰难，我们却决不会退缩。书店所遭遇的折磨，正是整个人民所受到的折磨，这些折磨由当前政治经济的情况产生的。书店以指引人民走向合理的生活为工作的目标，同时，书店自己也得和人民一起奋斗，为历史的进化垫下一块砖石。

我们面临着一个伟大的时代，历史的车轮一定要向前转动，目前这可悲的一页就要被翻过去，后面是人民用自己的力量创造出来的新页。

历史的新页照亮了我们的前途，我们是会怀着更大的信心，跨过前面的荆棘，走向光明的远景的。

（载《社报》1947 年新 7 期）

书店从业员的学习生活

毅　乃

从事书业工作的人，在外界的朋友们猜想，总以为学习自修是没有问题的，但殊不知如同建筑匠无华屋、庖厨并非食必鱼肉一样，其能直接于书本学习的，真是微不足道。因为我们参加了书业工作，每一个人经常的都因守着整个营业机构上的自己的一个小单位，工作的紧张与繁杂，不会低于任何个事业的业务的紧张程度的。因此，整天八小时以上劳顿而愉快的工作完毕之后，我们能够纯粹分配出的学习的时间，是非常宝贵的。同时，由于各人生活的清苦与不安定，也影响了在进修上的整个的严格的计划性。虽然如此，然而一般学习的情绪与要求，显然是极其高昂的。这里，我们想借此报告和检讨一下关于我们书业从业员的学习方面的生活。

一般从业员的业余时间几乎都是宝贵的，能好好腾出一些工夫来从事进修，只好把时间去硬挤出来，“挤”，是我们这批没福分去专志攻读的人们的唯一办法。我们的阅读书报的时间，就往往是在早餐的前后，午饭后的片刻，或者是在我们临睡前的床铺上。

我们就好像一所小小的自修大学，什么“学科”都草草具备，我们普泛着“自由学习”的风气，没有刻板的按照规定去学习某一类的学问，而是凭着各人自己不同的志趣、要求，任自己爱研究什么就学习什么，实行了“学习自由”、但必须“正确学习”的原则。我们有的专致力于技术部门，如会计、商业法，很多爱好文学与哲学的，也偶有决心造诣于语文的……但我们都能彼此共通的理解着：我们学习的是为了什么？为充实自己的思想武装与技术的武装，为能够实际的应用与便利深入我们的工作，我们是为了工作的需要才学习的，因用而学，乃决定了我们去学习些什么。我们的小小的自修大学，各人就仿佛是每一系的学生，同时是教授，有问题，我们找能够比自己懂得更多的去得到解答。你说我们好像有规律得很罢，其实也不像，我们没有固定的场所，几乎全是在个别的情况下各自进行着；你说我们凌乱得很呢，倒也不然，我们都坚持着在困苦的情状下挤出时间来学习的精神。我们都宝贵自己仅有的时间，自觉的保持着力求进步的进取心。

由于工作与学习的不可分割，我们的学习紧紧的配合着工作的改进。因为了解业务情况与精通业务是每一个工作者所必须具有的态度，不懂得这点，就根本的推翻了学习的全部意义。在我们的工作部门里，就必须要学会营业，如何使营业立于不败之地，换句话说，我们的工作就是我们学习的最基本的对象。我们学习了进货，要选货精良，每一本书从出版家通过我们到读者手里，就一定要保证给读者以智慧上的温暖，这是我们的最神圣的义务。我们要学习计算，把销路的时日、开支、利润，都能了然，使事业在必要的正确的计算下，得以发展与坚持。我们学习了批发和发行，懂得如何去放账，如何收回账款，了解具体情况地予以处理。之外，还须学习出版、印刷、编校，以至会计、门市的经营等等。在工作中学习，就是把工作这回事也看作了学习，学了的东西又能用之于工作，把工作与学习紧紧的打成一片，这是我们学习的基本方向。

作为我们工作检讨的业务会议，是我们一个检阅自己缺点的学习上的最好工具。在会议上，我们具体的分析工作的表现程度，把最最努力的人作为大家学习的好榜样。业务会议不仅于此，还做了总结以往、计划未来的事情，例如开展我们以后的营业或出版上的应注意的要点，努力去提高各人对工作的学习要求，克服技术水准上的困难，以求完成计划。

健全我们的头脑也从未为我们所忽略，“正确的头脑”决定“正确的行动”，我们了解武装思想是最重要不过的事。我们一般的除了研习自己的东西外，也普遍的从事了基本理论的修养，如哲学、经济学、历史和现实性的政治文件等等。我们通常对于研习这些问题，多举行一些并不定期的座谈，随各人的心得与感想发言。之外，对于时事的了解，我们多半是用了听讲的办法，邀了比较熟悉和善于分析的人来讲解，然后再提出一点问题讨论。

但是，表现在我们学习上最大的缺点，就是在个别问题还缺少热烈的积极性，在整个上尚没有严格的组织性。例如某几个同事的生活上的比较闲散，因为没有学习上的规定以致部分的显得松弛，例如会议不到或迟来等等。我们学习生活的正规化，不如我们的理想显系事实，但究其原因不外乎：我们的生活上的具体环境与情况各各不同，以致显出学习情绪上的不一致；其次是没有严格的组织力以推动学习生活的健全化——这应该归咎于我们的还不够努力。

总结起来说，我们虽然有客观困难影响了我们在学习上的猛晋，但这些困难的克服，无疑将随我们的主观上的努力以日渐泯灭。因为越是在艰苦中学习的，愈能进步，而且愈坚定而强壮。对于这铁一样的昭示与教训，难道还有丝毫的怀疑么？

一月五日、三十六年。

（载《新文化》1947 年第 3 卷第 1—2 期）

书店里的我

——一个工商从业人员的生活和希望

时　耘

去年的夏天，我读完了初中阶段，因为自己怀有崇高的理想和憧憬着美丽的前程，一定要叫爸爸再给我以读书的机会，然而父亲给我的答复是下面惨痛的几句话——孩子！我并不是在鄙视你，像我们这个以农为业的拮据穷苦的家庭，实在无力维持你进高中，如果你能上进的话，那末还是向社会上去学习吧！

于是我在父亲的好友的介绍下，忍痛的弃舍了学校生活，跑到南京市中的一家书店中来当职员了。

在将进店时，母亲很担忧的叮嘱我："吃人家的饭处处要留意，要早起，要晏睡，要为老板倒夜壶，要为同事装烟，要为顾客进茶，要为座人添饭，要……"的确我起初也满腹愁恨，因为素不熟悉社会上的人情世故，生怕得罪了别人而遗双亲重大的忧愁。

但入店后至今，实足有一年多，事实的证明，我的生活并没有像理想中那般的鄙陋、恶劣。相反的，正赐予我以生命的活力。

我的老板，是一个年近五旬、精神矍铄，而且慈祥仁厚的老先生，他年纪虽那么大，但没有封建时代的滓渣思想和势力的眼光，他不但自己好学，而且还时常鼓励我们向学，他对我说："你们年轻人，尤其是初出学校的，求知欲一定很旺盛，进我的店，这点我可以帮助你们。"他指着四壁的书橱说："别以为离了学校就没有书读，里面藏着的都可以翻阅的啊。"真的，我的许多同事都有读书之癖的。因此我也拿出了在学校中读书的精神，早上六时左右，我便轻轻起身，做了一点例行工作外，便去看书，中文、英文、杂志、小说，可任凭自择，真的比学校中要便当得多。八点钟时，我便开始要接待顾客，因为我们书量颇大，种类又多，同事又和气，每天总有成群的青年来订购各种书籍。我们尤其欢迎许多读者到我们的柜台旁翻看各种样本，不管一小时、二小时……我们总不厌恶。这种原因，最好用我们老板的话来解释——我们开书店最大的使命是传播文化，卖书赚钱是为他们服务而抽取一点薪水罢了。我也最欢喜这个时候，尤其是星期日，总有许多青年学生来购买书籍，我总要和他们搭讪着。从他们的闲谈中，我也知道自己的学问没有停滞或减退下来，心中感到无限的快慰。同时我又结识了许多新朋友，其中有一个师范生，和我最莫逆，他常来指导我读书，解决我困难，我的老板也很看重他。

每当顾客稀少的时候，便是我们研究的好机会，不论是营业上的心得，读书时的问题，我们都提出来讨论，老板也兴冲冲的参加意见。有一次是今年的春天，我看到许多贫寒而爱好读书的青年，看到心爱的书籍，总望望然而去，无力购买。于是我便提议辟一个租书部，大家都表赞同，老板即便委我专司此职，立刻着我进行。因此我们店里更加热闹了。

租书部的内容，不像别人家那样的专设一点色情香艳的低级趣味小说，既有可以移风易俗具有历史性的社会小说，还有科学方面、文学方面的参考书和各种报章杂志。取费既低廉，手续又简单，因此各阶层的社会里，每个学校里，都有我们的读者。他们都很守信用，半年来的事实告诉我，从没有误期或遗书等等不幸的事发生。

一年多的书店生活，使我认识了生活的真趣，明了了生活的目的，我承认自己尚在读书，而且读的书是那么的实际合用。我愿意永久沉浸在这样的环境里，凭我的理智，凭我的毅力，去开发出新天地。

（载《工商新闻》1947年第61期）

书店

夏侯宠

爱书的人有一个习惯的去处是书店。我们往往不仅至于一个热心的顾客而已，有时还是个深情的糊涂人：入书店大门而忘记了时间，忘记了自己。不是这样的吗，我的朋友？

书店的玻璃窗柜，是出门溜达时的诸种诱惑之一，不可抵御的，较之妩媚的女人更容易使人降服。你不单是个鉴赏家，当你在森然林立的书架上的书籍行列中间逡巡、徘徊和观望时，你而且还是个猎户，狩猎在书的丛林里栖迟的小鸟——譬如一本精致的诗集，若是你容许我这样比喻而又加以欣赏的话。

十几年以来一直与我作对的有四个字：“阮囊羞涩。”或者你也是我的知音，请听我的注脚：我们在旧书店里左翻右看，“泡”了一个下午，突然在左边第三排顶角上发现一本好书，正是那本梦寐求之渴望到手的好书！不幸带钱不多，更不幸不是无意带的不多而实在是无可多带。在这种痛苦的情形下，你只好凄凉的给自己一个期许：下次来买吧，下次。那种怅然无己的心情真是不说也罢！

（载《文艺春秋副刊》1947 年第 1 卷第 2 期）

记沪上旧版书肆

涛

上海之旧版书肆多萃集于汉口路西段，其中以来薰阁隐然为之首，而来薰阁实设于广西路。主人陈杭，字济川，河北冀县人，年五十以上，经验极富，幼时犹及见藏书老辈。余偶至其肆小坐，聆其所谈板本渊源、收藏嬗递，真不啻一部藏书纪事诗也。陈君乡音未改，谈话既哑且快，而豪爽不类商人。余之东雅堂《韩昌黎集》、独山莫氏所藏嘉靖刊元《白氏长庆集》，皆陈君以贱值相让者。总店设于北平琉璃厂，亦为故都书业之巨擘。书目已出至第六期，每期一巨册。第一期印于十八年，第六期上编印于三十年，下编印于三十二年。其中多为普通书籍，绝无宋元刊本，即嘉靖佳刻亦少，旧善本书籍，转易脱手，且能得善价，固不必待印成书目，若执此而谓其中乏善本精刊，则非事实矣。

出来薰阁往南为一小弄，弄内第一家为文海书店，主事者名韩士保，原为来薰阁之学徒，近年始独自经营者也。韩君年二十余，颇有心胸，常往来于徐森玉、郑西谛二先生之门，于书亦颇具门径，且人缘甚佳，所讨虚头不大，余之嘉靖翻宋相台《左传》及世德堂《六子》即购于此。

于此往南即至汉口路，路北为抱经堂、来青阁、忠厚、富晋四家。抱经堂主人姓朱，杭州人，二十八年始由杭迁沪，初设于愚园路静安商场内，后移于此。余存有当时该肆书目一本，定价且较战前为便宜，但若按生活指数计算，则现在较彼时为尤廉也。现在其肆明刻则甚昂，即万历刊本亦颇居奇。然余曾购得董其昌阅刊《王文恪公集》，价亦颇廉。近来亦印行书目，系以报纸油印，每周出二张（二张之合等于本刊），已至第七期矣。

来青阁主人杨寿祺，苏州人，即曾以购进南宋书棚本《群贤小集》而哄动一时者。据闻此书原藏长沙某氏，先致函北平某肆求售，久未得覆，乃再函来青阁，遂以廉值购进，而转售于中央图书馆，颇得善价云。然其架上实乏善本，可购之普通书籍亦少。

忠厚书店为北人所开，讨价颇不依常轨。闻其伙友云，有一老主顾，专收清初精刊本，而不问内容，且购得后即存于肆中，亦不携去。此亦藏书家之怪癖也。

富晋书社为河北深县人所设，余初以为其价最昂，故曾往阅览数次，皆未购书，顷许玉成兄在此购得数种，价亦不甚贵，然则余前此所疑，殆有非然者矣。

路南一家为汉学书店，主人郭姓松江人，伙友曹姓苏州人，学徒某冀县人。别家书肆，主人伙计，类皆同乡，则此三人三地，此一奇也。据闻郭君精于板本（此君不常在肆，故未见过），而架上甚少善本，且普通书之书品亦不甚佳，此二奇也。价目之廉，出于意外，此三奇也。夏间余曾以六万五千元购得万历刻《苏长公合作》十册，其他清初精刊本多种，皆以廉值购得。又曾见万历刊周密《云烟过眼录》二册，只讨三万元，当时未收，翌日再往，已为捷足者所得，至今思之，颇为怅惘。闻此店之前身为中国书店，以前颇多海日楼沈氏之书，现已无存者矣。

四马路有二家皆在东段路北。中华书局斜对面为传薪书店，主人徐姓扬州人，架上书极多，而颇杂乱。此肆距我行甚近，沦陷时期，余常去闲看，偶一问价，则为之心惊面赤，默尔而退。虽亦曾选购数种，皆系托来薰阁韩君（即文海主事者，当时尚未脱离）转来，而非直接议价者。近半月来，又曾至该店，则印象为之一变，例如原装汲古阁刊《宣和书画谱》、缘君亭刊《五家宫词》、万历吴氏刊《唐诗纪》，皆以极贱之价购得也。

近石路处为汉文渊，不知其主人为谁某，亦不知其乡里，有言为闽人者，亦有谓为常熟人者。其肆前半营文具，后边置旧书，极多极乱，灰尘极厚，烟熏极黄，价亦极贵，且无商量余地，而对客亦不甚殷勤。据云其书皆以米价折算，则亦无怪其然。

尚有受古书店，亦属扬州帮，现已完全改营文具，闻获利甚丰，其书存于楼上。余春间至南京，于状元境某书坊中，得遇其少主，闻其沪肆有原刊《定山堂集》（此书通行者为光绪刊本，不全），回沪后即托陈济川君议价，月余无消息，疑其已忘，再问之，则谓别家皆可商量，即汉文渊亦有办法，惟有受古，实为难办。果难办耶？闻该肆在三马路已找得店面，将再营书业，俟其开张，当往试之。惟《定山堂集》余已觅得，当试购他种耳。此店近汉文渊，尚有一家近传薪者，名国粹书店，亦扬帮，现架上已无旧书。

西摩路之秀州书店亦中国书店之分枝，主人朱姓杭州人，好书不多，定价划一不二。朱姓喜收抄本，尝见一部稿本《文选补注》，撰者为绩溪胡氏（已忘其名），朱姓居为奇货，余嘱其俟胡适之先生来沪时可往兜售，不知已售得善价否也。余在此店购得旧抄本《斜川集》二册，小楷颇近文衡山，衬纸用东雅堂韩集，有陈抱之印记，又有珊瑚阁藏书印。陈抱之名经，清嘉庆时吴兴人，撰有《求古精舍金石图录》。珊瑚阁先不知为何人，嗣阅《群碧楼善本书目》（五卷）云，“珊瑚阁相传纳兰侍御藏印，尤可珍已”，不禁狂喜。价只三万，可谓廉之又廉矣。其隔壁一家，亦有旧书，极少，无佳者。

愚园路静安商场内有三家，曰文都、国学、抱经堂。前二家相连，营业合作。文都金姓，绍兴人，前习业于抱经堂，虽于板本不甚高明，但极会做生意，架上无好书，而能奔走寻觅。余之《定山堂集》即金姓向北平找来者。余寓所距此较近，故诸书购自其肆者亦较多，嘉靖徐氏刊《唐文粹》、明易山人刊《杜集》为较佳者。国学张姓，冀县人，以前为来薰阁之学徒，数年前已北返，由金姓代为经营。

商场内之抱经堂，主人姓顾，为汉口路抱经堂之姻亲。此人不懂板本，且于装订、修理等技术皆甚外行，营业亦无起色，二三年来未进新货，近且另做其他生意矣。余之嘉靖南监本《史记》及覆宋本《锦绣万花谷》，皆以廉价购于此，然二者均有残缺，则亦不足贵矣。现在架上只一部《李沧溟集》尚好，又有一部《松风余韵》，为清初写刻之精者，惟此书颇为紊杂，《四库提要》讥之甚切，故亦无可收之价值也。

善钟路之萃古斋，开设较晚，而营业甚为发达。主人姓于，河北深县人，由富晋分出。余曾于此见元刊《白虎通德论》，未敢作收藏之想也。其清代精刊本，价不甚贵，绝不讨虚头，无讨价还价之烦。最近曾见一部成化黑口本《陆宣公奏议》，因余已有年刻者，故未购，同好诸君可往收之。最近该肆在平设立分号，故常有北方书籍寄来。

霞飞路上吕班路对面弄堂内为修文堂，主人孙实君，亦冀县人，资格甚老，为人温文儒雅，与人语，讷讷似不能出于口，余每向其议价，辄作为难状，微笑曰“这不算贵了”，而终于略为让价。其肆为二间，外间架上皆普通书，内室则多宋元及明嘉靖以前刊本。曾见一宋刊小字本《通鉴纪事本末》，中有元代补板，索三千万，价实不贵，而余则惟有望书兴叹耳。余在此购得嘉靖刊《两汉博闻》、闽刻套印《楚辞》及《花间集》等，皆惯以廉值。《花间集》书套上有沈尹默先生题端，孙君谓或系沈宅北平仆役盗卖者。余购后原拟物归原主，及询之沈令年兄，则谓平寓之书，皆已装箱，并无盗卖之事，且其尊翁常代人题端，未可据此定为其家所藏也。其北平总店设于隆福寺，年代甚久，近年营业以上海为重，老板常住此间。凡此皆与来薰阁相类，陈、孙二人年龄亦相若，于板本之知识，亦皆精审，或足当章实斋所谓之“横通者”

耶。按章氏笔下刻薄，“横通”二字本非善解，惟近日书业中难求通品，故尤觉此二人为难得也。昔胡适之先生劝北大学生多逛隆福寺，谓常与书店主人谈谈，较听教授讲书，得益为多。章、胡二氏，学术时代皆不相同，优劣无从比较，第只就此种议论而言，一则口吻尖刻，一则转益多师，其气象迥不相侔矣。然胡氏此言发于民国初年，若目前上海，除此二人外，盖不多见，汉学郭姓，据闻甚好，因未得接谈，究不知如何也。

辣斐德路近萨波赛路，有一家名春秋书店，主人某，绍兴人，前为秀州之学徒，店小书少，余只去过一次，自架下尘封中抽得毛刻《国秀集》一册及《敬业堂续集》二册，恰与余之《敬业堂集》相配，遂成完书，亦可谓书缘也已。许玉成兄之明天顺刊《欧阳文忠集》即购于此，书缘之佳，令人羡慕。

沪上旧版书肆略尽于此，愧余不文，所记遂多冗杂，未逮李南涧、叶奂彬之万一也。

（载《金声》1947年第21—22期）

旧书市谈往

——汉奸附庸风雅书贾因而发财的沦陷盛事

昨　非

近来时常过隆福寺和旧书贾闲谈，他们也同其他工商业一样受通货膨胀的影响，一般的购买力减低，生意冷淡得奄奄一息。且书籍一物不同于一般生活必需品，买不起宁可不买了，尤其古书，来源断绝，仅有的一点古董流传越来越少，补不进货。他们常说，“现在买不进货来，卖一种少一种”，并且说，“现在飞来的老爷也都不买书，不像汉奸真肯花钱”。

沦陷时间，南北附逆大员，全都喜欢买书，甚至刻书宣扬风雅蔚为风气。在北方，“维新政府”的梁鸿志，是长乐梁章钜的曾孙，和曾任行政院秘书后来以通敌枪毙的黄秋岳都是赣派巨匠陈三立的弟子。梁氏在“汪政府”成立后出任“监察院长”，曾集资把嘉叶堂刘氏藏的《明实录》影印，共五百册，有功明代文献，确实不小。后来他的女婿朱朴，任中央储备银行董事，由周佛海支持创办《古今》半月刊，请落水文人周黎庵主编，偏重谈掌故。因此那时南北书市，像《越复堂日记》一类东西价格大涨。“汪政府”的内政部长陈群，藏书甚富，且南北搜购不遗余力，成立有“泽存书库”，汪精卫六十岁生日时陈氏曾为其刻《双照楼诗词稿》。

在北方由王克敏起就喜欢买书，不过他的收藏后来全部出手。以藏书、刻书著称的诵芬室主人董康，曾出长“司法委员会”，他的《清人杂剧三集》和十卷本的《书舶庸谈》就在那时刻成。他的幕僚，每天除去讲究金石书画，无事可做。像“中国联合准备银行”总裁汪时璟，专搜集善本，他本人并不懂，不过有钱附庸风雅而已。他颇读清朝中兴名将之书，他的僚属也相习成风，一时曾、左、胡、李的文集价格大昂。他常以曾文正公自比，也颇奖掖后进，但他的后辈，先要看你长得漂亮否，再看穿得如何。大概此氏看《曾文正日记》，学曾氏的给人看相但又不会做，于是学得很可笑。王大鬍、王揖唐也颇以读书衍人自命，办古学院，僧古学，请一般遗老每月课士。他对些位不肯出山的老前辈如江安傅沅叔、紫江朱桂苦、闽侯郭啸麓都优礼有加，不过此公颇无骨气，所以非常为这一般遗老看不起。另外日本的日文书院、满铁经济调查所，也都很花钱买书。不过那时有一种反常的现象，就是沪杭书贾，时常向北平搜购。因为北平未经兵火，古籍尚得保存。过去北平书大多来自江浙沪杭人文荟萃之乡，那时则反倒须求之北平，因此书价踊贵，不过买木板书究竟比任何东西还要便宜得多也。

光复后，书贾都抱了很大希望，他们还做事变前的梦：北平的学校、文化机关、文化团体，定将大量搜购，且国外的销路也很有希望。没想到两年来烽烟遍地，各学校、文化机关，几乎无钱买书。如国立北平图书馆，新书、报纸、杂志，都以赠阅为主。其他像燕京、北大、清华，每月买几十万块钱书，大部分都是新出版物。燕京哈佛学堂社仅买些八年内出的书，根本没有多少。教授学者，在以前每月拿四百块钱薪水，可以坐在家里等书买书送上门来，且还可以买点善本，现在则根本没有买书的能力。至于政府大员，更少买书者。以前暴发奸商土药客人，也要买部《四部丛刊》做插架，现在商人买书更是笑话了。所以现在书贾谈起沦陷间倒好像“盛世”了。

（载《北方杂志》1947年第2卷第7期）

新书业和作家

沈从文

随同五四运动的发展，为推行出版物，中国产生了个新书业。这个新的企业，也可以说是一种事业，因为它的起始、兴趣所在、精神效果实在重于物质获得，和作家用笔有个一致性，是采取“玩票”态度作下去的。玩票意思并不是对工作不大认真，却是不大顾及赚钱赔本。换言之，是还有点服务理想，对社会改造、国家重造的理想，来进行这个企业的。

在北方，起初是北京《晨报副刊》的合订本单独发行，并有选集、讲演集等等著作附带的单行本印行，这些刊物既得到一种分配上的便利，一起始即见得很成功，然而它的成功意义，也还是精神重于物质的。这部分业务上的发展，虽然超过报纸社会地位，成为一个单独组织的可能，惟主持其事，却似乎还看不出它的前途，有多大希望。

在南方，《时事新报》的《学灯》、《民国日报》的《觉悟》，都各自尽了当时对于副刊所课的责任，也得到应得成功。报纸在经济上虽见不出什么大影响，在精神上实增加了报纸抽象地位。南北情形相同，即不曾穷于哪个部门的发展，作过企业远景的瞻望。

至于第一期的新书业，时间上却比副刊活动稍早些。民六七时代，陈独秀先生主持的《新青年》杂志，实可谓国内最有销路的杂志，印行这个刊物的书店，是不会赔钱的。随后是胡适之先生所整理标点的旧小说，以及陈、胡二先生文存的印行，初期诗歌、小说、戏曲、翻译的单行本出版，由于销路广大形成一个初期的繁荣。印行书店虽赚了钱，作家可不曾想到这个钱他也有一份。亚东、泰东、群益……几个新书店实独占了国内新书业市场。商务也分出了一部分印刷力，供文学研究会运用。上海虽是个经商牟利市场，有利可图的事总有人注意到，群起投资，可是经营新出版事，却似乎还引不起人注意。主要的也许是作家虽已不少，作品却并不多，其他方面即欲投资，亦几乎无可着手。这个局面的突破，实从民十五方起始，这事和北伐不无关系。

先是创造社郭沫若、郁达夫、成仿吾诸先生的努力，一面感于受当时恶势力文学社团压迫，一面感于受出版方面压迫，作品无出路，想突破这个独占不合理局面，希望作品有以自见，也希望能用作品自给自足，因此来自办出版，直接和读者对面。努力的结果，虽若干短时期即作成两面的突破，过不久终因为经济方面转手不及，不易维持。随创造而起的是北方语丝社，鲁迅、钱玄同、刘半农、李小峰诸先生，用“打平伙”方式，各凑几元钱，来出《语丝》。一切还离不了“玩票”意味，不过是不管收支罢了。本意以为赔本赔厌了即收场，万一有点剩余尾数呢，大家上东来顺吃顿涮锅子。一切打算离企业隔多远！但是这个小小刊物却得到意外成功，因之产生了个北新书局。国内名记者萧乾，就在这个小书店做学徒，站柜台卖过《呐喊》、《语丝》。同时北大另外几个教授，周鲠生、王世杰、杨端六、丁西林诸先生，也凑了点钱办个《现代评论》。目标和《语丝》虽稍稍不同，对刊物经济方面却同样并不寄托远大理想，以为能办下去就已很好。既对于这方面缺少理想，也缺少技术，所以刊物每礼拜行销到八千份时，还仅仅能自给自足。当时好像只维持了一个作家职业，或产生一个职业作家，即是管发报事务的我，每月固定以拿三十元钱，不至于再欠公寓火食账！到出纪念增刊时，我一个人又用种种笔名，小说戏剧，诗歌散文，一应俱全，写了四篇文章，拿了一笔稿费，其他方面似乎即不曾有开支。这个增刊卖到一万五千本，只是在账目上有个记录。刊物这么办下去不关门才算是奇迹！所以北伐前迁过上海，依然转给太平洋书店出版，再过不久，也就停了。

于时胡适之、徐志摩先生，也正办新月书店，预备出文学书的单行本和《新月》杂志。北新、新月移到上海后，北伐成了功。光华、现代、新中国、开明、华通、乐群、创造社出版部、生活、良友等等书店在上海陆续成立。有股份公司，有版税制度，有这样那样文学丛书的印行，有各种定期刊物出版。报纸上于是有了大幅新书广告，小报上有了不大可靠的文坛消息，而批评、检讨、捧场、攻击，一切慢慢出现，却共同形成了个新的局面。这个企业的兴起，既是在一个新的自由竞争环境中生长发展，这才真有了所谓“职业作家”，受刺激，争表现，繁荣了个新出版业，也稳定了新文学运动。然而我们应当知道，即这个“职业作家”，还是近于一个相当抽象的名词，这名词且多少包含了一点儿讽刺意味的。为的是这个职业比起其他职业来，实费力而难见好，且决不能赖以为生。即以五四文学运动的元老胡适之、陈独秀、鲁迅或冰心作品而言，虽有个版税制度，真实收入数目是极可笑的（当时或有点点收入，到后来且什么都没有了）。这些人就没有一个人敢大胆希望，可以从印行中、作品中，取得一点份上利益，能一年半载不做事也可生活下去。新露面的一群，自然更不敢妄想工作三五年后，印行五本书后，即可以把日子过得从容一点了。由于这个新的企业的兴起、繁荣，已变更了作者与读者的原有关系，可是作者却依然居多还是要用个“玩票”精神作下去。受不了这个试验的，倒也好办，因为已可用作家名分消失到许多职业里，尤其是有意消失到党政军学方面时，极其容易。但也就因此使这个部门的进步，受了相当损失，最大损失还是由改图而在那个大混乱中所作成的牺牲，影响到这个企业的发展一面是有了出版机构，却得不到什么好书，一面是由于竞争营业，在别方面越浪费，在作者方面反而越企图减少消耗。直到民十八到二十左右，印行鲁迅、郁达夫、冰心全集的某某书店，每月约付作者二百元版税的事还到时不能履行，而某某当时最知名的女作家，一个十五万字的小说版权出卖，换个一百元还费尽唇舌，始能交涉成功。即可知新书业的发展史上，对于作家关系，实保留一个如何不健全待修正的习惯！但这个不健全也可说对于一部分作家，还是有意义的，即对于那个徒负“职业作家”名分、日子过得十分狼狈、在任何试验中还不曾放过笔改过业的那一群。他们的“玩票”精神，先是自愿的，后来是被迫的，新的认识且完全放弃了收入打算，更认真的玩下去。因为他们的挣扎，不仅繁荣了个新书业，还产生了许多优秀作品，支持了个文学运动对社会的健康关系。而后民二十到二十六这一段各方面的成就，即由于他们所保持的纪录，以及更新一群为这个纪录突破而有所努力共同作成的。在这个过程中，对新书业也为了个检汰作用，即凡重制度、能注意到作品的质的认识，而出版上又不苟且，对读者对作家都若有个交代的，能得作者合作，因之基础稳固，能存在，能发展，即经过十年战事，迁移后方，蒙受极大损失，由于制度和信用，还好好保持，复员后依然可恢复并居领导地位。凡过分利用一时聪明，投机取巧，一切只顾目前，对读者与作者之间，不曾尽过应尽责任，又只图从制度外有所经营的，虽一时间可发点小财，终于还是完事。这个现象正说明一件事情，即经营这个新企业，虽有资本还得会经营，能经营还得重制度，有制度依然尚需要一点理想，比发展业务还高一点远一点的理想，方可望能稳定，能发展，还有个新的未来！

从近二十年这个企业加以注意，我们即可知因战事时间太长，有些书店损失太大，加上复员后的由南到北一片战火的扩大，国家全部机构都落在麻痹僵固状态中，新书业一时间自无从谈发展。半官性的，或因接收的物资从纸张到店面无一不备，还不至于见出窘态。但有个致命伤，即所印行书籍销路问题，求好转恐不容易。属于私人经营的，或因并印教科书，政府得到贷款的补助，各省分配机构，又还存在，也容易稳得住。至于几个单纯印行文学书集的出版机构，如近二十年对于这部门尽过最大责任、有过极大贡献的文化生活出版社，战后兴起的作家出版社……分配周转上实值得人关心。国内这种出版机构既不多，政府负责方面如对于这个问题能有点认识，即应不经请求也能给予一笔贷款才合理。如有个三五亿贷款周转，一年内出版的贡献，当可比官营出版机构费三五十亿得来的成绩还大得多。新文学明日的正常发展，这类出版机构有其重要作用。

还有一点是书业方面和作家间的关系，一起始似乎即不怎么合理。这对于文学运动本身，固然是极大损失，即对于新出版业，也大不经济。最明白显然的事实，即在这个情形下，作家有成就的不易保留，并继续生产优秀作品，待发展的更容易为其他职业夺去，近于未成熟即夭殇。这部门工作的推进，我们与其寄托希望于政治，还不如寄托希望于出版家。书业目前有它的困难，原是事实，但即再困难，也会觉得分布在各处的分配机构得维持，否则明日更加困难。可是以印行新书发展营业的几个书店，似乎很少曾想到作家也应算作机构中一个重要成分。政府对于书业已有个补救制度，凡有资格请求的，都得到相当结果。可是直到如今为止，我们却似乎还不曾听说这些书店，在固定版税制度外，肯为作者想点办法。而这个作者群，实在又还有三五十个人，有权利向新书业作这个提议，而需要即刻实现的。

这个结论和我原说的作家“玩票”到底精神似乎有点冲突，因为真的欢喜唱戏的票友，应当能够赔本钱玩下去，一切不大在乎，何况一个有理想的作家？我意思倒是从书业方面看去，这是修正或补救过去不大合理的分配制度机会。这个分配制度使作家繁荣了新书业，支持了与书业有关的万千寄食者，自己群中却有因穷而病，死去时板木也得向宏善堂领取的事。到现在，多数作家生产的枯窘现象，已影响到出版水准。新书业的一部分负责者，对作家是不是还有点义务待尽？以个人私见，目前的补救和明日的分配制度如何修正，不仅仅有关作家，实在更有关出版家。若照战时那个分配方式来说，用个人作例，有好些书十年中不曾得到一文版税，有些一年半载所得的还不够购买本人一本书，这方面的不合理，恐怕和社会其他方面一样，都在促成枯窘、贫乏、解体，不是好现象。作家固然要理想，方能有好作品产生，但经营新书业有成就得信托的，似乎更要一点理想，明日才可望有个新的局面展开！在作家方面，我们希望永远有人能用“玩票”精神工作下去，尤其是那些有成就有贡献的老作家。在出版家方面，我们却希望有人能记住这不是纯粹商业。

（载上海《大公报》1947 年 1 月 21 日）

作家·出版·市场

秦　牧

在中国，有的人把稿费叫做“笔润”、“润笔”，严格地说，“笔润”是较古老的名词，它可以是金钱，也可以是一块腊肉、一方砚石，但“稿费”的意义却完全是金钱。前一个名词多点封建社会的人情味，后一个名词多点资本主义社会的商品气。

稿费观念、版权制度在中国并未真正确立，虽然在史籍记载上，白居易的诗，司马相如的赋，都曾间接直接获取过稿费，但那只是一种“重金征求”，一种“赏赐”，把文字作为商品交易的意味并不浓厚。《红楼梦》、《三国演义》、《水浒》以及一大堆的宝卷弹词究竟各各得了多少稿费，实在很难考据。一直到了郑板桥的时代，《润例》上要郑重写明他只要白银，不要其他东西，可见我们的稿费制度实在确立得异常迟缓，无数的人仍以为文章只是寄情言志，或者泄愤遣兴，用以卖钱，仍觉不可思议。

因为稿费制度确立迟缓，又因中国书籍销路异常狭隘（帝俄时代，托尔斯泰的小册子在四年之间，销一千二百万册，一百年前，英国迭更司的小说出版第一天就抢售一空的盛况，我们今日尚难望其项背，更不必和当前的这些国家比较了），所以今天中国的稿酬版税，有二大特色，一是“靠不住”，二是低得可怜。

先谈“靠不住”。政府对于出版界是注意极了！日光灼灼地盯住出版商人和作者，但是对于保护版权的工作，却极少理过，郭沫若、老舍这些人的版税都给人吃到喊头痛，请律师。沈从文有的小说拿到的版税不够买一本书，而自然科学者如白季眉等的著作常常十几万字十几万字白白送给商人，一文钱都捞不着。至于报馆杂志社，更有不少视拖欠稿费以至赖掉稿费为家常便饭的，稿费欠两三个月，不算一回事。我们现在彻底生活在一个商品社会里，什么事情都变成一手交钱，一手交货，独独是文章交易，常常是给他“货”后，经过两三个月才随意给钱，真是奇怪的买卖。在这种版税稿费极无保障的情形下，作者很少能由写作换取中等人家的生活享受的，较之一些国家的作家拥有飞机、汽车、别墅、庄园的物质条件，较之一些国家规定凡引用他人著作若五十个字以上便须付给稿费的严格的版权保障，相去实在太远了。

次谈稿费低。中国稿费之低可以由职业作家逐渐减少一事窥见一斑。现在一个专靠写作不事职业的作家是极难生活的了，每年创作四十万字，该算是创作力极高的吧（只有巴金、沈从文等有此能力）？但换得的稿费不过和一个小职员相等，但小职员是有保障的，作家是无保障的。中国作家无论拿如何高的稿费，和外国稿费一比较都黯然失色。举例来说：史坦培克写《月亮下去了》，让予电影摄制权所得的酬金是三十万美元，一个中国作家如果每年创作三十万字，必须从呱呱坠地时写至六百岁才能得到那笔酬报。又如迭更司死后半世纪，出版商化了二十万美元从他的家属那儿买到《上帝的故事》的原稿，差不多是每个字十五美元，换句话说，迭更司写一个字的酬报和今日一个中国作家写万把字的酬报无异。这也许是比较极端的例子，但也可以想见今日中国作家群贫穷的情况了。

中国的稿费制度还有一个特点，就是“论字计酬”。豆腐干似的汉字，算起字数来真是方便极了，像斗量米，秤称肉似的方便，以千字为单位，结算酬值。这种以字数为单位的给酬法，对于文字啰嗦繁琐的作家是一种鼓励，而对于简洁明快的作家却是一种压迫。据我所知，一些先进国家的稿酬计算法是以篇为单位，而不以字数为单位的。虽然以篇为单位，仍可能算出字数的酬值，但这与以字数为单位毕竟不同。啰嗦的文章应该少给稿费，简洁的文章应该多给稿费，和死板板以千字多少钱计算的办法是不同的。不久以前，一个华侨把中国古老的那只笑话“此地无银三十两，对门阿二不曾偷”译成英文，在美国的杂志上登出来，得了二十五美金，那只是极短的一则笑话罢了！但因为有分量，它所得的酬报并不在一篇较长的作品之下，便是一例。

由于中国出版事业在风雨飘摇之中，版税稿酬既低微又靠不住，目前最低限度已经有如下几种严重的状态：

第一，职业作家日趋减少。一个国家职业作家的多少，常常是文化事业兴衰的标志。苏联、美国、英国、法国拥有世界上最多的职业作家，中欧和北欧小国的国家文化政策也都在努力支援职业作家（易卜生也曾受过这种支援），但在今日的中国，职业作家几乎将近绝迹，作者群非兼任教师、编辑、记者、职员不能为活。职业作家绝对的减少，又使得：第二，长期精心写成的巨著渐少出现。优秀的巨著大抵是长期心血的累积，像《战争与和平》、《大街》、《失乐园》、《浮士德》这类的大书，写作时间大抵从七八年至一二十年不等，但今天中国的作者，用一二整年的时间来写一本书的也几乎不可多见了！生活生活，大家整天在忙生活，近几年来，连《子夜》、《雷雨》那样细心雕塑的作品也已久矣不见了！第三，有一部分优秀的作家，因为必需大量地写才足以维持生活，起初生活经验储蓄尚丰，写起来绰有余裕，慢慢地搜索枯肠，把笔尖都写钝了！天下本无“天才作家”，一个人头脑的宝藏有“出”而无“进”，或仅仅进些书本上的学识而无生活的余裕继续观察体验人生，到头来是一定糟糕的。以贾克伦敦的才情横溢，写得太多时也不得不向辛克莱氏购买小说的大纲，其余概可想见。因写得太多而写坏了文笔的作者，例子甚多，但我不愿列举。

当中国的版权有切实的保障，一个作家每月写三四万字的收入可相当于一笔丰盈的薪水以至过之时，那情形大概才能好转吧！

而在今日，恶劣的政治情况使出版业凋零不堪，每一本新书的销数甚至比中欧小国、南美小国还要差。城市卖不出书，乡村看不到书，版税稿费情况无法真正改善，作者群和劳工农民一样地在苦苦挣扎。这种文化界惨淡现象是难以革除的，那情形正和一篇童话的故事相像：“要猪过河，先得要狗咬猪，要狗咬猪，先得要棍子打狗，要棍子打狗，先得要火烧棍子，要火烧棍子，先得要水浇火……”一层层牵制影响，今日中国的情形也正如是。不过那个故事的焦点是猪，今天中国问题的焦点是政治罢了！近年来这片凄惨的文化，市场上的出版商和作家，对政治的不得不关切，仅仅从这一方面，也应该可以索解一二了吧。

（载上海《大公报》1947年1月5日）

论抄袭和著作权

梅焕藻

近半月来，上海的竞文书局和新生书局两者之间的辞典风波，轰动了整个的出版界。竞文说新生的《英汉新字四用辞典》(以下简称《四用》)是抄袭他们的《英文新字辞典》(以下简称《新字》)。新生根本否认其事，说辞典没有著作权，《新字》是“抢先出版”。记得林语堂的《开明英文读本》被林汉达抄袭，二林对簿公堂，结果语堂胜诉。二林的读本中都有一首英文诗，语堂曾经就原作稍加更易，汉达照抄。到了法庭，前者取出原本证明了后者是抄袭。现在竞文控新生抄袭，在法院没有判决以前，自然还不能定论。不过，这一场风波可以说是开明读本事件以来，出版界中最轰动的事件。

为了向新闻界报告他们的观点和立场，竞文书局在本月九日举行了一个记者招待会。我也是被招待的一分子，当时《新字》编者之一的葛传规先生的报告，就记忆所及，有下列几点：1.《新字》的编纂，费了七年以上的长时间，经过多方的搜集和广泛的咨询。满满一大抽屉的卡片原稿，加上修改叠修改的五次校样，可算是无言的证人。

2.《四用》抄袭《新字》，有下列证明：(1) 解释的雷同：例如关于 atomic bomb 一词，《新字》的叙事文字，长至二百有余，《四用》的叙事文字百分之九十九相同，两者中的标点和括号也相同。(2)《新字》排版时的漏列和误植也正好是《四用》的漏列和误植。例如两者都误 as for it 为 ask for it，都误 independent 为 independently（葛先生举了廿几个例子，其余的我都不记得了)。(3)《新字》某页 bamboozle 一字中的 l 印得不完全，好像是 i，《四用》正好印成了 i。又《新字》某页 aerodyne 一字中的 y 只印出一半，好像是 v，《四用》正好印成了 v。

3. 地检处着令和解，竞文的要求是 (1) 登报道歉；(2) 毁版毁书；(3) 赔偿损失。

葛先生是《新字》的编者，他的报告，对于第三者仅是一种参考。

《四用》的编者将另有一套说法也是想得到的。总而言之，抄袭不抄袭，自有法院去判断（据葛先生说和解很难成立）。惟有法院的判断，才能算是最后的判断。

竞文方面又提到一点，就是辞典之有著作权应该没有疑问。他们的论据是：（1）一部辞典的问世总是许多学人积年累月的心血结晶，如没有保障，试问谁个还肯去从事这种艰巨的工作？（2）倘使辞典没有著作权，内政部又为什么把著作权注册执照发给他们？

关于著作权这一点，我还是认为应该由法院去判断。法院的判断是依据法律的，法律是公正的，任何的私情偏见，休想渗进分毫。

现在我想谈到的毋宁是这一事件的道德方面。我现在来一个假定：辞典是没有著作权的。那么，利用了这一点法律上的漏洞去抄袭甚至翻印《辞源》、《辞海》甚至《大英百科全书》，岂不等于明目张胆地窃取别人的辛劳成果？这种“窃取”风气树立了，文化上的瑰宝还能产生吗？学术上的进步还可能吗？

恶性的通货膨胀，使得大众的真实收入不足以维持个人的温饱。贪污豪取盛行一时，道德标准的堕亡使得有心人刻刻焦虑，所幸文化界尽多孤傲不屈之士，任令生活如何艰苦，仍旧孜孜不息，从事吃力不讨好的工作，是是非非的态度，宁死也不肯更易。陷于苦闷深渊的文化人也未尝不仰望这漆黑天空中的晶星去支持、诱导全国的大众，使他们能够以无比的勇气和耐性来度过这漫长的黑夜，迎接光明的最后来临。出版事业是文化事业的重要部分。倘使从事出版事业的人竟也攒隙取巧，不辨是非，光明的最终来临，纵令不一定完全不可能，有勇气和耐性去迎候它的恐怕剩不了几个人了！

蒋主席提师北伐以来，一度在胡汉民先生领导下的立法院未尝没有制订许多开明的法律。可是，时至今日，连人身自由这一点还成为时贤讨论的焦点，可以推知法律本身的完美不一定就是人民的保障。人民的保障还在于大家尽力去维护垂危的道德标准和信守是是非非的态度。这两者是法律的灵魂。没有灵魂的法律比没有灵魂的躯壳更能为害。

我呼吁出版界中有正义感的人士一致结合起来。我们要维护出版自由，同时要维护免于被抄袭的自由（也就是免于做别人猎取利益的阶梯的自由）！

（载天津《大公报》1947年11月24日）

英文辞典的风波

陈　垌

由“抄袭”问题而爆发竞文书局对新生书局和英文自修大学社见于报纸广告的大规模笔战，到昨天（二十九日）为止，已进入第二回合，但也许就是最后一次了。“竞文”方面说：“嗣后该社局如再作任何狡辩，概置不理。”“新生”是否继续答辩，尚不可知。

虽然读者们已可从广告上，凭各人的理解，预先得出是非的论断，但这案件已送地检处，法理上的胜负将在法庭决定。

这件事如单纯作为广告看，自属精彩。敲紧锣鼓，一刀一枪，毫不含糊。已出书的“竞文”搬出报章杂志的好评，装订待售的“新生”那一面，便拿出吴市长“求知津梁”的评词；一面列举原子炸弹的解释，作为《英汉新字四用辞典》“抄袭”《英文新字辞典》之“铁证”，一面列举新字新辞，夸耀为“本辞典独有之一部”；一个叫读者认明“竞文书局出版”以免有误，一个叫读者认明“新生书局发行”，以免鱼目混珠；“新生”找出两位律师声明保留十二亿元以上的损害赔偿权后，“竞文”也请到律师两位宣布保留赔偿的权利，并在第二次启事中指出对方错误，添加按语。

然而再从文化出版界看，便觉甚为严重：编一部英文辞典，特别是新字辞典，多方搜集，艰苦异常。学人穷年累月的结晶，如果确对学术界有贡献，对读者有益，便应该得到保障。否则任意被人剽窃，岂不令人寒心？试问以后还有人愿意编辞典否？从另一方面说，自己在学术上不埋头努力，妄想偷取别人辛劳成果，此风也实在万不可长！读者并非个个糊涂，他们辨别内容，估量一本书的价值，远甚于他们对一个书店字号的认明。就是享盛誉的书店和出版公司，如不能踏踏实实以作品换取读者的赞赏，自毁前途，势亦难免。

有人说要判明这事件是“抄袭”或是“诽谤”，甚为简单，只要召集两方编辑，从各人的字典上选取一两百个新字，举行考试，真伪不难立见。这话虽近于玩笑，但也可见探寻真相的迫切。

是“抄袭”或是“诽谤”，这在法庭上犹成为问题的问题，在明智的读者心目中恐已不成其为问题了。

（载上海《大公报》1947 年 10 月 30 日）

出版自由的真谛

楼邦彦

照说，现在应该已经是人民在争得各种自由以后利用自由来发挥他们对于社会之贡献的时候了，而我们还是唠叨地在列举各种自由，阐明它们的意义，这似乎是一件绝对多余的事情，但是多余的事情在我们一个个还都是空中楼阁。正因为我们不能从屋顶建筑大厦（茅舍又何尝不是如此），我们还得抓紧现实，让大家先透彻了解各种自由的真谛，然后才知道自由的可宝贵，知道争取自由的途径，并知道如何享有自由，借以尽量发挥个人的社会价值。

出版自由原是意见自由中之最重要者，但在所有的各种个人自由中，它却是最难以享有，也是最不易保障。难以享有，因为享有出版自由者最容易滥用它。不易保障，因为政府对于出版自由，最有所疑虑。对于这种情形，在一个尊重自由的国家中，法律应能发生相当的作用，庶几“自由”与“责任”，成为两个不可分的概念和制度，“权利”与“自由”之间有一道鸿沟加以分隔。因此，我们对于出版自由的认识便有两个基本的假定：第一，“责任”是“自由”的条件，享有出版自由者不能超越法律所允许的范围，其违法者应负法律责任；第二，政府不能视自己为“自由”的主宰，就是法律不限制出版自由，也必须符合宪典保障它的精神，政府自然更不能凭其一己的判断来限制它。

不久以前政府为要修正与新《宪法》的精神不相符合的现行法令，乃由行政院草拟并通过一个《出版法》（修正草案），近正送立法院审议中。我们读过新《宪法》的“人民权利义务”章，并统观《出版法》（修正草案）的全文以后，深觉原起草者似乎把出版自由全置之脑后，这实在是遗憾。

出版自由（Freedom of press）和事前检查（Censorship）是两个不相容纳的制度，这已是人人皆知晓的道理。《出版法》（修正草案）固然并未规定事前检查制度，但是它有第五章“行政处分”却几乎变相地保留了事前检查制度的精神。事前检查制度包含两个特点：一是行政官署成为出版自由的主宰，一是不问违法犯罪行为是否会发生，行政官署事前即加以禁止。假若我们细读第五章的各条，我们一定会体会到事前检查制度虽将不复存在，行政处分却做到了事前检察制度的效果是则《修正草案》果然一旦成为正式法律以后，不但事实上的出版自由我们谁都没有把握，就是法律文字上的出版自由也是微乎其小。倘使根本不打算要保障出版自由，我们没有话可说。反之，倘使由于不明出版自由的真谛，则我们的唠叨恐不致是一件多余之事。

《修正草案》第四章规定，“出版品登载事项上之限制”，出版品不得为之记载包含：（一）意图颠覆政府或危害中华民族者；（二）妨害邦交者；（三）意图损害公共利益或破坏社会秩序者；（四）妨害本国或友邦元首名誉者；（五）妨害善良风俗者；（六）妨害他人名誉及信用者；（七）登载禁止公开诉讼事件之辩论或批评正在诉讼程序中之事件者。这些都是要触《刑法》的行为，除非我们不满意刑法的规定，当然无可非议之点。此外，第二十六条规定，“战时或遇有变乱及其他特殊必要时，得依中央政府命令之规定，停止或限制出版品关于政治、军事、外交或地方治安事项之记载”，这便是很成问题也是很危险的条文了。遇有战争或变乱的情事，政府的权力在原则上自须相当扩大，出版自由的全部或一部的停止或限制，自属理所当然，但若没有相当防范政府滥用权力的规定，则其可能造成的危险后果是不堪设想的。至于所谓“其他特殊必要时”，若令政府全权确定，这是法律在授权技术上的莫大错误。一个不安分的政府必然会以此为根据而侵害了整个的出版自由，而不安分的政府正是法律所应时常提防的。

根据我们先前所说的原则，自由与责任既为不可分的两个概念，那么出版品若有违法的记载，皆可能引起刑事和民事上的责任，而由法院依法对于负责出版品者加以制裁。同时为了维护出版自由，又不得由行政官署对于出版品于发行前予以检查，作为出版品发行前的必经手续。这就是说，负责出版品者对于其出版品负有刑事和民事上的责任，这责任是由法院来裁定的，行政官署不得以自由的主宰地位作何判断，而造成对于出版品的影响。但是依据《修正草案》第五章之规定，凡出版品载有违反以上所列举的禁止或限制的事项者，行政官署（或为内政部，或为地方政府，或为地方政府呈经内政部核准）得禁止出版品之出售、散布，或予以扣押，或定期或永久停止其发行。这样的规定显然产生了事前检查制度的同样效果，行政官署因而取得了出版自由的主宰地位，出版品不经法院裁定为载有违反依法禁止或限制的事项前，即有受行政处分的可能。换言之，只要出版品不中行政官署的意时，行政官署即可加上罪名而予以处分，那等于是完全没有了出版自由。

争取出版自由的运动实际上就是解脱行政官署束缚的运动，事前检查制度乃是束缚出版自由的一种手段，对于出版品的行政处分亦复如此。今天我们还在争取出版自由，我们的目标是要解脱行政官署对于我们表示意见的任何束缚。(三十六年十一月二十六日北平)

（载《知识与生活半月刊》1947年第16期）

出版法与新闻自由

许多人认为中国距“法治”阶段尚远，所以对于贴近现实的每月生活指数之注意，远甚于长距离的立法动静。最近政府修正关系中国人民四大自由之一的《出版法》，虽经报纸以重要地位刊载，却并未引起广大或浓厚的兴趣。这种令人失望的心理，自然也有其事实背景。就过去一年来说，中央及地方通令全国保障舆论自由的命令差不多与摧抑言论自由的事情并驾齐驱。今年五月国立政治大学的新闻研究会出版了一册季刊，后面附了一张本年二月至四月的全国新闻界大事记，所录各项，捣毁、封闭以及逮捕的事实竟占十之八九。在此情形下，难怪一般人对于《出版法》的究竟而漠不关心。然而我们认为中国的进步，七分虽在事实，三分还在制度。事实是朝夕在变动，制度终是比较稳定而长远的。本此，我们愿乘这份《出版法》未通过立法院之前，略抒管见，一面指陈该法所代表制度上的进步，一面也许还可供立法院诸委员的参考。

我们认为以“放宽尺度”来形容新的《出版法》，对当局是不大公平的，因为这词句的含义缺乏现代原则。所谓“放宽”，可能引起“慈善”甚而市场上“招徕”的误会。我们爽快了当的说，新《出版法》比旧《出版法》进步、现代化、民主化。进步是质的，是倾向的。对于罚锾减额、登记日期缩短的修正，我们倒并不重视。新《出版法》的主要特色是用国家代替了党。这自然是为配合即将实行的宪政而制定的。这点修正，至少说明政府在立法上放弃了党治的原意。我们以热切的期望，欢迎这倾向，因为唯有这样，才真能使国家的步骤与民治渐趋一致。技术上，新《出版法》的一个大缺憾是与现行法律重复。各国皆有其《国防法》。“意图颠覆政府或危害中华民国”的出版品须受裁制（第四章第二十一条），然而出版事业以外，另外什么团体企业可以不受裁制呢？如果一律受裁制，且另有法令，这岂不是画蛇添足？各国皆有其《诽谤律》。“出版品不得为妨害他人名誉及信用之记载”（同章第二十四条），“出版品对正在诉讼程序中之事件不得加以批评”（同章第二十五条），这在《民法》上是早有规定的。遇有纠纷，当事人是根据普通《民法》呢，还是《出版法》呢？由重复，还可能产生矛盾。报纸之不准诽谤，正如理发师之不得割人喉咙。割了喉咙自有《刑法》可据，又焉要一份“理发法”来明文规定？

在精神上，新《出版法》依然如旧《出版法》，还是消极多于积极。条条规定的是如何防止或惩罚报馆报人，却没有一项说明如果报馆报人之自由遭非法侵犯时，应如何保障。纵观抗战胜利后的出版界，不肖报人被控渎职的案子寥若晨星，而干涉采访、限制言论、捣毁殴打、非法逮捕之事，则所在多有。除了《宪法》上一条空泛诺言之外，在随时随地可以宣布戒严的中国，出版事业甚少保障，却背负了满身的约束。这种单轨交通的法令，是有欠公允的。况且有些约束根本含糊得可以包括一切。譬如“不得妨害邦交”（第四章第二十一条），两年来《真理报》与《纽约时报》不断的恶言相诟，而且杜鲁门与史达林的名字不时被牵入，然而我们并没听说该二报为“妨害邦交”或“妨害友邦元首名誉”（同章第二十二条）而受处分。反之，该二国代表在成功湖的嘲骂也许比报纸尤过之。联合国中五十余国，大概与中国皆有邦交。这样束缚下去，无异废止舆论辅佐国民外交本质的功用，而把它变成为一具歌功颂德的机器。新《出版法》第四章“出版品登载事项之限制”无疑是全法的精华，而前后七条所载的，我们认为非与现行法令重复，便是苛刻或太模糊。行宪以后，中国政府便是个由在朝党负责的内阁。各民主国家莫不借舆论监督其在朝政党。今天英国保守系报纸不但肆意攻讦工党政府，并且公开祈祷其塌台。这是否“意图颠覆政府”呢？然而民主政治的精髓正在乎反对论调的容许。如果宪政下的中国，动辄以“意图颠覆政府”的罪名弹压舆论，则宪政精神也就很有限了。

战后时髦名词之一是所谓“新闻自由”，隶属联合国社会经济理事会的人权委员会在提倡它，国际记者联谊会今春在捷京讨论它，我们第三届参政会也郑重其事的通过它。然而它是什么？人权定义可以模糊，新闻自由的含义是现成而具体的。它代表三种自由：知道的自由（采访），发表的自由（刊登），批评的自由（言论）。环观英美报业为新闻自由而奋斗的史实，我们知道《宪法》上一条言论自由的具文是不够的，政府可以用种种各别条例把《宪法》的诺言大打折扣。所以过去一百五十年，英美先把登记制度、新闻检查、新闻税等铁链，一道道挣开，才有今日的天地。自然我们反对不负责任的自由。所谓责任，就是事实的根据。假定将来甲国做了违反中国人民利益的事，报纸难道为了“邦交”而隐瞒吗？如果本国或友邦元首做了必应指摘的事，难道为了是“元首”即不准发表吗？那绝对不是民主政治。若刊载的没有事实根据，作为第一公民的元首，自然也可对报馆提控告。英国拉斯基氏战时即屡在《新政治家》周刊上骂丘吉尔，甚而触及其性格缺点之评论。大选期间，双方互诟尤厉，终于对簿公堂，去秋才正式宣判，胜方败方也都未因之而失身份。

绝对的新闻自由，今日根本不存在。英美的大报通讯社多握在有力巨子手里，另外还受着广告户的影响，而苏联报业是受政府的严格控制的。中国人民希望的也仅是几分相对的自由。中国出版业都无言的承受着登记制度，对于种种军事性质的发表约束也从不反对。然而中国绝不会永远在战事状态中。军事以外，我们要求政府信任报界。既有国法明文，不必再叠床架屋的另订新条。同时，于约束报业之余，对于报业朝夕所遭遇的法外侵犯，也稍予防范，给报业以保障。《出版法》的制订，其精神应该是积极的保障新闻自由，而不是消极的限制。出版界所负的责任，凡是《刑法》（或《诽谤法》之类）已有规定的，均属司法范围，便不可再给出版界以广泛而又严苛的行政枷锁。

四大自由之中，由技术上看，言论自由也许是最轻而易举的，然而心理上，也许是最难办到的。但这对于政府行《宪法》的决心，却是最灵敏的试金石。

（载上海《大公报》1947年11月6日）

论言论出版之自由

张啸虎

窃忆民国三十四年元旦日，蒋主席于宣布一个具有重大意义的政治诺言后，在开国纪念典礼席上，对文武百僚的致词中，有一项“博采舆论，借资攻错”的指示，其言有曰：“我们应该虚心博采舆论的批评，作为我们改错的资料，人非圣贤，孰能无过？寡过之道，在于闻过而能改。我们政府应该劝求民众，也应该鼓励正当舆论，俾能根据事实，宣达民隐。遇有批评到我们主管业务或举发我们缺点的，我们应该以坦然至公的虚怀，详察事之所出，如其事实不符，传闻有误，或因不明内容，轻加指摘，我们可以借此说明真相，使社会人士明了立法施政的本意，若其批评而合乎事实，就应该切实接受，积极改正。总之，我们必须尽瘁职务，爱护人民，同时尊重舆论，容纳善言，借资借镜，才能使政府健全，政治修明；也才能洞悉民情，培养民力，使政府人民痛痒相关，同心一德，如身臂手足，以达成我们抗战建国的重大使命。”金玉良言，至今难忘。当时正值抗战最艰苦，一切是国家至上，军事第一的时候，此种大智大勇的作风与胸襟，博得了国内外的至高赞美与无限期望，而新闻界与言论界更引以为极大快事。胜利以后，甚多只适用于战时的法规，相继废止；关于言论出版自由的各种限制，亦陆续取消。加以政府已有结束训政的决心，宪法亦已公布，而关于保障人民权利自由一节，又曾三令五申。乃近月以来，政府先之以《维持社会秩序临时办法》的公布，继之以本市文汇、新民、联合等三报的勒令停刊，渝穗等地大捕记者，天津一带一度实行新闻检查，其他具有独立自由性质的报刊与记者文人，莫不岌岌自危，风声鹤唳，朝不保夕，基本权利蹂躏殆尽，遂使政府与人民之间，形成更大的鸿沟，而缅怀当年蒋主席的贤明宣示，尤令人不胜感慨。

自由为民主政治的主要观念，言论出版自由则为人民的基本权利。欧洲中世纪宗教改革运动的崛起，其结果奠定了宗教信仰的自由，开近代自由主义的先河。十八世纪中产阶级在唯理主义的熏陶之下，又接受和信奉了思想的自由。一八五〇年比利时勃鲁塞尔建立一座纪念碑，其上刻有四个图像，用以象征着信仰、教育、集会与言论的四种自由，成为比国百年来政治建设的基石。一九四一年八月，罗斯福总统与丘吉尔首相会于大西洋，发表联合声明，将先一年一月罗总统在国会咨文中所揭举的四大自由（其第一项为言论与发表之自由），扩展为八项原则，此即世称之《大西洋宪章》。迨太平洋战起，二十六国集议华府，于一九四二年元旦发表共同声明，明认《大西洋宪章》为新世界所必需。至是，言论与发表之自由遂成为联合国共同追求的主要目标之一。任何一国的政府在积极方面自应培植发扬之，消极方面则当维护保障之，此为民主政治的天职。林肯在一八六四年一个文化集会中致词谓：“任何政府，如果对人民的自由保障不力，是否能在危急中维持存在，是一个很严重的问题。”这句话是多么值得我们今日加以反省。拿破仑于一七九九年十一月九日获得政权，即于一八〇〇年一月十七日制定决议案，封闭当时法国七十三家报纸中的六十家，并授予警察大臣以烧毁定期刊物、机关报以及书籍小册子的全权。此种专制强横的作风遭到了千秋万世的唾骂！

而同时，民主政治的又一原则，就是执政者在行使治权的时候，一方面要依据被治者亦即是人民的利益，另一方面则必须容许反对意见的存在。这种利益和意见是反映在舆论里的。而在和平、统一、不以武力争政的国家，人民或反对派对于政府的一切措施，亦唯有利用言论、出版、讲演等宣传方式，来加以讨论、批评、指摘或反对。这是最正当的途径，也是一个值得乐观的现象。因此，民主国家的政府，要完全受理智的支配，尤要有一种容忍的精神与公开的态度。英儒罗素有言：“欲求民主政治的成功，欲维持民主政治于不坠，宜勿过逞强力，过肆意气，而贵有容忍之雅量。”唯有执政者有此大度与雅量，任一切公开检讨，公开批评，无善不彰，无恶不显，集众思，广忠益，开诚心，布公道，然后国家的政治才有进步，而人民的幸福亦得以增进。报纸刊物为表现公共意见的工具，故其重要性自不待言。美国第三任总统哲斐逊于一七八六年致书于 E. Carrilpton 氏曰：“假设报纸与政府两者不容并存，必须任去其一的时候，我们应无所瞻顾，去政府而存报纸。”（见 F. L. Mott 氏所著 *Jefferson and press* 页五）在其一八〇四年连任总统时又曾言：“新闻检查是谣言的来源，如果任一切都听其在报上发表，深信最后真理必能获胜。”本来在哲氏竞选总统的时候，遭受新闻界的侮辱与损害颇大，而十九世纪初年曾被称为美国报界的黑暗时期。但哲氏坚信报纸为民主政治的灵魂，不以一己之恨而弃大众之益，亦不以一朝之愤而忘终身之忧，提携鼓励，不遗余力。由此可见报纸的重要，也说明了一个大政治家的风度。

英美各国的言论出版自由，莫不受国家的培植与保障。以英国言，在其普通法与制定法中，实寻不出言论与出版自由的条文，盖在英人眼中，自由本系天赋，根本不需法律上的规定。而政府对于言论出版的限制，只有下列三种：一、为保障公共道德及维持善良风俗，不许出版物登载聚赌、彩票与淫乱事件，即《秽亵事件取缔法》；二、为保障法庭尊严，禁止发表审判新闻，违者处以五十磅罚金；保障个人名誉，如文字或书报之牵涉个人而至损害其利益、品格或名誉者，即属诽谤，有《诽谤法》之规定。三年前英国"新政治家"主笔马丁（Kingsley Martin）氏曾在《大公报》发表一篇论文，题为《战时的自由》（*Liberty in War Time*），有谓："倘使和英国一样，具有公民自由的传统，那么就在大危险的日子里，最好能信仰人民的爱国心，纵使是遇到一切都是黑暗的时期，也应该将真相告诉人民。一个国家纵使他在过去并没有民主制，但只要他有决心去自救，并且制定一个自由纲领，担保人民可以提高生活水准，则其成功与存在便只需仰赖其能守信用和呼吁其所促成的新民主势力，加以拥护。一定要失败的方法，就是一面建立民主，一面又尝试用检查和恐怖的方法去统治，只有法西斯政权是这样做，而他们是已经失败了。用久远的眼光来看，唯有叫人民能享有自由的国家，才能够生存"语意深刻，仍可以作为针对中国当前情势而讲的话。

再以美国而言，独立革命之后，报纸成为民主政治的主要工具，言论、出版自由成为革命的口号。一七七四年十月二十六日开幕的美洲大陆会议里，出版自由被列为五项基本权利之一。即在南北战争时期，北方报纸可以发表同情南方的言论，南方报纸亦然。一七九八年公布之《煽乱治罪法》，对于企图反抗政府政策，阻挠国家法令之施行，妨害公务员职务之执行，鼓励他人作骚扰及非法集合之行动者，以及以写作、演说、出版方式虚伪诽谤，或以恶意之文字言论反抗美国政府，使美国总统、国会受人民之蔑视者，均处以罚金或徒刑。但此法深为人民所不满，终于一八〇一年以期满自动取消。而玛利兰州于一八九六年，则通过了保障访员保守新闻来源之法律。至一九〇九年，联邦政府企图限制报纸刊载自由的法案，则为国会所否决。在美国《宪法》中，尚有此种硬性的规定："国会不得制定任何法律限制言论和出版的自由。"其按普通刑法加以限制与制裁的只有下列数种：一、有捣乱性质者；二、登载淫秽及犯罪新闻者；三、蔑视法庭者；四、妨害个人权利和名誉者。

我国关于言论与出版自由，早有法律的承认与保障，如训政时期《约法》第十五条："人民有发表言论及刊行著作的自由，非依法律不得停止或限制之。"《五五宪草》第十三条："人民有言论、著作及出版自由，非依法律不得限制之。"去年国大通过的《宪法》第十一条："人民有言论、讲学、著作及出版之自由。"而所谓法律的限制，主要的是现行的《出版法》，其中规定不得作下列各款言论或宣传之记载：一、意图破坏国民党或违反三民主义者；二、意图颠覆国民政府或损害其利益者；三、意图破坏公共秩序者。凡此都可说是基于一党专政的要求，且范围过广，实不合乎民主政治的原则。时至今日，当新政府诞生才及两月，当局正积极准备实行宪政之际，民心涣散，不可收拾，暴力所加，惟有加速造成众叛亲离之局面，而一再有此违反民主的措施，诚令人深表惋惜。《吕氏春秋》上有一个故事：

> 武王使人候殷，反报岐周，曰："殷其乱矣！"武王曰："其乱焉至？"曰："谗慝胜良。"武王曰："尚未也。"又复往，反报曰："其乱至矣！"武王曰："焉至？"对曰："贤者出走矣。"武王曰："尚未也。"又往，反报曰："其乱甚矣！"武王曰："焉至？"对曰："百姓不敢诽怨矣。"武王曰："嘻！"遽告太公。

从这个意味深长的故事中，可以获得一个沉痛的历史教训。诗曰："民之多言，亦可畏也。"孔子曰："防民之口，甚于防川。"顾亭林曰："天下风俗最坏之地，清议尚在，犹足以维持一二。至于清议亡而干戈起矣。"敬愿执政诸公，三复斯言。

七月廿日于国立复旦大学。

（载《时与文》1947年第21期）

说言论出版之自由

白　元

顾亭林说："天下风俗最坏之地，清议尚存，犹足以维持一二。至于清议亡而干戈至矣。"

"言为心声。""文字是无声的语言。"一个人若有心肝即有思想与感情，他一定要讲话。若懂得文字，他一定要写文章，希望发表。这是人性，人的基本欲望之一。

小鸟在枝头啁噍，羊儿在旷野咩叫，夏蛙秋虫也各有其本能的鸣声。人类完全承认它们的权利。就是蚊嗡嗡，狗狺狺，不管你怎样厌恶，也无法加以禁止。

人为灵长，除了说话、号啕、唏嘘而外，还有一种表示声音的符号——文字。我们可以默默地写下来，静静地传递自己的思想感情给别人了解，这叫做文化。因有文化，而有文字。因有文字，而有文化，由此多出了一个出版的欲望。

"食色，性也。"食为维持生命，色为延续种族。圣人以此二事为人之大欲，不知人之大欲还有一事，即语言与文字是。因为人是合群的社会动物，若无语言，则人与人之间是孤立的，不能共同来维持生命。若无文字，则意见辗转传说，必有讹误，不能使人类的经验全部留传下去。

人类这种大欲，应该是基本人权。现代国家都在宪法上规定"人民有言论出版之自由"。说来奇怪，这种基本人权为什么会不自由呢？不自由的原因安在？稍加思索研究，你将发现，一个时代必有一种人自由，虽然大多数人是不自由的。古语有："直如弦，死道边。曲如钩，反封侯。"曲如钩的人，能"曲"得自由。直如弦者反是。刘知几著《史通》，说写历史有五失，那五失是：一曰虚说，即造谣，"徒有其文，竟无其事"。二曰厚颜，"饰辞矫说"。三曰假手，即假手御用辞人，"肆其笔端，何事不录"。四曰自戾，即反覆无常，"帝心不一，皇鉴无恒”，“是非变于俄顷”。五曰：一概，即等因奉此，总是那一套，“人事屡改，而文理无易”。若其人擅此“五失”之长，他就无往而不自由了。

另一方面，若说直话、老实话，或“直书其事，不掩其瑕”的，他们是无自由的。因为写下来，刘知几说，“则秽迹彰于一朝，恶名被于千载”。若真正批评时事，或侧面讽刺现实，在当时就发生反响，也有祸及其身的。这类文字狱，中国历史上数见不鲜。清雍正时，广西陆生柟，书《通鉴论》十七篇，其中《论封建》一篇犯了大罪，雍正谓其妨碍一统，与诸王有关，非议朝政，狂肆逆恶，诛杀之于军前。顾亭林所谓“教成于下，论定于乡”的清议，也是不自由的。历史写：“一玷清议，终身不齿，形同禁锢。”不乏其例。至于放荡不羁、无怀刑之惧的自由主义者，出言不慎，有时也会召祸。金圣叹于醉后，纵谈“青青河畔草”一章，竟被抓去砍头。临刑，他说：“砍头是最苦事，不意于无意中得之。”中国文人士大夫的不自由悲剧太多，闻之令人酸鼻！

但事实证明，人类社会还是应有言论出版之自由的，若无言论出版自由，那个社会将黑暗惨淡，其统治也将不能经久持续。常被引用的是顾亭林的话：“天下风俗最坏之地，清议尚存，犹足以维持一二。至于清议亡，而干戈至矣。”就是说不容许自由评论，战争就到来了。评论当然有是也有非，有善意也有恶意。即使为非，为恶意，一手禁止也不太好。我想起了一个故事：武王将伐纣，三次派去间谍。第一次反报：“谗慝胜良，殷其乱矣。”第二次反报：“贤者出走矣，其乱加矣。”武王听罢摇头，不信殷之已乱。到第三次反报：“百姓不敢诽怨矣。”于是武王断定“其乱至矣”，举兵亡殷。按《说文》：“诽，谤也。诽之言非也，其言非实。”“怨，恚也。”人民因悲怨，而说了过火或虚构的话，国未必乱，到不敢说的时候，国才真正乱了。所以，诽谤还是好的，有诽谤比无诽谤要好些。倘若所说是事实，是真理，禁止它就更愚蠢了。但这样愚蠢的事，仍有人干过。科学家加里利一六三二年出版了一本叫《对话》的书，证明哥白尼地球绕太阳的学说是对的，被教庭斥为异端邪说，传受鞫讯，被迫承认谬误，不该违反《圣经》。一六三三年六月二十二日，加里利发表誓书，推翻自己的学说。那时候教会是胜利的，《圣经》也告胜利了，但他们毕竟无法推翻地球绕太阳这一事实，有什么用呢？换言之，可怕的是事实，并不是学说。明乎此，当知禁止言论、出版之自由，实徒劳无功，大可不必为也。

（载上海《大公报》1947年6月1日）

国家新闻政策与言论出版自由

郁　琰

一、序言——国家新闻政策与言论出版自由之对立

现代国家政府为谋实现其政治理想，必需以其政治方案与计划，诉之人民，冀获得人民之支持而付诸实行。新闻政策乃为现代国家政府实施整个国策之主要宣传策略。

新闻政策之基本方针，在维护国家社会之安定与保持政府必需保持之机密。近代国家于其政策之宣传暨凡有关政府利益事项，利用言论机构巧妙宣传，以达成其政治目的。相反，障害政策、不利政策之事项，往往予以查禁，是乃政府新闻政策立场之必然措施。

言论出版自由，乃人民表达思想与意见之自由，个人之言论、著作、刊行，不受外界约束压迫，而具独立性，无所顾虑，无所忌惮，发挥其个人人格。言论出版自由，为自由思想民主主义所认为人类生活基本理想之一。

国家为谋推行政令，必求执行固定之新闻政策以防范障害国策不利政府之可能演变，而按诸言论出版自由，则显相背缪，国家新闻政策与言论出版自由之相对立，乃为急谋配合调和之现实课题。

事实上，舆论界以言论问题而报馆被毁、记者被辱、报章杂志被停刊等事件，且层出不穷，亦显示国家新闻政策与言论出版自由问题之需

迫切研讨。

二、新闻政策之理论

新闻为现代国家宣传政策暨政治教育之一环，现代国家乃一有机体，具有生活机能，滋长繁荣，因自主之努力，而完成其理想使命。其内在基本原动力，不断推动一切，改进一切，创造一切，使国家生计作有计划之进展，国家生命作无限制之发展。新闻为人类精神食粮，与人民之精神生活时刻不能分离。且新闻之功能，在报道与批评，对社会具积极之指导性，国家欲完成其政治理想，乃不得不列新闻为最主要之宣传政策，为最良好之政治教育，促使人民一致行动，趋向于同一政治目标。同时亦必求纳新闻于法律范围内，执行固定新闻政策，以防范新闻之趋极端而陷国家政策于不利。

新闻政策之理论，目前具有两种不同之观念：一为根据民主思想，认为人民之意见表达，应有绝对自由权利。此项主张已为多数国家于其宪法上作原则之规定，如法国一七八九年《人民权利宣言》第十一条列举人民有言论、著作、出版之自由，美国宪法则禁止国会制定剥夺人民言论及出版自由之法律等是。

新闻政策理论之另一观念为统制主义，认为人民之意见、思想表达，不能极端自由，应有所范围，超逾一定范围，政府可予干涉与取缔。如以往法西斯之意大利、纳粹之德国等是。再如社会主义之苏联，新闻事业国营，其意义，亦接近统制主义。

近世新闻政策之理论原则，虽有自由主义与统制主义之分，推个人之言论出版自由不能与国家利益相背驰，仍为各国新闻政策之共同基本立场。

其实，既云政策原即具统制涵义，所殊异者，在统制程度与统制手段之积极消极而已。

三、新闻政策之实施

近世国家所行之新闻政策，依各国之环境、需要不同而各异，惟可概分为消极之压迫限制与积极之奖励利用二类畴。

关于消极之法律限制及行政约束政策，其主要手段为：

1. 新闻检查制度。

2. 出版发行之登记制度。

3. 记事内容之限制。

4. 违法处分。

5. 新闻工作者资格之限制。

关于积极之奖励新闻事业及利用言论出版机能政策之主要手段为：

1. 设立新闻机构，领导舆论。

2. 联络收买民间出版物，以相呼利应。

3. 补助新闻事业，或予新闻工作者以政府职位。

各国新闻政策之实施，大体均不出此消极之约束与积极之利用二畴类。惟现代苏联新闻事业则自一九一七年十一月十八日宣布全国报业收归国有，一九二二年六月六日成立出版局专司出版，同年十二月成立革命新闻委员会后，新闻事业国营，是为实施新闻政策之一新型制度。

四、言论出版自由之涵义

言论出版自由之涵义，主要包括报道自由、采访自由、传递自由、发布自由等项。此等自由殊非新闻工作者之特权，而是所有人民应有之基本权利之一，新闻工作者，仅系言论出版自由之委托保管及使用者。言论出版自由之正确解释，当为全体人民对国家、社会与发展表意见之自由与研讨各项问题之自由。

美国罗斯福总统曾郑重表示理想世界之四大基础称："我们预期世界之基础，将建立于四项人类重要自由之基础上，第一为言论与发表自由，遍及世界各处。第二为宗教信仰自由，遍及世界各处。第三为生活需求之自由，遍及世界各处。第四为无所恐惧之自由，遍及世界各处。"

观察任何一国之文化水准、社会概况、生活情形，均可以该国之言论出版自由程度为标准。盖诸凡学说、道德、思想、意见之交换，均借言论出版自由为媒介，故言论出版自由之新闻业发达国家，其内政外交，必能处理合宜，进行妥善。

惟任一自由绝非放任态度，滥用任何一自由，均难产生良好结果，故予自由以限制渐为公认，言论出版自由自亦不能出此范畴，近世国家且多如宪法内规定。

以欧美论，言论出版享有高度自由，惟为避免滥用，其诽谤律亦至为严密。例如报社刊载诽谤性新闻，被害人可以法律起诉，如该报社无法证明所载内容之确实性，即需予以处分，视受害者之损失轻重，予以适度赔偿。

言论出版必应取得自由权利、惟尤需了解言论出版自由之获得保障与妥善使用，必需相互辅助。限制滥用，即保障合法。唯不滥用，始能免言论出版自由之逆流。

吾国报章与报人，每多滥用自由，于所采访新闻，除将所见所闻全予发布外，并爱插入主观之描写与穿插言词。若干无聊低级报章，即借滥用言论出版自由，造成特殊阶级，作为敲诈、欺骗之工具。例如三十六年南京五报人之敲诈案等，实为言论出版自由之绊石。

五、现行《出版法》

一国之新闻政策与人民言论出版之自由程度，通常均可于其国内之出版法见其端绪，吾国之《出版法》制定暨修正经过为：

国民政府北伐完成，根除北方军阀势力后，于民国二十年元月一日公布《中华民国训政时期约法》，第五条规定“人民有发表言论及刊行著作之自由，非依法律不得停止或限制之”。

民国二十七年，政府公布《抗战建国纲领》，其中关于言论出版方面之规定为第二十六条“在抗战期间，于不违背三民主义最高原则及法令范围内”，对于言论出版、集会、结社，当与以合法之充分保障。

现行之《出版法》，系民国二十六年七月八日由民国政府公布施行，十年以来，未经修改。该法公布时，适对日抗战“卢沟桥事变”之次日，是后抗战军兴，一切出版品皆受《战时检查条例》之限制，此为战时国家之惯例。

日本投降后，政府宣布取消新闻检查。民国三十五年十一月，召开国民大会，通过《宪法草案》。依宪政实施之程序规定，现行一切法令中，凡与《宪法》相抵触者，必应预加修正，《出版法》亦经民国三十六年十月二十四日政务会议通过修正法案送立法院审议。全文共六章计四十三条，其重要之修改为：

甲，不得登载事项包括（一）意图颠覆政府与危害中华民国者。（二）妨害邦交者。（三）意图损害公共利益与破坏社会秩序者。（四）妨害本国及友邦元首名誉者。（五）妨害善良风俗者。（六）妨害他人名誉及信用者。（七）对正在公开诉讼事件加以评论者。（八）对仍在诉讼程序中之事件加以批评者。

乙，战时或遇有变乱及其他特殊必要时，得依中央政府命令之所定，禁止或限制出版品关于政治、军事、外交或地方治安事项之记载。

丙，在国外发行出版品，有违反此《出版法》规定者，内政部得限制其进口。

丁，新闻纸与杂志之发行，于发行前，应呈请地方政府登记。

《出版法》在精神上，积极之奖励暨保障出版自由之法令，应重于消极之防范限制。修正《出版法》精神上仍侧重消极之限制，而于奖励保障，几未提及，是尚为一应注意研讨之问题。

一部分关于触犯《刑法》事项之条款，与现行《刑法》殊嫌重复，其实凡现行法令业经明令颁布者，《出版法》殊无需重复。盖若采访报道不实，自有国家《诽谤律》在，且此等属司法范畴，不必予言论出版以再限制。

六、言论出版自由之分歧

近世各国成文宪法均有保障言论出版自由之明文，惟绝对之言论出版自由，于近世各国，并不存在，研究言论出版自由之趋势，可以英美式型与苏联式型两大主流为对象。

（一）英美式之言论出版自由

英美式之言论出版，其外在形象确已获得高度自由。其报章杂志出版品以及广播事业，均具极度自由气息，政府并常为言论出版界之攻击对象，国家之政策设施，亦常受无保留之批评。新闻工作者暨出版机构，亦绝无逮捕及封闭之事实。英美之言论出版，确已享有充分自由。

惟实质上，英美之言论出版事业，虽已挣脱政府约束，惟言论出版界几乎为数家报业托辣斯所霸占。在美国，报业发展趋向集中化极为显著，言论出版自由为托辣斯占有，而发挥其偏面之主持托辣斯行为。

（二）苏联式之言论出版自由

苏联之报章，无线电等言论出版机构，为均由国家经营之一新型新闻政策，惟苏联政府并不约束言论出版之批评当局，然其批评仅限于施政情况，而不能及其政策本身。盖政策本身为政府之既定国策，而实施情况乃局部现象。

苏联宪法规定，在符合国策之先决前提下，言论出版获得自由享受。

言论出版自由，原为全体人民所应有之基本权利之一种，故无论为托辣斯操纵之英美式言论出版，暨或必需符合国策之苏联式言论出版，于自由境界，均尚有绝大距离。

七、结论——瞻望国家新闻政策与言论出版自由

言论出版自由为人所共有、所应有之基本权利，其为托辣斯霸占暨或仅能研讨浮层之表面现象，均非充分无限制之自由真义。

人类思考与意见之表示，乃精神生活最重要之一面，必需获得无所拘束、无所顾忌、无所限制、无所操纵之境界，且此境界，一时虽未能实现，惟必为时代所逐渐共认，乃逐渐呈现于世界。

国家诽谤律自可依法处理言论出版之逾法事件。限制、约束之国家新闻政策必为时代所舍弃。惟个人均具其各殊之优越感与复杂之立场及

利己欲望，到达言论出版绝对自由境界时，言论出版者必须摒绝个人观念，培植新闻道德，忠实报道，为正义立言，为真理立言，为群众利益立言，个人以及少数人集团之私益，必需作无保留之放弃。

真正之言论出版自由，非仅消极取消限制制度，而为积极建设忠实报道，为正确判断一切之事实报道。

时代要求进步，不能跟随时代者，必为时代所淘汰。言论出版必能跳越受约束暨为少数人集团操纵之范围，而获得充分自由。

（载《太平洋杂志》1947 年第 12 期）

《文群》登记始末

——中国出版自由的实施

靳　以

《文群》原来是重庆《国民公报》的一个文艺副刊。抗战第二年，我到了重庆，《国民公报》的负责人就约我给他们编一个副刊，那就是《文群》。每星期三次，历经多少次大轰炸，它仍然存在，一直到了我去福建教书，邮路阻塞，实在没有办法，才暂时停刊。就是如此也出到四百多期。

那时候就想等到胜利的时候再使它和读者们相见。

胜利果然等来了，我又回到上海，几次和康嗣群先生、吴朗西先生商量，觉得要办一个文艺刊物，钱由他们出，编务由我负责，就以《文群》为名，改成月刊。当时一面向社会局呈请登记，一面向友人求稿。因为稿费少，规定稿到即付稿费。朋友们总算还帮我的忙，有了足用两期的文稿。

第一次的公文是要登记表格，过些天，来了，一共填了五张表格，我们想，只要等登记证下来，就可以和读者见面了。

可是许多天没有消息，那正是热天，我忍不住，到社会局去问，遇到一位身材不高的先生，我说了许久他才弄明白，拉开抽屉找出我那一副登记表，气愤地说：

“字写得这么潦草怎么成，重写一份！”

重写一份没有关系，可是要盖发行人康嗣群的图章，我只得又拿了表格去找康嗣群先生。我又填写好了，立时又跑回去缴上，他放下手中的小报，接过去。可是他看了看，又皱着眉头，还是说不清楚。他带一点讽刺的语气要我填写清楚一点。我想告诉他：我们一共两个人，实际只有我一个人，我只能这样写，我不像这个大衙门有许多秘书、书记、缮写员、校正员、复印等等，可是我没有说。我默默地接过来他显得有点不耐烦而交给我的表格，就离开那个坐满了人的办公室了。我又回到康嗣群先生那里，请他找一位用毛笔写端楷的人照抄一次，抄好托他送去，我自己先回去了。

过些天，他忽然通知我，社会局有公事来，约文章负责人在某日某时到社会局谈话，有关刊物登记的事。

我们很高兴，想着有个眉目，为了妥当起见，我们两个一齐去。

去了，原以为是局长大人或是可以做主的人和我们谈一下，结果三转两转，还是把我们转到那位先生那里。他的确和我们谈了许多话，他问我们发刊的宗旨、资金的来源和经济状况。他又指出了一些错误(我心里想：好了，又得重填一次)。他问我们是不是党员，我们一齐摇摇头。他又要我们缴验国民身份证和大学毕业证书。他还问我这以前做了些什么事情，我告诉他在抗战期间我教了八年书。我也反问这位先生一声，他告诉我他没有到内地去过。我轻轻地哼了一声，心中暗自笑了。

我们又把登记表格拿回重填，过后是我一个人送上去的。他还要看我的国民身份证和大学毕业证书，我告诉他：我们才从重庆回来，还没有办国民身份证，大学毕业证书一直存在大学里，没有拿过，如果怕我有问题的话（意思是说我的身份不清楚，是一个混来混去的汉奸)，那么我可以找我一个学生来证明的。我提出一个学生的名字，我早知道他们沾点戚亲。

这我才第一次看见他的笑容，连着说不用了，收下我的表格，和我道别。

于是我又乐观地等待着。有的朋友劝我用不着太谨慎，可以先出；有的人劝我再去托一托有关的人。我还是采纳了后者。因为我们做惯了守"法"的老百姓，不想以身试"法"。间接由于朋友的介绍，得识一位从前是教授而现在做了官的人。他很客气，很同情，凡是我想说的话他都说了，而且告诉我没有问题，可以先出，可是公事他还没有看到。

他倒是真帮了忙，相见之后没有几天，又有一个公事下来说已代转内政部登记，在登记未准之前，不得擅自出版。我想如果不见大官，我的登记申请书一直该压在不知哪个角落里。

再去问，说这没有关系，是官样文章，尽管出好了。可惜我这个小民，见了"官"就怕，所以我还是谨慎从事，没有出版。我想既然转上去了，一两个月之内总该有点消息，为什么不做得妥当一点？

我们就耐性地等待，一直等到年尾，来了！《大公报》上的消息是：

上海市警察总局警行（三五）字第一六四八三号训令，以下各刊物如再出售应依违警罚法第六六章第五项予以拘留，此令。违禁出刊名单……

《文汇报》上是"正一社"讯，说警察局又发表应予禁售杂志书籍名单一批，该局已分令各书店及报摊严令再予发（禁？）售。如违令被查觉者，即予以扣留处分。下面是一堆书名。最后有两句解释：据悉，此项被禁售书刊或因登记未获照准依法应停止出版，或因内容荒谬不实，有害读者及社会云。

在一批书名之中，两报有一点相同，即：介于《新文艺》和《希望》之间有《文群》。

可是《文群》一直还没有出版。

这使我奇怪，也使我深幸。奇怪的是它怎么会被禁，深幸的是果真出版了，不用说，早已全数没收充公，连累友人，也连累了书店和报摊。

有的人说这是一个误会，也许是"文章"之误。我想：把"文群"误成"文章"也许可能，而"文章"误成"文群"，天下没有这种道理。“文章”二字习见，“文群”是我们创出来的。

为明了真相起见，我又到了社会局。他们说不知道，查过报纸，才知道这件事，不过他们不接头，可以代我去问问警察局。

那个人又问我以前做过些什么事情。

我告诉他我教书，从前编刊物。

我去见那位大官，他也告诉我没有什么关系，不影响登记。可是后来我听别人告诉我，他说我的刊物不能出，根本人不对。

又过些天，我又去问，正好和我接洽的先生歪着脑袋伏在办公桌上睡午觉，我惊醒他，他模模糊糊地揉眼睛，擦口水，还是告诉我没有关系，要我好好去等吧。我问他：

“要等多少时候？”

“那我不知道。”

“半年，一年，两年？……”

他只在那里摇头，表示他说不定。可是我懂得他摇头的意思，那就是：“出不成。”

在这若可若不可之间，我知道这个小小的纯文艺刊物《文群》是不能出了，所以我复用《〈文群〉登记始末》做题目，记录事实，抑住一切情感，写下这篇短文，若有不尽不实之处，文责自负。

卅五年二月十三日

（载上海《大公报》1947 年 2 月 16 日）

从阅读、欣赏到批评

杨同芳

对于任何性质的作品，著作属于作者，批评属于批评家，而欣赏却是一般读者都可能做到的。所谓欣赏，就是指读者向往于作者思想和文笔的一种快乐心情。读者如果能够对作品发生好感，具有同情或乐愿接受书中思想的自然倾向，便可说是欣赏了。

欣赏并不仅限于艺术与文字，即使一点不含感情成分的理论，也可因读者受到内中思想的启发，而确收欣赏之效。一二行优美的诗句，几句警辟的戏剧对白，只要是能打动读者的内心，引起其的共鸣或同情，正与数十万言的长篇创作，同样使人产生欣赏的愉快。短短几段的语录，数语的格言，只要是含有深长的意义，足以使读者永久回味，正与卷帙浩繁的哲学名著，同样使人觉得有欣赏的价值。

英国大哲学家赫胥黎说：“欣赏是自由的思想的漫步。”他用“漫步”这辞能说明欣赏，真是再恰当也没有了。漫步是愉快的轻松的事，决不比很沉闷繁重的工作。因为欣赏不借外力的强制，而纯为内心的感受，所以有人谓欣赏为一种心灵的“享受”。不过，我们也不能误解欣赏的真正涵义。欣赏虽不比沉闷繁重的工作，虽是出于心中一种乐愿的意向的驱使，但也不能把它视为无足重轻的消遣。在任何情形之下，欣赏决非无聊消遣。我们阅读一部艰深的理论书籍，要做到真能欣赏的地步，固然需要把全部的精力集中在书中，通过所有的思维活动，以理解、分辨、体察、探索那里面的思想。就说看一部小说，观一出戏剧（当然是指有艺术和教育价值的），也不能把它完全看做是满足狭窄的视听之娱的无聊消遣，只倾心于书中戏中的热闹。我们不欲获得真正欣赏价值则已，否则一定要把欣赏当做一回事。能把欣赏当做一回事的人，才能了解欣赏的真义，才能对于所欣赏的作品真实受用。

我国文化落后，出版事业不振，主要的原因还在于读书界精神的颓废。社会上没有造成浓厚的研究风气。大多数读者从未知道读书对于改进人生、增益社会之积极的意义。一般人做事抱着敷衍的态度，读书也抱着敷衍的态度。随便拿一本书看看，马马虎虎，潦草塞责，像这样的阅读，真一点用处也没有。能看一点热闹，能记一些零星的故事已算很好了，恐怕有时一无所获，就捕风捉影地瞥过一眼，连一个模糊的印象都捉摸不住，还谈什么欣赏呢?

要挽回读书界的颓势，提高一般读者的知识水平，最重要的就在增进欣赏能力。欣赏能力不提高，广泛的读书运动决不能展开。我觉得读任何一本有价值的书，必须以认真的态度，而求达到真正的欣赏的目的。先得了解它，再从它里面得着有益的启示和激发。读者除非能够跟着作者的思想，情感的起伏而起伏，能够深切地体会到作者的心窍，能够抓住作者表现的技巧，能够与作者精神的甘苦同甘苦，那决不能说是真正的读书。

通过了高度思维活动而阅读，已经用过欣赏的功夫，进一步还得利用作者所提供的材料，所说明的思想，而自己经过一番组织，一番消化，产生出一种新的思想出来。因此，原来仅仅做到阅读和欣赏便已罢休，这时更进入批评的阶段了。

实在说，从阅读、欣赏到批评，这中间原存着一贯的路线。单单浮浅地瞥过一眼便算了，那还不是和眼前飘过的烟云一样，毫无迹象可寻。我们读书必须胸有成竹（并非主观的偏执或独断），用思维活动去分辨作者的思想，探索书中的内容，否则徒为应声虫而已，怎会真正认识作者和作品？一些感觉也没有的只是麻木的读下去，那连欣赏的目的都不能达到，决无法超越欣赏而达批评的阶段。

循序探求、层层剥进是我们阅读应抱的态度。近代心理学家指出学习的“发展性”，在质与量上都应该是继续不断地发展的，由一观点看到另一观点，由一问题想到另一问题，由一书的启发而引起读另一书的兴趣，这样融会贯通，知识的泉源也就不虑有流尽的一日了。

你爱这书，不爱那书，爱这作者，不爱那作者，乐愿接受这思想，不愿接受那思想，你表示你读书时胸有成竹，不是漫无目标，囫囵吞枣而不加咀嚼地混过去，自然是很对的，可是你得道出“为什么”来。能说出“为什么”，那就表示确是用过一番思想，确是经过一番体验，无形中就含有一种或多或少的批评的成分，而创作一种新的艺术或思想，实已萌芽于此。

即使我们不能有新的创造，但已掘发到无尽的知识的泉源。作者的发见，有时正如读者的发见。读者在阅读时用过一番咀嚼和思考，产生欣赏过程中的共鸣同感，作者创作时的情感、思想和想象，也就不期然地传染给读者，读者体验到作者的心境，读者了解到作者的思路，这时仿佛被带到一个新的天地中去。在某种情形下，读者还可靠作者的情感、思想和想象而孕育更新的，更美的，更精当的，更确切的。这种

“自己的发见”，也就不啻“自己的创造”。

不但欣赏文艺作品可能达到这种创造的境界，就是研究社会科学，也常会因一原则一理论的启示，更推考到另方面去。恩格斯说：“理论愈阐发愈正确，愈推论愈精辟。”读者读过某部思想名著以后，可能通过精密的思维活动，印证到自己的生活经验，而又重新作了新的说明，新的剖析。

这样的阅读、欣赏可以增进经验，改造经验，助展思想，净炼思想，慢慢地把自己的生活圈子（生活的意义与方法）也给扩大了。原来我们的感情是静止的，眼前亦无若何意象，但经过一番思考和体验以后，感情动起来了，意象具体化、明朗化起来了，一般内在的生命力也被唤发起来了。到了这时，阅读、欣赏、批评和创造已经不容易分得开。不过，要达到这境界并非偶然，主要的还在你能不能真正把握住阅读、欣赏、批评和创造之间的纽枢，能不能应用辩证的读书方法，能不能把学习和研究完全看做是一种动的发展的过程。

（载上海《大公报》1947年3月9日）

怎样才能使读书会充实起来？

来信

××先生：

现在想提出些搞不通的问题请你答复：

曾经和五个志同道合的朋友组织一个读书会，到现在有些年了，每星期我们是用很大的热诚虚心地研究规定的问题，互相交换意见，因为我们希望自己抛开功课，能正确地认识世界，所以我们就企图用这个会维系大家的感情和意志，希望在同一的目标下改造自己，使自己进步。这是可喜的。我们以难得的机会认识了十多个朋友，但是因为时间的限制及分隔远些，开会的人逐渐少，兴趣逐渐低，对于应讨论的问题总得不到确切的结论。会务停滞着怎么办？

但我们不愿使会夭折，也曾经很苦心去尝试编印《新垦》油印报，一方面借此学习写作，学习油印技巧，更重要的就是说出我们自己想说的话，沟通大家的思想，互相鼓励，或者团结起更多同道的老友。这个计划一直在试验着，已经有半年。可是到现在不能实现的原因，固然因为没有油印机更且油墨的调和与技术的问题得不到完满的解决。

怎样才能提高大家集体学习的兴趣呢？怎样进行集体学习？（我们学习的目的就是利用课余的时候去阅读社会科学的书籍，而利用社会科学的知识来客观地剖析世界，研究社会问题，确定自己奋斗的目标。）我们这个会应该编印油印报吗？编印时应注意什么？油印的技术应该如何改进呢？

提出几个急待解决的问题，请予详细的指示。

此祝

撰安

读者蔡铨　三，十九。

复信

蔡铨先生：

关于你的几个问题，现简复如下：

编印油印报没有不可以的。计划了半年，为什么还不能实现呢？油印技术，重要的还在写，调和油墨是容易的，怎样写得好，可以去向有经验的请教。

既然有了几位志同道合的朋友，又有了“年余”的时间，可见大家的学习兴趣是有持久力了。

中国人的集体行动、集体学习是非常不行的，原因是几千年来封建生产力的散漫所影响，没有现代化科学社会的组织力。普通一个会，初时大家兴高采烈的来了，慢慢的逐渐少，最后，只有塌台了，这正是大家的通病。

我们不知道你们讨论的是什么问题，因为你没有具体的提出来。但是，有一点必需注意及之，就是所讨论的问题，必定要具体与自身有切实关系，同时还要顾及彼此程度和理解力，不应超出这标准，要有参考材料，大家在讨论前先有个准备。而且，要鼓励每一个人都要发言，都参加讨论，这么一来大家对学习有了更高兴趣，这就保证学习的成功，也就不易消沉了。

一个会，最怕是只有一两个人发言，而忽略了多数人的沉默，一两个人的“风头主义”，而不去虚心听取每一个人的意见，这就不是集体学习了。了解的人，要去帮助不了解的人，不过急，慢慢的帮忙他，大家一同进步，才是集体的学习精神。

如果因为时间及远隔的限制，组织就要灵活去适应它，甚至用通信去联系也可以的，只要大家仍旧有学习的兴趣。

所谓得不到结论，这是否各人坚持自己的意见？或作了结论后感到不确切？如果是前者，大家在真理面前只有克服自己的错误，能如此者才是最勇敢的人，不然只固执自己的偏见，永远会阻碍自己的进步。如若后者，是限于自身的认识不够，就要多多学习，多多研究，读有关于该问题的书报，请教对该问题有研究的人。如果大家研究社会科学，可以参加“青年知识”。如大家有兴趣研究文艺，即请都参加“文生社”来。一定可以多少帮忙你和你的几个志同道合的朋友的。

这个答复，如不满意，请提出更具体的问题，彼此研究研究。此复，并请

大家努力

LS 启

五，十二。

（载《文艺生活》1947 年光复版第 15 期）

报纸与杂志（阅读漫谈）

王仰之

我们在学校里读书，要想求得丰富而充实的智识，单只靠几本教科书，那是不够的。除了教科书以外，必须有补充读物。谈到了补充读物，那就离不开报纸与杂志。

报纸除了一部分小报外，大都是每天出版一次的。而杂志最短是每周出版一次，最长是每季出版一次，普通的是半月或一月出版一次。因为出版时间上的差异，报纸的材料自然比较新鲜，它每天登载着世界上所有事物的变化，如政治势力的推移、经济状况的变化、国际情势的变迁、人类整个社会的活动及科学文化等方面的进步……真可说是一幅新世界的缩图。杂志的刊期较长，材料固然没有报纸的来得新鲜，但它却多加以分析和判断的功夫，不像报纸的片断琐屑。我们读了它，除能明白某件事情的梗概外，对于某件事情的正确性以及事实发生因果，都可以有一个系统的了解。所以报纸和杂志在增进我们的智识这一点上说，是具有相互补充的功用的。

在科学昌明、文化发达的二十世纪，报纸与杂志的种类日益增加。单就本国说，亦各在一二千种以上。我们应视个人的兴趣、时间和需要，很审慎的选择购订几种，作为课外的补充读物。对于这选定的几种，自然要用很经济的方法来把它阅读。

下面就让我来谈谈阅读报纸和杂志的方法吧！

读书和读报纸的方法不同，和读杂志的方法亦两样。我们阅读报纸，应该依照报纸的次序，分为精读、浏览和备读三部分：像提要、电讯、要闻以及和自己有切身关系的，应该精读，不可轻易忽略；再像地方新闻、社会消息等亦应稍加浏览；此外如有余暇的话，那么副刊、广告等部分亦可一读。若是有特别事故而没有空暇时，只阅标题和重要新闻的冒头一段，亦是一个补救的办法。

其次，我们还得知道，报纸因为各有各的立场，各有各的背景，各个报馆所报道的消息便因此而有出入，有时甚至故意歪曲事实，埋没真理。所以我们读报的时候，首先要注意该报的发行人是属于何党何派的，然后留心发布消息者的背景。现在，发布消息的责任，大都由通讯社负责，而现在的通讯社，无论是国内的或是国际的，都已成了政治的工具、宣传的武器，他们都有背景、有立场，代表着各自的利益。因此所发布的新闻，往往为着本身的利害打算。这样一来，每一条新闻的正确性便有了问题。如国内的两大通讯社——中央社、新华社，中央社是代表中央政府的，新华社是代表中共的。因为他们的背景不同，立场各异，所以同是一个问题，两方面发布的新闻内容却有很大出入，尤其是关于军事性和政治性的。次如国际上的大通讯社——合众社、美联社（美）、路透社（英）、塔斯社（苏）、中央社（华）以及过去的哈瓦斯社（法）、海通社（德）、同盟社（日）等等，无不是官方的通讯社，所发布的消息各为着本国的利益着想。因此，读报须有判断力，消息的真伪，要靠自己决断，不能全恃报纸。有时在一种特殊情形之下只能给你一种暗示，或透露一点先声，也有一半要你自己去领会，所以非有判断力不可。

此外，关于帮助阅读报纸的工具，我们亦得备几种。如一二本良好的地图以及讲到国内外现势的年鉴，都可使我们更明了报纸上的意义。在阅读新闻时，遇到一个生疏的地名，最好在地图上寻一寻它们的位置，由此往往可以多得这一新闻的线索。同时我们应该养成天天读报的良好习惯，以便对每一件事情的起因和发展，得到一个概念，从而推断它的结果。

杂志的内容，通常是包括许多门类的，它有经济、政治、科学、社会问题、国际时事的论文，亦有文艺性质的随笔和小说。如果我们对于一本杂志中的文字，从头至尾一个字不遗漏地阅读，未免浪费时间。所以杂志中的文字，是合于我们的需要而确能增进我们的智识的，我们应该用精读的方法，其余的只要选几篇涉猎一遍亦就够了。

我们对于杂志中讨论某一问题的文字，不能太迷信，而应该以合理的批判态度去读。因为杂志有杂志的背景，作者有作者的立场，他们对于某一个问题的意见，未必是真实正确的。我们如在同一时间内，比较好几种杂志中同一性质或同一问题的文字，就可以看出许多不同的见解。我们将各种意见分析起来，再加以自己的判断，虽则不一定会极正确，但总不至于十分错误了。我看见有不少人读杂志，喜欢读完了这本，再读那一本，这实在是很不经济的方法。

报纸和杂志的阅读方法，已如上述，接着还得来谈谈剪贴报纸和使用杂志的方法。

报纸的篇幅既多，可供我们参考或研究的材料亦复不少。如果我们将每天看过的报纸全部保存起来，不但不易办到，而且翻查起来亦很不便利。所以要利用报纸，就应该实行剪贴报纸的工作，将有用的材料从报纸上剪下来，分门别类贴在贴报簿上。同时还应该在每一件材料的前面或后面，注明报纸的名称和年、月、日，这样自己以后要采用那一类材料，就可以到那一本簿子上去翻查，比较便利得多。不过剪报时对于材料的选择，自己应有一个取舍的标准，否则将无用的材料一一剪下粘贴，徒然耗费时间，没有多大实益的。

人的脑力有限，看过一本杂志，要想将杂志中的每篇文字完全记在脑筋里固不可能，就是记忆自己喜欢的几篇的大意，亦不是一件容易的事。一本杂志看过以后，很少能看第二遍、第三遍，所以留在脑筋里的印象当然不比读过的教科书来得深刻。将来我们需要参考某篇文字的时候，很难记得这材料在第 x 卷第 x 期的 xx 杂志上，那末找寻起来就发生困难了。为补救这种缺憾，我们对于读过的杂志，可以采用编索引的方法：事先预备一本比较厚的练习簿，把要编入索引的材料，依照自己的需要分为几类，再将读的文字，按照类别，在索引内抄录篇名、杂志名称、x 卷 x 期等。这样携带既然便利，而检查材料时，在同一类内又可找到许多性质相同的文字。

（载《少年读物》1947 年第 4 卷第 3 期）

上海的报纸和杂志

林任民

（一）报纸

上海出版的报纸，其种类之多，不仅在国内都市中为第一，而且在世界大都市中亦无其匹。除国文报纸以外，还有英文报四家，俄文报一家（从前曾有法文及日文报各一家，现在已废刊了）。单就国文报纸而论，大小报共有三四十种，各党各派都有，各机关均有它的机关报。

有人说：报纸种类之多，是言论自由之证。但，此说却未必是，因为种种的不自由的事实，每可见到。但是，可以这样断定：报纸种类之多，是表现着其社会生活的复杂和其政治斗争的激烈。

兹介绍若干比较著名的报纸，述其性质及其背景，以供参考。

（1）《大公报》——在上海拥有最多读者的，还算是“大公报”。如众周知，该报与“政学系”有密切关系，一向标榜着“大公无私”。但国内不少部分人潮的当中，上海人士，却批评它为“小骂大捧”、“掩盖人民的耳目”的报纸。是否这样，各人有各人的看法，不便断定。可是，我想：不管……人士怎样批评它，在台湾倘若有一家像《大公报》“相当敢说”的报纸，台湾的人民就十分满足。

该报因其历史颇久，各方面的人材都有，所以其“社论”对于世界舆论之影响相当大。对于远东有利害关系的国家，或对于远东局势有关心的人士，大都以《大公报》的社论或“专论”来判断或推举远东局势的演变。该报的规模颇大，世界各大都会都有它的特派员，所以情报流通，取材广泛，资料丰富；尤其是该报印各种副刊，是不许他报追随的。而且该报记者中也不乏自由主义分子，当五月间的学潮，该报各地的记者亦被捕了七八人，该报本社亦被包围，险些儿就被捣毁了，原因说是《大公报》煽动学潮。

今年五月末叶，也正是闹着学潮，三家民间报纸——《联合晚报》、《文汇报》、《新民报》——被封的翌日，《大公报》的发行份数竟增加了一万份。

（2）《申报》、《中央日报》、《新闻报》——这些报纸，虽有其小派别，但就其系统说，是国民党的。正如台湾的《中华日报》（中宣部直辖）一样，其性质及背景，无庸赘言了。

（3）《和平日报》——是国防部的机关报，台湾亦有《和平日报》，其系统、性质、背景相同。可以说，台湾《和平日报》是上海《和平日报》的分家。内容注重“军讯”，而且比任何报纸都详尽。

（4）《新夜报》——晚刊，是上海警备司令部的机关报。在上海最先刊登台湾当局通缉“二二八事变”首要分子三十名的消息的，是这家报纸，也许因为它是“晚刊”，有时能够把某种消息提前刊出。

（5）《中华时报》——是青年党的机关报。人家说：青年党穷了三十年，然却还能建设一家的报纸，亦可谓“壮”矣！可是，正如人们在贫穷的时代有一种作风，而富后又有另一种作风一样，青年党，也就是《中华时报》，现在的作风和从前的有点不同了。因为“国大”以后，不是“野党”了。

（6）《时事新报》——是“山西派”的机关报。提起“山西派”，谁都会联想到阎锡山将军，是的，他从前是山西的主人，北伐时代虽然归依国民党，但另形成一派，而主张“山西蒙罗主义”。直至抗日军兴，始坚心与国军合作抗日，胜利后再回到故乡，为山西军总司令，坐镇太原……他的唯一冀望是恢复昔日的地位，再为山西之主，但山西的局面已变了，他的冀望恐怕会成为一场梦。

（7）《文汇报》、《新民报》、《联合晚报》——这三报是纯粹民间的报纸，带有“民盟”系统的色彩，其中《文汇报》最为“左倾”。当五月间的学潮，被政府认为“煽动学潮”，受“异党”操纵，“另有作用”，遂被封闭，至今还未复刊。闻《新民》、《联合》两报，或者有复刊的可能，但《文汇报》势必离开上海。据说，《文汇报》同仁，一度想搬到香港继续发行，后来又想搬到烟台，结果如何却未有消息。

（8）《时代日报》——系苏商时代出版社之发行。注重介绍苏联各种情形，尤其是苏联的文化。其副刊“文化版”，时常有苏联的文学、影片、音乐、绘画等专论、研究。

(9) 其他小报，如《光报》、《飞报》、《风报》、《真报》等。上海小报，很少有政治色彩的，大都是黄色刊物，十彩五色，泛滥市镇，其数之多，无暇枚举。其主要内容：不过是些“伶人百相”、“痴男怨女”、“作孽姻缘”、“万紫千红”、“洋场小唱”、“美人关”、“黑寡妇”、“女魔王”等类。

但这些黄色报纸，在这烽火遍地、物价狂涨、人民在饥饿线上彷徨的情势之下，却能给市民一点半安慰，正如“鸦片”的作用一样。所以有些小报，竟能比那些大报拥有更多的读者。

(10) 英文报纸。在上海英文报纸有四家，即：*Shang Hai Evening Post*（《大美晚报》），与美国大使馆有密切的关系；*North China Daily News*（《字林西报》），与英国大使馆有关；*Shang Hai Herald Tribune*（《上海自由论坛报》），国民政府机关报；*China Press*（《大陆报》），是孔祥熙系统的。这四家报纸，其立场各有所不同，孔祥熙虽然亦是国民政府要人之一，但他却有他个人的立场，因而他的《大陆报》亦另有它的作用。

四家英文报纸中，势力最大、读者最多的是美国系的《大美晚报》，这也就是表现着现在美国在中国的势力和地位。

（二）杂志

上海出版的杂志有二百种，综合性、学术、文化、工商、经济、科学、无线电、文艺、音乐画报、小品、青年、妇女、少年、儿童、医学、军事等均有。

不过，上海出版的杂志虽多，内容充实的不多。兹把几种著名的刊物，作一个简单的介绍。

(1) 综合性刊物

《文萃丛刊》——杂志《文萃》在上海被停刊以后，该志同仁搬到香港，继续发行《文萃丛刊》，形式像“小册子”的单行本，内容却与过去的《文萃》相同。有专论、通讯、诗歌及杂文等，尤其是时常有讨论国内战局的论文，这在其他刊物是不易见到的。

《观察》——是一个自由主义色彩非常浓厚的周刊，不偏不党，纯粹站于“中间派”，一向被称为“杂志中的《大公报》”。内容偏重时事问题与学术问题的讨论。选稿相当认真，就是通讯与读者投书之类，也颇多言之有物，不是“无病呻吟”。主笔是自由主义者储安平。

《时与文》——是一个新出的刊物，每期都有相当有分量的论文，同时还着重杂文、散文与木刻。定价亦比较低廉。

《评论报》——是富有新闻性的刊物，内容有：政治内幕、社会秘辛、经济解剖、人物速写等类。

《中苏文化》——是一个研究苏联的月刊，专门介绍苏联政治经济、社会科学、文化各方面的情况的。

《人物杂志》——是以人物介绍为主，对于青年修养不无帮助。

《文摘》——过去是专门选摘国内外报章杂诗的精华，现在则完全是翻译的文章，除时外问题之外，科学的文章也不少。

《世界知识》——从出版到现在，已有十余年的历史，最近从半月刊改为周刊。文字深入浅出，无论是初学国际问题的，或是对国际问题已有研究的人，都可以读。

《时代》——苏商时代出版社发行的周刊，与《时代日报》是姐妹关系。是个研究国际问题的，内容偏重于苏联的介绍。

《亚洲世纪》——也是一个新出的月刊，内容注重战后亚洲（尤其是日本）问题的讨论。创刊号六月始发行，其中日本问题占三分之二，有《日本新宪法》全文一篇，凡欲研究日本问题的人，不可不读。

其他——综合性刊物除以上列举的以外，还有下记各种，不能一一介绍其内容，只罗列其志名，以供参考。

《时与潮》（在台湾，有台湾评论社的台湾版）、《现代文摘》、《现代新闻》、《再生》、《读者文摘》、《中央周刊》、《世界月刊》、《民主与统一》、《智慧》、《朋友》、《民主论坛》、《世纪评论》、《雄风》、《自由丛刊》、《光明报》、《国讯》、《现代智识》、《学风》等。

(2) 学术、文化方面的刊物

《理论与现实》——中国学术杂志中最有权威的刊物，在香港出版的，本来是不应该在“上海的杂志”的题目之下介绍的，可是它的主要市场是上海，故把这刊物包括在内亦无不可。它注重于社会科学及哲学问题的研讨，尤其是注重当前现实问题。

《中国建设》——虽然比不上《理论与现实》，但也值得一读的。不过，比较偏重于财政经济问题的研究。

《读书与出版》——虽然偏重于读书方法、介绍优良读物这一方面，但解答学习上的各种疑问，促进联系及计划学习，调查学习情形与条件，发表读者的自我介绍等，对于青年学习有很大的帮助。

其他有：《东方杂志》、《大学》、《新中华》、《活教育》、《民众周刊》、《国文月刊》、《社会月刊》、《读书通讯》等。

(3) 工商经济方面的刊物

综合性的经济杂志不多，只有《经济周报》、《经济导报》、《经济评论》三种，其余的都是金融、工业、商业、农业等的专门性刊物。这三种杂志，注重于一般经济问题，时时刻刻报道世界各国的经济动向，讨论中国经济界的现实问题。但我们在（1）项所举的“综合性的刊物”中，如《文萃丛刊》、《观察》等，倒能发见着更正确、更有意义的有关经济问题的论文，所以这三种经济杂志，虽然有很好的资料，却不能说是讨论经济问题的权威。

关于金融方面的刊物有：《中央银行月报》、《银行通信》、《银行周报》、《证券市场》等。这些杂志不是重理论和研究，是重统计及报道，所以不能以其所发表的论文的正确与不正确来定它们的好坏，须以其所发表的统计和报道的正与不正、速与不速来定它们的价值。无论如何，这些杂志是金融方面的专门杂志，所以从事于银行界及证券市场的人，是不可不读的。

关于工商业方面的刊物有：《上海工商》、《工商天地》、《工程界》、《纤维工业》、《染化月刊》、《纺绩染月刊》、《纺绩周刊》、《商学研究》等。这些亦是专门性的杂志，所以对这方面有关系的人，是应该读的，但对于一般人是无甚关系，故无庸详尽介绍。

关于农业方面的刊物有《世界农村月刊》、《现代农民》两种。前者注重世界各国的农村问题、农业生活、农民生活的报导，后者系中国农业协会所发行。

（4）科学方面的刊物

自然科学的刊物相当多，《科学》、《科学画报》、《科学世界》、《科学大众》、《化学世界》、《电世界》是称为六大科学杂志。其中《科学》是高级的读物，《科学画报》和《科学大众》则是通俗化的刊物，《化学世界》和《电世界》是专门性的刊物。其他还有《科学时代》、《化学工程》、《无线电杂志》、《无线电世界》等。

（5）文艺方面的刊物

关于文艺方面的刊物有十余种，殆都大同小异，没有纯粹“左倾”的，也没有纯粹“右倾”的，因为纯粹“左倾”的文艺杂志在上海是不能存在的，纯粹“右倾”的不能受民众欢迎，在上海是没有立足的余地。大体上讲，文人是比较开明的，比较民主的，所以大部分的文艺杂志多少有带点民主色彩。兹把比较著名的文艺杂志介绍于左：

《文艺复兴》、《文艺春秋》、《文艺智识》、《文艺青年》、《文艺生活》、《创世纪》、《人世间》、《世界文艺》、《苏联文艺》、《文潮月刊》、《生活大众》、《世界文艺》、《新诗歌》等。

其中最堂皇、最美丽的，是《文艺复兴》，页数一百四五十，定价法币一万二千元，在一般人民购买力非常薄弱的今日，一本一万二千元的杂志，是很少人买得起的。其次是《文艺春秋》，定价八千五百元，亦不能说是便宜的，但内容却颇充实。其余的，大都在五千元以下，不过，页数也均在五十页以下。

文艺杂志社大部分是没有后台、没有靠山的，所以经营上殆都处于困难的境地。如《文艺青年》，因为经济困难，曾停刊了许久，最近复刊了，出两三期，又预告要再停刊至九月才能复刊。

许多文艺杂志中，比较好的，还算有六月始创刊的《创世纪》，创刊号头一篇作品是郭沫若的《〈盲肠炎〉题记》。

其次，台湾人、台湾风物、台湾问题，一向没有一个文人提起来作为“作品”的题材，可是，自“二二八事变”以后，国内文人间竟也有人把台湾为“作文”的题目了。

(6) 画报（包括摄影、电影演剧）

画报也相当多，不过其印刷技术太差，较在台湾发行的《台湾画报》、《新台湾画报》等，也没有什么优点，如果拿美国的 *Life*（《生活》）来比较的时候，不仅其印刷技术较劣，其内容也差得太甚。其主要的有：《艺文画报》、《中国生活》（是仿《美国生活》的）、《联合画报》、《春秋画报》、《寰球画报》、《新中国画报》、《中艺画报》、《电影画报》、《青年电影》、《中国摄影》、《国画世界》、《中华戏剧》、《半月戏剧》等。

(7) 青年的读物

至于青年问题的刊物，《中学生》始终站在第一位，立论很平隐，能供给青年学生各种新智识，并给青年指示出一条路来。《青年智识》有香港、上海两版，均注重青年问题的研究和青年运动的报导。最近出版的《学生新报》是报纸化的杂志，杂志化的报纸，对各地学生运动的情况，每期都有详细的报导。其他还有《中国青年》、《青年生活》、《青年界》、《新学生》等。

(8) 妇女的读物

妇女的读物比较少，《现代妇女》是最优秀的一种，《家和家庭》也不错，其内容有：家政、家教、社交、恋爱、择偶、婚姻、育婴、保健、儿童等，凡有关妇女问题无不包含，无论家庭妇女、职业妇女或学校妇女都可以一读。其他还有：《妇女月刊》、《妇女》、《伉俪月刊》、《今日妇女》等。

(9) 少年儿童的读物

少年儿童的读物亦不能算行，其主要的刊物：《少年读物》、《开明少年》、《新儿童》、《儿童智识》、《儿童周刊》、《儿童良友》、《儿童世界》、《儿童故事》、《小学生》、《小朋友》等。不过，为少年儿童师长的人，对于少年和儿童的读物，须十二分注意，替少年和儿童选择，不可任其自由阅读。

(10) 医学保健方面的刊物

我国的近代医学，比欧美先进国家和日本，落后得多，但近来我国当局对于医学卫生方面也逐渐加以注视，对这方面的宣传和建设，不能说没有努力，因而关于这方面的刊物，也出现了多少。其主要的有：《医药学》、《苏联医学》、《西南医学杂志》（这三种是专门性的刊物）、《家庭医学》、《妇婴卫生健力美》、《中华健康杂志》（这四种是一般性的刊物）等。医学和卫生，台湾省比国内任何一省份都进步得多，故在台湾亦应该有一本关于医学和卫生方面的杂志的出现。

(11) 英文方面的刊物

英文方面的刊物不多，除《现代英语》、《英文月刊》、《实用英文》（深浅两级）等的学习用的刊物以外，只有一种综合性的英文杂志 *China Weekly Review*（《密勒氏评论报》），这却是美国人创办的。该报自一九一七年由密勒氏（Millard）创办以来，至今已有三十年的历史，而成为世界上有权威的刊物之一。有关台湾重要问题殆都经由该报广播到全世界。

该报总编辑是 J. W. 鲍威尔氏，他的父亲 J. B. 鲍威尔氏，继密勒氏主持该报二十余年，太平洋战争中被日本逮捕，至胜利后才被释放出来，回到美国，后来一度到东京联合国军事法庭，作证日军在华的大屠杀。今年二月二十八日逝世。

该报七月五日号，又有一篇有关台湾的记事，题目是：*Old Scandal Rerewed*，报导“二二八事变”首要三十名的通缉消息，附有各人的略历。

（12）音乐方面的刊物

音乐方面的刊物很少，我所看到的只有《新音乐》、《乐学》两种，也许因为音乐在我国尚未大众化的缘故。

（13）军事方面的刊物

军事方面的刊物也很少，只有《中国的空军》和《中国的海军》两种。我们中国最主要的是陆军，为何没有《中国的陆军》这一类的杂志？已有《和平日报》、《前线日报》、《扫荡报》等的各报纸，无需要那小型杂志。

（三）出版业者的危机和读者的厄运

（1）出版业者的危机——在这百物涨价声中，上海出版事业已遭遇着空前的危机。印刷费已于上月增加一倍，报纸价格近日又涨起五成，所以各出版刊物纷纷收缩或停办。《联合画报》已由周刊改为月刊，《文摘》已宣布“憩夏”且也改为月刊，《西风》已由出版中心的上海移到重庆。其他基础较为薄弱的刊物，也多准备停刊。七月三日《联合画报》发行人曾发表谈话称：“上海出版物的定价，虽一再提高，然无法保持其最低的成本。恐二三个月以后，靠发行维持之刊物，势将全部停刊，书店也将纷纷关闭。展望出版界前途，实不禁不寒而栗！”

（2）读者的厄运——出版业者的危机自然影响到读者，因为出版物的成本高，出版物的定价也就不得不提高，每日被“生活苦”所迫的读者就买不起自己所爱读的刊物，而且这里所说的“读者的厄运”，有不仅是“买起，买不起”的问题者在。

（载《台湾文化》1947 年第 2 卷第 8 期）

科学期刊·回顾前瞻

王天一

“科学期刊”这个名称，是这回筹备组织“中国科学期刊协会”共同制定的。科学的门类很广，数学、物理、化学是科学，政治、社会、经济何尝不是科学？现在的科学期刊协会，主要的以自然科学和应用科学为范畴，当是因为在性质上较为接近的缘故。

中国之有科学期刊，差不多和中国之有科学社团同样的悠久，而且刊物一向也就是各社团主要工作的表现。如中国科学社的《科学》、中国工程师学会的《工程》、中国电机工程师学会的《电工》。有的与社团成立同时出刊，有的还在社团成立以前。早期的科学期刊，有两个共同性质，一即它们大都是留学生或在国外或回国以后所创办的，二即它们大都是专门性的专科杂志。

三四十年来，中国的科学期刊此起彼伏，遗留下一连串中国科学家拓荒的业绩。为什么说是拓荒呢？直到现在，还很少有勇敢的科学家肯出版一二种的科学刊物（中国科学公司现在出有《科学》和《科学画报》两种），一般的情形都是对于此道有兴趣的自动的筹集一些资本，这么样开始出版。无奈这些年来，尤其是近十年，环境的变动太大了。物价昂涨，纸张的配给困难，交通阻断，销路呆滞，挣扎在这些惊涛骇浪中，颠蹶在所难免。然而使中国人对于世界科学进展不隔绝，使青年学生能在教室以外有知识的补给，充填这些年来中国科学化运动的真空的，也还是这些刊物。

胜利以后，建国的呼声高于一切，科学刊物的出版更见蓬勃，这是客观环境的需要与科学界的适应，倒并不是投机。旧的复刊，新的创始。这里有一个值得注意的现象，即是通俗性科学刊物的增多。科学界对于一般读者的不肯忽视，无疑的为中国科学刊物一大推进力。

由于数据和时间的限制，我们不能逐一回溯过去的科学期刊。但我们检讨一下现有的科学刊物，可以晓得我们的科学刊物也并不少。

（1）综合的：《科学》、《科学世界》、《学艺》、《科学画报》、《科学时代》、《科学与生活》、《科学时报》、《东北科学》、《科学大众》。

（2）工业的：《工程》、《工程界》、《建设》、《工矿建设》、《中华工程周报》、《工□报导》、《现代铁路》、《西北实业》、《新技术航空机械》。

（3）化学的：《化学工业》、《化学世界》、《黄海》。

（4）电学的：《电工》、《电世界》、《无线电世界》、《无线电杂志》。

（5）农业的：《中华农学会报》、《中国棉讯》。

（6）纺织的：《纺织染工程》、《纤维工业》、《染化》、《纺维周刊》。

（7）医学的：《中华医学杂志》、《中华健康杂志》、《医药学》、《西南医学》、《家庭医药》、《医潮》、《苏联医学》。

（8）其他：《地质评论》、《土壤》、《水产》。

这只是一个概括的分类，而且因为见闻的局限，漏列的一定不少。像各大学、各研究机关的出版物，或因发行的限制，或因刊期的无定，不为人知的很是不少。还有日报上的副刊，像《大公报》的《自然科学周刊》和《工业副刊》，内容并不弱于上述刊物。地方性报纸也有当地几个喜爱科学的同志，集合起来借报上出一个副刊。这样一看，在处处贫弱的中国，有这许多科学播种者，也可以自慰了。

和许多科学刊物的主持人晤谈，人人都感觉工作的艰难和沉重。什么是目前科学期刊的困难呢？使今日科学刊物焦虑的，不是稿荒，不是无人看书，而是没有一个可以安心让人出书和看书的环境。书业界的人该同意，今天××告警，当地书肆来电关照暂停发书，明天××危急，邮政局暂停收寄航空小包；昨天白报纸每令二十万，今天白报纸每令三十万；生活指数宣布，排印工再涨八成。这是一面。另一方面呢？一个士兵来信说，我的关饷只二三万元，一本书占去很大的比例。一个小学教师说，我是省下袜子钱定杂志的。这凡是杂志界的情形莫不皆然，而科学刊物的读者为尤甚，因为他们已买一本科学刊物，倒绝非为了消遣，而是为了知识，谁不应该有求知的权利呢？

中国科学期刊协会的成立，是一个可喜的团结。“同行相轻”，在科学期刊群中该是不成立的，因为每个刊物有其独特的专科性质，即是性质相同，努力的方向也有殊，正可以彼此切磋，交换工作的方法和意见。对于目前本身困难的解决，想来各刊物也有同样的需要。

我敢于强调这一点，即因为几乎所有的科学刊物，没有一种为了牟利而出刊的。如果说，人民需要廉价的米，当必也需要廉价的精神食粮。一般的说，现在的科学刊物，都已较其他刊物为价廉，那么国家对于这些刊物也应当用一点协助来做奖励。白报纸的进口限额中，应为科学期刊留一点数量，没有理由可以说白报纸不是为了民众的精神食粮而供应的；政府如果提出一个极小的贷款数字给各个科学刊物，就尽够支持他们的全般工作而有余。此后的中国科学期刊协会，该以巩固各刊物的本身基础为主体。

为中国人的知识，必须以中国文来表达，这也是无可疑义的。由于翻版书的即将禁绝，中国文字的科学书文必须大量供应。十年以前，中国人还有这个观念，即是看不懂中文的科学书，现在由于通俗科学刊物的兴起，这现象已经改善不少。但是还有读者表示有的地方看不懂，那该是刊物编者引为惭愧的。以后呢，通过协会的组织，对于文字，不论其内容的深浅，应该讲求大众化，要大众懂得科学，要大众接受科学，中国的科学出版工作，才可以说是有第一步的成功。(编者按，中国科学期刊协会今日在沪举行成立大会)

(载上海《大公报》1947 年 7 月 6 日)

我从望平街回来

——素描上海报纸的本埠发行

秋　郎

我们天天要看报，这些报纸无疑的都是从报贩和送报人手中拿来的，因此他们便成为各报馆的发行部门与读者之间的桥梁。我们要谈发行工作，当然先要认识这些卖报的人们——报贩和送报人。

当天未破晓、金鸡初啼的时候，这些卖报的人们便已汇集一处了。

这个地方便是望平街，凡是上海的出版界，没有一个人不知道的。这条街也可以称为“文化街”，因为在这里除发行报纸之外，还有各种书籍。为了报纸的买卖，都聚集在这条街上，所以也可以称为“报纸市场”，这里是上海所有报纸集中和发行的中心。

晨光熹微中，这条街上——自九江路起至福州路止，已满布着一个一个的“拆报摊”及很多卖报的人群，熙熙攘攘，甚至连交通也给断绝了。这些拆报摊，便是大报贩，他们向各报馆发行部里将报纸趸批拿出来，再转批给很多的小报贩，这些小报贩便是包括“送订户的”、“叫卖的”及“书报摊上零售的”。所以在形式上，这些拆报摊虽是做报纸的买卖交易，称他们为报贩，但实质上便是上海各报的“分发行所”，而这些小报贩们，则是各分发行所管辖下的“送报僮”和“零售叫卖僮”。

大报贩与小报贩之间，他们有一定的主顾户头，决不胡乱交易，否则便是“抢生意”，那是要发生纠纷的。过去因为买卖报纸利益上的争执，曾在这条街上流过好几次血，现在已很少见流血事件，但争吵和打架，仍然是免不了的。

报贩们的收入，大致不差。大报贩们向各报馆取报，不必先付款，等到上午将报纸批售出去了，下午再将报费交给报馆，不要花本钱，所以利益较多，生活也较好。但大报贩有组织，世世相袭，外人是不容易挤进去的。

至于送订户的小报贩们，说起来每月的盈利很多，但他们把报纸天天送给读者，报费却要月终收取，而他们向大报贩批报，必须现款交易，所以要垫一笔资本。这笔资本为数也很可观，在高利贷的今天，已赚不到什么钱了。

我们已经知道，报纸的发行和报贩们有密切关系，所以各报馆的发行部一部分的工作人员，大都请报贩来担任。本来，“卖报”是三百六十行中的一行，行伍中人称为“吃报饭”，局外人来做是鲜得效果的，因而报贩在发行上的地位，更益提高了。

由于报纸是传递新闻的工具，而新闻务求迅速，所以在发报的时间方面，各报竞争异常热烈。哪个发得早，哪个就占优势。另一方面，报贩方面，为了营业打算，也得竭力争取时间，在那发报的刹那间，争先恐后，真是洋洋大观。事实上，读者看报，没有一个人是不想先睹为快的。

不过发报时间的提早，要靠印刷机器的大量出报。很多的报馆也因为印刷机器的问题而感到苦闷。因为报纸出报较迟，报贩们拿了其他的报纸走了，即便取了，送到读者手里，也未免太迟，对于发行销数大有影响。不过在上海的三大报——《大公报》、《新闻报》、《申报》，如发报较迟，尚能拉住报贩，因为他们所销的报纸原是以三大报为主，其他报纸为辅的，生计所系，也就比较肯耐心等候了。

我们已说明了上海报纸的发行，是由各报馆的发行部门将报纸发到报贩手里，再转送给读者，至于各报发行部的内部组织，当视该报业务需要而定，此处不拟谈起。但除了由报贩方面发行之外，上海报馆有很多办理“直接订户”的。直接订户的报纸，由各报馆雇佣专差递送，不过发行数量较少，开支浩大，管理不易，有些报馆是不办的，以小型报而论，除了《立报》、《金融日报》和《时代日报》之外，都没有直接订户。

上海各报的发行销数方面，当以《大公报》、《申报》、《新闻报》、《文汇报》、《中央日报》等为最多，小型报当以《铁报》、《罗宾汉》、《飞报》和最近出版的《天报》等为最多。小型报假使卖不掉可以退还报馆，惟批价折扣较大型报为高。

现在上海的报纸，大报小报不下数十种，每一张报纸有他的立场，每一张报纸有他的读者对象，没有读者的报纸，当然会受自然的淘汰。由于上海报纸种类的多，所以各报的竞争，益臻白热化。有的在充实内容，力求新闻翔实，增辟精警隽永的副刊；有的在营业上竞争，如减低定价来号召；有的以摸彩赠奖来吸引；有的减低批价叫报贩去推销；有的雇人兜售和推销，并且费了很大的代价，广事招徕。竞争的方式，不一而足。我们认为报纸发行的竞争，是在争取读者，所以在内容方面力求进步，让读者自己来选择，那是绝对正确的途径。

末了，我们要说，上海报纸在本埠的发行，大部分是得力于报贩的协助，也可以说他们在职业上是为了生计，而在事业上他们都是艰苦的文化从业员。不论酷暑严寒，风霜雨雪，人们都在睡梦中的时候，他们已经在露天的马路上工作了，一天不间断，一天不脱时，很紧张的干着“精神食粮”的输送工作，我谨向他们表示敬意。

（载上海《大公报》1947年3月30日、4月13日）

商邱的报纸分销业

张雪堂

有人说：“复员不是复原。”言外之意是：总要比原来的有点进步。但胜利后有些事情别说是进步，有时连“原”也不得。而商邱的报纸，就是这些事情中之一。商邱在战前有一家铅印的小报，胜利后只是一家手写油印的，版面比铅印的少两版（铅印的四版），而且纸也由新闻纸改成油光纸了。这小报每日只销几百份，国内外新闻并不比开封报早，只是本城的消息多一点，就这一样长处，这小报也就维持了它的存在。

商邱出版的报纸，既是这样小得可怜，因而“客籍”的报纸就乘虚而入，蔚为大观。我们在这里所要谈的分销业，就是以这些“客籍”的报纸为主的。

这些“客籍”报纸的出版地，都在京、沪、汴三地。上海出版的最多，京、汴出版的次之。报纸的种类近二十，分销处有八九家，每家分销一种或两种。每种报纸每日的份数，多的至二三百份，少的至一二十份，但商邱只是二十万人口的小城，商业不如战时，知识分子又穷得要命，所以对于这些报纸的“消化”是颇费手脚的。因之各分销处之间，起了剧烈的竞争，这竞争看来是颇为热闹的。

竞争时每种报纸都要有一两样长处，方能立住脚跟，不被别的报纸打倒。第一，牌子与内容，就是顶重要的一种。《大公报》、《申报》、《新闻报》都是老资格，牌子招人。如果是新出的报纸，休想卖得出。但牌子虽老，内容不能抓住读者，也是不行的。而《大公报》是二者兼有的，所以销数比申、新二报都多。第二，报纸到商邱的早晚，也与销路有很大的关系。在这方面开封比南京报占光，上海报又赶不上南京报。开封的《民权新闻》当天下午四点到达，凡是想早知道消息的都看它，销路很不错。南京报隔一日到（二号能看一号的报），上海报隔二日到（三号能看一号的报）。所以同是《中央日报》，南京出版的要比上海出版的多销一点。第三，价格的贵贱，对于销售的畅滞也很有决定性。因为现在的旧报纸就是一种货物，所以有不少读者是觉得和买旧报纸差不多而看的。《新闻报》过去是以张数多出名的，这也是变相的廉价（定价和别的报纸同）。后来上海报馆业定出按张定价的办法，这种廉价法才不能够实行。

但是除掉依着上面的三种条件互相竞争外，还有用非法的手段来竞争的。这种手段就是“强派”。大概此风在刚刚胜利后最炽。那时“汉奸”这个名词还用得非常广泛，派报者一方面利用某机关的名义，一方面对不欲看报者就说他是汉奸。那时老百姓对政府的机关还摸不清路数，不敢抗议，所以那些分销报纸者很赚了些钱。但是这种假借名义的办法，是很容易戳破的，所以这种手段不久就成了过去。但是近来又有一种很“切实”的强派办法出现，就是分销者和户籍警联络好，使他们到各住户商号家去派。在目下这种非常时期内，老百姓随时有被指为奸匪的危险，对于常常来查户口的公仆们总不愿意得罪，所以这方法比较上一法还有效。但是这种强派法，渐渐也会技穷的，定户因为碍着公仆们的面子，当时不得不定阅，但只定一个月就要退报，这些强派的分销者当然不能月月找这些公仆去派，因而对于老百姓，这种消极抵抗还是无可如何的。

（载上海《大公报》1947 年 6 月 29 日、7 月 6 日）

书籍和白报纸

章甫（译）

我们觉得将知识归入应征收百分之五十的附加一事，应当已经耗费了政府的钱。

官方对于白报纸和书籍二者的输入所持的态度，如同近两周来上海各报报告的，真足够使印刷业和一般人士十分关怀了。

我们曾经得到有关的官员的保证，说政府没有干涉出版界的意向，我们对于限制白报纸输入的新章则倒也不感觉过分惊异。我们毋宁认为新章则的颁布，其方式有点含混不清，只要中宣部和内政部说一两句澄清局势的话，公众便可安心了。

远在限制白报纸进口的命令颁发之前，外间便有一种传说。那个传说的大意是在下令的时候，某官员表示了下述的意见："无论怎么说，现在的报纸实在过多，它们的一派胡言也实在过多。"在命令公布的时会，这个谣言已经传布得很广，因而许多观察家认为那个命令正足以证实谣言。

政府最好能发表一个声明告诉大家：（一）白报纸的进口限额到底是根据什么规定的，和（二）其他的进口货也是一视同仁而无所轩轾。如此，限制进口并非变相的检查一事便可大白。

事实上，就是没有新的限制，国币的迅速贬值，开支的迅速增加，出版物本身的涨价也必已迫使各种刊物报章减少篇幅。新闻事业和其他各事业一样，在经济困窘的情形下自会勒紧裤带，它是毋需政府给予提示的。

说到现在已经取消了的百分之五十的进口附加——假使没有取消，便已应用到进口洋书的进口附加，那应当是另外一回事了。把进口书籍也归入应缴纳"附加"的货物，在我们看来是一个重大的错误。

那一个错误很可能驱使大多数已经濒于绝境的书籍进口商关门歇业。他们的第一个困难是足资输入的外国书籍，根本就稀少。虽说大战结束之后情形已经大大改善，美国和其他各国仍旧感觉书籍的缺乏。原因是全世界都缺乏纸张。

书籍的缺乏，益以同一名称的外国书不能在中国大量销行，使进口商不得不向国外东一家西一家的书商一小批一小批的订购。因此，一个书籍进口商，在现行输入许可制度之下，较诸进口他类货品的人，可能需要领取更多的输入许可证。这样一来，便产生了许多的官样文章，弄得大家都不愉快。

书籍进口商的第二个困难是运输吨位的缺乏。在今日寄一批明日又寄一批的情形之下，便得今日向甲船公司领一套提单，明日又向乙公司领一套提单。当书籍到达了中国，因为它们的数量多，体积小，它们便容易成为偷窃者的目的物。因此，进口商得耗费大半天的辰光先在海关里找出他们的进口货，然后再看守着它们不使被盗。

有一个比较好的办法，一个已经被上海的书店采用的方法，便是利用“国际书籍小包”。不过，这个又包含两个问题：第一，邮费越来越高；第二，由于每件只能包装一两本书，请购外汇几乎是不可能的。可是，纵然有上述的双重困难，大多数的上海书店，仍然尽量利用它们的国外存款，经由邮政局输入书籍。

假使进口附加没有取消，已经忙得不可开交的海关人员，更要忙于追寻装有进口书籍的许多小包包，把它们一个个打开检查。海关当局必已加雇一批人员，派在邮局等候检查国外寄来的书籍小包。他们必得忙于在成百成千的小包中找出哪些是寄给已经登记的书商的，哪些是寄给个人的，因为两者是需要分别处理的。

由我们坐着的地方看出去，我们觉得将智识归入应征收百分之五十的附加一事应当已经耗费了政府的钱——或者那件事应当使政府花点钱才对。(原文载二月二十二日《密勒氏评论报》)

(载上海《大公报》1947年3月2日)

解决纸荒

康　兰

节约委员会自公布《纸张节约办法》，因所订办法过于外行，出版界咸大感不便，莫不怨声载道，及至规定纸张限价，一般纸商虽有货，亦不肯出售。各日报尚有配给纸可用，至于杂志周刊，为了纸张问题，无不焦头烂额。当局对一般正当的出版业，施以严格的管制，毫不予以同情和援助，此等措置，实有摧残文化的嫌疑——事实上本市的存纸并不少，以前进口商们，以自备外汇购得的纸张，总数在一万吨以上，至今被当局冻结，封闭于仓库里面，拟强制收买不予发还。其实此等僵持，实非必要，还不如从速启封，发还物主，任他自由买卖，如此不独可以有货应市，而且纸价亦可暴跌。胜利以还，当局往往为了措施失当，而造成了人民的不安，这实是我们最引为遗憾的事！

（载《礼拜六》1947 年第 103 期）

解决纸荒的办法

老　兵

伦敦闹煤荒，变成黑暗世界，居然被它克服过来，渐渐地好转。中国闹纸荒，各地报纸，都减少篇幅，上海的存纸，只够用三个月，这是何等严重的事。煤荒可以不点灯，点蜡烛，丘吉尔前首相女公子结婚，就是四枝红烛，纸荒却是没有替代品，如何办法？依我之见，台湾有造纸厂，东北有造纸厂，日本有王子、富士两大厂，还有小厂，应该切实整顿，拿日本赔偿。万一台湾、东北纸浆不够，可以向外国买原料，大量生产，供给我们全国应用，一定有余。至于上海各家纸厂，规模太小，只有天章还能大量出货，其余的实在不敢恭维，应该联合起来，各造一种专门纸张。大家想造报纸，结果大家造不好，卷筒纸更为糟糕，还是利用台湾、东北地区和日本的好。现在各报主张放宽外汇限度，增加进口纸张，固然是一种好办法，但是治标有余，治本不足。一得之愚，希望大家研究指教。

（载《快活林》1947 年第 52 期）

论行政措施与“先例”

——读王云五部长“白报纸”谈话有感

萧　乾

奄奄一息的中国文化事业，在高利贷与检查登记制度双重压迫下，本已无大生机了，而政府于截然拒绝年根贷款以后，一面坚持向书业征求营业税，一面又于美汇黄金飞涨之际，把白报纸列入限制进口货类，以致上海纸价有如火箭般高腾，苦撑中的文化事业由风雨飘摇而眼看就要一蹶不起。

然而中国人经几千年帝王劫训练出一个美德（抗战的成功也可说就仰仗这个美德），那即是人民踩到死，暗地里尽管咕哝，对官家绝不透露半点怨气。因此，县长下乡，褴褛饥饿的乡民照例是结队欢迎。但是中国人民也还有点脾气（泥人还有土性呢!），那就是，踩你尽管踩，踩死都无话可说；但你可不能说为锻炼人民脊背筋力而下脚。因此，政府尽管征兵征实，既为人“民”，无话可说；及至说征兵是为增进人民健康，是根据西洋文明国先例时，被征的可就吞不下那口气了。

由书局经理升为掌管全国经济巨业的王云五先生，对棉纱可以感觉生疏，对台糖也尽可以不在行，对于仰仗纸张生存的文化事业，以他数十年来“每日一书”的艰苦奋斗，当然不至隔靴搔痒了吧！文化界虽绝无意希图这位前任书店老板为了体解出版事业的重要性与其挣扎苦衷而特开宏恩，而且照例官界总另有一套语言，但至少大家希望王先生打官话时，离现实比别位稍微挨近一些。

本月十二号《申报》正张登有南京专电一则，内记王经济部长谈话云：

“关于限制用纸一事，英国已有先例。英国目前对出版报纸书籍，尚管制甚严，必须政府核准，始可出版。目前我国报纸竞争扩大篇幅，且各黄色书报，本无出版之必要，故有限制纸张之措施。惟政府对进口纸张虽加收附加税百分之五十，而对造纸原料，仍奖励进口，俾使本国造纸工业得以发展。希望新闻界对本国纸张，多提倡采用。”

这篇谈话，如出诸法、比、挪、瑞的经济部长，可说是里外冠冕堂皇。这谈话出诸中国经济部长，我们读时就不能不参照“国情”了。这一参照，于是发生了如下的问题：

（一）中国有几家造纸厂，可以制造一般京沪平津报馆所用的卷筒纸？那些一般人所不熟知的纸厂都设在哪里？它们的产量如何？限制白报纸进口后，部长估计中国纸业可以沾光多少？是不是在实行宪政的前夕，先逼使若干代表人民口舌的报纸关了门，等候中国造纸业的建立？还是街上跑着一九四六年型的流线汽车，人人戴着派克五十一的钢笔，而要大家走回头来看《群强报》、《白话实报》式的原始报纸？

（二）黄色书报是因为纸量充足而蓬勃起来的呢，还是因为主管登记机关的另眼优待？［请查看去秋发表的单子。那时，当政论刊物被封，连创刊号稿件未集齐的文艺刊物即被打了胎时（见本刊靳以先生文），领有中宣、内政登记证的有《快活林》、《香雪海》等定期刊。其特准的文集题名，如《红裤子》之类，此地写下恐怕有伤大雅。］

然而，最使我发生疑问的，是王部长引援的“先例”。王部长是曾访英一月，而且归来著有专书的，那么王部长为什么不引英国政府对全国贫苦学童及孕妇免费供给牛奶的“先例”？人家严禁黑市，绝对不许以外币交易的“先例”？人家巴力门政治的“先例”？人家尊重人民身体自由的“先例”？如果凡人家便利政府的措施便是“先例”，凡人家裨益人民的举动便“不合国情”，这种单行交通的英国化，将把中国政治引到什么天地去呢？

王部长很笼统地提到“英国目前对出版报纸书籍，尚管制甚严”，我很愿意借此解释一下人家怎样严法。第一，英国外汇是存在超政党的英格兰银行手里。第二，在英国，的确还有王部长提到的造纸业，那是说，纸厂由挪威、瑞典买进纸浆来，照本国需要的尺寸及量数制作。许多家大报在加拿大自己有纸厂，那还不出金镑圈子。这是说，英国文化事业有其自身工业可以支持，而又不直接受外汇影响。还不能忘记的，是由战前至今日，英镑与美金，始终是一比四，从没有上下午相差近倍的情形。更重要的是英国政府对国内大众必需品有力量又有决心控制其价格。这个成功是基于其课富的赋税政策。所以战争期间，女皮大衣涨了五倍不止，化妆品不知多少倍；那钱并未流到芝加哥或旧金山人的口袋里，而是由政府用消费税方式抽去，而用以津贴大众的必需品了。所以七年战争，英国的税局把年收六千镑以上的由战前的七千人削减到六十人。政府为对德战争每年花着四十六万万镑的巨费，然而贫富同样需要的蕃薮、糖、牛油，始终保持着战前的水准。偶尔增加半个便士，随后也许又降低下来，连水果的价格都受统制。

英国在香港大埠可以"现实"得甚而没有一间阅报室，对其本国文化，还是珍惜的。英国文化界人做了官的（如去年逝世的大经济学家肯恩思贵族 Lord Keynes），对文化的维护，也有加无已。

英国纸张供给的限量 Quota 是怎样统制的呢？第一，在开战之初，知道纸源将缺乏，政府一面尽力存贮纸张，使文化事业绝不至受到断源威胁，一面又超私人超党派的控制全国期刊、日刊、书籍的用纸。他们限量的标准，是完全依照战前的情形。（一）对于日刊，战前卖一便士半的（仅《泰晤士报》及《曼哲斯特》二家），一律改为二张半。售一便士的，一律改出一张。这个"限制"的交换是政府负责供给官价纸张。六年以来，保守党当权时，《每日快报》并未加半张，工党上台后，《每日先锋》报也没沾到便宜。（二）对于期刊，凡一九四〇年三月（也即是英国的生死关头）前未出版的刊物，以后无论反对或拥护政府的"一律"不得出版。其已出的，按周、半月、月、季刊性质，划定页数。拥护政府的《旁观者》*Spectator*、《时与潮》*Time and Tide* 与批评政府的《新政治家》，待遇完全一样（到去腊，周刊才一律准加四页）。（三）对于书店限量，他们是以一九三九年某月（不记得了。听说这可是"抽签"选出的）为标准，依照该月各书店用量"一律"减半。有的书店（如出 *Gone With The Wind* 的麦加美伦）适出六百页大书，于是上了算，而英国出版协会会长恩温（Allen and Unwin 老板 Stanley Unwin，不幸是印我书的）那个月刚好用纸最少。所以六年来他周转最不灵，然而因为这里无人事摆布，公里私里，他从无怨言。他反而向我夸说为了英国公道而遭受的倒霉。再往上说，在丘吉尔执掌全英命运的极盛时期，伦敦却买不到他的著作（如战前印的《当代名人》*Great Contemporaries*），因为他的出版人因为纸量缺少也周转不灵。这类“先例”，想起来实在大值一引。

无论为政或为师，居人上者，最忌低估了台下人的智力。干脆说政府为了应付战事，为了撙省外汇，索性让风雨飘摇的文化事业一蹶不起，文化界私下里尽管咕哝，如果王部长下到文化之乡，我们必仍结队咧了嘴欢迎的。但如果硬说是奖励造纸工业，取缔黄色刊物，那么，我们就不便点头呵腰了。

（载上海《大公报》1947年2月16日）

如何解决东北纸荒

最近市面纸类缺乏，纸价昂贵，查其缺乏与昂贵之原因，主要为供不应求所致。现在东北纸张之供求状况，虽不甚明了，但目前市场上交易之纸，大部分系从前库存旧货，一小部分为现在工厂新造及由关内流入者，如此可知供给方面如何薄弱，欲其不缺不贵，又安可得。

东北造纸原料，异常丰富，如主要资源之木材，蓄积尤多，东部与北部一带，山岳绵亘，森林蓊蔚，形成一大树海，其面积约达二千二百万陌（每一陌为一万平方公尺），蓄积量当在三十五亿立方公尺，此外更有苇蒿、豆秆等物，均可作为代用纸浆。此等造纸资源，可谓取之不尽，用之不竭，若以之大量造纸，不惟东北使用有余，即全中国亦可无纸荒之虞。

东北造纸原料，虽不成问题，但造纸设备，则有待研讨。查光复前实际生产能力，每年可造纸十二万二千公吨，纸浆十一万八千公吨，但在光复后一年有半之今日，由于设备之被毁与拆除，其造纸能力，异常低落，每年不过三四万公吨，即为光复前百分之二十而已。

其次，就东北之纸张消费量言之。以前每年最多需纸约十万至十二万公吨，除特殊用纸由海外输入外，东北生产之数，大致可与消费相抵。至于目下东北消费状况，虽无十分确实资料可供参考，然若按民国二十年时，世界各国国民每人每年平均消费量作为基准而推算之，亦可得知其大概。兹分别列出如左：

美国一六〇磅，英国一二五磅，德国一〇〇磅，日本三八磅，苏联一一磅，印度一·四磅，中国一·三磅。

今对东北收复区内主要消费地之吉林、辽宁两省估计之：人口暂定为二，四〇〇万，每人每年假定为二磅，其需要量大致为二万公吨（一吨为二，二四〇磅），若每人定为三磅，则为三万二千公吨。故现在之需要量，大致为二万至三万公吨。再次，关于生产状况如何，更有详知必要。查现在业已一部开工造纸者，计有旧锦州纸浆株式会社、旧满洲特殊制纸株式会社、旧吉林制纸株式会社等三家，又沈阳之满洲纸工株式会社损坏甚轻，如果电力供给充足，亦可开工。

现在损害较轻，而且有开工之可能者，仅上述四公司，若略加补修，并供给原料，则每年生产二万四千公吨，不成问题。兹将四公司从前之生产能力、资本金及现在之生产能力，列表如次：

公司名 摘要	旧锦州纸浆株式会社	旧沈阳满洲纸工株式会社	旧满洲特殊制纸株式会社	旧吉林制纸株式会社	合计
现在生产能力	一三，五〇〇公吨	九，〇〇〇公吨	一，〇〇〇公吨	五〇〇公吨	二四，〇〇〇公吨
光复前生产能力	一七，七五〇公吨	一二，九〇〇公吨	九，二八〇公吨	一，七五〇公吨	四一，六八〇公吨
光复前资本金	三〇，〇〇〇千元	五，〇〇〇千元	二〇，〇〇〇千元	二，五〇〇千元	五七，五〇〇千元
光复前投入资本	四五，〇〇〇千元	七，八五六千元	三四，五六四千元	三，四〇三千元	八七，四五〇千元
主要制品	印刷纸	板纸	纸币用纸 印刷纸	薄叶纸 信纸	

依上所述，四会社之工厂如能开工，对于当前供给问题，固可解决，但今后对于各厂之种种需要，必须力求充实。其最大问题，即为造纸主要原料之木浆。此外如硫磺、药品、铜丝布、毡子、帆布等，大约库存品均甚缺乏，以上各种资材，非充分供给不可。至如燃料、电力及用水之充分供应，更属必要，自不待言。

光复后，各工厂之机械多被拆除，库存资材亦遭掠夺一空，以致损害甚巨，但迄至今日，似终未曾实地调查，应速派专门人员，彻底调查，以明真相，俾对不备不足之点，研究补充之道。同时为恢复纸业计，应由国家见地，可将各工厂中现不使用之设备，相互移设，并使库存物资，彼此通融。此外更向优秀之工厂，集中生产。诸如此等工作，均应早日确立具体方策，付之实行。尤其旧锦州纸浆工厂，为东北首屈一指之造纸厂，幸而金瓯无缺，顺利接收，然查其现在产量，仅为其生产能力八分之一。其所以不能达到生产能力之原因，约不外木浆及其它资材不足之故。如能置重点于此，使该厂之生产达到百分之百，则当前之需求之半数，可以从容供应矣。

最后对将来问题，亦欲一述。查旧有纸浆工厂之机械，几乎全被拆除，其所需复兴资金与时日，约与新设相等，此实为复兴东北纸业之最大问题。锦州纸浆工厂，虽然生产苇浆，但由其纤维性视之，只用此物造纸，殊属困难，必须加入百分之二十或三十之木浆，始能完成。是以今后，关于木材之如何供给问题，势非急速解决不可。木材供应倘无问题，则东北之成为全国纸张供给地，不难指日可待。

（载《物调旬刊》1947 年第 2 期）

书业呼吁配给纸张借贷资金

《国定课本印行办法》及细则，已经教育部先后订颁。本市一部分出版业，前此曾筹备联合经营，经集合商议，佥以行政院改组后，国定本制度是否变更，尚不可知；而且新课程标准公布在即，此项旧国定本之有效销售时间，至多不过一年，将来存书出路如何，大成问题。因投资者颇多顾虑，加以各书印制成本甚重，原以版型一项言，既未便套用七联处版式，致涉法律诉讼，而印者各自设计排制，则每副须费二亿元以上，营业势必亏耗。故拟请教部于最短期内集中制版，免费分发成型，以期印销者可以减轻成本，并不至有不合规定格式之处。又以纸张自限制进口后，不但价格飞涨，而且购买不易。自《国定本印行细则》公布后，纸价又增涨二成，因此特请教部设法配给廉价纸张，以便配合课本限价政策。即遇他家跌价抛售旧书时，亦不至联带亏累，而且成本浩巨，印成书籍，一年内决无售完之望。一般出版业资金有限，更不胜高利贷之负担，并拟请求教育部代为担保，转向国家银行接洽，每印一万令，借贷印制费二十亿元，以便大量印行，庶不致公开版权后，反至酝酿书荒。

（载《商业月报》1947 年第 23 卷第 5 期）

纸荒

——文化破坏的前兆

甦 甡

这一个月来，经济界的变动可说是破天荒的。仅在一个月之间，金自一两万六涨至六万，米一斤十八涨至三十五，木炭百斤一百五十涨至四百五十，其他物价大都涨二倍乃至五倍。这种狂涨，谁都料想不到的，致使一般民众为着生活将要发狂了。

在这一般物价狂涨当中，最苦闷的是出版界。出版物最主要的因素是纸，而纸在这一个月间，约涨三倍，且日日上跳，不知所止，致使印刷业者无法承印。虽有意承印，也无法估计，纵估计了，印刷成本竟涨至三倍以上，即上月定价二十元的刊物，这月就不得不定六十元了，否则是不能出版的。一方面读者因被日日的生活迫得头都将要晕了，也就没有买这种“有可无亦可”的报纸杂志的余力了。

本省未尝闹过“纸荒”，是因日人留些纸张给我们。但这些日人留下来的纸张大概也已经用尽了。在台湾，纸的产量可谓不少，唯二结制纸工厂就得供应全省，但此工厂因制纸器零件（毛毡）破损，停了工。

听说，这种零件须由日本或美国运来，才能补充。假使一二个月内倘不能补充的时候，本省的一切报馆可准备关门了，一切印刷业者也可准备转业了。印刷厂停了，对于学校教育和其他文化事业的影响，是不堪设想的，“纸荒”是文化破坏的前兆！

（载《台湾文化》1947 年第 2 卷第 3 期）

再请注意防备书荒

在本志复刊一卷二期里，我们曾提出“教科用书应该开放”的主张，希望政府当局迅将中小学教科书的编印发行权全行开放，以应时代需求与事实需要。两三月来，教育行政当局似已感到教科书问题的严重与迫切，在设法觅求解决。原由“七联”承办印行的国定本教科书，已决定自本年三月起实行开放版权，同时并举行了修订《中小学课程标准》会议，对现行《中小学课程标准》之修订，分别决定了几个要点，着重科目与教学时数的减少及课程内容的简化与调整。这总算是适应时势的一种措施。

但是这样就能解决教科书问题吗？国定本的版权固然开放了，国定本制并未取消，审定本制并未恢复。因国定本迄未编辑齐全，许多科目仍根本无合于课程标准之课本。课程标准又将修订，照过去情形看，不知何时可以修订峻事？又不知何日才有合于新标准之新教科书？国定本制不取消，教科书质的改善，很少可能。国定本既不齐全，许多科目无课本，怎样办？课程标准又要修订，在新标准订定与新课本问世之前，过渡期间必相当长，教科书之编印，岂不大受影响？大成问题？

果然，在这样情势之下，单是开放国定本版权，也成问题了。近据报载南京通讯：“自《国定本教科书印行办法》及《施行细则》公布至今，已历月余，迄无承印者送样书到部。教部并通令各省市教厅局邀集当地出版业劝导印制。但一般反应，均以国定本时效苦无把握，业务毫无保障，将来存书无法出脱，制造版型需费甚巨，教部限制售价太低，纸价昂贵且又缺乏，资金不敷，小本经营，必至亏蚀，七联倾销存书，无法抗御等等问题，相率观望。甚至反有转向教厅局要求免费配给纸型，廉价配给纸张，厅局预定基本册数并先付书款者。”这是非常严重的问题，如果当局不能迅谋妥善有效解决办法，便要酿成本年秋季大书荒！

为治标与应急计，当局应立即解除出版业的顾虑与困难，并实行奖助与贴补办法，务必办到各地教科书供应无缺，并准旧审定本之尚合用者同时印行采用。至根本解决办法，则应早日宣布取消国定本制，恢复审定本制，至少亦当二制并行，以求教科书质的竞进，在自由竞争之下，供应也就不会成问题了。再《课程标准》的修订，切望审情而迅速，尤望有了新标准，随即就有新课本，万不能再犯以往毛病，在包而不办之下，老是新标准，旧课本，甚而无课本！

（载《中华教育界》1947 年复刊 1 第 4 期）

中国的造纸工业

谢天沙

中国号称为世界上文化历史最悠久的一个发源地，可是文化工业之一的造纸工业，在眼前却幼稚得可怜！我们用的纸大部分是由他国供给的，战前的每年输入量总在四五千万元，战后据去年海关报告是国币九百九十余亿元。这一笔经济上的漏卮已极可惊，而此种依赖性之影响于我国文化事业者尤深可虑。我们总还记得抗战期间，后方各地之以粗陋土纸印刷报纸的那种苦况罢？现在应是鉴往开来的机会了。

由于印刷术之进步及文化事业之发达，而需用大量纸张。我国古法传下来的手工造纸，当然是无法适应此种情形。我们必须致力于机器造纸业的发展。说起机器造纸工厂的建立，年数实已不少，如上海的龙章纸厂（后迁重庆，改为中央造纸厂）等，发轫于清季，但一则国内历年多故，阻碍工业发展；再则外货倾销，压迫得透不过气来。这一项工业，迄未能长大而壮健，机器仍是那么古老的一套。抗战期间，以欧美纸张之绝迹，因适应需要，上海曾兴起了若干所纸厂；但其规模及方法，仍未能超越前者，而也有了其共同的缺点。

上海区及其附近的纸厂，总计约近三十家，每月的产量最高额可达一万吨，但实际的产量往往不过半数。这中间的原因，就在于大家所共有的致命的缺点，不能制木浆。若想取给于国内其他各区吧，则台湾的芦浆厂尚待恢复，锦州的芦浆厂生产量仍微，只够自用。安东木浆厂已遭破产。于是只能仰求于国外。可是每月的外汇供给额只有十一二万美金，这数目约略计算起来，仅占需用总数十之一二，弄得上海各纸厂不得不走最没奈何的路径，而以破布与废纸为主要原料。可是以中国生活水准之低，能有几多之破布与废纸？原料既感不足，虽在需要殷切的情况下，而产量亦不得不打折扣下来。

战前实业部当局已看到这点，曾联合上海的出版界与报业，筹备设立木浆造纸厂于浙江温州之小溪，乃以抗战而中辍。但此举措仍不失为我国造纸工业向前推进的开端，今且以此计划为准绳，推论如何建立木浆制纸工厂。

办木浆纸厂的第一项问题，自是木材。我国东北有兴安岭、长白山的大森林，东南有浙闽仙霞山脉之松杉，西南有大渡河流域之冷杉，西北亦有甘肃洮河上游的原始林。其次就要谈到电了。抗战中新建起来的中元及中国两纸厂，就因迁就电的关系而设在宜宾。这方面，资源委员会现正竭力的在布置几个大电力网。固然待Y、V、A等实现后是更好，但是纸厂需电究尚不十分大，如若分设各地的几万□的电厂（如日本赔偿来的），在三五年内能完成，也就够用了。又次是燃料。除东北、西南皆产煤外，东南可以海运接济，西北则可改用石油。再其次，制木浆均已采用亚硫酸法。我国的硫磺，产量虽不丰富，而硫磺矿却很多，并且一部分可以取给于日本。又其次，则为技术员工。我国过去有这许多纸厂在作无形的训练，也不致于缺乏。最后，就是机器了。除了粗笨的配件自己制造以外，大致都要向国外去定购。

战前的温溪纸厂，是估计年产纸一万二千吨的。当时的建厂费耗在发电厂方面的达二百余万，木浆纸厂本身只用约一百九十万元，以当时的汇率折算，还不到六十万美金。目前向美国定造木浆纸机的价格，仍与此相似。不过现货买不到，定制须在一年或一年半以后，方可交货。如能定制十套，办起十个木浆纸厂，每年增加十余万吨的纸，纸荒现象不难迎刃而解！这十套的总值，依预付定洋一半计，不过三百万美元。这数目，如能在美元五万万生产借款中拨用，也是轻而易举的事。

当前办造纸工业的人，明知道靠这套陈旧机器下去，终是要不得的，必须要进展到木浆制纸这条路上去，方能跟得上时代需要。但是限于本身能力，虽知而不能行。这个结，只能由政府来解的了。

（载上海《大公报》1947 年 3 月 28 日）

充实我们的精神食粮

江静波

胜利以后，中医界新生了几种定期的刊物（若不是受了物价的影响，我想一定还有更多的刊物发行）。这些新生刊物的内容，比较战前确实是进步得多了。不过，刊物是精神的食粮，我们检讨一下目前的中医刊物，他们的营养价，似乎还缺不足，实际上还不能满足我们的需求。

中医科学化这个口号喊了有二三十年了，可是，打开目前中医的刊物来看看，究竟科学化了多少？只有药物学和传染病学比较的略微具有一点科学化的形式，所以现在的中医刊物里比较进步的东西，都是这两种学科的搬演。这在质量上讲，实在是少得可怜，所以我们要充实我们的精神食粮。

关于实用医学，如内科、妇科、儿科等学科，不但在学理方面采取一点西说以为就够了，最好把每种疾病在中国的病名、病史以及中医旧说的病原、病理、病症、诊断、预后、治法等项，广收博采，参互考证的予以科学化。

对于基本医学的生、数、理、化以及诊断学、细菌学、寄生虫学等等学科，虽然坊间有现成的读本可买，但大多是民国二十年以前的翻译作品，不但学说已陈旧，译笔亦多迂腐，一般智识水准较差的中医从业员，大多不能理解其文字与内容。所以我很想能够有人用点浅显生动的笔触来介绍一下，不过要注意的是应该尽量的避免枯燥无味的专门术语以及减少需用仪器或化学实验的文字，因为这些都是需要靠着实地试验才能了解，单靠笔墨是不能尽职的。

这样，不但我们的精神食粮可以充实了一点，同时对于不明了科学意义的同道们，也可以灌输一点科学常识给他们，这对于中医科学化运动，一定有很大的帮助。

（载《华中医药》1947 年新第 1 期）

黄色毒素已蔓延到妇女读物

青　子

药品本来是医治疾病的，但是误用了它，反会送掉人的生命；枪是保卫自己的武器，弄不好也许会伤害了自己；文学是改良社会的工具，如果用错了它，它也有使人们更趋堕落的魔力，所以写作首先要求态度严肃。所谓严肃就是真挚而诚恳的看重人生的意义与价值，它与活泼自由并不相违反，文章尽管泼辣，不受拘束，它仍然能够表现高尚的人生。

我们这座被敌人蹂躏了八年的文化古城里，已呈现着一种萎靡不振的现象。胜利后虽然各种报纸杂志像雨后春笋般的滋生，但是不容否认的这些读物中黄色的成分要占相当大的数目，他们专以低级趣味的东西吸引人们的好奇心。因为低级趣味是人类的一种惰性，是因袭社会的一种渣滓，同时也是人类的一种自辱。女人是他们写作的对象，他们写女人只是为了侮辱女人，因此他们不但是文学界的败类，更是妇女界的劲敌。

妇女参加社会活动，在今日的中国社会中还不能算作轻而易举的事，有毅力，有勇气，更不能缺少有利的客观环境。因此，能够得到这种参与社会活动的机会是多么难能可贵的事。然而，不幸的很，这文化的古城里偏偏有一些不学无术的女性，她们得到了这么稀有的机会，不循着正路向前发展，而也学着那群无聊的男人以女人的嘴唇、大腿甚至生殖器来号召。这真是要使那些为妇女革命牺牲流血的先烈们在地下痛哭流涕，她们决没想到用鲜血争来的解放，将糟蹋在这群不肖之徒的身上。这岂不又要使那些道学先生们大声叹“女子无才便是德”了。

本市有某某某某刊，自称是妇女界唯一的读物，内容却并不记述有益于女性的文字，反而专用低级和卑劣的笔调极尽侮辱女性的能事，浪费报纸油墨不算，恶果所及，徒然减低妇女们的进取情绪。说具体些，制造淫乱萎靡气氛是它们第一个错误，比如它们为“处女”辟“专页”，以男人玩弄侮辱女性的文字取悦于读者，字里行间显露着轻佻和无聊。如果它是男人办的低级小报，我们倒也无庸计较，而它偏是女性主办的“妇女刊物”。它的编辑者是否女性我们不得而知，不过它们的发行人与社长我们确实知道是女人，希望她们对于自己的“刊物”能多多审查里面的内容，不要被几个败类地一份值得宝贵的妇女刊物专为侮辱自身而失去其价值。

丢人格复丢国格是它们第二个错误。它们在国内给妇女界丢人还嫌不够，恐怕外国人对我国了解的不彻底，对我国妇女失望的成分不多，所以当外宾克利浦斯夫人来平的时候，还把那种刊物叫人家带回英国去很多。这种做法，若是刊物本身真够健全倒也不妨到外国去给中国妇女文学界增增光，可是现在给人的印象，却是下流和低级趣味。不但自己丢人格，同时又丢尽国格。

最后，我们恳切的而且是绝无恶意的希望它们善于利用这个不可多得的出版机会，珍重自己的名誉，一改过去的作风，不要再给脆弱的女权加添不幸，作了摧残女权者的帮凶。

（载《妇声半月刊》1947年第1卷第7期）

淫书大观

报载广州市社会局举行焚毁导淫书报数千册，并永远不许“印刷”、“贩卖”。兹分录如下：《甜姐儿》、《女人汤丸》、《风流寡妇》、《孤寒艳福》、《明月香衿》、《销魂蝶姐》、《满园春色》、《裸体艳尸》、《处女的春情》、《性底人生》、《秘书行房秘诀》、《心心印》、《男女交合新论》、《交合新论》、《落花时节》、《奇书》、《心魂相守》、《对待妇女新法》、《寂寞芳心》、《鬼屋》、《捞家秘史》、《不嫁党》、《胭脂党》、《摆命二少奶》、《交际花》、《并蒂莲奇案》、《玉鸳鸯奇案》、《神秘女郎》、《闺房快乐》、《为郎憔悴》、《札脚三少奶》、《富孀艳迹》、《燕归来》、《青春时代》、《舞宫春艳》、《小姐生活》、《和尚娶妻》、《尼姑产子》、《青春孀尼》、《房中秘》、《武则天秘史》、《情恩枕上女儿香》、《蝶姐》、《明星》、《落叶哀蝉》、《性也》、《男女之间》、《窗外冤魂》、《姻缘簿》、《女友》、《女秘书》、《唐宫秘剧》、《汉宫春色》、《快活林》、《冶艳》、《风流子》、《春情烈火》、《流水情人》、《男女经》、《奇女子》、《神秘医生》、《鬼屋艳尸》、《三角漫画》，还不够洋洋大观吗？

大家惊叹之余不禁要问：此号称南中国中心城市之广州，文化渊源也算不浅，现刻专科以上的学校有十余所，公私立中学七十一所，还有若干新闻出版及民教机关，还有多少文艺作家，何以竟无一个作者一个团体，能供应一些好的社会读物呢？抑广州一般社会读者一向就好看咸湿淫书呢？吾人若未健忘，当尚忆及去年六月间行营政治部、省市党部、宪警特务、市社会局亦踊跃参加，浩浩荡荡，一个书店到一个书店，一大卡车又一大卡车，搜尽全市现存民主书刊，进步的出版团体书店既遭封闭，作家被放逐拘捕殆尽。从此以后，整个五羊城的文化界遂陷入鬼火青燐之境界，除了“春情”呀，“鸳鸯”呀，“房中秘”呀，“行房术”呀，等等以外，还能够有什么呢？

（载《正报》1947 年第 32 期）

作为基本教育工具看的民众读物

王泽民

一、由娱乐到求知

作为基教工具看的民众读物，在人类生活中也是精神食粮之一。它虽然已经成为人类精神生活的一部分记录，而且是文化的果实，但它始终保留着作为娱乐品的那种性质。

“民众读物”这四个字，是我们以教育者的眼光给它起的学名，在人们的口头上，它本来另有其名字的，它叫做“闲书”。

你切不可忽视这个“闲”字。“闲”说的是时间，这时间是被认为可以从事“娱乐”的，于是人们唱唱歌、跳跳舞，或者看戏，或者看书。看这样的书既然可以等于看戏、唱歌，你就可以知道这不是怎么严肃的东西。即使那含义是十分严肃，而形式上它也一定十分轻松，否则，不会有人动它。

闲书多半讲的是故事，你不要小看了故事，《旧约圣经》大部分都是故事。闲书有许多是情歌，你也不要小看了情歌，我们的《诗经》中有很多是情歌。

我们这社会上已经有了种类繁多而数目十分庞大的“闲书”，这可以证明了人们对于它是如何的需要。由章回小说、笔记小说、平话、弹词、戏本、唱本，以至近年来风行各地的连环图画，几乎无人不爱，无处不有。它们没有一种不是采取了故事的形式，通过了人物故事的具体形象，它们传达并散布着种种的人生的观念。

它们具有极大的魔力，比较成功的书中人物，几乎家喻户晓，无人不知。如桃园结义的刘、关、张，逼上梁山的宋江和李逵，桃色惨案的潘金莲和武大郎，痴情男女的祝英台和梁山伯，铁面无私的包龙图，侠义英雄的黄天霸，镇守三关的杨六郎等等。

人们欣赏一个故事，自然注意于离合悲欢，但由于人类社会本已形成的道德观念，就又要求着一种道义上的满足，好人必须有好报，坏人必须受制裁。这就不但使故事的作者有了构图的标准，而且比较成熟的作品，更助长了这种观念的流行。人们的情感，固然随着故事的进行而得到发泄，达到了娱乐的目的。同时，却也从种种故事中吸收了许多常识，得到了许多教训。

这是一种潜移默化的力量，它比之于直接说教，远为深刻而有力。许多中国人民的历史知识是从这儿得到的。旧日军人甚至拿《三国演义》当作兵书；梁山泊的好汉们，也会在中华民国受到人民的钦佩；至于那个背义灭信、向民族敌人屈膝的不肖子黄天霸，却居然成了英雄好汉。你不能不佩服“闲书”的力量。

首先认识这种力量的是中国的和尚们，他们用故事的形式写成许多宝卷、变文，纵然故事不同，那含义却只有一个，它们告诉人“佛力无边”。因此，目莲僧、蔡状元等，就在民间成为不朽的人物。其次是某些道学家，他们为了挽救人心，也曾写成许多故事，到处宣讲。再次是满清政府，为了根绝“发匪”，还特地教人写了一部《荡寇志》。

正是因为这些“闲书”具有如此魔力，而它又本已成为基本教育的工具之一，今天我们重视它，就不算过分。而且，假如我们创作新书或修改旧书的话，我们仍然必须符合它的性格，保留它娱乐的作用，以便于读者们在消遣中受到无形的教育。

二、由腐朽到健康

倘以现代人的眼光来衡量过去的“闲书”，则它们有很多是要不得的。正如一般人所说，它们含有很多毒素。这所谓毒素，倒并不是前人所谓“水浒诲盗”、“西厢诲淫”之类，而是说那书里的某些观念，对于一个现代人的生活是不利的。

在这里，不妨检查一下，看所谓“毒素”也者，是些什么。第一是迷信。旧戏上有所谓“人不够，神仙凑”，闲书中也是这一套。在人类的现实生活中，一切困难，原是人力自己克服的；但在传说故事中，却常常借助于神力。比如走灵山主仆逃难，要观音菩萨的红灯引路，而且为了酬报这位义仆，还要教他升为南天门土地。包文正铁面无私也就够了，却偏偏要他有一只阳阴枕，说什么“昼断阳来夜断阴”，以便他“铡判官”。《窦娥冤》在千钧一发之际，得到昭雪，却说是上天示警，六月落雪的缘故。第二是旧礼教。旧礼教本来是宗法社会的产物，它反映于当时的故事中，原是十分自然。比如君父之权，高于一切；妇女在家庭社会中，毫无地位；片面的贞操观念；包办的婚姻制度；什么“义仆救主”、“吴汉杀妻”等，在“忠孝节义”几个好听的名词下，不知流了多少不应当流的血泪。到了今天，这种观念已经太不合时宜了。第三是定命论。把人生一切，都认为是前生注定，人是没有主动来支配自己的，即使挣扎，也属无用。刘邦怎样会得到天下？因为他是“赤帝子”；王莽为什么要篡位？因为他是“白蟒转世”，要报芒砀山一剑之仇；所有中状元者，大都是文曲星；而许多夫妇的结合，则是因为他们原来就是一对，一个金童，一个玉女。第四是清官和侠客。世间一切不平，只有清官能够昭雪，或者便请侠客出来，除暴安良。在这里，你看不到人民的力量，看不到群众的力量，人民是只有被宰割或者被救援的份儿。于是我们有了包公、施公、彭公、刘公、海公、X公许多清官；也有了三侠五义、七剑十三侠、江湖奇侠、荒江女侠、关东大侠、YZ侠许多剑侠。只有一部《水浒传》写得不同些，可是你知道它挨了多少骂哟！

不必再提别的，单是这四项就不合现代人的生活。可是，奇怪的是它们依旧流行，什么《孟丽君》、《红莲寺》之类，还搬上银幕，用近代化的技术使它扩大流行，那原因到底在什么地方呢？

研究起来，第一，我们这社会正处于变革时代，在地域上，它的发展是不平衡的，因而还留着若干落后的地区；第二，即使在已经进步了的区域，人类头脑中的残留意识还在作怪；第三，旧的读物流传已久，又有民间戏剧和评书、鼓词中大量的艺人替它宣传；第四，新的读物量少，形式内容却不够通俗，而且也没有别种艺术友军的协助。

近来颇有人主张禁绝连环图画，这种人不但笨拙，而且愚蠢。试想，如果没有新的，就无法取缔旧的，而且即使取缔成功，这一段青黄不接的空白，将如何办呢？我们已经说过，这是精神食粮，照食粮的规矩来说，人们倘有白米，便不肯吃糙米，但如果连糙米也买不起时，那么即使是包谷，他们也要吃的。

所以，腐朽的虽然要不得，但一定要有了健康的才可以取而代之。我们必须改造旧的，同时创造新的，不但要提高新的品质，而且要增加新的数量；不但要提高内容，而且要顾到形式。在读物的本身上，只能做到这一步，这是腐朽到健康的路子。

三、由行动到观念

光是改造旧读物与创作新读物，并不能完全解决上述的问题，那是因为未被改作的旧读物，依然流传在民间。你说这里有毒素，人们偏偏喜欢它，你能怎样？你能焚书吗？何况读物之外，还有说书唱戏的一大群人，他们演的演，唱的唱，你又怎样？你能坑儒吗？更何况还有广播，还有电影，你能一律“统制”起来吗？

问题不在这里，问题在人民的生活有没有改变。倘使现实的生活有改进，则藏在头脑中的观念，自然也会进步，他们的爱恶取舍，也会有个新的标准。这是一种“自觉”，它比你说一万遍的教训还有力量。十余年前各地提倡天足，那时候劝放足的女先生下乡去，会有挨打的危险。即使不然，你去了，她放了足；你走了，她又缠起来。理由是怕女儿大了嫁不出去。但等到天足女孩人人爱，而且出门做事很方便的时候，你就用不着劝她，她根本不缠了。这时候假如你去劝她缠起来，那才是找得挨骂呢！

研究农业的人，常常培植新的品种，推广新种。在推广时，倘若没有真凭实据，即使你说个天花乱坠，农民们决不相信。你要他们试验，他们会想尽方法推诿。你如果有示范农场，有新的麦子，新的棉花，来杭鸡，波支猪，他们就不再十分拒绝你。因为他们已经看到了事实，事实是最好的宣传。

在一个封建落后的乡村里，土豪劣绅的势力高于一切，那些被侵害压迫的人，并非不想反抗，而是觉得反抗也无用，因为他们自来就处于被虐待的地位。他们怎能不把希望寄托于清官和侠客呢？他们听一段包龙图，过瘾得很，你根本无法从他的脑子里驱出那种偶像。

抗战前，抗日情绪和“恐日病”是同时存在的，但当老百姓真的拿起枪杆，经过几次战斗，就也觉得日本鬼子并不可怕，这就说明了新的行动产生了新的观念。他们这才认识了自己的力量，也认识了团体的力量。

行动便是实践，在这建国的过程中，我们将有许多新的实践，用这些实践来改变社会的面目，改变人和人的关系，同时也改变人的头脑。改造旧读物与创作新读物，必须和这些实践配合、呼应，才可能收得预期的效果。

四、由普及到提高

民众读物有一个理想，它最好是人手一编。这就是说，在发行上它要求普及，普及到穷乡僻壤的每一个角落，非如此不能发挥基本教育的效用，成为基教的利器。

在基本教育的工具中，比民众读物更好的工具有的是，比如电影、戏剧、幻灯、音乐、广播等（其形式内容是否通俗，暂且不提）。它们或者更富于形象，或者能够活动，或者能够发声，这都比一本书要更能吸引人。但在流通所需的条件方面，它们今天显然受着很大的限制，不如一本书的输送方便，而且随时可看。

可是读物这种东西，却不比学校教科书，它不能指定必读，也没有先生在讲授；它又不比某些印刷品（如户口牌、新春联）可以派销。它是被人自愿买去的，自愿由于需要和喜欢。倘既不必需又不受欢迎，那就会无人问津，永远不能塞到人家手里。

这就是为什么民众读物必须有人物，有故事，并有图画的道理。

有的人不注意这一点，以为把道理讲得浅近些，把文字用得简单些，就可以交卷了。其实，文字越简单，越不易生动；而一味只讲道理，那就更会拒人于千里之外。

有的作者写了故事，那形式成了文艺，这应当是很好了吧，可是文学家又不大愿意了，说把文学创作弄成这种样子，那是低级，是迎合，不应当的。

我们认为，用论文来传达观念，那事诚然方便；而说到文艺的时候，也当然是越高级越好。可是民众读物今天的问题是首先要求普及，这一点不能不管。

也许若干年后，我们要把某人的讲演集印三百万部，初版三天便会售罄；也许若干年后，我们的大文学家的名著，会人手一册，但今天不是那种时候。今天必须迎合才能顺利，那就迎合一下民众的胃口，好在还不是“苟合”，只要多散布一册，总可以收一册的效果。

这就是普及第一。

只要能够普及，人民的文化水准自能逐渐提高，再加以各种条件的配合，就在普及的读物中，也时时在提高自己，一方面是读者水准的提高，一方面是读物水准的提高，这种互为因果的发展现象，是一条必然的道路。

八月四日，上海。

（载《教育与社会》1947 年第 6 卷第 23 期）

民生本位教材的编辑

民生教育实验区

教材是实现教育理论的桥梁，教学法之凭依。本区所编教材，根据民生教育之理论及巡回教学法之需要，故教材内容系民生经济活动，教材深浅适应各种不同教育程度的全体民众。即是浅的可供不识字者用，深的可供巡教师或巡教生之参考。一切词字均用民众口语，如商业教材用商人常用语言，农业教材用农人常用语言，其他各类教材，均以各该职业的人常用语言编辑。要之，本区所编教材原则约有下列数端：

（1）适合各种教育程度不同者的需要；

（2）配合养、教、卫、管四类建设；

（3）适合民众衣食住行等各种实际需要；

（4）用民众自己常用的口语编写；

（5）便利各个单元作业的设施及系统教学使用。

编辑的步骤与普通教材编辑不同。普通教材的编辑，均先主观的假定民众需要，随即进行编辑。而我们则先调查民众需要，然后决定取材，故供我们编辑参考的资料极少，如民众课本、千字课本等在论据上和应用上均不适于我们的需要，我们的参考资料，是把专家知能通俗化，像怎样选种、怎样杀虫、怎样写信、怎样记账、怎样提高工作效率、怎样制造各种好物品、怎样使用简单的科学技术等。兹将本区已付印蔬菜教材的形式、内容、文字及目标略述于后，以求教于国内教育先进。

一、形式方面：甲、插图。因为用油印，插图甚困难，于是我们想好一种方法，较插图更有意义，即在课本内留出空的位置，让教师指导学生去写生。盖蔬菜教材的内容，当然是民众常种的蔬菜，如青菜、白菜、萝卜等，学生有的是实物标本，只要教师予以指导，马上可以描绘出来，如此可以使课本内有插图，且可达到美术教学的目标。

乙、封面。封面顾到两个条件，一是颜色要大家喜欢，一是要经济耐用。于是我们选择一种较好的黄色牛皮纸，封面利用也算是创见，把封面当课文，以达到学生能写自己姓名和住址的目标，如我姓×、我的名字××、我是××省市人。封面的里面是把教材使用法说明，版权页将本教材的目标说出，供教师及学生检讨。

丙、教材容量。蔬菜教材是采活页式的，故页数不定，分开来是各个独立的单元经济活动作业，合起来便成为一本教科书。

丁、大小。本教材大小，一律是照普通白报纸的三十二开本，长约七吋半，阔约五吋，这种大小经专家研究，认为最适当。

二、内容方面：以种菜的经济活动为经，学科知识为纬。如田里种些什么菜、怎样选种、怎样杀害虫、菜价几何、卖菜多少斤、收入多少钱、付出多少钱、买些什么日常用品等，因而要记账计算。更进一步要合作生产，发起组织生产合作社，需要写通告，开合作社创立会，选举职员以及交际关系，不得不写信……分析言之，本教材除具有民生本位之特性外，并包括学校传统科目各项知识。

甲、言语活动：谈写作等国语科教材。

乙、表演活动：有美术（自绘插图）、音乐（生产合作歌）等。

丙、建造活动：如选种杀害虫等，可说全部教材，均以此为主要活动。

丁、探究活动：此为本教材之特色，要企图使专家知能通俗化。

三、文字方面：本教材使用文字没有十分注意单字限制，因我国语言与文字，自秦以后便分了家，文字是士大夫有闲阶级玩弄的，与民众生活绝了缘。民初新文学运动，语文虽然因白话文而渐接近，但仍距民众生活甚远。年来研究民众常用字词者，极其辛劳，结果未满人意者，其因在此。本区拟用速记方法，记录各种生活不同、职业相异之民众语言，用来编辑教材。故本教材文字方面，也许是出乎专家研究的民众常用字汇之外，而方语文则希望是民众自己的口语，像蔬菜教材共有单字二百三十余个，全教材共三百余言。

四、目标：本教材的形式、内容和文字约如上述，希望教与学的人用完此教材之后，能达到下列几个具体目标：

（1）会写自己姓名和住址；

（2）会写普通蔬菜的名称；

（3）学会斤、两、尺、寸、元等度量衡单位；

（4）会写常用数字；

（5）会计算加、减、乘等方法；

（6）会记账；

（7）知道合作的好处；

（8）会投选举票；

（9）知道写信的方法；

（10）会唱歌；

（11）会绘简单图；

（12）会使用简单科学技术。

（载《上海教育周刊》1947年第2卷第2期）

谈儿童读物

陈伯吹

在一次良朋相聚的聊天中，从墨一般地政治谈到血一般地经济，更从惨淡的出版界谈到荒漠中一支脆弱的嫩芽的儿童读物。

有一位朋友要我批评并且推荐一些儿童读物，说是为了学校里的教师，为了家庭里的父母，可以有一条选择的准绳。我觉得这个责任太重，更不是我的学力所能够担当得起，并且立刻起了“医生开方”和“庸医杀人”的联想。但是经不起大家的怂恿，只好就我浅薄所知的一些，匆匆地写了出来，作为个人的一种心得和研究。优秀的教师和贤明的家长，如果依据这来选择，只能当做一种选择的参考。对于朋友，这样地草率交卷，也是慰情聊胜于无的意思。

比较地说起来，中国儿童读物的田园是荒芜得可怜，产品那么稀少。特别在创作方面，凤毛麟角样地寥寥可数。然而如果把翻译的、改编的以及一些重述的计算在内，怕有万种以上罢，要在这个数目中推选若干册，也就不简单、不容易了。

现在姑分四类，每类介绍我所知道的罢。

文学风味的。首先我想推荐《爱徒生童话》（*H. G. Andersen. S Fairy Tales*），因为童话作家能用儿童自己的生动的口语、天真的思想、美妙的想象以及快乐的情绪来写作的儿童文学，迄于今日为止，对于他，真有“前无古人，后无来者”之叹了。《皇帝的新衣》、《小杉树》、《月的话》、《柳下》、《一个母亲的故事》、《夜莺》等（以上开明），他的作品，在国内几乎全有了译本。虽然有人以为在时代上似乎是落后了（？），但欣赏阅读的价值却是永远不朽的。其次我想继续说的，是《杨柳风》（北新、开明均有译本）、《阿丽思漫游奇境记》、《潘彼得》（以上商务），《祖母的奇椅》（新中国），《列那狐》、《小孩子》（以上开明），《杜立德医生历险记》（金屋书店将出），《孤儿历险记》（开明版为《汤姆莎耶》）、《顽童流浪记》（以上光明），《宝岛》（开明），《神童伏象记》（中华），《吉诃德先生》（开明），《长腿爸爸》（北新）等。写到这儿，我觉得不仅所举的都是翻译的作品，而且都是小学高年级生的读物，甚至有初中一二年生也可以读一读的读物在内，所以想写一些中、低年级生阅读的读物出来，可是格外少了，书店中所有的，多数是改编与重述的，创作的委实太少，也委实太不容易了。《鹅妈妈的故事》（开明），《三只熊》、《三只猪》、《面包人》（以上商务），《汤金小老鼠冒险记》、《潘雪小猪冒险记》（以上儿童），《儿童诗园》（北新），《小金公鸡》（金屋将出），其他散见在中华、商务、儿童、世界、正中、华华等各家的给教师参考用的幼儿园故事集中。国内的创作，除了《小雨点》（商务），《小坡的生日》（作家书屋），《稻草人》、《古代英雄的石像》、《寄小读者》（以上开明）外，一时竟也想不起什么书来了，那抗战时出版的《南南和胡子伯伯》，是唯一可读的一册了。

教育价值的。《爱的教育》当然为教师们所熟知的。《续爱的教育》（以上开明）“说教”比较重些，阅读的趣味自然比不上前者，虽则更具有教育的价值（抗战时出版的《新中国幼苗的成长》，仿《爱的教育》的写法，但似乎太多的教训了）。和这两本书同样在国内畅销的，有《苦儿努力记》（儿童），她的姊妹本《苦女奋斗记》（新中国）（据说在日本《无家的孩子》（即《苦儿努力记》）比《一个意大利小学生的日记》（即《爱的教育》）还要销得多，在英国也一样）。现在马洛（Hector Malot）的第三本（在他是最先的一本）作品《海上儿女》（燎原书社），不久以前也在国内印行了，从此又多了一种教育的好读物。有人以为具有教育价值的儿童文学，必然较为枯燥，实则大谬不然，前述五种，除第二种稍觉沉闷外，都富有阅读趣味的。如果要找更多的趣味，更活泼的想象的，那么，可以推荐《绿野仙踪》（金屋将出）、《木偶奇遇记》（开明）（这两本书在苏联均有重述改写本；国内也已都有了译本，前者在渝时曾一度见之，后者即《金钥匙》（开明），因为教育的意味化合在娱乐的氛围中，这自然更适合教育原理。而全书情节好，动作多，尤适合儿童心理。《黑母鸡》（时代出版社）也是最近出版的一本出色的读物。他如《蓝花国》、《小物件》（以上中华），《孩子的心》（开明版为《小公主》）、《好孩子》（以上北新），《鲁滨逊飘流记》（开明），《瑞士家庭鲁滨逊》（世界），《十五小英雄激流》、《顽童自传》（新中国）（另一译本为中华将出的《童年》），王尔德的若干篇童话，如《快乐王子》、《自私的巨人》、《忠实的朋友》、《著名的火箭》等篇，此外现正在《中华教育界》杂志中连载的《小夏蒂》，都是教育的儿童文学名著。以上所述，又大都是小学高年级生的读物了。至于中年级生的读物可举述的，《呆子国》（中华）（商务为《呆子伊凡的故事》），《金河王》（开明），《小山上的风波》、《儿童的智慧》（以上北新），还有一些寓言的读物，如伊索、拉芳登、莱森、印度、土耳其、东方等的寓言集，让天真的孩子们扬弃了作者对于政治的、社会的观点与讽刺，仅接受其阅读趣味与文学欣赏罢。低年级生的读物，还是那么一些改编或重述的，因为东方人的重视道德的传统，当改编或重述时，有意的无意的渗进了那些勤俭、耐苦、互助、礼貌、有恒等等的教训，只要这些教育意味不违反时代精神和不损害文学的艺术制作，是都可以取用的。

科学常识的。这一类的文学读物，不得不最先推荐那位苏联的年青工程师的作家伊林（M. Ilim）的作品了。关于他作品的译本有《书的故事》（中华、新生命均有译本，开明为《黑白》）、《钟的故事》（新生命）（开明为《几点钟》）、《不夜天》（即《灯的故事》）、《十万个问题》（即《一间屋子里的旅行故事》）、《人和山》（北新为《人类怎样征服自然的故事》）（以上开明），《人怎样变成巨人（新知）》（另一译本为《科学的奇迹(?)》）。作者有着广博的学问，科学的头脑，历史的眼光，用文学的笔触，把枯燥无味的东西，描写成栩栩欲活的有生命的东西，令人惊叹钦佩。笔者曾在正中出版的《新学生杂志》（一卷二期）上写过一篇《天才作家的伊林》，介绍他的全部作品，只是因复员故被遗失了最后的一节。其次要举述的有《乌拉波拉故事集》、《木偶游海记》（以上开明），《小约翰》（生活），《两条腿》、《老柳树》、《十二姐妹》、《昆虫故事》（商务为《昆虫记》）（以上北新），《绿的世界》（新中国），《一家人都飞去了》、《三儿奇遇记》、《人和火》、《百年见闻记》（以上中华），《黑美》、《斑麋》（以上商务），《人体旅行记（儿童）》、《海豹的故事》、《人和空气》、《人和水》（以上金屋将出)，都是科学故事的名著。此外还要介绍一个作家——凡尔纳（J. Verne)，笔者也在商务出版的《学生杂志》上写过一篇《想象头脑的科学读物作家》，提到他那几本名著：《环游月球记》、《海底二万浬》、《环游地球八十日记》（以上商务，都是文言本小说，也许今已绝版)，都是他的想象的结晶，但现在都已成为事实，并且超过了他的预期(《中华少年》四卷四期，张梦麟先生也有一篇详细的介绍)。另外吉百龄（R. Kipling）的《如此如此》(开明)，用了“想当然耳”的说法，解释象的鼻子、犀牛的角、豹的斑皮等等的番，它们都可说是一种准科学的儿童文学读物。虽然如此，却具有启发想象、指导思想的力量，也是不能忽视的。

社会意义的。《表》（生活）是已经普遍地在学校里、家庭里、一般的读书界上所热烈地赞美着。继续受出版界注意的有《团的儿子》(万叶)、《红萝卜须》（生活)、《绿木箱的故事》（天下图书公司)、《远方》(文化生活社)、《文件》(新少年书局)、《小夏伯阳》（现代读物社)、《帖木儿及其伙伴》(新知)（开明版为《帖木儿》)，都是现代儿童的良好读物，可惜知道这些书籍的教师不多，家长更多茫然，这实是一种儿童文化的损失！还有托尔斯泰（L. Tolsty）所写的《一个人究竟要多少土地》、《一粒鸡蛋那么大的谷》等若干篇短篇的故事，缪莲（H. Miillan）的《小彼得》(春潮）和《真理的城》(北新)，也都有极大的社会意义，而且是正确的，然而后者更不为人所知。《一文奇怪的钱》、《出卖心的人》(以上中华）是两本中、高年级都适宜阅读的可喜社会意义的读物。《汤姆叔叔的屋子》（商务）（文言本即《黑奴吁天录》)倒是一本“老少年”样衍的社会读物，它不因出版已久而失却它的价值。关于这一类的文学读物，抗战前后国人创作的，也尽有不少优良的读物，依着时序来说，《阿丽思小姐》、《华家的儿子》（以上北新)，《火线上的孩子们》（新中国)，《大林和小林》、《秃秃大王》(以上现代)，《小三子》（?)，《风从什么地方吹来的》（改进社)，《凯旋门》、《儿童国》（以上华华)，《哈巴国》(永祥）等等，这也许可以说是时代思潮的产儿罢。

匆促地写到这里，草率地把这四类值得一读的儿童读物都提过了名，但挂一漏万，自知不免。并且同是文学的读物，不采取文学形式的分类为童话、寓言、小说、诗歌、戏剧等等，却用这个办法，也许不合逻辑，而且这样地记叙，简直是一篇流水账，自己也感觉不满意；最不满意的是所举的书，翻译的书太多，中、低级生的书太少了。

除此以外，必须谈一谈“连环图画”，这似乎不是读物，而且最好的连环图画，就是能不用文字说明，一幅一幅连环看得下去，看得明白。但是，这种“无字的读物”，比有字的更受儿童欢迎，教育的效果也更大。本来，在欧、美、日本，Picture Book 和 Work Book，和一般的 Reading Book，是一样被重视、被大批大批地出版着，可惜中国的儿童读物出版界，仿佛不感兴趣似的，这是一面；另一面为人才、技术、经济等条件所限制。总而言之，政治有了问题，什么都不容易搞好，而以文化部门为尤甚！在这里，不想说些关于连环图画的理论，固然旧的连环图画不好，有毒素，有不合教育的地方，倘若没有更好的新的连环图画的发行，那么必然禁不绝旧连环图画的。写到这儿，就想提出张乐平先生最近绘著的《三毛从军记》，以及将要发表的《三毛流浪记》，前者已出版三册，据说极受小读者的欢迎；另外何公超先生也正在计划编绘这种读物并且已出版数册。好，这就是一个起点，让它们竞赛罢，反正小读者的眼睛雪亮，是最公正的裁判人，用不到武力统一的，这是一种最不智的作法，前年在渝曾见到《武训画传》。乐平先生还想用三毛这一个角色去把《表》连环图画化，所以新的题材和新的内容，是不虞匮乏的，只看工作者开垦得如何。

还有一点必须补充说明的，就是教科书，因为问题多，条件多，立场多，兹事体大，不是一篇数千字的短文所能说得了，这里就暂不详说，暇当另写专文。其他大部的书，在篇中都没有提到，例如《名人故事》、《发明家故事》、《童话集》、《故事集》、《××丛书》、《××文库》等，其中必然有不少可读的书，例如《儿童古今通》（中华）即是十几册很好的儿童读物。如果一一举名，有不胜其繁之感，并且也记忆不了那么多。

更广泛地说，那些儿童用书的音乐歌曲的书，以及画图着色的书，劳作手工的书……也该算是儿童读物。在国内出版界极少发行这类的书，就是有一些，所见的不多，索性也省略不举说了。

在中国，教育的实验与统计，还停留在极幼稚的萌芽时期。不然，像《儿童阅读的量表》《儿童读物的选择标准》等等，都可以有了客观的尺度和凭证。像这种纯主观的说法，实在是不可靠的。但如今内战第一，哪里还谈得到这种教育上的小问题！

最后，还得谈一谈儿童的期刊。

先说"儿童刊物"。中华的《小朋友周刊》是历史最悠久、销数最大的一种儿童刊物，抗战后被迫暂停，其后即在渝复刊，今已迁沪发行，面目一新。如果从第一期起迄今最近出版的第八百三十八期止，可以从她的身上看到中国儿童读物演进的迹痕。在渝创刊的《儿童世界》，是一种半月刊，现归博览书局发行。至于商务的《儿童世界》，沪战时停刊后今年四月始行复刊，暂为月刊，并且冠以"新"字，全名为《新儿童世界》。战前儿童书局发行的《儿童杂志》、《常识画报》、《小小画报》等停刊后，现改出《儿童故事月刊》及《儿童知识月刊》两种，前者供应高年级生，后者供应低年级生阅读。正中创刊的《正中儿童》，也是月刊，一册内具有三种程度。北新的《小学生》停刊后，迄未复刊，这刊名曾由中国科学图书公司出版，是一种半月刊，可惜现在也停刊了。在默默地发行不辍，销数也不弱的，是广学会的《福幼报》，虽名为报，实系刊物。《时代儿童》是位育中小学教师们所发行的。《新儿童》是在香港发行，也在本埠销售的，抗战时曾在桂林驻足，后又迁寓重庆，苦干精神，可以钦佩。

说到"儿童报纸"，就可以举出在杭州出版的《中国儿童时报》，艰辛支撑，成绩甚佳，现暂出五日刊。在北平出版的有《儿童之友》，汉字旁均加注音符号。在成都版的有《儿童日报》，每日出版，真是难得，是傻子们干的事吗？值得附带一提的，在海外的南洋，有《马来亚少年报》。战前在上海，单独发行的《儿童晨报》，是一种彩色的三日刊；还有《儿童日报》，可惜都于战时停刊后迄不能复刊。胜利后，单独发行的儿童报纸，除由万叶书店发行十期后停刊的《儿童周报》外，其余有《正言报》的《儿童新闻》，《中央日报》的《儿童周刊》，《东南日报》的《好孩子》，均为周刊性质，附属在各报发行。《大晚报》一度也有儿童周刊，现在亦已停刊。本月起《大公报》发行了一儿童副刊，定名《现代儿童》，每周发刊一次，现已出版了两期。

在这一切不景气的中国，闲话儿童读物，并馨香祷祝“儿童出版事业”景气，得毋被笑为迂乎？

（载上海《大公报》1947年4月27日、5月11日）

儿童读物的使命

黄庆云

过去，我国为了经济的落后，为了要早点把儿童促成做生产的一员，就将儿童的童年缩短了，把真正的儿童生活剥削了。“少年老成”成为赞美那未成年者的嘉语。但不想到这样人为的早熟，却也就隐伏了早衰的危机，养成了麻木、缺乏理想、缺乏创作、不进取和不活泼的性格。这性格，差不多成为我们这老民族的性格了。

作为从事儿童文学的工作者，我们就应该先确定我们的对象是活活泼泼、有生气、有头脑的儿童。我们供给儿童读物时，就该想到我们的使命就是如何运用儿童文学的力量，来培养和启发这些在生长中的活孩子。

想到了对象是活泼的，那么我们就应该把那些死板的材料、枯燥的说法除去，让自己也成为活泼的一个时代人，让自己也不断的生长，不断的向那活的对象——孩子——学习。“我们是向着时代的活孩子说着话吗？所说的是他们所需要听的话吗？他们对这些话会有什么反应呢？”这该是我们常拿来自省的。

儿童大都是生活在幻想上多于生活在现实里。他们是充满了幻想、好奇和求知欲的。优良的儿童读物就该一方面发展儿童的幻想——这是创造性的原动力；一方面使儿童认识现实——这是人生学习的开端。它不特能适应儿童的兴趣，而且能丰富他们的经验，使他们有着各方面的、健全的发展和生长。

说儿童读物之于儿童，比成人读物之于成人，其影响更大，这话并非是过甚其辞的。因为儿童的个性是未成熟的，他正在要从经验中去养成他的判断力，而不能像成人一样，借过去的经验来协助他底评判的。一本荒唐的连环图画，会把儿童引出了家庭，上山寻仙；一个偶然的错字，会使儿童终身沿用；一个错误的偏见，会使他此后拒绝其他的意见。所以，在编写儿童读物时，对材料的选择、知识的介绍、意识的养成，都要特别小心。我们记得，儿童虽是充满了创造能力，但也是具有很大的型塑性，他不特需要启发，他还需要很小心的启发呢。

除了根本的知识和意识的培养以外，儿童读物的另外一个很重要的使命，就是使儿童养成一个良好的阅读习惯。很多人长大时不喜欢阅读，其实是在幼小时候就引不起阅读的兴趣之故。这不特使他个人缺乏了多少的人生趣味，因此而停止了进步，对别人、对社会都不会有好的影响的。所以，如果我们要注意养成阅读的习惯，我们在儿童读物中，除了内容之外，形式和写作的技巧都该注意。连环图画深入到儿童群里也就是为了形式，可是常常喊出注意儿童读物的人，反而忽略了吸引孩子的形式，那是多么可怜的一回事！

儿童读物所负起的责任是重大的，是靠着很多人去推动、去完成的。许多活的、有理想的、有无限发展的儿童在期待着、督促着我们。热心的儿童工作者们，愿你们更多的参加到儿童读物这部门来！

（载《家》1947 年第 16 期）

儿童读物选编问题

仇　重

最近受一个小学当局的委托，要我选购一批儿童读物，成立一个小规模的儿童图书库，使我有机会较广泛较深入的接触到上海（可以代表全中国）儿童读物的出版界情形，因此引起了一点感想。趁儿童节

“儿童读物作者联谊会”发行特刊之便，把这些感想当作意见指出来报告一下，并与同志们作一商榷。

我在选购儿童读物时，第一个觉得困难的是：说现下我国的儿童读物多吧，数量实在太少；但现在书价这样昂贵，小学校或热心爱护儿童的家长，购买力都很薄弱，所以对着这有数一点读物，选择时实在觉得困难。所以我建议，最近期内，有人能下一番苦心，像平心先生过去在生活书店编的《全国图书目录》一样，编一本《全国儿童读物目录》出来，供给大家应用。这个目录起码要做到下列几点：（1）要有个较科学的分类。（2）要依内容的难度，分高、中、低三级标明。（3）内容重复或译本中同书异译的要特别在备注中说明，并代读者选定一本较标准适用的。

第二，我发觉在这有限的儿童读物中，还有内容荒谬不宜儿童阅读占的份量也不少。除了编目上要审慎外，在批评介绍上，也要有系统做一番工夫。“儿童读物作者联谊会”在筹备儿童节读物展览会时，已有人提出这问题，当时没有工夫对这问题进一步讨论下去实在很可惜。希望这种介绍批评工作今后能建立起来，最好有个经常的专门的刊物或园地来担负起这种任务。

第三，这些不宜儿童阅读的读物中，有些是要干脆杜绝其与儿童接触机会的，应该由儿童读物作者联谊会或教师家长个别提出书名，也整理出一个详细目录来，提请政府当局饬令抄没烧毁（如以前教育部对付《火烧红莲寺》影片一样），或禁止其发行。有些是与良好读物混杂在一起的，应由专门人员根据原则，作一番汰杂留精的工作。又有些内容部分不合，但经改删后，仍有存留价值的，则可改作或删节。像中国的民间故事，如有人肯化这工夫，我相信可以弄出像《格林童话集》一样的一部可传之久远的不朽之作。像演义小说，则可以发行洁本，如开明书店曾经发行的《洁本水浒传》等，一边也可经济读者精力。

第四，战前有许多好的儿童读物，或者因为出版书店倒闭，或者因为别的人事问题，现在已经绝版的，如北新李少峰译的《两条腿》，少年出版社庸耕译的《绿的世界》，还有如创作中的《张天翼和苏苏的童话》等，希望出版家能觅取旧书，发行新版。我还有一个意见，时常与朋友们谈起的是，希望有专家及热心的出版家来做一种工作，也像良友书店出版的《中国新文学大系》一样，把国内自从叶绍钧先生以后（或者更早）的创作童话，有系统的编印一部《中国创作童话集》，一方面总结国内创作童话从开拓到发生滋长的经过、成绩与经验，一方面也可指出未来新中国创作童话努力的路径。长于外国文的同志们，也可把这本东西介绍到国外去，造成中外儿童文学交流的运动。因为我与不少朋友们都觉得，在儿童读物写作上，别的方面，国内有特殊成就者较少，但在创作童话上，这几十年来却的确曾自己开辟出一点园地，并且已得到一些可观的收获的，只是一向没有被人重视过罢了。

最后，关于介绍外国儿童读物的方面，我觉得有两个意见应该提出的：（1）翻译家们在选译某种外国读物时，希望不要只看到它在其本国畅销流行，就以为移植到中国来，也会同样得到国内儿童欢迎的，不然对译者、出版者、读者都是一种浪费。（2）翻译给儿童读的东西，直译无论如何是不行的。就是意译，往往因为国情不同，要增删处得增删，要改装处得改装。鲁迅译《表》、夏丏尊先生译《爱的教育》这种虔诚的态度，是儿童们永远感激的。儿童读物的翻译，的确是一种“再创造”，不是普通只执“信”的一端就可尽其能事的。

我的意见很零碎，但都是具体的，而且也是大家所共有的。

（载上海《大公报》1947年4月6日）

陈旧的“旧瓶盛新酒”

——关于儿童读物形式问题

陈伯吹

在我们这一小群儿童读物的写作者中间，对于内容的取材，意见颇不一致。我拜读了各位先生写在各报特刊上发表的大作后，自己也有一点儿意见；这意见虽然是陈旧了，但似乎还是一条可走的途径。

范泉、贺宜、衣青、公超，都主张选用“社会”的内容作为题材的，“应当把血淋淋的现实带还给孩子们，应当跟政治和社会密切连系起来”。维湘主张选用“智识”的内容，指的是科学新智，“用文学的手法来传达智识，使儿童容易接受”。伯攸主张以“趣味”为内容，当然不是完全不要智识，“专门给儿童一些生吞活剥不容易消化的智识，这结果和数十年前的教儿童读《纲鉴》、《地球韵言》一类东西，有什么分别”？“儿童在教室里，已经被那种专门灌输智识的课本搞得头昏脑胀了，谁还愿意再去读那种‘苍蝇有几只脚’一类的硬性东西呢？”仇重主张珍惜民族的文学遗产，剔除毒素，扬弃不合时宜的事物，把一些有内容有价值的民间故事，重述给孩子们，成为一种崭新的儿童文学，来丰富下一代的儿童精神粮食。百英、楚材、鲤庭、冠六等，他们一边都从事于实际的教育工作，所以对于儿童读物的内容，都主张“教育”的，特别重视儿童的心理根据，也颇注意于阅读趣味。他们比较的接近儿童（学校环境中的儿童），想来有着较深的了解罢。

我自己是主张以“社会与自然”为内容的，却也颇注意于阅读的趣味，这是养成儿童爱好文学及阅读习惯的一把锁钥。

一个在原子时代成长的儿童，应该认识他所生活的社会环境；应该明了他生活上所需要的智识与技能；应该给与趣味，使养成阅读的习惯；应该供应文学的读物；应该重视儿童心理发展的历程而使读物的内容和它配合、呼应，因为儿童读物毕竟是儿童自己的读物。谁的主张也都有坚强的根据，都有充分的理由。

儿童读物必然是文学的，这是大家一致公认；而社会与自然（即科学新知与常识）内容的同等重要，并行不悖，也是无可否认。至于适合心理与惹起趣味，我个人的意见，是以为要依靠文学的形式和艺术的技巧来兼顾与补救。

这就是陈旧的“旧瓶盛新酒”这一方法有被再估价的价值，至少在目前这一个时期，特别在中国。

在目前中国的儿童读物界中，演义、神话、武侠等读物，胜过一些新的进步的读物，正如旧连环图画压倒了新连环图画一般。这原因不很单纯，然而好的内容没有好的形式表达，实在是一个重要的因素。依我个人肤浅的看法，“旧瓶”可取的地方，在于“动作多”、“情节好”，这是写作上的技巧与结构问题。我们的新材料：没有经过精致的修辞，语句就不生动；没有经过细密的布局，情节就不曲折；便在我们笔底下流出来了，流产！不成熟！

在“新瓶”还没有形成以前，我们的“新酒”，与其倒在“瓦钵”里，还不如暂时灌入“旧瓶”里去罢。那些民间故事、童话、寓言、山歌、谣曲等等形式，我们还应该尽量利用，发挥它们的优点，发挥它们的效能。

鲁迅先生在译《小约翰》的引言中说：“……金虫的生平，菌类的言行，火萤的理想，蚂蚁的和平论，都是实际和幻想的混合……”旧瓶中这种事物“人格化”的写法，如果合乎情理而并不勉强的，似乎不必苛责“开倒车”。

高尔基在讨论儿童读物的论文中，述及关于科学和工业的书时，举出关于空想的题材，如《到地心中去的旅行》、《人怎样变成巨人》等等，他以为一切的儿童读物，不该是教训性质的，该是要愉快和幽默的。

苏联的一个著名儿童文学作家马夏克的诗，这么写：“一个人对顿河说：‘我要筑一道墙把你锁住，你要从山峰顶上跳出来，你要运转机器。’河水答道：‘不，不再跳出来，不再跳出来，不……’”这也是用人格化的写法来描写河水的。

远在一九三三年的时候，苏联的教育用品处，在改良儿童读物这方面采取了一个果决的步骤，请大家注意到旧俄与欧洲的优秀文学作品被采纳得太少，世界文学名著既没有新的翻译，也没有被采用到现代的儿童读物中去。并且说到“作家们对于各种文学形式的运用的不够——故事、寓言、民谣、传奇”。这一行动，也可以用来证明目前中国的儿童读物，在写作方面最好是利用旧瓶盛新酒。

我也和大家一样，反对脱离现实的空想，却愿意采纳可以健康地启发想象的那种幻想。

说到这里，又想起民国二十年尚仲衣先生提出吉百龄写的《如此如此》一册中的一篇《象儿子》，来反对吴研因先生所主张的“鸟言兽语”的儿童读物的形式，那次论争虽然没有结果，后来教育部对于小学国语教材的编辑，就有不采用鸟言兽语的默契。其实《象儿子》也还是鸟言兽语的形式，实在尚先生所反对的倒是有害的空想内容而已。

胜利以后，儿童读物这块土，似乎比战前更加荒芜了，政治不上轨道，经济面临崩溃，是使得它更加凄凉的原因。要求有优秀的读物出版，似乎成为一种奢望。如果我们真能够利用旧瓶，盛着新酒，暂时也就满足了。

这一点陈旧的小意见，请大家指教。

（载上海《大公报》1947 年 4 月 6 日）

儿童读物的编著与供应

陈伯吹

一、广义与狭义

最先应该给予解释的，什么叫做“儿童读物”？

简单地回答，是：“儿童阅读的书籍。”这样的说明，当然不能令人满意的。世界文坛巨匠高尔基（M. Gorky）曾经这么说：“这种读物，当可助长幼龄儿童求知的兴味，并可保证孩子们粗通小学程度的科学，更当介绍他们认识祖先们所破坏的旧的实际情形，及所建设的新的实际情形。”这个“界说”，可以说是适当而且完全了。

除此以外，笔者还得加以述说的——

儿童读物的范围很广，当然也包括“小学（国民学校）教科书”在内，但一提到教科书，尤其是小学教科书，这就够在它各方面写成若干篇论文，因为这是一个复杂而又专门的问题。所以本文要研讨的儿童读物，不是指广义的而言，乃是指着除了教科书以外，连那些作为补充读物和课外读物的读物，甚至于各科的副课本、练习本、日记和书信等等的指导书籍，也一概不包括在内，纯粹是在狭义的偏重文学欣赏的这圈子内的儿童读物。

二、读物的贫血

战乱不已，烽火烧遍了大半个中国的今日，经济崩溃已在加速度地下坡，首先遭受到政治的经济的摧残的是文化与教育。而这文化与教育的动力的出版事业，便因成本奇昂，售销不广，一天比一天更萎缩，不久恐怕就要昙花一现似的幻灭了。儿童读物的不能独自繁荣，是势所必然。而且这贫血的现象，实亦由来已久，不过如今更为加剧，快到了不治的地步罢。

还记得《大公报》副刊的《出版界》的主编，有一次约笔者写《谈儿童读物》一文，意欲推荐一些儿童读物给教师和家长，作为选择时候的参考；但写完了以后，就发现所举的儿童读物，多数是翻译的，绝少创作；更多数是高年级的，绝少中、低年级的（该文见《大公报》沪版三十六年四月二十七日及五月十一日《出版界》副刊），这又可以知道儿童读物贫血的病情，非亟应加以医治的不可的了。

只是生活与工作，出版与供应，这中间存在着一个很尖锐的矛盾，几乎无法克服。

然而一想到“二十世纪是儿童的世纪”，“儿童是未来国家的主人翁”，“救救孩子”等话，不能不竖起脊梁，挺起胸膛，咬紧牙关，束紧肚子，拿出艺术的良心来，站在教育文化的岗位上，百折不挠地只愿耕耘，不问收获（指物质的酬报而言）地向这块荒芜的土地开垦。让好战分子去掘自己的坟墓罢，他们必然会葬身在内战的火焰里，充其量不过增加儿童文化工作者以客观上的困难罢了。

起来！我们要向贫血的儿童读物输血，虽则我们自己也不免于贫血。

三、编著的前提

儿童读物的制作，不外乎创作、编辑、翻译、重述、节选等等几种手法，但是创作与编辑两种方式占了制作的大部分，本文为述说方便起见，概称为编著。

在着手编著一册或一篇儿童读物以前，应该先决定了前提，这好比航海家先决定了方向一样，否则，所编著的作品，无异闭门造车，终因不合辙而废弃在一旁。

第一个前提是“编著给谁看？”

答案很容易很简单：“编著给儿童看。”根据这个正确的答案，在编著进行时，必须注意到“儿童本位化”：文字合于儿童的程度，事物合于儿童的了解，顾及儿童的生理和心理以及阅读的兴趣，务使成为儿童自己的读物，而不是成人的儿童读物。这些，实实在在是编著儿童读物的基本条件。

第二个前提是“编著给怎样的儿童阅读？”

这答案虽然比较复杂一些，也可以很容易地回答出来：“编著给现代的中国儿童阅读。”根据这个答案，须得补充一下，才能够明白而且具体。所谓现代，是科学进步的时代，不论生活上最基本的衣食住行日新月异，极度地物质的官能享受，甚至杀人的武器已经有了空前可怖的原子炸弹和传说中的细菌弹、宇宙放射线等等，所以那些迷信的事物、空幻的梦想、幸运的机会等，一概被揭弃了，不能再让现代儿童中毒。又，中国的儿童，正在惨痛的内战中长大起来，贫穷、饥饿、失学、流浪、犯罪、疫病，重重压迫着新中国幼苗的成长，而这些幼苗，绝大多数散处在全国农村各地，那些地方也正是世界上最落伍最黑暗的角落，编著一些什么样的读物给他们看呢？是不是写述一些都市的足以炫耀夸张的豪奢的生活与新奇的事物？是不是写述一些封建的歌功颂德的言辞，鼓励并且引诱他们盲目地奋斗成为独裁的奴役人民的“伟人”？是不是写述一些人云亦云的歪曲的言论去欺骗他们，因而让他们没有了是非正义的感觉？……不是的，不是的，不论哪一个现代的中国儿童都不需要这种庸俗的编书匠给予他们的渣滓。他们所需要的是——正确的认识与思想、科学的知识与技能、艺术的欣赏与创作。

前提决定了，随后依照着选择题材，随后动手编著。

四、题材的采择

儿童读物题材的采择，有两个标的指向两个广大的领域。

其一是“社会”的内容。我们必须把历史上的人类从石器时代进化到原子时代的生活的演变情形，指给我们年幼的一代的儿童看。旧世界怎样改变成新世界，在这里，应该特别指出劳动的神圣，自古以来，千千万万的劳工，怎样辛苦地改变了自然的面目，创造出一个物质文明的世界来。但在这艰难辛苦的历程中，那些皇帝、贵族、地主、武士，却怎样地浪费了劳工的劳力，要不是给他们的自私和贪心所桎梏，人类早就加速地超越了现阶段的文明了。而在这科学发达、机器发明的现代，世界上应该不再有“饥饿”两字出现；并且全人类的生活程度，将普遍地提高，任何人可以不虞物质享受的匮乏了。可是现在的世界怎样呢？这病状、这症结，要从各个角度上看到各方面去描写出一个或淡或深的轮廓来，让下一代的儿童能够有一种正确的认识。不仅如此，还要进而指出目前人类社会中，正进行着一种斗争，使得劳苦大众的劳力不给私有财产所奴役。今后的新世界中，人人自食其力，人人都要工作，不许有不劳而获的人。工作是一种人与人间的服务，所谓“我为人人、人人为我”就是，绝不是资本主义的利润。最后还要强调那最后的胜利，必属于最大多数的劳苦大众，新的制度、新的社会的成功，会无限地增加男女老小的生活幸福。

也许有人会怀疑，这么复杂的社会问题，这么深奥的社会原理，怎样可以去写给儿童阅读，并且使得他们小小的头脑领会明白呢？这完全是写作技巧的问题，要看编著者怎样处理题材，怎样结构事实，怎样以小见大，传达一个具体的印象，揭露一幅深刻的图画。安徒生（H. C. Andersen）的《卖火柴的女儿》（*A Little Match Girl*）、司吐华夫人（Mrs. H. B. Stowe）的《汤姆叔叔的屋子》（*Uncle Tom's Cabin*，即《黑奴吁天录》）、斯替普涅克（Step Niak）的《一文钱》（*A Penny*），这些都是很好的例子。

其二是“自然”的内容。笔者可以提纲挈领地说，我们在这个题材的领域里，应该写作三类的书籍：

第一类写“人类受自然的虐待”：暴风、雷雨、地震、寒冷、炎暑、洪水、干旱、疫病、猛兽……处处和人类为难，处处和人类作对，把死亡威胁着人类。

第二类写“人类和自然的争斗”：垦荒、濬河、造林、筑堤、灭蝗……使自然到处屈服，到处为人类所击败，它所给与人类的威胁、损害，渐渐减少到最低限度。

第三类写“人类征服自然”：建水闸发电，发明雷达，利用原子能……那是人类在新社会里团结起来，天下一家，在有组织有计划之下劳动，利用自然的伟大的力量为人类服役，来增进人类生活的福利，争取健康，争取长寿。

这三类的题材，应该非常有系统地、并且非常严密地把它们的细目逐个逐个写下来，随后依照世界人类进步的历程，以及彼此间的关系，有机体地排列起来，写成一册与一册、一套与一套，互相衔接、互相关连、互相发明的新儿童读物。

笔者提出这两大类的题材，虽然只是粗枝大叶地说（因为篇幅的关系，不容许细述，日后有机会时当另为专文），几乎包括了人类全部的智识，对于儿童，可说是一部“儿童万有文库”。自然，在目前经济情况、出版条件之下，对于这样庞大的出版计划，是无法进行的；但是盼望不久即来的民主新中国，能够集合人力物力，完成这样的一部“小人”阅读的“大书”，不仅中国儿童有福了，中华民族也有辉煌的前途了。

附带地说，如果真有一天要动手编著这么一套书，还应该事先参考一下高尔基在 *Izvestia* 报上发表过的一篇《论儿童读物》的论文，以及杰出的天才的少年科学读物作家伊林（M. Ilim）的兄弟、一位优秀的儿童诗人马夏克（C. Marshak），也在同一报上发表过两篇讨论儿童读物的文章，都可以作为参考。

五、写作的技巧

在目前的儿童读物界中，神话、演义、武侠、侦探以及其他的今本古本的旧小说，依然胜过了一些新的进步的读物，正如旧连环图画断然地压倒了新连环图画一般。若论内容，无疑地不论是资料、思想各方面，后者较为适当、正确、进步。然而好的内容，没有好的形式把它表达出来，便无从引起读者的阅读兴趣，也只有让那些低级趣味的下流读物猖獗起来。——这情形至少在金元国家中也不免，只要看那些电影故事、侦探小说充满在上海那些贩卖西书的铺子里，就可想当然耳，也许程度的比例上好一些罢了。这好比经济学上的一个不易的定律——“劣币驱逐良币”一样，也无分中外古今的。

总之，编著儿童读物，写作技巧的成功，也就等于成功了百分之五十或六十了。

首先，我们要了解，儿童读物必然是儿童文学的读物，不论它的内容是社会的或自然的，必须要依照文学的形式与艺术的技巧来编著。

其次，讨论文章作法与研究文艺写作的书籍，出版的已经非常的多，一个作为儿童读物的编著者，必须具有文学的修养，并且是前进的新颖的理论，不要把儿童读物估量得较低，因此掉以轻心，以为粗通文字的人，即能执笔一挥，这种错误的认识，常常自误误人。要知道，一篇最好的儿童读物，不论其为童话、寓言、小说、传记、书信，甚至剧本等等，要用估量一篇最好的文艺去估量它。关于这等中、外的参考书籍相当的多，本文限于篇幅，不必细细说来。

再次，为什么旧读物比较新读物更受小读者欢迎，如果容许笔者简单地指出，就因为“情节好”、“动作多”的缘故，这也许是笔者个人的一种肤浅的看法。

所谓“情节好”，就是题材处理得好，也就是结构曲折，引人入胜，更就是布局精致，繁简得法。从前的章回小说，所以能百读不厌，就靠这个秘诀。美国著名儿童读物的研究者盖兹（A. I. Gatos）曾经用分析相关统计各个阅读兴趣的特质，它的结果第一是“奇特”，相关系数“·三五”；其次是“动作”，相关系数“·二三”……这“奇特”也就包括“变化”在内。但是一般的儿童读物，没有足够的篇幅能够容纳一个峰回百转的结构，除了大本的长篇的篇什以外。这是事实，儿童的注意力不会过久，阅读时间太长的篇幅并不适宜。然而这也不是绝对没有办法，只要看文艺中有一种“短篇小说”，在二三千字的篇幅内，也可以有一个完善的结构，著名的莫泊桑和柴霍甫的作品，是儿童读物写作者用来揣摩的最好的“取样”。

所谓“动作多”，就是生动的叙述和描写。不错，凡是记叙文，叙述和描写的手法是不可缺少的（还有抒情和修辞）。在出色的文艺里，我们常常可以读到幽静的细致的描摹，还有心理的象征的描写，但是这些手法用诸在儿童读物里，就相当地有了问题，因为适合于儿童的生理和心理的描写，恰好相反，他们是喜欢热闹的活动的描写，要一波未平、一波又起地紧凑、紧张。所以编著儿童读物，如果像写作文艺那样地写作，不免会失败的。美国著名儿童读物研究者克丽黛女士（Miss Kready）在她的《童话研究》中曾经提出过一个具体的例子，指出罗斯金（J. Ruskin）的《金河王》中开始时的一大段关于山谷的描写，是可以删除的，因为静的写景，在儿童天性中是不感兴趣的（也许是心智的发展尚未到达这一种欣赏的阶段）。

当然，编著儿童读物的写作技巧，不能说已尽于此，这里不过举述个人以为最值得指出来的两点。

六、用字与造句

先说用字（词也包括在内）。

无可讳言地，过去与现在各书坊所出版的儿童读物，彼此间用字并不一律，写法也不一律；甚至于在同一篇读物、同一本书籍内，用字与写法也不一律。各种儿童期刊，也都独行其是。这在见多识广的成人看来，以为是无关紧要；可是在先入为主头脑比较单纯的儿童，阅读起来无形中增多了疑问，增加了困难，这实在是一种头脑的浪费，不必要的。

记得在两个月前，笔者与几位中国儿童读物作者联谊会的友人，得到一个机会，与吴研因先生谈谈儿童读物上的许多问题时，吴先生就提出了这个长久被人忽视的问题。笔者主编儿童期刊十余载，接读了无数的来稿，也有这种深感痛苦的经验，因此就在自己编辑的刊物范围以内，制列一张表格，校对时务请校对先生统一用字及写法（战时任职国立编译馆时，教科书组陆殿扬先生也厉行这个办法）。现在经吴先生郑重提出，并嘱扩大这个运动，就觉得一方面有公开的必要，另一方面要联合同工的友人起来共同商订实行的办法与用和写的标准，借以减少儿童阅读的阻碍。绝对可以避免而尚存在。

现在随手举出若干例子来，以见一斑。

（甲）用字（词）不一律

(1) 它——牠（用作中性及无性代名词）

(2) 着——著（用作进行分词）

(3) 哪——那（用作疑问形容词）

(4) 地——的（用作副词）

(5) 底——的（用作物主位代名词）

(6) 这里——这儿

(7) 多么——多吗

(8) 明天——明儿

(9) 机关车——火车头

(10) 一霎那——一刹那

（乙）写法不一律

(1) 擔——担

(2) 雙——双

(3) 卻——却

(4) 衔——啣

(5) 麪——麵

(6) 画——划

(7) 沈——沉

(8) 疊——叠

(9) 氈——氊——毡

(10) 夠——够——彀

次说造句。

这里不说修辞学上所有的“夸饰”、“取譬”等“变格的说法”，因为这太专门了，也是一般文艺写作上的研究问题，本文就笔者所想到的，谈谈关于儿童读物的造句。

编著儿童读物，在造句方面第一要注意的是“短句”，使得儿童容易阅读，容易了解，这样也就容易发生阅读的兴趣。

进一步是要注意写“口语”，所有的句子，“文”的气味能减到零愈好，这个最好的例子是《安徒生童话》。他老人家写完一篇以后，就去念给儿童们听，看看他们是否听得懂，这是无异请儿童做老师，要他们指示给他修改的地方，因此他的文学作品，才是真正的儿童自己的读物。因此，他的作品以写作技巧而言，直到如今还最优秀，请看他所写的——“一个兵，沿着大路走来——一、二！一、二！”（见《火绒匣》）“大雨打在树叶上，伦腾腾！伦腾腾！”（见《小杉树》）“人家真的要想到，鸭池旁边有些重要事件在起来了，其实没有什么事起来。”（见《邻家》）“现在你们听着！”（见《雏菊》）

再该注意的是要写得“生动”，要有力量，要有刺激性与诱惑性，同样的一句，这样写和那样写，断然有着显著的不同。例如吉百龄（R. Kipling）在他的《象儿子》（*The Elephant's Son*）一篇中，把象写做“厚皮动物”，把鳄鱼写做“大皮袍子”和“带铁甲的自动兵舰”……这些句子多么生动，又多么新鲜呀！

说到“流利”，就是不要写拗句，或者过度地雕琢得晦涩为深，或者故意把字面弄得佶屈聱牙，这些都会使得行文不流利、不自然，一定不会使得儿童爱不释卷的。

在本节里尚须附带的提说到两点：就是“常用字（分级常用字汇）”和“简体字”。前者是可以供给写作时用字的参考，倘若能够这么做，那就能大大地增加了儿童阅读的便利。后者也是减少儿童认字与写字时的困难。民国二十五年，教育部曾经公布了第一批的简体字，且已明令应用，终因顽固政治家的重大压力而取消，这委实是儿童语文教育的不幸。试问“竈”与“灶”，“邊”与“边”，哪个方便？改革了有什么不好？抗战中新生的打垮的“垮”，搞得好搞得坏的“搞”，这两个字现在都已普遍应用，连报纸上的社论、杂志中的论文，也通用无阻，请问这两个无根无据的字，普遍写用了以后，有什么不对？有什么损害？要知道语言、文字也在不断地演变，顽固的政治家必不能长生不死，哪能保证简体字的到终不能实行呢？何况那一次教育部的公布的一批简体字，是取着郑重的保守态度，取舍的标准相当严格的。——站在儿童读物的立场上，写这几句话表示一种抗议。

七、插图与封面

从符号到图画，从图画到文字，这是一种进步的趋势。如今记载事物、发表思想，都用文字，图画只站在附庸的地位，作为辅助的用处，除了艺术上的成就以外，在普通书籍中，已不为人所重视。这在成人的读物，还勉强可以说；如果是儿童读物，则大谬不然。

读物的形式对于阅读的效率，有着密切的关系；而所谓阅读的形式，图画却占了大部分。图画对于文字，可以帮助想象、增进了解、提高兴趣，它在儿童读物上地位，是与文字分庭抗礼的。笔者常留心欧美的儿童读物，曾发见读物的内容并不出色，只因为插图太好，本来无意购买的书，就买回去欣赏插图。而且同一内容的书，往往因为插图的争奇斗胜，便有了很多不同的版本。有的写作者还因了插图者惊人的成就，居然也跟着身价十倍，竟成了“文以图传”，这又是数见不鲜的事。

根据笔者平时观察的结果（当然是不科学的），插图至少要符合下列六个条件：清晰、单纯、具体、彩式、式样的变化、排列的适当，一定可以充分发挥插图的效果。

根据国立中山大学研究院教育研究所陈孝禅先生研究“小学教科书图画问题”，得到如下的结果，兹撮述其大意：（一）内容：儿童最欢喜“人”，次为“动物”，再次为“植物”。（二）笔调：照相画居首，钢笔画第二，毛笔画居末。因为前者明晰、准确、翔实。（三）大小：大幅（全页）最受欢迎，愈小愈不满意。（四）体裁：实体画为首，次为近乎儿童的自由画，象征画最不行。（五）繁简：有背景的插图，认为最美丽。（六）颜色：彩色画第一（但黑影画在高年级生与彩色画受同样的欢迎），黑白画第二，轮廓画殿后。

还有一个有趣的结果，就是“童话插图”的测验结果，儿童并不欢喜“小羊穿衣服”、“小羊直立如人”，却欢喜爬行的常态的小羊，这也许是一个意外的收获。

更有故事性的动作较多的插图，也比一般的插图受儿童欢迎。

说到封面，彩色的（三色的尤佳）要比单色的来得好，可无疑义。在彩色中间，年幼的儿童最欢喜红色，次蓝色，再次浅红，年长的儿童渐渐欢喜蓝色和绿色了。

儿童读物的封面，等于一件灿烂的衣服，如若“佛要金装、人要衣装”的原则成立的话，那么，儿童读物的编著者，不得不重视封面，不得不给予最美丽的设计。

最后附带地说一说版式大小的问题。欧美的儿童书籍，大多数是大型本，$12\frac{1}{8}\times9\frac{1}{8}$吋很普通（俗称十二开本），$14\times\frac{1}{2}\times10\frac{1}{4}$吋（俗称八开本）的也有。日本的中型较多，多数是$10\frac{1}{4}\times7\frac{1}{2}$吋（俗称十六开本）和$9\frac{3}{4}\times6\frac{7}{8}$吋（俗称十八开本）。我国所有的，最多是$7\frac{1}{2}\times5\frac{1}{3}$吋（俗称三十二开本），也有$6\frac{7}{8}\times5$吋（俗称三十六开本），更有$5\frac{1}{8}\times3\frac{3}{4}$吋（俗称六十四开本）及$5\times3\frac{1}{2}$吋（俗称七十二开本）的，不过并不普遍。这也是一个编著儿童读物的研究问题；不过这又触及了学校和家庭的设备（课桌、书橱等）问题了。不过，儿童读物无论在编排、插图、封面各方面说起来，都以大型本为佳，因为排式容易变化，插图、封面也容易漂亮。这是一个经济的问题。

八、人才的培养

编著儿童读物是一种专门的工作，所以需要专门的人才，来展开这个重要的教育文化工作。

现在会编会写作的人在国内似乎并不多；而会编会写作的未必即能编著儿童读物。何况生活的重压，逼迫得一部分人转易了岗位呢！所以人才的培养，已经到了急不及待的时机。我个人以为高中师范、专科师范、大学教育学院、师范大学，亟应添设“儿童文学”或“儿童读物”一学程，并且规定为“必修科目”，这样，数十年后，也许会得人才辈出，而优秀的儿童读物，也琳琅满目、美不胜收了。

目前仅大学师范学院课程内列有“儿童文学及青年读物”一学程，三学分，三、四、五年级选修，且为选修科目，无论如何是不够的。如今大、中、小学课程正在修订中，笔者愿为儿童读物前途作一微弱的呼吁。

九、供应的问题

我国学龄儿童人数众多，儿童读物的在出版数量上看，无疑是一个巨大的数字，供应自成问题。

国家应该奖励人民投资文化出版事业，必要时给予实力支助。对于历史悠久、大规模的文化出版机关，更应该给予出版上种种的便利，使能大量生产，减低成本，这样才能普遍供应，丰富人民的精神粮食，也丰富儿童的精神粮食。

苏联对于儿童读物，由于“国家出版局”、“教育用品处”、“青年前卫出版公司”等几个庞大的机关出版一本书，每版五万、十万、十五万册地出版着，定价五分、一角、二角地价廉物美，鲜明的封面到处可以看到。又由儿童读物的博物馆展览全部的书籍，一方面鼓励出版，一方面供应阅读。这是足以效法的。

若说建国时期“教育第一——尤以基本教育第一”，那么，也就是“儿童读物第一”的意义，对于它的编著与供应问题，是值得加以详尽地讨论的。

（载《教育杂志》1947 年第 32 卷第 3 期）

新儿童文学的起点

范　泉

一

劈开了含有毒素的连环图画和仅仅以赚钱为目的的儿童读物不谈，回过头来，试检点一下中国儿童文学的成绩吧，那在儿童文学作家方面，我们可以列举叶圣陶、冰心、张天翼、钟望阳（笔名苏苏）、陈伯吹、贺宜、司徒宗、包蕾先生等。叶圣陶的《稻草人》，是开了中国儿童文学的门户。冰心女士的《寄小读者》，是给少年们带来了儿童文学的醉心的“爱”。张天翼《秃秃大王》和《大林和小林》，可以说是中国儿童文学的里程碑，他以崭新的形式，从儿童心理的路线，发掘了新的题材，灌输了新的知识。贺宜和钟望阳，是把战争和血泪的现实，表现在儿童文学作品里的勇敢的尝试者。陈伯吹是《小朋友》周刊的编者，那发表在期刊里的一连串的作品，都可以证明他是一个真正献身于儿童文学的研究者。包蕾的作品，偏于儿童剧方面。司徒宗曾写了不少的儿童小说和童话，但可惜没有出版。此外如茅盾、陈鹤琴、吕伯攸、赵景深、芦焚、杨刚、顾均正等等，他们都曾经在儿童文学方面从事写作和编辑，但如茅盾的《少年印刷工》，却至今还没有出版。

翻译方面，首先我们应当提出已故的鲁迅先生和夏丏尊先生。夏丏尊先生的《爱的教育》（亚米契斯作），几乎已为全中国的少年们所熟知。鲁迅先生的《表》（班台莱夫作），比起他翻译的《爱罗先珂童话集》、《小约翰》（蔼覃作）、《俄罗斯的童话》（高尔基作），无论在原作的构图和译文的技巧上，更值得我们的称颂。此外如黎烈文的《红萝卜须》（赖纳作）、茅盾的《团的儿子》（卡塔尔耶夫作），都可以作为中国儿童文学写作的“模型”。

但可惜，鲁迅和夏丏尊已经去世，张天翼患肺病，无能握笔，叶圣陶和冰心，似乎已久久隔离了儿童文学的园地，茅盾、黎烈文、芦焚、杨刚、赵景深，也好像并未专心致力于儿童文学的写作，剩下的几位儿童文学工作者，多半忙于教书和编辑，没有充分的时间来从事创作和翻译，因此这贫弱的中国儿童文学，虽然已经萌芽，但却始终还是停留在鲁迅先生的“格言”时代——“救救孩子”的时代！

二

处在中国这样的社会环境和政治情势之下，我们应当建立怎样的中国风格的新儿童文学呢？——这是一个值得我们讨论的问题。

这里为了篇幅的限制，试就我个人的意见写在下面。

首先，我认为，像丹麦安徒生那样的童话创作法，尤其是那些用封建外衣来娱乐儿童感情的童话，是不需要的。因为处于苦难的中国，我们不能让孩子们忘记了现实，一味飘飘然的钻向神仙贵族的世界里，尤其是儿童小说的写作，应当把血淋淋的现实带还给孩子们，应当跟政治和社会密切地连系起来，《团的儿子》就是一个好例子。

第二，我认为，在写作上，应当摆脱五四时代的“小脚”作风，而需要大踏步地走向孩子们的群里，去向孩子们学习语汇，研究儿童心理，用孩子的智慧和幻觉来表现富有教育意义的题材。

第三，我们不单是表现，不单是暴露，还需要暗示和争取。固然，我们不能叫孩子们的头脑变成化石，但我们是需要孩子们的智慧茁长，而且要使他们认清现实，指示他们未来的路向。成长在这样时代里的我们，忽视了进步的思想便会掉入堕落的陷阱。

第四，我们应该发扬民族的智慧。这就是说，凭我们这个古老民族五千年来的历史，存在于民间的传说和歌谣是异常丰富的，例如蒙古的无数可爱的传说，台湾高山族的灿烂的歌谣，这些都是我们民族的遗产，我们应当批判地加以吸收、整理和改造。这样的工作非但可以加强中国儿童文学的潜力，抑且可以发扬优秀的民族的智慧。

中国风格的新儿童文学的起点，应当是从这四个据点出发的。

（载上海《大公报》1947年4月6日）

谈儿童报纸

苹　庭

《中国儿童时报》编者，谈他办儿童报的理想、经验和希望。

不久之前，我曾写一篇文章提到儿童报纸和木刻连环图画的问题，引起了一点小小的反响，有人责备办报的，反问办儿童报的人，为什么内容不能编得比连环图画更好些。前天，我又接到一个书店老板的来信，他说我们的报纸太严肃，比不上滑稽故事受孩子们的欢迎。因为这个缘故，所以我才写这一篇文章，提出一点意见，贡献给同行们作参考。

儿童的天性爱好游戏，因为游戏是极有兴趣的，儿童爱好故事，因为故事是极有兴趣的。兴趣是生活的泉源，没有兴趣的生活，一定会厌倦。因此，报纸要受儿童欢迎，一定要充满兴趣，要迎合儿童的心理。但是单纯的兴趣，单纯的迎合儿童心理，不但会破坏了文章的情调和价值，而且这报纸的价值，就和那些成人所阅读的黄色刊物无二。那种鬼神的故事，荒唐的叙述，出乎人情的描写，在趣味方面，固然可以得到儿童的欢迎，但这不过是一层糖衣，里面却包含着毒药。许许多多的天真儿童，原是白璧一般的，看了这些毒书，就会中了毒，发了狂。看那些小人书而疯狂了的，难道还不是一个现实的教训吗？孩子们一中上了毒——腐朽、含毒的思想——会终身拔不了，使学校积年的辛辛苦苦的教育一笔勾销。我们绝对不能因为连环木刻小书的受儿童欢迎，也编一些同样的东西给他们看，我们不能因为滑稽故事的有销路，再写一些给他们读，这正和许多爱吸鸦片、吗啡的人一样，不能因为他爱而再去制造。完全是一样的道理。

儿童是富于生机的。在智力上，他们是贪婪地，要看看大自然的变幻，要知道火车是怎样在跑，飞机是怎样会升腾在空中。在体力上，他们也有压制不住的潜力，需要迸放和发泄。他们是天真的，不会像大人一样矫揉造作，他们是勇敢的，不会像大人一样顾虑和畏缩。他们不肯湮没自己的天性，常要和大人反抗。这一些，都是儿童好处，只有儿童才会有这一份纯真的性格，我们应该把握住这些天性，使他们得到发展，养成他们坚强的意志和能力，启示他们正确的思想。

儿童有儿童的天地，和成人是绝对不同的，我们应该给予他们一些什么？我们也绝对不能用成人的眼光去衡量。

前面说过，兴趣是学习和生活的泉源，但在教育上的所谓兴趣，和平常看连环木刻所发生的兴趣是截然不同的。教育上的所谓兴趣，是有目的的，和暂时的快乐属于两回事。譬如儿童因为爬梯子得到了快乐，或是因为利用识字图片而觉得愉快，但我们不能即以为他们对于爬梯子或认字发生了兴趣。在教育上说，一定要儿童以梯子认为强身之道或以认字有助于阅书而发生兴趣，这方是真的兴趣。所以某一种糖衣式的趣味，这是为编儿童书报的人所不足取的。我们所谓兴趣，是应该对于学习有价值的，发生内在的、永远的、生气蓬勃的一种情绪。

要选择这种材料，应该从他们的生活中，他们独有的天地里去选取。凡是为他们的旧经验所能了解的，或者是适合他们的程度的，这一些东西，必能引起他们真正兴趣。儿童既然是爱动的，所以静的和死的，一切说教式的东西，分量越少越好。既然他们是好奇的，所以动作的变化，越多越好。他们是爱想象的，所以内容必须富于理想，到达无穷尽的地步。一篇好的作品，正如唱一个好的歌，我们并不用强迫别人听，而他们却自然会静听的。

一张儿童报纸的最大目的，是要教导儿童在世界上做一个好人，在中国做一个好国民，做一个光明磊落的人，所以我们必须把真理之光从新闻中放射出来，使他们爱悦真理。因此新闻的选择要特别慎重，应该比成人的报纸更明白而浅显、生动和真实，使他们能够辨识。譬如传达一件社会的惨剧和不幸，我们必须注意悲惨的由来，暗示出一个社会的问题，对于黑暗固然要暴露，要驱除，但是更要紧的，应该指出一条光明的路途，叫儿童去努力，这样，才算完成了报道一件儿童新闻的使命。有很多的事情，儿童报纸应该负起一个领导的责任，协助学校和社会，扩大效果。譬如某一种有意义的运动，儿童报纸应该是一个号角，激扬起人类互助合作的精神，使儿童不但有光明的思想和人格，而且有机会表达他们的热忱和力量，推动社会往前进步。

手脑并用，这是今天一致的口号，我们要养成手脑双全的儿童，除了看的材料之外，还应该有做的材料。所谓做的，除了上面所说的以外，那些剪剪贴贴的，当然未尝不可，而更重要的，还是在于一种有系统的问题研究，科学的把戏，有意义的游戏，或者某些足以健全身体的劳动，专门欣赏而没有机会让儿童去发表自己的能力，这是错误的。

二十世纪是科学的世纪，科学材料当然是重要的。但是那些鸡零狗碎的常识，并不是科学，零零碎碎凑一些东西起来，名为科学，这只有使儿童的脑子更糊涂。最近《中央日报》的《儿童周刊》连载一篇《水滴旅行的故事》，这种有系统的介绍，才能称科学的常识。科学本不是在纸上谈的，如再一谈科学便弄上一套名词，生吞活剥，这无异是在葬送儿童的良知，残害他们的“胃口”。所以如何将一些“硬”的东西“软化”，这也是一个编者和作者的责任。

关于儿童自己的作品，最理想的办法是应该不改他的原文，保留他的面目，而在文末由编辑的人加以批评，把错误和要改正的地方点出，这对儿童作文的兴趣会有更大的鼓励。

一张儿童报纸的新闻材料，分量决没有大报那么重，照现在一般情形来说，总不至超过篇幅的四分之一。而且，儿童报纸，事实上并没有出日刊的，所以新闻的支配，要非常经济。假使材料是剪自各大报的，应该重新加以组织，用谈话的方式，深入浅出的综合它，写出一件事情的真相。儿童自己所写的新闻，当然是他们自己所喜欢阅读的，因此，儿童报纸应该有儿童通讯员，而这种基本队伍，编者很容易在学校方面得到他们的协助。

最后，我将我所知道几份儿童报纸，作一个简单的介绍：（截至卅五年十二月底止）

刊名	地点	刊期	内容	销数	已出版期数	定价
《中央日报儿童周刊》	上海	周刊	专刊童话、剧本、常识、故事以及文艺作品。	不详	四十三期	不另售
《正言报儿童新闻》	上海	周刊	四开一张，第一版新闻，第二、三两版教材及小说、童话、常识，第四版儿童作品。	一万份	三十余期	每份一百元
《中国儿童时报》	杭州	五日刊	四开一张，第一版新闻、学校通讯、小言论等，第二版童话、剧本、故事及文艺作品，第三版各科教材，第四版儿童作品。该报对于音乐、图画、劳作三科教材比较丰富。	一万份	一千三百七十余期	每份一百元
《新少年报》	上海	旬刊	四开一张，用红绿纸印，形式美观，每月出画刊一次，第一版新闻，第三版少年园地，二、四两版小说、常识。	四千份	二十七期	每份一百五十元
《儿童导报》	衡阳	周刊	四开一张，编排方式与《中国儿童报》同，惟印刷较逊，第一版未经消化的电讯太多。	三千份	六期	每份一百五十元
《儿童新闻》	成都	旬刊	四开一张，用土纸印刷，第一版专刊儿童新闻科识、时事简报，第二版儿童作品，三、四两版教材及书报介绍、儿童生活描写。这张报纸每期都与教科书配合，所以是一张最好的补充教材，只可惜印刷较差。	三千份	二十七期	每份一百元
《儿童周报》	绍兴	周刊	八开一张，编排方式与《正言报儿童新闻》同，但因人力物力缺乏，内容空虚，闻不久即将改出杂志。	未详	五期	每份八十元

续表

刊名	地点	刊期	内容	销数	已出版期数	定价
《儿童报》	黄岩	旬刊	八开一张,形式、内容与《儿童周报》相同,因经济困难,有停刊志。	一千份	十期	每份一百元
《儿童之友》	南昌	半月刊	八开一张,土报纸,地方性的材料特别多。因篇幅有限,内容并不十分充实,并且有单调的感觉。	未详	十期	每份五十元
《贵州新儿童》	贵州	周刊	四开土纸,内容亦无特点。	未详	未详	每份一百元
《新少年》	桂林	半月刊	未详	未详	未详	未详
《新儿童报》	重庆	周刊	内容与成都《儿童新闻》相仿。	四千份	一百余期	每份一百元
《陶瓮旬报》	湘乡	旬刊	四开一张,石印,时事材料写得最好,而且有时令教材、学校活动的特写,内容是相当活泼生动的。		已出到第八卷二十八期	每份三十五元

除上表所列十三张儿童报外，成都原有四家，昆明亦有一家，但已停刊，嘉兴亦出过一张儿童报，但只一期就停刊了。我想南京和广东一定也有儿童的报纸，但无论如何，像这样一个偌大的中国，在数量的分量上，这几份报纸是不够的。假使儿童的人数占人口总数的八分之一的话，那末中国应该有六千万儿童，又照教育入学儿童占学龄儿百分之六十计算，那末识字的儿童也应该有三千六百万，如果十个人看一份，也该三百六十万份。可是事实上，今天儿童报纸的销路正是这样狭窄，发行的数量是这样的微，我们恳切地希望热心教育的人士，负教育责任的当局加以注意和协助。

【编者按，萃庭先生附寄一份他主编的《中国儿童时报》（社址：杭州慈幼路）来，内容丰富，编排活泼，谨为推荐。】

（载上海《大公报》1947年2月2日）

中国儿童读物作者联谊会的诞生

李楚材

中国儿童精神食粮的缺乏，乃是普遍的现象，注意到的人却很少，注意到而为儿童设法增补精神食粮的人更少。在救助儿童的目标下，胜利后的上海陆续发行了几种儿童刊物。

这些给孩子们阅读的杂志和报纸，因为新的作家不多，材料的搜集和编辑的对象大致相仿；又因交通阻梗，儿童购买力不足，对发行上也有许多困难。于是，几个儿童读物的编者，就有发起集会商讨种种问题的意思。

发起聚谈的人是陈鹤琴、陈伯吹两先生和笔者三人，第一次集会于三十五年五月二十四日，地点是在南京路大三元酒家二楼。到会有伯吹、公超、贺宜、维湘、百英、韩群、衣青、修和和本人，另外有十多位大夏大学教育系的同学由百英先生率领来参加。

首次集会，在编辑方面解决了两个问题，第一是大致分定各杂志的编辑方针，依照内容，有的偏重文艺，有的偏重自然，有的偏重社会；依照对象，有的偏重低级，有的偏重中级，有的偏重高级。第二是商定各杂志社的稿件互相交换，适合某一杂志的稿件就送到哪里去。在发行上，决定各杂志互相介绍，合作推广。

到会的人很兴奋的发表意见，对儿童文学的新趋势，提出了适合时代、适合环境、有积极性、有发展性等特点，更主要的是要用儿童的口语来传达儿童所能了解的意念。

茶会从下午二时直到六时结束，大家希望把范围扩大组成中国儿童读物作者联谊会，能够经常联络，嘱笔者分函各作家参加。

三十五年六月九日，中国儿童读物作者联谊会筹备会正式成立，到会的有十四人，商讨章程草案，修正后付印分发各会员，俾于大会时提出。另有决议分年编制小学各年级阅读书目，俾作各学校购买儿童读物的参考。

同年十一月十一日举行第二次会，事前分发讨论的主题是连环图画。分析为五个问题：（一）连环图画对儿童及民众的影响；（二）现行连环图画的缺点；（三）改进连环图画的意见；（四）如何改革现在的连环图画；（五）如何向现行连环图画的发行者手里争取广大读者。到会的有十八人，轮流发表意见，极为热烈，对连环图画的重要性与改进之点，有很多的收获。

第三次会于本年三月十四日举行，出席者十八人。决定于本年儿童节在沪举行第一届儿童读物展览会，分六部门陈列展览［（一）各国儿童读物，（二）各种连环图画，（三）古今教科书，（四）各书局出版之儿童读物，（五）儿童作品，（六）儿童读物研究书籍］，以引起社会人士对儿童读物之注意。

中国儿童读物作者联谊会是先后工作和研究上联系各会员，直到现在还没有举行成立会，也没有通过会章，选举过职员，希望在这次“儿童读物展览会”举行后，有个固定的组织，凡是从事儿童读物实际工作者——写作或研究都欢迎参加。

我们要为着儿童写，为着儿童做，为着儿童唱，为着儿童的幸福贡献我们的一分力量。儿童读物的工作者紧紧地站在一起来工作吧！

（载上海《大公报》1947 年 4 月 6 日）

看了儿童读物展

潘际坰

距今三十一年以前，林琴南先生从《战国策》、《左传》等书，选辑成他的《国文读本》（商务版，高级小学用）后，不禁叹一口气说：“纾为教员二十有二年矣！自小学至于高等及分科大学，皆效力焉。……统计生徒，可一千七百余人。文学分科中颇有成就之人；惟小学最难启悟。童子摊书，仰视教员讲解，虽竭尽精力与语，彼视教习若老优粉墨登场，以为观剧也。迨叩以书中之义，则茫然一无所解。”如果林老先生昨天从新闻路小学走出来，回味他参观儿童读物展览会的情景，他定将战战兢兢地说：“啊！时代进步了！陈腐的落伍的要被淘汰！”

林老先生的烦恼是直接由儿童读物这一问题而产生的。其实不能怪儿童难于启悟，而要怪自己不懂得启悟，或者自己被启悟得还嫌不够。

譬如拿“连环图画”来说罢，孩子们挤在那间教室里，不要教师讲解，便津津有味地读着。从《二十四孝》、《王佐断臂》、《王老五》直到《克复桂林》、《原子弹》、《一大伟人罗斯福》，这一类的书要搜集起来，何止千本。好处在篇幅甚多，大抵有二百五十页以上，而且情节复杂，动作又多，再加图画辅助，自然趣味横生。新出的《历史故事连续画》，每本不足四十页，而且内容是陈圆圆、夏完淳的故事，读者甚为寥落。目前连环图画中佳作绝无仅有，在内容上有的是诲淫诲盗，词句粗糙，未经加工，在编排上也显得潦草不堪，别字既多，书末除注明“完”字外，竟还有加上“本书至此便告终”、“结束”、“完了”字样的。至于《原子弹》等书，其内容的歪曲，更属在所不免。这一部门在儿童读物中分量极重，影响也极大，果能刷新整顿，一面来一次连环图画大扫除，一面以另一套新内容、新趣味、严谨而不失其活泼的作品与世人相见，其功效当不在添设百十个小学之下！

在“教科书”陈列室中，我们有机会观摩英、美、日、意诸国的作品。意大利教科书（一九三四年版）的插图着色，我最为欣赏。中国儿童，有书可读，已是莫大福气，至于培育艺术欣赏的眼光，更是谈不到了。在这陈列室中，我发现童年所读的新学制国语教科书（民国十二年）第一册第一课《狗，大狗，小狗》、第二课《大狗跳，小狗跳，大狗叫，小狗叫》赫然在场，心中喜悦万分，抚摩良久，不忍释手。就是这一本书便足够将我的感情推回到二十多年以前，儿童读物的影响，实在是太久远了。再翻阅战时读本（生活版，重庆印），第一册则是《火！火！东洋鬼子放的火！》，也很能形象地表达当时的时代脉搏。我真为儿童作家们担忧，现在如编一册国语教科书，应该如何着笔。

儿童文学可以说是“五四”以后的产物。在民国二十年正式宣布儿童节后，更加蓬勃，可惜今天的大局太糟，儿童文学的处境极为艰苦。至于一般读物，陈伯吹先生说，苏联儿童作家们曾做了改编的工作。如 A. 托尔斯泰将《木偶奇遇记》改编为《金钥匙》，将《绿野仙踪》缩编。不久以前，在上海上映的苏联影片《宝石花》，便是一张很好的儿童电影。在国内，陈先生向我介绍一位默默苦干名叫仇重（原名刘显启）的作家。他的作品《从风吹来的地方》（儿童时报社出版）便是根据几个抗日故事而以成熟的文艺笔法写成，作为指导的儿童读物，是极好的。今日我们所要争取的，其艰苦迫切不下于在战争中要抵抗的暴敌，希望仇重先生慎选题材，以他的笔为孩子们服务。

此外，陈列的还有"刊物报纸"和"自编读物"。商务印书馆有历史的《儿童世界》，原有今天复刊的计划，不幸竟告流产。从"自编读物"中，发现儿童对于动物和花草的偏爱。这些天真的孩子，如果知道就在今天的中国，仍有无数的同伴和他们的爸爸妈妈，过着牛马不如的生活，咬树根，嚼树皮，那么在这本大书面前，将要低首沉思，默默地第一次宣誓他们的爱憎了。

这次陈列的儿童读物共约三千册。展览是由中国儿童读物作者联谊会主办的，今明两天还有观光的机会。

（载上海《大公报》1947 年 4 月 5 日）

论连环图画

胡水萍

一、前言

连环图画被认为不登大雅之作，社会人士皆不耻与闻，间有论及者，莫不主张取缔、焚毁，或根本禁绝，一若不如此，便不能为社会除其毒害。

诚然，连环图画确有其不可磨灭之缺点存在，但其本身，乃是文化上一种工具。此种工具，譬之河水，可以载舟，可以灭顶，功过固不在水，在乎用之得法耳。廿年来，惜尚未有人虚心研究，立志改善，"择其善者而从之，其不善者而改之”。徒见一般士大夫之流，口诛笔伐，极尽除恶毋尽之能事，究其结果，亦不过纸上谈兵，徒托空言而已。

二、连环图画之再认识

中国出版界的最可怪的现象，那就是正当的书报杂志流行不广，邪说异端的连环图画却风行各地。此种怪现象，有识之士无不惊异感叹，认为这是文化上毒物，危害人民思想，浪费宝贵物资，应予严加取缔，以安社会。但是数十年来，人们厌恶情绪虽与日俱增，可是连环图画却在人们厌恶的情绪中蔓延滋长，却能吸引大多数的群众而形成今日之不胫而走的状态，这是什么道理呢？

因为中国的社会层本来就有与图画接近的广大的读者，这些人一向是缺乏精神上食粮，一旦看到了连环图画，便饥不择食地传诵不息了，这是连环图画在中国能特殊存在的原因。

我们要改革连环图画，必须要认识连环图画的客观环境与连环图画的存在价值。明白了这一点，就可以知道消极的厌恶与盲目取缔是不能把握到问题的本质的。

我们认为连环图画是一个有力的工具，如能用之得当，则获益匪浅；不当，则遗害无穷。所以，我们对于连环图画的改良，须以积极的抱负来代替那消极的情绪，以时代的建设的新的内容，来代替那神怪不稽的作风。那么我们不但改进了连环图画，将连环图画争取到自己的手里，而且也得到连环图画在宣传上的伟大成功。

以上是我们提出再认识的一个前提，凡是向此途径努力的新连环图画，正需要舆论，鼓励与爱护，一个生长在乱草蓬勃中的花苗，本已得不到正当的阳光雨露，若再一经践踏，便定然断送全部生机了。

三、图画宣传与文字宣传

我国文化宣传，似乎偏重于文字而忽略了图画，虽然图画刊物出版的也不少，但以文字宣传与图画宣传的比重而论，显然是图画宣传没有被重视，在客观上放弃了一个最有力的工具，实为遗憾。而我国教育落后，文盲占绝对的多数，偏重文字宣传，其宣传效果只能在智识阶层中兜圈子，普及是绝对谈不到的。文字是间接的工具，图画是直接的工具。以中国目前文化水平而论，连环图画适应大众的低级口味，吸引落后群众传阅，已成为家传户诵、人手一篇的读物，形成了图画宣传最有力的工具。那末我们应如何利用这工具，强化这工具？可惜到今天为止，戴着白手套的文化人，仍是高视阔步，只知厌恶，不肯实际下手改革连环图画，认为是卑鄙的工作。而政府亦不肯整理连环图画，一任连环图画在国家文化策略中为脱缰之马。所以，中国连环图画，必然有待于有志之士，不怕艰苦、忍受牺牲来改革它。

然而这还是一种理想。目前中国文化出版界，整个的还在艰苦挣扎之中。在这混乱的局面下，经济濒于危殆，出版物其不中途短命而死的，那恐怕必有雄厚或特殊力量。

四、连环图画发行网普及全国

由于图画宣传之普遍，旧连环图画所以能够销行全国。在现在，国内各大商埠以及穷乡僻壤都有经营连环图画的小卖商与出租户。至于国外华侨杂处之地，亦均为连环图画行销之范围。此种发行网之广大，是几十年来旧连环图画侵蚀发展之结果。而这一成果，若有人加以利用，可以无条件的继承下来。我们具备了旧连环图画十几年的经验，来出版“新连环图画”，一方面保持旧连环图画传统的形式，内容上却予以更换，即所谓用旧瓶装新酒的方法，来承乏旧发行网的便利。他方面再向学校、图书馆、家长开辟成一条新的发行路线，想来这并不是难事。

五、新连环图画出版方针

愚意计分五科：（一）时事科。采取时事地图方式，用图画将新闻绘出，使读者以字说图，以图记事，了解时事。（二）社会科。介绍各国民风、各地生活、民主运动等。（三）修养科。提倡道德修养，绘制古今中外伟人传记。（四）自然与应用科。编印科学发明故事。（五）

历史地理科（从略）。

六、淘汰一切荒诞不稽的毒化连环图

新连环图画不能仅以完成其出版目的为满足，更进一步要淘汰旧图使之失去存在的地位。其步骤，最初先要保持新连环图画优异纪录，无论内容与数量上，要取得读者的爱护。因为我们不是有了出版方案就算了事，必须要考量读者的阶层、接受能力，以及把握因时因地而变化的特殊现象，随时要站在读者前面，来研究读者，适应读者，领导读者，使新连环图画在正确的基础上向前发展。我们预期除了我们自身努力以外，还要借重当局的力量与舆论界评论来无情的向旧图扫荡，务使毒化的旧图慢慢的归之于绝迹而后已。

七、愿有志者共同努力

在中国从事于连环图画改革的、思想前进的文化人、木刻家、漫画家，也有过一度努力。其结果可惜皆未能把握连环图画改革的核心，他们热心有余，经验不够。不是技术落后，就是题材枯燥；不是太主观，就是太深奥。他们简直忘了旧连环图的特点所在，而且有的竟变成了绣像小说之插图，有的亦竟成了漫画形式。按插画与漫画俱与连环图画不同，插画既缺少完整的连续性，漫画并不适宜于连环图画之低级口味，况形式之变换，定价之高昂，又皆不能与旧图竞争，其不研究旧图之特质，忽略读者之习惯性，皆为失败之由。

以上的话是我的一点意见。我虽然埋头在旧连环图画界有年，但一般人对旧连环图画所不满的，我非但有深的同感，更有无限慨叹！我们的力量太单薄了，倘愿合作，无论有资历者或技术人员，如有见教，无任欢迎。

（载上海《大公报》1947年7月20日）

连环图画之毒

陈家骅

三月三十一日的《宁波日报》，有一则这样的新闻：

中了连环图画之毒
小学生入山访道
五个人联袂由沪搭江亚来甬，彷徨轮埠，经人发觉，送交警局。

这不是笑话，我们不能认为滑稽有趣的；这也不是小学生的愚蠢，这畸形现象，不过说明了我们民族的幼苗——我们的下一代的悲剧而已。

“入山访道”，曾在抗战前“演过”；而在十年以后，竟会重行翻版，真是痛心的事。

曾经有人大声疾呼：“请注意儿童教育。”然而儿童教育怎样“注意”了呢？

在乡野，地方贫瘠，经费无着，一乡难得有一所完善的学校。这样没有钱的是不能进去的，大部儿童只好消磨在：“赵钱孙李”、“天子重英豪”的烂纸堆里。头发灰白的眼镜高高架在额角上的“遗老”们，却是还在灌输“天子”统一天下的“知识”。对满清还是念念不忘，对宣统的“革”掉，还显得很痛心的样子。

城市里虽比较好些，但除了“部颁”的国定教本外，课外书是数得清的几个《小朋友》、《儿童世界》之类的期刊，于是儿童们只有向连环图画里钻。一百元一次，又便宜，又有趣。而先生们对学生的影响及后果是没有想到的，仅抱着“只要不吵”的心理，从不制止。于是连环图画租借铺生意大发，一本万利。“绘画家”漏夜制作，“出版商”五千一万部的“加工精印”，你说，孩子们的周遭，还不给连环画遮盖了吗？

这情形实在太使人伤心了。

一切事在于行，空话没有用，“儿童教育”、“教育儿童”我们说得怎样天花乱坠，对学生还是毫无益处。

为了防止“入山访道”悲剧重演，我们只有烧毁荒诞无稽的连环图画，不姑息，不马虎。“神妖鬼怪”、“玉皇大帝”、“十八层地狱”的时代已过去了。

为了下一代，为了新生的中国，醒醒吧，教育当局。

四月二日，杭。

（载《申报》1947年4月17日）

连环图画在蜕变中

何公超

感谢何先生，为研究几千册连环图画中较优秀的一百一十种作品，足足花费了半个月的功夫写成这一篇有深度的文章。全文八千五百字，若就这小刊物的篇幅而论，似嫌不胜负担，但是连环图画在过去与目前，对于儿童及小市民思想上的影响之大是难以估计的。我们重视这问题，并欢迎连画工作者、作家、画家、教育家、儿童和他们的家长参加讨论，必要时将出特辑。同时对图画小说改进研究会，我们也有甚大的期望，希望发表宝贵的意见。

——编者

今年的儿童节全天及翌日上半天，“中国儿童读物作者联谊会”借新闸路小学的四个教室，举行了“儿童读物展览”。其中的一半，专门陈列“图画小说改进研究会”所借的一百多种连环图画。一天半的功夫，吸引了无数的小读者，川流不息的进来，全神贯注的阅览。其热闹拥挤的情形，刚好跟其他三室（教科书室、一般读物室、期刊报纸及儿童自编读物室）的冷落寂静，做了个显明的对照。连环图画之被儿童大众所喜闻乐见，又得到一次证明。

展览会结束之后，我就对这一百多种连环图画加以研究。

在借书给本会的时候，“图画小说改进研究会”的主持人就曾经说过这样一句话：“我们这一次送去展览的，拣的都是好东西。”我把全部展览品看过之后，才深信连环图画的确是在蜕变中，连环图画是在向好的方面跨步——虽则步调不一致，而成就也不十分大。

连环图画的过去是不光荣的。它替吃人的旧礼教张目，它迷信、怪诞、色情。几乎一切属于落后的詈词，都可以加上去。它害得教师摇头，家长叹气，记者板起面孔加以斥责。然而，它却得到孩子们的热爱，小贩、厨子们的迷恋。

最近，本市的几种报纸和一些社会人士，又对它围剿起来了，高呼着要把它杀尽灭绝（从抗战以前唱起的老调子又响入云霄）。

这些先生们忘记了世界上任何事物都是可以变的，而且正是不断的在变着。连环图画也不能例外，它也正在向好的方面转变。

我一向反对不分青红皂白取缔连环图画，在《文汇报》四月四日儿童读物展览会特刊上，曾经说过这样几句话：

“连环图画已有数十年的历史，它有那末多的读者，它有遍及全国的发行网。要取缔它，消灭它，事实上不可能，倒是应该由我们跟原有的出版机构合作，利用它的形式，装进新的内容，利用它的发行路线，吸收它的原有读者……”

事实上，等不到我们去合作，他们（这些民间文艺工作者）中的一部分人已经自动洗刷旧瓶，慢慢地装上新酒了。

现在，我把这一百多种连环图画分成七类，逐类加上说明，并略论其优点和缺点。缺点当然是有的，我生怕那些先生们又要问我讨十全十美的东西。

我希望围剿者能够由于下面的分类和说明，看出连环图画慢慢地在由旧变新，由坏变好；放下刀锯斧钺，转而奖掖它，扶助它。那末，也许有一天会“十全十美”的吧。

根据内容，这一百十种连画可分成七类。

一、由旧小说、戏曲、民间故事改编者

书名	册数	出版者	所根据的小说、戏曲或民间故事
《水浒传》	四	文华	《水浒》（小说）
《岳传》	四	文华	《岳传》（小说）
《岳飞抗金兵》	四	惜阴	《岳传》（小说）
《忠臣之子》	四	大丰	《岳传》（小说）
《疯僧扫秦》	一	全球	《岳传》（小说）
《金台传》	二	惜阴	《金台传》（小说）
《征东》	二	文华	《薛仁贵征东》（小说）
《征西》	二	文华	《薛丁山征西》（小说）
《清宫演义》	二	文华	《清宫演义》（小说）
《十三妹》	一	惜阴	《儿女英雄传》（小说及戏曲）
《雷峰月冷》	一	全球	《白蛇传》（小说及戏曲）
《薛刚反唐》	二	文华	《薛刚反唐》（小说）
《二十四孝》	二	惜阴	《二十四孝》（民间杂书）
《王佐断臂》	一	宝山	《岳传》（小说）
《木兰从军》	一	全球	《木兰从军》（戏曲）
《舍身救国》	一	励进	《木兰从军》（戏曲）
《斩经堂》	一	全球	《斩经堂》（戏曲）

连环图画的内容，过去大部分是根据旧小说、戏曲以及民间故事改编的。看了上面这十七种连画，可知目前他们还离不开这条老路线，而像《二十四孝》这一种宣传封建道德的材料，更不足取。

不过，我们也不能说旧小说、戏曲、民间故事就完全不值得取材。如果改编者滤去了封建思想的毒素，注入进步的内容，那末，由于旧小说、戏曲、民间故事的早已家喻户晓，收效一定非常之大，影响一定非常普遍。

在话剧界，不是已经有人把《牛郎织女》（吴祖光）、《白蛇传》（卫聚贤）改编了么？

这里，我特别推荐全球书局出版的连画《雷峰月冷》，它就是站在反对寡妇守节、主张恋爱自由的观点上，把《白蛇传》加以改编的。《白蛇传》的故事早已流传于民间。每年旧历的端午，有多少妇女在扮演这故事的舞台前，为“白娘娘”流着同情之泪？

这本连环图画却把这故事加以彻底的改编，它把原来的妖魔鬼怪一扫而空。它说白素贞是一个普普通通的寡妇，并不是什么白蛇精；而小青也不过是她的忠心耿耿的丫头，并不是什么青蛇精。它把法海禅师写作封建意识的代表，旧礼教的发言人。年青美丽的白素贞嫁了一个因贪污而多财的老官僚。丈夫死后，仍然碰到了忠厚老实（无用的别名）的许仙。两个人由朋友而恋爱而同居。然而法海出场了，他受了朋友——老官僚——的临死前的嘱托，防范着白素贞有什么“违反妇道”的行为。他用尽了一切手段：造谣（说白素贞是蛇精）、威胁（他要以强奸寡妇、诈取钱财的罪名加在许仙身上）、侦察（他派小沙弥做特务，刺探白和许的行动）、囚禁（他最后把许仙囚禁起来，想强迫白素贞就范）以对付这一对年青的情人。

为了证实他的谣言，他居然乘小青不留神的时候，把一条大白蛇放在白素贞的床上，然后叫许仙进去看。许仙这老实人当时就吓得晕倒了。等到白找到了药草，把许医好，法海又叫许“自行失踪”，偷偷地跑到镇江，躲在金山寺里。

白素贞也毫不放松，赶到金山寺，向法海要人。经过许多次的斗争，法海计穷力尽（同时，许仙也看穿了他的鬼魅伎俩），似乎应该让年青的一代自由结合了，然而他又拿出最后的法宝，要凭借政治力量来压服他们：先把许仙囚禁起来，“等捉到白家淫妇，一齐送官究治”。

素贞知道法海在官场很有势力，如果自己再跟他斗下去，那末，她不但不能获胜，连许仙也要大吃其亏，所谓“投鼠忌器”，她屈服了，向旧礼教屈服了。她把孩子养下了之后，以释放许仙为唯一条件，停止了斗争，自己关闭在雷峰塔下，为死去的丈夫守节以终。

这样的结束，似乎未免泄气。但是，正如书中主人翁白素贞所说：“纵然战胜了法海，终不能战胜整个的封建洪流……”我们所应战胜的不是法海之类的个人，而是抹煞人性的整个封建制度。斗争的目标，是要辨清的，这样的收场，实在给我们一个大大的警惕。

我认为这个民间故事的改编是成功的。

二、以历史人物的事迹为题材者

《费贞娥刺虎》	一	全球	
《吕蒙正》	一	连环	
《塞外忠魂》	一	全球	写王昭君和番事
《董小宛》	一	全球	
《戚继光》	一	全球	
《戚继光》	一	惜阴	
《文天祥》	一	惜阴	
《蔺相如》	一	惜阴	
《式卜》	一	惜阴	
《葛嫩娘》	一	全球	
《班超》	一	惜阴	
《史可法》	一	连环	
《郑成功》	一	全球	
《郑成功》	一	惜阴	
《卧薪尝胆》	一	全球	写勾践灭吴事
《李秀成》	一	全球	
《梅花岭》	一	全球	写史可法扬州殉国事
《天宝遗恨》	一	全球	写唐玄宗与杨玉环事
《林则徐》	一	文德	
《梁红玉》	一	全球	

历史人物的事迹，一向就是连画编绘者乐于采用的题材。在上面二十种连画中，以民族英雄及爱国者为主角的有十六种，可知取材并不是漫无选择。近百年来，中华民族历受外族的侵凌，创巨痛深，“抵御外侮”的意识，可以说已经深植人心。这些民间文艺工作者也正是提倡

“爱国主义”，表扬民族英雄。

值得特别提出的是《李秀成》一书。这位被满清统治者及其走狗们骂做“匪”、“逆”的人物，在连画编绘者的笔下，却写成忠于民族、爱护人民的英雄，临死不屈，大义凛然。可知顺逆之辨，忠奸之分，人民的心里是雪亮的。我很希望把大汉奸曾国藩捧得天一样高，叫后生小子拿来做立身处世的模范的先生们，向这些连画的编绘者虚心学习学习。

不过，这一类连画，无法掩饰，有两种很大的缺点：㈠虚构情节；㈡颠倒史实。这里且举出两个显著的例子：

文德书局出版的《林则徐》，内容与这位禁烟名人的事迹完全不符。全部情节，出于虚构。这是第一种缺点的典型例子。

左良玉于明末抵抗清兵，颇有功绩。福王时，引兵讨伐佞臣马士英，到了九江，死于军中。可是，在全球书局出版的《梅花岭》中，却说他投降清军，戴着花翎，穿起马蹄袖，进攻南明。把史实来一个大歪曲，对古人加以极大的诬蔑。这是第二种缺点的典型例子。

三、以现代人物的事迹为题材者

《罗斯福》	一	中国	
《吴佩孚》	一	全球	
《蔡廷锴》	一	全球	
《伟大的领袖》	一	中国	写蒋主席的事迹
《北伐记》	一	广记	同　　上
《幼年安迪生》	一	联益	
《伟人安迪生》	一	联益	
《苗可秀》	一	全球	
《游击名将王八妹》	一	全球	
《陈公博艳史》	一	宾泉	
《汪精卫史》	一	华大	

以现代人物的事迹为题材，这是连画编绘者新走上的一条路。它的

编绘，比起脱胎于旧小说、戏曲者，要难得多。编绘者必须理解现代生活各方面的情形，熟悉某一个人的传记，在复杂多变的一生中，理出一条线索来，作为贯穿全书的情节。

在上述十一种传记性的连画中，我特别欣赏《罗斯福》（中国图画出版社），《幼年安迪生》、《伟人安迪生》（以上两书均联益社）三种，内容完全根据史实，没有一点虚构，而又能一气贯通，读起来毫无支离破碎之感。幽默紧张的地方，非常自然，毫不觉得勉强做作。《罗斯福》一书，除了上述优点之外，人物的生动、画面的美观、说明的简洁、印刷的清晰，在所有连画中，可以说是首屈一指。

不过，在这一类连画中，正像以历史人物的事迹为题材的连画一样，虚构情节与颠倒史实者亦复不少，此处我不想再举例了。

四、以儿童为书中主角者

《祖国的孩子们》	一	全球	人物作古装
《智仁勇》	一	全球	同上
《穷》	一	全球	同上
《小画家》	一	民众	大人作古装，小孩作时装
《小侠金锁钻》	一	惜阴	人物作古装
《纸头老虎》	一	五华	同上
《勤奋》	一	全球	同上
《中国童子军》	一	协成	人物作时装
《小学生捕盗记》	一	全球	同上

上面九种中，人物作古装者六，时装者二；其中《小画家》一种，大人作古装，小孩作时装。连环图画常常有不伦不类的地方，这就是一个例子。

主角是儿童，但书中所表现的，与古代以及当代的儿童生活，可以说是毫不相关。古装的那六种，和“古”、“时”杂糅的那一种，内容还是神怪剑侠那一套。其中《勤奋》一种，在结束时，主角竟中了探花，奉旨游街，煊赫得不得了——原来，一个人所以要勤奋，其目的不过如此而已。

时装两种——《小学生捕盗记》，脱胎于德国儿童小说《爱弥儿捕盗记》，是资本主义文化的产物，不根究盗贼所以产生的原因，而一味颂扬捕盗者的智勇。《中国童子军》强调童子军协助军队剿匪的功绩，与《小学生捕盗记》一样，是一本承认既存社会秩序的东西，无非是鼓励人们去替有产者的财产作保镖而已。

今天，中国的儿童，正跟着他们的父母，一齐为内战而吃苦，而牺牲。如果拿目前的儿童作题材，编成连画，是很有意义的事。然而，我们的连画工作者还不曾这样做，这是深可惋惜的事。

五、由电影改编者

《猩猩王金刚》	二	泰兴	根据美国电影
《神灯记》	一	全球	同上
《罗宾汉》	一	全球	同上
《轰炸东京》	一	全球	同上
《忠义之家》	一	全球	根据国产电影
《气壮山河》	一	全球	同上
《日本间谍》	一	全球	同上
《王老五》	二	文华	同上

根据电影来改编，也是连环图画的一条新路。

在上面八种连画中，由美国电影改编的跟由国产电影改编的各占半数。由于好莱坞电影在目前中国电影市场上占着压倒的优势，往后拿美国电影来改编的连画，一定不会少于国产电影改编的连画是可断言的。不幸得很，好莱坞电影一向反映着烂熟了的资本主义社会的生活与意识，有进步意义的东西，而不得一。我们的连环图画，还没有完全摆脱封建思想，如果再加上资本主义的含有毒素的意识，那不是对于读者的头脑，给以两重的毒害吗？

至于国产电影，也是落后的多，进步的少。如果不加选择地改编，那末，其有害于读者，正和由美国电影改编者一样。

这是连画工作者必须时时警惕的。

六、以抗战事迹为题材者

《地下火》	一	全球
《捉拿陶铸》	一	文海
《山河重光》	一	文华
《常州血债》	一	文华
《抗战八年》	一	文华
《正义的火花》	一	全球
《淞沪血战》	一	全球
《最后一颗子弹》	一	文华
《伪军官恶势力》	一	改进
《桂林血战记》	一	文华
《儿女忠魂》	一	全球
《野小鬼》	一	广记
《日本宪兵队》	一	改进
《穷人的血》	一	全球
《铁蹄下》	一	全球
《汉奸末路》	一	全球
《克服桂林》	一	全球
《壮志千秋》	一	文华
《保卫芦沟桥》	一	惜阴
《战地鸳鸯》	一	全球
《中国空军战斗史》	一	全球
《原子炸弹》	一	全球
《原子弹秘密》	一	少呆
《抗战胜利》	一	全球
《孝女锄奸记》	一	图画
《忠义救国军》	一	周家

《热血五十年》	一	全球
《七七芦沟桥》	一	全球
《新六军缅甸大战》	一	全球
《保卫大上海》	一	惜阴
《血战台儿庄》	一	全球
《长沙大捷》	一	全球
《地下部队》	一	全球
《热血姑娘》	一	宏泰
《抗敌灭寇》	一	改进
《秘密日记》	一	未详
《火炼》	一	广记

以上共三十七种，在数量上比其他任何一类为多。这次抗战，是决定我们中华民族为主为奴的一件大事。连环图画的编绘者拿抗战事迹来做题材，而且出得比别类为多，可以看出连画编绘者的眼光，不再专注在旧小说、旧故事上面，而开始注视到与整个民族有关的大事件上来了。

这一类里面又可以分成三小类：一、以整个八年抗战始末或某一战役为内容者。二、以某一人或某一家在抗战中的英勇事迹为内容者。三、以日寇或汉奸的暴行为内容者。

可惜的是，在这三类之中，都难找出令人稍能满意的作品。第一类，人名地名，用的都是真名，故事也根据史实编排。可是，常常发现完全出于虚构与事实毫不相符的部分。第二、第三类更是全凭编绘者的空想，从头到尾是空中楼阁。情节怪诞无比，画面则尽量的惨酷恐怖。可以说，披的是抗战的外衣，实质呢，还是过去神怪剑侠那一套。

其所以如此的原因，我的推想是：抗战期间，这些连画的编绘者未曾离开过上海，更未曾投身在战斗的生活之中，现在要他们来编绘抗战史实，只有凭空想象。弄出这样不堪入目的东西，正是理所必至，势有固然。然而，神圣的抗战，岂容这样的歪曲报导，胡乱记载？

七、根据新文艺作品改编者

《阿Q》	一	连环	根据鲁迅小说《阿Q正传》
《表》	一	连环	根据鲁迅译儿童小说《表》
《雷雨》	一	全球	根据曹禺作剧本《雷雨》
《万世师表》	一	文华	根据话剧《万世师表》
《塞上风云》	一	庆记	根据话剧《塞上风云》
《龙子》	一	文海	根据赛珍珠所作小说《龙子》
《血溅东北》	一	全球	根据波兰女作家瓦希列夫斯卡所作小说《虹》
《祖国》	一	文华	根据话剧《祖国》

上述八种，根据小说改编者和根据剧本改编者各占半数。

拿新文艺作品来改编，这是连环图画的勇敢的尝试，进步的倾向，值得我们赞美。

我同几个朋友也曾经想这样做，然而到现在还没有动手，面对着这八种作品，真令人惭愧。

自有新文艺以来，任何成功的作品，都只在知识分子之间传来传去。谁曾把它们改制成通俗的形式送到老百姓的眼前？——现在他们却做了尝试者！

这里面，我要特别推荐《阿Q》这一本连图（连环书局出版，胡水萍编，赵宏平绘）。它里面的人物，并不限于《阿Q正传》上的，鲁迅先生别的几篇小说里的人物，如《故乡》里的闰土，《药》里的红眼睛阿义，《明天》里的红鼻子老拱、单四嫂、蓝皮阿五，《风波》里的九斤老太、七斤嫂、八一嫂，《孔乙己》里的孔乙己等等，也借用过来，让他们在里面活动。用这些人物作陪衬，由阿Q作主角，从“优胜纪略”一直到“大团圆”，编成一个连贯的故事，而阿Q这一贫农的“精神胜利”、“欲弱怕强”、“忌讳”等等典型性格，便活跃于纸上了。

这本书的另外一种优点是：所绘的背景与书中的时代相符（画的确确实实是清末民初那一个时代），人物活跃生动。我见过丁聪和丰子恺所绘的阿 Q，总觉得丁聪所绘的太漫画化了，做作而不自然，丰子恺的又嫌呆板而不生动；都不及赵宏平所绘的阿 Q，他画的似乎是真正的阿 Q。

此外如《万世师表》、《雷雨》、《表》，都画得不错，不过赶不上这本《阿 Q》罢了。

新文艺作品可以改编而且值得改编为连画者是很多很多的，我希望连画编绘者，继续不断地在这方面努力。

文章写到这里，我得综合我的意见了：

一、统计这一百十种连画，以旧材料为内容者四四种，以新材料为内容者六六种。撇开思想意识不谈，光拿取材而论，连画是在蜕变中，是在向新的路上走；尤其是拿新文艺作品来改编，是值得赞美的事。最近各方面叫嚣着要把所有的连画一概毁灭，如果真的这样不分青红皂白地做去，那无非是把稻麦的幼苗也当作莠草一同拔去而已。

二、连环图画有几十年的历史，遍及全国深入大众的发行网。我们的新文艺工作者、民众教育工作者应该跟原有的出版连画的书局及编绘者合作，供给他们进步的材料，帮助他们改进绘画、说明、印刷上的技术，共同创造新的有益的连环图画，做民众的精神上的白米跟青菜。

三、连环图画编绘者自己也应该在思想上、技术上力求进步。以思想而言，要挣脱封建主义跟资本主义尤其是法西斯主义思想的枷锁，接受代表人民大众的进步思想。以技术而言，不论是绘画、说明、印刷，都要一反过去拙劣、黯淡的作风，力求精美与明朗。其方法是：（一）举行演讲会，请新文艺作家、画家、民众教育家演讲；（二）组织读书会，共同研读足以使自己进步的书籍；（三）研究国际及国内政治、经济、文化等等的趋势，关心人民大众的生活。

连环图画是民间自己产生的读物，若善于应用，一定能够成为收效宏大的民众教育的工具。如何改进，还有待于文化界人士的共同商讨，通力合作。本文最后所说的几点意见，是非常浅陋而简略，希望大家来详细讨论。

（载上海《大公报》1947 年 5 月 18 日、5 月 25 日、6 月 1 日）

上海的连环画

潘际垌

连环画身世

那陈列在上海街头巷尾，深入南洋以至各地穷乡僻壤的连环画，虽然在民国二十三年一度遭禁，虽然为正人君子所不齿，然而它的读者，不是全国最销的报纸赶得上的。上海陈列连环画的书摊有三千左右，每天租阅的人数，依保守的估计八十人算，总数即有二十四万人！

上海共出了多少本连环画，从没有人统计过，但据前辈说，开始印行是民国五年的事，当时主要的销路是汉文修养较差的南洋。目前出版连环画的书局约有四十家。

广东人称为“公仔书”，汉口叫“娃娃书”，浙江叫“戏文书”，南京则叫“小人书”。这些名称在另一方面无异说明了连环画是孩子们或智识水准相当于孩子的读物。

有人以为连环画应该潮源于《孔子象赞》，那是第一部以多幅图画辅助文字说明的书籍，世代相沿，明代仇十洲等人的插画应该是沿着这一脉路发展下来的。较近一点说，《申报》初期（距今六十年以前）吴友如的图画新闻，以及他的《点石斋画报》、《点石斋丛画书》，《时报》继而出版的《飞影阁》、《飞丛阁》，则已为今日的连环画完成铺路的工作了。

出版程序

一本连环画的出版程序，与我们想象是略有距离的。大家总以为是先编好故事再画图，其实一部稿子全由绘画人设计安排，就是画中的“人物”与“布景”（“布景”一词是从早期文明戏中套用来的，实上指人物以外的一切配景）也往往不是出于一人手笔。画连环画的人多是授徒制出身，师傅画人物，徒弟做布景。画好以后，再找人做说明。

人物、布景、说明既然脱节，所以“牛头不对马嘴”的事难免发生。

稿酬以稿费计算，每两页一万元到三万元。即使算是三万罢，还得分摊，其中最糟的是作说明的人，每两页只得一千五百元，文字无用，不期在此等处竟得一凄惨的证明！到目前为止，连环画业还没有采取过版税制。

一部画稿完成后，交给书局。先将原稿摄影，作成玻璃版，晒图后再开始石印。版本一律是二十八开，一般的篇幅在一百五十页左右。前两年书商竞争，有偷工减料，以四五页订成一小册陆续出售的。但现在已告绝迹，不能不说是一点进步。

连环画出版以后，直接顾客是很少的，所以在发行方面要借助于书摊。他们以七折的优待买得后，便陈列出租。目前的租费是每本五百元（一千元看三本的也有），以本数计，时间倒没有限制。不过借回家看的，若非熟人，便要另出一笔押金。但也有以“身份证”做质物的。

送审的烦恼

然而目前，所有的连环画在出版前必须送审，口实是过去的作品，内容多涉及荒诞、神怪、诲淫、诲盗，妨害善良的风俗。姑且退一步承认送审是一种补救的办法，那至少主持审查的人，也得有审查者必备的修养和眼光。被淘汰的应该是胡涂蛋粗制滥造的货色，而不该是有心人呕心沥血的作品。钱笑呆君很为他的送审中的《兽世界》担心，但已抱定力争的决心了。

一个建议

我曾提出一个迂腐的见解，敦促他们利用通俗科学的素材。但问题在于连环画工作者，以全上海而论也不过三四十人，其中对于基本科学常识有正确认识的怕是凤毛麟角。然而，困难不是不可克服的。据我所知，这里不乏以为通俗科学而埋头努力的人才，出版《科学时代》、《科学大众》、《科学画报》的皆是。如果取得联系，合作进行，使内容无悖于科学常识，而满含生活的趣味，那所收的效果，决不在这几种刊物之下。

说这是妄想也不见得，重视连环图画的大有人在。据张少呆君说，美国宣传处（我怀疑是美国新闻处）中曾有一位美国人要他以菲岛美军抗敌的故事，画成连环画，他没有接受，他想要画就画民族英雄，如苗可秀一类的人物，后来那美国人便去北平了。我猜想这人是傅斯德（John B. Foster），不知是否。

一个笑话

连环画和美国人之间还有一段趣事。在《原子炸弹秘密》出版后不久，原书的作者曾被警备司令部传讯过。因为美国人甚为奇怪，原子弹秘密他们也不知道，你们怎会知道的？那次张君也是在场人物。

新路展望

张君坦白地认为连环画工作者大多知识欠缺，作品只能供作娱乐消遣之用，教育读者实在谈不到。他们常感力不从心，希望有人供给材料，只要新的产生，旧的一定会被淘汰，因为就是以读者而论，迷恋旧骨的也并不太多。

何公超君对连环画最有兴趣且在不断的研究，他苦口婆心劝告连环画工作者要接触新的事物，说服出版商，改编新文艺作品并不一定招致营业上的损失，他曾经以自己改编的《苦儿努力记》作为强有力的例证。

连环画中销路最畅的有达两万本的，但目前大多在一千五百本和二千本之间。

战前上海的连环画中心是闸北公益里，已成陈迹。目前另有一个“图画小说改进研究会”的机构，市党部、市参议会、社会局皆有代表参加。我们深盼能有一点革新的气象！（作者附注：最近我们曾举行一次连环画座谈会，出席者有何公超、钱笑呆、赵宏本、胡水萍、郑文伯、程凤初、张少呆、王知三、卞敬炘和作者。上文是综合大家意见写成的。）

（载天津《大公报》1947年6月29日）

一个连环图作者的供词

钱笑呆

我是一个连环图画的作者，我也是一个被一般人士认为在现社会里播散毒素的罪人。的确，我接受，我不但不敢否认，并且有时候也这样的谴责我自己。

我混进连环图的圈子，是在民国二十八年的年底。那时的上海，正在被称为黑暗的孤岛的时候，一切的一切，皆呈现着乌烟瘴气，连环图当然也不能例外的不上轨道了。所以编绘的，只知每天画几张换几个钱使用；出版的，也只知印一部赚几张钞票开支，根本就不认为它也是一种文艺，更忘记了什么叫着应替社会服务。（也许有几部比较好的，但是很少。）当局既不审查，人们又不注意，在那时连环图的作风，只需情节离奇，引人入胜，什么神怪、荒唐、诲淫、诲盗、武侠、机关等无不采用。久而久之，终至引起社会的反感，认为它是容易侵入妇孺脑海的唯一毒素，主张取缔。这是铁一般的事实，确使我们无言可辩。可是我们胡闹只管胡闹，可终未被敌伪所利用，这一点，我们尚足自慰。

现在我恭请主张取缔连环图的先生们，稍给我们一个悔过的余地，不咎恶劣环境下的以往，且看胜利后的现在与将来。

何公超先生最近的几篇文章，确是敝同业的一纸鸣冤状词，使我们感激得深铭肺腑。因为我们不会写文章，所以便有冤鸣不出。何先生说得很透彻，现在的连环图似已不能一笔抹煞，过去的给予社会的影响，固然太坏，可是近来出版的，确是在尽自己的能力逐步改进了。就是素来所谓将本求利的民间读物出版界现在也有几家，肯撇开图利的私心，在可能范围内稍尽义务的帮助画图者寻觅改进的途径了。

在胜利初期，当局也注意到这一种被社会遗弃了的大众文艺，在社会局特设审查科，饬令改进。这确使在黑暗中混了数十年的连环图，猛然放出一线曙光。每个同业，满以为在当局领导下，今后可以不做社会的罪人了！可是直到现在，事实在告诉我们：并不能如理想中那样乐观。

有一部分连环图的出版者，是不考察编绘者的技术优劣的。他们只知某一部图销路广，读者多，便认为该图作者是“大亨”，而一般读者（大半是妇孺）又莫不喜欢武侠、滑稽、神怪、恋爱等的热闹场面。假使画几部纠正社会、含有教育意义的图，读者们反而不发生兴趣（已经试探过了好几部）。因之销路上当然是大受影响，跟着这个编绘者，就要受到出版者的打击，甚至于有无人请教的可能。但是当局既已每部审查，对于现出的这些毫无意义、一贯胡闹的图画，又怎会审查通过呢？这也只怪敝同业送审的图稿太多（过去的老图，占有百分之七十），的确使人审得头痛。为了少麻烦，好歹发给一张批示“尚无不合，姑准备案”完事。

话得说公平，有时候确也审查得非常严格。例如《闯王》被改着《闯贼》，并且时常通知出版界转知我们：要提倡忠臣孝子、烈妇义夫，要隐恶扬善，要含有教育意义，不准带任何政治色彩。当然，忠孝烈义，历古以来为人所崇敬的，隐恶扬善，又是应有的美德。但是，简单的说一句、没有反面，又何能表现出正面呢？什么政治色彩，那我们根本就不懂！爱好连环图而热心希望改进的先生们：请原谅我们，在这审查条件下的我们编绘连环图确实等于是在做八股文章了。

（载上海《大公报》1947年6月15日、6月22日）

小朋友们精神食粮　连环图画销路不衰

在上海，任何一条马路至少有两处以上的连环图画摊头，它每天拥有较任何一个图书馆十倍以上的读者。

连环图画的编绘和普通书籍不同，编稿、绘图、布景、说明、监绘、出版，各异其人，寥寥一百四十页的小册子，也像摄制一部影片一样，要经过十余人的通力合作才能完或。尤其是绘图，这是连环图画的核心工作，在全沪八十余绘图师中，沈曼云、陈光镒的滑稽画与动物画，严绍唐、赵宏本的历史画，蒋萍、李铁生的时装画，都是孩子们以及连环图画的成人读者最熟悉而又倾倒备至的，他们的一钩一划，不知道造成孩子们多少绮丽的遐想。

一位小姐负笈习艺

绘图工作因为是连环图画的生命，所以执笔者的等级区分极严，画人物的是头牌，画山水的是次等，画房屋的更低一级，最末一等则是画窗棂、补地板，仅限于花纹线条的填充工作了。现在连环图画事业发展，几个资历较老的画师都染上了艺术家的性格，疏慵懒怠，出品甚少；一方面更闭门收徒，慕名请附门墙居然纷至沓来，最近更有一位小姐也预备负笈投张少呆之门习艺。张少呆现在已算是此中祭酒了，最为小朋友们欣赏的《连环画》作家“笔如花”就是他的入室弟子。他们每一次创作，例由先生造意编剧，然后分令学生由人物而布景而说明，按序分工，各司所事，然后合成一幅完整的页面。

争先阅读纸贵洛阳

《封神榜》与《西游记》虽然已经禁印，但是改编后的《姜太公》与《玄奘出国》，依旧是连环图画中最畅销书之一，每版三千本，前几月已经三版出书。至于最近最风行的人物是“泰山”，无论“泰山”出险、救子、剿匪，只要画面上有那么一幅力大无比、履险如夷的偶像出现，孩子们便争先拜读，纸贵洛阳。口吐白光、千里外取人首级的时代是过去了，但是代之而起的依然是一种超人的描绘。据一个中等家庭的家长说：“小毛头”放学回来，怒眉横目，两臂高举，哇啦啦到处找寻被征服的对象的，那定是在学校门口书摊上看了什么《泰山平番》之类；有时候“小毛头”掩身门后，以手指扮成手枪模样，等待人到，突然出现的，那定是读了《侠盗鲁平》、《福尔摩斯》之后的温习。据他事后对孩子的详细调查，证明丝毫无误。

力图上游反遭亏蚀

为什么出版者还继续编印这些近乎无聊的连环图画呢？据几个不顾销路力争上游的出版书商说：像惜阴书局编印过《文天祥》、《国父的幼年》、《一代伟人罗斯福》、《民族烈士阎应元》，美华书局编印过《马占山》、《祥林嫂》、《南京大屠杀》，文华书局编印过《抗战八年》、《万世师表》等等，都曾企图以高超而新颖的思想冲破神怪的樊篱，但结果失败了，销路惨淡，亏蚀不堪。为的是小朋友不大喜欢这一套！

神怪脚本易于通过

还有社会局审查内容的时候，神怪离奇的脚本，倒是比较传记历史之类容易通过，这对于出版商的心理影响很大。传记因为需要考据，审查时间不免较长。据说美华书局去年想出版一本《廖军长》，记述廖耀湘的抗战经历，编写之初，旁征博引，考证极详。但直到最近方才通过，送审迄今羁延一年，这当中听说有许多细节斟酌修改，费时最多。譬如原稿上军人行礼用左手，审查后令改右手；廖耀湘逃难时画稿上为他少画了一顶军帽，并且身着破烂衣服，作者的意思是指明他仓卒突围、艰苦卓绝的景况。但审查时社局认为身为军人，临难不苟，衣冠尤应整齐，如此画面，简直迹近侮蔑，于是着令重起炉灶，尽行改绘，花费了较创作神怪图画数倍的时间。

十分之四远销海外

上海现在有八十家书局专门出版连环图画，由去年初直到今年八月底，包括历史、科学、伦理、言情、武侠、滑稽、侦探等各类，总共已出版了一千二百余种。现在依旧保持着日出两部的产量，假使在夏天，孩子们执卷纳凉，销路转好，产量可以增至每日四部。这些书籍有十分之一销南洋，十分之三销台湾，据说侨胞们强迫孩子阅读，让他们从生动而详尽的画面上咀嚼祖国的实情。

在纷呶喧嚣的市廛中，你曾否留意过那些局处在弄口街头的连环图画摊旁，小朋友们正以节省下来的点心费，在觅取着自己豪华的想象?

（载《申报》1947 年 12 月 1 日）

神怪小说和科学

华　达

现在大多数的孩童，只要稍有识字能力便欢喜看些荒诞不经的连环图画，等到有初中程度，便进而看神怪小说了，如《蜀山剑侠》、《江湖奇侠传》等类。这些无知的学生们往往看得沉迷其中，因而忽略了正当学业，尤其有害的是对于思想方面的影响，使对一切事物都抱有一种神怪观念，不信任科学，甚而有学生上峨嵋山访道等事情发生。这都是神怪小说的害处。

家长们对于这事大都抱有两种不同的态度：一种采取放任，这当然绝对错误的。稍贤明的家长便采取严禁态度，但严禁往往不会发生什么效力，因为孩童们对于阅读这些小说实在感到绝大的趣味，要禁止，他会在家长背后偷看。我记得自己在初中时极欢喜看神怪小说，但家中是禁止的，于是我便躲在同学家中偷看，而谎说是在同学家中游玩。我想其他孩童当然和那时的我一样。严禁的结果仅是使他们偷偷的做而已。

处理这事最好的方法是诱导而并非是遏止，使孩童们对于神怪的兴趣转移目标，转换到真实的科学，使他们面对这真实的世界。

我们只要环顾一下现在的科学界，同时和神怪小说相比。神怪小说中谈到的利器这些都不能成为事实的。科学现在哪一件不能做到？譬如神怪小说中最普遍的飞剑杀人，现在手枪不是比它更利害！而且人人能应用，不必念什么符咒。又如般尼西灵等绝不会比仙丹逊色。其他如无线电、电传影等，神怪小说中也许根本没有呢！孩儿们所以欢喜看神怪小说，惟一的原因就是要满足他们好奇的欲望。现在科学是这样离奇，这样繁复，难道家长不能使他的子女们对于神怪小说的兴趣转移到科学上？假使家长能够做到，就能使他的子女从错误的神怪小说中诱导到科学上。家长可以使子女知道科学比神怪小说更有兴趣，再可以告诉子女研究科学真和神怪小说中得道需要经过许多磨炼和苦修一样经过不断的研究。这就是读书。现在的老师就是他们师父、书本就是仙书、研究就是苦修。这样孩童一定会对科学发生兴趣，像当初对神怪小说发生兴趣一样。

十二月二十三日见陈科美教授发起破迷运动。这也许是一种具体的方法——这样使无邪的孩童从荒诞的神怪小说中回到科学的怀抱中。

（载上海《大公报》1947年1月20日）

与女同学谈课外读物

央

从“写文章”说起

在当了教师办了事以后回想学生时代的生活，倒也怪有趣的。有时觉得自己幼稚迂顽得可笑，有时又觉得自己努力奋发得可佩，为现在的自己所不能及。现在，专来谈谈“写文章”的故事罢。

在小学时代，命题作文，有时写思想范围内所穷搜不得的，简直苦死了人。记得有一个时期，我们拼命注重文章怎样开头，怎样煞尾，因要拼命抄袭人家文章头尾，移花接木地装到自己的文章上去。简直是备好了一本本子，大规模的搜集，搜集得很多很多的头尾，教师题目一出，立刻翻开那本本子，拣用得着的头尾装上去，有时倒也拿了许多密圈呢。记得最起码的开头法是“人生于世”，后来忽然得到一个从“呜呼”开始的妙法，那简直是在兵法上出了奇兵。这种不从思想条理及内容上用工夫，而作此形式主义的变相的抄袭勾当，当然是不足为训的！

在中学时代，我记得同班中国文最好的有二位，并我而三。查她们所以好的原因，一个是家学渊源，父亲是一个对古文学很有研究的人；而她自己，又最喜欢看小说，什么《玉梨魂》、《不如归》、《福尔摩斯侦探集》等在那时风行一时的书，她都看过，所以她写出来的文章，流利细腻，非常动人。其他一位的文章，是近于所谓“时文”。她每日看报，而且每看必读“时评”，在二十年前的女学生，能有此阅报的习惯的，颇不易多得。所以她的作文批语上，常常有“大言炎炎，足令小儒咋舌”一类的话。我自己，他无所长，大约因为课外书看得较多一点罢，所以写出来的文章，还相当有“内容”。那时杂志不多，所以我个人定了二种，一是《学生杂志》，一是《民权报》（是梁启超他们编辑的一种月刊），我每期必读，每读必从头至尾读完，不肯让它遗漏一篇。即使是“算题解析”、“科学论文”等生硬东西，我也不肯放弃，非细细研读不可。也许就为了这种影响，我是不大欢喜写空文章的。这算是三个例子。从这三个例子，可以领悟到：

课外阅读的重要性

上面所举的，差不多是二十年以前的事了。我们放眼看一看二十多年来的全世界，无论是思想方面、学术方面，进步了多少？新花样增添了多少？而我们的教育，还是历史、地理、国文、英文、代数、几何，上课开卷，下课合卷，老是在课堂里做买卖，在教科书里讨生活，与二十年前差不了多少。这种停留在二十年代的“死教”、“死读”方法，如何能适应时代的需要与学术的潮流呢？

若是做教师的，能自己反省一下：我在学校中所得的，有多少可以应用到事业上来？除非他泥古不化，把学生时代所学的，不问三七二十一，囫囵吞枣地照样地贩卖给学生。那他的答案一定是：教科书里的东西，老封闭在教科书里；老师的谆谆教导，怕也早已还给了老师；倒不如在课外所得，是就业后所学的，切于实用得很多。那末你现在的对付学生，教导学生，就应该改变方针，从课堂里解放出来，从教科书里解放出来，让他们有自由学习的机会！我记得在教育书上有这样一句名言：我们教学生的方法，不是带他们入宝库，而是交给他们一个入宝库的钥匙（大意如此）。可不是吗？你要他们死读教科书，那就无异于带他们入宝库之一角，而且似乎是封闭了他们的眼睛不许他们向别处看一看的。那就是说，除出你所教与他们的，他们就不能更有所得了；而且离开了你，他们也就不能自己去找寻宝物。这种“举一隅不以三隅反”的死教育法，有什么意义？学生又何贵乎要进学校？更何贵乎要你这位先生？

要鼓励他们自学！要交给他们宝库的钥匙！——如何学习的方法。要指导他们自习，留一些课外阅读的余暇给他们，那是必要的！

我也看见过这样的同学与学生

他们的求学，简直与教师做买卖，你给我多少，死读强记，考起来包通过；谈到应用，那就没有把握了。这在教师当然要负一大部分责任。但身为大中学校的学生，这一点自觉心也至少应该有：我要求的，是真实的学问，不是一时敷衍敷衍教师的！离开了教师，跑出了学校，我将如何用这门功课？

更有一种人，他们一天到晚从容不迫，似乎闲空得很的，东拉拉，西扯扯，言不及义，除上课外，不自知如何好好地安排他们的时间；女学生甚至于把大部分时间耗费在考究打扮、讨论电影明星、计划逛游艺场等无聊事件上边，这样地把时间虚掷，那未免太可惜了！对于这些人，真该对他们大声疾呼了：

看课外读物哟

课外阅读的重要，已如前述，专靠几本教科书，是万万不够的。除非你进学校是为了敷衍门面，不是为自己的前途打算。

但所谓课外读物，包罗万象，尤其在这个充满淫盗之风的畸形大都市——上海，更不能不有所选择！否则有的书是徒耗光阴，毫无好处；有的书是诲淫诲盗，会玷污你纯净的心灵；有的书是思想歪曲，包含了许多毒素。你若是抱定了上述三类的书籍，那倒不如死捧一本教科书，细细研读，至少不会得到相反的结果。

这里我们要提出

（一）勿埋头于旧小说。因为旧小说大都是封建意识非常浓厚，什么“才子佳人”，什么“后花园私定终身”，几乎有千篇一律之慨；像《镜花缘》那样别树一格的，已属不可多得。

（二）勿沉迷于哀艳小说。所谓“鸳鸯蝴蝶派”的小说，“礼拜六派”的小说，早已过时，为头脑清醒的青年所不屑看。因为它刺激感情，把青年人引到悲观消极的绝境；因为它无聊胡调，老描写一些个人的情场私事。上面提起的《玉梨魂》，曾引逗出多少痴情女子的宝贵眼泪啊，而它所描写的也无非是儿女私情，无论文笔怎样好，严格的讲起来，实在不值一谈！

（三）勿专看软性读物。所谓软性读物，是诗歌、小说、戏剧一类的东西，内容有一件人事上的线索，容易记忆、容易了解、容易继续看下去的。好的戏剧、小说，内容丰富，思想正确，并非不可看；但专谈理论的书，它包含着某种学说，它指示你社会的前途，我们也不能因为它干燥无味，不能引人入胜，丢去不看。对于这些一般人所谓的“硬性读物”，我们该选择几种有意义的，来强制自己看。

（四）社会科学书与自然科学书都应该看。即使你是爱好文学的，也该看看社会科学书，因为文学与社会有深切的关系。一个文学者，若是不认识社会，看不清社会的真面目，是永不会成功的。看自然科学书，至少丰富的常识，可以充实你写作时的内容。一个文学者，应该是一个博学多能，无所不解的；否则言之无物，满纸空话，又怎么能写出好的创作品来？

话又得说回来，再归结到“写文章”这一点来罢；看前进的作家的创作，可以做自己写作的榜样；看外国原文或翻译的著名文艺书，可以开发思路，了解各民族的特殊状况；而看社会科学书可以弄清理路；看自然科学书可以充实内容。即使单为了要写写文章，做一个文学者，课外读物的不得不读已如此；何况我们还为了涉足社会，应付环境，确定正确的人生观。好的书是可以帮助你完成这一些的。我们固然不该迂腐腾腾地说“书中自有颜如玉，书中自有黄金屋”，但好的书中也有真才实学！

还有一点也是不能不说一说的

看妇女问题的书因为我们自己是妇女，对于妇女的地位、妇女的处境、妇女在历史上地位的演变、妇女在世界各国不同的处境、妇女运动的任务、妇女前途等等，该是非常切身的问题，是不能不列入课外读物中去的！

女同学们！我们要不做糊涂虫，我们要不孤陋寡闻，我们要不做死读教科书的书呆子，我们好好地选择我们的课外读物罢！半年以后，刮目相看，你自己会觉得你自己换了一个头脑的。我写此时，这样祝贺着每一个女同学！

（手头无书，篇幅有限；否则我真想排出一张课外必读的书目来，笔者附志。）

（载《女声》1947 年第 4 卷第 8 期）

论教科书问题

吴伯威

在对日抗战期间，政府对于教育加强了控制。诸如重新分配大学的建立地区，举办教授资格审查及部聘教授，统一画订大学各院系课程表，部编大中小学教科书之类，都是这一方面的表现。这些措施的当否，论者甚多，我们不欲多说，现在只谈一谈教科书的问题。大学教科书过去很少，各科的教授自编讲义，或口述而不用讲义，指定参考书让学生自己阅读。战时，教部感觉太乱杂无归，乃于画一大学课程之后，又成立大学用书编纂委员会于国立编译馆，担负编纂各科教科书的责任。但除了《大学国文选》和《大学英文选》由该会编订外（现在《国文选》已出版数年，《英文选》尚未出版），其余都是征求各科专家执笔，现在出版者有二十种左右。中小学教科书过去原由各书店自由编订，送教育部审定后出版。二十七年暑期，教育部开始在汉口招考中小学教科书的编辑人员，旋成立教科用书编辑委员会，负责编订小学的国语、常识、历史、地理等科和中学的国文、公民、历史、地理等科，至三十三年始交七联处销行问世。三年以来，得到各方面不少的责难。近来教部乃有改订课程标准之议，本月十三日并即在京召开中小学教科书编审会议；大概课程标准和现行的教科书政策必即有所更张。我们颇愿乘此机会，一论过去教科书政策的得失和今后应走的途径。

国定本中小学教科书编得不好，各方面诟责备至，乃一致认为教科书仍应以自由竞争为原则，不当统一编行。事实上，这是两个问题：一个是国定本教科书编得不好的问题，这是我们承认的；第二是教科书应不应该划一的问题，这就有了商榷的余地。

一件事往往有得失或利弊的两面，不能绝对的完美，教科书的问题也可做如是观。民主国家教科书应该采用自由竞争制，道理上是不错的。但中国自民元到现在（现在各书店的教本照常销行）已有三十五年自由编课本的历史，我们的成绩在哪里呢？至于流弊，表面的说来，就有四种：（一）书局为争取时间节省开支，便不免草率从事。（二）教本准备不足或时有时缺，学校往往上期采商务，下期采正中，前后失去衔接。（三）各课本程度的深浅不一，观点不一，学生所学课本不同，升学、转学或会考时感觉极大不便。（四）教师因屡换课本，增加无谓麻烦，减少其准备或自修的工夫。这都是过去经验告诉我们的。反之，假如用国家的力量，聘请第一流的人才，认真的编一套教科书，试行各地，接受实际教学的经验，随时修订，我想课本必逐渐趋于完美合用，学生和教师也可得许多便利了。但以上所说，并不等于我赞成课本统一制，反对自由竞争制；我的意思是制度固是一回事，而做法实与有莫大的关系。

至于现在出版的国定本教科书却是失败的，这我们非常替教育部惋惜！教育部既发愤要编一套国定本，就该好好利用这个机会，立良模，聘长才，精其功，速其事，把一套足以示范的本子公诸于世，岂非美事。但它竟因囿于党的意识和少数主其事者的成见，一步错，全盘错，使之非但不能令人满意，抑且不合部定的课程标准(《大学国文选》卷首例言，说明其编订要旨为：（一）在了解方面，养成阅读古今专科书籍之能力；（二）在欣赏方面，能欣赏本国古今文学之代表作品。但全书所选五十课中却找不出今人的作品。中学国文其文言白话的比例、文体的比例与课程标准未能符合)，遭受无情的攻击而不能辨白！我认为这是政治问题。中国政治不上轨道，政策失宜，用人不当，复欲多所统制，乃往往失败。试看战时食盐专卖而人民没有盐吃，纸烟专卖而烟债步步腾高，轮到教科书身上，也很一败涂地。

教科书失败的原因有很多：如（一）用人不当。过去教科用书编辑委员会的主任委员是许心武先生，他是学水利的科学家，竟使之来做这种素不擅长的事。现在国立编译馆内的人选，是否妥善，也可研究。（二）事权不一，效能低落。教科书批来驳去，屡次易稿；政府大官多有意见，虽然“外行”，对之却不能不理会，遂使教科书至今尚未能全部出齐，人力财力的损失至大。（三）印刷发行，委诸书店。政府自身没有印刷发行的力量，委托给书店。书店根本反对国定本，因为妨碍其本店生意，种种为难，故意少印，并延缓其发行期，造成国定本的恐慌现象，以便销行其本店的课本。此外如印刷之劣、纸张之糟……都是。但基本原因还是思想统制的色彩太浓。由于太强调了思想训练，遂使国文、常识、公民都变成了生硬枯燥的说教式账簿式的读物。历史也有违背正常观点的地方。以教育部编的书而离开了教育立场，而违背了自己的课程标准，这确是说不过去的事。

在政府即将改组，宪法即将付诸实施的前夕，各方面和政府又注意到了教科书的问题，这是到了“穷则变”的时侯了。怎样变呢？

基于以上所论，我们认为：

（一）现在这套中小学教科书，大部可以废弃，应即从速改编新本，其尚有应用价值者，则可加以修订。新编和修订的课本，除务须切合部颁课程标准外，应注入民主的精神和科学的精神，代替以前守旧和党化的色彩。民主和科学是针对时弊的良药，我们下一代的青年，应该充分接受这两项洗礼。

（二）教部的编书机构无须裁撤，应该接受过去的教训，刷新人事，改换方针，负责编一套好教科书，以赎前愆。我们可以相信，只要编书的方针改变，使他们能专责成，必会有很好的成绩表现。

（三）给各书店以编书的自由。政府一面认真用力的自编，一面也要鼓励各书店编印。学术为天下公器，我们希望有好教科书出来，以嘉惠学子，而不必其出之在我。对于书店编书的审查，应认真也应迅速。书店托人情求快审定的流弊宜除。

（四）中国地区广大，环境与风习多殊，一种教本或难尽合。可责令各地教育机关编辑乡土教材，以为补充。此种教材但求补充通行本不足之处，使学生了解其乡土环境与特殊事物，不须过事夸张；时代在进步，“安土重迁”的保守观念是应该革除了。

（五）战事虽已结束，各大学的书荒情形，仍未见若何改善，因而教科书感觉迫切需要。使学生有一本标准的教科书读，教师加以补充，究胜于光靠一个笔记本。大学的教科书如何加速完成，也是值得研讨的。

二月八日于沈阳东北中正大学。

（载天津《大公报》1947 年 2 月 13 日）

中小学国定教科书编纂之经过及其现状

陆殿扬

《中华教育界》为国内教育性权威刊物之一，抗战停刊，于今十年矣。民国卅六年复刊，至为可喜。主编者命题，嘱为撰文报告，爰述概要，以供研究我国教育史者之参考。

一、名称的研究

首先我要向读者说明“中小学国定教科书”一词并非法定名词，

现在全国通用的中小学教科书上从来没有“国定教科书”字样。只有敌伪时期南京伪教育部编印的中小学教科书和北平伪教育总署编印的中小学教科书封面上才有“国定教科书”字样。现在各地供应的中小学课本是部编教科书，有暂行本、统一本、标准本、修订标准本等名称，以分别版本和修订的顺序。至于承印承销的机构自称为“国定中小学教科书七家联合供应处”，那是或者因为用“国定教科书”在商业上容易号召的缘故，并非规定的正当名称。如果说“国定教科书”的名称较为通俗，沿用已久，不便更改，那末我们至多可以说部编教科书俗称“国定教科书”。

二、部编教科书的动机

教育部命令国立编译馆印中小学教科书，是由当时环境促成的。原来抗战以前，我国中小学教科书采用审定制。教育部公布中小学各科课程标准，各出版家遵照标准，各自编辑课本，呈部审查。凡送审稿本适合标准的，由部指示应行修正各点，令其修改后审定；其不适合标准而内容错误较多的不予审定。民国二十六年以前，上海各出版家竞争编印教科书，所以全国供应并不感觉缺乏。抗战军兴，政府西迁，各级学校教师随同流入后方，所以西南、西北教育反而勃兴，国民教育推广很快。但是向来出版教科书的各大书局除正中外，最初都没有迁往后方，于是教科书的印刷运输都感困难，供应数量大为减少。一方面学校和学生数增加，另一方面教科书供应量减少，于是供不应求，形成普遍“书荒”。据说内地各书局的分局把民国初年的课本都扫数售出了，还是不敷分配。二十七年教育部曾征用正中书局的教科书，正中书局应征，贡献全部教科书版权。可惜正中小学课本不全，仍未能解决整个问题。民国二十八年三月，教育部召开全国国民教育会议于重庆青木关，各省市教育厅局长纷纷向教育部索书，当时情形已严重到这样地步。现在把民国二十八年教育部订颁的《小学教科用书补充办法》抄录于后，以见一斑。

“教育部以下年度（二十九年度）中小学教科用书补充办法，关于中学部分，如一时无从购得，暂准先行油印讲义分发应用，业经通令饬遵在案，兹对于小学部分暂定办法五项，特通令各省教育厅转饬所属一体遵照。办法如后：

（一）已完成之小学各科部编教科书由各省教育厅自筹印行（铅印或石印），分发所属各小学应用。

（二）高小历史部编本尚未完成，由各省教育厅另行选定现成教材，分发所属各小学油印应用。

（三）学校图书馆可购置足敷各级儿童应用之各教科书，以备将来缺书之儿童应用。

（四）小学高、中年级写字作业，扩大为以抄写小学各科课本为主，其抄写之课本，由教员随时加以个别订正，以便分发于缺乏教科书之学级或学校应用。

（五）训练儿童对于原用课本，加意爱护，俾得保持完整，以便转借或出售于缺乏教科书之学级或学校应用。”

上项办法虽不甚切合实际，收效有限，但是足以反映当时后方教科书的缺乏情况。后方教科书缺乏到要小学中、高年级学生抄书应用，恐怕不是东南一带人士所能想象的吧！

国民参政会在重庆开会，各大书局首脑人物大都是国民参政员。每届到渝出席会议时，教育部陈前部长立夫总乘机设宴，商请迁移一部分印刷机械自香港到内地各城市，以便印刷教科书。各书局虽多同意，迄未能实行。民国二十一年以后，香港、九龙相继沦陷，我国最优良的印刷机件遂完全为敌伪所劫持应用。

抗战以来，内外情势不同，教育部为适应战时需要，曾于民国二十八、九年，邀请专家，修订中小学各科课程标准，于三十年陆续公布。照过去通例，课程标准一经修改，各书局立即依照改编教科书，送审备用。但是这次课程标准虽经修改，各出版家其时只能维持现状，没有依照修订标准改编课本送审。后方各校仍无适合时代需要的课本。而当时各书局在后方限于物力，所印廿五年标准之中小学教科书，版本缩小，纸张恶劣，印刷模糊。教育部一再据各省市报告，呈验课本，认为必须改善，以免儿童目力受损。于此可见当时事实上，教科书的质与量都发生问题，非另行设法无以济其穷了。

凡事穷则变。后方儿童及青年陷于无书可读，无适宜之书可读，自二十七年至三十一年，达五年之久！教育当局受人民之督责，自然不能不另行设法。各书局既限于人力、财力，不能于军事倥偬之时，从事大规模的编印中小学教科书，以配合抗战需要；则政府责无旁贷，不能听其匮乏，自应于短期内照三十年修订课程标准迅速自编中小学教科书，以应急需。于是，教育部于民国三十一年一月将部中中小学教科用书编辑委员会规并于国立编译馆，改设教科用书组，责令编辑中小学各科教科书。这实在是当时出于不得已的应急举措，并不是像目前一般人所悬想的“统治思想”或“与民争利”。三十一年年底，《初小国语常识课本》暂行本八册及《教学指引》八册即由正中书局出版供应，解决了一部分的困难。以后陆续编稿甚多，正中书局不能独任供应之责，乃改由商务、中华、正中、世界、大东、开明、文通七家联合供应，于是后方书荒问题乃告解决。供应教材和推广教育互相配合，所以抗战八年，大后方虽然物质条件日形艰苦，而弦歌不辍，教育数量反年有增加。尤可告慰者，抗战胜利以后，收复区遍地敌伪教科书，自应严厉取缔，幸有部编课本可以供应，不致青黄不接，对于去除奴化教育，恢复民族意识，确已尽了相当功能。

三、部编教科书的历史

部编教科书其实并不是在抗战时开始，已有相当长久的历史了。在前清末年，创办学堂，就有编辑教科书的主张。光绪二十四年御史杨深秀奏折有“言学堂而不言译书，亦无从收变法之效”等语。同年六月清廷遂命梁启超办译书局，专译各种西学教科书。光绪二十七年张百熙奏称：“译书局非徒翻译一切书籍，又须翻译一切课本。泰西各国学校无论蒙学、普通、专门，皆有国家编定之本，按时卒业，皆有定章。今学堂既须考究西政、西艺，自应翻译此类课本。”光绪三十一年学部成立，三十二年学部内成立编译图书局，制定编译章程九条，前四条都为编辑教科书，摘录如下：

（一）编译教科书，初等小学最先，高等小学次之，中学与初级师范又次之。

（二）编纂教科书，宜恪遵忠君、尊孔、尚公、尚武、尚实之宗旨，以实行国民教育。

（三）每编一种教科书，须兼编教授书。

（四）凡编一书，预先拟定年限钟点。

宣统元年学部把所编初小国文、修身教科书各第一、第二两册招商承印，这是我国部编教科书的开始。后来经过辛亥革命，民国成立，前清的教科书当然不适用了。到民国四年，教育部教科书编纂处又编订初小国文读本纲要和国民学校《修身》教科书第一、二、三册。当时国内纷乱，此种教科书仅昙花一现，未能推行。到民国二十二年，朱家骅氏任教育部长，竭力主张部编教科书。组织教科用书编辑委员会，特约馆外专家执笔，编印中小学教科书，已出版的有高小实验、国语四册，初小算术、高小自然各第一册等书。这时坊间审定的教科书很多，竞争销售。部编教科书既没有印刷发行机构，自然不易推行。到民国廿六年抗战以后，情形便大不同了，正如上面所述，因教科书供应失调而引起恐慌，但还可于艰难环境下从香港、九龙运入一部分教科书。到民国三十年太平洋战事爆发，敌人封锁益紧，外来运输断绝，为维持后方教育起见，遂不得不断然采用部编教科书了。从历史看来，这是第四次推行部编教科书，因为适应需要，所以推行顺利，现已全国通用了。

由此看来，一件事实的存在，不是偶然的。部编教科书的需要和推行，也有它的必要的因素，因素如仍存在，自必继续进行。

四、部编教科书的过程

部编教科书的过程，也可一述。教育部视小学、中学、师范、职业学校各科的需要而定编辑的先后，命令国立编译馆办理。国立编译馆奉令后，如决定自编，则先照课程标准编定纲要。纲要确定，乃指定人员，收集资料，限期完成。初稿先由编译馆馆内各科专家审阅修改，再送馆外专家校订，然后送请教育部核定。每一过程都有修改。往往一书要往返修改多次，数易其稿，然后发排。这是暂行本，暂行本出书以后，还有几种手续：

（一）召集国内各出版家、富有经验的编辑人员或陪都附近的教育学术专家，分次举行修订会议，逐课研讨，尽量批评，讨论不厌其详，意见不嫌其多。

（二）把教科书连同问卷寄送国内教育、文学、科学各专家、师范学院、国立师范学校、中央研究所和中央各有关机关，请他们签注意见，寄还参考。

（三）在教育部指定的学校举行实验教学，由部、馆经常派员辅导，定期开会，就儿童反应作客观的教材研究。

（四）由部通令全国中心国民学校、师范学院附属中学，征求对于改进教材的意见。

国立编译馆收集以上各项修改意见后，再作缜密的研究，由全国编审人员集体修订，众意佥同，然后下笔修改。所收意见往往有极端相反的，编译馆惟有斟酌情形，或改或不改，使修订后的课本最适合于大多数学校或教师的教学。这样修正以后，改版出书，是为修订本。修订几次，方才成为标准课本。这便是适合课程标准而便于标准教学的课本。暂行本、修订本、标准本，都在重庆出版。标准本并非一成不变，仍可因时、因事继续修订。即如胜利以后，中小学各科无论暂行本、标准本，一律加以修订，删换抗战教材、增编建国教材，而成为胜利后之修订标准本，在上海出版。初小国常课本曾经修订四次，其余或一次、二次不等。编译馆随时准备接受批评，欢迎意见，希望每年或每二年修订一次，使部编教科书内容常新，适应时代。

部编教科书事实上并不完全由国立编译馆专任编审在馆编辑。小学、中学、师范、职业科目繁多，国内人才亦无从全体延聘到馆，所以国立编译馆与全国教育、学术、出版机关经常联系，密切合作。有若干种教科书系由国立编译馆特约国内有权威的学者编辑，以供应用，如初中动物、植物、地质矿物、生理卫生等科，高中生物、矿物、物理、数学等科，师范教育科目、艺术科目等课本都是。更有若干科目请国内各大出版家特就《修订课程标准》编辑课本，送部竞选，经部审查后，把中选稿本由国立编译馆再加改编的，如初小《算术》是采用大东、中华两家中选稿本改编的，高小《自然》是采用世界、正中两家中选稿本改编的，高小《算术》是采用文通、正中两家中选改编的。无论中选与否，凡参加竞选送审各稿本，都由部分别等级，优给奖金，以为稿酬。将来或者还有三种方式可以采用：（1）酌选坊间特优之审定课本，给予奖金，收用版权，加以修订，作为部编教科书；（2）指定优良学校自编实验教材，经试教适用后，送部审查合格者，修订后采作部编教科书；（3）登报征求依照课程标准新编课本，合格者修订后采作部编教科书。

部编教科书无论来源怎样，每一稿本总须经过许多人士编辑、校阅、审查、批评、修改或实验教学，才能作为标准课本。所以部编教科书并非部、馆少数人包办，实乃用全国的力量，集合全国的优秀人才而编辑校订的课本。各出版家贡献版权，各专家协助校订，各学校实验教学，使部编教科书可以达于理想标准，是最荣誉高尚的表现。

小学教科书每科每册必须有教学法，中学教科书每科亦应有辅导书，以供教师应用，而增加教学效率。教育部本主张教科书由部编，而教学法及辅导书可由各出版家聘请有经验之教师，按照部编教科书课文编辑送审。但在抗战期内各出版家尚未着手，所以国立编译馆不得已先编小学各科《教学指引》应急，继又分别编辑初小国常单式及复式《教学法》，高小《国语教学法》，都交七联处排印供应，可惜《教学法》都未出版，以致教学发生困难，成绩未见优良。今后小学各科教学法仍拟诱致各出版家自行编印送审，分工合作，迅速出版，使部编教科书教师易教，学生易学。

五、部编教科书内容的探讨

教科书虽不是儿童和青年教育的唯一工具，却是初等教育和中等教育的主要工具；教科书虽不是教学的理想工具，尤其像小学常识、自然等科，我自己亦主张不用教科书，但在教具未完备、教法未改进、教师未尽受专业训练以前，教科书仍不失为教学上的重要工具。所以教科书的内容对于教学的成败，有决定性的作用。教材编制得当，则虽教师未尽妥善，而就规定的教材教学，也可大致无误。部编教科书对于内容编制极为郑重，其特点约有五端，分述于左：

（一）适合国策。我国既有教育方针，则基本教育的中、小学教材自须适合此教育政策。过去用审定制时，仅有消极的限制，删改送审本上的错误或不适当的教材，而无积极的改进，嘱加儿童或青年应读或必读的教材。部编课本选材、措辞各有目标，例如：历史教材的注重民族精神，融化国内民族的情感；地理教材的注重民生经济，指示资源、生产的关系；公民教材的注重民权运用，培养现代国民的资格；以及其他各科目的教育功能都能互相配合。抗战时期多编抗战教材，强化敌忾同仇之心；胜利以后，则改编建国教材，倡导科学建设之功。凡此教材都与国家建设密切相关。

（二）注重创作。部编教科书既须配合国策，自必选编适当的新教材。例如：高小国语之以五大建设为中心，初中国文之以青年十二守则为中心，依此中心，分别选文，文多创作，因此课文多含有新的教育意味。初中动物、植物、地质矿物多用本国例证，以为说明，与过去一般课本的沿用国外资料不同，对于青年自多亲切实用之感。此外，材料编排亦多采用新的尝试，例如：初小国语和常识的合编，高小公民教材的采用大单元设计，高小地理教材的采用游记体裁等都是，可以引起儿童兴趣，提高教学效率。不过部编教科书大体上还是保持着原有的体例，并没有用革命的方式来彻底改变课本的内容和形式，使能适应现有教师的运用。

（三）资料正确。部编教科书除执笔人员郑重将事外，国立编译馆有各科专家，可以咨询，可送审校。馆外各大学、各学术机关、各行政机关，无不热忱赞助，或供给新颖资料，或校勘原有教材，务使课文正确无误。经常协助者，除教育部内各单位之外，有中央研究院之动物研究所、植物研究所、气象研究所、物理研究所、地质研究所、历史研究所等，中央图书馆，经济部之地质调查所、工业试验所，农林部之中央农业实验所，中央大学、浙江大学、复旦大学、江苏医学院等，中央宣传部、组织部、海外部、行政院、考试院、立法院等，内政部、经济部、前军政部、外交部、交通部、财政部、社会部、卫生署、侨务委员会、资源委员会等；他们的协助使部编教科书内各种统计数字、各项法令等正确新颖。此外如坊间教科书内的优良教材，各大出版家亦乐于听由部编教科书酌量选用，不受版权的限制。凡此都是很可感谢的。

（四）修订便利。教科书为现代教育的工具，现代事物既在变迁，则教材自应随之改变。《三字经》、《千字文》不能用为现代教材，就因为它们已经不适合现代情势。过去坊间教科书一部分内容明明已与事实不符，但因改版耗费很大，往往延不修订。部编教科书随时修订，力求正确，各书修订情形已如上述，将来仍将继续修订，对于学生，极为有益。

（五）全国统一。我国幅员广大，人民众多，虽各地语言方音不同，幸有全国通用的文字，故能统一团结。部编教科书全国通用，指示儿童基本之知能，供给国民应具之常识，使凡为中华民国之儿童及青年都接受同样的教材，程度可以整齐。不但在此民族播迁时期，学生转学、升学不感困难，学校教师购书不致忽有忽无；即教育行政当局考核学生成绩，如毕业会考和升学试验，照部编教科书命题，亦可无过与不及之弊。将来全国民众，不分南北，不论种族，受了同样教材之后，当可减少地方性的感觉，增进国家观的意识。

但是也有人以同样的原因，以为儿童教材不宜过于固定。他们以为我国各地差别很大，不宜采用同一课本。十余年前就有人主张分编三套教科书，供我国北部、中部、南部之用；最近也有人主张边疆另编教科书，东北和台湾听说就有这种要求。其实这种主张似是而非。他们误认教科书为儿童唯一的教材，以致有此不正确的议论。原来教科书为教材的一部，而非教材的全部。教材范围极广，教科书不过是教学时最精选的重要教材罢了。现在的部编教科书供给中华民国国民必要的常识，做教材的核心。譬如稻、麦，无论其为北方主要食物或南方主要食物，二者全国儿童都应熟知；又如北方虽缺少河水，应知行舟，南方虽天气温暖，应知冰雪。此种常识，无论儿童及青年所居在我国北部或南部，在我国内地或边疆，都应教学。现代交通工具进步，空间距离缩小，国民不但须了解本国情形，并且要略知世界状况，则中、小学教材岂可再划分界线，自相限制？我们要知道今后人类只有互相了解，彼此往来，才能免除国内的冲突和国际的战争。既不能闭关自守，则唯有尽量知彼知己。我们希望东北、台湾、新疆、蒙古、西藏以及海外侨胞的儿童和内地各省市的儿童受平等的教育，用同样的教材。部编教科书内对于边疆及海外的教材特别着重，希望内地儿童也多知道一些边疆及海外的情形而乐于前往。至于各地特殊需要，社会不同风俗，则可另编乡土教材或其他补充教材，供一地方儿童教学之用。临时发生的重要事件，例如国民大会制宪，亦可编印补充教材。所以补充教材有空间性、时间性两种。无论何种补充教材，教育部奖励各省市教育行政机关、各师范教育机关以及各出版家，依照《课程标准》，配合部编课本，多多编印，呈部审定发行。

此外部编教科书不取稿费，不收版税，大量印刷，较之各出版家分别自编自印多种课本，成本自可减轻，定价亦可低廉；而学生因用同样课本，兄弟姊妹亦可先后共用一书，减少购书消耗；这样公私经济，两俱有益。将来编制图表、教学法、字典、辞书、标本、仪器、模型、留声片，摄制教育电影，编制广播教材，都要与课本联络，亦以根据一种教科书为中心，最为妥善。所以部编教科书，从教育功效观，从学术研究观，从经济立场观，都是十分有利的。现在功效尚未十分显著，那是因为辅助工具如教学法等，虽已编成，尚未出版，以及教师的尚未习用新教材之故。继续应用三年、五年之后，利益必可显而易见。

部编教科书虽经馆内外学者、专家尽最大努力编辑、审阅、校订、修改，但战时人力、物力两感困难，各科课本距理想标准尚远。教科书内容的优越并无止境，而海内教育专家战时限于交通，未经请益的尚多，希望今后全国学者共同赞助，多多指示改进之途，不胜感幸。

六、已出版及已编成的教科书种类

部编教科书究竟已出版几种，现在排印中的有几种，已编辑完成而即待发排的有几种，正在编辑中的又有几种。这些问题是出版家、各级学校、学生家长以及一般社会都很关心而愿意知道的。现在把它分别开列出来，以供参考。不过编印情形，天天在进展中，下表所列是截至三十五年十二月五日为止的情况。

（一）已出版者（共八十一册）

部编教科书编印概况表

科目	册次	册数	版本	备注
初小国语常识	一至八	八	胜利后修订标准本	
初小国常教学指引	一至八	八	暂行本	
初小算术	一至八	八	暂行本	
初级成人班课本	一至四	四	暂行本	暂行本合订一册
初级妇女班课本	一至四	四	暂行本	胜利后修订本尚未出版,暂行本合订一册
高小公民	一至四	四	胜利后修订本	胜利后修订本尚未出版
高小公民教学指引	一、二	二	暂行本	
高小国语	一至四	四	胜利后修订本	
高小历史	一至四	四	胜利后修订本	
高小历史教学指引	一、二	二	暂行本	
高小地理	一至四	四	暂行本	
高小地理教学指引	一、二	二	暂行本	
高小算术	一、二	二	暂行本	
高小自然	一至四	四	暂行本	
初中公民	一至三	三	胜利后修订本	
初中国文	一至六	六	暂行本	胜利后修订本已发排,应出版而尚未出版
初中历史	一至五	五	暂行本	胜利后修订本已发排,应出版而尚未出版
初中地理	一至六	六	暂行本	
师范地方自治	全	一	暂行本	

（二）已发排者（共四十一册）

科目	册次	册数	发排年月	备注
初小国常单式教学法	一至四	四	三十五年十二月	胜利后修订本
初小国常(一)(三)复式教学法	上、下	二	三十四年三月至五月	
初小国常(二)(四)复式教学法	上、下	二	三十五年十二月	
初小算术教学指引	一至八	八	三十三年十月至三十五年一月	
高小公民教学指引	三、四	二	三十三年九月至三十四年四月	
高小国语教学法	一	一	三十五年十一月	胜利后修订本再发排
高小历史教学指引	三	一	三十四年四月	
高小地理教学指引	三、四	二	三十三年十月至三十四年四月	
高小自然教学指引	一、二、三	三	三十三年十二月至三十四年十二月	
高小算术	三	一	三十五年十月	
初中算术	上、下	二	三十三年十一月	
初中代数	上、下	二	三十四年三月	
初中实验几何	全	一	三十二年十二月	
初中几何	上	一	三十三年十二月	
初中化学	上、下	二	三十三年二月	
初中化学实验教程	全	一	三十三年二月	
初中动物	上、下	二	三十三年十一月	
初中植物	上、下	二	三十三年十二月	
初中地质矿物	全	一	三十三年八月	
师范教育心理	上	一	三十四年十月	

（三）待发排者（共三十七册）

科目	册次	册数	备注
初小国常单式教学法	五至八	四	胜利后修订本
高小国语教学法	二至三	二	胜利后修订本
初级成人班课本	一至四	四	胜利后修订本
初级妇女班课本	一至四	四	胜利后修订本
高小历史教学指引	四	一	胜利后修订本
高小地理	一至四	四	胜利后修订本
高小自然教学指引	四	一	
高小算术	四	一	
初中历史	六	一	
初中地理	一至六	六	胜利后修订本
初中物理	上、下	二	
初中物理实验教程	全	一	
初中几何	下	一	
师范教育心理	下	一	
师范、简师教育测验及统计	全	一	
师范社会教育	全	一	
师范教育行政	上、下	二	

（四）整理中者（包括审核、校订、缮绘等项，共二十八册）

科目	册次	册数	备注
初中生理卫生	全	一	
师范、简师卫生学	全	一	
师范数学	一	一	

续表

科目	册次	册数	备注
简师教育心理	上	一	
师范、简师小学教材及教法	上	一	
高中师范公民	一至三	三	胜利后修订本
高中国文	一至六	六	胜利后修订本
高中本国历史	上、下	二	
高中本国地理	一	一	
高中代数	一至三	三	
高中平面几何	上、下	二	
高中三角	全	一	
高中解析几何	上	一	
高中生物	上	一	
高中化学	上、下	二	
高中化学实验教程	全	一	

（五）编辑中者（共四十册）

科目	册次	册数	备注
初小国常(五)(七)复式教学法	上、下	二	胜利后修订本
初小国常(六)(八)复式教学法	上、下	二	胜利后修订本
高小国语教学法	四	一	胜利后修订本
高小算术教学指引	一、二	二	
高中本国地理	二、三	二	
高中解析几何	下	一	
高中生物	下	一	
高中生物实验教程	全	一	

续表

科目	册次	册数	备注
高中矿物	全	一	
高中物理	上、下	二	
高中物理实验教程	全	一	
师范、简师教育通论	上、下	二	
教师教育心理	下	一	
师范、简师小学教材及教法	下	一	
师范、简师实习指导	全	一	
师范教学	二、三	二	
师范矿物	全	一	
师范农村经济及合作	全	一	
师范美术	一、二	二	
简师美术	一至三	三	
师范音乐	一至三	三	
简师音乐	一至四	四	
师范、简师工艺	一至三	三	

说明：（一）以上各书均系国立编译馆先后奉到教育部命令编辑的，未列科目将来或再奉令编辑，亦未可知。

（二）以上所列均为中小学、师范教科书及教学法，至于编译馆奉令所编的职业教材、补充教材、工具用书等都未列入。

（三）以上所列包括编译馆自编、约编、征稿等方式在内。

（四）教育部命令各省市，小学各科及中学公民、国文、历史、地理四科各校必须采用部编课本，不得歧异；各出版家已将原有同科旧本的纸型封存销毁，不再印售。此外各科各校可以自由选用课本，各私人或团体仍得依照课程标准编辑，送部审查，审定的准许印行。惟部定办法，每一科目以审定最佳者至多四种课本为限。

七、结论

国立编译馆编辑中小学、师范、职业教科书，行将五年，其中四年在抗战后期，一年在胜利初期，艰难困苦，有非笔墨所能尽述。回忆当年奉令赶编，期限完成之时，深觉责任重大，毫无把握。后方人力、物力两有限制，难期成功。各大出版家所不敢轻于尝试者，国立编译馆独立担负，实不胜临深履薄之感。惟时势需要，编译馆同人，只得不顾毁誉，尽其最大的努力，幸赖教育部历任长官的殷切指导，国内学者专家的热忱赞助，得有今日的成绩。尤可欣感的，是商务、中华、正中、世界、大东、开明、文通七联处的推诚合作，使部编教科书得以陆续印行，供应全国。部编教科书前三届所不能达到的目的，此次竟能顺利达成，实应归功于七联处的努力从公。当初他们在军事变化不测、物力异常艰难的时候，毅然帮助政府推行部编教科书，使后方和前线的儿童及青年都有书可读，对于抗战胜利实有间接的劳绩。但展望前途，困难尚多，已出版的部编教科书尚占少数，将来全部印行，所需资金更多，所遇阻力更大，似乎尚须继续努力，艰苦进行。

抑更有进者：抗战以后，教育进展极速，尤其西北、西南各省中小学校大量增加，学生数直线向上。照教育部最近发表《全国各级学校概况》，其中中等学校有学生一一六三一一三人，教职员九〇六三五人；小学有学生一七二二一八一四人，教职员六五五六一一人，超过了战前统计一倍有余！而此项统计尚为各省市三十三年度统计数，收复区人数恐不甚正确。现在胜利复员，各省市学生激增，形成“校荒”现象。如果统计三十五年度中小学人数必更超过三十三年度统计甚巨。今年各地献校祝寿，来年小学人数又将大量增加。教科书需要数量之巨，真是难以想象。照目前印行少数科目部编教科书情形而论，已经不是任何一家或数家书局的经济力量所能胜任。而环顾国内，除七联处所包含各家外，其他各省市的出版家，其出版力量更微不足道。将来国内统一，交通恢复，教科书科目增多，其供应问题确是值得仔细研究，郑重考虑的。

（载《中华教育界》1947年复刊1第1期）

我也来谈谈国定本教科书

兆 梓

现行国定本教科书自从民国三十二年在后方产生下来之后，就是一个极不幸的产儿，出版界还只是不平于发行权之为七联所垄断，而这一套书的本身，几乎也为全国每一角落的中小学教师所不满——在重庆时即已被人在重庆版《大公夜报》和《国民公报》上予以极深刻的批评；国民参政会中也曾有人提出很严重的质问；最近上海《大公报》和《文汇报》又曾有人予以很剧烈的指摘——已成了最近四年来国民政府在教育行政或竟是政策上不可挽回的失败。本月五日曾经载有这样一段消息，大致是：

“现行中小学国定本教科书有待改进之处甚多，朱部长因于本月四日下午三时召集一个会议，议决改进原则如次：（1）通令教师对于应改正之处于讲解时随时矫正；（2）编印辅助教科的刊物以备中小学校教师参考；（3）待中小学课程标准决定后即彻底改编，至将来或专立机构编辑抑或开放编辑，亦在考虑中；（4）接受各方之批评，以为改进的借镜。至国定教科书之印刷发行则已决定开放。”

教育部召集这一次会议的由来，大约即由于舆论的指摘，所以议决案便有“接受各方的批评”这样一条。

按这一问题，实在包括有三个问题：

（一）印刷发行要否开放　这已决定，我们姑且不去说他。

（二）教科书的不好应如何补救的问题　这也已拟有办法，至于这种补救办法是否有补于事实，我们认为尚值得讨论。

（三）教科书应否开放编辑的问题　这尚在教部考虑中，这一问题我们认为比较重要，极应提供意见，好好的讨论一下。

本此，我们分别提出意见于后，希望教育界大家来公开讨论一下。

关于教科书的不好应如何补救这一问题，我以为也应分两点来说。第一是教材的正确的问题，第二是教材的选择和编排的问题。第一个问题，我以为还比较的容易解决；教育部的议决案，似乎也只对这一点加以补救。不过就是这比较容易解决的问题，教部的补救办法也只对于具有素养和经验的优良教师方可发生效力；其实优良的教师恐怕早已可自行解决了，不必等待教部的煌煌明令。但是这种具有素养和经验的优良教师究竟有多少呢？照廖茂如先生的统计，在民国二十二年，浙江一省未受师范教育的小学教师占全数的百分之七十八；江苏一省的小学教师也占全数的百分之五十六（见本年一月十五日出版的《中华教育界》复刊第一卷第一期）；而他所说师范教育竟还包括短期师范训练在内。江浙两省教育之发达，无论如何不会在其他各省之后吧，合格小学教师的百分比尚如是其小，何况他省。虽说这是十余年前的统计，但自二十六年抗战军兴后，教育程度为一般的急剧低落，是不争的事实，那末这种百分比恐怕还只有较那时低落吧。在这种情形之下，难道凭着教部一纸通令，他们便能在讲解时随时矫正吗？便是那些优良的教师，在目下起码图书馆都没有的一般小学里，又凭什么做参考资料来矫正呢？难道可以坐待尚在计划中的辅助教科的刊物吗？现行的国定本教科书早已历经教育部所附设的教育用书编辑委员会、国立编译馆中小学教科用书组继续编辑而成，刊行之后尚见错误百出，何况匆遽中计划着待编的辅助刊物呢？难道说这样就可以将这为人指摘的国定教科书矫正过来了吗？但这还只就教材正确与否那一个较为容易矫正的问题讲，至于教材的选择和编排的问题，那就更不是照教部会议所议决的办法所能纠正。这一问题可以说是这一套教科书先天性所决定的。当这套书要拿出来作为国定本刊行之前，我虽以极短的时间承教部交来拜读过几册初小国常课本，当时我就贡献一点意见，以为这套书根本不适于小学教学之用，非重编不可。其理由（一）在不像教科书而像宣传小册，（二）在国常合编；其总原因，编者并未丝毫顾到儿童的领受力。我并曾主张教科书必须要部编而作为国定本，最好能从初小第一册先行改编试用而后第二、第三……逐册改编改用。我的主张固然未蒙采纳，便是重编一层也因急于要国定，只令编译馆采取曾经校阅审查者的意见酌量修改，在短短半年内连修改并绘图制版而刊行了。所谓修改，并教材正确与否尚未做得好，何况选择编排的功夫。这不能怪编译馆，真要对教材的选择编排加以修订，自非重行另编不可。这因一套书有一套整体的编制，应有编者整个的匠心在内。集合众见而加以枝枝节节的修订，这套书必至拆得零碎不成片断。何况教科书的读者是初入学的儿童，这种书的编制与技巧更非普通书可比，自非深通儿童心理而又富有教学经验、编辑技术的人不能为，即所谓各科的专家学者对之亦不易措手。教部所议决的那临事张皇的补救办法是绝对无济于事的。关于这，我还是以为非选深通儿童心理而富有教学经验、编辑技术的人，从新彻底另编不可。

讲到教科书应否开放编辑的问题，这就是说以后编辑教科书还是仍由政府包办？还是一任教育界人士自由编辑？这一问题，教部已从坚决的部编国定而改为在考虑中，在教部未定决策之前，我们为下一代的国民计，尤应提出来详慎的考虑一下，供教部决策的参考。

查教科书之由出版界自由编印，改为由部编国定，虽说动机起于抗战时期救济后方教科书供应的不足（见《中华教育界》复刊第一卷第一期《中小学国定教科书编纂之经过及其现状》），但是民国二十三年教育部部长朱家骅氏固已竭力主张部编教科书，并且组织教科用书编辑委员会从事编辑（见同上文中）。惟当时部编教科书尚是并行制，部编本与坊间审定本并行，而非国定制。直至民国三十一年，教部才宣布国定制，三十二年才实行。并行制与国定制的不同，前者是将部编本与坊间审定本一任中小学教师自由采用，后者是只许用部编本，而不许民间另行编印。若专为供应不足，似乎应该鼓励自由编印，而不必不许人编印。既不许人编印，那便是“定于一尊”的办法。“定于一尊”的办法是否是对，这就是可资以决定教科书应否开放编辑的方针。

“定于一尊”的办法，在我国历史上倒也是已先有行之者，便是汉代的为五经立学及唐代的诏定五经正义，元代的以功令规定经义。但是这都是历代专制帝王统制人民思想的作用，久已为史家所诟病，在今日似乎不足为训。讲到现代给入学儿童肄业的教科书，不过是中小学教师用以指导学生如何学习的工具，工具只要便于用，并不是宗教的信条，教师学生都并非遵守不可的，如何可以定于一尊呢？讲到教科书的使用，世界各国中，大约要以美国和日本用得顶普遍，英国人 Ohas. H. Thurber 曾撰《论教科书》一文，对于美国学校集中于教科书，使教科书在教科上占有这样重要地位一点，认为使英人觉得非常惊异。德法等国也甚少用教科书，至多亦不过教授案而已。我国的教学方法，从前都抄日本，后来改效美国，所以教科书在教学上也占比教师们还重要的地位。但是美国教科书的使用虽很普遍，可是绝没有定于一尊的办法，各州各自为政，在有几州内，教科书虽也要送州政府审定，而大多数是并不必送审的，何论国定。日本起先也是自由编印，惟须送文部省审定，后因发生教科书大贿案，这才由文部省编定，出版家只能编教授案，当初原也只以此整顿官箴。后来军人专政，才利用教科书做宣传工具，结果将这样一个正在蒸蒸日上的新兴强国，被野心家断送到如今这样的地步。由上所论，教科书绝不是可以定于一尊的东西。即使政府要利用，难道教师们就不会活用？到了秦始皇死后已二千多年了，竟还要师其愚黔首的伎俩，我觉得似乎太落伍了吧！

即使说政府并不想以这定于一尊的办法来统治思想，只是不放心书贾们，怕他们握了一部分教育权去，会妨碍了下一代国民心理上的健康，但为政府计，似乎也不必这样心劳日绌。教科书之编制，不是已有《部颁课程标准》范之于前，又有审定制度督之于后吗？刊行后，中小学教师们倘使用起来不便利，不是可以毫无顾忌的自由指摘批评吗？还有什么可不放心的呢？况为政府自行顾全威信计，更不犯着自编。编得好，固然无话可说。编得像现行本这样糟，中小学教师不敢言而敢怒了，舆论也群起而诋斥了，连政府自己变相聘任的参政员也起来质问了。以致教部张皇失措，急图补救，然而已受尽人民的非难，又何苦来呢？

现在不是大家嚷着要民主吗？要尊重人民的自由吗？为什么还要使中小学教师和学生连选择自己所用教学工具的自由都没有呢？若照思想自由的原则讲，连《课程标准》中的各科教材大纲，规定了一条条的教材，似乎也还没有跳出汉唐元专制帝王的窠臼。

（载《新中华》1947年第5卷第4期）

荒谬绝伦的国定本教科书

邓恭三

自从国定本中小学教科书编行以来，每一个在中小学教书的人，每一个有子女在中小学读书的人，几乎全都知道这一套教科书的拙劣荒谬，而为之疾首蹙额。各地的报章杂志在过去也曾收到不少批评这一套教科书的文字，而由于通不过书报检查机关，所以全都无法刊布出来。到今天，全国人士都已注意到制宪和行宪的问题，国民党也在口口声声说要还政于民了，而对教科书的禁令却不但不明令开放，根据报纸所载，教育部且正在增加负责印行这套教科书的书局，由七家改为十一家，并且由国家贷以巨款，使得再接再厉，要把这一套教科书无限期地采用下去。这便等于说，即使在“还政于民”之后，我们的教育家和各学术部门的专家们也还不能有编印课本的自由，而在全国各地中小学教书和读书的人，自然更不能有选择课本（也即是传布知识和接受知识）的自由。

在兵荒马乱的抗战期间，政府的教育当局即特别设置了机构，聘请了专任人员，来从事于这一套国定本教科书的编制，其用意所在，不必讳言，是认为前此各书店中所编印的课本，虽都已经过教育部的审定，其党化的程度却终嫌不够充分，因而特地编订这一套，加强其党的色调，使全国的中小学生的头脑，普遍地受一番国民党的理论的洗礼，庶可收取万姓万民一心一德的良好后果。

教育当局这种用意的善恶是非，我们姑置不论，就这一套教科书的实质而论，要希望它能达成上述的任务，却正是所谓南辕而北辙了。

从满清末年开办学堂起始，各地的书店便在陆续地编印各种教科用书，其后每修正一次课程标准，各书局跟着便有一套新的课本问世。到抗战军兴之日为止，各书局所出的各种课本，虽还不能令人满意，却大致是逐渐在改善，在进步中的。不料一到这套国定本教科书的编印，却造成了一次急转直下的逆流，我们真万万没有曾梦想到：在新式学校已经开办了五十年的今日，在各种课本的编辑上也有了四五十年的历史和经验的今日，轮到我们的子侄一代人去念的，竟是这样一套荒唐差谬、绝后空前的坏教科书！

一个负责编撰国语课本的人，我们固不一定要求其有如何深邃的国学基础或文学修养，但最低限度却应当具有文从字顺的本领和合于逻辑的思路。而这套国定本小学国语的内容，却确实连这两个起码的条件都没有做到。在高小第三册中，竟至有“甲午之战，我国战败，人心奋励”等类万难讲得通的文句。又在题目是“坝工”的一课中，第一段说世间最有益于人类的工程，不是铁路、公路、桥梁之类，而是堵截水流的“坝工”，这道理已不免有点儿离奇了，而第二段讲说坝的效用，却说：“巨大的坝，不仅可以拦阻洪水，调节水量，灌溉田地，而且还能用来发电，供给电力，直接有益于工业制造，成为近代文明的主要动力。”坝竟是近代文明的主要动力，真不知如何说起的！

历史课本的编者，似乎也偏偏是些最缺乏历史知识的人，因而差谬可笑的地方不知其数。例如：南北朝中的南朝，本是指宋、齐、梁、陈四代而言，而国定初中历史却误以为自晋文帝建国于江左之日起便已经是南北朝对立的时代了。又如宗泽和李纲，本是北宋末南宋初力主对金作战的人，而这课本却一则误以他们是和寇准同为真宗时代对辽问题的决策人，二则更误把他们和寇准一同称为“坚守和议”的人！又如讲“元明的社会”一课，既说元人在“入主中国以后”才知道“保护农业”，而紧跟着的一句却又是“于是从太祖以来就提倡农业”，依这几句的逻辑顺序推论，岂不等于说元人在成吉思汗以前便已入主中国了吗？

政府现时所规定的教育政策，不论其是否能满人意，总还不至居心要“贼夫人之子”吧，然而竟编撰了这样一套荒谬的课本，且逼令中小学校非采用不可，则不论其居心果如何，事实岂不是至“误尽天下苍生”不止吗？

世间固也不乏小事糊涂，大事不糊涂，如吕端之流的人物，然而要想在这一套国定课本的编撰者当中发现这样的人，却真是戛戛乎难哉。就这套课本的大纲领、大关键去看，凡其大原则、大前提、大节目所系之处，几乎无一不错；即或幸而不错，当其运用之时也必定违牾颠倒，悖戾不合，也姑举几事为例。

初中国文课本中所选录的近代和现代的作品，很明显的是以尽量选取国民党中达官贵人的文章为原则的，因此，有很多在现代文坛上极有声誉的作家，其作品全都未被收进，而收进了的，却是自主席、院长以及某部某会的首长，以至于张治中、张发奎、翁照垣诸将军的文札、文告和某种纪念节日的讲演词或纪念论文之类。这些人物，固然未必不是上马可以杀贼，下马可以草檄的文武全才，然而他们却大都是一身而兼数要职的人，簿书旁午，政躬少暇，一切文章遂多由幕僚或部属代为捉刀，捉刀的人"应制"为文，既能真知和灼见，由少热诚和灵感，敷衍成篇，聊以塞责，因而这类的文章只是一些道地的党八股和抗战八股，似乎是"文章病院"中的好主顾。既不能引起读者的美感、灵感和欣赏文艺的兴趣，也无法使其借此学取一些写作的技巧，滥调陈言，味同嚼蜡，使一般初中学生终日诵习些这等文字，势将使其思路日益窘涩，观念日益模糊，性灵日益汩没，流弊之大，何堪设想？

有一位担任中学国文课程的朋友告诉我，在采用国定国文课本之后，他要学生去精读每篇的课文，有一次便有一群学生提出抗议说，文章的好坏是要以官阶的高低去判别的，这国文课本中作者的名单便可证明这一点，只要学取这些人物的榜样，努力于将来做得高官，便自然有文章被人选为教材，正不必认真费力的去诵读这些已经入选的要人的作品。这实在是一种可怕的想头，却也确实是这课本的编选原则所应负责的。

为加强课本内容的党化成分，既已把别党、别派以全无党派的自由主义者的文字加以摈斥而把国民党的元老新贵并列于这课本之内，却又有素与国民党站在敌对地位的梁启超以及国家主义派主要分子王光祈和常乃嘉诸人。梁氏在近代文学史上站有重要位置，以文存人，固无所不可。王、常诸作也被兼容并包于内，便令人不可索解。有多少更自有代表性人物，很多种更富于代表性的作品，全部弃置不问，何必特别垂青他们的文章而取来凑数呢？

国定历史的“编辑要旨”当中，有一条说：“本书立论，大体以传统之历史观念为依归。”这等于向大家明白宣告说，中山先生在民生主义当中所提出的民生史观，是不被这课本的编者考量、接受、采取来说明中国历史发展的依据的。但既以传统的史观为依归，则内容便应与各书店前此所出历史课本无大异同，又何必一律禁止其发行而强令各校采用这国定本呢？

事实上，由于编者连最起码的史学修养也并未具备，遂致对于所谓“传统的历史观念”者也并不知其何物。充满于这套课本中的种种议论，固未能建立一新的体系，却也与旧的传统观念不合，进退失据，一无是处。

我们的传统的历史观念当中，有颇为重要的一项，是所谓夷夏之防。这观念表现在实际的行动方面，便是近代之所谓民族革命运动。太平天国和中山先生所领导的“驱除鞑虏，恢复中华”运动，更是最显著的事例。因此，自民国肇造以来，所有的历史课本当中，对于在满清统治期内汉族所受的迫害压榨，以及由此而造成的汉族对于满族的仇恨心情，无不给以重要的篇章。必如此，然后才可以见出历次民族革命运动爆发的必然性。而在这国定本历史当中，却只见其对于满清帝室及其所施行的各种政策的称颂赞扬，其仇视汉人以及无理抑压汉人的野蛮行为，却几乎是不见一点踪迹。从而对于太平天国便只能描绘成一次毫无来由的兴兵构乱的事件，而且诋之为迷信、为无组织，这简直是满清遗老遗少的观点，不论按之革新的历史观念或传统的历史观念，是全部无法讲通的。

把这历史课本编者称为满清的遗老遗少，是并未说得过分的。满清乾隆一代曾把辽、金、元诸代的官名、人名等，胡乱改动过很多，如建立西辽的“耶律大石”被改为“耶律达什”，元代的丞相“脱脱”被改为“托克托”之类。近数十年来编撰历史的人，凡非自居于满清的遗老遗少之列者，全已恢复了旧的称谓，而在国定本中却还在惟恭惟谨地遵奉着满清的功令，依然把“耶律大石”写作“耶律达什”，把“脱脱”写作“托克托”，这非遗老遗少的行径而何？

彰善瘅恶，即采取历代史实之善足为法、恶足为戒者，一齐著之于篇，以资读书论世者之借镜，这也是我国的传统的史法之一。在这国定历史的“编辑要旨”中，另有一条说道，“本书内容，以民族主义为中心，特别说明国史上光荣事迹，以激发学生爱国心情”。其内容之违反民族主义，已略如上述，而在所谓“特别说明国史上光荣事迹”者，却又是把所有历史事实均予以光荣的解释，似乎在我国五千年的历史当中竟没有一个不好的人、做过一件不好的事。于是历代的专制帝王，在此都被无条件的恭维歌颂，特别是对于专制魔王秦始皇为然。焚书坑儒的事件，已经被人痛骂了两千年，而这国定历史却认为这是我国的无上光荣事件，且以为秦代借此一导，居然能使得“思想统一，而政治也大为稳定”了。遂更进而称颂秦始皇说：“始皇在短促十数年间，古代的流弊无不革除，后世的治术都已创着，奠定民族大一统的基础，创立二千年来中国文化的规模，他对于国家的贡献真不少呢！”这是在专制政体时代犹且无人敢于出口的谬论，在民主思潮成为时代风潮的今日，却公然以之向学童灌输，这十足证明，在编撰者当中必有企图传布法西斯的毒素者！

我国的历史，是一部汉民族自相斫杀的历史。对于这些事实，我们无法一概抹煞，也无法一律辩解为“光荣事迹”。因而，对于汉武帝之征伐匈奴，我们可以批判其为黩武主义和侵略主义，对于异民族之侵略汉族甚至征服了汉族的事实，更不能完全放弃了民族主义的立场而以其事迹“光荣”化。然而蒙古人之入主中国，一向被认为汉民族的奇耻大辱的一件事，却也被国定本历史认作无上光荣的事件之一。以为从中国被蒙古征服之后，“举朝鲜以西，地中海以东，贝加尔湖以南，安南以北，都有我国的政教，受我国文化的浸煦，这种泱泱大国的作风，真是扢铄古今中外了！”我们只知道蒙古强骑所至之处，其文化无不受到浩劫，而这里却偏说蒙古人替我们推行了政教和文化，殊不知“光荣事迹”并不是可以这样捏造得成的，汉族被蒙古铁骑蹂躏践踏了，竟能使这课本的编撰者如此其“大喜过望”，竟至捏造这许多“光荣事迹”去加在征服者的身上，即知所谓“本书内容以民族主义为中心”者，只是企图蒙蔽上司及世人耳目的一句话罢了。

总上所述，当已足以证明，在一切课本当中，再没有比这一套国定课本编得更坏、违反三民主义的程度更甚的了。所以我说，若企图以这套课本去加深教育工作上的党化程度，那正是所谓南辕而北辙。以内容这样糟糕的课本而名之曰国定课本，更实在丢尽了国家的颜面！

为此，我在此大声疾呼，这套课本应该立即废除不用！我愿每一个中小学校的教师，每一个中小学生的家长，起而响应我这呼吁，支持我这提议，使得我们的教育当局尽速采行一种贤明的措施，废罢前此的禁令，让各书局能够有编印课本的自由，使我们的孩子们能够得救！（原文载二月二日《大公报》名为《我对于国定本教科书的控诉》）

（载《时代文摘》1947年第1卷第7期）

从国定本教科书说起

思　玄

国定本教科书，近来受到不少社会人士的批评和责难。有的指出了其中思想和内容的错误，有的批评了它编制的失当，因此有人主张国定本应立即废止，教科书的编印完全开放。这些批评和责难，无非为受教者着想，希望教育当局有所改进。

可是就我们做学生的说，听了这些批评和责难，如仍自居于受教者的地位，等待别人去改进，却不是办法。这些教本是教师天天在那里讲授的，是我们天天在那里学习的，既然有人对它提出了批评和指责，我们就不能当作不闻不问。究竟它的谬误和缺失何在？究竟应该怎样去改正、去补救？只要稍微动动脑筋，我们自然就会想到这些问题。若更深一层想下去，那我们想到的可更多了：教本里有这么多谬误和缺失，何以我们平日一点也没有察觉出来？这些谬误和缺失会在我们的学习上产生什么影响？这些教本是怎么产生出来的？把教本当作金科玉律，是对的么？……种种问题，都会使我们反省到自己的学习上来。把这些问题想得越清楚，对于自己学习上的弊病也看得越清楚。这么一来，我们就会知道需要改进的不光是教科书的本身了。

对于有了好的学习方法和态度的学生，教科书的好坏是不会成为严重问题的。第一，这样的学生就不会兢兢业业把教本当作唯一的学习的对象，他会看课外书籍，会跟师友辩难，会注意实际的事物。他的学习的天地非常宽广，教本给他的影响自然不至于太大。第二，这样的学生是能够自动自发的去学习的，他会比较分析，他肯反复思考，正确的知识自会融化到他头脑里去，普通的谬误也就逃不过他的眼睛。第三，这样的学生学习的目的，是为了求真知，也是“为己”，绝不是为了混资格、骗文凭。所以他不会计较分数的得失，考试的成败，从而课堂的教材和老师的讲授也无法把他限制了。

这么说来，教科书本身的改进就无关重要了么？自然不是的。坏教科书的存在，毫无疑问的是学习上一种浪费，一种危害，特别是在现教育制度之下。我们总希望教育当局能有补救的办法。不过希望别人，不如自求改进来得切实有效，何况两者又是相需相成的呢！聪明的读者，一定能懂得我们的意思。

（载《中学生》1947 年总 185 期）

所谓“国定本教科书”

徐天震

从“国定本教科书”发行以来，社会人士颇多指摘，笔者搜集胜利二年来对它攻击的文字，不下百数十篇，攻击最厉者如邓恭三、王芸生，说它是“一窍不通”、“误尽苍生”；比较温和的如董任坚、张霆潮，说它“企图党化”、“与民争利”，还有吴伯威的“自我招认”以及各地教育专家的公开批评，充分暴露了国定本丑陋的状貌。虽经国定本主委陆殿扬一再替它辩护，但总掩不下事实上的欠缺。本年度内，北方、西北、西南各参议会要求取消国定本，宪政促进会研究委会亦曾提案主张废止国定课本，本年度中国教育学会上海分会，拟向明年一月全国年会提出建议，“国定教科书”亦居其一。闻教育部亦因鉴于各方批评，已在考虑国定本开放事宜。预测“国定本教科书”的制常当可速予改善。

我们归纳各家批评国定本的缺点，大概可以分成十条：

一、国定本不是“统一”，只是“统制”，不合民主精神。

二、国定本原为适应战时后方教科书贫乏时的急需，复员以后，此项需要已不存在。

三、国定本格于功令，不能配合时代需要。

四、国定本范围狭仄，不能适应地方性。

五、国定本编制草率，内容窳陋，而且谬误百出。

□

七、修订本、标准本徒具名目，除形式外，内容仍不足道。

八、国定本全凭主观注入，不能适合社会需要，不能引起儿童学习兴趣。

九、国定本形成专利品，教师无选择余地。

十、国定本多剽窃各书局原有课本，削足适履，反失精萃。

对于国定本在战时“急救”的功劳，我们诚然不能一笔抹杀。但时代转变到了今日，我们不能再事拘泥，不加改革，衰老的中国政治，正应配合时代而趋向活泼年青，希望主持教育的当局们，把利害意见统盘比较一下，迅速地采取一个贤明的决策，废止国定本教科书。重新编订新教材，以适合行宪的需要。

本来，教本是否应该统一，这是颇成问题的。以国民教育而言，入学之儿童与成人以生活不同，职业各异，而教育内容应适应个别需要，为教育对象所乐接受。中等教育阶段，更应考虑此时此地的需要，及谋个性之发展。世界各国亦从少闻有硬性规定统一课本者。因此，教育须富于弹性，固无待赘言，而现行统一课本之内容，更弊多利少，且不及过去坊间之课本，早为各校教师及专家所批评。我们希望教育行政当局考虑专家之可贵意见及采纳从事教育实际工作者之意见，从速开放。

学校教本，不能视为获利之工具。以过去情形而言，仅各地国定本之供应不足，而政府始终以国定本由少数书局承印，以国定本为书局获利之故，置教本荒于不顾，此为破天荒之大笑话。近来情形仍属如此，怪不得有人说，所谓国定本教科书，为官僚资本侵入并垄断文教出版事业之一种手段而已！

（载《大夏周报》1947年第24卷第7期）

中小学教科书编印问题

赵荣光

抗战结束，倏已载余，教科书国定本以实际需要而于密锣紧鼓中修订完竣，及期供应。虽国内局面，迟未安定，远僻地方，交通多阻，以致国定本教科书未能普及遐迩；然际此青黄不接之秋，全国中小学学子一致延顶举踵而殷望教科书之充分供应，则为无可讳言之事实。

论理，以国家力量推行部编教科书，自应无往而不利。然揆诸实情，亦有未尽然者。今部编之中小学教科书，推行时期不得谓长，销流区域不得谓广。战前及北伐以后版本犹拥有部分之潜势力，国家教育之逆流，未有甚于此时者矣！"人心惟危，道心惟微"，是非利害，自有公论。然数月来披阅报章，对于中小学教科书之开放问题，腾说纷纷，赞成与否，各执一端，各是其是。余虽忝列中小学教科书编辑者之末，而自忖人微言轻，不敢贸然为左右袒。但愿以管窥所及，就正于大人先生云尔。

一、国定本教科书之时代关系

教科书在部编而为国定本以前，曾有长期之"商编部审"史实。此办法之利弊得失，姑置勿论。惟抗战期间，物资奇缺，书肆经济渐形溃竭，甚至彼等视为最可获利之教科书营业，亦几陷停顿。同时赖教科书之编印而维持生活者亦益感生活之堪虞。由是粗制滥造，变本加厉，结果形成社会对于教科书之不良印象。事实昭然，无庸讳饰。教育当局，职责所在，乃图挽救。一面并中小学教科用书编辑委员会于国立编译馆，改为教科用书组，增聘编者，锐意进行中小学教科用书之编辑计划。一面与七大书局洽订合同，且予资助，而利推行。中学部分有公民、国文、历史、地理四科与小学国语、常识等科同在部编之列，其余各科仍采分工合作办法，由国立编译馆统一审查，统一发排。然而各科课本，非一蹴即就，实曾经过“暂用本”、“标准本”等实验、修订时期，而后臻为“国定本”。故上文有“推行时期不得谓长，销流区域不得谓广”之语。

教科书之所以成为国定本，实系时势使然。一则由于抗战，教科书之内容，应以配合抗战，争取最后胜利为原则；二则建国教育之基础，不应因抗战而动摇；三则各书肆经济力薄，编印适合战时需要之教科书，实属难能。由此观之，国定本教科书之应运而出，亦容有不可抹杀之功也。

今也不然，抗战早告结束，宪政即将实行，时过而境迁。商编商印之议由是高唱入云，甚至广州市参议会有正式请求政府开放之举。此时机之转变，究于何方有利，尚属疑问。惟教科书之编辑问题，确已引起各方之密切注意。利害得失，报章披露綦详，见仁见智，何去何从，教育当局，似曾深思熟虑之矣。

二、统编统印与商编商印两办法之比较

此所谓统编统印即指现行办法，所谓商编商印即指战前办法。现行办法系由教育部特设单位于国立编译馆统一编辑中小学各科教科用书，交由七联处（按今已新增四家）统一印刷与统一发行。战前办法系由各书商遵照部颁课程标准，编辑各科教科用书，经教育部审定后各自印行。前者版权归十一家书商所共有，后者版权归主编各家书商所私有。

然则两种办法之利弊如何，似为呼吁开放与主张维持现状两方面所争论之焦点。今宪法既告制成，关于国策方面，不拟有所论列。兹仅就其荦荦大者作分别比较如下：

1. 人才方面。此所谓人才系属编辑与印刷两者，尤以前者为然。

统编办法，人才较易集中，商编办法，人才势必分散，一集中一分散，其成果判然。惟目前统编办法所需要而合乎理想之人才尚不易多得，以致各方责难有加。然而此种问题，恐于商编办法尤为严重。

2. 经费方面。统编办法需要政府拨出巨款，以延聘编辑人员，同时各书商无需分别延聘编辑而可坐享其成。反之，商编办法，各书商必先付出相当代价，同时政府仅设一审查机构，而可大量减缩支出。教科书之成本与学生之负担，将成正比例。虽以前书商所定书价亦经政府核限，但其合理之利得与巧立名目之附加费，购用者又不能报付。语云："羊毛出自羊身上。"实际有切肤关系者厥为学生。与其责成书商赔本，不若由政府另设奖助办法。

3. 编印方面。每套教科用书由编辑□□出版，须经若干曲折而成□之过程。若系统编统印，则由主管机构自编自审而外，尚请国内专家指示意见，然后斟酌修改，以至发排印行。惟各专家之意见未必一致，甚且相反，折衷为难。若系商编商印办法，每因时间迫促，完稿过迟，而犹经送审手续，结果"临时抱佛脚"，活动疏通，争先恐后。任审查者亦无法依限作仔细审查，或碍于情面，顾全关系，放宽尺度。然则谬误问题，两种办法均难避免，但影响所及，不可同日而语矣。他如内容之充实、格式之一律、字体之一致、校对之正确以及技术之精良数点，则无分统商，皆可力求达其高度水平，不必赘述。

4. 教学方面。课本而外，尚有教学指引，相辅相成，不可偏废。议者若只论课本，而忽略指引，则或滋误会。故应将教与学二者相提并论。吾国幅员之大，人人皆知。如欲仅编一套全国适用之教科书，固属理想，如欲于国定本之外再编各地区所专用之补充教材，则未始不可。正如方音之与国音，省宪之与国宪，皆可并行而不悖，其理甚明。或者国定本由政府主持，补充本之编辑，则由各书商分任。同时政府亦应予资助，以轻学子之负担。如此则全国教学情形，可期相差不远；学生程度，可不复如往昔之悬殊。

5. 课程方面。课程为教科书编辑之根据，彼此息息相关，互为表里，故教材之分配，进度之快慢，虽编者亦可于技术上善为运用，惟如骨骼未有根本改变之先，形体之伸缩甚少可能。使课程标准不随时代环境而修订，则教科书在实质上自不免陈旧过时之讥。国定本既处“惟我独尊”、“无与伦比”之地位，社会资望当亦加深。倘任各书商分负编辑之责，所谓国定本者亦不过诸种课本中之一种耳，在同一课程标准之下，一经比较，优劣自见。目前国定本之所以遭遇非议，除确系错误，必须急起更正者外，课程标准问题，实亦大有商榷之余地。由是言之，统编商编，皆受课程标准之直接影响，二者孰愈，殊难遽断。

上述各方面之比较，为笔者近年来“□数”经验中之直觉蠡测，确当与否，不敢自必。

三、如是我见

教科书之编辑问题，复杂万端，或则统编统印办法较易处理，或则商编商印办法较易协调。语云：“一把刀子没有两头利。”倘能撇开成见，公开研求，截长补短，未始非计。然则今后教科书之编印，应采何种办法？

吾人咸知：只编一套教科书以适应全国各地区之要求既嫌不足；而以现有国立编译馆中小学教科用书委员会同时编辑数套适用于不同区域之教科书，亦犹挟山超海。故为目前计，似不出暂维现状或徐图改进二途。为久远计，仍有改组机构之必要。或扩大，或另设，总应以优渥待遇（如邮政、海关、国家银行等）延聘海内著名学者，充各部门或各科目主任，并设法罗致各边远省区之人才，同时各书商所慎重推荐者，亦宜尽量延纳。如是人才荟萃，集思广益，各派融汇，蔚为大观，偏见泯除，争议自息。印刷方面，可设中央铸印局，于解决教科用书之印刷问题外，尚可为中央研究院、国立编译馆等出版一切有学术价值而为各书局所认为赔本之著作。经费方面，政府应抱定“失之东隅，收之桑榆”宗旨，不惜重大之牺牲。教学方面，应有各科教材教学之实验与研究，由专门人员主持，以便随时供应改进之资料。课程方面，亦有课程改进之专门人员共负其责。各方面既互相联系，自亦无所轩轾，当能收指臂之效。

果能依此理想而采行统编统印办法，深信必获舆论之拥护，同时商编商印之议，亦可消于无形。不然，则部编国定本之外，不妨采取开放办法（不如用鼓励办法为愈），俾各书商分道扬镳，以资竞进，而促成教育之普及。如是我见，卑无高论。大雅君子，幸维教之。

（载上海《大公报》1947年2月12日、13日）

师资与教科书

教育部为重视师范教育，对国立师范学院及国立大学之师范科系毕业生，务使给予服务机会。闻最近教育部将国立院校科系之师范毕业生计二百余人，分发于苏、浙、皖、赣、闽、湘、鄂、粤、桂、滇、黔、鲁、冀、甘等十四省市，令各该省市教育厅局切实支配于所属之中等学校担任教职。查此项分发师范毕业生服务，比较具体切实，尚属胜利后首次。

国定本教科书自开放版权后，请求印制之家数颇多，但事实上曾缴送样本并已出售书者，几至绝无仅有。近各地政府纷纷向京沪各书局查询，除商务、中华、正中、世界、大东、开明、文通、中文社、独立、胜利等十一家，继续供应相当数量外，其他版本，只见宣传，事实上绝少发现。今秋书荒现象，颇堪危虑！

（载《中华教育界》1947年复刊第1卷第8期）

教科书自由开放是中国教育界福音

尼　龙

座谈

时间：三十五年十二月二十六日下午六时

地点：上海愚园路八五一号

主席：陈鹤琴

记录：陈维雄

主席：我们觉得非常荣幸，因为今天到会的诸位先生，可以说都是教育专家，尤其是郑晓沧先生，刚从美国回来，也参加了我们这个集会，更觉难得。现在有一个问题，是社会一般人士所极想知道，也是我们所要讨论的，这个问题，就是教科书的问题，我们准备讨论，纲目是：

一、教科书编辑问题

　　甲、国定

　　乙、审定

二、教科书发行问题

　　甲、自由开放制

　　乙、实施统制制

三、教科书内容问题

首先要提到的，就是编辑问题。约在四年以前，政府以为按照部订标准，由作者自行编辑教科书，弊病丛生，乃改由国立编译馆负责编辑，遂成现在一般人所称的“国定本”。这种方式是否合宜，实有讨论的必要。顾先生是亲身主持国定本的事情的，知道得最详细，所以，就请顾先生首先发言。

顾树森：教科书在小学方面的，外界都叫它做“国定本”，其实，这个名称在教育部方面并未正式承认，因为“国定本”这个名称，未免太硬性了——所以，当时由国立编译馆负责编辑教科书的时候，只称作“标准本”，目的在仅求划一而已。

所谓课本国定，其经过的情形是这样的：民国二十一年朱家骅先生任部长时，就曾开始编辑国定本，并且请了许多专家从事编辑，不过当时的规模还很小。到了王部长继任的时候，仍旧继续国定本的编辑，而且还请了杨振声先生来主持其事，最先编成了高小国语一部，出版后曾在北平逐本的试验过，到了民国二十四年，认为它可以用作教本了，才交各大书坊发行，但印虽印了，而销路却非常狭小，各学校所用的，也大都还是各书局自行编辑的课本。

在战前除了高小国语课本编辑完成以外，还有史地等科也都曾着手编辑，不过史地课本虽曾编竣，却未曾付印，那时的编辑经费，大部都由资源委员会资助的。

到抗战开始之后，陈立夫先生任部长，认为战时教科书非统一不可，于是特别组织了一个教科书编辑委员会，附设在国立编译馆之内，专门从事于教科书的编辑。编成的教科书经修正后，原欲交正中书局印行，但正中书局无力独挑这一个重担子，乃由正中书局分给商务、中华、世界、开明、文通、大东来发行，即现在所称的七联，由教育部和他们订立合同，国定本才算真正的出现。

最初国定本教科书的编辑，因时间过于匆促，只曾请各书局的编辑来参加，而人数也很少，所以，编辑的大部责任，仍由国立编译馆负其责，内容过去曾有过一次修改，现在已是第二次的修改了。到今天止，发行仍交七联（形式虽说七联，其实是十一联，即儿童、独立、文化、胜利四家书局也已加入）。这次合同到明年四月底将终止，各方面对国定本的攻击很多，大家都认为不应当交七联发行。同时，参政会也提出国定制应当废止的议案。所以教育部也有更变的意思，并且也很想开放，不过目前所以还不能开放的原因，除了订约问题之外，还有两个理由：

第一，如果各书局可以自由印行教科书，那么，交通便利的地方有书本过剩的现象，而交通阻塞的地方，反而要闹书荒。

第二，大书局印刷条件较精美，如果一旦开放，许多小书店也来印刷，结果质地一定会较差。

有这两个原因，所以，开放一时实在还有困难。

其实教育部再想维持国定制，确是势所不能，一方面因为各党派参政之后果自然大家会反对国定制，另一方面，国定本不易有进步，所以我敢说国定制的寿命，必然不久。

以上各点，是凭了我个人所知的来说，关于国定的事情，从头到尾，都是我经手的，现在竟引起了很多人的反对，我心中实觉不安，同时，我无法贡献意见让当局采用，更是抱歉！

主席：照顾先生的说法，教科书的编辑及发行，都似乎没有问题了。既然教科书可以开放，那么，我们现在就不妨来讨论讨论内容问题。关于教科书的内容，我现在来介绍一本一九三六年出版的 *Science Stories*，这本教科书已打破了以往的方块式，而且分量也相当的多，共有二三九页。其次还有一 *My Friends and Neighbors*，这本书在内容上采用故事体，而且打破了以往的分册制，我觉得这种内容倒很不错，请大家多多发表意见。

郑晓沧：我听了顾先生说过之后，真觉得教科书开放的消息，实是中国教育界的福音。教科书的国定，我是非常反对的。当初，我几乎是不敢相信国定的可能，后来的事实却完全出于我的意料，教科书的统制，居然已继续了数年之久。我们知道过去法国的教科书都是由一些博学之士，犹如中国以往所谓的十八学士来编的，十八学士学识虽渊博，但终究还不及大家一齐来合作的丰富，所以法国的那样制度，我也是一样的反对。记得这次美国教育专家应麦克阿瑟之邀，赴日考察教育，回来的报告，都一致认为日本的教育应当要自由，而不可“一尊”。这样看来，日本的教育都要自由了，难道我们中国的教育反而要“一尊”吗？世界的潮流已走向自由，所以，教科书的国定，我觉得太不合理。现在，既然说可以开放，那以往的事情我们也就不必再提它罢！不过国定制虽然不对，但审定制则非有不可，为什么呢？因为教科书对于学生的影响是太大了，在目前，学生知识的来源，主要的都还是仗赖于教科书，假如我们对教科书毫不干涉的任人乱印，那未免有碍于学生的。

教科书的发行，乃是书局的事情，我们教育者的责任，是在如何顾及内容。刚才陈先生说的那两本书内容虽然丰富，形式虽然美丽，如果我们能够做到这样固然很好，但有一点也是值得研究的：就是我们的经济力是否及得到外国宏厚。我们常常觉得中国的教科书都只有骨头而缺乏血与肉，其原因之一，或许即由于经济力的限制的缘故。所以，形式方面，我觉得不必苛求，至于内容则非予注意不可。

世界各国，都有它的文学，惟独我们中国，由于十余年来的提倡白话文结果，几乎把固有文学忘记，而与古文学脱节了。其实，我国古文学是很好的。在苏格兰的时候，我曾于一个旅馆中遇见了一个猎人，他虽是个外国人，但我们碰见时，他就大谈孔子之学，我真大为惊奇，为什么孔子在外国反而大出风头呢？

孔子的思想，虽然封建气息太浓，但他的“大同”的主张，迄今还是大家所渴慕的。我国古代的哲人，除了孔子之外，还有孟子、荀子、墨子等等，尤其是孟子的主张“民为贵，社稷次之，君为轻”，虽不能说是民主先锋，但至少也可以说是民主先进，我们现在倡导民主，也不一定要学外国民主，本国的民主更应当学学。所以，对于我国教科书中的忽视古文学，实在是一种遗憾。

其次以诗来说，我们中国的诗，也有特殊的风格与价值，就以孟浩然的诗来作例：

“春眠不觉晓，处处闻啼鸟。

夜来风雨声，花落知多少。”

像这样的诗，你想是多么的深刻生动，他使人与自然合一，与自然发生情感上的交流。

由此，也足见诗的重要，尤其我国的古诗，都属于七绝、五绝，文字简单而有韵，更易记忆。

中国的古诗，不但在形式上与记忆上都宜于儿童的学习，而且在内容上也具有特殊深刻的意味。

中国的古诗，具有这许多好处，而目前竟全部的把它放弃了，殊觉可惜！所以，在教科书编辑的内容上，最好能顾到此点。

欧元怀：对于国定与审定的问题，刚才已有几位先生提供了很宝贵的意见，现在我把五年实际的经验，贡献给大家来作参考。顾先生是我的上司，在贵州教育厅的时候，因为贵阳与重庆相距得很近，犹如上海和杭州一样，所以教育部的命令总是惟命是从的。所以当时顾先生命令我们来推行国定本的时候，也就不得不代为推行。七联方面如文通书局的老板，也曾来跟我商量，要我为他推行国定本，当时我是答允了，并且命令各地方照办，但命令发出之后，书本却没有到来，据说因为交通困难，工具缺乏，以致无法运到，并且另外的一个原因，便是书的量太少，不够分配。因此，当第二年贵州书业同业会开会，世界书局的经理便到教育厅来接洽，说桂林有很多的书本准备要上运，问我是否能给予推销的保障，有保障便运上来，不然就不运。当时，我自然是允许了。

在战时，国定本书少而质差，本来我准备每两个学生合用一本，但结果有的学校全班也没有一本书，所以，教科书的统制是绝对不应该的。五年来的经验告诉我，教科书的统制，对地方教育实是一种严重的迫害，如果教科书一旦开放，则书局互相竞争，量的问题既可解决，而质的改进，亦较容易。所以个人以为国定本必须废止，就是审定制也只能作为过渡的阶段，教科书根本就不应当有这许多限制，何况现代民主国家，审查制度实不必要。尤其是学生时有考试，凡能通过考试的，就表示他们所读的书是合格的，用不到什么国定或审定。

同时，教科书的编辑与选择，有经验的教师才算最内行，有经验的教师自己所编选的，也许会比国定审定的教科书强得多，我们何必用这许多束缚，来绊住他们创造的脚呢！何况中国幅员广大，地方的教材只有当地的文人学士才能编得像样，假使我们硬把全国的教科书集中在少数地方来编、来印、来销，自然会发生书本分配不均、教材编制不合等等的坏现象。因此，我主张国定审定都要干脆的废除。

俞庆棠：刚才诸位先生所讨论的都是儿童教育方面的，现在我要讲的则是民众教育方面。我们上海一共有一〇八个民校，所采用的课本，也都是国定本，用国定本倒也无妨，只是国定本根本没有顾到民众心理与民校的实际情形，以致读起来在教学双方都感到很大的痛苦。国定本民众课本最大的缺点有二：

一、抽象。民众读物取材必须具体，而现在的民众课本，真是玄之又玄，学的既然叫苦连天，而教的也要弄得啼笑皆非。

二、空泛。民众课本内容如果空洞，民众就感不到兴趣，没有兴趣，学习就特别的困难。现在一般民众课本的编者每忽视了成人的心理，内容都跟生活脱节，有时候满书满纸的写上一些“勿骂人，勿打人”等空洞的教条，这有什么用?

我觉得现在一般人每不了解民众，他们总以为民众是下贱的、愚笨的、不懂礼貌的。其实完全不是这样，民众最有骨气，学习能力也很高，他们能写很好的诗，可惜这里没有带来。而且做事最热心、负责，这次我们学校中新建的房子，就是民众学生自动捐工筑造的，学生中有泥水、木匠等，他们仅十八天工夫完工，其中一个工人，他一连捐了十五工。学校很了解他们的经济情形，总想给他们一点报酬，但他们总坚决地拒绝收受。我从事民众教育，我是深深地为民众热情所感动的。

因为现行国定民众课本不适用，我们总想自己编一点教材，但限于法令，又不敢这样做，有时候连印一点油印读物都感到困难。

高群珊：是的，记得去年俞先生曾托我来查阅一本民众课本，发现其中有用寥寥的数十字来叙述三百多年的历史。像这样的课本，我自己读起来都感到相当的困难，民众怎样能吸收得了！所以，目前国定本的密度太高，分量不够，书本虽然薄，但读起来却顶难。记得许多外国书，每一个问题编成一本，字数虽多，读起来却格外容易。所以现行民众课本，其缺点实为不够通俗，且无内容。

俞庆棠：我还有一点补充，就是最理想的民众教科书是用容易的字来表达具体的事，切勿用艰深的字来表浅易的意。

主席：我们中国的教科书，其所以要措施辞简单，恐怕是由于时间与经济的关系，我们总希望需五年读完的书，能够在一年中便读完它，同时书本厚了成本就高，价格也就贵，弄得大家买不起。不过现在有许多学校教采取租书制，如此也可补救经济负担过重的问题。

刘大杰：我觉得国定或审定的教科书，内容之所以贫乏，取材之所以失当，其原因之一，即书局对于国定本教科书不愿意抽版税的缘故，以致专家不愿意编，而即使请得到的大都也是非专家。何况教科书编辑比其他著作都比较的难，因为它不仅要顾到内容的充实与正确，同时还要顾到文章的组织构造。譬如历史课本，有些人史实是熟的，但文笔太差了，结果形容词副词统都用错，如此编出来的教科书，哪里会好得来。

在现行教科书中，国文课本编得最差。国文的教学目的是什么？系统应当如何？白话与文言究应如何配合？这些问题我想教育部方面自己也都还搅不清。譬如现在的中学国文教科书中塞满了庄子、墨子、老子、孔子、孟子，还有许多诗。就以《庄子·天下篇》来说，有几个教员能教得下，学生自然更不会懂。诗虽好，但现在大学生中对平仄押韵明白的能有几人？对诗中的境界能领略的又有几人？这样，诗与其编入教科书中，不如不编的好。所以，中学毕业生，说起来什么文章都读过，懂呢？一点都不懂。你想，这样的教学，危险性是多么的大！

说到白话文，初中国文中无价值的白话文的确是太多了。据我所知道的有许多编者，不管文章的好丑，只要作者是自己的朋友，也就选进去了，以致学生读起来，一念便懂，还有什么教的价值！鲁迅的作品不是很好吗？为什么不选他的，却硬要选那现代人毫无价值的文章呢？

郑晓沧：听到刘先生的话，使我想起了教学目的重要，我们教学的最要紧的便是教学生如何做人，如何助人。我们中国人对助人的观念，的确是太淡薄了，有时候看外国人助人的精神，自己却要感到无限的惭愧。有一次，我到了苏格兰，为了要寻找一个地方，便请教一位正在工作的清道夫，但清道夫他自己也不知道；在中国，既然不知也就算了，可是这位清道夫竟特地放下工作，为我跑去问别人，待问到了之后，才回来告诉我那地方的走法。这种情形，多使人感动！

在教材教学方面，我也想介绍一点美国的情形给大家做参考。现在美国的趋势是注重课程的研究，对教学则不大注意。在教材中则重视教材与活动的合一，即教材要依据儿童以往的经验。儿童如何吸收教材，如何改变行为，都能在儿童的活动中表现出来。

至于教材的选择，美国现时正向“地方”方面走，乡土教材，占有重要的地位，各邦的教师都有编辑教材的自由，跟教师自己来研究课程、编制教材，这便是美国的新作风。这种方式我们中国实不大适宜，因为美国各邦教育行政虽然自由分散，而其教育意见则一致，所以，自由分散的是文化而非中心思想。

话虽这样说，但地方性的教材终究是重要的，每人对自己所生长的地方没有认识与了解，那是多么的使人遗憾。现代国家都很注重乡土教材，对于这次幼稚师范学校的上海研究展览会，把过去的上海、现在的上海与理想的上海分别来研究、来展览，很觉得意义深长，这种方法，希望它能成为上海乡土教学的模范。

此外，美对于外国语的学习，也非常的重视，在哥伦比亚与加利福尼亚的时候，有很多人都学会中国话，例如“顶好”、“你好吗？”大家都会说上两句。不但学习一两句中国话而已，他们每每在图书馆学习中国的历史文化，如唐官制等，而在中国，大家反而把它忽视了。

李熙谋：在目前，教科书的审定是必要的，尤其在思想问题严重的今天，不过用书的人尽可以活用，补充材料也不妨采用。尤其是民众课本，如果限编一种，自然是不妥的。因为民众的范围很广，有城市、有乡村，有工、有农，有店员、有老妈子，都应当有他们自己的用书。这自然有赖于民众教育者的努力，上海正要推行电化教育，以后还得请大家指导。

邰爽秋：我提出二点意见：

一、主张审查，不主张国定。

二、赞成自由开放，反对统制出版。应把开放的主张，促成一种运动。

张文郁：教科书的编辑是应该开放的，教科书的出版是应该自由的。或许有人以为太自由了，没有一个范围，但教育部颁布的课程标准不就是一个可以参考的范围吗？假使对于教材必须有一个统制，课本必须国定，那根本就用不到什么课程标准了。目前全国教科书由七联（又加四小联）总承销，对于内地及交通不便的偏僻地方能够不能够负到责任是一个问题；各地物价不同，在新疆、宁夏等地方买到一本在滨海地方印刷的国定教科书，运费的负担恐怕要超过书价几十倍，这是合理的吗？教科书的编辑要适合学习心理，也要注意到当地的生活环境。习于漠北的风沙生活的，要他体味华南的滨水生活，最好的学习心理也做不到。教科书给几家大书店包办了，小书业无从问津，要提高文化水准，普及文化发展，都有了问题。所以我认为只要有一个合情合理的课程标准，请实际有经验的专家担任编辑，不必要有什么国定。教科书的出版应该开放，让可以担负出版的书业自由竞争，并不是不合法，倒还可以发挥提高文化和普及文化的效能。至于说国定和统制可以解决思想问题，那是另外一回事，在此不论了。

孙怀琮：刚听到顾先生对教科书的发行所以一时不能开放的原因：（1）为解决书荒；（2）为印刷纸张较好。关于这两点，顾先生刚说过，主持贵州教育行政经验六年，深深地感到适得其反！我对于这两点，亦有所报告，以就教于贤明的教育家及出版家！

一、书荒。三个月前，有一位书业朋友，从桂林来沪，我乘便询问他，关于广西各县教科书供应如何？他用一句话“一团糟！”来回答我，学校开学了，贩卖商以利润薄不愿做，穷乡僻壤的学校，又无路费到大城市如桂林、柳州、南宁、梧州等地来买，因此闹成了无书可读！

二、印刷。两个月前，长沙、广州有两位七联之一的分店负责来沪，我又乘便一询，他们对教科书供应事是这样：长沙、广州发现翻印本，纸张较良，价格又公道，地处乡僻之学校，也可以到达！

根据三位先生的话，从他们的口吻中，使我引起了一些感想，或者说是问题：（1）为什么国定印刷本不受贩卖商欢迎，而乡僻学校乐于采用翻印本？（2）国定印刷本的费用，一部分既由政府担保、银行贷款，照理，成本减轻，卖价定较翻印本为少，为什么翻印本价格反而公道，且能减少学生家长的负担？（3）国定印刷本费用，有银行贷款，照理，纸张印刷较好，为什么一部分翻印本反较优良？

我提出教科书一时不开放所造成的各地翻印本问题，就教于大家，即翻印者是否有罪？但贩卖商及一部分学校为图较好的利润，减少家长的负担而乐于推销，愿意采用，又怎么样？

方山农：关于教科书发行问题，在原则我是同意采用自由开放制的，至于编辑问题，我认为最理想的，应该根据部颁课程标准，由任教者（教师）与受教者（学生）依据实际情形与需要，共同编撰、试验、订正。国定既不合理，审定亦可不必。

刚才俞庆棠先生就民校课本提出来讨论，我觉得非常有意义，因为我们中国到目前有半数以上的人民失去了教育的机会，这大多数人民的教育问题，当然是值得重视的。在以全民为目标的教育里，教科书的方针究竟应该怎样？要定这个方针，只须问一问这些失去教育机会的人民所需要的智识方面的训练是些什么？这问题决不是靠那些关了门在房间里编造教科书的先生们所能解答得了的，只有在民众的队伍里去找！

第一，这些失学的民众，不可不会看懂他的朋友、亲戚或职业上有关的人所给他的一切文件、书信、便条、布告、广告等。这虽然是属于“识字”的问题的解决，我认为俞庆棠先生所补充的“最理想的民众教科书是用容易的字来表达具体的事”，最为具体。

第二，民众不可不知道世界、本国的大势，因为现在的民众，没有受过教育，每每一无所知，动辄轻信谣言，受人煽惑，受过民众补习教育的民众们，决不致这样。所以在民众教育圈子里的民众课本，应彻底更接近现实，除了所谓“识字”的基本训练外，最好使课本的内容着重今日中国与世界的形势，要使一般民众跟着我们走向新的时代去。

第三，民众应该知道的便是关于自己职业方面的进修，要是这一点还做不到，那我们的教育就大大的失败。现在读书是读书，职业是职业，有了职业丢开了书，书和职业不生关系，这是毛病。我们要种田的人，当遇到蝗虫时，不去找刘猛将军，而去农事试验场去讨《蝗虫浅说》看，这样，中国的农业才能会有进步。工人、学徒、商店伙计，甚至三轮车夫，一切都该如此。

主席：关于教科书问题，各位已发表了很宝贵的意见，总括起来，我们是一致的认为国定本应当废止，出版不应统制，内容方面应力求与现实生活配合，要具体、正确，合于教学心理。现在时间已不早，讨论暂告一段落，谢谢大家。

（本文未经发言者复阅，如有遗误之处由记录者负责。）

（载《活教育》1947年第4卷第2期）

中小学教科书编审问题

——教育问题座谈话会第二次记录

陈　实

时间：三十六年三月二日下午三时

地点：南京鼓楼金陵大学北大楼

出席者：罗廷光　熊子容　陆殿扬　范任宇　胡家健　周　尚
毛礼锐　程时烇　赵　冕　蒋星煜　李清悚　谢扶雅
汪家正　陈东原　陈化奇　王镜清　水　心　胡颜立
钱卓升　曹　刍　高觉敷　雷震清　汪通祺　朱宕潜
邵鹤亭　陈鹤琴　赵荣光　徐蔚如　袁伯樵　林仲达

主席：袁伯樵

主席：今天我们举行第二次座谈会，承诸位先生惠临敝校参加，敝校极表欢迎。敝校校长陈裕光先生对兄弟说，不久即开一会场，专为学术座谈之用，以后来敝校开座谈会，关于全会场的布置，就不必准备了。

今天所谈的是中小学教科书编审问题。在未谈之前，我们先请陆步青（殿扬）先生将几年来主持编审中小学教科书的经过与方针向诸位报告一下。

陆殿扬：上次座谈会，即承陈东原先生约来报告，适因兄弟赴沪，未能参加。今天才得机会向各位报告。今天到会的，多是教育专家，或教育界前辈，乘此请教，实在是难得的机会。

迩来各方对于教科书问题，非常关切。兄弟对此问题，也写过两篇文章，一篇发表在第一期的《中华教育界》，另一篇刊登于《和平日报》。各位当中，也许有人看过，也许有人没有看过，兄弟特把它带来，请各位勿吝指教！关于国定教科书编审的经过，看了这两篇文章就可知道，所以兄弟不想多说。今天只提出重要几点就教：

卖瓜的，没有不说瓜好的。可是我主持国定教科书的编审工作，先后已有五年，我自己对国定教科书，就觉得十分不满意，与我自己原来的理想，也不知差多远！其原因，可以抽出几点来说。

国定教科书的编辑，时间是在抗战的时候，地点是在后方。不但外国教科书找不到，就是我国过去各书局所出版的教科书也难觅得（国立编译馆原藏有前清学部以来所有各级学校教科书，实在是很可宝贵的文献，可惜没有带到后方），外如历史文献以及一切中西参考图书资料亦极感缺乏。所谓巧妇难为无米之炊，今日在座的李清悚先生即系当初担任中小学用书编委会工作者，当深知其中的甘苦。就人的方面而言，编委会的同人可算是尽了最大的努力。虽然在抗战期内编委会人才的阵容已远胜于各大书局，但是后方对于教科书编审工作富有经验的究不甚多，中间曾向沦陷区里请过俞子夷、王绳祖先生等多人，或因交通的不便，或因家口的拖累，都不能来。在这种人力与物力缺乏的情况下，我们至多只做到在儿童和青年无书可读之时供给了书，犹如联总在灾黎嗷嗷待哺之时供给以食粮，全属救济性质，不可以与战前或平时情形作比较的。此其一。

第二，我们不满意的：即此因陋就简而编成的教科书，还因印刷条件不配合，大部分不能出版。原来廿六年以前教科书全由各书局自编、自印、自销，学校及专家自编者极少，即有亦未能普遍推销。所以各大书局几乎以编印教科书为其生命线。坦白地说：对教科书的编印，各书局是不肯放松的。至于教育部呢，但愿学生有书读，不愿意与民争利，所以部编教科书的推行也不能不借重于各书局。经与各书局多次磋商，最初只有正中书局承印，嗣后其他各家也愿承印，于是遂组成了所谓“七联处”。教育部不要稿费，不抽版税，对他们可说有百利无一害，可是就这样，他们仍不能踊跃从事，大量印行，配合教育政策。民国三十年时，后方书荒十分严重，甚至连各书局旧存的印有五色国旗的小学课本者都售完了，各小学不能不由中年级、高年级学生抄书给低年级儿童读。当时教育部编印教科书，实在是应环境需要。可是七联处承印，十分勉强，经历任部长的督促才印出一部分。小学初级的《国语常识》和《算术》，高级的《国语》、《公民》、《历史》、《地理》四科（高小的《算术》、《自然》还未印齐），初中的只印了《国文》、《公民》、《历史》、《地理》；其他各科，教育部早经编好发排，甚至有在三年以上的，各书局皆留中不发。从三十一年到三十三年这三年的当中，各书局对教科书能不印即不印，非不得已不印。社会人士只知道国语教科书图书荒，却不知道数学、博物、物理、化学等科更闹书荒。各书局一方面将国定的稿子搁置不印，一方面却将其旧日出版的改编送审。其间遂造成了真空而无法填补。这究竟是教育部统制教科书呢？还是各书局统制教科书呢？我实在说不上来。即使如此，部编教科书在后方书荒声中却已完成了它的使命；胜利以后，收复区遍地敌伪教科书，诸位试想，假使当时并无部编教科书供应替代，我们东南一带的中小学教育将是何种情形！

还有一点我们觉得最难安的，不是教科书的恐慌，而是教学法的缺乏。小学教科书，每课不过寥寥十余字或数十字，一念即了，若无教学法，一般教师无法进行教学。况且照现行《课程标准》，初小国常混合教学，教师更无从捉摸，不是远漏常识，便是教儿童硬记图表，这都与编书原旨相背。和小学国常课本配合的有单式教学法，有复式教学法，都很详细，如何引起动机、如何观察、如何讨论、如何问答、如何深究等等，一一编就，常识国语并不偏重。教师按着教学，必能引起儿童兴趣而获致优良成绩，在北碚、青木关等处的实验教学可以证明。可惜脱稿发排以后，一直到现在仍未出版。

教育部没有印刷所，也不愿与民争利，只好眼睁睁看了各书局将编好的稿子无论是教科书或教学法搁起来。我不敢说搁起来的稿子都是好的，但是比廿六年以前各书局所发行的总要好些。即如《初中动物学》是中央研究院的动物研究所主编的，《植物学》是中央研究院的植物研究所主编的，《地质矿物》是经济部地质调查所主编的，《生物学》是生物研究所钱崇澍先生编的，内容都非常精密，采用本国资料作为教材，但是都没有能够和学生见过面。这还是普通小学的课本，至于师范的课本，更不必说了。今天在座的高觉敷先生编了一本师范用的《教育心理学》课本，取材既很精当，文字尤极生动，非但适于师范生攻读，而且适于一般小学教师进修。可是这本书至今还未印出来，高先生常常同我说笑话要收回版权。今后教科书的印刷开放了，留中的稿子，或者可有与世人相见的一日！

从前编译馆在北碚，各书局在重庆；现在编译馆在南京，各书局在上海，对于排校工作的联系很觉不便；再则编译馆对各书局不能指挥，教育部虽能指挥，却无暇顾及。因此，三方面脱节（事实上还不是七联处内各书局排印，而是由七联处委托各小印刷厂承排，更无从指挥），致排校工作，做得极其疏略，错字之多，一书就有几十处。还有错得看不出来的。记得初中历史课本，将宋朝的度宗，排为庆宗，没有校出，及至译馆发见了，要求改正，一次二次，还是照旧未改，说是版子铸好了，无法改正。这种错字，往往是认为编者的疏忽，编译馆和教育部都要代人受过。各校教师如不能发现这种错误，叫学生更正，不免贻误青年，说来是非常痛心的！在这种情况下，自问良心，很觉不安。

以上所说，都是我自己感觉不满的地方，但是国定本教科书究竟有无好的地方？是不是好的制度？就我们的主观来看，好的就说是好的，不好的就说是不好的，无所用其掩饰。

好的方面，第一，就编的人来说，最初主持编审工作的如李清悚先生以及各科编辑人员，每个人态度都非常审慎，并没有因为是公事而有一点马虎的心思。后来这个工作移归编译馆，编译馆的同仁，亦无不觉得责任的重大，兢兢业业，如临深渊，如履薄冰，丝毫不敢掉以轻心。

第二，就资料而言，相对正确。编译馆蒐集资料的便利，远非书局所能办到。即如史地、公民等科资料之蒐集，各机关（包括军事机关、国际研究机关、中央各院部会）、各大学乃至各学术研究团体，都曾给予我们以助力。工矿资料，在抗战时，关系国防秘密，我们亦可取得。这决不是书局或编者以其个人身份所能办到的。

第三，就修订而言，国定课本，先天的比较便利。兄弟曾在书局主持笔政八九年，知道书局的情形，书局编了一本教科书，除非课程标准修订了，这本书永远没有修改的机会。部编教科书，小学课本都有暂行本，经实验教学后，一改再改，不以为烦。中学教科书也常加修订。

第四，就科目而言，各书局编书，往往着眼于销路的好坏。销路好的如国语、英文、算学多编多印；销路不好的如劳作、图书、音乐则不编不印。因此，小学教科书放在第一位，初中的次之，高中的又次之。至于师范的、职业的，更不在话下了。在教育部看起来，劳作、图书、音乐等科与国语、英文、算学等科，并无轻重的不同；师范、职业用书，与普通中学用书，亦应等量齐观。所以部编的课本，能确供给整个教育的需要，没有冷门或热门的区别。

从以上各点看来，编者态度的慎重、资料的正确、修订的便利与所编科目的齐全，确是国定本教科书的好处，不可以抹杀的。

但是国定课本教科书有没有缺点呢？缺点也有。

第一，国定课本教科书，只许有一种，没有比较，就没有进步，也就分不出优劣。如果同时有坊间教科书，也许国定本教科书反可得到正确的估价。

第二，只有一种国定本，似乎就是统制思想，思想应该不应该统制？那是另一个问题。但是只许我编，不许别人编，很易引起别人心理上不良反应。

第三，国定本只有一种，教师没有选择的自由。

第四，我国风俗习惯、气候、人情，南北不同，东西迥异，只有一种国定本，难以普遍适应全国各地。常识一科，尤感困难。

第五，剥夺许多人编辑教科书的自由，这是推行国定本最大的阻碍——在这里，我要插一句话解释一下：事实上，除了国语、公民、历史、地理四科之外，其余各科仍可以编，并不是全部不能编。但是，即使只有这几种不能编，也是剥夺了别人编书的自由啊。

由于以上这五个缺点，国定本教科书乃成了问题，近来各报对这问题多所讨论。既然成了问题，就该想法改进。兄弟特先将国定本的好处和缺点一并提出，希望各位先生加以检讨，并提供改进的方法，兄弟当竭诚接受。在兄弟个人，脱离现在的地位说话，很愿将国定本制修改。兄弟并曾向教育部建议，采用国定本与审定本平行制，则优点可存，缺点可免。这种建议，也许将来能够见诸实施。不过也许还有其他好的方法，能够使国定本发挥它的长处，避免它的短处，我想各位先生必多高明的意见，请尽量告知。兄弟的报告，即止于此。

主席：很感谢陆先生将国定本编审的经过和利弊说得非常清楚，请各位发表意见。

程时煃：关于国定本的印刷情形，还请陆先生再报告一下。

陆殿扬：最初由正中一家承印，后来各家竞争，遂组成了七联，一方面使教科书能尽量的印制，一方面又可免除各家利害的冲突。复员以后，又有四家参加，实际大小十一家承印，而结果教科书仍不能普遍的供应。抗战以来，教育发展，教科书需要的数量加多，教育部只求各书局能够普遍供应，除对所编的书不要版税外，还代各家买平价纸，并担保借款作为印刷的资金。最近教育部即代七联向四联总处借了五十五亿元，各书局只管印，所有纸张、资金，甚至于广告都不要他们烦心。可是就这样，也还不能做到普遍供应，不要说台湾、东北，就是内地也供应不过来。而某些地方翻印的书，印得确比七联好，价钱也便宜些。这究竟是制度的不善，还是方法的不良？我不大清楚。

邵鹤亭：兄弟对于国定本的编辑工作，曾一度帮过忙，甘苦略知道一点，好坏实在难说。假使教科书只有书局编，没有人批评。或许因为是国定本，才有人批评。我觉得今天只有三个问题：其一，是国定本与审定本平行；其二，只许有国定本；其三，只有审定本。我想：既然成了平行，则国定本的名称可以取消，这是一。印刷问题，七联吵得难解难分，如果给开放了，任何书局都可以印，也许才能解决普遍供应的问题。现在我再提出两点：

第一是国定本教科书本身的编审问题。编译馆只拿很少的经费用到教科书的编审上，所聘用的编审人员就不可能全部担负起应有的编审工作。再加以待遇的清苦，公家不但不能给以研究与进修的机会，就是连起码生活条件都供应不上来。所以我们一要增加人手，二要提高待遇，三还要减轻工作。如此方能课以应负的任务，而将编审的工作强化起来。强化编审工作的重要办法，同样的课本同时要编审三种，可得"广收慎用"之效。

第二是国定本教科书编审的标准问题，也就是课程标准问题。课程标准的商订，往往是就所想到的人邀请来开几次会，被邀请的人则各就立场，演说或训话一番，他们每个人都要在课程标准上列入一些科目。课程标准，便是这样编成的。试问这种课程标准如何能编得好？这种课程标准，不但不能改进教育，而且足以妨害教育。这也就是依据它而编成的教科书问题百出的原因所在了。所以要改进中小学的教育，必须改订中小学的课程标准。课程标准的订定，必须聘用有经验的专家，用很多的时间，作缜密的研订，决不是开几次会就可以产生一部好的课程标准的。

综括以上意见，兄弟主张：一、要采用平行制，强化编审工作，同时多编几种，以备自由选择。二、问题仍在课程标准。编订课程标准的方式，得重新考虑。

熊子容：刚才听到陆先生所说，使我们了解国定本教科书印刷情形之坏，不如外间所传之甚。但是大家都本春秋责备贤者之义，同时也是为求学术上的发扬，所以愿作不客气的检讨。兄弟没有参加教科书编辑的工作，也没有看过印出来的教科书，只对于课程标准仔细的研阅过，认为课程标准确有改制的必要。在英美等国，中小学课程标准，通常总是五年改订一次。我们现行的课程标准，还是民国十八年颁订的，到现在快二十年了。不管行宪与否，都有改订的必要。至于如何改订？教育当局自有责任。不过今日在座的，不妨提出此一问题，自由研究，或公推几个人专心致志研究，再分途交换意见，拟订一种书面方案，提供教育行政当局参考。

李清悚：国定本教科书的编辑工作，最初由兄弟负责，国定本编得不好，兄弟难辞其咎。关于国定本的优点及缺点所在，陆先生报告得很详尽。兄弟因虽参与其事，故就陆先生所未报告的加以补充。

优点方面：国定本教科书取材自由，各书局所编教科书上面有好的材料，可尽量采取，冶精华于一炉；而各书局所编的教科书，则不能有取材的自由。

缺点方面：国定教科书的内在致命伤，乃是从事编辑的人欠充实、欠健全。编辑的人至少要具有（一）教学的经验；（二）对本科的擅长；（三）写作的技术。最初编辑委员会的四十个人，系就流亡汉口的中小教员考选的。以此作为基础，陆续补充人材，因在抗战时期，不但好的人材难以罗致，即好的意见也难于集中。后来即以此基本队伍移归编译馆，较前虽见充实健全，但以待遇之低，工作之忙，有了较好的生路的，都走开了。归到编译馆编辑之后，还要逐层递由教育部各级审阅过，各级都有意见——各级都有权提出意见。有的意见很有价值，有的意见不很周密，有的意见甚至对本问题不了解。可是在编的人都要奉命改编，使编的人非常感觉为难。还有些名人要人们对教科书有兴趣的，也常把编的人召去谈话，要他们采纳他的意见。这更使人头痛。编的人在这种八面受敌的情形下，自然期求编得四平八稳，以不挨骂为是。这都是内在的致命伤，也就是内在的痛苦，外面的人不大清楚的。

刚才两位先生都主张实行国定本与审定本平行制，兄弟也附议。国定本最初不称国定本，曾想将它称为模范本，后来因为供应有问题，内容及形式又难求其好，所以不敢称为模范本。今后既然采取平行制，可由各书局或指定各书局各就所长编为模范本。这样，比由编译馆多多延揽专家容易办些。不过审订工作还是非常重要。制度的确立，人员的充实，用一年两年的时间，采取好的课本使成为模范本，并推广应用，再用五年十年的时间不断实验改进，方可以达到理想。

谈到课程标准的订定，这本是一个基础工作。我虽建议经常设一个委员会主持其事。会中全请专家，少请名人，慎重将事，不轻率的提出什么变革的意见来。

曹刍：谈到教科书和课程标准问题，使人不得不联想到中国教育的真正问题在哪里。我们最初是翻译日本教科书的。根据课程标准来编教科书，乃是一个大的进步。但是始终我们没有做过探本求源的功夫。以日本来比，日本本土只有三岛，实行集权很容易；以苏俄来比，七个联邦，占地百分之九十，人口百分之七十，实行集权也很容易；以美国来比，美国各州可自由立法；以法国来比，法国土地面积只有中国一个大的省份那么大。中国面积太大，南北不同，东西迥异，课程标准不易行，教科书不易编。记得兄弟民国十年到重庆，给重庆的儿童讲到车子——车子种类如此多，可是民国十年的重庆儿童根本没有车子的概念，所以他们不懂什么叫做车子。这是一个例子。又记得兄弟在民国十七年编了一部算学教科书，其中讲诸等数的一章，诸等数是以十进的，到元之下的角，无法解释，因为当时币制紊乱，有的地方用双毫子，有的地方用单毫子，而其价值也不一定。最后我想到一个办法，用邮票来代替，并加附注：某地用铜元计算，应合铜元若干，请教算术的先生演算给学生看。这部书送教育部审查，审查的人就在这里发生了问题，要将解释改为一角大洋可换铜元三十枚。书局将书退还给我，要我照着修改。其实，一角大洋换铜元三十枚，是京沪一带的行市，长江上游不同，四川更不同了。这类例子很多，不必细举。中国现在实行中央集权制，就是在这样大的国家里，要用集权的原则，统一的方式去处理一切事件，当然不易做到个别的适应。所以课程标准难订，教科书难编。不管将来行宪时是否要采行均权制，在实行集权制的现在，我主张课程标准和教科书，由中央编订百分之六十，由地方编订百分之四十。换句话说，有统一性的占百分之六十，地方性的占百分之四十。兄弟或即将此意拟一提案，提出即将召开的全国教育会议。

其次，谈到平行的问题。除国语、公民、历史、地理四科之外，其余教科书，如果实行平行制，可以有比较，有竞争，有进步。事实上，也只有平行这一条路好走。

再其次，谈到课程标准问题。即使常设机构，细罗专家，也不能马上就搞得好的。因为课程标准本身究竟根据什么而来编订，却是一个大问题。不像在美国，有整套的理论，他们认为课程的编制，要根据民族的经验——缺点如何消除，优点如何引申，都有一个客观的计量的。我们若照这样做，没有十年的功夫不能获得效果。再如在编制课程以前应做的调查工作，在其他国家莫不认为极端重要，而在我们则一向轻忽。不过话说回来，中国不能把教育停顿了，来订定课程标准。订定课程标准，是治本的。这种治本的工作，我们还是让常设机构和有经验的专家去负责吧。治标的方法，我主张在课程标准未修订公布以前，好的学校，课程可由其自行编制，随校而异，随人而教，都无不可，如此才可培养起一种实验的精神，建立起一种教育学术化的风气，以此作为基础，提出改进的方法。这虽是治标，亦可有益于治本了——说到此地，我们很感觉得羞耻，那就是关于课程标准和教科书问题，外面的意见，竟淹没了教育界的意见！现在解决课程标准问题，不要多谈治本，先只求治标。七千五百万的学龄儿童和二千多万的中学青年的教育，乃是全国最重要的事，我们不能坐看外行或名人拿他们的意见淹没了教育界的意见。我们的意见不被重视，我们要大声喊出来！如果说：教育要配合国家政策，那么国家政策究竟何在？我们得先认清，再看政策的几分之几须由教育来完成。我们教育工作同志有努力的目标，有国家所赋的使命，我们要朝着这目标走，要完成这个使命，同时也要喊出来，不要让那些外行和名人淹没了我们的意见！

罗廷光：教科书不但与课程标准有关系，就是与师资、设备等都有关系，要彻底解决，实在不易。现在只能就教科书而讲教科书。教科书的编审，乃是一个国家的政策。拿各国来比较：集权国家，如战前的德国，为了统制思想，对教科书的编行，采取严格审查的办法；又如意大利，则由国家发行；苏联直到现在才实行开放。民主国家如法国，也采取严格管理政策；外如英美等国向取开放主义，任凭各书局自由竞争，每逢教育界举行什么会议，各书局便也赶热闹举行教科书之类的宣传与展览，任凭教育界自由选择。在这种自由竞争与自由选择的政策下，各书局编出来的教科书，无论在内容上、在形式上都有日新月异的进步，即在售价上与供应上也常在为学生和学校着想。

管理和开放两个政策，各有利弊，未可一概而论。中国究竟采用哪个政策呢？那要看整个政策如何而定。但如仍继续采用国定本制，个人认为：一者，中国地域广大，各地对文教需要参差不齐，纵使编者极具经验，终难为个别的适应；二者，书局难于管理，发行尤难期普遍；三者，编印所需经费极巨，亦难筹措。这些都是问题。纵或这些都不成问题，也不必“通国皆然”的这样做。个人主张自由编行、严格审订的办法。不但各书局可以编，各地方亦可以编，鼓励他们多编，帮助他们多编。审订是采严格主义，审订的尺度仍应放宽，这样才能救济得今天书荒的严重。再者，国定本也要多编几套，南方适用的一套，北方适用的一套……这样才可使各地人民有所选择，合乎今日的民主精神。

程时煃：在战时，国家不得已而有国定本的制度，战后，民主思潮的澎湃，使我们对这一个制度不得不重新估价。兄弟也是主张教科编辑开放，但同时采取专家审订的办法。在政府方面只须提纲挈领，不求苛细。第一，作为编辑依据的课程标准，不须有苛细的但须合乎科学的规定，如同美国的课程标准，将最低限度的要求规定在内，使各方有准绳可循。第二，编辑教科书的条件，也要有合理的规定，譬如内容、版型、用纸以及适用的时限，都给规定得明明白白，使各书局无所取巧。政府只要抓住这两件大者，其余可不必过问。另外还可用奖励制度，奖励教师编。其原则是公开奖励，严格审查。至于编译馆自己也可以这样做。编译馆人才多，可多编多审，一个课本编审十种廿种，顶好的，由政府介绍，采取淘汰制，不必采取平行制。既然有国定本，就不能有其他本。如同日本，只有国定本一种。既然允许有其他本，国定本即无存在的意义了。至于课程标准的改订，必须集合专家、学者、教育家和具有眼光的行政负责人员，组织一个经常机构，缜密的研究若干时候，才将它订下来，公布出。

胡颜立：首先骂国定本教科书的，不是专家，不是学者，而是用教科书的小孩。教科书到手即烂，错字连篇，印得一塌糊涂，小孩安得不骂？其原因就在由七联统印，无竞争，也用不着竞争。其次骂教科书的是教师，一是没有教学法，二是初级的国语常识合编，无法教，有的觉得分量太多，在预定的时间里教不完；有的则嫌其分量太少，在两分钟之内就教完了。这两种人的骂，是最值得注意的。兄弟也主张教科书的编印要开放，审查要从严。各科教学法要伴随编印。而纸张则应由政府以最大的努力，作普遍的供给。

高觉敷：在民国廿年以前，兄弟曾参加商务的编辑教科书的工作，要想教科书一个字不错，是很难办到的。编译馆编的更难办到。这也许因为是国定本的原因吧。国定本已成为众矢之的，要是没有国定本，也许没有人讨论到教科书的问题。邵鹤亭先生说，要加强编译馆的教科书的编辑工作，意思很好，恐难做到。去年编译馆开会，认为翻译世界名著的工作非常重要，经讨论决定，要请一笔大的经费，以便加强这种翻译世界名著的工作。但其结果，并未请准。现在为了加强教科书的编辑工作，说是要充实组织，网罗人才，提高待遇，教育部一定以经费所限，难以照准。因此，这样工作既然不可能加强，何如开放？我们应将国定本取消，不过编印的标准应该有个最低限度的规定。如刚才胡颜立先生说到纸张等问题，都可以规定进去。

在抗战时期，我有一个在小学三四年级读书的小孩，读着国定本，读到省政府的组织，下面有什么厅，什么处，懂不得，只好问爸爸，做爸爸的我，竟不知如何教。最奇怪的是，有好些课，完全是表格式，先生还是像填鸭子一样的教小孩，小孩也只有背诵，考试的时候就照抄。我听到我的小孩背诵这一套，觉得危险得不得了，马上叫他停学。因为读这样的书，会把孩子越读越糊涂。我说的这些，国定本是应该负责的。

至于谈到课程标准，本来要经过科学方法的研究。但是所谓科学方法也难说。各科学家经过科学方法所订的课程，多超过儿童所能负担的。所以，请专家，反将课程标准弄糟。再者，像常识等科，本身即无标准。如对广东的儿童说雪，会使他们误解认为就是冰淇淋。小学生增加乡土教材，所以成为必要。曹漱逸先生主张教科书由中央编百分之六十，由地方编百分之四十，我很同意。如再将地方分为若干区，如东南区、西南区、东北区、西北区，同时编几种，并且分区印，这才可以弥补现在的缺点。

程时煃：今天时间已经不早，请主席就作个结束吧。

主席：今天难得陈鹤琴先生也赶来参加，请陈先生也发表一点意见。

陈鹤琴：世界各国教科书要算美国编得最好了，兄弟今天带了三种来，一种是 Sciense stories；一种是 Health stories，一种是 My Friends and Neighbors，请各位参阅参阅。

无论采用国定本制或审定本制，教科书必须作彻底的整个的改革。而改革的最重要的原则，是要顾及儿童，以儿童为中心。要知编教科书是为儿童的，不是为成人的。过去编教科书都忽略了这一点，所以今后采取儿童中心主义来编教科书，是个最重要的改革。

附注：本记录除陆殿扬先生谈话部分曾经陆先生亲加核阅与修正外，其余均未经发言人核阅，如有错误或遗漏，自应由记者负责。

（载《教育通讯》1947年复刊3第4期）

教科书的阅读和印刷

陈孝禅

一、教科书的重要及其问题

小学的教师、学生和教材，在初等教育上可说是三位一体的。教材经过组织、选择、分配，成为书的形式，以供教学之用，称为教科书，是初等教育的重要工具。

人类思想经验的传递，专靠口传耳闻的时代，已经过去了。文字的教育，固可訾议。但是现在经验的获得，除了自身体会之外，最重要的还是靠着文字传递的知识。因此之故，小学教科书可说是小学教育的重要工具。

教科书具有指导作用。因为教科书有系统的组织，有心理或论理的排列，有程度深浅的分配，有前后贯串的联络，有适当的温习，有练习的问题，有深究的参考，也有应用的指导。像这样的读物，无论有师无师，都是入门的最好办法。

现代教科书具有三大作用：（1）过去经验的传递；（2）系统的知识；（3）生活经验的指示。所以初学者有初学的教科书，而程度高深者也有程度高深的教科书。教科书包罗万象，而非一家言。在教科书中可以认识知识及其应用。小学教科书可说是知识的泉源。

有人说过“教科书是教师的教师”，教师利用教科书，把知识介绍给儿童，教科书为师生的媒介。良好的教科书，不但使教师易于施教，而且儿童也易于学习。柯柏烈（E. P. Cubberley）以为美国大多数教师，还是以教科书为中心，没有教科书，教学便无所措手。美国教育进步，尚且如此，我们的教师更不能离开教科书了。

就教育宗旨而言，教育宗旨既经规定，如何实施，乃是一大问题。此问题的解决，必须借教科书才能推行。政府发行教科书，或审定教科书，良非无因。所以教科书必须照部颁课程标准而编辑，亦就是这个缘故。

教科书之重要既如上述，而教科书仍不免为人所诟病。关于教科书编辑技术问题，关系尚轻，而教科书本质上的缺点，似难补救。墨礼（C. M. Murry）以为教科书的毛病：第一不能供给需要，第二不能跟着学生进步，第三不易获得中心的组织。奎斯（H. Quest）也以为教科书的缺点：第一不易获得正确的知识，第二书本的知识难免陈旧，第三不能供给研究的材料。其实最大的毛病还在于太注重文字教育，背诵强记才是教科书的致命伤。

教科书既有许多缺点，为什么仍很流行呢？理由很简单，因为职能还没有失掉。所谓教科书的职能，约有下列数端：

（一）教科书是学校工作的中心，因为预定的教材已经排好了，可以达到期望的目的。

（二）教科书是预定最好的目的，使受教育者完成正式的教育。

（三）教科书可使全国的教育统一。

（四）教科书的程序是渐进的。

（五）教科书能帮助正确的研究。

（六）教科书可补充应用的指导。

（七）教科书在教育史上是记录学科的发展。

（八）教科书在行政上可以明了学制程度和学生的进步。

我国小学师资训练，比较美国落后，自不庸讳言。依柯柏烈的意见，美国教师尚不能脱离教科书而施教，则我国小学不用课本，自然言之过早。小学师资优良如德、法诸国，他们的学生虽不用教科书，而教师对于教材教法的书籍，仍不能释手。所以现在中国的教科书问题，确是一个严重的教育问题。

再就教科书出版的数量来说，中国出版家关于出版的数量，向来少有营业的报告，出版物销路情形，不得而知，小学教科书也无从探悉。但据理推测，数量之大，必足惊人。照商务印书馆非正式的报告，民国初年出版《小学用共和国国文教科书》，至民国二十年复印三百余次，销售至七八千万册。现在的国定本，已推行了好几年，每年每人一套，全国有多少学生，共需多少部书，屈指可数。教科书用量之大，研究的价值也愈增加。

阅读的活动在教育上占最重要的位置，因为学校教育尚不能脱离书本，甚至没有教本，教师就不能教学，学生也不能读书。小学国语科固无逃乎阅读，而算术、自然、社会等科也很注重阅读的活动，学校生活如此，即校外日常生活，如阅报、看书、文告、账目来往，阅读的活动，也不可或缺。这衡之古今中外，莫不皆然。所以小学教科书阅读的研究，尤为当务之急。

小学教科书影响阅读，其待决问题至多，本文目的仅在研究印刷形式与阅读效率之关系。

二、阅读活动和读物的关系

读法普通有两个意义：一是阅读的活动，一是所读的读物。阅读和读物有密切的关系。

阅读活动最重要的部分，从眼睛受刺激而引起，最初是网膜接受文字的刺激，在网膜上有个固定的地位，由网膜所得的印象，传到大脑视觉中枢，然后才引起阅读的精神活动。关于眼的构造和作用，不在讨论范围之内，我们只论由刺激所引起的各种活动。

阅读效率的高下，从几方面分析的结果，可探出原因。

视觉的反应因光波的刺激而起，光波对于眼睛的刺激，在网膜引起印象的时间，约为〇·一一九秒至〇·二八七秒，人类阅读的快慢，就靠这个历程，但在分析阅读能力上，这不是唯一的原因。

先说视觉广度（Visual span），例如学生此时看一短句，别时看一单字，在网膜刺激的比例上，短句的广度较大，单字的广度较小。但这个刺激的广度，在生理上到底有没有限制？据鲁迪格（W. C. Ruediger）研究的结论，以为一般读者，甚少完全利用自己的视觉广度。

读书全靠知觉，而知觉广度（Span of perception）各有大小，一时候所接受的材料少，则广度小；接受的材料多，则广度大。用速示机测定由刺激到反应的时间，便可知道知觉广度的大小。

知觉的单位并不是字母，而是单字、词汇、短句，即使在极短速的时间内，看见的仍是单字而不是字母，因为字母无意义，单字才有意义。初学者看字母的时间短，看单字的时间长，这也许儿童先学字母然后才学单字之故罢。

知觉单位的条件甚多，在读法上测量注意广度便可推知。最好的条件是先知道题目，然后才读内容，这和材料有关系，其次和成熟有关系，再其次和学力也很有关系。

知觉单位对于默读和朗读也有关系，因为默读快，朗读慢，知觉单位随之而大小。

再者朗读时，眼看字，口发音，开始阅读时，眼和音在一起，后来眼动渐速，发音渐缓，故有眼音距（Eye-voice span）。这和阅读能力最有关系，阅读程度高，眼音距阔；反之眼音距狭。但材料的排列也有关系。

材料排列对于知觉的影响，排列太长则知觉反减少，排列短些就可以看清楚。譬如一时看 Themanwenthome，不外看见三四个字母，若分开 The man went home，则全部都看见。

从阅读的实验，我们晓得知觉广度增加，阅读速率也增加；眼音距的实验也是如此。有人解释，这是边缘印象（Marginal impression）的缘故，而注意与否也是原因之一。

练习对于知觉广度有没有影响呢？有好几个实验证明练习并不能增进知觉广度。

文字本身的构造，在阅读上也是一个重要的因素，以汉字而论，字形、字声、字义都足以影响阅读的效率。

普通心理学讨论心理历程，必论及肌肉的活动。在默读时，许多人都以为只有眼睛的活动，其实别的肌肉也不免参加活动的。至于朗读，则除了眼的运动以外，还有发音运动及呼吸运动。

我们在观看外物的时候，全靠眼的活动，但是看见外物，并不在眼动的时候，而在眼停的时候。近年科学进步，研究眼动的方法，已由用反照镜到摄影方法了。

眼睛向前运动，在每行的阅读，年级愈高，停顿的次数愈少；停顿的次数愈少，即知觉广度愈大。这和经验及材料的形式很有关系。

后退运动，即眼睛向前阅读，因不明了意义，再回复到读过的地方，若有这种情形，即阅读的速率自低，这和阅读的经验成反比例，而阅读的材料、阅读的方法也有关系。

阅读能力较差的人的眼动：（1）停顿的次数多；（2）停顿的时间长；（3）后退运动的次数多；（4）后退运动的时间长；（5）眼停多次集于一处。

简而言之，默读的速率在读者本身有几个因素，如反应时间、眼动眼停时间和停顿的次数、分析的能力、眼停的密集和发音的运动。至于了解的因素，可将知觉广度为代表，若速度快则了解也高。阅读效率视速率和了解的成绩而定。

从心理活动的观点，分析阅读的能力，第一是联想，联想的历程：（1）读物形式和意义的关联；（2）联想的中枢神经；（3）字母联想而成单字，单字联想而成文句；（4）推而广之就成为全篇文章的意义。

其次是想象，（1）多数人在阅读时有想象；（2）少数人获得意义毋须想象；（3）想象的价值各人不同；（4）在阅读时无法控制想象的发展。

最后，论注意、推理、了解和阅读能力的关系。

注意的程度可以控制而极难控制。

桑戴克（E. L. Thorndike）以为正确的阅读活动，须注重：（1）每个字所引起的意义；（2）每个意义的因子对于其他的比较，须衡量其轻重；（3）全部的观念，心理活动须能适应。这三个要素，即是阅读的推理。

了解（Comprehension）和解释（Interpretation）同义，其心理历程有三：（1）前面所讨论的心理活动如想象、联想、推理，都是决定了解的条件。（2）了解的类型即为解释、推广和阅读的目标。如果目标是有趣的，那么再了解以答复问题就不难了。所以阅读上的目的决不可轻视。了解的类型有三：（1）智慧类，需要阅读的事实及事实的关系。（2）动作类，例如指示测验做得好的即属此类。（3）欣赏类，多属于情绪的，如诗画之欣赏。

上面说过，阅读心理的活动，受读法和读物的影响，我们在这里要研究的是读物和阅读心理的关系。

三、读物和阅读心理关系

读物和阅读心理的关系，主要的是读物的内容和形式，前者如用字难易、文法构造、意义深浅等问题；后者如字体格式、字形大小等问题。前者问题复杂，变化繁多，是多方面的心理活动，难求划一的标准。后者问题简单，主要的活动在视觉，故易得共同的准绳。所以研究教科书的印刷也以形式为限。

教科书形式问题的研究，以西洋为多。据他们研究的结果，知道和阅读效率至有关系，教科书形式之好坏，对于阅读的速率和了解，成为正比例。

我国教科书和西洋教科书，形式上大致相同，其对于阅读效率的关系，当无二致。可惜我国教科书的印刷，尚未注意到这个问题，现在谁也不知道哪一种形式的教科书，才获得阅读的最高效率。教育部对于这个问题曾公布过《审查教科书共同标准》五项：

（甲）关于教材之精神者。

（乙）关于教材之实质者。

（丙）关于教材之组织者。

（丁）关于文字者。

（戊）关于形式者。

照这个共同标准，形式方面计有：

（1）字体大小适度。

（2）纸质无碍目力。

（3）校对准确。

（4）印刷鲜明。

（5）装订坚固美观。

若依照这个标准来审查教科书，必不详尽，判断也不易公平允当。就形式的标准而论，除了第三条之外，都未有具体明确的规定。最少要做到可用数字表示。教科书印刷形式问题，决不止这几项，作者以为最少应该设法解决下列诸问题。

横直排列问题。过去二十多年，已有许多研究，中国教育心理学的贡献，恐怕以这个问题的成绩为最大。可惜迄今争论纷纷，尚未有一致的结论。

字体格式问题。现在小学教科书常用的字体，有宋体、仿宋体、毛笔体（楷书）、钢笔体几种格式。字体主要的目的，不外求阅读的最高效率，美观尚在其次。因为汉字有“格式塔”（Gestalt）特性，则字体的研究，尤为重要。

字形大小问题。从读法心理的事实，眼停与识别距，对于字形至有关系。小学各年级用书，对于这个问题尚未有解决的办法，字形研究的目的，就在求出一个科学化的标准来。

行列长短问题。普通阅读长行的读物，眼力消耗较多，回复扫视也易生错误；而短行则不易运用眼睛的律动，阅读效率也低；所以长短适度的行列，必须有研究的根据。行列有了长短的标准，版式大小，也随之而解决了。

标点位置问题。标点位置，通用有旁点和中点两种排法，旁点不占字的地位，在字行之外；中点占字的地位，在字行之内。阅读起来，以何种排法的效率为高？又如空点、无点，效率相差多少？也是一大问题。

图书选择问题。图书的作用，在辅助阅读的进步，加强文字意义的了解。所以图书的体裁、大小、笔调、繁简，所具的作用，当然不完全相同，在这里可从比较之中，找出较合乎儿童心理的图书来。

印刷纸张问题。教科书用纸色彩及反光程度，对于阅读效率有无影响？对于眼的卫生又是怎样？都值得研究。

印刷颜色问题。这个问题所研究的，一方面在印刷形体的颜色，另一方面则在印刷背景的颜色。通常以白色为背景，以黑色为形体，但这样的办法，能否得到高度的效率？此外还有别的办法吗？

上述几个问题的研究，如有相当的结果，则政府审查图书，不是更有科学的根据吗？此外出版家也可以依据这个标准印刷图书，学校图书馆或个人选购图书，都有所依据。作者研究这些问题的企望，不过如此。

（载《教育通讯》1947 年复刊 4 第 6 期）

我对于现用教科书一般的批评

傅统先

对于近半年来中小学教育的发展，在量的方面虽略有所加，然在质的方面实在还不容许我们乐观。我在别的地方曾经说过，中国教育近来之所以没有长足的发展，第一是因为战争的缘故，第二是学校办理不完善和教师之不能安于职业，最后是教科书编辑得不能尽如人意。书本是一种死的工具，它的效能要看人怎样去利用。不过因为现在中国当小学教师的人们大半没有受到专业训练，即有专业训练的人们，也多是不能对于教育有深切的研究。一方面因为国家急需师资，一方面因为自己急谋生计，结果这班人们在执教的时候，大多数是依样葫芦照教科书讲。所以教科书在教育成效上的影响很大。可是我们说句老实话，假使我们想在现在的教科书中找一本合乎理想的，真是凤毛麟角。

老实说，批评现用的教科书是一件很不容易的事，不严格批评吧，我们觉得有许多地方实在是不妥当，甚或违背心理的和教育的原则；假使严格的批评吧，又恐怕引起许多朋友们的误会，因为在许多的编者和出版界的诸公大多数是熟朋友，这种不是影响他们的声誉，便是有关于他们的营业。现在我想一个办法，即是对于所有现用的教科书，作一个一般的批评，其中我们对于个人绝无丝毫恩怨，纯粹站在学术的立场从原则上来加以检讨，不过我们不愿意流于抽象，乃从各书店的教科书中提出各方面的实例来做我们的讨论的根据。我们的批评，不限某一个人或某一家书店的，这样或许会免除朋友们的误会。

但在我开始批评之前，我还有三点声明。第一，为着使我的讨论具体起见，我会引用许多具体的例子，但这样并不是因为我轻视这些编者对于中国教育方面的贡献，相反的，我非常敬佩他们的学识道德，而我们只是限于书本编辑的技术方面有所商榷。我常有一种感想，觉得编辑教科书有一种势难两全的痛苦。例如有许多学者对于某一个科目乃是专家，譬如他是史学家、文学家或科学家，他们对于本行都是权威。但是请他们来编中小学的教科书时，他们所编的内容太注重于专门的题材方面，太学术化了，因而忘记了教师在运用这种教科书时的教学过程和学习心理。中国出版界所聘请编辑教科书的专家，多半是属于这种情形的。另一方面有许多先生们是熟悉学习心理，深刻了解教学方法，他知道怎样去安排各种教材，可是他们对于这些教材内容，却往往不是他的专长，结果又会流于徒有形式方法而没有内容。所以编辑教科书一定要“两难并”，即一方面，我们要深刻的了解教学的程序和学习的心理，另一方面，我们对于所负责的编辑的内容方面，又要有切实的研究。这个条件在中国还不易得。

第二点我要在事前说明的，关于教科书的编辑，中小学的影响大于大学。我总觉得在大学方面是注意专业训练，而且学生的理解经验也比较有根底，所以在教师的讲述技巧方面，可以比较的放松一些，因此，教材编辑的方法和技巧的重要性，比较的小一点，而所述的内容却非常重要。所以大学的教师是应该“言之有物”。至于中小学教师的工作，我认为却应该注意到“教育有方”，教学的技巧和方法比较重于内容。我只说“比较的重于”，这当然并不涵意说我不注重于内容。我的意思是说，假使对于某一科目，无论我们对于其内容的选择如何精密正确，而没有注意到儿童学习的心理或教学的过程，那么，它对于教育上的效用，便比较的轻微。因此，在教科书编辑的技巧上，我们讨论只限于中小学方面。

第三，我们要特别声明，我的检讨只限于编辑的技术方面，而不是对于教材内容有什么意见。当然，儿童心理、教材内容和教学方法，三者是不能分开的，所以有时谈到方法和程序的时候，难免不涉及内容，但是这只是关于内容排列的程序和编写的方法，而并不是对于内容的本身有什么主张。我们知道现用教科书的内容材料有的是经过专家严密的选择，有的是根据国策所规定的，我们在这一方面，暂时不愿赞一辞。所以，当我们对于教科书有所批评的时候，我们并不是不赞成书本上所说的内容或所择取的立场，而只是对于它的安排编制有所商榷而已。

声明已过，言归正传。我们对于现用的教科书一般的说起来，有五点值得提出来检讨的：（一）书本内容只注意口头说教而不能对于青年学生予以切实行为上的指导；（二）违反了学习心理上的程序，而都是从学术逻辑上的程序去编制教材；（三）书本内容只是给予学生一个简单的轮廓架格而没有血肉，可是学生当前所需要的却是血肉而不是骨骼；（四）教科书的编者只顾及自己行文的顺利，而忽视了学生在语文能力方面的基础；（五）书本印刷的恶劣，纸张的粗糙，图表的缺乏，在学生的身心方面都起到了不良的影响，而出版家注意到经济的原理，而忽视了教育的原则。现在我们在几点上作一个比较具体的检讨。

一、口头说教。根据国定本初中第一册《公民》上说："公民的目的：（一）使我们由实际生活体验群己的关系，了解我国固有道德，以养成修己善群的善良品性；（二）使我们明了三民主义的要旨，国家民族的意义，以正确思想，坚定信仰；（三）使我们认识政治的组织和运用及研究地方自治的基本知能，以陶铸健全的公民品格，培植服务地方自治的能力。"（五四页）

再看看本书的目次本体包括：（一）国民与公民的分别；（二）三民主义要旨；（三）我国固有道德；（四）新生活规律；（五）国民精神总动员纲领；（六）青年守则；（七）课内外活动；（八）师生关系；

（九）家庭组织；（十）《民法·亲属编》要义；（十一）家庭道德；（十二）家庭服务；（十三）家庭经济（简约储蓄和治产）；（十四）家族与国家的关系。

请各位看了以上这些内容之后，闭目想一想，这样的材料是不是一个十二三岁的初一的学生所能接受了解，这且不谈；不能了解的结果，只能把这些东西很生硬强记一下，以应付考试；即使能够持久记忆，也只能成功一种烂调，满口的“三民主义”、“固有道德”，或“忠勇为爱国之本”，我要请问这样能否做到以上所列的目的，如“养成修己善群的善良品性”，“正确思想，坚定信仰”，“陶铸健全的国民品格，培植服务地方自治的能力”？这种口头说教的结果，至多只能做到喊口号，言而不行，或再做口头说教的工作的人们。

照我的意思，假使公民训练一定要有教科书，那么我主张不如编一种《公民训练手册》，（一）内容拣选一些十二三岁儿童可能办得到的事情，作一个文字上的提要，不必好高骛远，徒使知和行脱节，因为有些方面可能由说教而强其知，但不能由说教而强其行；（二）多多注意指导行为的方法，如游历时的游览指南；（三）纪录许多在各种活动上必需的技术手续等等。千万不要把《中等学校训育要目系统表》（见二二页）之类的东西放在教科书里面，因为那是把公民训练指导员或导师用的，而不是叫学生去背诵的。

二、逻辑程序。以我所知，部里所聘请的制订中学课程标准的先生们，都是多方面的专家学者，各书局所聘请的各科课本的编者，也多是各科的专家学者，所以他们在编书的时，乃是采取的学者的立场，形成了一种学术性的研究参考书，他当然也极力使文字弄得浅易些，内容来得简单些。因此，无意之间他们所编的课本形成了专门学术研究的入门书，学生们读着这类书的时候，无形中都在做研究史学、地质学、语言文字学、社会学、法学、理化学的学者的姿态出现在初中的课堂。学术研究的特点，就是根据逻辑的程序。所谓逻辑的程序，就是必然的秩序。例如以动物学而论，它所研究的范围，是以动物界为限，其中分门、纲、目、科、属、种六个等级，例如动物界内有脊椎动物门，这门内有哺乳纲，这一纲内有食肉目，食肉目内有猫科，猫科内有猫属，猫属之下有猫。这样从总到分的研究，便是逻辑的。再以正中的《植物学》为例，第三章讲“根”，于是他便研究（一）根的发生；（二）根的种类；（三）根的变态；（四）根的部分；（五）根的构造。再以中学生书局吕编初中的本国史为例。先讲上古史，这里面他从太古传说、中华民族之由来，然后唐虞夏商周、春秋战国秦汉三国魏晋，一直到唐宋元明清，最后演变到中华民国。这是历史的程序，这样顺序的研究，便是逻辑的研究。最后再以中华的《初中本国地理》为例，先讲宇宙天体，以至于地球分区，再到我国全部疆域面积，然后讲各省市地方，最后提一提学校当地的地方志。这种逻辑的程序，可以说，在时间上和地域上，都是从最远的讲到最近的，在分类上是从最高的讲到最低的，从最抽象的讲到最具体的。以初中教科书而论，可以说全部都是根据逻辑的程序而编的。这和儿童经验中的心理的程序刚好相反。儿童只见他眼前的猫和狗，他不能立即体会到哺乳纲和脊椎动物门。儿童只注意到目前国家的内战或他所住的郊区的火药库爆发，甚至于他学校门口前的火烛，我们应该从他们经验可能及的范围，逐渐的扩大或推进。所以教地理，我们主张先从当地的乡土，推而广之，以至于本市、本省、本国，再及于全世界。讲历史，我们主张由目前讲到前清，然后逐渐推溯到上古。

三、有骨骼而无血肉。教育是生活，而教本应是一幅关于生活的图画。换句话说，以生活比喻一个人，那末教本应是本人的一幅照片。现在的教科书只是一副骨头架子，请问我们怎样能从这副骷髅去认识那人的本来面目呢？有些教本简直连骨架也不见了，只是北京人的两颗牙齿，我们要使儿童从这两颗牙齿去想象和绘刻北京人的面貌。以国定本初中《物理》为例，上册第二八页说：“物体没入液体后，所失去的重等于被挤开（即物的等体积）液体的重，这称为阿基米德原理。”当我们翻一翻高中的《物理学》，里面也讲这条原理，却已经比较的解释得详细得多了。到了大学读了英文本的《物理学》更觉得清楚明白，详细正确。最有趣的是编初中物理的以高中物理为蓝本，所以有时初中物理的题目是高中教本中抄来的，而这一问题却在初中物理教本已经省去的。其实这种剥皮抽筋的方法是最要不得的。初中学生经验少，选择材料只能以其经验能力所能及者为限，把一种极其复杂的现象用省略的文字公式表达出来，这绝不能使青年明了这个现象，他只有愈糊涂罢了。教授这个课本的老师常常也看不懂那样简单的解释，但是他可以求助高中或大学的课本，可是天呀！初中的学生便只有听天由命，吃一只横山（E）了。所以我们觉得（以理化为例），对于初中的学生，我们只应该平易浅近的在他们生活范围以内时常发现的许多理化的现象，加以解释和分析，而这种解释和分析却又不厌求详。所谓程度低即指生活经验中易于了解而言，绝不是指文字上解释的简短而言。

四、文字艰深。当我把初中全部课本看过一遍的时候我就觉得课本的编者们对于初中学生在语言文字上的要求实在太高了。国语方面我们却又觉得分量上还不够，内容性质尚有研究的必要。深浅方面尚能适应学生的程度，至于其他各科的教本在文字上就失之于太艰深，不易为学生所了解。一个初中的学生要懂得许多半生不熟的翻译文字，例如国定本初中《物理》中有这样一段话："因此，撬棍的机械利率也可从施力杆臂和抗力杆臂的比值求得。"（四五四页）又如同书八二页说："互相成角度的三力，共同用于一点而能平衡时，其中任何一力，须与其余二力的合力同在一直线上，大小相等，方向相反。"我不懂何以初中学生怎样理解这样简洁的文字。他们又要懂得中国的哲学和古代的文字学，因为许多本国史上所用的名词是他们所不容易懂得的。例如中华的初中本《国史》有"命皋陶定墨、劓、刖、宫、大辟五刑"［书中并注即刺额、割鼻、刖足、去势（男）或幽闭（女）及死刑］（这些东西何以要初中一的学生去知道，也真是莫名其妙）。又如"继祢者为小宗"（二五页），"孟轲主性善，荀卿主性恶，是就孔子的教育主张而得的两种解释，看似矛盾，其实因为性善所以受礼教极易；因为性恶，所以非礼教不可；还是一鼻孔出气的"。我想初中一的学生读了这些仍是"一窍不通"！还有国定本初中《公民》第一册引用教育部《训育纲要》的一段更把我吓到了："道德之内容不外修己与善群。善群为修己之表现，修己为善群之始基。就修己而言：养心，则以格物、致知、正心、诚意为尚；养身，则以勤四体、节饮食、慎起居为贵；治生，则以勤劳、简朴、创造、服务为务。就善群而言：则以齐家、治国、平天下为目的；对家族则为亲慈子孝，兄友弟恭，夫妇和顺，邻里敦睦；对社会则为信义谦和，博爱互助，尊贤敬长，怜孤恤贫，育幼乐群；对国家则为忠贞公勇，明礼义，知廉耻，负责任，守纪律；对国际则为平等互惠，和睦尚信，重义明耻；对万物则为同情、博爱、创造、善用。”至于编者在课文后面所介绍的参考书尤为吓人听闻。里面有总理遗教、胡汉民《三民主义之认识》、戴季陶《三民主义之哲学基础》、陈立夫《唯生论》、梁寒操《三民主义理论之探讨》、楼桐荪《三民主义研究》、陶百川《三民主义与共产主义》。我真不知道十一二岁的儿童怎能懂得这种洋洋大观的文章。这只是随意举几个例子。

五、印刷恶劣。这一点是物质条件的关系，我们也似乎不可厚非，不过一个学生往往一学期因为破烂不堪要买两三次书也不太经济。这且不管。但是在编排方面、图画方面，中小学的课本似乎都是千篇一律而没有艺术上的设计，这是我们所不能不引为遗憾的。编史地的先生们偶尔也有些图表，但是那比本文还要难懂，我也不必列举，请读者任意翻一两本史地课本便会明白。

最后我对于国定本国语和常识的合并也有一点意见。在原则上国常是应该在小学里合并，但是问题就在怎样合法。假使我们只是几课国语材料加上几课常识材料，夹杂其间，这只国语和常识的合订本，有失合并的原意。这话说来太长，限于篇幅、时间不能再谈下去了，有机会再说。

以上我们只是就其缺点而言，但它们也并不是没有优点，假使我们能把民国初年所编的课本或民国十六年前所编的做一比较，便知其间确有显著的进步，而这种进步便由于大家肯虚心研究的结果。因之我们对于国定本的编辑者所说的：“窃维学术为天下之公器，所望海内学者，各校教师，共同努力，加以实验，随时函知试用结果及修订意见，俾资参证而利改进。”这种虚怀若谷的精神表示钦佩，本人也就因为不以鄙陋，简述粗见，希望大家的指正。

三十六年一月十八日约大教育系。

（载《活教育》1947 年第 4 卷第 2 期）

活用课本

卢冠六

有人说："国定课本不适用，因为里面战时的材料太多！现在抗战已经胜利，建设正待开始。我们应该开山垦荒，修桥筑路，不必再逃空袭，造防空洞了。"

这话固然说得不错。可是我们应该明了，课本本来只是教学上的一种工具，绝不是教学上唯一的根据。一个好教师，一定要会活用课本，来达到他预定的目的；决不可捧了课本死教书，做课本的奴隶，教学生死读书、读书死！

我们应该明了，没有一种课本会适合现在和未来的需要，也没有一种课本会适合全国各地的需要，更没有一种课本会适合各种才智不同儿童的需要。时代是在一天不断的进步，我们的课本也应当一天不断的修订，把最新的适用的材料加进去，把陈旧的不适用的材料去掉它。可是因为受时间和空间的限制，任何课本决不能随时修订，那就要靠教师们设法活用和随时补充了。

课本本来应该顺序渐进，一课一课的教下去的。可是因为事实上的需要，也可以把次序稍加更变，把可以和时令和别科联络的提前来教。有不适用的教材可以把它删掉，或跳过不教。在报章杂志上遇有新鲜合用的教材，可以随时加进去。或选一本适用的副课本，以补不足。如果教师能够自己编订新教材，随时补充，那就更好了。

除了死的教科书外，优良的教师还要能够指导儿童去读活的课本，向大自然学习。因为大自然实在是一种最好的活课本，它供给我们无穷尽的活教材。春天来了，我们带领学生到田野里去，看看青山绿水、绿柳红桃，访古迹，寻名胜，处处都是新知识，在在都有活教材，只要我们能够指导儿童去研究、去学习，一定能够得到无穷的益处。儿童们一路走一路唱，比在教室里教唱歌要有趣得多、活泼得多。带领着儿童们到野外去写生，画个古庙，画个小村，比临书范本要亲切得多。并且自然界的景物，随着季节而不同，因此也有不同的教材，可以采取，可以补充。这比死读课本要有意义得多了。

总之，一个好教师，应该能活用课本，不做课本的奴隶，尤其是现在的国定课本，还没有补充修订，一定要随时补充设法活用才好。

（载《国民教育辅导月刊》1947 年第 3 期）

现代课本编排的新趋势

陈鹤琴

无论在内容上或形式上，现代课本的编排，都有一种新的趋势，这种趋势已使课本与儿童之间的距离，分外的接近起来；使课本成为儿童喜看、喜读、乐于求解的好伴侣。由于课本的新的改进，把儿童以往畏书、惧书、恶书的心理，积极的消除了。这种新趋势究竟是怎样的？现在让我们来作一个简略的叙述：

首先，我们从形式上来看，现代课本编排所表现的新形式是“无边式”的。什么叫做“无边式”？所谓无边式就是指课本中图画的地位与格式，是全面的占有，在画的周围，没有留下任何空白的地方，书页的边缘，也就是图书的边缘，在每一书页中，除了“页码”之外，你找不到任何的废字（如“书码”、“课码”等等的字迹）。这里所引用的一幅图形，是从一本编排“无边式”的课本叫做 *Science Stories*（《科学故事》）第三册第二一七页中摘引下来的，这本书的作者是 Wilbur L. Beau Champ，Harriet M. Fogg，Gertrude Crampton and William S. Gray (Reading Director)。在这一幅图形中，我们可以看到“无边式”的整个形态。

我们知道，最初课本的形式，都是“格子式”的，在这种形式之中，图式是被一个方格子范围着。在整个书页当中，它只占有一块的地位。当然啰！这种形式是最呆板没有了，但我们通常所看到的教科书，却都采用了这种形式。

但是，课本的形式，从“格子式”进步到“无边式”，其间还有一个过渡的阶段，在这个阶段中，图形的方格被打破了，无规则的图书使课本的形式略为活动。同时，图形跟课文本身也接合起来，往往图形位置都插在课文当中。下图就是这种过渡的编排形式，这个图形采自Anna B. Towse，Florcace E. Mathews and William S. Gray 等所编著的 *Curricuium Foundation Series Health Stories* 第三册第八十页。

比起格子式来，过渡型的课本，可说是进步得多了，但与无边式的课本比较，还是非常落后的。为什么说“无边式”的课本是最进步最新型的编排方式呢？这是因为“无边式”的课本，具有以下的几种优点：

第一，地位经济。在格子式的课本中，每一页的上下左右所空掉的地位是相当可观的，通常课本的阔是5吋，长是7.3吋，每页的面积是36.5平方吋，而四边空白所占的面积则有14平方吋，约当全页面积的26.7%强。书的大小虽不一致，但它所浪费的地位是相差不远的，你想这是多么的不经济。假使我们采用的是“无边式”，那至少可以省去14%的地位。所以，我们说“无边式”的课本形式，在地位上是比较经济的。

第二，形式生动。课本的形式，如果能够生动灵活，便容易吸引儿童的注意，鼓起儿童的兴趣。儿童是否爱好书本，书本的内容固然非常重要，而书本的形式，也有相当的影响。只要我们把格子式的课本与无边式的课本互相比较一下，立刻就可以知道无边式的课本是怎样的使人喜欢。为什么它能有这种效力呢？因为它的形式生动，它已经做到活的地步了。

第三，无边无涯。拿起格子式的课本来，尽管它的图画是印得如何的美丽，彩色是如何的调和，但在我们看来，总觉得自己的目光视线受到一种阻碍与范围。无疑的，这种感觉是由于图形囿于格子中的结果。现在的无边式，其图形是无边无涯的，我们翻开这种课本，顿觉心胸开朗，目光远瞩。所以“无边式”的编排，在儿童远大胸襟的培养上，确有很大的价值。

第四，蓄意深长。因为无边式的课本是无边无涯的，所以每一幅图形的意义都似乎是不仅限于图形中所呈现的部分而已，在我们的想象中，它的意义是向两极无限的绵延着。意义的无限绵延性，不但可以丰富儿童的思想力与想象力，而且还可以激发儿童阅读的兴趣，这样比之那意义“尽在是矣”的格子式课本，可以说是优越得多了。

无边式不但是课本编排中最新的形式，而且目前的许多单行本也都采用这种方式。譬如英国的 *British Advances*，其编排就是采取这种无边式的。

其次，我们再从内容方面，看看现代课本编排的趋势如何。

就一般的情形来说，以往课本的内容，犹之乎一堆垃圾，其中所包含的全是零星破碎、漫无组织的废物。格言式的句子，平淡无奇的叙述，儿童读起来好比吃草根树皮，咀嚼不出丝毫的滋味来，哪里还谈得上有兴趣向书本进攻呢！所以，今日课本编辑者的首务，便是如何使内容接近儿童的心理，把课本成为儿童片刻不释的好朋友。

要叫课本变成儿童喜看、喜读、乐于求解的好伴侣，最好的办法，就是要把体裁故事化。什么叫做体裁故事化呢？所谓体裁故事化就是用小说的笔调，故事般的叙述，打破杂乱无章的说教八股，把题材变成新奇生趣的故事，使课本的内容与儿童情感，互相呼应，无形结合，以收潜移默化之效。所以，今日课本的编排，大都已走上体裁故事化的道路。

或许大家会这样的担心，以为体裁故事化的课本，既要顾到故事的情节，同时又要注意于儿童的兴趣，对于内容方面，未免有顾此失彼之感，果如此，则内容的贫乏不是又无法避免了吗？但事实决非如此。下面一段，便是前揭书 *Science Stories* 第三册中所包含的内容：

第一篇　生物居住何处（Where Do Living Things Live）

　　第一章　陆栖动物（Land Animals）

　　第二章　水栖动物（Water Animals）

　　第三章　两栖动物（Water Land Animals）

　　第四章　陆生植物（Land Plants）

　　第五章　水生植物（Water Plants）

第二篇　生物如何御卫（How Are Living Things Protected）

第一章 动物如何自卫（How Animals Defend Themselves）

第二章 住所如何保护动物（How Homes Protect Animals）

第三章 动物如何照顾它们的幼孩（How Animals Take Care of Their Babies）

第四章 植物如何保护（How Plants Are Protected）

第三篇 地球的表面（The Earth's Surface）

第一章 地球上的水与陆（The Land And Water on The Earth）

第二章 陆地如何变迁（How The Land Is Changed）

第四篇 如何使工作容易（How Is Work Made Easy）

第一章 运用筋肉工作（Using Muscles To Do Work）

第二章 为筋肉获得帮助（Getting Help for Muscles）

全书一百三十九页，共四篇十三章。像这样的课本，虽用故事化的体裁，谁能说它的内容不够丰富？所以体裁故事化之后的课本内容，是用不到我们担心的。并且，由于儿童兴趣的深厚，课本的内容，更易被儿童吸收和接受，在教学上所收获的效果，确是无法衡量的。

现在课本的编排，不但体裁已广泛地采用了故事化的原则，而且在取材方面，也开始走向“现实化”、“科学化”和“专门化”的道路。

儿童是生活在现实环境之中。现实环境包括四个方面，即自然环境、社会环境、生理环境和心理环境。自然与社会构成了客观的环境，而生理环境与心理环境则构成了主观的环境，客观环境与主观环境，互相渗透，变化无穷，致促成了现实生活的丰伟内容。自然现象的更新，社会关系的演变，所有一事一物，一光一热，都能引起儿童的好奇心与追求心。从现实丰伟的内容中吸收题材，能使课本成为做中教、做中学、做中进步的良好指导者；从现实丰伟的内容吸收题材，能使课本成为儿童喜读、喜看、乐于了解的新伴侣；只有当取材现实化的时候，课本上的知识才能成为儿童学习“做人，做中国人，做现代中国人”的具体参考资料。所以，取材现实化是现代课本内容的新趋势之一。

至于取材科学化乃是针对着以往课本玄学化的有力反动。旧日的课本，由于宗教势力或其他政治势力有形无形的统治，使它充满了反科学的神话迷信，这是具有强烈毒素的麻醉品，它对于儿童以及整个人类文化的危害是既深且巨的。为了杜绝人类文化的危害，今日的课本内容，都已广泛地接受了科学化的号召，这是时代的趋势，是谁都无法抗拒的时代趋势。

但取材如何才能科学化？这是我们所急欲知道的。就目前的趋势看来，所谓科学化是指的两个方面，一方面是科学资料的采用，另一面是科学态度的确立。现代科学研究的成就，被广泛的容纳于课本之中，同时，对于任何自然的、社会的、生理的或心理的现象都予以科学的说明，使儿童在课本中所获得的知识，是属于客观而类于真实的知识。惟有如此，课本才能成为儿童的忠实而可靠的顾问。

现代课本取材的第三个新趋势，便是专门化。所谓取材专门化，就是说整个课本的内容，是属于一个特定的故事，它反对以往课本中杂乱无章的垃圾堆作风，而使内容单纯化起来，以便于儿童阅读与了解。譬如，科学有科学故事，艺术有艺术故事，社会有社会故事，卫生有卫生故事，这一趋势，在目前美国许多课本中，是看得非常清楚的。

总括的说，现代课本编排具有两大趋向：

第一，形式的趋势是无边式；

第二，内容的趋势是体裁故事化，取材现实化、科学化和专门化。

（载《活教育》1947 年第 4 卷第 2 期）

国文课本之改造

俞剑华

（一）现代一般国文课本之误会

（甲）误认国文为国故学。有一部分骨董先生，一提起国文，便马上想到，我们两三千年以前的“国宝”、“国粹”或“国故”，便以为要学国文，非熟读五经、朗诵四书、勤翻四史、精研诸子、烂熟唐宋八家不可。于是所选的文章，首先是《易经》的乾卦、坤卦或文言；次之是《书经》的《禹贡》、《秦誓》；次之是《诗经》的《氓》、《七月》；次之是《礼记》的《学记》、《乐记》；次之是《孟子》的养气、《庄子》的《逍遥游》、《荀子》的《性恶篇》、《左传》的《鞌之战》，以下便是《史记》、《汉书》以及韩、柳文集，把中国上古所有的法宝，都一股脑儿搬出来，一口咬定这是国文，读国文，非“探本索源”，从头读起不可。至于学生能不能领受，能不能消化，似乎与他无关。

（乙）误认国文为纯文学。与（甲）项一派相反的人，虽然晓得国文并不是国故学，他却认为国文是纯文学，于是旧派的人专门向汉赋、唐诗、宋词、元曲上讨材料，以为这些东西才是真正的国文，拼命想叫学生“登高作赋”，或“口占一首”。至于学生的散文能不能写通，似乎无关重要。至于新派的人，受了西洋纯文学的薰染，以为只有诗歌、戏剧和小说，才是真正的国文，于是民谣、山歌、西厢、琵琶都搬上讲台；而《水浒传》、《红楼梦》、《儒林外史》、《呐喊》，更“飞黄腾达”，成了学文章的宝典，似乎除此以外便没有国文。至于学生读了有什么用途，自不在考虑之列。

（丙）误认国文为中国文学史。有一部分人认为国文是中国文学史，所以国文课本的内容必须与文学史相契合，应该从最古的讲起，以次再讲到近代。于是第一册是三代秦汉的五经、四书、诸子、四史，第二册是魏晋六朝以至唐宋，第三册是明清以及近代的白话。高中一年级的小学生，“的、吗、呢、这”还没有弄明白，马上就叫他读“乾，健也，坤，顺也”、“野马也，尘埃也，生物之以息相吹也”，怎样可以读得下？教授法应该是由浅及深，而现在反是由深及浅。结果第一册太难，第三册太容易，真有点本末倒置，“轻重相反”。同时也给国文教员以不少的麻烦。试想目下一般的高中国文教员，还有几个是熟读四书五经的？这简直是和四十岁以下的国文教员开玩笑。结果只有老教员教高中一，新教员教高中三。高中一的学生念“天书”，高中三的学生可以不必用心。

（丁）误认国文为学术史。这与（丙）的误会相似而方向不同，以为国文可以摒除一切，专讲学术，于是《艺文志》、《经籍志》、《三通》、《史通》、《文心雕龙》、《文史通义》、《宋元学案》、《明儒学案》，便都成了国文材料。教的人非学富五车、通古达今的人，无从教起；学的人如入山阴道上，应接不暇，大家都是吃力不讨好。

（戊）误认国文为历代文选。历代文选本是中国文学系学生第二学年所修的课程，因为他们是专修中国文学的，自然历代各种的文体，各体的代表作品，都在必读之列。但是高中的国文和大学一年级的基本国文，却无此必要，一定要他们读《离骚》，读《上林赋》，读《治安策》，读《报任安书》，不但是劳而无功，而且侵占了历代文选一课的教材。一般选用《古文观止》、《古文析义》、《古文辞类纂》、《经史百家杂钞》的也同此流弊。

（己）误认国文为万有文库。上述各派虽然各有所偏，但性质还比较单纯。另外还有一派人，则综各家之所长，“兼蓄并收”，“包罗万象”，于是国文变成“万宝全书”、“万有文库”，五经四书、诸子百家、诗词歌赋、戏曲小说，诸体无不具备。加以佛经、翻译、弹词、小调，洋洋乎大观也哉！十足一座杂货店，一架货郎担。因此教的人，必须是一个万能博士，否则必不能胜任；学的人不免“目迷五色”，“浅尝辄止”；而编书的人，方且以“有文必备、无体不全”以自豪。大言不惭，自误误人，莫此为甚！

（二）现代一般国文课本之流弊

（甲）程度相差过远。初中的国文，语体文多而文言文少，现在初中三的学生，年纪不过十三四岁，普通的语体文能看得明白，已经算是高材生了，对于文言文的了解能力，可谓“微乎其微”。拿这样幼稚的程度，一入高中一，就叫他读《易经》、《书经》、《左传》、《史记》、《庄子》、《离骚》，程度相去十万八千里，岂不是“丈二和尚，摸不着头脑”。不要说高中一的学生无从索解，就是大学一年级的学生，仍然是“莫名其妙”。同时，现代的高中国文教员和大学一年级基本国文教授，有几个是“老师宿儒”、“经学大师”和“国学专家”？说句放肆的话，我们同行之中，恐怕没有几个人对于这种教材不头痛的吧？教的人不懂，读的人更无从懂起。这不是浪费精力，消耗光阴，斩丧青年的元气，失却教育的意义吗？

（乙）思想无从了解。两汉三代的文章，在文字方面，固然深奥艰涩、佶屈聱牙、不易索解，就是在思想方面，也并不容易明白。例如对于《易经》的原理和卦爻的变化，若不精通，则“乾，元、亨、利、贞”无论如何讲不明白。对于老庄的哲学若不彻底明白，则“北冥有鱼，其名为鲲，鲲之大不知其几千里也，化而为鸟，其名为鹏”，简直是在说梦话。《易经》有《易经》的思想，《书经》有《书经》的思想，《老子》的思想不同于《庄子》，《孟子》的思想不同于《荀子》。这些思想的本身固然难于了解；就是能了解了，对于现代青年人的思想上有利还是有害，也是很值得考虑的问题。例如儒家的忠君，道家的虚无，名家的诡辩，法家的惨礉，杨朱的互乐，对于现代青年都是有害无利的思想，何苦使青年费九牛二虎之力去接受有害无利的思想呢？

（丙）知识多属片断。学国文目的并不在“讲经寻道”，也并不在增益知识。国文课的目的，应该只限于文字的本身，并不应该“舍己芸人”，专门在国文课中寻知识，而忽略了文字的本身，造成“喧宾夺主”的局面。就是说，国文课中可以讲知识，而这种知识，也都是枝枝节节，毫无系统。因为国文是从四面八方选来的，所选又多系古书中的一篇或一段，这种一知半解的知识，可以说是毫无用处，甚且持一知半解认为可以代表某家某派的全部学说，那就“不惟无益而又害之”了。

（丁）文白互相抵触。文言、白话两者之间，互相抵触的地方很多：（A）在初中差不多都是读的白话，高中突然读文言，二者之间，距离相差至少都在一千以上，如何可以使两种相差过远的东西调和而不发生抵触呢？（B）文言的思想和白话的思想，恐怕十分之七八都是冲突而无法调和的。（C）现在一般高中和大一的学生，大半读的是文言，做的却是白话，读与做二者之间，本来是互相扶助的，现在截然分为二事。所读的文章，不能应用在作文上面，从国文的本义上讲，可以说是“背道而驰”，难怪学生的作文不能进步。（D）在国文教员方面，教学生读文言，却叫学生做白话。这种现象之所以形成，一方面是由于学生做不来文言，一方面也是教书的人怕改文言。现在学生的白话文，好坏不论，大体尚可通顺，教员改卷子，非常省力；至于文言的作文，则大多数都不通顺，非大改而特改不可。普通改白话作文，一小时可以改到一二十本，改文言则仅能改到两三本。你想，现在学生每班人数，既多得出乎意料（竟有一百人以上的!），中学须教三班，大学至少两班，因为生活问题，教员又兼教几个学校，教员赶钟点都来不及，哪有功夫给学生细改文言作文呢？

（戊）实际无法应用。一切文字的体裁，多随着时代变更，古文上所用的那些体裁现在早已不用了。例如写信，古文上总是“某某顿首谨上书某某足下”，现在却非写成“某某先生台鉴”不可，再开头就写“某某顿首”，一般人就看着奇怪了。此外古文上的议论文字，十分之九都已失了时效，等于十年前报纸上的社论，而思想方面又多陈腐，立论且不合逻辑，现在再做议论文也用不着那些调头。记叙文所记叙的都是几千百年以前的事情，与现代生活丝毫没有关系，学生也无从应用。至于碑志、墓表、祭文、哀诔、敕令、奏议、寿序、送序、箴铭、颂赞等体，尤非一般人所常用，更非一般学生所能做，结果自小学到大学，读了十二年的国文，连一张便条、一封信、一个启示都做不明白，这责任并不全负在学生身上。中国凡百学问，大多是“学非所用、用非所学”，而国文的情形尤为更甚。国人只知高喊提高国文程度，加多国文钟点，多读经史子集，而不知深求国文程度低落的症结所在，予以适当有效的治疗，只有越提高、越低落，把大家都弄成“高山滚鼓”之流，“不可救药”为止。

（三）国文课本改造之必要

现在国文课本，既有种种误会，又有种种流弊，而提高学生的国文程度又成为朝野一致的呼声，自然现有的这些课本是有改造之必要了。兹将对于高中及大学国文课本改造的意见，略抒于下，以与海内同道一商榷之。

（甲）确定国文科之目的。教育部订的《课程标准》对于高中及大一国文科教学的目的，也订的有点大而无当，不免犯了误认国文为国故学的大毛病，因此论教本的人也只好依据标准将错就错的论下去。前几年教育部还聘请了不少的专家，大家共同拟定了大一基本国文所读的文章，而且拟定了国文科的目的，有四大项目：

（1）在了解方面，养成阅读古今专科书籍之能力。

（2）在发表方面，能作通顺而无不合文法之文字。

（3）在欣赏方面，能欣赏本国古今文学之代表作品。

（4）在修养方面，培养高尚人格，发挥民族精神，并养成爱国家、爱民族、爱人类之观念。

这四项目的在订的人所谓订的十全十美，毫无遗憾，但是一考查实际情形，却很难合用。第一，“阅读”是不是算“了解”已经有商量的余地，“古今专科书籍”意义太嫌笼统。中国除了经史子集四大法宝外，很少有什么专科书籍，就是有，是不是每一个大学生都有阅读的必要？大学的科目繁多，工、农、医、商、矿、电、航海、航空等科的学生是不是必需具阅读经史子集的能力？能够阅读这些与科学毫不相关的古今专科书籍，与学生所学有何裨益？若只了解现在的专科书籍，那又何必读那些艰涩的古文？第三，在欣赏方面，要使学生能欣赏古今文学之代表作品，这就犯了以国文为文学的毛病。学生既不都是学文学的，更不是专门学中国文学的，何必定叫他们欣赏古今文学作品呢？这种以国学为一切学问的根基，以文学为一切学问的代表，这种时代早已经过去了。我们国家现在所需要的是严格分科的各种专门家，只要科学好，没有读过四书五经，不会做诗词歌赋，有什么关系？我们现在固然也需要文学家和国学家，不过我们所需要的是文学专家、国学专家，而不是“一知半解”的不成家。这一项目的是只看见了中国文学的必要，而没有顾到一般不学中国文学的学生的需要，结果不过是使一般有志于科学研究的青年，多荒废一点宝贵的时间罢了。至于第四项讲到修养，这范围就更大了，“培养高尚人格，发挥民族精神，并养成爱国家、爱民族、爱人类之观念”这个重大的责任，似乎是教育的全般目的，而不能限于一科，从小学、中学，一直到大学，从国文一直到各科，都应以此为目的。若拿这副千斤重担都压在大一国文上面，拿全教育的目的都放在五十篇选文上，这种视文学为万能的时代也早已过去了。

由上所论，可见国文科的教学目的，最重要的还是在第二项，使学生能作通顺而无不合文法的文字，才是国文科的真正目的。只要通顺而无不合文法，并不限定是文言，还是白话，那么现在的高中毕业生写点白话，大体都还可以过得去，很不通顺的人还占少数，若使他们继续研究点浅近易懂易学文章，自然更可以写得通顺一点，要是定叫他们读上二十篇古奥艰涩的古文，恐怕原来通顺的人，反倒不通顺了。国文科的主要目的，既在能作通顺的文字，只要能达到这个目的，国文科的效用，也可以说是发挥尽致了。至于能否读古今专科书籍，只是一个需要的目的，就是要读古今专科书籍，也不一定必须先读四书五经、诸子百家。至于欣赏古今文学代表作品，更非一般学生所需要。而培养高尚人格，发挥民族精神，只靠读五十篇经史子集，也不会有什么效力。读经可以救国，读经可以扶持世道人心的迷梦，似乎应该醒一醒了。

（乙）确定国文科之文白分野。以前的人读文言书，作文言文，童而习之，终身以之，白首尚未必能通。现在的学生，不要说功课的项目非常繁多，就是国文一项，也分成白话和文言两种，会做白话，还要希望会做文言，工夫那么少，还要学会两种文体，岂不是难上加难？至于白话、文言的优劣，我们姑且不问。我们只希望专学一种，必能易于成功。现在还处在文体演变改革尚未完成的时代，白话的势力虽然日渐长大，但文言的势力，距离“全军覆灭”的目标还远，社会上一切公文信札还没有白话化。现在的高中和大学学生到底还是应该读文言，还是应该读白话？应该做文言，还是应该做白话？这不但教育部应该有一个明确的规定，全国教育家也应该有一个明确的主张。至于所谓国文专家也者，也不要只看见五经四史的重要，而忽视了几十百万不学中国文学的学生的痛苦和实际需要。最低限度也要有一种规定，学文学、法律、历史、哲学、教育的学生须读文言，学文言，至于其他学科学的人可以一律只读白话，做白话。有了这种分野，只要编两种课本，一种是文言的，专供学文法科的学生用；一种是白话的，专供理工等科的学生用。这样不但可以解除许多学生的苦恼，国文程度还会因之提高。至于高中的国文，无论如何，不能再读那些艰涩高古的文字，也必须另编较为浅近文字的课本。

总而言之，国文科的教学目的，不要再好高骛远，务求适合学生程度，切合将来的需要，在高中毕业的学生，只能求其了解普通文字，阅读普通书报，写作普通通顺的白话文字，已经很够了。大学一年级的国文，不过比高中再进一步，如能分为文学或科学两种的话：在学文学一方面的学生，可以希望他了解较古的文字，阅读专门书报，写作通顺的文言文；在学科学一方面的学生，连作文言文的必要也没有，只要能阅读专科书报，写作通顺流利的白话文就够了。（选自《大公报》）

（载《广东教育》1947年第2卷第2期）

应如何改造中学的国文教材

伊 凡

"读书破万卷，下笔如有神。""熟读唐诗三百首，不会吟诗也吟诗。"这两句话，平平实实地说明了"读"和"写"的关系——读得多才会写的好；要学习哪一类文章，必须多读哪一类作品。所以在科举时代，学子们为了学习"中式"的文章，便不得不熟读时文和试帖诗；文言时代的学者们，为了学作古文，就不能不多读古代的文字；现在的学生呢？所习作的语体文，那么当然该多读些现代的作品了。然而咱们的国文课程标准以及各种国文教本怎样呢？初中部分至多也不过有二分之一的语体文，高中则几乎完全是古文诗了。这种所学非所用——习作和教材距离太远——的事实，我觉得就是近几年来一般人所说的"中学生的国文程度日益低落"的主要原因。所以不想挽救中学生国文程度的颓势则已；要想挽救，第一着就得改造中学的国文教材。据说教育部现已着手修改整个中学课程标准；国文一课，更聘有专家研究，这实在是让人兴奋的消息。我很愿意趁此机会，提供一点浅陋的意见，聊备参考。

要规定中学国文应该讲读些什么，得先弄清楚中学国文课的目的是什么。我觉得中学国文课的主要目的是"技术的学习"，其次是"知识的获得”。

这里所谓“技术”，当然是指使用文字的技术而言。咱们虽然不能期望每一个中学毕业生都能写很漂亮的文章，但至少应该文从字顺地用语体文表情达意。对于一般的应用文件，也应该能接受办理。根据这一个目的，我主张初中完全选用简短明畅的语体文（侧重记叙、抒情，少选议论）和一些日常应用的书启文件，间或可以选一点浅明的近代诗歌。到高中始可由浅入深、由少渐多的选入一些文言的东西，但至多不应该超过全教材的一半，而且在讲读方面仍以现代作品为主，文言的诗文只是因类连举，配备讲授，止于欣赏，不在学习。这二阶段中的教材范围，应该放宽一点，举凡诗歌、散文、短剧、小说，以及理论文、应用文都应择优讲读；并且应该从“主题”、“取材”、“组织”、“修辞”各方面和学生研究讨论、分析发挥，务使其彻底了解。凡讲过去的东西，尤其是语体部分，一定要使学生熟读成诵，而且要读得自然生动——口语化，入情入理。最好篇章，能够背诵才好。这样学习六年，我想虽不能出口成章，也一定不会再写不通的语句了。近几年来中学生国文习作上最普遍的毛病是文言不通，语体不纯，语体文中夹杂着一些生硬的文言字眼，好像改足派穿小皮鞋，摩登女郎梳上大发髻，在新旧人眼里，都看着不像样儿。这样文章读起来，怎能不使人感到驳杂不通呢？这毛病的形成，我觉得就在所“读”非所“学”。假设六年中学过程中，国文讲读一贯以语体文为主，这毛病是不难克服的。

至于“知识的获得”一项目的，也要加以说明，因为这有关于取材的范围和编排的方法。这儿所谓“知识”，不是泛指而是专指国文课范围以内的必要知识而言。譬如语法学、国音学、修辞学，各种文章的体例和作法，以及文学史、文学论、文字学等等常识，都是在国文课内应该附带获得的。这儿要注意“常识”两个字，因为专门的系统的学习，应该交代给大学国文系。中学阶段只需把有关于这些问题的浅明论著，尤其是近著，分别年级高低，摘要选入一些，让学生知道个门径就够了。

根据以上两个目的选来的教材怎样编排，也应该研究一下。“文学史系例”的编法，当然不适合我们这个目的。就是像文选那种“文体示例”的编法，也不能满足我们的要求；因为那样编法，使理论和实例——获取知识和学习技术的教材，有时得不到适当的配备。例如我们讲到“新诗”，便应该有一点关于新诗的鉴赏或作法的文章配备着范作去讲授，而这两种东西是不同体例的，体例不同，就不能选在一块儿，不选在一块，理论和实例便失掉配备作用了。所以我觉得还是用单元法比较方便合适。单元的构成，不必机械地守定某一种原则——完全按体例或完全按内容，应该斟酌学生的程度和需要，构成各种单元。譬如从体例和作法上着眼，我们可以组成“什么叫短篇小说”、“纪事文和叙事文”、“新闻和通讯”、“速写和特写”、“怎样写信”、“日记的好处和写法”等等单元；从内容上着眼，我们可以组成“文学的本质”、“文学和时代”、“文学的鉴赏和个人的修养”、“文学怎样批评人生”、“诗的起源”、“唐代诗坛”、“词的起源”、“宋词示例”各种单元；从修辞上着眼，我们可以组成“积极的修辞和消极的修辞”、“声音的模状”、“人物的刻画”、“譬喻的效力”、“诗的韵律”种种单元。这些只是随便举例，实际上我们可以根据各种情形如作品的主题、表现的方法、内容的关联等等作成多样的单元。这样讲读下去，学生既可分类的鉴赏作品，又能简明的获取国文常识，对于中学生的国文程度或许能发生一点“提高”的作用。

最后我愿意重复一下前边的话提起注意：初中全用语体，高中始可由浅入深地选入一些文言，但至多不应超过全教材的一半，而且在讲读上仍以近代作品为主，古诗古文只是配备讲授，止于欣赏，不在学习。理由是：中学的国文课以学习现代文字的使用为第一目的。

近来在教本不适用、印刷补充教材条件又不许可的情形下，我曾试着用口授的办法补充了些简短的语体教材，学生觉得很需要也很感兴趣。这也许可以作为“这个改造意见如能见诸实行，不会太失败”的简单说明。但这只是我个人的管见，难免有所蔽而不周，希望对中学国文教学有经验的诸先生，俯赐教正，或发起讨论，以求得一个适宜的改造法。

（载《河北教育月刊》1947年第2期）

论高中国文教材

黄　绳

读《国文月刊》第五十四期所刊孙玄常先生《拟高中国文教本目录》一文后，想起了高中国文教材中语体文和文言文的分量分配问题。孙先生把“须选语体文”作为适合现代学生需用的国文教本应具的条件之一，但在他的“目录”里文言文依然占了绝大部分，可见他理想中的高中国文教本还是以文言文为主。高中国文教材究竟应以语体文为主呢，抑应以文言文为主？这似乎是编拟教本目录前应予先决的问题。

中学国文教材中语体文和文言文的分量分配，课程标准有如下的规定：初中第一学年为七比三，第二学年为六比四，第三学年为五比五；高中第一学年为三比七，第二学年为二比八，第三学年为零比十。这个规定，一望而知是语体文递减、文言文递增，使国文教学的重心逐步移向文言文的教学。在初中方面，订定“标准”的人大概有这样的假定，假定教师在兼教文言文的情形之下，教了如此分量的语体文，便足以养成学生读写语体文的能力。可惜这个假定没有在实际教学上成为事实，而且无论如何不能成为事实。如所周知，目前一般初中学生没有能够写通语体文，阅读语体作品的能力也嫌薄弱。我们固然可以责备一般国文教师，认为他们没有切实指导学生学习语体文是造成目前现象的重要原因；但是，要提高学生读写语体文的能力，不但需要教师运用有效的方法来指导，而且需要学生集中有限的时间和精力来学习，这一点也不能不注意到。“课程标准”所定国文教学的时间支配，初中第一学年每周精读时间为四小时，第二、三学年各为三小时。为时间所限，当教师的就是单教语体文也不易有显著的成效，现在要分出差不多一年的时间来教文言文，试问如何能有效地养成学生读写语体文的能力？其次，在高中方面，订定“标准”的人大概又有这样的假定，假定学生在初中阶段已把语体文学通，到了高中阶段便不必多费功夫。可惜这个假定也与事实不符：一方面，一般初中毕业学生离所谓“能自由运用语体文”

的境地还远；另一方面，内容比较高深的语体文实非初中学生所能够理解领会，必须放在高中阶段来指导学习。所以，不但初中的国文教材不应有文言文，就是高中的国文教材也不应“以文言文为主”。关于前一点，有些论者已这样主张；关于后一点，似乎还没有人提及，这里有详加说明的必要。

教材可以说是达到教学目标的工具，所以教材的问题和教学目标的问题是分不开的。如何达到教学的目标，是选取教材的着眼点；而教学目标是否正确，又是选取教材前应首先注意的问题。“课程标准”所定高中国文教学目标有如下四项：第一，“除继续使学生能自由运用语体文外，并养成其用文言文叙事、说理、表情、达意之技能”；第二，“培养学生读解古书、欣赏中国文学名著之能力”；第三，“陶冶学生文学上创作之能力”；第四，“使学生能应用本国语言文字，深切了解固有文化，并增强其民族意识”。这里可将这四项目标和“选文精读以文言文为主”的规定放在一起来批评：

第一，“目标”第一项的上一句，“继续使学生能自由运用语体文”，我们看不出有提高学生运用语体文能力的意思，至少没有把着重点放在这上面。然而事实证明了一般初中学生未能“自由运用语体文”，而且当他们进了高中之后，功课更为繁重，学习国文的时间比以前更少，国文教师又差不多全授文言，迫使他们在似懂非懂中浪费光阴，假如不设法在课外自己做些语文工夫，写作能力便难以提高，甚至文思迟滞，格格不吐，反不如从前！这是有过几年国文教学经验的人都会见到的情形。所以在高中阶段非加强语体文教学不可，“继续使学生能自由运用语体文”一语应改为“提高学生运用语体文的能力”。至于下一句，“养成其用文言文叙事、说理、表情、达意之技能”，无疑是这一项中的重点所在；然而我们却认为高中学生根本没有学习写作文言文的必要。拿语体文和文言文来比较，稍有见识的人都不能不承认语体文是叙事、说理、表情、达意的进步的工具。请让我们取个比拟：语体文是电动纺机，文言文是手摇纺机。学生已运用着电动纺机，当然要使他们精通熟练，提高效率；假如我们舍此不图，转而迫使他们运用手摇纺机，弄到他们大感困难，几无效率可言，试问这是什么道理！有人认为文言文还未尽被淘汰，所以高中学生还有学习写作文言文的必要，这十足是倒退的见解。请再让我们取个比拟：语体文是康庄大道，文言文是小路。学生已经走上康庄大道，当然要使他们步步踏实，勇往迈进；假如我们舍此不图，转而因为有人还走着小路，于是迫使他们也去经验一番，弄到他们摇头歇息，没有一个愿意举步，试问这又是什么道理！现在的确只有极少数高中学生愿意用文言写作，同时绝大多数高中国文教师也都不会迫使学生用文言写作。时代所趋，无可改变。所以，不特选授文章起自三代的国文教学，完全失掉培养学生写作能力的意义；就是选择上等的近代文言作为范本，使学生精读熟习，养成写作近代文言能力的主张，也未见合理，因为所谓近代文言同样不是“康庄大道”。

第二，“目标”第二项是把“中国文学名著”局限在“古书”范围里面，至于培养学生欣赏中国现代文学名著和西洋文学名著译本的能力，可能是被认为没有必要，也可能被认为不必多费工夫。我们的意思，把中国现代文学名著和西洋文学名著译本撇开不管，固然不成话；就是认为这部分作品的欣赏指导可以完全利用课外时间，也不是合理的见解。这部分作品，比之中国的古典文学，无疑是更富“营养”，更有益于高中学生。国文教师必须切实指导他们去接触这些用现代语文来做表现工具的艺术作品，以期提高他们写作文字和欣赏文学的能力。这样一来，国文教本就必须选录相当分量有助于教师完成这项任务的材料，不应以罗列中国古代作品为能事。

第三，“目标”第三项是一个合理的规定。国文科当然是语文训练的科目，不是文学科的别名；但文学创作是一种语文艺术，使学生学习创作无疑是提高他们语文程度的途径之一。我们不是希望学生将来都成为文学作家，培养文学作家并不是国文教学的任务；但学生在学习创作中，可以养成运用生动活泼的语文来表现生活的能力和习惯，这种能力和习惯并不单对文学作家为需要；同时，学生在实际创作中，尝尝文学创作的甘苦，可能因而提高阅读文学作品的兴趣，勇于追求对于文学的理解，这种兴趣和理解也并不单对文学作家为需要。自然，这里所指的文学创作，该是新文学的写作，而不是古色古香的诗词歌赋的写作。关于这一点，我们简直不必申述理由。那末，如要使目标更见明确，这一项就该改为“养成学生创作新文学的能力”。既然如此，新文学习作的基本训练，新文学理论的初步研究，便不能不是高中国文教学中应有的项目；相因而至，高中国文教本便不能不有这方面的材料。

第四，“目标”第四项是一个非常笼统的规定。应用本国语言文字，深切了解固有文化，不完全是国文一科的任务。这一点，叶绍钧先生早已在《论中学国文课程的改订》一文中指出过。而且，所谓固有文化，包括中国过去的文物制度。学术思想、道德观念；所谓深切了解，该是指能通其源流，明其意义，加以批判，加以领会。这对于一个高中学生恐怕是个过高的要求。请再看看实际的情形：由于课程标准定了这样的一个目标，又有了“选文精读以文言文为主”这样的一个规定，于是一般高中国文教本的目录上排满了古色古香的篇章：先秦诸子、魏晋玄学、隋唐佛学、宋明理学、清代朴学，无所不有；《诗》、《书》、《易》、《礼》、《春秋》、六朝骈俪、唐宋八家，无所不备。国文教师好些时候遇到诘屈聱牙的课文，上课前翻烂了字典辞典，讲授时费了九牛二虎之力，却连字面解释的功夫都难得做好！学生方面自然莫测高深，莫名其妙，索性看小说或做英、数、理、化的习题。在这种情形下，假如有人还希望学生在国文科上得到了解固有文化的好处，那就连缘木求鱼也未足以喻其荒谬！所以，一方面是课程标准所悬目标实在太高，一方面是“以文言文为主”的规定使实际教学无法向目标接近一步。

以上，我们指出“课程标准”所定“目标”有修订的必要，同时指出在高中国文教学的应有目标下，文言教材绝不能占着主要的地位。这里，我们再谈谈选取语体教材的问题。

上文提过，内容比较高深的语体文非初中学生所能理解，应该放在高中阶段来指导学习。这分量较重的语体文字，首先是讨论现实问题的说理文。朱自清先生认为：“白话文的发展还偏在文学一面，应用的白话文进步得很缓。记叙文、抒情文，选来还容易；说明文、议论文，就困难，经济而条理密的少，内容也往往嫌广嫌深，不适于中学生。”但我们觉得，语体比文言更适宜于说理，说理的语体文字事实上和文艺作品一同发展着。结实的文艺作品，往往得到定评，选起来的确比较容易；至于说理文字，纵使是优秀的篇章，也少有被人们一致推许的时候，却正要仗我们的眼光去选取。高中学生对于现实问题开始密切关心，他们心中藏着许多话要向社会诉说。所以国文教本必须选录多量形式完美、思想精到的说理文字，以适应需要；国文教师必须指导学生在这些文字上学习分析问题、建立论点、疏陈意见、批判敌论的方法，使他们渐渐养成分辨邪正的眼光，吸取思想养料的兴趣，用这样的眼光和兴趣，去接触社会上种种色色的言论主张；使他们渐渐养成培植论点的习惯，整理心中意念的能力，用这样的习惯和能力帮助自己向社会诉说对现实问题的意见。

其次，讨论新社会科学、新哲学问题的学术性的文字，也可以选为高中国文教材。新社会科学、新哲学运动的结果，是社会科学、哲学的研究从学院里面解放出来，成为一般人加强识力必由之途。社会科学、哲学的知识，不再是少数人的专利品，而是大家所能接受、所应吸取的东西。好些用功的青年，从新社会科学、新哲学的学习中，获得了不少益处，这是众所周知的事。他们开始阅读新社会科学、新哲学的书籍时，许多术语不懂，许多句子不懂，他们仗着困而知之的精神，尽力钻进去，才慢慢地走上坦途。我们觉得，假如有人给他们指导，一定比较容易入门，不至在暗中摸索，白费许多时光。指导学生从事这方面的学习，似乎不是国文教师的职责，却也未尝不应尽点力量。好些讨论新社会科学、新哲学问题的文字，思想内容正确而充实，论辩方法明快而完密，用语、句法虽和所谓“普通文”有点不同，却已逐渐为普通文所吸收，大可以选取若干作为国文教材，指导学生阅读，以期扩大他们的阅读范围，加强他们的思考能力，提高他们的写作技能。

再次，高中国文教材被规定为“以文言文为主”，当然与所谓使学生了解固有文化这一点有关。朱自清先生也曾说：“我可还主张中学生应该诵读相当分量的文言文，特别是所谓古文，乃至古书，这是古典的训练，文化的教育。一个受教育的中国人，至少必得经过古典的训练，才成其为一个受教育的中国人。”朱自清先生的意思，不单要中学生读很多古文，还要他们读懂几部古书。但就实际情形来推想，假如这样做，一个高中毕业生必至读不懂好些“今书”，写不出表达现代人思想情感的文字，而这才不能“成其为一个受教育的中国人”！所以，所谓“古典的训练”，断不能加在中学生的身上。我们曾在上文指出，所谓深切了解固有文化，不应拿来期望于高中学生；至于使高中学生略窥中国过去的学术，这未曾不可以视为国文教学的任务之一，但也不必因此而教学生读古文、古书。试想，我们教一篇《齐物论》和教一篇讲述庄子思想大概的语体文，比较起来，何者对学生更有好处？目前的高中国文教学，天天讲古文，似乎集全力于“使学生了解固有文化”，但结果正如上文所述，教师则徒劳口舌，学生则一无所得！这分明告诉我们“此路不通”！所以高中的国文教材，不必有选自古书的所谓“学术文”，应该有的是为学生所能了解的、讲述中国过去学术思想的语体文字。

最后，培养学生欣赏文学名著和创作新文艺的能力，既是高中国文教学应有的目标；那末，国文教本除应选取若干文言的文学作品之外，还应选取若干新文艺短篇创作和批评作品、讲述写作方法、讨论文学基本问题的文字。此点上文已经提到，这里不必多说。

总之，高中国文教材应以语体文为主，合在其中占一席位的文言文，仅是纯文学作品一类。课程标准所定语体文和文言文的分量分配必需改变，目前一般中学校所采用的高中国文教本必须废置，一部新鲜、充实、适用的高中国文教本应该早日出世，以免糟蹋青年学生的时间和精力。孙玄常先生所拟的“目录”，虽已竭力避免时下国文教本选材的缺点，但仍以文言文为主，所以还不是高中国文教本的新面目。

三十六年五月二十六日于台湾台北。

（载《国文月刊》1947 年第 58 期）

中国基本教育教材问题

基本教育会议中国筹备会

基本教育教材，包括儿童课本及成人课本两大类。关于教材之主要问题，如课本所用文字、字汇、注音方法、感官辅助教具等原则，已分别在语文教学、教学技术等组提出，故不赘述。现就关于课本编辑的原则和问题分列于下：

壹 原则

一、儿童和成人课本必须包含中华民国最低限度的公民训练和公民常识，以促进“国家民主”、“世界和平”两大目标。

二、儿童课本必须以趣味为中心。儿童课本应适应儿童身心的发展，举凡儿童故事、谜语、儿歌、物语等含有教育意味而适合于第一条原则的，都应尽量的利用或创作。

三、成人课本必须以需要为中心。成人必须感觉需要，方乐于受教。所以成人课本的内容应与受教者的实际生活密切联系。例如卫生智识、生产技术、世界常识，皆应为成人课本中的主要教材。

四、各地宜编印补充乡土教材以适应需要。中国幅员广大，气候、物产不同，生活习惯亦因之互异，除正式课本中所授之共同教材外，凡加强乡土观念、增进本地生产以及提倡优良风俗、尊重当地宗教等，均应另编补充教材，以资适应。

五、为超龄儿童宜另编短期课本。中国内地义务教育尚未普遍推行，学龄儿童未能及时入学，小学学生每多超龄，最高的年龄有达到二十岁左右的。现行教科书都按学龄编辑，超龄儿童用之，每不感兴趣。他们对于文字的认识不够，而对于常识则较丰富，算数的进度尤快。所以对于十二岁以上二十岁以下的小学学生应另编教材，缩短教学年限，以期经济。

六、课文编辑宜相机应用“一贯制”、“单元制”、“页课制”。“一贯制”系全书所有课文前后贯串，成一完整故事。“单元制”系数课合一单元，全书分为若干中心。“页课制”系每页一课，每课一题，前后课文不相关连。各种编制各有优点缺点。美国儿童读物多为一贯制，中国儿童教材多采单元制或页课制。一贯制，故事生动，趣味盎然，但内容单纯，不能包括各种教材，且因须谋故事之连贯，故课文内不得不有非必要之字句。此种编制宜用于低级教材或专科教材，如现行高小地理课本是。单元制以若干有关系之课本编辑成为一单元，合若干单元成为一课本，不必全书连贯，编辑较易。此种编制宜用于中级教材。页课制最为节省篇幅，所含教材亦最广泛，宜用于高级教材。中国现行儿童课本三制并用；中国现行成人课本，则为篇幅所限，只能采用单元制或页课制。好在成人教材内容应切合实际需要，可不必求全书之连贯。至于一般之儿童读物，大多为一贯制。

七、课文编辑尽量利用韵文和实用文。韵文为文字教育的重要材料，儿歌、民歌，受教者最为喜欢，学习比较容易。韵文多有重复的字句，经多次练习后，儿童或成人便能认识单字，且反复吟唱，记忆亦易。实用文为日常生活上所需要之材料，普通的如书信，复杂的如契约，都是儿童在家庭所习见，成人在社会所常用的。学习动机既强，学习效率自高。韵文是从艺术的欣赏到文字的学习，实用文是从生活的需要到文字的学习，两者都是语文教材的重要方式。

八、关于边疆民族应用之课本，其有文字者以边文为正文，并附以国文译文，其内容应将有关国家统一文化的教材及有关边疆民族文化的教材并重。

贰 问题

一、各国基本教育教材中应如何祛除极端民族观念而保持世界和平、人类安全？

帝国主义侵略他国，往往先利用教育，灌输民族优越感，使人民卑视其他民族。战前之德国、日本，可谓此种侵略主义之代表。各国殖民地政策，亦多少含有此种意义。最近复有利用他国内少数民族，用种种方法嗾使保持所谓少数民族文化，以期逐渐分化的。此种教育足以引起偏见与猜疑，甚至诱致战争。应否由联教组织设法诱导各国教育人士，使各注意其本国基本教育教材，根据中国“世界大同”、美国“天下一家”之精神，删除歧视他国民族或分化他国民族之一切教材，以奠定世界永久和平。

二、成人教材究以学习文字为主，抑以获得知识为先？

成人教育多以获得知识为先，然求获知识而无文字之认识，不特无所凭借，抑且易致遗忘，以后亦无法继续获得知识。成人教材究应以文字教育为主，抑以常识教育为主，似应加以实验，为客观的研究。

附一：中国基本教育儿童读物问题

壹　原则

一、中国儿童读物必须合于中国国情。中国儿童读物是供给中国儿童课外阅读的材料，实质方面，第一必须合于中国国情，如内容要符合中国的教育目标，要适合中国自然和社会一般的环境，同时还要提倡民主政治的精神。

二、中国儿童读物必须合于儿童心理。儿童读物必须适合儿童心理，选择资料应注意儿童经验和兴味，以期适合儿童阅读的程度。

三、中国儿童读物必须富有文学价值。一种富有文学的作品，一定可以受到大众的欢迎，儿童读物如能做到这一点，儿童对它一定爱不忍释，因此，内容方面必须注意词意明白清顺、描写生动曲折、语气诚挚自然、叙述层次井然，并兼顾到字汇词汇的分配。

四、中国儿童读物必须富于艺术意味。一部优良的儿童读物，内容必生动活泼，有吸引儿童灵感的力量，同时更须加入优美的插图及合于儿童欣赏的文字，含有艺术意味。

贰　问题

一、中国儿童读物内容中心应如何确定？

儿童读物的内容有主张选用“社会”的内容作为题材的，有主张偏重“知识”方面作为内容的，有主张专以“趣味”为主的，有主张以“民族的文艺遗产”为主要题材的，有主张纯用“教育的”为题材的，究以何者为宜？须加研究。

二、神话在儿童读物中是否还有存在的价值？

在过去的儿童文学的领域里，神话自有它的位置，而且颇为重要，因为神话实在美丽而动听，但在现时，此种神话是否仍有存在价值？有待商讨。

附二：中国基本教育民众读物问题

所谓“民众读物”，是指大多数民众在学校以外所读的、看的、听的一切文字和图画。凡年在十二岁以上之民众，不论其识字、略识字或不识字，均为此民众读物之对象。故民众读物之重要性，不亚于学校所应用之教本，其内容与编制方法，实有慎重研讨之必要。对于民众生活实况、知识程度、识字分量、语词句法以及兴趣爱好等方面，必须有深刻的了解，方能编出民众所欢迎的读物，亦将其主要原则分列如次：

壹　原则

一、旧有民间读物应重新估价并善于利用

中国旧有之歌谣和故事，就是民众读物之起源，至少说已有几千年历史了。种类极多，到今天还在大量流行，但从前的文人，对于旧有唱本说词一类的民间读物，认为是末技小道，不入著作之林，取了一个轻视忽视的态度。近些年来才重新评价，认为旧有民众读物，不独在文学上或艺术上实有其价值和意义，就是在教育上，它也曾尽过历史上的使命，教育过大多数民众，收到过很大的效果。只是世界文明日进，这种读物应有重新修正和创作的需要；再旧有民众读物的形式，很有用图画者、有用散文者、有用韵文者，形式繁多，皆能为民众所欢迎。新编民众读物，自应利用这种旧的形式，改变内容，恰似“旧瓶装新酒”一样。一书编成以后，立刻能说能唱，内容虽是新编的，而形式却是民众习闻常见的便于接受。

二、民众读物内容应着重之点

新编民众读物的主旨，在贯彻我国社会教育目标，培植大多数民众成为现代公民，所以编印读物必须注意下列各点：

1. 灌输科学常识。着重科学常识，凡旧日关于命运、轮回、说鬼、堪舆、风水种种迷信之资料，应予消除，

2. 纠正生活态度。要唤起积极精神、良好习惯、快乐态度。

3. 倡导博爱人道。应发挥中国圣人仁爱、同情心、利他心之古训。

4. 促进游戏娱乐。介绍有益身心、陶冶性情、启发智慧、锻炼体魄的正当游戏娱乐。

5. 发挥正义。指示善恶真伪的判别，养成不欺凌弱小、不惧怕强暴、不逃避艰苦、不慕羡富贵、不贪取非分的心理。

6. 鼓励守法习惯。灌输法律知识，鼓励守法美德。

7. 训练民主精神。发扬平等自由真义、人民的力量和民权的真义，以提醒民主政治之认识。

8. 提倡世界和平观念。发挥中国旧有世界大同的思想，促进民族间之了解，互尊互助之精神，合力奠定世界和平之基础。

9. 供给医药卫生常识。指导预防疾病、健强体格的常识。

三、注重韵文唱词并尽量利用民间艺人

在中国的民间原早有很多的艺人，以说评书或唱大鼓弹词或唱小曲小调为职业，一个人负一面鼓到乡村中演唱，每当农田工作稍闲的时候，便有说书人来说或唱新编之韵文唱词。若能充分利用他们演唱，经过音乐和腔调之传递，当更深入民间，收到更大之效果。抗战期间在陪都曾有片段的尝试，觉得他们才是担任社教最适宜之实际工作者，所以编辑时要注意到能以上口演唱。

（载《教育通讯》1947 年复刊 4 第 1 期）

基本教育中课本之编辑问题

舒新城

关于本问题，分为两方面：一为儿童用读物如何编辑，二为失学民众用读物如何编辑。前者自清末兴学以来，已有四十多年的历史，且历来公私教育刊物中，讨论已较详尽，故拟略不言，仅就后者论之。

民众读物应如何编辑，分析言之，可就四个问题讨论。

第一是语言问题

首先我们须认定，以我国文盲之众，今后民众教育的实施，一定是用语言的时候多，用文字的时候少。所以，民众读物中的文字，应该依照怎么样的语言写下来，才能为民众所接受，实在是一个最重要的问题。

文盲是落后的；我国的文盲，最大多数在农村，农村尤其是落后的。当然，所用语言，必须是现代语。此其一。

语言文字，只是一种生活的工具。民众教育上所用语言文字，必须从民众的生活中来，又必须在民众的生活上用得着，才能为民众所接受。所以，所用语言，必须是民众语，必须是民众日常生活中应用的话，必须是民众口头常说的话。此其二。

但是，如上所云，民众是落后的，目前我国的民众语，就内容说，也是落后的。教育固然要从生活出发；而所贵乎教育，尤在能指导改进生活。施民众以语文教育，目的不止在使民众会听多少话，会识多少字，而实兼含有从语言文字的接触与训练，指导改进其生活的作用。所以，要民众能接受，所用语言固当从民众语出发，这是第一步，是必须遵守的第一原则；可不是仅仅止于此，还得做进一步的工夫，要使民众语的内容丰富，要使民众语的内容渐渐现代化，最后要做到所用语言是现代化的民众语，是民众化的现代语。

所谓现代化的民众语，或民众化的现代语，我以为，其词汇应该是现代化的，语法应该是民众化的。换一句话说，当以现代的词汇为其内容，民众的语法为其形式。因为从语言学上说，词汇是常常在滋生繁衍之中，新的词汇，容易为一般人所接受，而语法的改变则极难；非民众习惯使用的语法，就是用来写成了文字，决不会为民众所接受，民众也决不会应用。

先说词汇。目前民众口头的词汇，是既落后，又贫乏，凡是做一个现代国民应该知道的东西，我们的民众，往往本无其观念，在口头当然不会有其词汇。我们要使我们的国家现代化，物质建设上的现代化固为当务之急，而国民精神上的现代化尤其是根本中的根本。所谓民众教育，若是目的仅仅在使文盲能识多少字则已，否则我们必须在民众思想的启蒙和观念的现代化这一方面下一番苦工夫。所以我们希望教育部能委托专家，组织一个委员会，从各方面调查搜集做一个现代化中国人必须知道的字汇，编订一个《国民常用词汇》，以为编辑基本教育用教材（民众的和儿童的）之准绳。——《教育通讯》复刊二卷九期载："教育部曾编拟《国民基本字汇草案》一种，选择一千五百字，即请全国专家发表意见，拟于汇合各方意见后作为编撰《民众读物之基本字汇》。"我以为单编一个"字汇"是不够的，必须进而编成"词汇"，理由留待下文讨论文字问题时再说。

再说语法。民众读物用的语法必须是民众口头习用的语法而切忌采用知识分子用在书面上的语法。我们常以为，现在知识分子写的东西，无论是书、是报、是杂志，都是只能供知识社会这个小范围里自己看的东西，对于民众很少发生影响和作用。自文学革命运动以来，所谓白话文，分析起来，有两种成分，就是一方面承袭了近代语的旧剧、旧小说的骨干，一方面加上了外来的形式——欧化的和日本化的语法，渐渐发展形成的。所谓近代语的旧剧、旧小说，虽然是我们自己的，但究竟不能完全是民众口头上的用语，跟目前一般民众的口语，还不免相去有间。旧剧生、旦、白和旧小说中，有许多语句，还带着有文言气味，不容易为民众所了解、所接受，这在今后的民众读物中，不应该再照原样沿用。至于欧化和日本化的语法，那尤其只是知识分子笔头写的东西，本只出现在文章里，对于口语绝不曾也不会发生影响。

总之，凡是做一个现代的中国人，在生活上——政治生活、经济生活、健康生活——必须有进步观念，我们要在民众读物中，把代表这些观念的词汇，尽可能的选用；语法应该是民众的，凡是只在书面上有而为民众口头所无的语法，无论旧的新的，要尽可能的避免。

但是，在我国语言上，还有一个大问题，就是国语与方言问题，这在民众读物的编辑上应该如何处理？为了使民众容易接受，最好用方言；为了国民的基本训练，可不能不用国语。我们以为用国语是当然的，并且更进一步，这问题也可以就词汇、语法两方面分别言之。词汇，在国语和方言本无大异，用国语无问题；语法，表语气的虚词和有些语法，虽然国语和有些地方方言之间不免有距离，但正课本仍用国语亦无妨，只要在教学的时候能够用方言为确切的解释，必要的时候由地方教育行政机关另编用方言的译本以为辅助，也就可以弥补其缺了。

第二是文字问题

民众读物，应该用常用字编撰。

我们首先应该认定，采用常用字，并非是一种廉价教育，限制民众只识多少字，而是因常用字与常用词实为现代本国语文的精粹，其真正意义，在用最少而精粹的教材，把本国语文精粹介绍给民众，使民众在生活上能应用本国语文得有左右逢源之乐。

关于常用字，我们已积有许多研究的材料（见《教育通讯》复刊三卷八期，黄觉民《常用字研究的总检讨》），但这些研究工作，有一个共同缺点，就是调查搜集时只从单字着手，不从词汇着手（就是采样时只采单字，计算次数时也只计算单字在调查材料中出现之次数，而未顾及单字所构成之词汇）。我们以为常用字汇，应该从常用词汇中求出来。必须先定常用词汇，然后再从常用词汇定出常用字汇。

理由是因为：

（1）现代国语词类复音化的趋势日著，复音词的滋生日多。

（2）必须从词汇着手，然后可以确切知道每一个常用字究竟有多少意义和用法，其中以何种意义与用法为最重要。这样我们才能确定每一个常用字的应用价值，并确定其在读物中出现之先后次序（此层兼指常用字所构成之复音词而言）。

除本国文字外，我们还主张采用：

（1）阿拉伯数字十个。

（2）英文字母二十六个。

因为这两种已经是普通应用的符号，和民众读书报及日常生活接触的各方面都有关系。

第三是编撰问题

我们以为编撰民众读物，除了教材必须和日常生活有密切关系外，必须顾到以下各点：

1. 造句宜短，宜使容易上口。伍光建译《侠隐记》的文字技术可供参考。务使教学时能出诸教者之口，即可入于读者之耳。

2. 虚字宜少用。民众口头虚字本极少。课文中凡是可省的虚字，都宜省去。

3. 课文宜长（庄泽宣《人人读》的写法可供参考）。课文短了，内容必太概括，不容易懂；概括印象必模糊，尤不易记忆。惟起首的数课以民众识字无多，不妨略短。

4. 词或字的反复宜多。越常用的字要越使多接触，就是反复的次数要越多。

5. 宜多练习，越到后来，练习便越加多。全书正文与练习之比至少当为一与五之比。

6. 要便于利用新工具。语句内容要具体的、动作的，庶可便于利用新工具表现。

7. 要多用连续故事的写法，以便摄制电影。

8. 要多附图表。可以帮助语文用经济方法说明事物的图表，以及民众生活上所常用，易接触的各种图表。

第四是使用问题

以上三项由语文到编撰，都还只是教具问题；如何使用这种教具，使民众能充分了解应用到日常生活上去，似乎是一个更重要的问题。我们以为使用教具的人，至少应有下列的几种本领：

1. 教者必须于课文中的文字和内容，都要能深入，惟深入才可以浅出。例如做一个现代人所必须懂，而又不是一般民众所正确了解其意义者，譬如权利、义务、民主、社会之类的词，教者都须明确地了解其意义，然后用民众日常使用的语言，正确地简明地说出，使民众从他们自己已有的观念来认识一切新事物。

2. 教者必须具有语言的技巧。说话必须口齿清晰，发音清越，使远近听的人都能每个字听得清楚，无丝毫的模糊。必须能说国语，至少能很正确地懂得国语，将国语中所用的词和字，改作方言而丝毫不走了意义。因为教本自应用国语写，而民众却并不一定懂国语。

3. 教者必须懂得修辞学或雄辩术，能将自己对民众所说的每一句话都要仔细推敲过、体味过，如何使得听者欢喜听，容易懂，而又能把握住听者的注意力。

4. 教者必须能利用新工具。凡感觉辅助教具，如电影、幻灯、无线电播音以及旧有的影子戏、傀儡戏等等直接间接有助于教学者，教者都须能顺利地使用。

像这样的教者，当然不大容易有，我们以为国家应该专为民众教育设立师范学校或于已有的师范学院或师范学校附设民众教育训练班。

（载《中华教育界》1947 年复刊 1 第 8 期）

部编师范教科书之主旨及现状

陆殿扬

推动与发展教育之主要因素，一为教师，二为教材。有优良教师，用优良教材，当然事半功倍，最合理想。然而纵观今日，各地普遍发生师荒、书荒，正需我人加紧努力。惟培养师资需时较多，不得已而求其次，只有编辑优良教材，使未经专业训练之教师，亦能依据教学，不致贻误。

各级学校教科书中，论者多谓师范学校教科书最为重要，其故有四，兹分述如下：

一、师范生为明日之教师，将来小学各科教科书之能否运用得当，全视今日师范生之准备如何以为断，不但师范教材及教学法一科直接指示小学各科教科书之内容及教学，即师范其他教育科目、工具科目、知识科目之教材，亦无不与小学课本息息相关。故师范教科书可谓为小学教材之教材。如能编辑妥善，则将来师资可期优良，小学教育效率亦可提高。小学教科书既为部编供应，则与小学教科书最有关系之师范教科书，自亦宜由部编辑，普遍供应。

二、师资训练为国家百年大计，故师范学校概由国家办理，不许私人设立。师范学校教育科目与国家教育政策有关，自亦应由国家编辑方为适合。其他各科目对于师范生之专业训练、教学工具及服务人生观，亦大有影响，并由国家编辑，最为妥善。

三、现行师范学校课程标准与二十五年以前之师范课程标准相较，各科名目、内容、与授课时间多有不同，其最显著者，如：现在之教育通论一科包含中西教育家之生活与思想、我国教育之演进、世界教育思潮及三民主义等，与过去教育概论之注重教育组织、学校系统及课程教学者，大异其趣。现在之教育行政与过去小学行政，其内容广狭亦不同。此外如地方自治及选修科目教学辅导、社会教育等，均为新设科目，实用技艺甲、乙、丙组亦与过去之劳作不同。故各师范学校照现行课程标准授课者，有若干科目迄今尚无适当教本，有继续沿用坊间《教育概论》、《小学行政》等旧课本者，有由教师自行摘编一部分教材以补充者，前者已失时效，后者又缺资料。师范校长、教师同感不便。在此师范教材真空状况之下，国家赶编师范适用之教科书，实为当务之急。

四、师范学校为数不多，全国师范生不及中小学生众多，故一般书商每认师范教科书为冷门书籍，不愿投资大量编印，偶有编辑，亦无系统，科目不全，战时课本尤形缺少，师范教学倍感困难。中央既以培养师资为今后教育重点，则培养师资之工具——师范各科教科书——自应先期加紧准备。

以上说明由整个教育观点断定师范学校教科书之重要。教育部有鉴于此，曾于民国三十一年饬国立编译馆先编师范学校教科书目，嗣于民国三十四年续令国立编译馆编辑博物、童军及技术等科。此为部编师范学校教科书之开始。

编译馆奉令后，即着手进行，除自编者外，大多均请馆外专家编辑，以期优越。惟近年物价猛涨，稿费日形低落，未能引起作者兴趣，交稿不免迟延。希望教育部本重视师范教科书之原意，增拨巨款，督促进行，俾可早观厥成。兹将部编师范各科教科书编印现状，胪列于后，以告关心师范教材之人士。

一、已出书者

《师范地方自治》	一册

二、已发排者

《师范教育心理》（上）	一册
《师范社会教育》	一册

三、待发排者

《师范教育心理》（下）	一册
《师范简师教育测验及统计》	二册
《师范教育行政》（上、下）	二册

四、审查中者

《简师教育心理》（上）	一册
《师范简师教材及教学法》（上）	一册
《师范数学》（一）	一册
《师范矿物》	一册
《师范卫生学》	一册

五、编辑中者

《师范简师教育通论》（上、下）	二册
《简师教育心理》（下）	一册
《师范简师教材及教学法》（下）	一册
《师范简师实习指导》	一册
《师范数学》（二、三）	二册
《师范博物》（一、二）	二册
《师范美术》（一、二）	二册
《简师美术》（一、二、三）	三册
《师范音乐》（一、二、三）	三册
《简师音乐》（一、二、三、四）	四册
《师范简师工艺》（一、二、三）	三册

《师范简师农村经济及合作》　　　　　一册

以上各稿，俟印刷问题解决后，即可陆续发排，赶印出书。尚未完成之稿件，亦祈作者顾念需要之急迫，早日交稿。想在全国教育家、出版家共同协助之下，全部完成出书，普遍供应，为期当不甚远。惟工作艰巨，经费困难，各书暂行本，容有漏误失校之处，拟于再版加以修订，以臻完善。至希全国热心人士、各校老师多予赞助，不吝指正，如有佳稿或高见，请迳寄南京天山路国立编译馆中小学用书编辑委员会收。同人展读以后，如认为确较原稿优良，当分别洽商购用或将原稿修订，其嘉惠学子，当不仅编辑同人感激已也。

（载《教育通讯》1947年复刊3第3期）

西南边地适用小学国语常识课本编辑意见

章育才

余于民国二十七年至三十一年在云南西北部从事边疆教育工作，当时因边地情形与内地不同，教材方面，似应另有编印，以谋适应，曾搜集资料，襄佐汪典存先生在中央政治学校大理边疆分校成立边疆博物馆一所，更筹办边疆文化教育馆，以谋从事西南边地的民众教育机关。而编辑西南边地适用的国语常识课本，亦是当时所举办工作项目之一，惜因限于时间及经费、人才等各种条件，致未能完成，仅草拟国语课本五十余课，深以为憾。近检行箧，尚留有昔年所拟编辑边地小学国语常识课本的意见纲要，略加整理，借为从事边疆教育者的参考。

一、编辑旨趣

实施边疆教育，首次编制特种教材，其理由如左：

1. 边疆社会之地理环境特殊，其生活上之需要不同。必须有适合其特殊地理环境之教材，以切合其生活上之需要。

2. 边疆居民，部籍复杂，边疆教育之功用，端在如何消弭各部族间之隔阂，而将各部族陶融成为整个的牢固而不可分的大中华民族之一部分。必须施以特殊的教育使边民明了中华民族各部分的居民皆系同出一源，过去一千年来，并有深长的共存共荣、互相亲睦、密切合作之史实，以增进边民之亲爱与团结。

3. 边地的自然状况各有不同，必须有适应的教育，以切合当地的气候、山川、土壤与物产等等。

4. 边地的人文状况如宗教、社会组织、风俗习惯、国际环境、语言文字等亦颇多特殊之处，故必须有特殊的课本，以谋适应。

5. 边地的社会形状特殊，其教育制度及施教方法亦须有别，故课本亦应重新编制，以求切合。

我们知道，教育的实施，其中心问题，系如何将人类生活中最切需最有用的资料，以最经济最有效的方法，传给受教育者，使能发生行为的改变，而经营善良的生活。一切教育实施的先决问题，首须有完善的教材，但现在一般边地学校所用的教科书，还是上海等都市的书局所出，与内地各校所用者相同，其内容颇多不适边地之处，此种教材，非特不为边民所感觉兴趣，且有一部分竟会引起边民的反感者。例如历史课本中有述及历代征伐的事迹者，此等教材，非特无补边教，且为害甚大。因此，要求边疆教育推行尽利，则首须编辑一套适切边地环境需要与合于边教政策的课本。

二、边地课本的特质

1. 边民购书极为困难，一般人经济贫乏，大都无余力买书，更无力买参考书，故其唯一的智识来源，就靠教科书。因此，编边民适用的教科书不妨内容力求完备而充实，以应付其生活上的需要，不但供给其求学时应用，并且在毕业后，亦能随时应用。

2. 边民入学较迟，小学的入学年龄有在十几岁以上者，其在入学以前，已经脱离幼稚时期，并能帮助家庭从事生产工作，所以他们已有相当的生活经验，甚至已有成人的普通常识。因此，课本必须切合其程度，不必串插儿童神话等教材，而须以合于实用为主。

3. 边民对于课本的要求，不但须培育其使用语文的能力，并须给予实用的智识与技能，使能即知即行。故在国语、算术等书中，亦须串插关于农工生产与家庭生计的知识，并对于生产部门须作整个的系统的叙述。

4. 边民对于求学，有一部分人尚无十分热心，更未养成固定习惯。因此在偏僻之区，竟有少数顽固之流，不知教育之利益与重要，竟以受教育为苦差使，于是出钱请人代学者。故课本必须竭力引起其兴趣，使不致望而生畏。

5. 边民求学既少自动精神，且边民子弟皆须协助生产，故小学不妨实施半日制或季节制，因此学生在校时间或不能如内地之长，故课本之内容须力求精炼，而尽量避免重复。

6. 边民对于科学知识较形落后，基本常识亦较简单，故课本须多用插图，以资说明，并鼓励其阅读之兴趣。

7. 在有地方文字通行之区域，有时为教学便利起见，不妨由其地方文字注音或注释，以渐进于注音符号的普遍。例如用摆夷文、藏文、回文以注解。借此并可表示尊重其他地方习俗。

8. 因边民生活之特殊需要，须增加特殊辞类以及风俗宗教上特有的应用文字，如藏人须增加糍粑、青稞（食物）等名词。

三、边民课本与边疆教育

我以为边地课本的编制，须顾到下列六大边疆教育之实施：

1. 公民的生活教育。边地与列强接壤，加以受列强的文化侵略，人民国族意识容易流于淡薄，必须实施公民教育，使边民领会中华文化，了解中国的历史与地理、中国的伦理道德以及中国公民应具的条件，而为典型的中国国民。

2. 健康的生活教育。边民人畜杂处，草木朽腐，酝成烟瘴，疫病不时流行，必须施以卫生教育，使有卫生的智识与习惯。

3. 语文的生活教育。边地文盲极众，皆不能知书识字，且不能操国语，懂国语，必须将边民所需用的语文，教育之，力求国语文的普遍应用。

4. 社会的生活教育。边民社会组织散漫，礼教不兴，须将边民社会、家族、部族及其他团体组织的各种需用常识，及相互间应有的习惯态度，甚至男女间的界限等都要相机教育之。

5. 职业的生活教育。边民生产技术极为落后，有许多还在刀耕火种、茅茨穴居的状态，须利用其天然的环境及富源，予以农户各种生产训练，使能应付生活，改进生计。

6. 科学的生活教育。有一部分边民的宗教观念极深，迷信鬼神最烈，昏暗保守，不思进步，须增进科学常识与技能，使或为现代化的国民。

四、国语常识课本的编辑

甲、总纲

1. 本课本遵照教育部颁布之《小学课程标准》所规定各项编辑之。

2. 本书内容应力求适应边民生活之需要，在不违背吾国教育宗旨、部颁《小学课程标准》及吾国边疆政策之原则下，酌量变通其材料。

3. 本书适用之地区为西康、云南、贵州、青海、西藏及四川西南部等处。

4. 本书共编八册，系春季始业，供给初级小学四年之用。因小学秋季始业，并非吾国旧有的制度，乃系欧西传入的办法。边民入学大都在正月十五日以后，故暂以春季始业较为适宜，且春季始业于国历三月一日开学，正值农闲之时，颇宜从事劝学，而此际乡镇长、保甲长亦有协助督促入学之余裕。至于秋季始业，系在八月下旬开学，此时正值农民最忙之时，边民子弟在家庭中皆负一部分生产工作，故欲求其入学，无异减少其工作人员，非特不易生效，且易引起边民的反感。所以秋季始业，在边地不易实行。如自三月一日开学，七月二十日放农忙假（即暑假），九月中旬开学，一月中旬放寒假，则对于农作无妨，必为边民所欢迎。因学期制度与课本有关，故将个人管见附带一述。

5. 本书拟定名为《小学国语常识课本》(乙种)，其理由如左：

(一) 名称不必标明“边地适用”字样，以免视为特殊地区。

(二) 以现行各书局出版之小学教科书为甲种，而以边地适用之教科书为乙种，或丙种、丁种，亦无不可，而不必冠以“特种”字样。

(三) 教科书一名词似偏于教师方面，不甚适用。

(四) 如用“读本”名称，似偏重“读”，而忽略做，亦不适宜。

(五)“课本”二字似较为适当。

乙、内容

1. 根据上述六大教育之目标，将公民的、健康的、语文的、社会的、职业的、科学的各种教材，分配而容纳于各年级各册课本之中。

2. 根据部颁《小学公民训练标准》及其详细条目，而加以具体的编撰。

3. 本书较之一般初级小学教科书，材料应略多，因边地小学生的入学年龄较大，而求学年限较短，故须使课本内容尽量充实。

4. 遵照部颁标准，小学国语作业类别分读书、说话、写字、作文四种，兹将本书对于四类之目标列左。

(一) 读书的目标：(1) 养成阅读本国语文之能力；(2) 培养运用本国语文之能力；(3) 陶成阅书之兴趣与习惯；(4) 增进生活上所需要之知识；(5) 学习边地生活上特殊之辞类；(6) 从语文之学习陶融国族意识；(7) 启发欣赏文艺之兴趣。

(二) 说话的目标：(1) 养成懂国语说国语之能力；(2) 养成运用国语发表情意并在社会上自然习用之能力与风气；(3) 养成说话、报告、讲述故事、演说等能力；(4) 熟习注音符号，并有随时运用之习惯。

(三) 作文的目标：(1) 养成运用本国文字发表思想之能力；(2) 养成运用文字为社会服务之能力；(3) 养成思考、计划、抒情之能力。

(四) 写字的目标：(1) 养成正确敏捷的书写能力；(2) 认识通行的行书、草书及简体字；(3) 启发中国文字之艺术兴趣。

5. 国语课本的内容除遵照部颁各学年休业要项外，尤须注意左列材料：(一) 关于增进国族意识者；(二) 关于培养边民道德者；(三) 宣示国家政策者；（四）关于国父及蒋主席之生活、传记及言行者；（五）关于为国光荣牺牲及为群服务之史迹或故事者；（六）关于生活改进事项，如礼俗、卫生、社会组织等；（七）关于生产知能之事项；（八）关于促进各地同胞团结之事项；（九）中华民族过去光荣之史实；（十）中国国民党史略及三民主义要义；（十一）边地日常应用之文字，如信札、契约、告白、婚丧应用文等；（十二）关于边地之风土状况者；（十三）关于中国文化之优美者；（十四）中国历代名人之史实，尤其对边区有贡献之伟人或边区乡贤史实；（十五）培成检查字典与辞书之方法。

6. 常识课本的内容。依照部颁《小学中低年级常识课程标准》，其作业类别有：(一)家庭社会生活；(二)乡土生活；(三)民族国家生活；(四)世界人类生活；(五)时事等五种。本课本应特别注重下列各点：(一)中国的大势；(二)边区之国际关系；(三)中国边疆之沿革；(四)中国边疆失地之略史；(五)中国之边疆政策；(六)边区人民生活与社会之改进；(七)编选促进人民间相互亲爱、团结、合作、协助的文字；(八)阐述中华民族各部族同出一源之文字；(九)科学与生产技术智识；(十)畜牧与森林的智识。

丙、编制

1. 国语课本每册教一学期，每周教学四二〇分钟，常识课本每册教一学期，低级自第一至第四册，每周教学一五〇分钟，中级自第五至第八册，每周教学一八〇分钟。

2. 本书材料之排列，依照类化之原则，由浅入深，由易入难，注重前后之贯串与联络。

3. 为经济篇幅起见，不多列复习。

4. 本书课文内容各字之旁，不列举注音符号，以免学生误认符号为本字之一部分。而另列单字注以注音符号。

5. 本书对于注音符号，特别注意，随时养成运用注音符号之习惯，以便离校后自学之用。

6. 本书在必要处，附加插图，以帮助说明，便利记忆，深刻印象，引起兴趣，启发欣赏，促进想象，指导理解。但插图须顾及下列之原则：

（一）插图须适合边情及边地之风物。

（二）插图须简明而切合课文之主要意思。

7. 本书字体先从正楷字开始，第四册始用仿宋体，第五册逐渐用宋体，第六册完全用宋体。

8. 遇下列情形得酌量采用当地文字，以资辅导教学。

（一）当地习俗不易用国语说明者。

（二）课文内容与当地风习相去太远，而须参用当地语文翻译方能了解者。

（三）如用国语说明，文字过于冗长，而土语文字则片言即可解释者，如当地衣食用品之名词等。

（四）注音符号中尚无此种音素，而土语文字中有此音素者，如摆夷语文之喉头鼻音等。

9. 如须以当地文字辅助说明，作为媒介者，须以另页刊载，不与国语混杂为原则。

丁、编辑之程序

1. 先由编辑者照上开意见拟定各册要目。

2. 根据要目分头搜集资料。

3. 将资料加以选择整理，编成课文。

4. 将课文分送各小学在边地实验。

5. 根据实验再加以修订，完成全稿。

6. 将全稿呈请教育部审定印行。

五、附言

本文系作者于民国三十年为编辑课文所拟的纲要，本来不预备发表的，但因作者当年限于时间、人力、物力、财力等原因，更因从事边疆教育，屡患重病，几濒危殆，所以有志而未逮，深以为憾。惟编辑边地课本看似简单，实际上确系一桩复杂而艰巨的工作，因此不揣简陋，将此文付刊，借供有志边教者之参考，并祈指正。

由于我看见了人家替我们边民编印好了精美的拼音文字的读本，以及边民实际上的需要，因而激发我从事编辑边地课本的动机，希望在不久的将来，边民子弟每人能阅读国人自己编印的边民课本。

（载《教育通讯》1947 年复刊 2 第 10 期）

新疆的教科书问题

梁瓯第

一、问题的由来

新疆省在各民族联合的省政机构和“统一、和平、民主、团结”的建设纲领中，正进行着一种簇新的教育改革运动。这个新兴的教育改革接受着外在的影响极为重大，第一是伊宁事变招致的由民族自治而民族平等的运动，它在教育上的表现是各族分校施教与初等教育各以其本族语文教学；第二是由苏联亚洲各人民自治共和国的榜样所引起底现代化运动，它在教育上的反映是斯拉夫文化的模仿和教材课本的变革；第三是由狭隘的民族偏爱和过分地方主义的政治路线激起了“反汉化”、“反国化”的教育措施，维吾尔文明与伊斯兰文化都成了学术文教的主要材料。因此，在教育者与被教育者之间，作为思想知识传递的媒介物——课程教材，自然变成了授与受的具体工具，来进行所谓“伟大的革命——就是文化革命、教育革命、科学或技术的革命”。

最先接触到教科书问题的是三十四年底和平谈判的《伊宁意见书》，在意见书中劈头的第一件事就是教育，其次就是文化。它首先提出：“新疆的教育文字，在小学、中学、大学课程中均用地方文字，国文在中学中列为必修课程。”然后它提出成立一个大规模的编译机关，办理下列各事：

“1. 在短期中完成编辑由小学至大学各级学校需用之宗教文字及科学等之教科书。

“2. 用地方文化编辑各种政治、经济、军事、艺术训练班需用之教科书与参考书。

“3. 编辑各种世界历史、地理与分类历史、地理书籍。

“4. 编辑土耳其文字典、土华字典及华土字典各一种。

“5. 新疆原有及新著各种文学科学书籍予以印刷出版。

“6. 准许著作人以著作上之自由。

“7. 编辑土耳其文百科全书，以促进文化之进步。

“8. 翻编并出版各种国家法律及各种必要法令。”

三十五年六月六日，《伊宁和平条款》在迪化签订成立，明文规定了“在小学与中学用其本族文字施教，但中学应以国文为必修科，大学则依照教学需要并用国文与回文施教”。跟随着来的是七月十八日的新政府的施政纲领，也主张：“设立大规模的编译机构，编辑及出版各民族文字之字典辞典、文法教材及各种自然科学、社会科学、文艺等名著。”由此，我们可以看出：第一，在分化的语文教学原则下，中小学均须依其本族文字施教，国文的教材课本是不适用于新疆。第二，在“提倡民族文化”、“防止民族间的同化”（见《新疆省政府施政纲领》）的口号下，各科教材及读物在内容方面必须有激烈的变更。新疆省教育厅有见于此，便在维族厅长赛福鼎领导之下扩组编译室，订定小学法，重编教科书，以达成其变革的任务。

二、新疆省教科书使用的情形

新疆省的教科书，现在已处于窘困贫乏的状态中，内地的教科书接济不上，同时，因为教育走了样，也不能用，盛世才时代编的课本又失了时效，省方正在自编课本，然亦非一朝一夕可告成功。所以，新疆省的中、小学校便发生了如下的情形：

（一）没有教科书，教师自显神通。作者曾参观迪化、哈密及北疆各地许多国民学校，不但学生没有教科书，老师也没有。有一间小学，低、中、高年级一律在教维文拼音，用三十二个字母拼成单字，单凭老师自我心得，自我教学。有一位教经文的阿洪，像背流水账似的在教经文，那些莫名其妙的小朋友也只得孔步亦步、孔趋亦趋的哼哼唱唱。在许多教室里，我们看到小朋友的桌子上空空如也，老师拿了手抄本在自吟自解。

（二）用盛世才时代编的教科书。盛世才主疆时代，自二十二年起，便大量印行教科书，一方面翻译及印行内地的教科书，尤其是自然、算术等理科书籍，一方面便编译政治性极浓厚的读物如语文、史地、社会等教科书，宣扬他的六大政策，歌颂他的十项宣言，拥护“天才英明伟大的领袖”，打倒“托派匪徒奸细”，提高政治警觉性，高擎六星旗等。到了今天，此项课本虽不适合，但有总比没有好，很多的学校只好借用这仅有的遗物，加以窜改删除，选材施教。

（三）采用内地旧的教科书。好些汉族的小学校，不得已而思其次，把民国初年的小学教科书也拿来使用。在呼图壁，我发现小学里的教师拿着民国初年的商务新共和教科书在念念有词，什么“海边有大鱼焉，其名曰鲸”、“茶小树也，产于西南各省”、“世上所有之生物，大别有两类，其一为能动者，其一为不能动者”。教师在黑板上写着，学生在习字簿上抄着。在迪化，普遍地流行复兴商务的各科教本，由市政府统筹供应，这已算是凤毛麟角，值得夸奖的了。

（四）重温启蒙古本。在玛纳斯河畔，小学生们读着《三字经》、《百家姓》一类的东西，年长的学生便念《幼学琼林》。当你听见“天地玄黄”、“人之初”的呐喊声在房舍里播送出来的时候，你简直不能想象这是在塞外的西域地方，那些小孩子装腔作势在摹写着红格的“上大人，孔乙己”，你更不能不钦佩旧教育流传之广，势力之固了。

（五）苏联教科书的传习。新疆有一所省立第二中学及其附小，大部分使用着苏联的教科书，因为学生们是归化族和华侨子弟。归化是白俄归化我国国籍的国民，华侨都是由西伯利亚或中亚细亚归来的侨苏的汉族，他们娶俄女，操俄语，生活依从俄俗，教育这些孩子们除了史地、公民、国文以外，只有借用苏联的教科书，在伊宁、塔城，甚至于维哈族的学校，也使用着苏联、乌孜别克斯坦和哈萨克斯坦的维哈文教科书。

（六）伊宁自编的教科书。伊宁是“伪东土耳其斯坦革命运动”的“圣地”，和平以后，伊（宁）、塔（城）、阿（山）三区，情况仍属特殊，据传他们的学校教育均自编教材，以传播“伪东土耳其斯坦革命运动”与维吾尔优势文化为内容。在新疆教育厅，我曾经亲睹他们自编的《祖国史》，教材大纲为“蒙古之侵占本省、满族之侵占本省、本省在王朝时代、在黑塔爷（指汉族）专制官吏势力压迫之下的本省、维族人民反对黑塔爷专制及其斗争、哈密暴动与盛世才专权、在伊、塔、阿三区爆发之伟大民族解放革命、与黑塔爷中央政府签订之和平条款”。据报，南疆已有此类教科书分发施教。

三、教科书的审查与编辑

如上所述的，旧的教科书不能用，新的教科书未产生，在此青黄不接、供求不应的时节，教科书的编辑与审查，实为一严重而且困难的问题。

新疆省政府为了统一教材读物的供应并使其走上国家化途径起见，便于三十五年十一月成立了教科图书编审委员会，掌理中等以下学校教本的编订、翻译及审定事宜。其组织规程载设一、二、三、四四科，分司编辑、翻译、审查、总务各事，设委员二十一人，内主任委员一人，副主任委员两人，为一会议、审核性质的组织。同时，省府又订定《教科图书编审办法》，但内容广泛，仅说明教学时数及分量应适合该省现行学制及课程标准，编辑后应译成各族文字，自编之教科书应申请审查并依照审示修改其内容，已审定者发给审查证，违审、抗审之图书应受法律之处分等。此外，最值得注意的是编审教科图书的共同标准，分教材精神、教材实质、教材组织、文学及形式五项，除关于教材精神一项之九项标准外，其他均为编辑教科书之一般应行注意事项，如标题、字体、教学程度、教材连络及校对、印刷、装订等，言之既欠周详，且亦不关宏旨。兹录关于教材精神之九项标准如下：

“（1）培育国家观念、民族意识、健全人格。

“（2）适合国情。

“（3）适合时代性。

“（4）不违背‘三民主义’。

“（5）不违背国家教育宗旨。

“（6）不违背本省《施政纲领》。

“（7）不违背《出版法》及《施行细则》。

“（8）不违背固有民族道德、善良风俗习惯及地方特殊环境。

“（9）不违背各族信仰。”

右九项标准，有四项是属于国家的，三项是属于地方的，不外乎国家化、现代化与民族需要的三个原则。

在另一方面说，新疆省教育厅已积极进行维哈族小学用书的编辑，由编译室的维哈籍人员分别负责，其种类如下：

年级别	族别	教科书别
一	维	语文
一	维	算术
一	哈	算术
二	维	语文
二	维	算术
二	维	经文
二	哈	语文
二	哈	经文
二	哈	算术
三	维	算术
三	维	经文
三	维	伊斯兰教史
三	维	地理
三	维	自然
三	哈	算术
三	哈	经文
三	哈	自然
四	维	算术
四	维	自然
四	哈	自然
五	维	算术

五	维	自然
五	哈	自然

上列课本均未送审，编审委员会对上项读物也颇有左右为难的烦恼。

四、《小学法》及其与教科书的关系

新疆省教育厅已依据其人文与地理的需要，颁行单独的《小学法》，大纲共十三条，附以自订之《小学各科教学时数表》。这一根本法案与教科书的关系甚切，可译述如次：

“一、新疆小学的上课日期，就全年计算，城市学校应为三十六周，二百一十六日，乡牧学校应为三十二周，一百九十二日。

“二、每年的上学时间，城市学校为每年九月一日至翌年六月一日，乡牧学校为每年九月十五日至翌年五月十五日。

“三、各类学校的始业与终业日期规定如下：

	第一学季	第二学季	寒假
城校	九月一日至十一月一日	十一月一日至一月一日	一月一日至七日
牧校	九月十五至十一月二十日	十一月二十日至一月一日	一月一日至三日

	开学	第三学季	第四学季
城校	一月八日	一月八日至三月十五日	三月十五日至六月一日
牧校	一月四日	一月四日至三月四日	三月四日至五月十五日

附注：每学季结束举行考试一次，满半年及一年结束，根据学季考试分数出榜一次。

“四、年终考试停课一周，考试一周，共费时间两周。城校自五月十六日至六月一日结束功课、考试及放假，牧校自五月一日至五月十五日结束功课、考试及放假。

“五、各科功课排列须难易相间，每一科目不得连续授课二小时。

“六、小学每课授课五十分，休息十分，第三课下课后休息四十分钟。

“七、各校上下课时间，得依时令予以变更。

“八、考试时，维文及算术举行笔试，其余悉用口试。

“九、考试应根据平时成绩给分，不得单凭当时之考试成绩。

“十、各科分数及等次可列表如下：

5（最优）　4（优）　3（中等）　2（劣）　1（最劣）

“十一、分数给予标准如下：

学生口试、笔试完全无误者‘5’

学生口试、笔试无特别错误能由教师暗示自行改正者‘4’

学生口试、笔试如多数须由教师暗示助其作答者‘3’

学生口试、笔试如小错误太多由教师暗示仍不能作答者‘2’

学生口试、笔试成绩不能及二分者给‘1’

“十二、学生等次可分订如下：

年终考试主要科多为‘5’者，列为最优等；年终考试主要科为‘5’或‘4’，另外有小部为‘3’者，列为优等；年终考试科目多为‘3’，少数为‘5’或‘4’者，列入中等；年终考试，维语科为‘1’，须降级复习一学期；维语与算术均为‘1’，须改为旁听生；三科以上不及‘2’者降级。

“十三、一至四年级每班须有级任教员担任教导工作，如事实不允许时，可变通教师教学之功课，但仍须有专人担负教导工作。”

至城校与牧校两种小学各科每年授课的时间，可比较如次：

学年	校别	科目									
		语文	算术	经文	自然	地理	祖国史	美术	体育	音乐	总计
一	城校	二八八	二五二	二一六			三六	三六	三六	八六四	
	牧校	二八八	二五八	一九二			三二	三二	三二	八三二	
二	城校	二八八	二五一	二一六			三六	三六	三六	八六四	
	牧校	二八八	二五六	一九二			三二	三二	三二	八三二	
三	城校	二五二	二一六	二一六	七二	七二	七二	三六	三六	三六	一〇〇八
	牧校	二五六	二二四	一九二	六四	九六	六四	三二	三二	三二	九九二
四	城校	二五二	二一六	二一六	一〇八	一〇八	七二	三六	三六	三六	一〇八〇
	牧校	二五六	二二四	一九二	九六	一二八	六四	三二	三二	三二	一〇五六
五	城校	二五二	二一六	二一六	一二六	一二六	一〇八	三六	三六	三六	一五二
	牧校	二五六	二二四	一九二	一二八	九六	九六	三二	三二	三二	一〇八八

如上所述，新疆省现行《小学法》的异点有数种：

“一、教学时间改分钟制为小时制，每节功课均以小时计算。

“二、给分制度不采百分数制，改用了苏联流行的五等制。

“三、公民科取消，在维哈族学校代以经文科。

“四、语文系单授本族语文如维文、哈文、俄文等。

“五、劳作科取消，小学中低年级不设社会及常识科。

“六、国民教育的修业期限改为五年，儿童的入学年龄改为七岁。

“七、每学年改为四个学季，每学季为时约二个月。”

因为小学科目变更了，修业年限缩短了，教学时数分歧了，学期改动了，自然影响到教科书的问题。教科书要用本族语文编辑，并且要配合新疆省的学制与课程，而其内容、精神方面，国家的需要与民族的狭隘性似乎两者不可得兼，这真是今日新疆教育上一件苦恼的事！

五、结语

我们谈论新疆省的教科书，不能不涉及新疆省的教育政策、政治、民族的背景以及整个的新疆问题。第一，现在的新疆不是班定远的时代或左文襄的时代，羁縻与绥靖都解决不了问题。文化与教育正是争取民心、教育后代的现代武器，文化教育可以使人趋善，也可以使人向恶，它可以使各族人民团结向上，也可以使各族人民分裂离心，我们对于新疆的政治以至教育，实需要一个明确的政策。第二，在新疆的四邻，有苏联亚洲、有印度、有阿富汗、有外蒙，还有他们心目中羡仰的土耳其，它们都走上现代化的途径，它们国内的人民与新疆人民同文同种，同语同俗，新疆人民曾以他们的进步为楷模，鄙弃自国的文化而外铄地与之同流，因此，我们必需采取进步、合理的种种措施，与国外诸邦竞赛，赶上并且超过它们。第三，新疆虽民族复杂，有十四族之多，民性不同，风俗各异，但我们仍可以在乱丝之中理出一个头绪来。因为从人口说，四百零一万人口中，维吾尔族占了三百万人，哈萨克人占四十万众，汉族及汉回亦占四十万人，此三百八十万人的生活与文化，如能协作调融，则新疆问题自然迎刃而解。所以，在今天，我们应该加紧突厥族的教育，使维哈诸族由离心而向心，由大突厥的伊斯兰的文化而投向于伟大的中华民族的整体文化。

新疆省的教科书问题，在汉族方面，问题较少，应加强内地教科书的运销与供应，并由省方另编乡土教材，以适合地方及儿童的需要。在满（锡伯索伦人在内）、蒙、回（东干）等族方面，他们由来已自愿接受国语国文的教育，而属于汉语系的文化，教科书亦不必另起炉灶，越俎代庖，只须在补充读物方面酌增地方性与宗族性或宗教性的教材，便足以餍足他们的愿望。对于归化俄罗斯族的教育，除了史、地、公民、社会等人文科目须迅行编订外，自然、算术等科的教科书酌采苏联的课本，加以审定，似亦尚属可行。最大的问题，却是维、哈等族的教科书。

现在新疆省的中小学教科书审查委员会业已成立，他们正为缺乏专门人才的参与而忧虑、而彷徨，维族同胞自编的教科书，多以外邻的读物为蓝本，并强调其狭隘的民族自尊心，并且歪曲着历史与社会发展的事实。我以为为了应付目前的急需，教育当局应该立即编订一套作为实验性质的维文教科书，交付新疆普遍印行使用。同时，应由国立边疆文化教育馆与国立编译馆两方面会同组织一个新疆省中小学教科书审查小组，到新疆去参与工作，一方面是专家的姿态，一方面又加上实地考查的经验，庶几实事求是，于事有补，大大地助成新疆文化的内向，并且使它发展进步，以无形的精神力量从巩固新疆、团结宗族来建设新的民族文化。

（载《教育通讯》1947年复刊3第9期）